개성자본회계론

개성자본회계론

전성호 지음

펴낸날 2021년 8월 10일 초판1쇄
펴낸이 김남호 | 펴낸곳 현북스
출판등록일 2010년 11월 11일 | 제313-2010-333호
주소 07207 서울시 영등포구 양평로 157, 투웨니퍼스트 밸리 801호
전화 02)3141-7277 | 팩스 02)3141-7278
홈페이지 http://www.hyunbooks.co.kr | 인스타그램 hyunbooks
편집 노계순 강석신 | 디자인 김영숙 김영미 | 마케팅 송유근 함지숙
ISBN 979-11-5741-254-9 93320
글 ⓒ 한국학중앙연구원 2021

이 책은 2019년 한국학중앙연구원(The Academy of Korean Studies) 연구사업 모노그래프 과제로
수행된 연구임(AKSR2019-M03)

개성자본회계론

Re-Korea :
Accounting, Business and Finance
in Kaesong Korea(1020-2020)

개성 회계장부에서 '복식부기의 고려기원설'을 찾아가는 것은 지난한 지적 여행임에도 불구하고 고려와 조선의 통화 전문(錢文)을 가지고 그 연결고리를 찾는 시도는 탁월하다. 서양과 관계없이 K-Account가 독자적으로 발전하여 한반도의 합리적 기업가정신이 배태되었다는 근거를 제시한 것도 훌륭하다. 오늘날 전 세계로 진출하는 한국 기업의 정신적 바탕이 고려의 DNA에 기인한다고 암시한 것은 식민지 근대화설을 잠재울 수 있기에 우리들을 흥분하게 만든다.

― 정기숙 계명대 명예교수

자본주의는 대항해시대에 시작된 서구 유럽 그들만의 전유물이 아니다. 이미 11세기에 고려를 비롯한 동아시아 유목민족의 구리돈 네트워크에서 비롯된 것이며, 자본주의 의사소통 언어인 복식부기가 고려인의 인지력으로 서구보다 200여년 앞서 발명되었음을 알려주는 통쾌하면서도 흥미진진한 책이다.

― 최중경 제43,44대 한국공인회계사회 회장

이 책은 서유럽 부흥시기는 합리주의 시대가 아닌 '회계정체시대'임을 '개성자본회계' 순환론으로 간파하여 그동안 자본주의 물질문명의 탄생지는 서구 유럽이라고 인식해 온 역사관을 다시 생각하게 만든다. 또한 분단시대 이래 국내 학문권력을 장악한 주류 경제사학자들에 의해 '조선사회 정체론'으로 낙인된 조선 후기 사회가 이미 완벽한 자본회계 실무장부를 전 세계에서 유일하게 보유한 사회라는 것을 제시하여 통일한국이 자본회계 문명국으로서 21세기 세계경제질서의 중심이 된다는 야심을 담고 있다.

― 허성관 롯데장학재단 이사장

이 책은 고려시대 이래 개성상인들이 개발해 온 복식부기를 오늘날의 서양식 복식부기와 함께 인류 회계문명사의 양대축으로 부각시키고 있다. 이를 증명하기 위해 서양과 동아시아 특히 고려시대의 DEB 생성 및 발전과정의 역사적, 문화적 배경과 개성상인들의 합리적 사고, 독특한 상거래 문화를 다양한 분야의 고전 문헌과 실증자료를 비교 분석하였다. 책의 주제로 '사개송도치부법'으로 잘 알려진 용어 대신 '개성자본회계'라는 독특한 용어를 쓰고 있음이 흥미롭다.

저자는 'K-Account'를 단순한 회계제도로만 보지 않고 차원이 높은 자본주의 생성 및 발전에 필요한 자본의 합리적 순환과 효율적 운용을 위한 근본적 요소의 하나로 보고 있다. 이 과제를 다룸에 있어 K-Account의 전 과정을 다섯 단계로 나누고 이에 따른 회계장부제도를 현대 서양 복식부기와 비교, 분석하고 이 두 회계제도의 유사점과 차이점을 흥미롭게 분석하였다. 특히 회계순환 전과정에서 우리 고유의 '이두' 문자와 '전문(錢文)'이란 독특한 통화 및 회계단위의 역할을 잘 설명하고 있다. 이와 같은 야심적 과제를 다룬다는 것은 동·서양의 회계사뿐만 아니라 경제사, 문화사 등 광범위한 분야에 걸친 해박한 지식과 철저한 고문헌 연구, 실증적 자료 분석 등이 필요하다. 거의 불가능한 일이지만 저자는 이 모든 것을 갖추고 이 과제를 잘 수행하였다.

이 책을 회계학자들에게 필독서로 추천하고 싶다. 나아가 경제사, 사회문화사 연구자와 역사학자, 심지어 언어학자 들에게도 꼭 권하고 싶다.

— 노병탁 미국 퍼듀대학교 종신교수

차례 ───

그림 목록

표 목록

일러두기

본 서에서는

1. 사개송도치부법, 개성자본회계, 개성회계, K-Account, K-Accountancy, Kaesong Double Entry Bookkeeping, KDEB를 같은 의미로 병용한다.
2. 대차대조표와 받자주자대조표, 손익계산서와 소득계산서, 재무제표와 주회계책, 일기장과 분개장을 서로 같은 의미로 병용한다.
3. 부채계정, 책임계정, 자본계정을 같은 의미로 병용한다.
4. 유럽 중심 자본주의 역사관, 유럽 중심주의, 서구 중심주의를 같은 의미로 병용한다.
5. 국제회계기준을 유럽의 국제회계기준(IFRS)과 미국의 일반적 회계기준(GAAP)을 포괄하는 의미로 사용한다.
6. 인구주택총조사(Population and Housing Census), 국세조사(國勢調查), 인구 및 주택 센서스를 같은 의미로 병용한다.
7. 도덕적 해이, 도덕적 위험, 탈회계 편집증을 같은 의미로 병용한다.

서언

백인 우월주의의 기원: 유럽 중심 자본주의 역사관

　인류의 의사소통 방법인 말과 글은 오랜 세월 세계 곳곳에서 문명과 문화의 형태로 발전해왔다. 문화라는 단어는 농업에서 땅을 경작(Cultivating)하며 토지에 일정한 표시를 하는 행위에서 기원한다. 문명은 라틴어 'Civilis'에서 기원하며 모여 사는 도시민의 공적인 글쓰기(Public Writing, Office)라는 의미를 간직하고 있다.

　자본, 금융, 그리고 회계의 역사를 중심으로 세계사를 고찰할 때 '문화'보다는 '문명'이 더 적합한 이유는 오늘날에도 여전히 가장 강력한 힘을 구성하고 있는 자본주의, 주식회사, 기업 경영보고서 등 도시 공간에서의 공적인 글쓰기 문명과 긴밀하게 연결되어 있기 때문이다. 현대 자본주의 사회에서 가장 중추적인 경제 주체는 기업이다. 기업들의 의사소통 언어는 재무제표(대차대조표, 소득계산서, 현금흐름표)이다. 도시민의 공적인 글쓰기이자 문명의 총아인 복식부기(Double Entry Bookkeeping, 이하 DEB)가 바로 오늘날 현대 기업의 의사소통의 표준 언어이다.

DEB는 독일의 지성 괴테가 표현하였듯이 동서양을 막론하고 인류가 고안한 최고의 지식 산물이다. 바로 이러한 이유에서 오늘날 전 세계 어디에서나 자본주의 경제체제든 사회주의 경제체제든 기업의 의사소통 언어의 표준은 DEB이다. 따라서 DEB를 중심으로 자본주의 문명사를 연구하는 것은 통화와 회계 그리고 금융을 연결하는 자본주의 의사소통망의 기원을 탐구하고, 그 발전의 역사를 연구하는 것으로 현대 사회에서 매우 큰 의미를 지닌다.

오늘날 코로나 팬데믹처럼 미래의 불확실성이 엄존하는 상황에서 DEB와 같이 투명하게 미래를 예측하고 합리적인 행동의 기준을 제시하는 비즈니스의 윤리 규범의 역사를 연구함으로써 자본주의 문명이 어디에서 와서 어디로 향하여 가고 있는가를 밝히는 것은 그 어느 때보다도 시의적절한 연구라 할 수 있다.

특히 유럽의 국제회계기준(International Financial Reporting Standards, 이하 IFRS)이나 미국의 일반적 회계기준(Generally Accepted Accounting Principles, 이하 GAAP)과 같이 기업 경영진이 재무제표를 작성할 때 지켜야 할 자본회계 준칙들이 성립하게 된 역사적 배경에 관한 연구, 예를 들어 경영진이 계속기업을 전제로 장기 가치투자 행동을 담은 재무보고서가 작성되고 공표되어야 하는 이유를 세계사 속에서 발견하는 연구는 오늘날처럼 단기적이고 일회성의 투기적 행동이 난무하는 혼돈 속에서는 전 세계 어디에서나 시대적으로 요청되는 연구분야라 할 수 있다.

DEB 자체가 기업 경영 문제에 대한 공통의 글로벌 언어로 설계되어 기업 계정을 국제적으로 이해하고 비교할 수 있기 때문에 국제 비즈니스 표준 DEB의 기원과 발달에 관한 연구는 국제 자본거래와 무역이 증가할수록 중요하다. 특히 민족과 국경을 넘어서는 디지털 경제가 진행될수록 국제 표준 DEB는 전 세계적으로 가장 매력적인 의사소통 언어라고 할 수 있다. 따라서 기업의 장기 가치투자의 의사소통의 표준 언어 역사뿐만 아니라 세계경제질서(World Economic Order)의 역사를 이해하는 데에도 더할 나위 없이 적합한 연구 주제이다.

본서의 중심 주제는 국제통화질서와 유럽의 국제회계기준(IFRS)과 미국의 일반적 회계기준(GAAP)의 역사와 기원 탐구에서 소외되어온 동아시아에서의 자본주의 물질문명과 통화 및 회계 문명을 20세기 이전 한국의 고(古) 회계문서에서 찾아서 제시하는 데 있다. 그동안 자본주의 물질문명과 국제통화 및 회계 질서 성립의 탄생지는 지중해와 대서양 일대의 서구 유럽이라고 인식하여 왔지만 본서에서는 오늘날 북한 지역인 개성지방에서 고려시대부터 개발해온 DEB를 중심으로 20세기 이전에 자본주의 물질문명의 꽃인 합리적인 이윤추구의 세계가 존재해 왔음을 규명한다.

지금까지 DEB의 기원은 15세기 지중해와 이탈리아반도의 문예부흥을 배경으로 탄생한 베니스 DEB(이하 VDEB)에 두고 있다. 그 근거로 제시되고 있는 것이 1494년 루카 파치올리의 저서『산술, 기하, 비 및 비례 총람(Luca Pacioli, Summa de Arithmetica, Geometria, Proportioni et Proportionalita, 1494, 이하 Summa)』이란 책이다. 이 책은 라틴어로 존재하다가 20세기 들어와서 1914년에 네덜란드 출신 존 게스벡(John B. Geijsbeck)에 의하여 "Ancient double-entry bookkeeping"의 제목으로 영어 번역본이 미국에 소개되었으며, 미국회계사협회에서 1924년에 "An Original Translation of the Treatise on DOUBLE-ENTRY BOOK-KEEPING, Translated for the Institute of Book-keepers Limited by Pietro Crivelli F.C.R.A"으로 재출간된 바 있다.

그러나 이 책이 DEB 체계를 중심으로 합리적인 이윤추구의 세계를 열었음에도 불구하고 15세기말 이 책의 출간 이후부터 19세기 산업혁명이 완성되기까지 유럽과 미국의 어느 기업도 DEB 방식대로 경영 실무를 처리하면서 이윤을 극대화한 비즈니스 실무를 담은 회계장부를 제시하지 못하고 있다.

이 기간은 서구 유럽을 중심으로 인류 역사상 처음으로 근대 산업자본주의 체제가 성립된 기간이지만 서구 유럽의 회계사 연구자들은 이 기간을 '회계정체시대(Account Stagnation Era, 이하 ASE)'라고 규정한다. 서구 유럽은 그동안 우리가 알고 있었던 상식과 달리 합리적인 이윤추구의 세계와 근대 산업자본주의 세계가 서로 조응하지 못하는 모순을 가지고 있는 것이다.[1]

서구 유럽 근대 자본주의가 가지고 있는 모순의 근본적인 원인은 무엇일까? 그동안 DEB는 기업의 이윤추구와 그 계산을 돕는 도구로만 인식되어 DEB의 역사를 자본소유자의 이익을 극대화하는 주주자본주의(Shareholder Capitalism)의 역사로만 바라보는 편견이 팽배해 있다. 소

---

1) Chatfield, Michael. 1974. *A History of Accounting Thought*. Hinsdale, Illinois: Dryden Press. Littleton, A. C. 1933. *Accounting Evolution to 1900*. New York:American Institute Publishing Co. Yamey, Basil. 1964. "Accounting and the Rise of Capitalism: Further Notes on a Theme by Sombart." *Journal of Accounting Research 2*: 117-36. 1949. "Scientific Bookkeeping and the Rise of Capitalism." *Economic History Review*, second series 1: 99-113.

수 자본소유자의 자본 이익을 극대화하는 주주자본주의의 행위 규범은 15-16세기 대항해시대 서구 유럽에 출현한 모험회사가 추구한 규범으로서 선박이 출항할 때의 가치와 회항했을 때의 가치 차액을 추구한 데에서 그 기원을 찾고 있다.

주주자본주의는 시카고 학파의 창시자 밀턴 프리드먼(Milton Friedman)이 1970년 9월 13일 'The New York Times'에 기고한 에세이에서 '기업의 사회적 책임은 주주의 이익을 극대화하는 것이고 기업은 대중이나 사회에 대한 사회적 책임이 없다'고 주장하면서 부각된 비즈니스 윤리이지만 그의 주장의 배경에는 개인주의와 선택의 자유(The Freedom of Choice)를 전제로 하는 그리스 로마 문명의 유산이 고스란히 반영되어 있다.

DEB를 그리스 로마 문명의 유산으로만 인식하는 자본주의 역사관을 유럽 중심 사관(Eurocentrism)이라 한다. 이 역사관은 개인주의와 선택의 자유를 옹호하고 지켜온 서유럽 자본주의만이 합리적인 이윤추구의 역사를 간직하고 있다고 인식한다. DEB와 연관된 자본주의의 발달 경로도 서구 유럽에 한정하는 편견을 형성한다.

이들에 의하면 DEB는 15세기 이탈리아 베니스와 플로렌스의 상인과 금융인들의 회계 기술로 탄생하여 남부 독일을 거쳐 북부 유럽 전역으로 확대되고 17세기 네덜란드와 18세기 영국, 프랑스 그리고 19세기 미국을 거쳐 오늘날에 이른다는 것이다.

따라서 합리적인 이윤 계산 체계 DEB는 르네상스, 과학혁명, 계몽주의의 업적에 기초한 것으로 유럽 합리주의의 뿌리인 그리스 로마 문명의 유산이라는 인식 체계에서 벗어나지 못하기 때문에 비서구 유럽 지역에서 DEB가 존재해왔다는 것을 상상조차 하지 못한다. 유럽 중심 사관에 의하여 합리주의와 자본주의 그리고 근대성은 15세기에서 20세기까지 장기간 서구 유럽의 전유물로 인식되어왔기 때문에 현재로서는 백인 우월주의와 같이 거의 생물학적 우월성으로까지 교착된 상태이다. 또한 21세기 현재까지 개인주의와 선택의 자유를 향유해온 서유럽과 미국이 다른 지역보다 생활수준이 높다는 명백한 사실로 인하여 서구 유럽 중심의 물질문명 우월주의를 바꾸는 것은 결코 쉬운 일이 아니다. 그러나 이 책에서는 서구 유럽 중심의 자본주의 역사관이 올바르지 않다는 사실을 제시한다.

캘리포니아 학파, 지구사의 등장

20세기 중후반 한국, 대만, 싱가포르, 홍콩 등 아시아 태평양 연안지역의 고도 경제성장에 이어 사회주의 국가들 특히 중국 본토와 베트남으로 고도성장이 이어지면서 지중해와 대서양 중심의 자본주의 역사를 새롭게 써야 한다는 학파가 형성되고 있다. 이 중에서 이른바 캘리포니아 학파(California School)가 세계경제사 연구의 대상을 그리스 로마 문명권에서 유라시아 대륙 문명권으로 이동시키고 있다.

이들이 새롭게 조명하는 세계 자본주의 역사는 유라시아 대륙과 태평양 중심의 역사와 지중해와 대서양 중심의 역사와의 균형이다. 캘리포니아 학파는 팍스아메리카나 체제가 베트남전쟁으로 흔들리기 시작한 1968년대 학생운동의 출발지였던 캘리포니아 대학(All-University of

California Group in Economic History Ten Campuses, One University)에서 시작되었다. 이들은 유럽 중심 사관의 문명적 기원인 그리스의 정치사상을 부정적으로 요약하는 '플라톤에서 나토로(From Plato to NATO)'를 제기하여 그동안 그리스 로마 문명의 허구적 우월성에 기초한 백인 우월주의, 인종차별주의 그리고 제국주의를 부정하는 다문화주의를 통한 글로벌 시민주권의식을 제기한다.[2]

이들의 문제 제기에 의해 서구 유럽 자본주의 문명은 전 세계의 표준이 될 수 없으며 자본주의 문명의 출발역인 르네상스에서 계몽주의, 근대 자본주의, 근대 세계체제, 근대화의 허구를 파헤친다. 그 커다란 해체의 물결에서 나온 것이 동·서 균형을 이루는 지구사(Global History) 연구이다.

이 학파에 의해 세계 자본주의 역사 연구의 중심축이 서구 유럽에서 유라시안으로 이동하게 되었고, 영국 케임브리지 대학과 미국 캘리포니아 대학 등 주요 고등교육기관의 교육과정에 '지구사(Global History)'라는 영역이 새로운 주류로 자리잡게 되었고 논의의 중심 주제는 단연 기업의 글쓰기 문명인 합리주의이며 그 중심에 놓인 것이 DEB이다.

이들은 고려와 송나라, 금나라, 원나라가 이룩한 동아시아의 중세 문명과 조선과 명나라, 청나라가 이룩한 근세 문명에 대해서도 새롭게 인식할 것을 주장한다. 이들의 저작 '서양 속의 동양(The East in the West)' '다시 동양으로(ReOrient)' '베이징에서의 애덤 스미스(Adam Smith in Bejing)' '거대한 차이(The Great Divergence)' 등의 제목에서 알 수 있듯이

---

2) DAVID GRESS, 1998. *From Plato to NATO: The Idea of the West and Its Opponents*. New York: Free Press.

'지구사(Global History)'의 중심 영역은 서유럽을 넘어 유라시아 대륙 전체와 남북 아메리카 대륙 전체를 아우른다. 이들에 의해서 15세기 베니스보다 더 오래된 11–13세기 동아시아가 주도한 중세 경제혁명에 대한 재인식이 일어나고 있다.

그러나 캘리포니아 학파가 갖는 한계는 크게 두 가지이다. 하나는 동아시아 문명의 중심축으로 중국만을 인식하는 중화주의 사상에 매몰된 한계를 갖는다. 또 하나는 유럽이 경험한 자본주의 세계보다 한 차원 더 높은 합리주의가 동아시아에 이미 존재하고 있었다는 구체적인 실증 근거를 제시하지 못하는 점이다. 근대 합리주의 세계를 열어나간 국제통화질서와 국제회계기준의 원형이 동아시아 지역에서 이미 정립되어 있었고 자본계정과 명목계정의 통합을 통한 합리적인 이윤추구가 존재했다는 실증 근거로서의 동아시아 DEB 자료에는 접근하지 못하는 점이다.

예를 들어 캘리포니아 학파는 동아시아 국제통화질서의 역사에서 은본위 국제통화 질서를 찾았으나 은본위 이전에 구리본위 국제통화질서가 존재한 것을 간과했다.[3] 또하나 캘리포니아 학파의 결정적인 한계는 동아시아가 주도한 중세 경제혁명에서 송나라만을 보고 송나라와 함께

---

3) 구리는 누런금(女眞金 Nurchin Jurchen) 황금이라 불리는 금속으로 고구려, 고려의 국가명 어원과 관련이 있다. 여진의 발음은 '누른'이다. 우수한 전도성으로 전력 이동과 소리 전달 즉 음악 악기와 나침반, 항공기 등과 같은 자기장 간섭을 필요로 하는 도구를 제조하는 데 사용한다. Allen, Robert C. 2009. *The British Industrial Revolution in Global Perspective*. New York: Cambridge University Press. Frank, Andre Gunder. 1998. *ReOrient. Global Economy in the Asian Age*. Berkeley: University of California Press. Arrighi, Giovanni 2007. *Adam Smith in Beijing. Lineages of the Twenty-First Century*. London: Verso. Arrighi, Giovanni, Iftikhar Ahmad and Miin-wen Shih. 1999. "Western Hegemonies in World Historical Perspective." pp. 217-270 in Chaos and Governance in *the Modern World System*, edited by Giovanni Arrighi and Beverly J. Silver. Minneapolis: University of Minnesota Press.

중세 경제혁명을 주도한 고려를 놓치면서 적어도 중세에서 근세의 국제 통화질서이자 회계단위 표준인 구리 문명(Brass Civilization), 즉 전문(錢文)의 실체 파악을 놓친 점이다.

이러한 한계는 지구사와 자본주의 세계시스템 구축에 한반도를 포함한 동북아시아를 도외시하고 해양 중심의 자본주의 시스템에만 집중하는 데에서 비롯된다. 대항해시대를 중심으로 자본주의를 고찰할 경우 밀턴 프리드먼처럼 자본소유주 중심의 주주자본주의 논리만을 형성하게 된다. 주주 이익의 극대화를 유일한 비즈니스 윤리규범으로 인식하는 주주자본주의가 해양문명인 그리스 로마 문명의 유산으로 서유럽의 자본주의 체제로 정립된 역사적 배경에는 일회성 투기성 성과주의라는 모험자본 논리가 영속성과 주기성을 갖는 합리적인 자본의 실체를 지배하게 된다.

예를 들어 18세기 해양세력의 중심이었던 영국 왕실은 남해회사(South Sea Company)라는 모험 회사에 국채 1,000만 파운드를 팔아 주식으로 보유하면서 종이 증권에 대한 투기 광풍을 일으켰으나 결국은 출항한 보물선은 존재하지도 않은, 회계장부상으로만 거짓으로 꾸며진 사기 행각임이 드러난 사례를 들 수 있다. 이 회사는 주식 공모 때의 회사 이름과 달리 대영제국 역사책에는 남해포말회사(South See Bubble Company)로 기록되는 오명을 남긴 것으로 유명하다. 그 유명한 물리학자 뉴턴도 사기당한 사건으로 이후 100여 년 동안 영국에서는 유한책임 회사의 발달을 가로막고 회사 이사진에게 무한책임의 멍에를 씌운 사건이다.

따라서 대항해시대에 출현한 제국주의와 모험회사를 중심으로 자본주의 역사에만 몰두할 경우 투기 자본의 논리에 매몰된 잘못된 자본 인식을 할 수 있다. 이 대항해시대는 지중해에서 대서양으로 해양세력이 중심이 된 서유럽의 부흥(Rising of Europe)의 시대로 규정되지만 합리주의 세계를 연구하는 학자들에게는 앞서 언급한 '회계정체시대(ASE)'라고 규정되는 모순을 안고 있다.[4] 오늘날 서구 유럽 자본주의가 대항해시대를 기반으로 성장한 자본주의이지만 'ASE'와 중첩되는 모순은 21세기 특히 최근 코로나 팬데믹 이후 드러나는 이익의 계산이 모든 기업 행동의 윤리적 기준이 되는 주주자본주의의 한계상황을 잘 대변한다고 볼 수 있다.

대항해시대 서구 유럽을 중심으로 하는 잘못된 자본 인식의 대표적인 저작이 19세기 칼 마르크스가 집필한 『자본론』과 20세기 막스 베버의 『프로테스탄티즘과 자본주의 정신』 그리고 최근 피케티의 『21세기 자본론』이다. 이 세 저작은 18세기에서 21세기까지 지난 4세기 동안 세계 자본주의 역사를 서구 유럽 중심으로 고찰한 저작이다.[5]

---

4) 대항해시대를 '회계정체시대(Account Stagnation Era)'라고 규정한 대표적인 학자군은 Basil Yamey, M. Chatfield, A.C Littleton 등이다. 특히 야미는 자본주의의 발흥과 DEB와의 관계를 매우 부정적으로 인식한 대표적인 학자이다. Chatfield, Michael. 1974. *A History of Accounting Thought*. Hinsdale, Illinois: Dryden Press. Littleton, A. C. 1933. *Accounting Evolution to 1900*. New York: American Institute Publishing Co. Littleton, A. C. and V. K. Zimmerman. 1962. *Accounting Theory:Continuity and Change*. Englewood Cliffs, New Jersey: Prentice-Hall. Yamey, Basil. 1964. "Accounting and the Rise of Capitalism: Further Notes on a Theme by Sombart." *Journal of Accounting Research 2*: 117-36. 1949. "Scientific Bookkeeping and the Rise of Capitalism." *Economic History Review*, second series 1: 99-113.
5) KARL MARX Capital *A Critique of Political Economy* Volume 1 THE PROCESS OF PRODUCTION OF CAPITAL, Volume 2 THE PROCESS OF CIRCULATION OF CAPITAL, Volume 3 THE PROCESS OF CAPITALIST PRODUCTION AS A WHOLE Introduced by Ernest Mandel Translated by David Fernbach Penguin Books 1978. Weber, Max "*The Protestant Ethic and The Spirit of Capitalism*" (Penguin Books, 2002) translated by Peter Baehr and Gordon C. Wells. 토마 피케티. Thomas Piketty *Capital in the Twenty-First Century* 『21세기 자본』 장경덕 옮김. 글항아리. 2014.

이 중에서 칼 마르크스와 피케티의 결론은 주주 자본의 탐욕과 소득 불평등을 연관시켜서 자본주의 자체를 부정적으로 인식하는 공통점을 가진다. 막스 베버는 서구 유럽 은행이나 기업의 자본회계 실무에서 존재하지도 않은 DEB를 서구 유럽에 한정시킨 점에서 잘못된 시각이다. 칼 마르크스와 막스 베버는 동아시아 사회의 자본주의 발전을 부정한 점에서 서로 같다. 막스 베버는 합리적 이윤추구인 DEB는 유럽에만 존재한다고 하고 칼 마르크스는 '아시아적 생산양식의 정체론'을 주장함으로써 양자 모두 동서양의 자본주의 문화를 분리하는 프레임에 갇혀 있는 점에서 동일한 것이다.

이에 대해 일찍이 프랑스 아날학파를 주도한 브로델(Fernand Braudel)이 그의 대작 『문명과 자본주의(1981, 1982, 1984)』에서 자본주의 역사학이 방향을 정립하지 못하고 방황하는 것을 한탄하면서 남긴 것이 그 유명한 유럽과 나머지 세계 사이의 '역사학적 불평등(Historiographical Inequality)'에 대한 한탄이다. [6]

프랑스 아날학파의 역사학적 불평등의 한탄을 넘어 지구화와 합리주의가 경제학, 경영학, 회계학, 정치학 등 사회과학의 중심 주제가 되고, 세계 자본회계사 연구의 무게 중심도 서유럽에서 중동지역과 동아시아로 옮겨지면서 합리주의의 표준인 DEB를 지중해와 대서양이 아닌 유라시아 대륙에서 찾으려는 연구가 등장하고 있는 것이다.

그중 대표적인 저술이 잭 구디(Jack Goody)의 『서양 속의 동양(The East

---

6) Fernand Braudel, (1981, 1982, 1984). *Civilization and Capitalism 15th-18th Century* Volume I: *The Structures of Everyday Life, the Limits of the Possible*. Volume II: *The Wheels of Commerce*. Volume III: *The Perspective of the World*. London: Collins.

in the West)』과 『유라시아 기적(The Eurasian Miracle)』이다.[7] 그는 아라비아 숫자를 사용한 중동, 인도, 그리고 동아시아에서 DEB를 중심으로 하는 합리적인 자본의 이윤추구 문화를 찾은 것이다. 잭 구디의 고백대로 유럽의 회계에서 아라비아숫자 사용은 12세기 수학자들에 의해 처음 소개된 지 500년이 지난 17세기 이후이다. 일본의 아라비아숫자 사용은 19세기 후반이다. 이에 대해 챗필드는 로마숫자를 사용하면 회계가 번거롭고 오류가 자주 발생한다는 것을 지적한 바 있다. 그가 주장한 로마 문명의 유산인 로마숫자 표기가 DEB 발달에 방해물이었다는 사실과 자본주의 발달은 서구 유럽에 한정된다는 서구 유럽 중심 사관 그리고 동아시아에서의 '일본 예외주의(Japanese Exceptionalism)'와는 명백한 논리적 충돌을 일으킨다.[8]

일본 예외주의, 굿바이 아시아(脫亞入歐)

오늘날 기업들의 의사소통 언어인 DEB 회계 기술은 전 세계가 그 원리를 공유하고 있다는 점에서 독일 문호 괴테가 간파한 것처럼 인류 최대의 지적 유산이다. DEB의 발상지를 놓고 한반도의 개성과 이탈리아 반도의 베니스가 약 100년 전부터 서로 경합을 벌여왔다.

이 논쟁의 발단은 일본 동경이었다. 1917년 일본의 조선 침탈이 한창

---

7) Jack Goody 2010, *The Eurasian Miracle*. Cambridge: Polity Press,

8) Chatfield (1977 : 16, 24) "The use of Roman numerals made arithmetic cumbersome and errors had to find. Worse, it perpetuated a narrative form account in which no real attempt was made to bring receipts and expenditures face to face in parallel columns."

전개될 무렵 일본의 수도 동경에서 발행되는 「東京經濟雜誌」에 '고려시대 복식부기가 있었다.'라는 기사가 발표되면서 일본 학계와 문화계는 커다란 충격에 빠진다.[9] 왜냐하면 그 당시까지만 해도 DEB란 일본 근대화의 아버지라 칭송되는 후쿠자와 유키치가 미국 상업보통학교의 회계 교재를 번역하여 일본에 보급한 서양에서 개발한 이윤 계산방식이라고 알려져 왔기 때문이다.

19세기 일본의 근대화를 주도한 메이지유신 세력은 '굿바이 아시아(脫亞入歐)'를 외치며 동양에 없는 근대적이고 합리적인 서양 문명을 먼저 수입하여 정체된 동양 사회와 이별을 고한 바 있기 때문에 그 충격은 매우 컸으리라 짐작된다.

개성상인들의 사개송도치부법이 일본의 주목을 받은 계기는 1916년에 현병주가 개성 사람인 김경식(金璟植), 배준여(裵俊汝) 두 사람과 함께 편집한 『실용자수 사개송도치부법(전)(實用自修四介松都治簿法)(全)』을 덕흥서림(德興書林)에서 발간한 것이다. 이 책은 1494년 파치올리의 'Summa'처럼 그 당시까지 전통적으로 내려오는 개성상인들의 복식부기 방법을 개성인의 조언을 받아 교과서 방식의 실무지침으로 편집한 책이다.

현병주는 그의 저서 제1장 통론에서 "조선에도 가치가 있는 부기식(簿記式)은 동양상업(東洋商業)에서 먼저 발명된 송도상업가로서 이미 사용하는 사개치부법(四介治簿法)이 있어 멀리 이태리 베니스 정부에서 발명한 신식부기법(新式簿記法)과 부합돼야"라는 내용을 언급하였다. 그는 개성상인의 사개치부법을 이탈리아 베니스 부기법보다 먼저 발명되었으며

---

9) 田村流水, 「高麗時代に複式簿記あり」, 『東京經濟雜誌』, 76卷 第 1911號. 1917.

그 원리가 서로 일치한다고 주장하였다.

　일제강점기 일본에 대서특필된 개성상인의 사개송도치부법이 한국
고유의 회계방식으로서 서양에 알려지게 된 것은 바로 이듬해인 1918년
오스트레일리아 회계학 잡지 'The Federal Accountant'의 편집 후기
에 다음과 같은 기사가 실린 이후이다.[10)

　　"경영 방법의 하나인 회계장부 기록의 기술을 지구상에서 누가 처음
　　으로 생각했을까? 그 누구도 복식부기 기술을 창안하고 사용해온 국
　　가가 한국이라고 생각하지 못했을 것이다. 그러나 한국에서는 지금 그
　　것이 존재하고 있다."

　그동안 일본 경제는 6·25전쟁 이후 비서구 유럽 국가에서 유일하게
선진국에 진입하여 그리스 로마 유전자 수혜 국가가 아니라도 서구 유
럽이 주도하는 자본주의 선진국 대열에 합류할 수 있다는 '일본 예외주
의(Japanese Exceptionalism)'를 형성하였다. 이 '일본 예외주의'는 일본만
이 유일하게 비서구 국가에서 근대 산업국가가 되었기 때문에 정체된
동양에서 벗어나기 위해서는 일본이 주도하는 근대화 모델을 따라야
한다는 '기러기 비행편대론(The Flying Geese Paradigm led by Japan, 이하
JFGP)'을 형성하게 된다.

---

10) *The Federal Accountant* (1918)"Who first thought of bookkeeping as a business
　　method? One would never think of Korea, and yet it was there that double-entry
　　bookkeeping was invented and put into use. This was in the twelfth century, while it
　　was not until the fifteen century that a similar a system was devised in Venice, then
　　commercial centre of world" The Federal Accountant (1918), pp. 127-128.

이 JFGP 모델의 기원은 19세기 후반 메이지유신의 '아시아를 벗어나 서구 사회로 들어가기(脫亞入歐論)'이다. 이 굿바이 아시아론은 이후 비서구 사회의 유일한 근대화 통로로 채택되었고 한국과 대만은 일본 다음으로 비서구 사회이면서 근대화에 성공한 지역이라는 것이 최근의 반일 종족주의와 식민지 근대화론인 것이다.[11]

굿바이 아시아를 통해 드러난 일본 예외주의는 제2차 세계대전 이후 전개된 6·25전쟁과 한반도의 분단 그리고 냉전시대를 거치면서 '기러기 비행편대론'으로 화려하게 부활한다. 그 중심에 제2차 세계대전의 전범 기업인 도요타 자동차의 회계보고서가 존재한다. 서구 유럽 해양세력에 의해 가공된 '일본 예외주의'는 6·25전쟁 이후 전개된 냉전시대에 대만과 같은 섬 지역과 홍콩, 싱가포르 등 중국 해안가 도시 그리고 한반도 남한과 같은 분단지대 섬나라와 도시국가들의 경제성장을 견인한 제국의 후예로 화려하게 부활했던 것이다.

해양세력 영국이 주도한 산업혁명과 근대화를 등치시키는 논리가 동아시아로 연장되어 동아시아의 변방 해양세력인 일본이 주도한 경제성장과 결합하여 만든 모델이 서구 유럽 중심 자본주의 역사관의 이중대라 할 수 있는 일본 예외주의인 것이다. 결국 일본 근대화의 아버지 후쿠자와 유키치가 제창한 '굿바이 아시아'는 네덜란드, 영국, 미국의 이중대로 전락하여 유라시아 대륙 문명을 아시아와 유럽으로 갈라놓고 서

---

11) 脫亞論은 '아시아로부터 도망가기' 혹은 '안녕 아시아'로 직역할 수 있다. 영어권에서는 "Good-bye Asia", "De-Asianization". Kaname Akamatsu, "A Theory of Unbalanced Growth in the World Economy." Archiv, Band 86 (1961) Heft 2, pp. 196–217. Kaname Akamatsu, "A Historical Pattern of Economic Growth in Developing Countries," The Institute of Asian Economic Affairs, The Developing Economies, Preliminary Issue No. 1, March–August 1962, pp. 3–25.

유럽의 부흥과 동양 사회의 몰락이라는 이분법적 문명충돌론으로 서구 유럽 자본주의 문명 우월론자들의 학문 권력 유지에 결정적인 힘이 된 것이다.

얼이 빠진 중국 경제성장

여기에 기름을 부은 것이 사회주의 평등 국가의 기치를 내건 중국이 서구 유럽을 모방하면서 이룩한 얼빠진 경제성장이다. 1990년대 중국 경제의 고도성장은 중국 사회주의 정치권력의 교만 즉 중화제국주의로 이어져 21세기에 나타난 정책이 바로 중화제국주의 팽창정책인 일대일로(一帶一路)이다. 중국 경제는 1970년대 초 베트남전쟁에 패배한 미국이 금태환 정지를 선언하면서 냉전 해체기에 들어가자 가장 큰 수혜를 받으면서 성장한 경우이다. 6·25전쟁과 베트남전쟁의 희생의 대가를 중국이 차지한 것이다. 중화제국주의의 교만이 낳은 역사 왜곡이 바로 한국 지우기(Passing Korea) 공정 즉 동북공정이다.

21세기 중국은 동북아 지역에서 오랜 세월 기마민족(貊,濊,靺鞨,勿吉)이 주체가 되어 이룩한 유라시아 문명을 야만(野蠻) 오랑캐(胡)로 비하하면서 한나라 지배계급인 한족의 중화주의를 내걸고 전 세계로 확장을 시도하였다. 그러나 1990년대부터 현재까지 진행된 중국의 고도성장은 합리적인 이윤추구 문화의 중심인 DEB를 존중하는 국제회계기준(IFRS)의 적용 없이 부정부패로 얼룩진, 한마디로 자본주의 얼이 빠진 경제성장이라는 점을 중국이 인식하지 못하고 있다.

따라서 21세기 초반 중국의 경제성장만을 배경으로 출발한 캘리포니아 학파가 서구 유럽 중심 사관이 제시한 합리주의라는 표준을 능가하는 새로운 대안을 제시하지 못하고 서구 유럽 중심 사관에 반발하는 것에 머문 것은 지극한 당연한 것이다.

20세기 후반 등장한 중국 경제의 지나친 교만과 공자학교(Confucian Acodemy)를 중심으로 한 중화문화 제국주의 사상이 전 세계적으로 동아시아 유교 문명에 대해 회의적인 시각을 갖게 함으로써 다시 서유럽 중심 자본주의 역사관이 부활하고 있다. 학문 권력 세계의 주도권도 마찬가지로 그리스 로마 문명권 중심으로 다시 뭉치면서 동서양 통합을 시도한 지구사 연구가 힘을 상실하고 다시 동서양 문명의 충돌을 주장하는 견해들이 되살아나고 있는 것이다. 후쿠야마의 『역사의 종말』이나 새뮤얼 헌팅턴의 『문명 충돌』은 자본주의 정신을 유지해온 합리주의 문명은 역시 서유럽에 한정된다는 유럽 중심 사관의 부활을 도모하는 시도들이라 하겠다.[12]

역설적으로 서구 유럽 중심의 학문 권력 부활에 가장 큰 기여를 한 것은 '탈회계 편집증(De Accounting Paranoia, DAP)'에 걸린 한국, 일본 그리고 특히 중국의 투기적 자본가들을 용인하는 동아시아 자본주의 체제이다. 중국, 일본, 한국 등 IFRS의 기준을 일탈한 동아시아 자본주의 체제가 국제 환투기, 주식투기, 봉건적 토지 부동산 투기자들에게 노출

---

12) 『역사의 종말』(The End of History and the Last Man) 한마음사, 1997. 미국의 정치경제학자 프랜시스 후쿠야마의 저작이며 그는 6·25전쟁 이후 1991년 소련의 해체까지 전개된 냉전체제에서 민주주의와 자유시장경제가 승리함으로써 냉전이 종결되었다는 주장을 전개하였지만 이후 1990년대 전개된 중국의 경제성장과 베트남의 경제성장을 예견하지 못하고 서유럽중심주의의 한계 속에 머물러 있다. 새뮤얼 헌팅턴, 『문명충돌(The Clash of Civilizations and the Reclaiming of World Order)』 김영사, 1997.

되면서 지금 전 세계 부를 봉건적, 세습적 자본축적 적폐 세력들이 장악한 것이다. 한국의 2030세대들이 희망찬 미래 대신 흙수저론을 제기하게 된 시대적 배경에는 바로 이 세력들이 존재한다.

본서에서는 20세기 후반에서 21세기 초반에 나타난 중국 주도의 국가자본주의 체제의 성장에 대해서 전 세계가 미국을 대체하는 슈퍼파워의 등장으로 이해하는 것에 대해 경종을 울리고자 한다.

중국이 전 세계 제조업의 기지가 되면서 지구 온난화와 기후변동, 전염병 발생이 만연된 것과 결코 무관하지 않은 것이다. 특히 소득 불균형의 심화에는 봉건적, 투기적, 단기적 자본의 이익 극대화 추구 행위와 깊이 연관되어 있다.

봉건적, 투기적 자본은 이미 19세기 영국 산업자본의 원시적 축적처럼 늘 합리적 자본에 기생하는 독버섯과 같은 존재이다. 이 독버섯은 타인노동 착취설의 칼 마르크스부터 최근 '세습자본주의론' 등 신마르크스주의자들에 이르기까지 합리적 자본과 봉건적 자본의 실체를 구별하지 못하고 자본 그 자체를 부정하는 주장들을 등장시킨다.

국내의 소득 주도 성장론자들이나 기본소득 맹신주의자들도 이들의 우렛소리를 좇아 부화뇌동한 얼빠진 지식인들이다. 이 신마르크스주의자들에 의해 합리적 이윤추구의 주체인 기업에 대해 적대적 태도로 일관하는 '세습자본주의론'은 지난 18-20세기 약 3세기 동안 서구 유럽 주요 국가들의 자본이 생산과정에서 제 역할을 하면서 소득을 올리는 것이 아니라 비생산 영역에서 과도한 소득을 올리는 것에 분노하면서 등장하였다. 2008년 이후 전 세계를 쓸고 다닌 탈회계 편집증에 걸린 한국, 미국, 일본 그리고 특히 중국의 투기적 자본가들이 진실로 오래된 적폐 세력의 실체라는 사실을 인지하지 못한 것이다.

여기서 16-20세기 약 5세기 동안의 DEB와 자본주의의 역사를 간략하게 정리하여 보자. 먼저 16-19세기 서유럽은 대부흥의 시대이자 동시에 회계정체시대이다. 서유럽은 회계정체시대에 산업자본주의의 슈퍼파워를 형성하는 모순 속에서 자본주의 체제와 합리주의 체제가 분리된 제국주의와 식민주의 체제로 세계 자본주의를 주도한다.

주도 세력은 네덜란드, 영국 등 해양세력이다. 이 해양세력이 19세기 아편전쟁에서 청일전쟁과 러일전쟁을 통하여 일본과 미국과의 동맹을 이끌어내면서 유라시아 세계는 유럽과 아시아로 분리되고 일본이 아시아를 배반하고 서구 유럽의 이중대로 편입되는 일본 예외주의를 형성하게 된다.

대항해시대 해양세력의 식민지로 편입된 미국은 뒤늦게 제너럴셔먼호 사건을 통해 해양세력의 동맹에 합류하면서 전쟁을 추구하는 대외 팽창주의와 혁신을 추구하는 대내 혁신주의로 양분된다. 19세기 후반 이후 미국의 기업은 대내적으로 원가혁신과 관리혁명을 DEB를 통한 내부통제시스템으로 이룩하면서 기업가정신의 메카로 되고 회계정체시대에 분리되었던 합리주의 세계와 자본주의 세계의 통합을 획득하게 된다. 그러나 대내적 통합의 시기는 잠깐이다. 미국은 대외적으로 전 세계에 무력으로 개입하면서 특히 아시아에서 6·25전쟁과 베트남전쟁으로 이어지는 전쟁을 통한 세계 패권국가라는 이율배반적인 국가의 모습으로 오늘날에 이르고 있는 것이다.

6·25 전쟁 이후 미국자본주의는 뉴욕의 주식시장으로 상징되는 주주자본주의 체제를 주도하였지만 2008년도 엔론 회계 부정에서 드러

나듯이 미국의 주주자본주의는 국제통화질서와 국제회계기준(IFRS)의 모범 답안을 제시하지 못하였다. 그러한 상태에서 얼굴은 사회주의이지만 마음은 철저한 자본주의 체제인 중국의 국가자본주의 체제에 그 슈퍼파워의 자리를 내놓고 있는 형국인 것이다.

지난 세기 제국주의, 식민주의, 일본 예외주의, 주주자본주의, 국가자본주의로 네덜란드, 영국, 프랑스, 일본, 미국, 중국이 합리주의 세계와 대치되는 세습자본주의 세계가 전면에 나타나고 있던 시기에 한국은 조선의 멸망, 일본 식민지배의 치욕, 분단의 아픔으로 점철된 역사를 겪어야 했다. 그러나 지난 약 5세기 동안의 DEB와 자본주의의 역사 속에서 조선 사회를 고찰할 때 조선은 대차대조표의 자본계정과 손익계산서의 명목계정의 통합을 가장 완벽한 DEB를 통해 구축한 기업 실무 회계장부를 유일하게 보유한 국가이다.

따라서 21세기 새로운 세계 경제 질서를 바라보면서 제국주의 영토 팽창이 극대화한 19세기 한복판에서 중국과 일본에 홍삼과 백삼을 수출하면서 자본순환을 기록한 개성상인들의 현대식 DEB를 놓고 우리는 많은 것을 다시 생각할 수밖에 없다. 먼저 일본제국주의의 식민지배의 치욕을 다시 생각하여야 한다. 일본 근대화의 기치인 메이지유신의 '굿바이 아시아'를 재고찰하면 일본의 근대화는 조선의 개성상인이 주도한 합리적 자본주의 체제의 배반이며 이탈인 셈이 된다.

왜냐하면 일본 근대화의 아버지 후쿠자와 유키치는 DEB를 중심으로 이윤을 계산하는 합리주의 세계를 서구 문명이라고 동경하면서 '굿바이 아시아'를 외치게 되었기 때문이다. 일본이 이미 합리적 이윤추구 문화를 보유한 동아시아의 회계문명국 조선을 배반하고 회계정체시대(ASE)

라는 광기의 자본세계를 구축한 서구 유럽으로 들어간 것은 자본주의
의 실상이 아닌 허상을 좇은 셈(細音)이 된다.

중세경제혁명의 진원지 고려 개성

캘리포니아 학파에서 동서양의 균형을 잡은 '지구사(Global History)'를
논의하기 훨씬 이전인 20세기 초부터 한국의 회계사 연구자들은 개성
상인의 사개송도치부법(Kaesong DEB, 이하 KDEB)을 연구하여 합리적인
이윤추구 문화의 중심인 DEB가 유럽이 아닌 동아시아에서 그것도 그
동안 변방으로 인식되어 온 한국에서 오랜 세월 동안 추구되고 있었다
는 역사적 사실을 찾으려고 노력해왔다. 또한 동아시아 국제교역사 연구
자들은 동아시아에서 태평양은 유럽의 지중해처럼 국제 교역의 중심이
었고 11세기부터 한국의 개성과 중국의 천주, 항주, 상하이, 일본의 오
사카를 연계하는 동아시아 삼각무역 체계가 이미 11세기부터 발달한 점
을 강조한 바 있다.[13]

세계 학계에서 DEB 발상지라고 인식되는 곳은 이탈리아 베니스 한
도시만이 아니라 이탈리아의 주요 도시 밀라노, 플로렌스 등 도시와 도
시를 연결하는 국제 도시 교역망이다. 동아시아에서도 11세기 이래로
국제 교역망은 개성 송도와 중국의 등주(登州), 천주(泉州), 항주(杭州)를
연결하는 도시적 연결망이 존재한다.

---

13) Huge R. Clark, 1991. *Community, Trade, and Networks* Cambridge University Press.

당시 동아시아에서 일어난 경제혁명을 가리켜 세계경제사 학계에서는 '중세경제혁명(Medieval Economic Revolution)' 혹은 '중세상업혁명(Medieval Commercial Revolution)'이라 부른다.[14] 중세상업혁명은 11세기에서 13세기 200년간의 경제혁명으로 이 혁명의 키워드는 전문(錢文 Copper Currency), 비보(飛報 Tweet), 비전(飛錢 Flying Money), 우편(郵便 Posting), 올벼(早稻 Early Ripening Rice) 그리고 환어음(換於音 Bill of Exchange)이다. 그러나 문제는 이 혁명의 키워드들에서 알 수 있듯이 대부분 유라시아 대륙의 기마민족 거란과 금과 몽골 그리고 고려가 주도한 혁명임에도 이들을 제외하고 송나라에 집중하는 한계가 존재한다는 점이다.

지금까지 중세경제혁명 연구는 남송을 중심으로 올벼(早稻)가 일으킨 농업혁명에 더 큰 비중을 두었고 양쯔강 델타 지역의 도시 성장에 초점을 맞추었다. 특히 송나라만 강조되어 '중세경제혁명'은 '중세중국혁명(Medieval Chinese Revolution)'으로 잘못 인식되어 있다. 태평양 연안 일대의 경제성장을 중심으로 지구사를 논의하는 캘리포니아 학파도 동아시아가 주도한 중세경제혁명에서 중국의 송나라만 보고 고려는 보지 못하는 한계를 갖고 있다.

그러나 송나라는 주희의 성리학을 기반으로 문예부흥을 꽃피운 곳이지만 군사적으로 위약하여 항상 북방 기마민족의 침입에 시달려서 남으로 남으로 이동하며 사라진 국가였다. 송나라가 거란의 신하국, 즉 조공국가로 전락하는 그 유명한 전연지맹(澶淵之盟) 이후 11세기에서 14세기까지 중국의 중원을 차지한 국가는 유라시아 대륙의 기마민족이었다.

---

14) Elvin, Mark. 1973. *The Pattern of the Chinese Past: A Social and Economic Interpretation*. Stanford, CA: Stanford University Press.

위약한 송나라와 달리 고려는 유라시안 유목민족의 후예이면서 동시에 해양무역을 주도한 백제, 마한의 후예로서 거란의 침입을 물리친 군사 강국이면서도 문예부흥을 주도한 국가이다. 예를 들어 오늘날 국가와 국가 사이의 송금 등 금전거래를 노트북을 사용하여 인터넷상으로 진행하듯이, 환어음이나 우편환 같이 종이 위에 글쓰기로 지급을 유예하는 전통적 방식이 고려와 송나라 사이에서 발달한 국제결제망이다. 이 두 국가는 전자적인 온라인 지불시스템 페이팔(Paypal)을 연상케 하는 '날아다니는 돈(飛錢)'을 발행하여 국제통화로 사용하였다.

게다가 고려는 훈련된 매를 이용한 날아다니는 정보 '飛報', 국제 선박 환어음 제도 그리고 말을 이용한 우편제도를 중심으로 송나라를 능가하는 최고의 문예부흥을 일으킨 국가이다. 고려의 문예가 송나라를 능가한다는 평가는 송나라 황제가 파견한 외교 사신 서긍의 『고려도경(高麗圖經)』에 자세히 나타나 있다. 따라서 중세경제혁명 연구에서는 유라시아 대륙 문명으로서 자본회계 제도의 발달을 일으킨 고려의 역할을 간과해서는 안 된다.

당시 고려의 개방형 통상국가 이미지를 읊은 시들은 11세기에서 13세기 개성과 강화 사이에 정박한 무역선들은 만 리(약 4,000km) 밖의 국가에서 온 무역선이라고 전하고 있다. 오늘날 북한이 개발한 대륙간탄도미사일(Inter-Continental Ballistic Missile)의 사정거리가 5,500km이니 당시 고려 개성에 모인 국제 무역선이 어느 정도 먼 국가에서 왔는지를 가늠할 수 있다.[15]

---

15) 『동문선(東文選)』 제2권 부(賦) 최자(崔滋)의 시에 강화도 연미정 앞을 지나는 국제무역선을 다음과 같이 묘사하고 있다. '장삿배와 조공물을 실은 배도(商船貢舶) 만 리에 돛을 이어(萬里連帆)'.

특히 동아시아 천년의 역사를 관통해온 구리본위 통화체제의 통화단위이자 회계단위인 전문(錢文)의 확립에 고려는 결정적인 역할을 수행하였으나 그 세계사적 의미에 대해 전혀 인지하지 못하고 있다. 구리화폐 전문(錢文)은 청(靑)동기시대 이래 15세기 은본위 통화체제가 등장하기까지 유라시아 대륙의 대표적인 금속화폐였다. 전문(錢文)은 유라시아 대륙과 태평양 연안 일대에 분포한 국가들이 주전하고 사용해온 금속화폐로서 지중해 연안 일대에 분포한 국가들이 금화나 은화를 주조하고 사용해온 것과 대비된다.

대중통화 엽전 네트워크 외부효과

오늘날 국제사회에서의 통화 및 회계단위가 미국 달러이듯이 전문(錢文)은 중세 이래 가장 많은 인구가 경제활동을 수행한 한자문화권의 통화 및 회계단위였다. 한반도의 경우 고려 500년 조선 500년간 일관되게 이 표준을 지키며 경제활동을 영위하였다. 이러한 최장기간 최대의 인구가 경제활동을 수행한 지역에서 통화 및 회계단위를 일관되게 지켜온 전문(錢文)을 어떻게 해석하는 것이 가장 정확할까?

본서에서는 그 해답을 국제금융 및 통화 문제에 대해 가장 통찰력 있는 시각을 제공한 찰스 킨들버거(Charles Kindleberger)의 '통화 네트워크 외부성(Currency Network Externality, 이하 CNE)'에서 찾는다. 특정 제품을 사용하는 소비자가 많아질수록 해당 상품의 가치가 더욱 높아지는 현상 '네트워크 외부성(Network Externality)'이 국제통화에도 나타나는데 오늘날 미국 달러(\$)처럼 개성상인이 사용한 전문(錢文)은 킨들버거의 정의대로 해석하면 세계에서 최장기간 가장 많은 인구의 경제력을 가장 효율적으로 움직이도록 한 'CNE'였던 것이다.

특정 화폐를 사용하는 소비자가 많아질수록 해당 화폐의 가치가 더욱 높아지는 현상 '네트워크 외부성(Network Externality)'을 통화와 회계기준에 적용하면 KDEB 전문(錢文)이야말로 중세이래 미국의 달러가 세계 기축화폐로 등장하기 이전까지 세계에서 가장 많은 인구가 경제활동을 수행하기 위하여 사용한 통화이기 때문에 전문(錢文)의 가치가 금화나 은화보다도 더 높은 가치를 형성하는 현상 즉, 통화 네트워크의 외부효과(CNE)를 가장 강력하게 형성한 것이라고 볼 수 있는 것이다. 역사적으로 개성상인이 KDEB를 가지고 활동하던 18세기에 청나라와 조선, 도쿠가와 일본에서 공통적으로 관찰되는 전황(錢荒) 현상은 구리돈 통화 네트워크의 외부효과가 극대화된 것을 의미한다.[16]

금본위제 성립 이전에 동아시아의 경제권에서 구리돈(錢文)은 지구상에 출현한 어떠한 통화보다도 가장 오랜 세월과 광범위한 지역의 국가들을 포괄하는 통화였다. 송나라, 고려, 금나라, 원나라, 명나라, 조선, 베트남, 오키나와 등 가장 광범위한 지역에서 사용된 통화 및 회계단위였다. 그 중에서도 한반도 지역은 구리돈이 고려 500년, 조선 500년을 합해 약 1,000년의 역사를 일관되게 통화 및 회계단위로서의 표준을 지키며 경제활동을 영위해온 지역이다. 이러한 최장기간 최대의 인구가 경

---

16) 전문(錢文)의 다른 표현이 엽전이다. 1970년대 한국의 군사독재정권에 가장 극렬하게 저항한 대중 록밴드가 사용한 이름이 '신중현과 엽전들'이다. 엽전이 한국경제사에서 어떤 의미가 있는가는 다음 연구에 자세하다. 전성호, 『조선후기 미가사 연구』 한국학술정보(주) 2007, 166.

제활동을 수행한 지역에서 통화 및 회계단위의 지위를 일관되게 지켜온 전문(錢文)을 KDEB는 공통된 회계단위로 사용해온 것이다.

전기와 열의 전도성이 가장 뛰어난 구리의 속성 그대로 구리돈은 금화와 은화에 비해 더 광범위한 지역에서 더 많은 사람이 더 오랜 기간 사용해온 금속화폐라는 점에서 21세기 부각되고 있는 디지털 통화에서 CNE 체제 개발에 던지는 시사점은 매우 크다.

금화와 은화가 소수에 의해 독점되고 궁정과 로마교황청 등 일부 지역에 한정되어 통용되어온 소수 지배자의 통화 역사를 갖는다는 것은 오늘날 발전하고 있는 디지털 통화의 미래 방향과 자본주의 금융 질서를 이해하는 데에는 서구 유럽 중심 사관처럼 타 문명보다 우월한 통화 질서가 아니라 열등한 통화라는 사실이 본서에서는 여러 번 강조된다.

본서에서는 통화와 회계 네트워크의 외부성의 표준 체계 확립에 고려 시대부터 19세기까지 일관되게 통용된 동국통보, 동국중보, 삼한통보, 해동통보, 해동중보 그리고 조선통보는 중국, 베트남, 일본, 유구국과 함께 동아시아의 공통된 통화 및 회계 계산단위로서의 전문(錢文) 체제가 결정적인 기여를 한 것을 제시한다.

전문(錢文)은 동북·동남아시아를 중심으로 정립된 통화단위로서 경화 구리(錢)와 글쓰기 문(文)이 결합되어 실질적 가치와 명목적 가치가 항상 명실상부(名實相符)한다는 점에서 명목계정과 실질계정의 통합을 이룩한 개성 DEB 성립을 뒷받침하는 가장 중요한 역사적 전제이다. 이 구리돈 혹은 누런 돈은 고려에서 조선을 거쳐 약 1,000년의 세월을 변함없이 통화 및 회계 표준을 지켜온 것이다. 15세기 조선통보에 이어 17세기 조선 후기에는 상평통보(常平通寶)로 그 명칭을 바꾸어 주전되어 통용되어온 동아시아를 대표하는 통화 및 회계단위였다.

12세기 송 황제가 파견하여 고려를 방문한 서긍은 고려에 송나라와 동일한 도량형과 동일한 회계단위가 확립되어 있는 것을 보고 찬탄하면서 송 황제에게 '동문(同文)의 중화(中華)를 이룬 곳이 바로 고려'라고 보고한다. 쉽게 이야기해서 통화와 회계 네트워크 외부성의 표준 체계의 최정상에 고려가 있었다는 말이다. 이 전문(錢文) 체제는 고려 500년에 이어 15세기 장영실이 주조한 조선통보, 그리고 18세기 상평통보로 조선 500년 내내 일관된 통화단위이자 회계단위였던 것이다.

은행 없는 사회, 현금 없는 사회: 개성

본서에서 다루는 주제는 고려의 문예부흥에 기반한 KDEB와 회계장부 속에 가상의 은행계정을 수립한 '개성발 금융혁명(Kaesong's Financial Revolution by Fiduciary Bank Account)'이다. 기존의 유럽 중심 자본주의 역사에서 찾아보기 힘든 '은행 없는 회계장부상의 자본 금융시스템'이 가능한 것도 바로 이 천년의 역사를 관통해온 안정된 통화가치 회계단위 전문(錢文) 때문이다. 이 CNE로 서유럽과 동아시아의 거대한 변환(The Great Divergence)이 언제 어디에서 일어났는가를 설명할 수 있다.

서구 유럽에서 CNE가 나타난 것은 19세기 후반 금본위제도의 채택이후이다. 해양 자본회계 문명과 대륙 자본회계 문명이 서로 잘못 만난 계기는 1498년 바스쿠 다 가마(Vasco da Gama)가 동인도로의 항로를 개척함으로써 시작된 향신료섬 열기(Spice Islands Rush)이다. 이 향신료섬 열기의 주체는 해적이며 해적이 주체가 된 대항해시대는 1848년 캘리포니아 골드러시와 아편전쟁이 발발하면서 본격적으로 금본위제와 구리통화와의 네트워크 외부효과 전쟁이 시작된다.

아편전쟁의 시작은 영국과 중국이 아편의 자유 수출입을 놓고 벌인 통상 마찰이지만 본질적으로는 금본위제도와 구리돈 본위제도가 국제 통화질서의 주도권을 놓고 벌인 통화전쟁이라 할 수 있다. 따라서 19세기 중엽 아편전쟁 발발의 역사적 배경을 파악해야 이후 100년간 전개된 태평양 일대의 전쟁, 즉 아편전쟁(1839년-1842년), 청일전쟁(1894년-1895년), 러일전쟁(1904년-1905년), 제1차 세계대전(1914년-1918년), 제2차 세계대전(1939년-1945년), 6·25전쟁(1950년-아직 휴전중), 베트남전쟁(1954년-1975년)으로 이어지는 태평양 일대의 끊임없는 전쟁은 미국의 금태환 정지 선언으로 그 막을 내린 것으로 이해할 수 있다.

통화 및 회계 네트워크 외부성의 표준

영국은 1821년 금본위제를 가장 먼저 채택한 국가이다. 이후 19세기 유럽 각국으로 금본위제가 전파되면서 국제통화질서에서 영국은 가장 유리한 고지를 제일 먼저 차지한 국가라 할 수 있다. 이후 서구 유럽은 금 통화 네트워크의 외부효과를 톡톡히 누리면서 자본주의 세계를 열어나가지만 전문(錢文) 통화 네트워크 외부효과를 누리던 조선, 중국, 베트남, 일본, 그리고 유구국은 이 시기부터 쇠퇴하기 시작하여 6·25전쟁과 냉전 성립기를 최저점으로 동아시아의 생활수준은 급격히 후퇴하여 일본을 제외하고 서구 유럽과의 경제력 격차는 가장 큰 차이로 벌어지게 된 것이다.

이른바 양요(洋擾)의 시대 아편전쟁을 시발로 벌어진 국제통화네트워크 패권전쟁이란 은본위제와 금본위제의 전쟁이 아닌 구리돈 전문(錢文)과 금본위제의 전쟁을 의미하며 해양 세력인 서구 유럽과 유라시아 대륙 세력이 세계의 CNE를 놓고 벌인 전쟁을 의미한다.

적어도 19세기 아편전쟁이 일어나기 전까지 동아시아의 생활수준은 유럽과 비교하여 큰 차이가 없는 상태였지만 아편전쟁 이후부터 양 지역의 경제력 격차는 눈에 띄게 벌어져 6·25전쟁을 최고점으로 '높은 생활수준 유럽, 낮은 생활수준 동아시아'라는 관계가 성립한 것이다.

그러나 실명계정과 실질계정의 차변 대변 양면을 중심으로 짜여지는 KDEB가 전문(錢文)을 통화 및 회계단위로 채택한 것을 오늘날 디지털 시대 부각되는 디지털 통화의 관점에서 놓고 볼 때 '높은 생활수준 유럽, 낮은 생활수준 동아시아'라는 관계는 다시 설정되어야 한다. 오늘날 페이스북이나 트위터처럼 의사소통망에 참여하는 사람이나 지역이 많아지고 광범위해질수록 경제의 효율성이 올라가는 체제를 동아시아는 이미 20세기 이전에 실현해왔기 때문이다.

따라서 본서에서는 KDEB의 탐구에서 발견한 통화 및 회계 네트워크 외부성의 표준(Standard for Currency & Account Network Externality, 이하 SCAN)으로서 전문(錢文)을 제4차 산업혁명 시대에 가장 적합한 통화 및 회계질서라는 점을 강조한다.[17]

본서에서 고려와 조선의 통화 및 회계의 효율성을 논의한다고 해서 본서를 민족주의 역사 서술로 받아들이면 안 된다. 왜냐하면 본서에서 제시하는 공통된 계산단위는 곧 공통된 의사소통 단위이며 경제 거래를 처리하는 데 비보(飛報)와 비전(飛錢)처럼 가장 빠르고 정확하게 확장하는 지름길을 제시하고 있기 때문이다.

따라서 본서의 중심 주제인 KDEB 속에 등장하는 계정 단위와 회계기준 성립의 역사적 의미를 파악하는 것은 앞으로 전개될 지구촌 시대에서 개인과 개인, 기업과 기업, 국가와 국가, 개인과 기업, 개인과 국가, 기업과 국가 사이의 각종 금융거래비용을 줄이는 데 도움이 된다. 즉 KDEB의 전문(錢文)은 이미 과거 가장 오랜 세월 가장 광범위한 영역의 의사소통 네트워크를 가지고 있었고 사용 인구가 많았기 때문에 앞으로 미래 사회에서도 이 KDEB 표준을 사용하는 것이 가장 효율적인 의사소통 네트워크라는 것이 본서의 궁극적인 지향점이다.

천년의 세월 동안 경제와 정치, 사회, 문화 모든 분야에서 단절 없이 연속적인 불변의 회계단위를 유지해옴으로써 개성상인의 DNA에 박힌 합리적인 자본 인식의 핵심은 자본주의 세계를 자본축적의 세계가 아닌 자본순환의 세계로 바라보는 것이다.

천년의 세월을 일관된 회계단위를 유지해온 고려·조선과 달리 모험자본의 투기와 사기로 얼룩진 역사적 배경을 갖는 유럽에서는 안정적인 통화가치의 상실을 수시로 경험하면서 통화단위와 회계단위가 변경되었

---

17) Charles Kindleberger, "The Politics of International Money and World Language", chapter 2 of *International Money. A Collection of Essays*, George Allen & Unwin, 1981, p.32. Charles Kindleberger, "Standards as Public, Collective and Private Goods", Kyklos, Volume 36, 1983, p.377. James Tobin, "Financial Innovation and Deregulation in Perspective", Keynote Paper Presented at The Second International Conference of the Institute for Monetary and Economic Studies, Bank of Japan, Tokyo, May 29-31, 1985, pp.20-22.

기 때문에 DEB를 실증하는 기업 실무자료를 찾아보기 힘든 것이다. 과거와의 단절로 통화 및 회계단위가 바뀌는 가장 대표적인 사례가 18세기 후반 프랑스 앙시앵레짐이다.

18세기 프랑스는 리브르화 단위를 없애고 프랑화로 통화 및 회계단위를 바꾸었다. 그 정확한 날짜는 1795년 4월 7일이다. 리브르(Livre)는 전문(錢文)처럼 781년부터 1794년까지 약 천 년간 프랑스의 일관된 통화 및 회계단위였다. 프랑스가 통화단위를 리브르화에서 금화 프랑화로 바꾼 것은 바로 직전에 아시냐(Assignats)라는 지가증권을 발행하여 파산에 임박한 프랑스 왕정을 긴급 구제한 것과 연관되어 있다.

1688년부터 1788년까지 프랑스는 영국과 4번의 전쟁 중 3번이나 패배하여 국가 파산의 위기에 직면하자 1789년부터 1796년까지 프랑스의 제헌의회는 몰수한 종교 재산을 담보로 아시냐(Assignats)를 발행하여 겨우 국가 파산을 막은 것이다. 그러나 당시 영국의 런던에는 17개의 아시냐(Assignats) 위조 공장이 있었고 동원된 인원만 400명이었다. 1694년에 설립된 영국은행은 전쟁배상금을 처리하고 지폐를 발행하는 종이화폐에 대한 독점권을 획득하면서 일반 상업은행들을 통제하는 오늘날 중앙은행 기구가 된 것이다.[18]

통화와 회계 단위의 변경은 프랑스의 궁실과 왕실 재정을 위한 극소수의 자본소유자들을 위한 회계정보 제공에만 유용한 도구로 기능하고 다수의 경제 이해관계자와는 철저히 분리되는 계기의 확립이라 할 수 있다.

---

18) Thomas J. Sargent and François R. Velde Macroeconomic Features of the French Revolution *Journal of Political Economy*, Vol. 103, No. 3 (Jun.)1995., pp. 492-494.

당시 프랑스의 인플레이션과 급격한 환율변동은 광기의 자본의 출현을 의미하는 것이지 합리적인 이윤 계산에 기반한 근대적 기업가정신의 출현과는 거리가 멀다. 소수 독점적 자본소유자는 정치권력과 결탁하고 토지를 담보로 발행된 지가증권을 위조하면서 공통된 회계단위를 바꾸어 통화와 회계질서를 붕괴시킴으로써 인플레이션의 효과를 독점적으로 향유하는 새로운 경제 권력자로 등장한 것이다.

생산적 자본 투자의 실질 수익률을 훨씬 웃도는 투기적 자본의 이득을 취하려는 투기적 행동이 천정부지로 치솟는 토지 가치의 인플레이션과 함께 광기의 자본의 세계를 열어나간 것이다. 단기적 투기적 일회성의 순간의 즐거움을 누리려는 행동이 장기적이고 계속적이고 안정적인 계획과 투자 행동보다 훨씬 큰 인센티브를 부여한 것이다.

결국 18-19세기 부동산 담보의 지가증권이 법정화폐로 둔갑하는 기현상이 일어나면서 지가증권에 대한 투기와 환율변동의 경제적 수혜는 독점적 자본소유자들과 외국의 투기적 세력들이 독차지하고 인플레이션의 부담은 가난한 사람만 뒤집어쓰는 소득불평등 구조가 프랑스혁명을 초래한 것이지 합리적인 이윤 계산을 수행한 부르주아들에 의하여 일어난 혁명이 결코 아닌 것이다. 당시 파리를 방문한 스위스인은 금을 종이로 바꾸기 위해 서둘러 와서 파리의 사치품들을 스위스로 실어 보내고 파리의 최고급 호텔에서 한 달 동안 왕처럼 산 것으로 유명하다.[19]

18-19세기 유럽은 공통된 회계단위를 손바닥 뒤집듯이 바꾸고 환투

---

19) 1795년 3월부터 1796년 9월까지 프랑스는 지나친 지가증권의 발행으로 금속화폐가 모두 해외로 유출되어 함부르크에서 인도된 함부르크 통화의 파리 가격은 운송비용 포함 운송 자체만으로 10%의 이익을 제공하였다. Thomas J. Sargent and François R. Velde (1995: 510-511)

기 붐을 통하여 민간 신용기구를 중앙집권 방식으로 통제하는 중앙집중식 은행기구에 의존함으로써 DEB에 의한 신용 기구의 작동은 멈추어 장기적인 회계정체시대로 접어든 것이다.

18세기 프랑스의 앙시앵레짐과 달리 태평성대로 알려진 조선의 영·정조 시대는 영리조직이건 비영리조직이건 고품질의 회계정보에 기반한 조직이 가장 오래 지속되는 조직이며 회계정보의 고품질은 공통된 계산단위의 안정성과 정직성에서 나온다는 세계사의 철칙을 실현하고 있었다. 나쁜 회계정보에 기반한 어떤 국가나 기업도 마침내 도산·파산한다는 것이 세계자본회계사의 철칙이다.

〈그림〉은 상평통보로 뒷받침된 조선 후기 사회가 유럽에 비하여 얼마나 물가안정의 태평성대를 누렸는가를 보여준다. 〈그림〉은 개성회계라는 고품질의 회계정보를 생성시킨 조선의 전문(錢文) 상평통보로 측정한 곡물가격 안정의 장기 추이를 나타낸 것이다. 1678년 상평통보가 통용된 이후 1850년대까지 약 180년간 조선 사회의 식량 물가는 안정되어 있음을 알 수 있다. 〈그림〉은 장기간 물가안정만이 자본회계를 탄생시키는 역사적 전제조건이라는 사실을 잘 나타내고 있는 것이다. 조선 사회가 장기간 인플레이션 없이 안정된 시장경제체제를 유지해온 것을 보여준다.

유럽 대부분의 국가가 통화와 회계단위를 바꾸면서 광기의 자본의 세계를 열어나간 반면 조선은 19세기 후반까지 중국과 베트남과 함께 천년이 넘는 세월을 불변의 공통된 회계단위 전문(錢文) 체제를 기반으로 '현대식 DEB' 즉 제조원가계산 체제를 이룩할 수 있었던 것이다. 11세기에서 20세기 중반까지 세계질서가 바뀌고 왕조가 바뀌고 전쟁이 발생

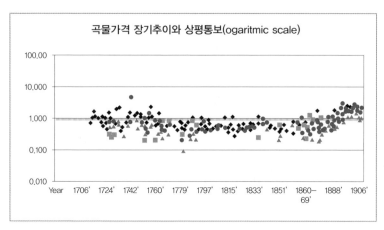

<그림> 조선 후기 곡물가격 장기 추이와 가치측정 회계단위 전문(錢文)

하고 심지어 화폐 주권을 가진 국가를 상실했어도 전문(錢文)이란 회계
단위는 변함없이 회계장부의 계산단위로 출현하고 있었다.[20]

이러한 개성상인의 일관된 계산단위 전문(錢文)은 오늘날 현대인에게
화폐란 무엇인가, 자산이란 무엇인가, 자본이란 무엇인가를 다시 생각하
게 만든다. 다이아몬드의 단위 캐럿이 화폐의 다양한 기능 중 가치저장,
가치척도, 교환수단의 기능을 할 수 있으나 대체가분성(Fungibility)이라
는 특성을 갖추어야 하는 회계단위 기능을 수행할 수 없다.

여기서 회계단위를 가지고 자본 투자금융의 중심인 자본계정을 합리
주의라고 강조한 막스 베버와 이 합리주의 인식이 슘페터로 이어져서
비용 계정 원가계산으로 확대되면서 창조적 파괴 기술혁신을 기업가정
신으로 제시한 것을 다시 생각하게 만드는 것이다.

20) 토마 피케티(Thomas Piketty) 『21세기 자본』(원제(프) *Le Capital au XXIe siècle*, Éditions du
Seuil, Paris, 2013. (영) *Capital in the Twenty-First Century*, Harvard University Press 2013
장경덕 외 옮김, 글항아리, 2014.

개성상인은 대체가분성(Fungibility)을 갖춘 전문(錢文)을 통화 및 회계 표준으로 삼아 중세 통화단위를 근대 자본회계 단위로 전환시키고 결국 6년근 인삼 제조원가계산 단위로 활용하여 고품질 회계정보에 기반한 고부가가치 상품을 개발하는 합리적인 이윤추구 문명을 세워나간 것이다.

이와 같이 개성상인의 회계 행위, 글쓰기 행위는 받을 권리와 갚아야 할 의무의 균형으로 마음의 평화를 유지하기 위하여 시작한 행위이다. 이 회계 행위의 시작점이자 귀결점, 마지막 종착점의 균형이 신으로부터의 선물, 바로 이윤이었던 것이다.

이탈리아의 중세시대에는 메디치 가문의 은행 업무 출현 이후에 중앙집권화된 은행의 출현은 플로렌스, 제노아, 베니스의 뒤를 이어 계속 출현하였다. 스페인 바르셀로나를 비롯하여 밀라노, 나폴리 등을 거쳐 영국, 독일, 네덜란드에서 도시에 대형 은행들이 출현하였다.

그러나 역설적으로 대형 중앙집중식 은행의 출현은 DEB의 완벽한 발달을 저해하고 전쟁과 전쟁으로 이어지는 악영향을 끼친 것으로 나타나지만 개성은 적어도 19세기까지 거래 당사자 외 제삼자인 은행의 매개 없이 전문(錢文)을 표준으로 DEB에 의한 자본순환시스템을 개발해온 것이다.

서유럽의 DEB는 전쟁을 통한 화폐 남발로 19세기까지 자본주의 세계에서 실종된 반면 KDEB는 적어도 1,000년의 역사를 관통하면서 최장기 국가체제를 유지해온 굳건한 기반으로 1,000년의 역사 속에서 한 번도 그 표준을 바꾼 적이 없는 회계 표준이다. 특히 회계장부 속에서 관찰되는 가상의 은행계정은 DEB를 기초로 전개되기 때문에 위조화폐와 악화의 남발이 원천적으로 차단되는 특징을 보인다.

인류의 문예부흥에서도 가장 높은 경지의 문예부흥으로 칭송되어온 DEB 회계 문명의 발상지를 놓고 고려시대 개성과 개성상인들이 회자되는 것도 회계단위 전문의 확립에 송보다는 고려가 더 중요한 역할을 해왔기 때문이다.

개성자본회계론

본서에서는 KDEB를 중심으로 KDEB 형성의 핵심 제도인 우편(郵便 Posting)제도와 환어음(換於音 Bill of exchange)제도가 중국 송나라가 아닌 동북아 지역 북방 유목민족에서 기원하는 제도라는 사실을 밝히면서 동시에 이탈리아반도 '베니스 일대에서 발상한 DEB(이하 VDEB)'와 대조하여 KDEB의 독자적인 특징을 부각시킨다.

이를 위해 먼저 본서의 중심 주제인 '개성자본회계론'을 다음과 같이 정의하고 VDEB와 비교하려고 한다. 즉 KDEB란 금융제도와 회계제도를 결합한 즉 지불수단과 교환수단 그리고 회계 기능을 결합한 것으로 '회계장부상의 가상의 은행계정을 통한 개성발 금융혁명(Kaesong's Financial Revolution by Fiduciary Account)'이라 정의 내리고 서술한다.

또한 본서에서는 이 금융혁명의 기원이 동북아 한반도를 중심으로 유라시아 대륙의 유목 문명과 태평양의 해양 문명과의 융합 속에서 일어난 혁명이라는 점을 부각시킨다. 이를 통하여 지금까지 알려진 유럽이 주도한 15세기 이탈리아에서 일어난 회계혁명 즉 '종이 위에 보존한 가상의 글쓰기(Bookkeeping Fictions)'에서 '과학적 사실(Scientific Facts)'로 이윤추구의 합리성을 획득한 유럽의 문예부흥보다 2-3세기 앞선 혁명이라는 사실을 제시하려고 한다.

고려시대 개성은 15세기 후반 르네상스의 중심지인 베니스보다 약 200-300년 앞서 찬란한 문예부흥을 꽃피운 곳이다. 고려의 역사를 세계질서의 역사 속에서 고찰할 때 전쟁을 기반으로 하는 하드파워와 평화를 기반으로 하는 소프트파워와의 관계를 중심으로 세계평화체제(Pax System)를 언급하지 않을 수 없다.

전쟁의 상징 대몽골제국이 이룩한 세계평화질서를 학계에서는 팍스로마나(Pax Romana) 다음에 등장한 세계평화체제 즉 팍스몽골리카로 명명하고 있다. 팍스몽골리카에서 나온 인류 사회의 가장 위대한 고안물은 DEB의 7가지 선행조건(Antecedents)의 하나인 신용화폐이다. 이중점검체계(Double Checking System)를 적용한 세계 최초의 가장 완벽한 종이화폐 지원보초(至元寶鈔)의 발행이 바로 그것이다. 지원보초는 글쓰기 문명으로서 DEB의 중세적 단서를 제공하는 당대 세계 최고 수준의 종이화폐이다. 특히 지원보초는 현대 회계의 재고자산 실물자산과 금융자산 명목자산의 관계를 풀어주는 역사적 단서를 제공한다.

작고한 미국 버클리대학의 한국한 연구자 미카엘 로저스(Michael C. Rogers 1923-2005)는 몽골학에 발을 들였다가 고려시대 한국학 전문가로 변신한 학자이다. 그는 전 세계를 정복한 몽골제국이 만들어낸 전쟁 종식 후의 세계평화질서(Pax Mongolica)를 연구하면서 고려학이 팍스몽골리카의 기조를 이루고 있는 것을 알고 한국학으로 방향을 틀었다. 고려학을 향한 그의 학문적 발길은 유라시아 대륙 문명 탐구의 지적 여행이었다. 그는 그리스 로마 문명이 만들어낸 팍스로마나(Pax-Romana)보다 훨씬 더 광범위하고 심오한 평화체제(Pax-System)에 고려가 존재한 것을 깨달은 것이다.

그와 함께 이 시기를 연구한 학자들은 11세기 고려를 중심으로 중세 세계질서의 축이 전환한 것을 '평등 속의 중국(China Among Equals)' 혹은 '전쟁에서 외교적 평등(From War to Diplomatic Parity, WDP)'이라고 그 세기적 세계질서의 전환을 명명하였다.[21]

지금까지 세계화폐사 연구자들은 이 지원보초를 몽골제국이 세계를 제패하면서 만들어낸 산물로 인식한다. 그러나 7세기에서 19세기까지 중국과 한국의 문헌 속에 나오는 '글쓰기 문명'을 종합하면 몽골제국의 산물이 아니라 고려의 산물인 것이 매우 명확하게 드러난다.

흔히 회계를 글쓰기 예술(Art of Writing)이라고 하고 DEB는 그중에서도 가장 높은 경지에 이른 '기록학의 꽃'이라고 한다. 회계 문명을 논하기 위해서는 그 전제조건으로 글쓰기 문화가 꽃을 피워야 한다. DEB 발상지라 불리는 고려 수도 개성이나 이탈리아의 베니스, 플로렌스는 모두 책 출판과 먹, 잉크와 종이 등 글쓰기 문화가 가장 찬란히 빛난 동서양 르네상스의 성지에 해당된다. 본서에서는 자본회계의 역사를 중심으로 몽골제국이 일으킨 중세 세계평화체제 즉 팍스몽골리카는 고려의 문예부흥과 융합하여 나온 평화질서라는 것을 제시하려고 한다.

또한 고려와 몽골이 주축이 되어 형성한 유라시아 문명의 산물은 오

---

21) Morris Rossabi 1983. *China among equals: the Middle Kingdom and its neighbors, 10th-14th centuries* Berkeley: University of California Press, DAVID CURTIS WRIGHT. 2005. *From War to Diplomatic Parity in Eleventh-Century China: Sung's Foreign Relations with Kitan Liao.* (History of Warfare, volume 33.) Boston: Brill.

늘날 팍스아메리카나 체제가 그대로 복사하여 사용하고 있다는 점을 제시한다. 팍스아메리카나 체제의 기축통화인 달러는 팍스몽골리카의 지원보초(至元寶鈔)를 그대로 복사한 체제라 할 수 있다.

본서에서는 지원보초 전면에 나타나는 전문(錢文)과 이중 점검제도를 가지고 KDEB의 7가지 전제조건이 고려시대 형성된 것을 제시한다. 개성상인들이 DEB 문명을 꽃피울 수 있었던 결정적 계기는 전쟁의 종식이다. 전쟁, 투기, 돈세탁 등은 대차평균의 원리를 갖는 회계 문명과는 상극 관계이기 때문에 고려가 주도한 동북아시아의 전쟁 종식은 고려의 수도 개성을 중심으로 DEB 문명을 꽃피울 수 있었던 것이다.

지금부터 정확히 1,000년 전인 1018-1020년은 그 유명한 귀주대첩으로 유라시아 지역의 평화체제가 수립된 해이다. 이때 거란은 대군을 이끌고 고려에 침입하였으나 강감찬 대원수가 대적하여 거란군을 섬멸하였다. 고려사에는 '거란 군사가 크게 패하여 북쪽으로 도망하였다. 죽어 넘어진 시체가 들판을 덮고, 사로잡은 군사와 말·낙타·갑옷·투구·병기는 이루 다 헤아릴 수도 없었으며, 살아 돌아간 자가 겨우 수천 명뿐이었으니, 거란 군사의 패전함이 이때와 같이 심한 적은 없었다.'라고 기록하고 있다.

고려의 거란에 대한 승리는 중세 세계의 국제질서 프레임을 '전쟁에서 외교적 평등(From War to Diplomatic Parity)'으로 바꾸는 결정적인 계기였다. 마치 구약성서 이사야 2장에 나오는 대로 만방의 사신들과 상인들이 고려로 몰려들었다. 거란의 장수들은 칼과 창을 쳐서 낫과 보습으로 바꾸기를 원하며 고려로 귀화하였다.

귀주대첩 이후 동북아시아에서는 이 나라와 저 나라가 다시는 칼을 들고 서로 치지 아니하였으며 다시는 전쟁을 연습하지 아니하였다. 전쟁의 종식은 찬란한 문예부흥을 가져왔으며 고려의 수도 개성은 전 세계인들이 모여 중세 국제무역의 전성시대를 주도하는 도시가 된 것이다. 세계질서를 주도하는 힘이 전쟁으로 상징되는 군사력 중심의 하드파워와 평화를 상징하는 소프트파워 두 가지 힘의 시소게임에서 소프트파워로 넘어간 것으로 볼 수 있다. 21세기 현 시점에서 고려가 그리운 이유는 바로 전쟁 종식을 통해 개방형 통상의 황제국으로 우뚝 섰기 때문이다.

1018년 귀주대첩으로 이룩한 중세 세계질서의 프레임의 전환 '전쟁에서 외교적 평등(From War to Diplomatic Parity)'으로의 전환은 유라시아 대륙에서 북방 기마민족의 호전성을 문예성으로 전환을 의미하며 이 프레임 전환에 고려가 결정적으로 기여한 것으로 그 세계사적 의미를 찾을 수 있다.

이 프레임 전환에 결정적인 기여를 한 것은 고려의 거란군 귀화정책이었다. 즉 고려의 다문화정책 때문이다. 고려는 거란과의 전쟁에서도 기술자, 문화 예술인들을 고려로 귀화시켜 가족과 함께 정착하여 살도록 하였다. 특히 거란의 금속 기술자들을 황실에 거주하도록 하는 정책을 실행하여 거란의 기술을 고려로 전파하도록 지극정성을 기울였다. 이 사실은 당시 송나라에게 가장 중요한 첩보였다. 송나라 황제가 파견한 사신 서긍의 실질적 임무는 고려의 제도를 첩보하는 일이었다. 그는 고려의 공예가 발달한 이유를 엿듣고 다음과 같이 기록하고 있다.

"그 이유를 엿듣자니 거란에서 항복한 수만 명의 군사들은 열에 하나는 모두 장인 기술자들이었다. 그들 가운데 가장 뛰어난 자들을 선발하여 왕립 소속 장인들로 특채하였기 때문이라고 한다."[22]

인삼포 계정의 파워, 이해관계자 자본주의

그동안 서구 유럽 중심의 자본주의는 그리스 로마 문명 상속자의 특별한 혜택으로서 부족함이 없을 정도로 15세기 르네상스 시대 이후부터 20세기 중반까지 세계경제 견인차 역할을 해온 것을 부정할 수 없다. 그런데 자본주의 본산으로 알고 있었던 서유럽에서도 근대적 기업가정신을 담은 실무 회계장부가 없기 때문에 'ASE'라고 규정한 시기의 회계장부가 서유럽이 아닌 유라시아 유목문명의 동쪽 끝 오늘날 북한의 개성에서 발견된 것을 세계 자본회계사 연구자들은 어떻게 받아들일 수 있을까? 20세기에 들어서야 현대식 DEB를 사용했다는 것이 통설이지만 그보다 앞서 개성상인이 대차대조표, 손익계산서, 이익배당 내용까지 포괄하는 현대식 DEB를 오래전에 사용해 합리적인 경영을 했음을 증명하는 자료가 오늘날 북한 개성의 고려성균관대학에서 대량으로 나온 것이다.

이 자료는 최근 시중에서 회자되고 있는 이해관계자 자본주의(Stakeholder Capitalism)의 자본회계적 실무자료라는 데 그 의의가 매우 크다. 주지하듯이 현대사회에서 회계는 사회구성원들이 의사결정을 할

---

22) 徐兢 『高麗圖經』 工技 高麗。工技至巧。其絶藝。悉歸于公。--亦聞契丹降虜數萬人。其工伎十有一。擇其精巧者。留於王府。

때 회계정보에 입각하여 판단할 수 있도록 경제정보를 식별, 측정 및 전달하는 의사소통 과정이다.

그동안 서구 유럽에서 발견된 회계자료가 소수 자본소유자의 재산상태 변동을 요약하는 주주자본주의의 체제에 맞는 정보제공 자료인 데 반하여, 남북한, 일본, 그리고 미국에 산재해 있는 개성상인 자료는 19세기 당시 개성 지역사회 공동체 구성원들에게 관련된 유용한 정보를 제공하고 있다. 특히 최고의 효능과 최고의 가치를 갖는 6년근 인삼을 생산하고 판매하기까지 최장기간 인삼포 경영의 의사결정 및 전략에 대한 정보를 제공하고 있다.

20세기 근대 제조기업들이 계속성과 주기성과 장기성을 중심으로 경영 실무의 회계 처리 기술을 개발해온 것을 '현대식 DEB'라고 한다. '현대식 DEB'란 오늘날 글로벌 기업들이 추구하는 기업의 사회적 책임과 지역사회 공동체와의 유기적인 의사소통, 그리고 기업회계기준으로서 장기 가치투자를 중심으로 기업의 계속성과 주기성의 준칙을 세우는 데 기초로서의 DEB를 의미한다. '현대식 DEB'는 이해관계자 상호 의사소통 네트워크 속에서의 사회적 책임과 권한의 균형을 강조하는 유럽에서 제정된 'IFRS'나 미국에서 제정한 일반적 회계기준(Generally Accepted Accounting Principles, 이하 GAAP)에서 손익계산서 중심의 손익에 따라야 한다.

본서에서는 KDEB의 현대식 DEB의 특성을 서구 유럽 주주자본주의 체제와 대비하여 오늘날 주목받고 있는 이해관계자 자본주의 체제와의 연관성을 중심으로 제시하려고 한다. 이 자료가 제시하는 합리주의 세계는 개성지방을 중심으로 1,000년의 역사 속에서 인삼 경영을 위해 실무적으로 개발한 DEB로서 바로 오늘날 추구하는 장기 가치투자와 이해관계자 상호 의사소통 속에서의 합리적인 이윤추구의 원형임을 제시한다.

이탈리아반도보다 약 200-300여 년이 앞선 11-13세기에 태평양과 한반도를 중심으로 한 고려와 송나라가 주도하는 문예부흥에 의해 태동한 동아시아판 KDEB는 자본소유자를 위한 단순한 이윤 계산도구가 아니라 지역사회 공동체 구성원과의 금융거래에서 가족 구성원과의 내부거래를 아우르는 이해관계자를 위한 내부 경영자료이며 도래하지 않은 미래 사회의 위험을 합리적으로 관리하는 체계로도 발달해왔다. 사실 합리적인 이윤 계산과 이해관계자의 합리적 의사소통 그리고 합리적인 미래 위험관리는 서로 불가분의 관계를 갖는다.

본서는 지금까지 국내외 사회과학계에서 보편적 상식으로 통하던 합리적 이윤추구와 자본주의 금융원리의 탄생과 발전이 그리스 로마 문명을 상속한 서구 유럽에만 한정된다는 것은 편견이며, 이를 바로잡고자 유라시아 대륙 문명과 태평양의 해양 문명이 만나는 한반도에서 탄생한 KDEB의 소득계산서를 중심으로 21세기 부각되고 있는 이해관계자 자본주의의 실무회계, 금융원리를 제시한다.

1494년에 세계 최초로 DEB 지식을 인류에게 전달한 인물로 알려진 이탈리아의 수도승 파치올리는 DEB의 질서정연성을 신의 질서를 상실한 혼돈의 세계와 대비한 바 있다. 그는 중세를 분기로 종교세계의 구원과 과학세계의 합리성을 연결시킨 인물이다. 그는 회계 질서를 상실하는 것을 혼돈의 나락으로 빠지는 지옥의 세계라고 인식하였다. 따라서 정신의 혼돈으로는 결코 신을 즐겁게 할 수 없다는 이유로 신으로부터

의 구원을 얻기 위해 과학세계의 합리성 즉 회계의 '질서정연성'을 강조하였다.[23)

회계의 '질서정연성'을 통해 종교세계의 완전성을 추구하는 파치올리의 구원관은 20세기 막스 베버에 의해 '자본주의 정신(Spirit of Capitalism)'으로 다시 조명되었으며 슘페터의 기업가정신(Entrepreneurship) 그리고 미셸 푸코의 통치성(Governmentalism)으로 구현되었다.[24)

이 세 사람이 강조한 자본주의 정신, 기업가정신, 그리고 통치성이 회계기록의 질서정연성과 상호 밀접하게 연관되어 있다는 것은 자본축적과 부의 축적 등 당장 눈에 보이는 물질만을 강력한 권위라고 믿고 추구하고 갈망해온 현대인에게, 특히 중국인, 일본인, 한국인에게 생소할 수 있다.

유형의 물질문명을 움직이는 힘은 무형의 정신문명이며 이 양 문명을 연결하는 통로가 DEB인 것이다. DEB 즉 회계기록의 질서정연성이 강력한 영향력을 갖는 이유는 차변과 대변 양면으로 구성되는 계정 이론 특히 인명계정 이론 때문이다. 양면계정이란 DEB 체계에만 존재하는 계정 원리로서 DEB의 계정을 소유하는 것은 단순한 자연인이 아닌 법적 실체(Legal Entity)로서 다시 태어나는 것을 의미하는데 이 법적 실체는 왼쪽 차변란의 권한 요구와 오른쪽 대변란의 책임 이행의 균형을 통해서만 자신의 권위를 세울 수 있기 때문이다.

본서에서는 20세기 이전 개성에서 태어나 자라면서 개성 비즈니스 세

---

23) Pacioli (1494: Chapter X).
24) James Aho, (2005: Preface).

계의 시민으로 활동한 개성 사람을 단순 자연인 신분을 넘어 DEB 계정을 개설하여 책임 이행과 권한 요구의 균형을 맞추어 나가는 법인체(Legal Entity)라고 규정하고 이 실체들의 활동 세계를 합리주의 세계라고 규정하고 논지를 전개해 나간다. 이 세계는 이기적 개인이 주체인 자유민주주의 체제와 전혀 다른 세계이다.

이 법인체들은 이기적 개인들의 이익극대화 행동모델과는 다른 지역사회 공동체 속의 구성원이며 동시에 차변 대변 양면계정의 계정 소유주로서, 그들이 책임 이행과 권한 요구의 균형을 맞추어 나가며 형성한 거래활동 공간은 서구 유럽에서 발달한 이기적인 개체들의 이익 극대화 행동과 전혀 다른 방식으로 이윤을 추구하여 주주자본주의보다 한 단계 더 높은 차원의 물질세계이며, 이미 19세기 이전부터 열어나가고 있었음을 제시한다.

한 차원 더 높은 물질세계란 물질과 물질 그리고 사람과 사람을 단순한 개체로 보는 것이 아니라 차변과 대변으로 연결하는 네트워크로 인식하는 세계를 의미한다. 본서는 11세기에서 21세기까지 천년의 역사를 이 합리주의 세계 속에서 살아온 개성상인들의 DEB 이야기이다.

KDEB의 합리주의 세계의 시민권은 기존의 역사 서술에서 언급되어 온 시민권과 전혀 다르다. KDEB의 시민권을 획득하면 노예이건 귀족이건 성인군자이건 소인배이건 세속적 사회적 계급 또는 지위 고하를 막론하고 모두 평등한 인격체로서 동등한 기회를 보장받고 마음껏 공정한 게임을 전개할 수 있다.[25] 개성상인들은 합리주의 세계에서 마음껏 활동할 수 있는 ID를 개발하였는데 그것은 바로 저작권자 실명으로 계정과목을 세우고 차변 대변 양면으로 구성된 인명계정이다. 본서에서는 실명계정론을 중심으로 개성상인들이 구축한 합리주의 세계가 곧 오늘날 21세기 디지털 세계의 모든 원리를 개발해왔다는 것을 제시한다.

그러면 공적인 글쓰기 DEB로 계정을 개설하여 책임 이행과 권한 요구의 균형을 도모하는 법적 실체의 강력한 영향력은 어디에서 비롯되는가? 글쓰기의 권위란 저작권위(Authorship)를 의미하며 저작권위는 신용, 명성, 권리, 허가권, 존엄성, 창조, 영향, 명령, 중력의 의미를 갖는 라틴어 'Auctoritatem'에서 기원한다.

지금까지 권력에 대한 정의는 타인에게 순종을 집행할 권한, 명령이나 행동에 대한 권력을 갖는 것으로 받아들여졌고 그러한 권력은 군사력과 경제력에서 비롯된다고 인식하였다. 그러나 KDEB의 권력은 좋은 평판에서 비롯된 힘, 사람들을 설득하는 힘, 신뢰를 고취할 수 있는 능력으로 받아들여졌다. 오늘날 현대사회에서도 정치권력, 경제 권력, 군사 권력, 외교 권력 등 국내외 전 범위에 걸쳐 권력이 '계정의 저작권위(Authority of Account)'로 이동하는 것이 감지된다.

새로운 권력의 주체로 계정의 저작권이 떠오르는 곳은 생산자와 소비자의 구별이 사라지는 디지털 공간 즉 페이스북, 트위터와 같은 SNS 공간이다. 이 공간에서 가장 강력한 권력은 애플이나 삼성이 아닌 애플계정과 삼성계정처럼 계정의 저작권을 형성하여 연결해주는 플랫폼이다.

본서에서는 개성상인의 회계장부 구성이 인명계정을 중심으로 블록

---

25) 서울 명륜동 성균관대학 입구에는 '地位高下莫論皆下馬'라고 쓰인 하마비가 세워져 있다. 합리주의 세계 곧 대학에 들어가기 위해서 세속적 지위를 모두 버리라는 뜻이다. 필자는 이 하마비를 마음에 새기면서 개성상인의 합리주의 세계를 통찰할 수 있었다. 개성상인의 회계장부는 합리주의 세계 곧 기업의 경영 세계에 들어오기 위해서 모두 봉건적 세속적 지위에서 내려와 새로운 영향력 즉 계정의 저작권이라는 새로운 실력을 쌓으라는 것이다.

별로 DEB 단위를 형성하여 자산, 부채, 자본, 비용, 수익 계정으로 이루어진 것을 제시하여 개성상인에게 경제적 영향력의 원천은 토지, 건물, 금은보석 등 물질이 아니라 사람의 말을 믿고 쓰는(信用) 즉 '계정의 저작권'에서 나오는 것임을 제시한다. 개성상인에게 글쓰기란 사람의 말을 쓰고 보존하는 신용은행 그 자체였다.

DEB의 목적:
이윤추구, 미래위험관리 면역체계, 현금흐름 체크

최근 한국 사회에서 DEB 시스템은 영리를 추구하는 기업의 재무제표 작성에 국한되지 않고 비영리조직인 국가와 시민단체 그리고 공동주택 등 전 사회조직의 위험관리와 부정부패 예방시스템으로 확산되고 있다. 가장 대표적인 사례가 공동주택관리에 DEB를 도입한 것이다. 인류가 창안한 지혜 가운데 가장 위대한 고안물이며 글쓰기의 꽃이라고 칭송되어온 DEB가 한국의 아파트 관리, 연금 관리, 백신 관리 등 미래에 도래할 위험예방관리 분야에까지 도입된 것이다.

본서에서는 개성상인이 DEB 시스템을 활용하여 현금흐름을 중심으로 미래위험관리 인식 체계를 수립한 것을 가지고 현대인의 최우선 관심 사항인 위험관리와 부정부패 예방시스템에 대하여 살펴본다. 특히 오늘날 전 세계 자본주의 국가에 만연한 '도덕적 해이(Moral hazard)'를 다시 생각하여 경제 파산을 미리 방지하는 경제 면역체계로서의 DEB를 제시한다.

지금까지 자본주의 경제체제건 사회주의 경제체제건 전 세계 국가나 기업의 지도층에 번지고 있는 '도덕적 해이(道德的解弛)'는 한국에서 특히 정치권력과 경제 권력, 시민단체에도 만연한 부조리 현상이다. 한국 사회에서 도덕적 해이가 훨씬 심각한 원인 중의 하나는 '道德的解弛'라는 잘못된 한자사용 번역용어의 채택 때문이다. 라틴어 'Moralis'를 도덕으로 번역하였는데 그 뜻은 책임과 의무의 이행시스템이란 의미를 갖는다.

해이(解弛)는 한국에서는 활이 느슨해진, 긴장이 풀린 여유로운 휴가 상태쯤으로 이해한다. 그러나 'hazard'는 '위험에 노출되어 파산으로 귀결된다'는 뜻으로 나사가 풀린 것과는 전혀 다른 의미이다. 한자가 모국어인 중국도 '解弛' 대신에 바람과 위험 난파선에 비유하는 '도덕풍험(道德風險)'이란 용어를 사용하고 있다. 일본은 '도덕적 위험(道德的危險)'이라고 하거나 아예 영어 원제 그대로(モラルハザード) 사용한다.

'모럴해저드'란 기업이나 정부 조직, 시민단체의 지도층이 파멸의 위험에 노출된 회계 조작이나 부정부패에 빠지는 일종의 신드롬으로 신체의 면역체계가 파괴된 'AIDS(Acquired Immune Deficiency Syndrome)'처럼 정치권력과 경제 권력이 스스로 위험예방 면역체계를 파괴하는 행위를 의미한다.

본서에서는 개성상인 자본회계의 특성인 위험예방 면역관리체계를 강조하고자 '개성회계 편집증(Kaesong Accounting Paranoia, 이하 KAP)'이라는 새로운 개념을 명명하여 제시한다. [26] KAP란 국내에 『총, 균, 쇠』

---

26) Jared Diamond, 1997. *Collapse: How Societies Choose to Fail or Survive*, Penguin Books, 2005. *Guns, Germs, and Steel: The Fates of Human Societies*, W.W. Norton & Company, March

의 저자로 널리 알려진 인류학자 재레드 다이아몬드가 뉴기니에서 찾아낸 전통사회의 질병이나 자연재해에 대한 예방체계로서 백신과 같은 면역체계 즉 '건설적 편집증(Constructive Paranoia)'을 개성상인의 자본회계 방식의 특성과 결합한 것이다. KAP란 개성상인 일기장에 매번 16번째 기입 뒤에는 반드시 현금흐름을 체크하는 '시재(時在)' 표시가 편집증에 가까울 정도로 반복되고 있기 때문에 위험관리에서 현금흐름의 위치를 강조하고자 본서에서 특별히 새로 주조한 개념이다.

　KAP를 통해 개성상인은 한 번도 회계 오류로 인한 채무불이행이나 신용의 파산을 경험하지 않았다. 개성상인들이 매일 새벽에 일어나 KAP를 체크한 이유는 기업실체의 현금흐름을 자기 신체의 혈액순환처럼 인식하여 아직 도래하지 않은 미래의 위험을 방지해야 할 필요성 때문이었다. 따라서 미리미리 현금흐름을 명확하게 점검해야 했으며, 편집증에 가까울 정도로 점검하고 또 점검한 것이었다.

　따라서 KAP는 고려시대 이후로 천년의 역사 속에서 생존해온 개성상인들의 DNA에 박힌 미래의 불확실성을 완전투명한 확실성으로 전환시키는 위험관리 면역시스템이다. 특히 14-15세기 고려에서 조선으로 국가권력이 이동하면서 개성상인들은 위험이 발생했을 때 그들을 도울 국가권력이나 금융권력, 보험권력이 없어졌기 때문에 그들 스스로 어떠한 위험이 도래해도 극복할 수 있는 면역체계로서 DEB를 개발한 것이 바로 KAP인 것이다. 이러한 의미에서 본서에서는 '도덕적 해이'라는 용어 대신에 '탈회계 편집증(De Accounting Paranoia, 이하 DAP)'이라 명명하고 사용한다.

　개성상인의 KAP를 통한 위험관리 방식은 오늘날 디지털 시대에 등장한 대부분의 전문기술 예를 들어 플랫폼, 클라우드, 빅데이터, 블록체인, 암호화폐 등과 긴밀한 연관이 있다. 블록체인의 기반인 분산 장책은 위변조가 불가능한 시스템으로 DEB에서 차용한 시스템이다. DEB로 기록된 거래정보는 전 회계순환체계에서 상호 체인처럼 차대변의 위치를 바꿔가며 대차평균의 원리로 기입되기 때문에 그 특성이 종교세계의 보이지 않는 신처럼 완전성을 갖는다.

이러한 DEB의 완전성을 디지털 세계에서는 완벽한 복원능력 즉 '포렌식'이라 명명하고 사용한다. 포렌식이란 자연과 인간과 하늘에 공개된 정보는 완벽하여 누군가가 자료를 조작하거나 은멸하거나 변조하는 것이 불가능한 것을 지칭한다. 핸드폰으로 통화한 것이나 인터넷에 댓글을 단 것이나 음란물을 시청하기만 하여도 언제 누가 몇 시에 접속한 것인지를 알 수 있다.

개성상인 일기 기록의 심오함은 거래처의 구두 약속을 그대로 현금거래로 인식하여 대차변 양면 계정으로 기록하는 계정의 저작권이 개성상인 회계에 가장 많이 등장하는 것에서 찾을 수 있다.

개성상인에게 소리(音)는 곧 현금등가물이었다. 현금흐름과 관련된 KAP에서 유난히 눈에 띄는 거래 용어는 '소리의 흐름'이란 의미를 가진 이두 '흘음(流音)'이다. 이두 발음 그대로 '소리 흐름(流音)'이고 직역하면 '소리로 이루어진 계약 혹은 약속의 흐름'이라고 번역할 수 있다. KAP에서는 이 소리의 흐름(流音) 계정이 오늘날 현금 및 현금등가성 자산인 빠른 자산(Quick Asset) 계정인 셈이 된다. 소리의 흘음(流音)을 계산하는 것을 이두로 셈(細音)이라고 했다.

소리(音)로 이루어진 약속의 흐름 가운데 대표적인 것이 환어음 거래이다. 환어음 거래로 대표되는 개성상인의 자금순환 거래를 지칭하는 특수용어는 '어음(於音)' '음(音)' '음신(音信)' '음표(音標)' 등 매우 다양하지만 모두 소리라는 공통분모를 가지고 있다. 구두 서약을 의미하는 이 용어들은 KAP에서는 모두 현금처럼 취급되어 거래되었다.

따라서 본서에서는 구두 약속한 당사자 중 한 명이 구두 약속에 반하는 행동을 통해 얻은 소득이나 부는 반드시 파산한다는 KAP에 대한 경각심을 높이고 인터넷 공간의 댓글을 포함한 모든 의사소통에 대한 시대적 경각심을 KAP를 통해 제시하여 현대사회에서 영리조직이건 비영리조직이건 조직의 미래를 위험과 파멸로 이끄는 행위를 원천 차단하는 조직면역시스템을 제시하고자 한다.[27]

20세기까지만 해도 세계경제사 연구는 만질 수 있는 물질을 대상으로 제1차 산업인 농업과 제2차 산업인 제조업 그리고 제3차 산업의 발전을 통하여 경제 구성원의 소득 증대에 관한 연구였다고 할 수 있다. 그러나 20세기 후반부터 디지털 혁명과 소프트웨어의 발달로 인하여 만질 수 없는 비물질 즉 지식의 발전을 대상으로 하는 지식 교류사가 새로운 세계경제사 연구 영역으로 자리 잡고 있는 추세이다.

지구사 연구자들에게 DEB 문명교류사는 새로운 경제사 영역으로 떠오르고 있는 지식교류사에 해당된다. 지식교류사란 지식을 생산하고 교류하는 역사 즉 책 출판의 역사, 대학교와 같은 고등 지식 교육기관의 역사, 인쇄산업의 역사, 종이산업의 역사, 잉크산업의 역사, 사회적 인

---

27) 도덕적 위험이 회계와 관련된 것은 크게 두 가지이다. 하나는 최초의 거래 발생단계에서 진실성을 위장한 사기 계약이다. 다른 하나는 최종 결산 자산, 부채 또는 신용 능력에 대한 잘못된 정보를 제공하는 회계 부정이다. 후자보다 전자가 문제인 이유는 본서 제4장 3절 일기의 미래성에서 설명한다.

적 교류망의 역사 등을 대상으로 연구한다.

지식 문명은 지식의 생산과 그 소통을 통해 삶의 행복을 누리는 인류만이 가지는 능력이라고 할 수 있다. 인간의 소리는 지식의 전달 속도에서 글자가 따라올 수 없지만 지식의 저장과 영구성에서는 결정적인 한계를 가진다. 소리글로 기록된 개성상인의 회계장부는 동아시아에서 유일하게 소리의 전달 속도와 글자의 영구 보존성을 결합하는 소리글자를 만든 것이다. 개성상인들은 소리의 전달력(Transmission Power of Sound)과 글자의 보전력(Keeping Power of Letter)을 융합하여 회계 책임의 인지력(Cognitive Power of Accountability)을 확보했던 것이다.

인류 역사상 국가든지 기업이든지 시민단체든지 종교단체든지 조직의 장기 지속성을 확보하는 유일한 방법은 회계 책임성을 통한 부정부패 원천의 시스템적 차단이다. 11세기부터 21세기까지 천년의 시간대 속에 등장한 동아시아 국가체제에서 고려와 조선은 각각 500여 년의 세월을 단일국가체제로 유지해왔다. 이 천년의 역사를 DEB 문명을 중심으로 조망하면 고려는 일개 동북아의 변방국가가 아닌 세계무역의 중심국가였으며 조선은 나약하고 정체된 쇠락한 국가가 아닌 명나라보다도 뛰어난 국가 행정으로 소프트파워 강국이었음이 부각된다.

인터넷 시대인 21세기는 어느 시대보다도 언어(소리)를 매개로 의사소통이 빠르게 이루어지면서 이른바 '빅데이터'라는 모든 지식이 소통과 동시에 저장되는 시대이다. 글로벌 시대 한국이 선도하여 인류 사회에 공헌할 수 있는 것은 문화 영역에서의 소프트파워 구축이다.

소프트파워란 조셉 나이(Joseph S. Nye)가 1990년 대외정책(Foreign Policy)에 기고한 'Soft Power'란 논문에서 군사력과 경제력을 하드파워

로 보고 이와 대칭되는 문화 전파력을 소프트파워로 인식하면서 형성된 국제관계의 새로운 개념이다.[28]

오늘날 자본주의 사회에서 기업은 다른 어느 경제주체보다도 가장 완벽한 의사소통 체계를 요구한다. 왜냐하면 기업이란 다양한 경제 거래 이해관계자들이 얽히고설켜서 형성된 조직이기 때문에 이들 사이의 의사소통은 상호 완전한 신뢰성(Reliability)을 기반으로 하지 않으면 안 된다. 완전한 신뢰성에 기반하지 않으면 언젠가는 혼돈세계로 나아가 궁극적으로 분쟁과 파산으로 귀결되기 때문이다.

이러한 이유로 국가가 헌법을 기초로 수립되듯이 기업은 회계기준을 가지고 회계정보를 생성한다. 오늘날 기업회계기준이 국가 헌법보다도 더 엄중한 이유는 국가의 헌법은 그 국가에만 해당되지만 지구화 시대 유럽에서 개발 중인 기업회계기준(IFRS)이나 미국에서 적용 중인 일반적 회계기준(Generally Accepted Accounting Principles, 이하 GAAP)과 같이 국경을 넘어서 전 세계적으로 국가나 인종이나 성별을 넘어서 모든 기업이 공유해야만 하는 표준이 어느 때보다도 절실하게 요구되기 때문이다.

지금까지 국제사회에서는 서구 유럽을 중심으로 두 가지 회계기준을 발달시켜왔다. 하나는 미국 중심으로 형성된 회계기준 GAAP와 유럽 중심으로 형성된 IFRS이다. IFRS와 GAAP는 같은 서구 자본주의 문명권에서 발전한 기준이지만 자본형성의 역사가 서로 다른 역사적 배경을 가지고 있기 때문에 현재는 크게 보아 두 개의 기준이 공존하는 체제이

---

28) Joseph S. Nye, Soft Power, *Foreign Policy* No 80 1990 pp.153-171.

다. 여기에 한국과 중국, 일본 등 동아시아 국가들의 기업이 가세하여 새로운 국제기준이 요구되고 있다.

인류 최대의 지적 유산인 DEB 기술을 세계화가 진행되기 훨씬 이전부터 반도국인 한국과 이탈리아가 서로 공유하고 있었다는 사실은 한반도라는 지리적 조건에서 자본주의 생성뿐만 아니라 국제간 지식교류 통로로 매우 주목할 만한 역사적 사실이지만 지금까지 동서양 지식교류사 차원에서 KDEB와 VDEB의 원리를 자본회계 순환과정을 놓고 비교한 연구는 거의 존재하지 않는다. 특히 DEB를 중심으로 한반도의 고려가 주도한 중세 동아시아의 문예부흥과 이탈리아반도의 베니스가 주도한 문예부흥은 지식교류의 역사 차원에서 조명해 볼 가치가 있는 새로운 세계사로서 주요한 역사적 경험임에도 불구하고 이 양자를 비교한 연구는 더욱 찾아보기 힘들다.

도시와 같이 모여 있는 공간에서 공인된 글쓰기인 회계를 문명의 기원으로 받아들인다면 인류 최초의 회계 문명과 한국의 회계 문명의 기원은 무엇일까? 회계에서 자산이란 일정한 경제적 자원으로서 과거 경제사상의 결과로 획득하거나 통제 가능한 사실이 미래 경제적 이익을 가져올 수 있는 유형·무형의 소유 권리이다. 부채란 경제적 이익을 누리는 권리 요구에 앞서 그 책임 이행을 다해야 하는 의무이다. 차변(借邊 Debit)이란 권리 요구란이고 대변(貸邊 Credit)이란 책임 이행란이다. 회계 문명이란 요약하면 권리 요구란과 책임 이행란의 균형을 인류가 어떻게 개발해왔는가를 밝히는 것이다.

본 저술의 목적은 개성상인의 원형은 다름 아닌 회계 기록인(Homo Accounting Scriptus)이라는 사실을 전제로 2000년대 이후 한국에서 새로 발굴된 개성상인 회계장부 연구성과를 종합하여 세계 DEB 회계사 연구의 메카에 해당되는 이탈리아 베니스의 회계 연구성과와 비교하고, 한국 개성상인들의 KDEB를 인류 전체가 공유하는 '회계 문명'의 한 축으로 부각시켜 서구 유럽 중심 사관에 치우친 자본회계 질서에 균형적 사고를 제공하고, 자본주의 문명의 역사를 전 지구적 시각으로 올바르게 보도록 하려는 데에 있다.

제1장

자료 소개 및
분석방법

제1절 자료 소개

 지난 천년의 역사 이래 전 세계에서 돈을 벌어 유명해진 회사들은 대부분 가족기업으로 출발한다. 이탈리아의 메디치 가문, 독일의 푸거 가문, 로스차일드 가문, 본 서의 주인공인 개성상인 가문 등등이다. 그러나 전세계에서 개성 출신의 상인 가문을 제외하면 19세기까지 회계의 진실성을 지키는 DEB 방법으로 돈을 번 기업은 거의 존재하지 않는다. 대표적으로 로스차일드 가문에서 자금순환의 전 과정을 DEB로 처리한 주기적인 재무보고 실무장부는 발견되지 않고 있다. 푸거 가문은 결코 프로테스탄티즘으로 개종하지 않은 것과 비밀 회계장부로 유명하다.

 2013년 10월 30일 한국에서 가장 영향력 있는 일간신문 1면에 헤드라인으로 "개성상인의 세계 最古 현대식 회계장부, 찾았다"는 사실이 보도되었다. 이날 한국의 주요 언론들은 일제히 19세기 후반부터 25년간 '현대식 DEB'로 완벽하게 작성된 개성상인의 회계장부 14권이 발굴된 것을 보도하였다. 한국의 유력 일간지에 보도된 개성회계는 영어 기사로 작성되어 곧바로 영국 정경대학(LSE)과 옥스포드 대학에 소개되었다. 현재까지 전 세계 회계학계에 보고된 세계 최고의 회계기록 장부는 상품 매매거래 위주의 상업회계나 채권채무 거래의 금융회계에서 기원하는 베니스 DEB를 가리킨다. 이 베니스 DEB는 '중세식 DEB'라 하고, 현대 제조기업들의 제조원가관리 회계에서 기원하는 DEB를 '현대식 DEB'라 하여 서로 구별한다.

오늘날 국제회계기준에 맞는 현대식 DEB가 되기 위해서는 기업 실무에서 회계정보의 외부 이용자와 내부 이용자가 서로 속임 없이 투명하게 의사결정과 소통을 할 수 있는 정보가 생성되는 질적 특성을 가져야 한다. 외부 이용자의 정보 수요에 해당되는 투자자와 경영진 그리고 채권채무 거래자 등의 계정이 존재해야 하며, 내부통제로서 매출원가의 단가와 종업원의 임금 등 경영진의 의사결정에 필요한 손익계산의 정보들이 발생주의 원칙에 따라 작성되어야 한다. 또한 미래현금흐름 예측에 필요한 계정들이 존재해야 현대식이다.

유럽과 미국에서도 대차대조표, 손익계산서, 이익배당 내용까지 포괄하는 현대식 DEB의 기업 실무자료는 20세기 들어와서 발견되는데 북한지역 개성에서 그것도 18-19세기 자료가 발굴되었다는 것은 기존의 자본주의 발달사와 기업발달사 연구의 통념을 뒤바꿀 매우 경이로운 자료임이 틀림없다.

왜냐하면 미국공인회계사회(American Institute of Certified Public Accountant, 이하 AICPA)가 내린 회계 실무기준과 정확히 부합하기 때문이다. AICPA는 1941년 회계에 대한 정의를 외부 정보이용자를 겨냥한 '재무적 성질을 지닌 거래와 사건을 기록, 분류, 요약하는 실무적 기술

(Practical Art)'이라고 명시하였고, 1970년 재정립된 정의는 내부 이용자 즉 의사결정권자를 겨냥한 '경제적 의사결정 곧 기회비용을 인식하는 경제적 선택에 유용한 재무적 성격의 수량적 정보를 제공하는 것'으로 그 현대적 성격을 강조한 바 있지만 이 실무적 기술을 실증하는 20세기 이전 자료는 아직까지 학계에 보고된 바 없기 때문이다.

이번에 발굴된 자료의 세계성을 한마디로 요약하자면 회계이론이나 교과서가 아닌 내외부 회계정보 이용자를 위한 기업 실무회계자료라는 점이다. 주지하듯이 개성상인들은 11세기부터 한반도가 분단되기 이전까지 유라시아 대륙과 태평양 연안 일대의 국제 교역의 주역이었다.

이러한 개성상인들의 기업활동이 제2차 세계대전을 전후로 급속하게 침체된 것과 냉전 상황은 긴밀히 연결되어 있다. 20세기 이전 유라시아 대륙 국가들의 생활 수준은 큰 격차가 존재하지 않았다. 이 지역 생활 수준의 격차가 벌어진 것은 20세기 이후 1, 2차 세계대전과 냉전시대를

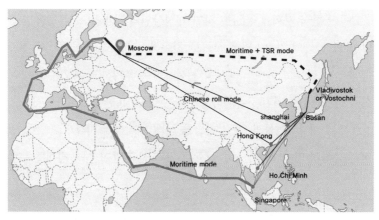

<그림 1-1> 한반도 통로 이론 노선 Creation of an Economic Corridor on the Korean Peninsula as the Northeast-Southwest Development Axis

거치면서 일어난 경제 현상이다. 유라시아 대륙에서 서유럽을 제외한 동유럽과 중앙아시아 그리고 러시아와 북한의 자본주의적 전통이 사라지고 경제성장이 멈춘 것은 냉전시대의 유물로 보아야 한다.

결국 개성상인들의 부침을 이해하기 위해서는 〈그림 1-1〉과 같은 한반도를 중심으로 한 새로운 사고가 필요하다.

개성상인 회계장부는 가족기업으로 출발하였음에도 불구하고 자금순환의 전 과정을 DEB로 처리하고 일 년 단위의 주기적인 재무보고서를 남긴 기업 실무 장부이다. 가족기업이기 때문에 회계장부 속에 가족 내부거래가 다수 존재함에도 소수가족 지배 구조 문제라는 오늘날 한국 기업의 고질적인 문제와 전혀 다른 가족기업 문화를 제시하고 있다.

본 연구는 조선 후기 개성상인이 가족기업으로 출발하였음에도 불구하고 아내와 남편으로서의 권리와 의무를 회계 책임성을 통해 철저히 실현한 것을 조명하여 오늘날 한국 기업의 당면 과제인 가족기업의 한계 극복과 사회적 책임 문제 해결의 시사점을 제시한다.[29]

그동안 한국 사회에서 DEB 하면 개성상인의 사개송도치부법을 떠올릴 만큼 한국의 자랑스러운 문화로 친숙하지만 이러한 합리주의 전통을 오늘날 잘 계승하여 국제사회가 선망하는 투명하고 깨끗한 모범 사회나 국가라는 이미지를 유지하고 있지 못한 것 또한 현실이다.

일본은 개성상인들의 DEB 기술을 근대 회계학의 시각으로 가장 먼저 주목하여 연구해왔다. 1917년 일본의 조선 침탈이 한창 전개될 무렵

---

29) 玄丙周 編輯 開城 金璟植 裵俊汝 幷閱『實用自修四介松都治簿法』全 德興書林 1916. 柳子厚,『朝鮮貨幣考』學藝社 1940.「朝鮮於音考」『朝光』1940. 4월호. 240-248. 文定昌,『朝鮮の市場』조선총독부 1941.「差人制度와 時邊」『경제학연구』Vol 17. 한국경제학회 1964. 85-92.

일본 수도 동경에서 발행되는 「동경경제잡지」에 '고려시대 DEB가 있었다'라는 기사가 발표되면서 일본 학계와 문화계는 큰 충격에 빠진다. 이 발표를 계기로 조선총독부는 조선의 상업에 대해서 조사에 착수하여 한국의 상인들은 거의 모두 회계장부를 가지고 있었다는 결론으로 조사보고서를 작성한다.

오늘날 산업은행인 당시 식산은행은 개성에 지점을 설치하고 영업을 개시하였으나 은행문을 두드리는 사람이 없는 것을 보고 개성상인들의 금융과 상업 관행을 좀 더 면밀히 조사하게 된다. 21세기 금융자본주의의 미래를 가르키는 표현이 '은행 없는 사회(Bankless society)'이다. 20세기 이전에 개성은 이미 은행 없는 사회를 구성하고 있었다. 식산은행 개성지점은 조사보고서에서 개성은 고려의 수도로서 11세기에서 12세기 인구가 100만 명이나 거주한 대규모 국제도시였다는 점과 오늘날 기업회계 조직체계의 주요 장부인 일기장(분개장), 원장과 보조부를 갖추고 모든 거래를 복식으로 회계 처리한 사실을 보고서에 담아 1924년에 발표한다.

해방 후 조선총독부의 조사보고서를 토대로 한국의 회계학자와 경제학자들은 고려와 조선시대 개성 지방을 중심으로 시장제도, 화폐제도, 회계제도 등 다양한 연구를 수행하여 사개송도치부법, 환어음, 시변제도, 차인제도라는 개성 지방의 회계, 금융, 인사제도의 구체적인 실증 근거를 모색하였지만 KDEB 기술이 고려시대에 이미 창안되었다는 사실을 증명하는 상인들의 실무 회계장부는 아직까지 학계에 제시하지 못하고 있다.

본 저술의 주요 자료는 최근에 발견된 개성상인 회계장부이다. 2013

년 개성상인의 후예 박영진 가문 소장 자료가 언론에 공개되면서 개성 상인의 현대적 회계방식이 주목을 받은 바 있다. 이 자료는 대한민국 문화재청에 의해 2014년 2월 27일 근대문화유산 제587호로 등록 지정되었다. 이 자료는 개성 지역에서 활동했던 박재도(朴在燾) 상인 집안의 회계장부 14책과 다수의 문서 일괄로 1887년에서 1912년까지 25년 동안 대략 30만 건의 거래내역이 1,298쪽의 분량에 기재되어 있는 매우 희귀한 자료이다.

자료 소개에 앞서 자료 소장 가문의 족보와 족보상에 등장하는 인명들을 소개하지 않을 수 없다. 왜냐하면 회계장부상에 등장하는 수많은 거래처 계정명과 이 족보상에 등장하는 가족 네트워크 즉 택호, 사위 등의 인명이 상호 일정한 연관을 보이기 때문이다. 마치 오늘날 페이스북이나 트위터 등 인터넷의 의사소통망을 인명계정명 네트워크(Peer-to-Peer Network, 이하 PPN)라 하듯이 족보상에 등장하는 인명과 회계장부상의 인명계정이 상호 그물망처럼 서로 연결되어 있다.

개성 사회의 인적 네트워크는 신용 금융망이었으며 오늘날 PPN과 거래처 동료의 신용평가가 가장 중요한 요소이듯이 개성 사회의 인적 네트워크가 어떻게 구성되어 있는지를 보여주는 가장 중요한 자료가 바로 한국의 가족족보망(Family Tree Network, 이하 FTN)이다.

예를 들어 개성회계에서 개별 인명계정과 택호계정이 거래처명으로 등장하는 경우가 많은데 이는 개성 사회에서 가문과 가문의 거래 또한 모두 회계 처리된 것으로 가문명과 족보는 차명거래와 가명거래를 원천적으로 차단하는 사회적 자산으로 매우 중요한 신용평가 단위인 것을 의미하기 때문이다. 따라서 본서에서는 자료 소장 가문의 족보에 나타난 인명과 택호명을 오늘날 PPN으로 인식하고 소개하고자 한다.

PPN은 현대 디지털 사회 용어이지만 19세기 이전 개성 사회의 지역 커뮤니티를 이해하기 위해서 PPN만큼 적당한 용어는 없다고 생각되어 여기에 도입한다. PPN은 디지털 공간에서 계정을 설정하고 아이디와 패스워드로 보호된 네트워크이다. 이는 상호 동등한 자격과 연관된 계급, 성격 또는 지위가 동등한 사람들의 네트워크로서 'Peer'는 라틴어 'Par'에서 기원한다. "특별한 존엄성의 귀족망"이 현대사회에서는 "동일 연령집단 또는 사회집단 중 하나"로 되어 관련 분야의 전문가에 의한 과학 프로젝트 평가에 가장 중요한 요소로 되었듯이 개성 사회에서도 계정명을 가지고 자본회계 신용망에 들어온 사람들은 모두 동등한 자격을 갖춘 PPN 구성요소들이었다.

이번에 개성상인 회계장부 공개에서 박영진 가문은 〈무안박씨 개부파 세보(務安朴氏開府波世譜)〉도 함께 공개하였다. 무안 박씨 개부(개성)파 족보에 등장하는 인물들은 모두 한국 역사 속의 실존 인물들이다. 먼저 소개할 인물은 무안 박씨 개성파의 최상계 인물이다. 족보에는 무안 박씨 개부파(務安朴氏開府波)의 최상계가 나오는데 무안 박씨의 상시조(上始祖)는 대한민국 사람이면 누구나 아는 신라의 시조 박혁거세(朴赫居世)이다.[30]

박혁거세가 KDEB의 역사 연구에서 얼마나 중요한 인물인가는 박혁거세가 회계단위인 가치척도의 표준척과 밀접한 연관이 있다는 중국 측 사료에서 찾아 제시할 수 있다. 박혁거세에 관해 전해지는 이야기 중 자

---

30) 『향산집』 제10권 기(記) 사계당 박규종(朴奎鍾)에 대한 기문(四桂堂記)에 무안 박씨로 분파된 내력이 나온다.

본회계와 관련된 이야기는 만세의 표준 금자(金尺)에 관한 이야기이다.[31]

이 금자는 박혁거세가 신인(神人)에게 얻었다는 신물(神物)로서, 이것으로 아픈 사람을 재면 병이 고쳐지고 죽은 자를 재면 다시 살아났다는 일화를 가지고 있다. 중국에서 이 소문을 듣고 사신을 보내 금자를 요구하자, 신라 왕은 이를 주지 않으려고 비처(秘處)에 묻고 주변에 몇십 개의 산을 만들어 찾지 못하게 했다고 한다.[32]

> 신라 때의 문헌은 내용이 자세하지 못하니 (文獻羅朝語不詳)
> 전래되는 금자의 일은 황당하기만 하네 (傳來金尺事荒唐)
> 만일 이 물건이 생사를 마음대로 할 수 있었다면 (如令此物能生死)
> 의총으로 어떻게 감춰 보존할 수 있었겠는가 (疑塚何因得葆藏)

이규경은 『오주연문장전산고(五洲衍文長箋散稿)』에서 신라 시조 박혁거세를 한나라 때 발해 지역에 있었던 낙랑(樂浪) 즉 진한(辰韓) 사람으로 소개하고 있다. 이규경은 박혁거세를 동해 바다를 건너 도망가서 신라에 들어와 신라의 왕이 되었다고 설명하고 있다. 이규경의 설명은 중국과의 역사 논쟁인 한사군의 낙랑이 오늘날 평양이 아니라 발해 지역에

---

31) 금척(金尺)은 이두로 '금자'라고 읽어야 한다. 조선시대 조세납부증명서 척문(尺文)도 자문으로 읽어야 한다. 한국 도량형 중에 길이를 재는 단위. 조선시대 국가의 농본주의 정책으로 봄에 종자를 대여해 주고 가을에 수확물로 돌려받는 제도를 환자(還上, 還租, 先上, 先租)라 한 이유는 조(租) 자의 화어의 옛 발음이 '조'가 아닌 '자'에서 유래한다. 조세납부증명서를 자문(尺文)이라 한 것은 '租文'에서 기인한다. 도량형 자와 회계와의 관계는 불가분의 관계이다. 또한 국가 세금과도 불가분의 관계이다. 黃胤錫『頤齋遺藁』本還租也。作農於他人田地。所收穀物。不以半分。而自當官稅。餘先輸與田主者曰先上。本先租也。蓋租古華音자。而與俗呼上字尺字者近同。故亦曰還尺先尺也。租賦稅也。雖非穀物而錢布之納官受官文以爲徵驗者。亦曰租文。而俗呼尺文。東俗又呼禾穀爲租亦誤
32) 이 시는 매산 홍직필(洪直弼)이 지은 시이다. 『梅山集』第1卷

78

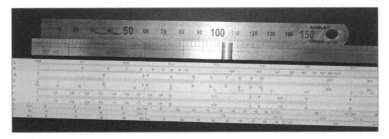

<그림 1-2> 세종 때 제작된 다섯 가지 척도를 황동 구리로 제작한 국가표준 척.
충남 당진 도량형박물관에 소장되어 있다. 주척은 20cm의 반 10cm로 반 척도로 제작되어
있다.

위치한 것을 강력하게 시사한다. 이규경에 의하면 오늘날 나진, 하산,
블라디보스토크 지역과 바이칼 호수 지역에서 동해를 건너 도망 온 사
람이 밝혁거세라는 것이다.[33]

　그는 밝혁거세(朴赫居世)와 거서간(居西干), 발칸 등 국가 지도자와 관련
된 이두를 소개하면서 밝혁거세에 대한 새로운 해석을 소개하고 있다.[34]
그는 신라의 왕을 지칭하는 이두를 네 가지로 나누어 소개한다. 하나
는 대대로 밝은 사람이란 의미의 밝혁거세(朴赫居世), 두 번째는 불큰칸
에 붉을 혁(赫)을 추가하여 생긴 밝고 큰 왕 신라 시조를 지칭한다. 발칸
(弗邯)이란 뿔난 왕이란 의미의 이두이다. 왕관이나 벼슬과 관련된 용어
로 칭기즈칸이나 신라의 대각간이나 모두 우두머리를 지칭하는 용어이
다. 거세와 거서간(居西干)은 '것'이란 순우리말의 이두 표기이다. 그가 신

---

33) 李圭景, 『五洲衍文長箋散稿』 北史. 新羅者. 其先辰韓種也. 地在高麗東南. 居漢時樂浪地. 其王
　　本百濟人. 自海逃入新羅. 遂王其國. 新羅者
34) 李圭景, 『五洲衍文長箋散稿』 赫居世居西干. 居西干辰言王. 或云呼貴人之稱. 居西正音것. 今
　　呼彼其之稱. 밝은 것. 魚允迪, 『東史年表』, 東國文化社, 1958.

라 왕이 된 연도는 서력 57년이다.[35]

이번에 공개된 개성상인 회계장부 소장 집안인 무안 박씨 개부파의 시조는 박혁거세이며 중시조는 고려 공신이다. 두 번째로 소개할 인물은 바로 중시조(中始祖) 박진승(朴進昇)이다. 그는 신라 제54대 경명왕의 여섯째 아들인 완산대군(完山大君) 박언화(朴彦華)의 4대손으로 고려시대에 문과(文科)에 급제하여 중세 대학 최대의 규모를 자랑하는 국자감(오늘날 개성 고려성균관대학)의 국자제주(國子祭酒)를 지냈으며 공을 세워 호남의 무안(務安)을 식읍(食邑)으로 하사받아 무안파 중시조가 되었다.

현재 무안 박씨 시조 사우(祠宇)는 전남도청 소재지인 무안군(務安郡) 무안읍(務安邑) 고절리(高節里) 병산(柄山)에 소재하고 있다. 가문의 족보에는 박영진의 할아버지는 건형(健炯 1853-1908)이고 그 맏아들이 재도(在燾 1883-1942)이며 그의 장자가 항종(恒鐘 1910-1965)이고 항종의 장자가 이번에 공개된 회계장부 소장자인 영진(永璡 1935-)으로 기재되어 있다.

회계장부 첫 번째 일기(日記)가 '歲丁亥八月(1887년 8월)'로 시작되므로 박동보(朴東輔 1830-1907)의 아들 건형과 그의 장자 재도(在燾)가 2대에 걸쳐 경영한 기업의 회계장부로 사료된다. 이 가문의 족보에 등장하는 사위, 며느리, 친우 중 주목되는 인물이 세 사람이다.

먼저 창강(滄江) 김택영(金澤榮 1850-1927)이다. 그는 박영진 할아버지 묘지명 서문을 지은 사람이다. 그의 당호는 소호당(韶濩堂)으로 한국문학과 역사 분야의 수많은 저서를 남겼지만 박영진가 회계장부와 유기적

---

35) 黃胤錫『頤齋遺藁』按新羅官制。有曰大舒發翰。亦曰大舒弗邯。音寒。所謂弗邯。即發翰音近而字轉也。有曰大角干者。角即舒發舒弗也。今俗猶呼角爲○(뿔)。舒之字母在諺文爲ㅅ。發與불近而弗又直音불。若加ㅅ於불之右上則作○。即角字方言也。若불去ㅂ而直加ㅅ于上。

연관이 있는 부분은『소호당집(韶濩堂集)』8권에 실린「홍삼지(紅蔘誌)」이다. 이 홍삼지는 개성상인이 삼포 경영을 하게 된 유래와 현황을 정리 요약한 글이다.『소호당집』4권에 박동보의 묘지명이 실려 있다.

〈부록 2〉자료에 보이는『建陽二年丁酉三月日上吉辰 各人會計冊』『大韓光武四年庚子九月日上吉辰 各人會計冊』은 박영진가에서 경영한 삼포 회계 결산서로서 구체적인 기간손익 경영자료가 회계 처리된 소득계산서이다. 창강 김택영은 박건형보다 3년 먼저 태어났지만 20년을 더 오래 살면서 박영진가 삼포 경영을 소상히 관찰할 수 있었던 것으로 사료된다. 그의 문집『소호당집』8권 홍삼지의 내용과 박영진가 삼포 경영은 상호 밀접한 연관이 존재하며 그 구체적인 연관성은 추후 연구를 통해 밝혀질 것을 기대한다.

두 번째로 족보상에 등장하는 주요 인물은 공성학(孔聖學 1879-1957)이다. 족보 387쪽에 박동헌(朴東憲 1825-1895)의 장자 순형(舜炯 1851-?)의 사위로 공성학이 등재되어 있다. 공성학은 창강 김택영으로부터 한학을 배워 시문에 능통하였고 성균관 부제학을 역임한 인물이다. 그는 구한말 손봉상(孫鳳祥) 등과 인삼 품종개량, 경작방법 개선 등 삼포 경영방법의 혁신을 주도한 것으로 1938년 개성상회(開城商會)를 창립하여 널리 알려진 인물이다.[36]

이번에 원본 조사과정에서 새롭게 나타난 사실은 모든 회계장부 가운데 장책의 제본과 장정(裝幀)에 비단으로 추정되는 매우 고급한 소재가 사용되었고 여성적 디자인으로 이루어진 것을 확인할 수 있었다. 또한

---

36) 조기준『한국기업가사』박영사, 1983.

첫 출자자가 여성이라는 사실이다. 오늘날 회사가 발기되어 세워지면 첫 개시 기입은 자본 출자이다. 일기장의 첫 기입과 장책의 첫 기입 그리고 대차대조표 대변의 첫 계정명은 일치해야 한다. 특히 일기장의 자본출자 금액과 출자자의 계정명이 장책과 일치해야 한다.

박영진 가문도 일기장의 첫 개시 기입과 장책 타인자본(他給長冊) 첫 계정명은 발곡택(鉢谷宅)으로 일치한다. 이 발곡택(鉢谷宅)의 실체가 궁금했는데 문화재청 직원과 함께한 원본 조사과정에서 발곡(鉢谷)이란 지명이 박영진가 제위전 소재지 지명과 일치하는 묵서지편(墨書紙片)을 발견한 것이다.[37]

박영진가 고문서 묵서지편에 기재된 제위전 소재지의 명칭과 회계장부에 등장하는 첫 출자의 자본계정명이 동일한 것은 한국의 기업문화와 가족과의 관계를 다시 생각하게 만든다. 〈타급장책〉(자기자본과 타인자본을 합체한 장부)의 첫 계정명 발곡택(鉢谷宅)이 그것이다. 지금까지는 이 발곡택의 성격이 밝혀지지 않았는데 지편 뭉치 속에서 발곡(鉢谷)이 박영진가 제위(祭位) 소재지라는 사실을 확인할 수 있었던 것이다. 결국 박영진가 제사를 담당하는 발곡택(鉢谷宅)은 박 씨 가의 안방마님이자 동시에 자본소유주이며, 이 사실을 추정할 수 있는 소중한 근거 자료를 묵서지편에서 찾은 것이다.

요약하자면 총 14권으로 제책된 박영진가 개성 DEB 장부는 이미 학

---

37) 사회 통념상 낱장의 기록을 편철(編綴)한 형식으로 제책된 기록만을 책(冊)이라 하지만 회계학에서는 제책(製冊)되지 않고 낱장으로 보관되어 있어도 회계장부인 이유는 법적 증거력을 갖추고 있기 때문이다. 따라서 회계학의 엄밀한 정의에 부합하는 세계에서 가장 위대한 문화유산이 한국 정부에 의해 박영진家 회계장부로 '제책된 총 14책과 낱장 지편이 말려 있는 지편 뭉치 16권'으로 공식문화재로 등록된 것이다. 정기숙, 전성호 「문화재지정 심사보고서」 문화재청 2013.

계에 알려진 1786-1947년 북한 개성 고려성균관대학 소장 회계장부, 1854-1918년 일본 고베대학 소장 회계장부와 달리 일기장에서 최종 손익계산서까지 경제 거래의 전 과정을 추적할 수 있는 완벽히 접합된 회계장부 세트이다.

형태학적으로 현재 일본 고베대학이 소장한 1854-1918년 기간의 회계장부와 1962년 북한학자 홍희유가 역사과학지에 1786년 개성상인 회계장부를 소개하여 현존하는 최초의 개성 DEB 회계장부로 알려진 〈타급장책〉과 비교하여 볼 때 세 기관의 회계장부는 모두 동일한 장부의 구조와 형식, 그리고 회계 관련 전문용어를 구사한 것을 확인할 수 있다.

장부는 주요부인 일기장, 장책, 주회계와 보조부인 각처전답문기등록(各處田畓文記謄錄), 각인물출입기일(各人物出入記一), 각인회계책(各人會計冊), 외상초(外上抄), 그 외의 어음, 편지, 증서 등으로 구성되어 있다. 이 자료를 현대 회계방식으로 분류한 결과 분개장, 총계장원장, 대차대조표, 손익계산서, 이익잉여금 처분과 배분에 이르기까지 전 과정을 DEB 방식으로 작성하여 대차균형의 원리와 원가회계, 그리고 투자자와 경영인과의 이익배분 계약관계를 확인시켜주는 자료로서 국내는 물론 세계회계사적으로도 그 사료적 가치가 매우 높은 자료이다.

이 자료가 학계에 알려지기까지 조선시대는 근대 자본주의의 합리적 이윤추구 문화와는 거리가 먼 사회로 인식돼왔다. 조선 사회는 유럽이나 일본에 비해 근대 자본주의가 발달하지 못한 정체된 사회이며 타율적으로 외부의 힘에 의해서만 자본의 합리성을 확보할 수 있는 사회로 인식돼왔던 것이다. 그러나 이 자료는 조선사회가 기존의 인식과는 전

<그림 1-3> 개성 DEB 장부(Kaesŏng Double Entry Bookkeeping, KDEB) 14冊

혀 반대되는 합리주의의 정수를 간직한 사회였음을 제시한다.

국내에서 이 자료보다 약 100년 앞선 자료인 1786년 개성상인 회계 자료를 가지고 자본의 순환과정과 회계의 내부통제 기능을 결합하여 DEB 연구를 처음 언급한 학자는 1962년에 그 연구 결과를 발표한 북한 사회경제사 학자 홍희유이다.[38] 홍희유가 소개한 북한 자료는 고려성균관대학에 소장된 것으로 2019년 9월 13-14일 JTBC 방송의 '두 도시 이야기' 개성-수원 편에서 그 첫 영상이 대한민국에 소개된 바 있다. 이 방송으로 개성상인 원자료의 소장처는 고려성균관대학(당시 송도정치경제대학)으로 밝혀졌다. 이 방송 내용에 의하면 인삼학과가 개설되어 있는 것으로 확인되었지만 개성상인 회계장부를 연구하는 기업 경영 관

---

38) 홍희유, 「송도 사개문서(四介文書)에 반영된 송상(松商)들의 도가(都賈)활동」, 「력사과학」 1962: 양정필, 「19세기 개성상인의 자본전환과 삼업자본의 성장」, 『學林』, 제23집, 2002 연구가 주목된다.

<그림 1-4> 개성 DEB 장부(Kaesŏng Double Entry Bookkeeping, KDEB) 환, 어음, 삼포 경영 보고서 등 제책되지 않은 두루마리 지편 뭉치 16券

련 학과는 없는 것으로 확인된다.

그동안 한국학중앙연구원의 개성회계 연구팀은 개성상인 자본의 현대 회계방식 즉 회계의 의사결정시스템인 내부통제방식으로의 전환이란 연구 주제를 가지고 연구를 수행해왔다. 연구진은 한국회계사 연구자와 경제사 연구자 그리고 고려시대 연구자를 중심으로 구성하였다. 한국회계사 연구진은 회계장부 구조와 회계순환 구조에 대하여, 고려시대 전공자는 고려의 회계제도에 대하여, 경제사 전공자는 중세 말 이탈리아 베니스 일기장과 개성 일기장 기록의 비교를 집중 조명하였다.[39]

---

39) 전성호, 허성관, 허흥식, 정기숙, 한국 전통회계와 내부통제시스템. 1.2. 민속원 2011. Seong Ho Jun, James B. Lewis *Kaesong Double Entry Bookkeeping(KDEB) in a Global Perspective* Volume Ⅰ, Ⅱ The Academy of Korean Studies 2016.

회계의 내부통제시스템이란 미국공인회계사회(AICPA)가 1970년대 소개한 '경제적 의사결정, 곧 기회비용을 인식하는 경제적 선택에 유용한 재무적 성격의 양적 정보를 제공하는 회계의 관리적 기능'을 의미하는데 박영진 가문에 '각인회계책(各人會計冊)'이란 장부가 바로 외부 투자자 보고용이 아닌 내부 의사결정 보고서로서 회계의 관리적 기능을 이미 KDEB에서 실무 처리한 자료이다.

또한 박영진 가문을 총괄본부로 하고 각 지방에 산재된 삼포가 종속되어 있지만 개별 독립회사로 인식하여 독립된 삼포별계정을 본부계정과 연결시킨 것을 확인할 수 있다. 쉽게 이야기해서 오늘날 초미의 관심사인 지배회사와 종속회사의 연결재무제표 처리가 이미 19세기에 이루어지고 있는 것을 보여주고 있다.

제2절 분석 방법

    지금까지 자본주의 연구는 자본순환론보다는 자본축적론에 더 큰 비중을 두고 연구되었다. 그러나 본 연구의 대상인 박영진 가문의 자본회계 자료는 오늘날 우리에게 자본주의의 본질이 자본의 축적이 아니라 자본의 순환에 있다는 점을 다시 생각하게 만든다. 먼저 자본순환을 과학적으로 인식하기 위해서는 일년 생산주기에 사용되는 운전자본을 포함하여 매 순환마다 계속적으로 반복 사용되는 임금, 임대료, 원자재, 기초 및 중간 재료, 에너지 비용 등에 대해 회계순환적 인식이 필요하다. 왜냐하면 투자된 자금의 순환 흐름은 회계순환이 완료되어야 처분가능한 소득으로 전환할 수 있기 때문이다.

    18-19세기 유럽의 산업자본주의를 배경으로 형성된 고전파 경제학은 고전파 회계학과 달리 자본순환 인식보다 자본축적 인식에서 출발한다. 고전학파 경제학자 중 프랑스의 중농주의 경제학파만이 유일하게 자본축적보다는 자본의 순환에 대한 인식을 배경으로 성립한 학파라

볼 수 있다. '유럽의 공자(European Confucia)'라는 별명을 가진 중농주의 경제학파 프랑수아 케네(Quesnay)는 「경제표」에서 생산적 가치의 순환을 강조하였다. 중농주의란 농업 노동과 생산물의 흐름을 중심으로 자본 순환을 인식한 학파로서 기계제 중심의 산업자본의 흐름을 역사적 배경으로 하는 영국의 고전학파와는 전혀 다른 배경을 갖는다.

프랑스 중농주의 학파의 자본순환 인식은 19세기 유럽 제국주의의 식민지 지배와 아동노동의 착취에 공분한 사회주의 경제학파에 의해 사라지고 그 자리를 대신하여 자본의 축적과 노동력 착취라는 자본 인식이 등장하면서 고전회계학과 중농주의의 접합이 사라진다. 자본계정과 명목계정의 통합을 이룩하는 DEB의 자본순환적 순기능은 가치 체인 순환을 노동력 착취로 인식한 칼 마르크스에 의해 완전히 사라진다.

1867년부터 1883년까지 칼 마르크스는 영국의 런던에 거주하면서 18세기 후반 형성되기 시작한 아동노동, 식민지 흑인 노동력 착취의 실상을 목전에서 관찰하고 자본의 순환과정은 '타인 노동력 착취에 기반한 생산과정과 자기 확장과정'이라는 테제를 발표하게 된다. 그는 자본의 축적과 순환 인식을 등가교환의 양적 축적과정에서 부등가교환의 질적 전환이 반복적으로 일어나는 것으로 이해하였다. 그는 잉여가치를 부등가교환에 의해 획득된 이윤으로 인식하고 타인 노동력의 착취 즉 지불되지 않은 노동으로 이해한 것이다.

이러한 자본론에 담긴 자본순환 및 축적과정은 회계학에서 발전시킨 최종 영업이익의 산출을 향하는 회계순환 즉 분개와 장책 보존 그리고 잔액시산표와 재무제표(대차대조표, 소득계산서, 현금흐름서)를 기반으로 형성된 기업이윤 생성과정과 완전히 상반된 자본 인식이다. 마르크스는 자본소유자와 경영자를 같은 자본가로 놓고 경영자의 영업이윤과 자본소유자의 자본소득을 혼동하였다. 그는 영업이윤과 자본소득을 같은 자본가계급으로 놓고 노동자의 임금과 대치시켜 잉여가치를 놓고 서로 적대적 대립 관계로 인식하여 소유와 경영이 분리되고 이윤이 가치체계의 관리혁명을 통해 창출되는 사실을 인식하지 못한 것이다.

기업의 영업잉여(S)와 피용자보수(V)는 소득계산서상에서는 차변(Dr(−))에 배치되어 이해관계에서 서로 협력하여 시장 출시 매출액을 늘려야 자기에게 돌아오는 파이(π)가 커지는 서로 같은 운명이다. 그러나 19세기 『자본론』을 집필한 칼 마르크스나 『21세기 자본론』을 집필한 피케티는 자본소유자와 경영자를 혼동하고 경영자와 노동자를 협력관계가 아닌 대립관계로 배치하여 계급투쟁만이 유일한 해결책이라고 주장한다. 오늘날 기업이 처한 경영 현장에서 주주총회나 결산총회에서 첨예하게 대립되는 것은 경영 현장 밖에 존재하는 자본소유주와 경영 성과의 대립이지 제조현장 내부의 경영과 노동의 대립이 아니다.

여기에서 피케티의 자본과 개성상인의 자본 개념을 대비해 보자. 〈표 1-1〉은 『21세기 자본』에 소개한 서구 유럽 주요 자본주의 국가의 자본소득 인식과 KDEB의 자본소득 인식의 차이를 대비한 표이다. 개성상인에게 자산이란 토지나 건물이나 금은보화 등 물질자산이 아니라 자본의 순환과 거래계약에서 미래에 받을 권리로 요구할 수 있는 약속 계정의 자산이다. 이러한 자산 인식은 19세기 자본론이나 18세기에서 21세기 자본주의의 역사를 분석하여 세습자본주의를 주장한 21세기 자본론의 자산 인식과는 대비되는 지점이다.

개성상인의 자산 인식을 가장 잘 나타내는 사례가 토지나 부동산 자

	피케티	KDEB
자산 종류	토지자산, 건물자산, 외환자산, 주식자산	미래 받을 권리(Clame)
자본 정의	시장에서 소유와 교환이 가능한 비인적자산(Non Human Asset)-사무용 부동산, 거주용 부동산, 금융자산, 기업과 국가기관의 사업자본	미래까지 완벽한 책임 이항 (Responsibility)
자본 기능	가치저장 수단+생산요소	유동자본으로만 존재, 생산요소 역할 이외의 가치저장 기능을 고려하지 않는다. 재고자산 계정이 존재하지 않는다.
토지 부동산 인식	생산시설 생산적 자본과 비생산적 자본을 동일 범주로 인식	삼포에 투입된 자본만 기업실체 자본으로 인식 토지를 비생산적 비용으로 인식 토지 가격의 상승은 비용 상승, 생활수준 하락으로 인식
소득	자본소득+노동소득	영업이윤 소득+(임대소득+이자소득+노동소득+자본의 기회비용 소득)
주요 금융원	은행 계좌 뮤추얼 펀드 부동산 담보 능력	구두 약속, 환어음, 신용 역사, 신용 명성
소득분배	자본의 크기에 따른 불공정 분배	생산 기여도에 따른 공정 분배

<표 1-1> 21세기 자본과 19세기 KDEB의 자본소득 인식의 차이

산에 대한 회계 처리이다. 예를 들어 토지 매입거래를 대차대조표의 차변 즉 고정자산 계정란에 배치하지 않고 소득계산서의 차변란 즉 원가(cost) 계정란에 배치한다는 점을 들 수 있다. 개성상인에게 토지는 자산이 아니라 비용이었고 토지 가격의 상승은 생산비용의 상승이며 수익구조를 악화시키는 요인이었다. 또한 생활비의 상승으로 인식되어 삶의 질을 하락시키는 요인으로 인식하였다. 이러한 개성상인들의 자본 및 소득 인식은 〈표 1-1〉에 제시한 대로 서구 유럽 주요 자본주의 국가의 자본 및 소득 인식과 전혀 다른 자본 인식을 형성한 것을 보여준다.

〈표 1-1〉의 피케티가 정의한 대로 현실 자본주의 세계를 지배하는 자본은 시장에서 소유와 교환이 가능한 비인적자산(Non Human Asset) 즉 사무용 부동산, 거주용 부동산, 금융자본, 기업의 사업자본, 국가기관의 사업자본 등 실물 중심의 유형자본이 주류이다. 이와 반면에 개성상인은 거래계약에서 미래에 자신이 지불하기로 약속한 자기자본이나 타인자본이나 모두 미래에 주어야 할 책임(Responsibility)을 갖는 의무이행 요소가 자본이다. 이러한 자산과 자본 인식을 본서에서는 개성상인의 현금흐름을 중심으로 하는 유동성주의라고 정의하고 서술한다. 개성상인의 대차대조표에는 토지, 건물과 같은 고정자산계정이 존재하지 않고 유동자산, 유동부채 계정만 존재한다.

보편적 기본소득 논쟁과 개성회계 편집증

오늘날 전 세계를 강타한 'COVID-19'와 같이 전혀 예기치 못한 상황이 발생할 경우 아무리 많은 고정자산과 재고자산을 쌓아놓았다고 해도 매일매일 들어오고 나가는 현금흐름을 인식하는 것이 가장 중요하게 된다. 예상하지 못한 전염병이나 기상이변하에서는 들어오기로 예정된 현금은 들어오지 않고 임대료, 은행 대출원금, 이자상환, 세금 및 기타 미지급금 지불기일은 매일매일 다가와 현금 지출을 요구하기 때문이다. 개성상인의 회계순환에는 고정성(Fixidity)이 자산가라는 환상을 유발하는 고정자산이 아니라 매일매일 고질적으로 해결해야 하는 고정비용으로 등장한다. 본 서에서는 부동산 광풍에 몰입한 현대 한국인의 자본 인식에 경종을 울리고자 위험예방 면역관리 체제인 '개성회계 편집증(Kaesong Accounting Paranoia, 이하 KAP)'을 중심으로 자본의 순환 인식을 강조하려고 한다.

박영진 가문은 대차대조표상의 받을 권리 유동자산과 주어야 할 의무 유동부채와 소득계산서상의 제조원가 계정을 중심으로 자본회계의 순환적 연결고리를 제시하고 있을 뿐만 아니라 현금흐름을 수시로 시산하는 KAP 체제를 갖춤으로써 서구 유럽 자본주의 역사에서는 찾아보기 어려운 위험예방 안전관리 체제를 개발해온 것이다.

이 KAP 회계순환체계는 15세기 르네상스 시대 레오나르도 다빈치의 친구로 알려진 이탈리아 수도승 루카 파치올리(Luca Pacioli)를 대표로 하는 유럽의 고전회계학자들에 의해서도 강조된 사항이다. 그러나 VDEB는 KDEB처럼 거래분석과 분개에서 최종 결산보고서인 대차대조표와 소득계산서 현금흐름표까지 완벽한 자본회계 순환체계를 인지하지는 못하였다.

〈표 1-1〉에서 알 수 있듯이 피케티는 자본을 축적 혹은 저량(Stock)으로 인식하고 특정 시점 소유되는 부의 총량이라고 정의한다. 소득(flow)은 1년 동안 생산되고 분배되는 상품과 서비스 총량으로 인식하였다. 자본/소득 비율(β)은 항상 높으며 그는 평균 6배 정도라고 추산하였다. 이러한 피케티의 자본 정의는 자기자본과 타인자본을 모두 자기가 소유한 자산으로 혼동하게 하는 자본 정의이다.

이 정의대로 자본을 인식할 경우 가계부채가 눈덩이처럼 쌓이더라도 자신의 1년 소득 총액보다 소유한 자산 총액이 풍선처럼 부풀려진 것을 인식하지 못하게 된다. 예를 들어 2020년 12월 서울시 아파트 평균가격이. 10억 원이라면 서울시민 연평균 가처분소득이 3,000만 원이라 해도 거기에 거주하는 사람은 33배나 부풀린 자산만 인식하고 아무것도 먹지 않고 살아도 배부른 부자심리를 형성하게 된다. 그러나 오늘날 한국인들의 부동산 인식과 달리 개성상인에게 10억이라는 부동산 자산은 모두 매일매일 고질적으로 지출해야 하는 고정비용이다. 아파트 가격이 올라갈수록 관리자임금, 이자, 세금은 순현금으로 지출해야 한다. 이와 같이 임금, 이자, 임대료, 세금은 매일, 매달, 매년 눈덩이 커지듯이 불어나는 현금부담이므로 개성상인은 부동산을 자산이 아닌 비용으로 인식하여 매일매일 이를 닦듯이 KAP를 개발한 것이다.

유동성주의를 지켜온 개성상인에게는 21세기 피케티가 제시한 자본인식은 별천지의 자본이다. 쉽게 말하자면 투기와 광기의 세계이지 합리주의 세계가 아닌 것이다. 개성상인에게 자본이란 자기자본과 타인자본을 구별하지 않고 모두 부채이다. 즉 자본과 부채를 동일시하여 소유개념을 배제한 일정 시점에서 미래 지급해야 할 의무 총액이다. 그들에게 자본을 소유하거나 축적해 놓고 누릴 수 있는 자본소득은 존재하지 않았다. 피케티의 자본 정의와 인식처럼 과거 축적된 토지나 건물이나 창고에 저장된 고정 혹은 재고자산이 아닌 미래 받을 권리 총액이다. 그들에게 자본소득은 1년 동안 영업활동의 수행에 투입된 비용 즉 임금소득+지대소득+이자소득을 제하고 남은 영업활동의 당기순이익이지 부동산투기나 환전투기나 주식투기를 통한 단기시세 차익은 존재하지도 않고 존재할 수도 없는 소득이었다.

피케티는 1년의 회계기간에 발생한 소득에서 자본소득이 차지하는 몫 즉 자본소득 분배율(α)과 부동산이건 환투기이건 투기에 동원된 자본 총량에 자본수익률(γ) 예를 들어 기업 경영을 수행하여 얻은 영업이익률에 자본소득 비율(β)을 곱한 것을 가지고 자본소득 분배율을 구하기 때문에 당연히 자본소득은 노동소득에 비하여 과도한 비중을 차지하는 소득 불균형의 결과를 초래한다. 결국 투기에 동원된 자본과 투자를 위해 조달한 자본을 혼동하여 19세기 칼 마르크스가 주장한 타인노동 착취설을 21세기에 새롭게 부활시킨 것이다.

피케티가 경제적 부에 기업의 영업활동에서 순환하는 자본재뿐만 아니라 비업무용 부동산인 토지 및 부정한 방법으로 축재된 재화도 포함시켜 투기적 수요로 인한 부의 증가를 자본소득 분배율 계산에 넣은 것은 개성상인에게는 성립할 수 없는 자본소득인 것이다.

따라서 합리적 세계의 자본주의 사회의 본질을 파악하기 위해서는 피케티처럼 자본을 부의 축적으로만 바라볼 것이 아니라 개성상인처럼 자본의 순환으로만 인식해야 한다. 자본을 부의 축적으로 인식할 경우 국제자본시장을 떠도는 주식투기, 환투기, 부동산투기 세력에 현혹되어 물질문명과 정신문명의 가교인 DEB 문명마저 해체해버리는 것이 되어 자본주의 체제 자체를 부정하는 결론을 도출하게 된다.

이와 달리 〈표 1-1〉의 KDEB처럼 자본을 순환과정으로 인식하고 최종 결산을 통해 산출된 소득을 중심으로 경제 정보를 생성할 경우 거기에서 생성되는 상대적인 비율들 예를 들어 자본소득 분배율, 이자율, 임금률, 지대율, 영업이윤율, 환율 등 모든 경제 정보들은 DEB 방식으로 처리하고 계산한 결과이므로 조작이나 위조나 부정이 개입되지 않아서 누구나 신뢰할 수 있고 그 경제적 잉여를 취득하는 기업이나 사람을 축복할 수 있는 것이다.

현재 전세계에서 논쟁중인 보편적 기본소득(Universal Basic Income) 논쟁은 개성상인 개발한 KAP를 제대로 인식해야 올바른 방향성을 찾을 수 있다. 오늘날 현대인은 부자와 가난한 자를 막론하고 현금이 지닌 파워와 매일매일 엄습하는 고정비용의 부담을 안고 살아가고 있다. COVID-19와 같은 팬데믹 시대에 개성상인이 KAP를 통해 유동성주의를 지켜온 것처럼 재난 기간 현금으로 지출되는 기본소득은 일상의 삶을 유지하기 위해 고군분투하는 현대인에게 가뭄의 단비처럼 유일한 해결책이 될 수 있다.

20세기 들어와서 각 국가별로 국민대차대조표와 국민소득을 측정하고 있다. 국민소득은 국민대차대조표와 달리 자산의 절대적이고 양적인 크기의 측정이 아니라 일정 기간 자본의 순환을 통해 획득한 상대적이며 균형적인 소득을 측정한다. 오늘날 세계가 자국의 국민소득을 자본의 순환을 중심으로 측정하는 국민계정(National Accounts)이 그것이다.

이 국민계정은 경제학자가 아닌 회계학자들에 의해 개발되어온 것으로 회계기간 중의 국민경제의 활동 결과(소득계산서, KDEB의 경우 회계짐작초)와 특정 시점에서의 국민경제의 자산 및 부채 상황(대차대조표, KDEB의 경우 받자주자대조표)을 계정 형태로 나타낸 것으로서 회계의 국민적 재무제표 즉 국민소득통계, 산업연관표, 자금순환표, 국제수지표와 국민대차대조표의 총 5대 국민경제 통계를 생성한다. 이 국민계정은 UN, OECD, WORLD BANK, IMF 등 오늘날 주요 국제경제기구에서 자본주의 경제체제, 사회주의 경제체제 모두 다 적용하여 계산하는 국제표준이다.

그러나 피케티처럼 경제사학자들이 경제사 통계로 사용하는 소득, 소비, 투자 등 여러 가지 과거 역사의 거시경제 변수들은 계량화가 불가능한 여러 요소들로 구성되어 있음에도 불구하고 회계를 통해 생성된 데이터로 잘못 인식하는 경우가 비일비재한 것이다.[40]

본 서에서는 DEB에 기반한 회계순환을 통해 계산되는 최종 처분이 가능한 소득들 즉 임대료, 임금, 이자, 영업이익을 중심으로 회계순환 과정을 인식하여 다음과 같은 5단계 회계순환 과정을 전개한다.

먼저 현금 시산(時在 Cash flow)과 분개(分介 Journalizing) 과정이 개성회계순환 첫 번째 과정이다. 다음으로 장책인 받자장책(外上長冊 Account Receivable)과 주자장책(他給長冊 Account Payable)으로 전기(Posting) 과정이 개성회계순환 두 번째 과정이다. 결산과정으로 받자장책(Account Receivable) 계정과 주자장책(他給長冊 Account Payable) 계정의 계정잔액 (Balance of Accounts)을 받자질(捧次秩 Receivable)과 주자질(給次秩 Payable)로 요약하는 과정이 개성회계순환의 세 번째 과정이다.

기간손익 결산 절차로서 오늘날 발생주의 회계에 해당하는 회계짐작초(會計斟酌抄 Income Statements)의 작성이 개성회계순환 네 번째 과정이다. 마지막으로 인삼 삼포별로 원가계산을 하고 독립된 법인 형태의 영업활동 보고서를 작성하는 것이 개성회계순환 최종 과정인 다섯 번째 과정이다.

본 서에서는 이 5가지 KDEB 자본회계순환을 중심으로 DEB가 어떻

---

40) 국민계정은 1953년 UN이 발표한 「국민계정체계와 부표(A System of National Accounts and Supporting Tables, 1953 : 1953 SNA)」가 최초라고 할 수 있다. 우리나라는 1957년 한국은행이 SNA 공식편제기관으로 지정되면서 작성되기 시작하여 1989년에는 국민대차대조표를 제외한 4대 국민계정을 작성하다가 1993년 UN의 「1993 SNA」와 2008년 「2008 SNA」를 반영하여 국민소득통계, 산업연관표, 자금순환표, 국제수지표, 국민대차대조표가 유기적으로 연결된 5대 국민계정을 완성하기에 이른다. 한국은행 『한국의 국민계정』 2019.

게 어느 순환단계에서 잉여가치를 창출하는지를 찾아내어 잉여가치의 원천은 타인노동의 착취가 아닌 자본순환의 회계금융서비스에 있음을 제시한다. 제조과정에서 타인노동에 지불한 임금보다 더 많은 노동 즉 지불하지 않은 노동에 잉여가치의 원천이 있다는 칼 마르크스의 자본순환과 전혀 다른 순환체계를 제시한다.

가족기업으로 출발한 KDEB의 소득의 원천은 임금, 지대, 이자, 이윤, 그리고 자본의 기회비용 총 5가지이다. 이 중에서 이윤은 집안의 아내로부터 자본을 빌려서 바깥에 나아가 영업활동을 한 남편이 최종 결산 후에 가져가는 이익잉여 '남은 돈(餘文)'으로 계산되어 나타난다.

KDEB에서 이윤(Profit)이란 한 치 앞도 보이지 않고 아무도 가보지 않은 미래의 모든 위험을 감수하고 영업활동을 감행한 남편에게 돌아가는 순자본소득이다. KDEB에서 자본의 기회비용이란 바깥에서 위험을 무릅쓰고 영업활동을 하는 남편이 흔들림 없이 활동에 전념하도록 안정적인 장기금융을 제공한 아내에게 연 15%의 수익률로 돌려주는 남편의 보너스이다.

이와 같이 KDEB의 이윤과 자본의 기회비용의 기원이 내외간의 정직성과 신뢰성을 기초로 한 완전무결한 회계 처리에 있으며 그 완전성은 종교세계의 구원관과도 일맥상통한다고 보는 것이 본 서의 주제인 '회계금융서비스의 이윤창출설'이다.

우리는 여기에서 유럽의 중세 말 구원관이 합리적 자본관과 어떻게 연결되어 나타났는가를 되돌아볼 필요가 있다. 토마스 아퀴나스는 구원에 대한 정의를 극도의 행복 즉 불교의 극락(極樂)세계에 두었다. 그는 당시 잠자는 금욕주의자를 공격하면서 기업 이윤이란 바쁘게 활동한

대가의 보상으로서 게으름을 피우지 않은 대가가 이윤이라고 본 것이다.[41]

또 하나 주목할 점은 기업실체 이론에 따른 소득계산서 인식이다. 주지하듯이 오늘날 소득계산서는 제조원가와 매출원가로 구성되며 임금과 R&D 지출 등 인적자본이 주요 지출항목을 이룬다.

본 서에서는 삼포 도중의 각인회계책을 기업실체 회계 소득계산서로 인식하고 도중회계가 사회민주주의 가치이론과 만나는 것을 제공한다. 이른바 대차대조표 중심의 회계는 일부 소수가 자본을 독점한 자본주의적 이윤 이론이라면 소득계산서 중심의 회계는 다수의 이해관계자가 참가하여 계약한 대로 일정한 지분에 따라 회계 처리하여 최종 소득을 산출하기 때문에 사회민주주의적 소득 분배 이론에 해당된다.[42] 이에 대해 본 서에서는 'KDEB의 사회민주주의화'라고 정의 내리고 논의를 전개한다. 현대사회로 들어서면서 회계정보의 사회화는 가속화되고 있으며 자본의 순환과 소득의 분배에 관한 새로운 규칙이 사회적으로 강하게 요구되는 시대적인 시사점을 KDEB를 통해 제시하려는 것이다.

이러한 KDEB가 제시하는 회계서비스에 의해 나타나는 사회의 제반 잠재능력을 활성화하는 활동성 중심의 제고 능력은 중세 때 유럽에서부터도 인지된 능력이다. 그 대표적인 학자가 바로 독일 근대학파를 이끈 막스 베버이다. 그는 중세까지 로마 바티칸에서 불법행위로 규정한 고리대금업 금지 조치와 이에 대한 극복 방안 마련을 위한 노력이 결국

41) Steven Toms, 'Calculating Profit: A Historical Perspective on the Development of Capitalism' August 2008 Accounting Organizations and Society 35(2).
42) Ashley (1931, pp.399~401, 404, 412~416), Tawney (1960, p.36), De Roover, (1951, p.498)

은 합리적인 회계서비스를 견인하여 자본주의사회로 이끌었다고 인식한다. 그의 저서 『프로테스탄티즘과 자본주의 정신』의 핵심은 합리적으로 이윤을 계산하는 회계 능력이었다.[43]

칼 마르크스 자본순환론과 회계순환의 충돌은 회계순환의 소득계산서의 영업잉여와 피용자보수의 혼동 때문이다. 그의 『자본론』은 제1권 자본의 생산과정(The Process of Production of Capital), 제2권 자본의 순환과정(The Process of Circulation of Capital), 제3권 잉여가치론(Surplus Value Theory)으로 구성되어 있다.

그가 제시한 잉여가치는 제조 생산과정의 지불노동과 부불노동의 차이 즉 화폐(M) － 상품(C) ……생산과정(P) ……상품(C') － 화폐(G')에서 모든 순환은 등가교환으로 이루어지지만 생산과정에서만은 자본과 노동 사이의 부등가교환으로 이루어진다고 인식하였다. 즉 잉여가치는 자본순환상에서 발생하는 것이 아니라 생산과정에서 영업잉여를 추구하는 경영자가 피용자보수를 착취하는 데에서 발생한다고 보았다.[44]

칼 마르크스는 생산과정에서 다른 사람의 노동시간을 지불하지 않은 것이 잉여가치라고 보았지만 계약에 기초한 대차평균의 원리가 관통해 온 소득계산서상에는 타인에게 지불하지 않은 가치는 존재할 수 없다. 이에 대해서는 제8장 개성자본회계순환의 다섯 번째 과정 삼포 도중회계(Entity Account)와 원가계산(Costing)에서 자세히 다룬다.

---

43) Weber (1927, pp.267~71). From this recognition follows Weber's characterisation of capitalism as dependent on a calculable law and accounting's ability to determine capital's income yielding power.

44) 칼 마르크스의 이윤율 공식: 잉여가치(S)/[가변자본(V)+불변자본(C)], [잉여가치(S)/가변자본(V)]/[1+불변자본(C)/가변자본(V)], Karl Marx, Capital. Volume III, Penguin ed. 1981.

칼 마르크스의 자본축적과 자본순환의 혼동은 21세기 피케티에 의해 확대 재생산된다. 그가 제시한 21세기 자본 등식인 자본소득 분배율은 기업 영업이윤(profits), 토지 부동산 각종 고정자산의 임대수익이 얽힌 임대(rents), 기업이윤 배당(dividends), 이자(interest), 지적소유권(royalties), 투기적 소득(capital gains) 등 모든 것을 망라하여 자본수익률로 인식한다. 피케티는 자본(capital)과 부(wealth)를 동일한 의미로 사용하고 있다. 피케티의 근본 법칙에 등장하는 자본수익률은 모든 유형의 자본을 통해 얻는 수익률의 평균으로 기업의 투자수익률부터 정기예금의 수익률 등을 모두 포함한다.

그러나 KDEB는 영업활동에서 파생되는 금융소득이나 비용은 받을 이자와 지급이자로 상계처리하여 오늘날과 같은 단기 시세차익을 누릴 수 있는 투기기회를 원천적으로 차단하고 있다. 이와 달리 피케티가 정의하는 자본은 기업 경영에 투자된 합리적인 자본뿐만이 아니라 단기 주식투자와 부동산 부문의 시세차익을 통한 자본이득 즉 투기적 목적으로 투입된 자본까지 포함하여 봉건적 자본소득 범주를 가지고 오늘날 현대사회의 자본소득 분배율을 구한 것으로 보인다.

본 서의 도중회계 분석에서 제시하는 기업의 영업이익은 경영활동을 통해서만 창출될 수 있는 경영소득이지 투기적 자본소득은 아니다. KDEB 회계에서 영업이익은 분명히 회계순환의 최종 단계에서 추출되는 결정체이지 피케티가 혼동한 것처럼 각종 투기와 불법행위를 배경으로 하는 자본축적과 아무런 연관이 없는 것이다.

일반적으로 기업이 1년 이상 장기간 보유한 유형자본은 연간 회계보고서에서 '고정'으로 간주되고 1년 이하는 '유동'으로 간주된다. 유동성주의라는 금융자본주의 핵심 명제가 성립된 곳은 미국이다. 20세기에 본격적으로 세계경제를 주도한 미국 경제의 기반 산업은 서비스산업이다. 기업이 구매하거나 사용하는 중간 투입물의 약 절반은 실제로 상품이 아니라 서비스 분야이다. 서비스 분야의 대부분은 회계경영금융서비스이다.

현재 회계금융서비스 분야의 국제기준은 내수기업의 전통이 강한 미국의 일반회계기준(US GAAP)과 유럽연합, 대한민국, 싱가포르 등 주요 수출 주도 국가들이 준수하는 IFRS 두 개의 기준으로 나뉘어 있다. 오늘날 기업 문명을 주도하는 유럽과 미국에서 국제회계기준을 세워나가는 이유는 세계 어느 곳에서나 기업 경영활동의 결과를 신뢰하고 승인할 수 있도록 하는 합법성을 획득하여 어느 사회의 이해당사자들도 혼돈과 갈등이 아니라 질서정연한 합리주의 세계 속에서 살아갈 수 있도록 하기 위함이다.

따라서 DEB만이 복잡하게 얽히고설킨 다양한 경제 이해당사자들의 복잡한 혼돈세계를 질서정연한 세계로 인도할 수 있는 것이다. DEB가 존재하지 않은 중세 세계에서 인류는 이 혼돈의 세계, 번뇌의 세계에서 벗어나고자 종교에 의탁하였지만 질서정연한 세계를 창출하는 회계의 출현 이후 인류는 누구나 합리적이고 서로 신뢰하는 사회를 누릴 수 있었던 것이다.

본 서에서는 DEB를 중심으로 하는 회계순환 과정에 그동안 한국의 합리주의 세계를 대표하는 개성상인의 회계자료를 결합하여 자본의 역사를 단순한 물질의 축적(Stock)이 아닌 순환 흐름(Flow)[45]의 역사로 바라본다. 이를 통하여 개성회계의 주요 목표가 소수의 자본소유자들의 재무상태 변동을 계산하는 데에 있지 않고 다양한 이해당사자들 사이의 협의와 합의를 도출하는 소득의 계산에 있다는 것을 제시한다. 또한 본서에서는 위험관리 면역체계 KAP를 중심으로 현금흐름 인식이 개성회계에 어떠한 비중을 차지하고 있는지를 제시한다. 종합적으로 자본순환의 표준 체계를 이해해야 하고 실질계정과 명목계정의 완벽한 통합을 이루는 소득계산서 중심의 자본의 역사를 바라본다.

본 서의 최종 회계순환은 개성회계의 원가 흐름도이다. 이 원가 흐름도는 인삼포의 조성 단계에서 최종 6년근 인삼의 수확과 판매까지 전 과정의 흐름을 회계순환으로 인식하여 제시한다. 이 흐름도에는 원재료 투입, 임노동 투입, 중간재화 투입과 자금운용 비용, 즉 생산에 사용되고 다른 재화나 서비스를 만드는 과정에서 사용되는 금융 흐름이 포함된다. 따라서 생산과정이지만 중간재의 소비이기 때문에 소비과정과도 맞물리면서 어떻게 가치 체인이 이루어지는가를 회계순환 과정으로 제시하는 것이다.

DEB는 인류가 개발한 여러 의사소통 체계에서 유일하게 차변(Debit)과 대변(Credit)의 균형으로 의사소통의 완전성을 체크하는 체계라 할 수 있다. 이것을 회계학에서는 자기 검증성(Self Verifiability)과 불편성(Freedom from Bias)이라고 한다. 의사소통이 서로 검증이 안 되고 한쪽으로 치우칠 때 국가와 사회는 심각한 거래비용을 치르게 된다. 전쟁, 범죄, 사기 등 모든 사회의 악은 의사소통의 불완전성에서 비롯된다.

---

45) 순환의 이두 표현은 흐름(流音)이다.

개성자본회계 5단계 순환과정

　본 서에서는 지난 18–19세기 개성상인이 처한 회계 환경이 억약부강과 정글의 법칙이 난무하는 전쟁과 범죄와 사기와 무정부상태였음에도 불구하고 어떻게 DEB의 질서정연성을 통해 합리적인 세계 속에서 이윤을 추구해왔는지를 제시한다. 본 서는 한국 전통의 회계 유산을 개성상인의 송도사개치부법의 역사를 중심으로 통일신라시대부터 조선시대까지 확대하여 고찰한다. 또한 세계 회계사 연구와 비교하여 한국 회계 유산의 세계적인 의미를 부각시키고자 한다.

　오늘날 현대 회계는 총 10단계의 순환과정(Ten Steps Accounting Cycle)을 거친다. 회계기간(Accounting Period) 동안의 3단계와 결산과정에서 7단계가 그것이다. 회계기간의 3단계는 1)거래 분석(Analyze source documents) 2)거래 분개(Journalize the transaction) 3)원장으로의 전기(Post to the Ledgers)이다. 결산과정의 7단계는 결산 정리단계로 크게 수정 전 결산 준비 3단계와 수정 후 결산 4단계를 거친다.

　2007년부터 박영진가 자료를 분석한 개성회계 연구팀은 개성회계의 주기적 순환과정(Accounting Cycle)은 일기장을 중심으로 다음과 같은 총 5단계 과정(KDEB 5 Accounting Cycle)을 거치는 것으로 밝혔다. 회계기간의 3단계가 2단계로 축약되고 결산 정리단계가 7단계에서 3단계로 축약된 것이다.

　회계기간 첫 번째 과정: 일기(日記 Day Book)에서 현금수지 잔액시산(時在 Cash flow)과 분개(分介 Journalizing) 즉 책임 이행(Liability)과 권한 요구(Right Claim)로 분석되는 것이 동시에 이루어진다.

두 번째 과정: 매출채권이나 미수수익 등 권한 요구 요소는 모두 장 책인 받자장책(外上長冊 Account receivable)으로 전기되고 책임 이행 요소 즉 일기장에 기록된 일상 거래 중 상품이나 용역을 제공받으면서 발생 한 채무나 미지급금 등은 모두 주자장책(他給長冊 Account Payable)으로 전기(Posting)된다.

세 번째 과정: 결산과정으로 시산(時算 Trial Balance)한 계정 잔액 (Balance of Accounts)만을 모아 주회계책(周會計冊)의 받을 것과 주어야 할 것의 대조표를 작성하였다.

네 번째 과정: 기간 손익 결산 과정인 회계집작초(會計斟酌抄 Income Statements)가 작성되었다.

다섯 번째 과정: 인삼 삼포별로 독립된 법인 형태의 영업활동 보고서 인 각인회계책(各人會計冊)이라는 도중 회계(都中會計 Entity Account)를 별 도로 작성하였다.

본 서에서는 개성상인 회계장부를 현대 회계방식으로 전환하여 그 주기적 순환과정(Accounting Cycle)을 다음과 같이 총 5단계 과정(KDEB Step 5 Accounting Cycle)의 특징을 제시한다.

첫째, 회계순환의 첫 과정인 7책으로 이루어진 박영진가 일기(日記 Day Book)가 세계에서 가장 단순명료하면서도 미래성과 복식성을 담은 정교 한 일기, 실무 기록이라는 특징을 실증한다.

이번에 발견된 일기장은 거래 현장의 최초 기록인 명심록[46]과 차변과 대변으로 거래를 분석한 분개장(分介帳)[47] 현금출납장과 현금흐름 잔액

---

46) 베니스 부기에서는 주요부의 첫 과정을 'Memorandum'이라고 한다.
47) 베니스 부기에서는 주요부의 두 번째 과정을 'Journal'이라고 한다

시산장이 융합되어 있는 것이 특징이다. 즉 박영진가 일기장은 최초 거래 현장에서 기록하는 명심록과 현금수지 잔액시산(時在 Cash flow)과 분개(分介 Jounalizing)가 동시에 진행되는 특징을 제시하려고 한다.

둘째, 일기장에 기록된 매일매일 발생한 거래에서 매출채권이나 미수수익 등 자산 청구권에 대한 장책의 자산장책 즉 받자장책(外上長冊 Account receivable)과 일기장에 기록된 일상 거래 중 상품이나 용역을 제공받으면서 발생한 채무나 미지급금에 대한 장책의 채무장책 즉 주자장책(他給長冊 Account Payable)으로 전기(Posting)되는 과정을 중심으로 개성상인 장책의 특성을 간결성, 영구보존성, 그리고 분산성을 제시한다.

베니스 부기는 오늘날 원장을 'Big Book Head Book'이라고 하였는데 개성은 '장책(長冊)'으로 표기하였다. 'Big Book'이나 '장책(長冊)'이나 표현 글자만 다르지 의미는 완전히 일치한다. 오늘날 기업의 총본부에 해당된다. 오늘날에는 계정의 총본부인 장책(General Ledge)이라 한다. 외상장책(外上長冊)이라 함은 오늘날 대차대조표의 차변(Debtor)의 자산장책이다. 타급장책(他給長冊)이라 함은 오늘날 대차대조표의 대변(Creditor)의 부채자본 장책이다. 본 장에서는 지금까지 세계 다른 어느 나라에서도 발견되지 않는 특이점을 장책(外上長冊/他給長冊)에서 찾아 제시한다.

영미권 특히 유럽에서 대차대조표의 대변계정은 타인자본(Liability)과 자기자본(Equity)으로 구분하지만 개성상인들은 이 구분 없이 모두 타급장책(他給長冊)으로 분류하고 있다. 타인자본과 자기자본을 모두 부채로 인식하고 있는 것이다. 본 서에서는 이 과정을 개성자본회계 두 번째 순환과정으로 명명하여 사용한다.

셋째, 받자장책(Account Receivable)의 대변 기입(Debit Entry)과 차변 기입(Credit Entry)을 집계하여 계정 잔액(Balance of Accounts)을 집계한 받자질(捧次秩 Receivable)과 주자질(給次秩 Payable)의 잔액시산표(Trial Balance)를 집계한 주회계책(周會計冊) 즉 오늘날 대차대조표 작성 과정을 소개한다.

개성상인의 대차대조표는 받자질(捧次秩)과 주자질(給次秩)로 양분하여 대조하고 있고, 손익계산서를 회계짐작초(會計斟酌抄)라는 독립된 표로 요약해놓고 있다. 장책상의 특징인 타인자본(Liability)과 자기자본(Equity)의 구별이 없는 것처럼 자산계정의 위치에 받자질(捧次秩)을 놓고, 부채와 자본계정에 주자질(給次秩)을 배치하여 자본을 부채로 인식하는 특징이 있다. 이러한 특징은 오늘날 미국의 대차대조표가 받을 권리 계정(Receivable a/c)과 갚을 책임 계정(Payable a/s)으로 단순히 양분하는 형태를 갖는 것과 매우 유사하다. 본 서에서는 대차대조표 작성 과정을 개성자본회계 세 번째 순환과정으로 명명하여 사용한다.

넷째, 개성상인의 결산절차로서 소득계산서인 회계짐작초(會計斟酌抄 Income Statements)가 작성되는 과정을 제시한다.

개성상인의 소득계산서는 1년 단위의 회계기간과 6년근 인삼 생산기간의 차이로부터 발생하는 발생 자산(Accrued Asset), 미수 이자(Accrued interest receivable), 미수 수수료(Discounting notes receivable) 등 미수수익(Accrued income)으로 구성되어 있었다. 또한 수익과 대응하는 미지급 부채(Accrued liability) 즉 이미 발생하였지만 아직 지급하지 못한 미지급 이자, 급여, 세금 등의 미지급 비용(Accrued expenses)이 어떻게 수익과 대응하고 있는지를 제시한다. 즉 개성상인의 미수 수익(Accrued income)과 미지급 비용(Accrued expenses)을 대응시켜 놓은 회계짐작초(會計斟酌抄 Income Statements)의 발생주의적 회계 특성을 제시하고자 한다. 이 과정을 개성자본회계 네 번째 순환과정으로 짐작회계(斟酌會計 Accrued Account)라고 명명하여 사용한다. 네 번째 과정에 나타나는 특이점은 토지 구입비를 임대료 지급처럼 비용계정으로 처리하여 회계기간 발생한 명목비용으로 인식한 점이다. 토지 구입을 실질계정이 모이는 대차대조표의 자산계정이 아닌 명목계정이 모이는 소득계산서의 비용계정으로 처리한 것은 피케티가 부동산 매매차익을 자본소득으로 인식한 것과는 정반대의 인식으로 주목되는 것이다.

다섯째, 마지막 순환과정으로 개성상인은 인삼포별로 각각 독립적으로 작성한 각인회계책(各人會計冊)이라는 도중회계(都中會計 Entity Account) 보고서를 별도로 작성하였다. 도중회계는 개성상인의 경영 종목인 인삼포 경영과 밀접한 연관성이 존재한다.

개성상인은 1년 단위의 회계기간과 6년근 인삼 생산기간의 차이로부터 발생하는 발생 자산(Accrued Asset)과 발생 부채(Accrued liability)를 대응시킨 짐작회계(Accrued Account)의 결산서인 회계짐작초(會計斟酌抄 Income Statements)를 작성하였을 뿐만 아니라 인삼포별로 독립된 마치 오늘날 법인 형태와 같이 각각 별도로 독립된 각인회계책(各人會計冊)이라는 도중회계(都中會計)를 작성한 것이다.

본 서에서는 이 도중회계를 20세기에 들어와서 미국에서 발달한 기업실체 회계(Entity Account)로 인식하고 서술한다. 이 각인회계책을 작성한 이유는 독립되고 분산된 삼포 경영을 위해 조달한 자금을 활용하고 영업활동에 필요한 토지, 삼포 조성에 필요한 시설물 등을 고정자산 취득이 아닌 비용으로 보았기 때문이며, 비용 개념으로 인식하는 과정을 소개한다. 도중회계를 통하여 삼포 경영에 필요한 자금을 조달하는 과정에서 발생하는 환어음 할인과 회수, 임금 지급, 세금 납부 등에 대하여 영업활동(Operating Activity)에 따르는 제반 비용 인식을 어떻게 처리하였는지를 제시한다.

이와 같이 개성상인의 후손 박영진 씨가 소장한 총 1,000여 쪽 분량의 회계장부 14권에는 개성상인 가문이 1887년부터 1912년까지 인삼재배 및 판매, 목화와 면포 매매거래, 그리고 자금 회전을 위하여 진행한 금융업을 하면서 작성한 회계의 모든 과정이 낱낱이 기록돼 있다. 여기에는 분개장(分介帳 일기장에 기입한 내용을 원장에 옮기기 전에 대변과 차변으로 나누어 상세히 기입하는 회계장부)부터 장책, 대차대조표, 소득계산서, 최종 투자자에 대한 이익배당까지 약 30만 건의 거래 내용이 모두 DEB 방식으로 처리되어 있는 것이다.

이 자료 가운데 가장 주목되는 자료는 주회계책(周會計冊)과 각인회계책(各人會計冊)이다. 주회계책(周會計冊)은 오늘날 대기업처럼 그룹을 총괄하는 헤드쿼터의 최종 요약보고서이다. 주회계책(周會計冊)은 매년 많아야 1~2장의 주기적 요약표를 작성하여 책으로 묶어놓은 것이다. 각인회계책(各人會計冊)은 삼포별로 각자 독립된 개별 영업활동의 최종 요약보고서 1장을 책으로 묶어놓은 것이다.

박영진가 회계장부의 구조를 총괄하여 연구한 정기숙 교수는 박영진가의 회계장부 구조에 대해 '多帳簿制'라고 성격을 규정하고 주회계책(周會計冊)과 각인회계책(各人會計冊)의 회계기간이 동일한 시기에 상호 접

합된 내용을 확인하면 그 우수성과 진화과정을 파악할 수 있다고 보았다.[48]

본 서에서는 주회계책(周會計冊)과 각인회계책(各人會計冊)에 각각 다음과 같은 회계 등식을 추출하고 그 상호 연관성에 대해서 조명한다.

주회계책(周會計冊)을 오늘날 그룹 총괄 재무보고서로 인식하고 각인회계책(各人會計冊) 각 삼포별 재무보고서로 인식하여 상호 연결된 시스템을 파악한다. 각 삼포별 재무보고서는 손익계산서만 서로 연결되어 있다. 각인회계책의 맨 마지막 페이지는 오늘날 이익잉여처리계산서(利益剩餘處理計算書)에 해당된다.

영업이익(Operating Profit)과 매출원가(Cogs)와 이익잉여처리계산서는 다음과 같은 등식대로 기록되어 있다.

매출원가(COGS) = 원료(種蔘買得文 Raw material) + 운반비(駄価文 Transport Cost) + 임금(雇文 Wage)

영업이익(餘文 Operating Profit) − 자본의 기회비용(邊文 Opportunity Cost) = 실이익잉여(實利文 Earning)

실이익잉여 배당금(矜文 Dividend) = 실이익잉여(實利文 Earning) / (참여 도중인 수 + 총괄경영자)

각인회계책(各人會計冊)은 도중별로 재무보고가 끝나면 맨 마지막 난에 배당이익 계산서가 꼭 존재하는데 이 계산서 맨 마지막 이익잉여를 지칭하는 단어가 깃문(矜文)이다. 매출액 합계(放賣 Sales)에서 매출원가

---

48) 정기숙(2011 : 141)

(Cost of Goods Sales, COGS)를 뺀 영업이익(Operating Profit)이다. 영업이익을 여문(餘文)으로 표기하고 있다. 19세기 말 개성상인들은 21세기 글로벌 신용평가 회사의 재무보고서 제1 페이지에 등장하는 수익 요약표(Earning Summary)를 작성하고 있었던 것이다. 본 서에서는 이익잉여 처리과정을 개성자본회계 최종 다섯 번째 순환과정으로 도중회계(都中會計 Entity Account)라고 명명하여 사용한다.

제2장

KDEB와
한반도 통로 이론

제1절 유럽 중심 자본주의 역사 이론의 한계

    1960년대 홍희유는 1786년 개성상인 회계자료를 소개하면서 인삼포 자본의 순환과 합리적인 이윤 계산체계를 중심으로 조선 후기에 자본주의가 발생하였다고 주장한다. 그의 주장은 구체적으로 개성, 평양, 의주 등 도시와 도시의 교역망과 인삼 산업의 회계장부에 기초하여 자본 순환론을 제기하였다는 점에서 1930년대 중국 마르크스주의자들이 제기한 중국 농촌사회 자본주의 맹아론과 대비된다.[49]

    홍희유의 연구는 마르크스 이론 틀에 의하여 제기된 자본주의 맹아론이나 내재적 발전론을 계승하였지만 잉여가치의 원천을 타인노동의 착취가 아닌 인삼 제조와 국제 교역에 두었다는 점에서 주목되는 것이다.

    동아시아에서 자본주의 맹아론을 제기한 사람은 중국공산당 지도자

---

49) 홍희유, 「송도 사개문서(四介文書)에 반영된 송상(松商)들의 도고(都賈)활동」, 『력사과학』 1962.

모택동이다. 그는 이 용어를 1939년 중국 혁명과 중국공산당의 첫 번째 장인 '중국 사회'에서 처음 사용하였는데 "중국의 봉건사회가 이미 상품 경제를 발전시켜 자본주의의 씨앗을 내재적으로 가지고 있었기 때문에 중국은 외국 자본주의의 영향 없이도 천천히 자본주의 사회로 발전했을 것이다."라고 주장하였다.[50]

공산주의자인 그의 문제 제기는 칼 마르크스가 『자본주의적 생산에 선행하는 제형태』에서 제기한 아시아적 생산양식론과 대립되는 개념으로 이후 중국적 특색을 지닌 사회주의 노선을 수립하는 기초가 되었다.[51]

칼 마르크스의 아시아적 생산양식론은 『시경(詩經)』「소아(小雅)」 북산(北山) 편에 나오는 "하늘 아래의 대부분은 왕의 땅이 아닌 곳이 없다(普天之下 莫非王土)"라는 고대 동양 사회의 이상향이 사적 토지 소유가 존재하지 않고 모든 토지를 국가가 소유하고 있는 현실세계인 것처럼 와전된 것이다. 아시아적 생산양식론은 1957년 칼 비트포겔의 『동양적 전제주의』로 이어지면서 서구 유럽의 제국주의 논리인 '아시아사회 정체론'으로 자리 잡게 된다.[52]

그러나 홍희유가 제기한 조선 후기 '삼포자본론'은 18세기 개성상인 회계장부와 홍삼의 국제 교역을 증거로 조선시대 국제무역과 자본주의

---

50) 中國資本主义萌芽問題討論集 [Essays on the debate on the sprouts of capitalism in China], Beijing: People's University of China, 1957.

51) 마르크스는 동아시아 사회를 연구하거나 방문한 경험 없이 동양에서는 시장경제체제가 없이 농업과 수공업이 결합되어 토지를 독점 소유하는 세습전제군주제라는 아시아적생산양식론을 제기하였다. Marx, Karl, "Critique of the Gotha Programme", Marx & Engels Selected Works, 3, Moscow: Progress Publishers, 1875.

52) Wittfogel, Karl "Oriental Despotism: a Comparative Study of Total Power", New Haven: Yale University Press, 1957.

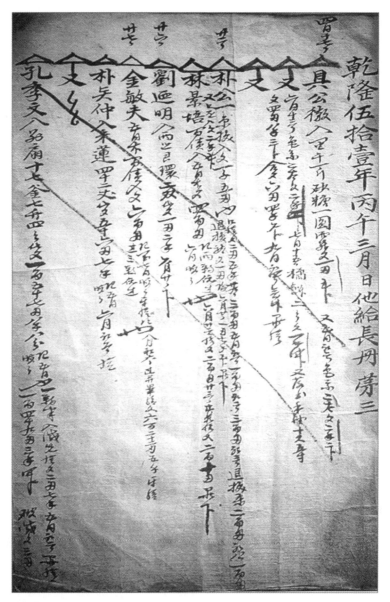

<그림 2-1> 현재 개성 고려성균관대학이 소장해온 것으로 알려진 1786년 타급장책 첫 장

발생을 탐구하였기 때문에 1939년 모택동이 제시한 자본주의 씨앗 개념보다 훨씬 포괄적이며 칼 마르크스와 비트포겔의 동양사회 정체론을 정면으로 논박한다고 볼 수 있다.

〈그림 2-1〉에 제시된 것이 홍희유 '삼포자본론'의 실증 근거인 현재 북한 개성 고려성균관대학에서 소장하고 있는 1786년 주자장책(他給長冊)이다. 이 자료는 홍희유가 1960년대 자본순환론의 근거로 소개한 자료이다. 그러나 자본의 순환과 회계장부 구조를 연결시켜 자본주의의 합리적인 이윤추구 활동을 실증하려고 한 홍희유의 시도는 냉전시대 식민지 근대화론에 의해 철저히 사장된다.[53]

냉전시대의 논리로 한국경제사를 주도한 연구는 하버드 대학의 한국학 연구이다. 카터 에커트는 경성방직 회사의 경영자료를 분석하여 한국 자본주의의 기원을 일본 제국주의의 식민지 시대에 두는 식민지 기원설을 제시하면서 조선 후기 사회에서 자본주의를 탐색하는 것은 연목구어(緣木求魚)라며 자본주의 맹아론을 매우 강하게 부정하였다. 한국인이 소유하고 운영하는 최초의 기계제 대규모 산업 기업인 경성방직의 기업활동을 한국 최초의 자본주의의 기원이라고 보고 냉전시대 일어난 한강의 기적을 일제강점기 식민지 통치의 유산이라고 진단하였다.[54]

---

53) 전성호·허성관·허흥식·정기숙, 『한국 전통회계와 내부통제시스템』1.2, 민속원, 2011; 정기숙·노병탁, 「개성상인의 상관습과 개성부기」, 『회계저널』 26권 5호, 한국회계학회, 2017, pp. 211-233; 허성관, 「한국 전통회계 연구의 성과와 과제」, 한국회계학회, 『회계저널』 23권 1호, 2014, pp.61-89; 허성관, 「박영진가의 19세기 사개송도치부 장부 회계순환 구조」, 한국회계학회, 『회계저널』 24권 2호, 2015, pp. 85-116; Seong Ho Jun, James B. Lewis Kaesong Double Entry Bookkeeping (KDEB) in a Global Perspective, Volume Ⅰ, Ⅱ The Academy of Korean Studies 2016. 참조.
54) Eckert, Carter J. 1996, Offspring of empire: the Koch'ang Kims and the colonial origins of Korean capitalism, 1876-1945, Korean studies of the Henry M. Jackson School of International Studies, University of Washington Press.

그러나 그가 분석한 기업은 제2차 세계대전기의 전범 기업이다. 그러면 여기에서 20세기 초중반 경성방직과 도요타 자동차가 남긴 재무제표와 18-19세기 개성상인이 남긴 재무제표를 비교하여 어느 시기의 어느 기업이 오늘날 IFRS의 기준대로 재무제표를 작성하였는지 구분하여 보자.

도요타 자동차 한국전쟁기 영업실적(엔)									
대차대조표					손익계산서				
영업기말	총자산	자본	법정자본금	자기자본비율	기간	매출액	영업이익	세전이익	영업이익률
1949.11.15'	3,047,121	213,558	201,000	0.07	1949.11.15'–1950.03.30'	2,070,536	2,027	1,876,524	0.00
1950.03.31'	4,009,496	136,790		0.03	1950.03.31'–1950.09.29	2,129,265	14,907	–	0.01
1950.09.30'	4,007,516	1,010,422		0.25	1950.09.30'–1951.03.30	4,348,120	538,235	249,300	0.12
1951.03.31'	5,215,423	1,259,518		0.24	1951.03.31'–1951.09.29	5,775,145	664,696	483,774	0.12
1951.09.30'	4,741,214	1,857,540	418,000	0.39	1951.09.30'–1952.05.30	7,059,453	777,306	677,201	0.11
1952.05.31'	4,961,177	2,343,037		0.47	1952.05.31'–1952.11.29	6,222,081	795,137	725,830	0.13
1952.11.30'	5,701,745	3,106,796		0.54	1952.11.30'–1953.05.30	6,707,764	936,164	745,477	0.14
1953.05.31'	7,295,886	4,230,529	836,000	0.58	1953.05.31'–1953.11.29	7,206,306	970,835	774,436	0.13
1953.11.30'	7,446,422	4,469,928	1,672,000	0.60	1953.11.30'–1954.05.30	10,288,100	1,148,178	945,743	0.11
1954.05.31'	10,428,578	5,979,593	3,344,000	0.57	1954.05.31'–1954.11.29	8,323,639	1,016,102	745,558	0.12
1954.11.30'	10,181,151	6,118,539	6,688,000	0.60	1954.11.30'–1955.05.29	8,562,856	832,565	671,068	0.10

<표 2-1> 도요타 자동차 한국전쟁기 결산보고서(1949-1954)

〈표 2-1〉은 1949년부터 1955년까지 도요타 자동차의 6·25전쟁기 결산보고서이다. 〈표 2-1〉에 제시된 대로 결산 주기가 일정하지 않으며 대차대조표의 등식인 자산=부채+자본을 찾을 수 없다. 또한 손익계산서의 영업이익과 대차대조표 대변 잔액 일치를 계산할 수 없다. 합리적 이윤추구의 핵심인 자본계정과 명목계정의 통합을 찾을 수 없는 것이다. 반면에 1949–1950년 영업이익률 0이었던 경영실적이 1952년 6·25전쟁 와중에 14%까지로 상승한다. 매출액은 5–6배가량 증가한다. 6·25전쟁을 희생으로 제2차 세계대전의 전범 회사가 어떻게 소생하는 지를 보여주는 대표적인 영업실적이라 할 수 있다.[55]

도요타 자동차의 1949–1955년 6·25전쟁 전후기의 결산보고서 양식은 일제강점기 경성방직의 회계자료에서도 그대로 발견된다. 도요타와 경성방직 모두 자본회계의 전 순환과정을 DEB에 의해 작성한 재무제표가 아니다. 양 기업 모두 제조공정 중에 투입된 재료비와 노무비를 차변에 기재하고 매출액을 대변에 기재하여 그 차액으로 제조기업 회계가 갖추어야 할 원가정보가 DEB로 처리되지 않고 있다. 단순히 기초납입 자본금 대비 기말자산 증식이 얼마나 이루어졌는가를 보여주는 단식회

---

55) 이 자료는 일본 모모야마 대학교 서용달 교수가 2018년 대한민국 정부가 수여하는 무궁화훈장을 받으러 한국에 왔을 때 필자에게 주고 간 자료이다. 그는 평생을 재일한국인 인권을 위해 투쟁한 대한조선인으로서 일본에서 국적을 포기하지 않고 외국인 최초로 교수자격을 획득한 인물로 유명하다. 박정희 군사정부가 김대중 (전)대통령을 현해탄에 수장하려고 했을 때 일본 언론에 알려 김대중을 구한 인물이기도 하다. 더 기막힌 사실은 87세의 노구를 이끌고 2018년 대통령이 수여하는 무궁화훈장을 받으려고 고국에 왔을 때 항공료와 체류비를 모두 본인이 부담하고 청와대에서 대통령과 단 20초 동안 악수하고 나와서 필자에게 하소연하면서 주고 간 자료이다. 서용달 교수는 이 결산보고서를 근거로 일본의 전쟁보상금은 세계 3차 대전인 6·25전쟁까지 포함하여 1,800억 불(2018년 기준 환율 1115.7 = 200조 8천2백6십억 원)을 배상해야 한다는 회계학자의 계산금액을 제시하지도 못하고 나온 것이다. 〈표 2-1〉의 도요타 자동차 한국전쟁기 결산보고서에 나타난 대로 1951년과 1952년 도요타가 최고의 수익을 올릴 때 1951년 7월 9일에 미국은 한국을 '샌프란시스코 강화조약' 참가 국가에서 제외하고 6·25전쟁의 모든 전쟁 물자를 일본으로부터 조달한 것이다.

계 보고서를 무질서하게 작성하였다. 제조기업이 갖추어야 하는 제조원가 계산을 DEB 방식으로 하지 않아서 자료의 신뢰성을 갖추지 못한 것이다.

카터 에커트 분석한 경성방직의 회계자료도 그가 주장한 대로 제국의 후예로서의 근대성을 뒷받침하기는커녕 도요타 자동차의 결산보고서와 동일한 방식의 조악한 결산보고서이다. 경성방직은 1929년도에서 1944년까지 15년 기간의 회계자료를 남기고 있지만 일기에서 총계정원장을 거쳐 최종 재무제표 작성까지 회계의 전 순환과정을 단 1년도 완벽하게 갖춘 자료는 존재하지 않는다. 계정 총본부로서 총계정원장이 일기를 통해 작성된 장부인지 아닌지가 불분명하다. 또한 제조원가 계산과정이 DEB 원리대로 기록되지 않아 실질계정(대차대조표 계정)과 명목계정(소득계산서 계정)의 통합을 찾아볼 수 없다.

도요타 자동차는 제2차 세계대전 전범 회사로서 6·25전쟁을 통해 세계적인 자동차 회사로 재탄생하였지만 그들이 작성한 결산보고서는 개성상인들이 작성한 결산보고서와 전혀 다르다.[56) 개성상인의 재무제표는 본 서 제8장의 주회계책 분석에서 자세히 다룬다. 여기에서는 먼저 〈표 8-6〉의 개성상인의 결산보고서와 〈표 2-1〉 도요타 자동차의 결산

---

56) 6·25전쟁이 한창이던 1951년 9월 8일 미국은 샌프란시스코에서 갑자기 전 세계 48개 국가를 소집하고 일본과 평화조약을 체결한다. 제2차 대전 때 나치즘 독일, 파시즘 이탈리아, 군국주의 일본과 맞서 싸운 전 세계 반파시스트 국가 48개 국가를 급히 샌프란시스코로 소환하여 일본과 평화협정을 맺었다. 그리고 곧 협정에 참가한 국가들을 이끌고 전쟁포로로 잡은 일본군을 민간인 복으로 변복시키고 파시스트와 가장 격렬히 싸운 한국에 상륙하여 6·25전쟁을 치르기 위한 것이다. 6·25전쟁에 일본군들이 민간인 복으로 길라잡이를 한 사실은 제1급 군사비밀이다. 전 세계 반파시스트 연맹이 6·25전쟁을 수행하기 위하여 파시스트 전범국인 일본군을 민간인 신분으로 위장시키고 투입한 것이다. 반공산주의라는 새로운 전선에 투입된 것이다. 미국은 6·25전쟁에서 미국전쟁사에 길이길이 기록되는 최고의 사상자를 내고 만다. 6·25전쟁 기간 일본의 전범 기업 도요타 자동차가 벌어들인 영업이익은 6·25전쟁 이전과 비교하였을 때 600% 증가라는 천문학적인 기록이었다. 재주는 미국이 부리고 돈은 일본이 챙긴 것이다.

보고서가 서로 어떻게 구별되는가를 살펴보자.

〈표 8-6〉에 제시한 대로 개성상인의 결산보고서는 대차대조표 잔액과 손익계산서 잔액이 서로 완전히 일치하여 '털끝만 한 오차도 없이(無毫釐之差)' 서로 통합되어 있는 것을 볼 수 있다.

도요타 자동차의 결산보고서를 보면 소리글 이두로 표기한 '아롬뎌(私音丁)'가 떠오른다. '아롬뎌(私音丁)'는 손익계산서의 정확성을 놓고 '털끝만 한 오차도 없이(無毫釐之差)'와 대구를 이루는 회계 부정을 지칭하는 이두이다.

현대 국어에서 '아롬뎌'란 말이나 행동을 분명히 하지 못하고 우물쭈물하는 행동의 표현이지만 조선시대에는 국가관리창고 곡식이나 화폐를 개인이 몰래 사익을 추구하는 행위의 중범죄자를 잡았을 때 '아롬뎌 디릴 잡더니(捉私鑄)'라는 표현을 사용하였다. 조선시대 '아롬아롬' 현대어 '아름아름(私音丁)' 회계 처리는 화폐 위조 범죄에 해당되는 중범죄로서 취급되었던 것이다.[57] 도요타 자동차의 '아름아름(私音丁)' 결산보고서는 화폐 위조 범죄에 해당되는 중범죄의 회계 처리인 것이다.

오늘날 현대 기업이 IFRS대로 회계 처리하여 실질계정(대차대조표 계정)과 명목계정(소득계산서 계정)을 '털끝만 한 오차도 없이(無毫釐之差)' 대차평균의 원리대로 맞추어 구현하는 것을 조선시대는 이미 국가 경영의 기틀로서『경국대전』에 명시해 놓았다.

15세기 발행된『경국대전』은 그 발간의 의의에 대해서 '성인이 손익을 짐작(斟酌)하는데 낮은 것과 높은 것, 가벼운 것과 무거운 것을 가늠하

---

57) 홍기문(1965 : 115)

여 시행하는 것이 하늘의 섭리와 인간의 마음과 저절로 합치되지 않은 것이 없어서 털끝만 한 오차도 없다'고 표현하였다. 이 '털끝만 한 오차도 없이(無毫釐之差)' 객관적이고 공정하게 DEB의 대차평균의 원리대로 국가 경영을 진행한 조선왕조 500년 체제를 전복한 세력은 다름 아닌 아름아름 국가창고를 축낸 회계 부정 세력들이었다.

결국 〈표 2-1〉 도요타 자동차의 결산보고서는 '아롬뎌(私音丁)' 회계이고 〈표 8-6〉 개성상인의 결산보고서는 '털끝만 한 오차도 없는(無毫釐之差)' 회계보고서라는 것이 매우 명확하게 드러난다. 도요타 자동차는 독일 자동차 회사들 대부분이 히틀러 나치에게 부역한 것과 똑같이 군국주의 일본의 대동아전쟁에 부역한 전범 기업이다.

이 전범 기업이 6·25전쟁을 계기로 어떻게 부활하는가를 증명하는 자료가 〈표 2-1〉이다. 똑같이 피용자보수 계정이나 원재료비 계정과 같은 재공품 계정이 자산계정과 어떻게 DEB로 통합되는가를 전혀 추적할 수 없는 아름아름 혹은 어리어리한 재무제표이다. 이러한 어리어리한 기업경영보고서를 작성한 기업의 성장을 놓고 근대화의 모범으로 삼으라는 에커트의 역사관은 적어도 개성상인들에게는 받아들이기 어려운 것이다.

여기에서 카터 에커트가 주장한 제국의 후예의 근대성의 허구를 하나 더 지적해 보자. 그에게 근대화란 기계제 대량생산체제의 존재 여부 즉 18-19세기 영국을 중심으로 일어난 산업혁명이 나타났는지 아닌지가 기준이다. 그는 조선 후기에 발달한 시장경제체제는 자본주의가 아니라고 단언하였다. 조선 사회에서는 대규모 국제교역이 존재하지 않았고 폐쇄 경제에 가까운 소규모 농촌 장시만 존재했다고 보았다.

그는 한반도에서 국제 교역은 강화도조약 이후 개항장을 통한 지주제에 의해 생산된 쌀 국제 교역이 유일하였다고 보았다. 식민지 지주제에 의한 국제 교역으로 자본의 축적이 이루어졌으며 이 지주 자본의 축적을 기반으로 1919년부터 1945년까지 한국에 근대 산업자본이 형성된 것이며 경성방직이 근대 기업의 대표적인 표상이었던 것이다.

그러면 카터 에커트가 근대 사회를 열어나간 시기라고 규정한 일제강점기와 정체된 사회라고 규정한 조선 후기의 생활수준은 과연 근대와 봉건으로 대비할 만큼 현격한 차이가 존재하는 것일까? 이 의문에 대한 해답의 실마리는 이미 마르크스가 제시한 바 있다. 그가 영국의 런던에 거주하면서 자본론을 집필할 당시 산업혁명은 최고조에 도달하였지만 노동자들의 생활수준은 향상되지 않았다. 따라서 산업혁명기 마

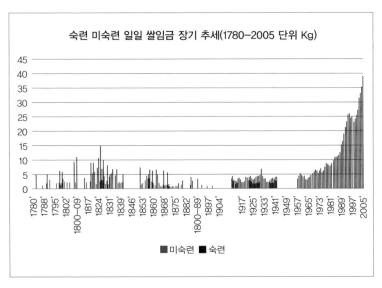

<그림 2-2> 숙련 미숙련 일일 쌀 실질임금 장기 추세(1780-2005)

르크스가 제시한 생활수준 악화라는 실마리를 가지고 카터 에커트의 주장을 검증해보자.

일제강점기와 조선 후기 생활수준의 비교는 다양한 방식이 존재하지만 여기에서는 숙련 미숙련 노동자의 일일 쌀(실질)임금을 추계하고 비교하는 것에서 찾아보자. 〈그림 2-2〉은 1780-2005년 약 230년 동안의 숙련 미숙련 일일 쌀임금 추세를 나타낸 것이다.

조선시대 생활수준을 같은 시기 영국의 런던 노동자들의 수준과 비교했을 때 잘 살았을까, 아니면 형편없었을까? 18세기 조선시대 숙련 미숙련 노동자들의 실질임금을 계산할 수 있는 자료는 대부분 회계장부 문서들과 생활일기 속의 시장 정보들이다. 조선시대 농촌 생활일기 속에 시장 가격정보를 기록한 대표적인 일기가 경남 고성의 「승총명록(勝聰明錄)」이란 개인 일기이다. 이 일기는 1725년부터 1761년 사이의 농촌 시장의 물가를 기록했고 이 가운데 쌀값은 가장 빈번한 횟수로 기록되어 있다. 전남 영암 남평 문씨의 대동계 회계장부 「용하기(用下記)」에는 제반 일상생활 물품의 가격정보는 물론이거니와 금융시장의 이자율과 토지시장의 임대료, 토지가격 등을 복식부기와 비슷한 형식으로 정리해 놓았다.

〈그림 2-2〉은 18세기에서 21세기 한반도 주민들의 생활수준의 추이를 한눈에 보여준다. 카터 에커트가 주목한 일제강점기는 조선 후기에 비해 상승하지 않은 것을 알 수 있다. 특히 18세기 숙련노동의 실질임금은 일제강점기보다 훨씬 높은 수준임이 명확히 관찰된다. 이 자료들을 영국과 비교하기 위하여 동시대 국제 화폐인 은 그램으로 환산하였을 때 18세기 조선 노동자들의 임금 수준의 국제비교 자료가 산출될 수 있

다.

1780년에서 1809년 사이 조선의 숙련노동자의 경우 하루 임금 수준은 은(銀)으로 4.43g으로 산출된다. 동시대 유럽 주요 국가의 자료들을 보면 1750~1759년 영국 런던의 숙련노동자는 일일 임금이 은 11.1g, 이탈리아 밀라노 숙련노동자는 5.73g이었다. 조선의 숙련노동자들의 은 명목임금 수준은 유럽에 비해 크게 떨어지는 것으로 나타나지만 식량가격으로 환산한 실질임금의 경우는 다르게 나타난다.

조선 숙련노동자가 하루 임금으로 살 수 있는 쌀의 양은 8.20kg으로 산출된다. 영국 런던 숙련노동자는 8.13kg, 밀라노 숙련노동자는 6.30kg의 빵을 살 수 있었다. 18세기 조선인의 생활수준이 영국인과 비교해서 뒤떨어지지 않은 이유는 내재적 가치와 명목적 가치가 일치한 상평통보에 기반한 물가안정과 높은 농업 생산성 때문이다. 당시 조선은 농업 생산성이 높았고 농촌 시장은 애덤 스미스가 말한 '완전경쟁적 시장'으로 발달하여 장기 균형가격이 성립될 수 있었고, 이 식량 가격 안정이 생활수준 향상으로 이어졌던 것이다.

냉전시대 정립된 식민지 근대화론은 〈그림 2-1〉에서 명확히 나타나는 17세기 후반에서 19세기 초까지 조선왕조는 견고한 회계시스템 위에서 농업 생산성을 향상시키던 '안정적 성장의 시대'였음을 지워버린다. 이러한 조선왕조 지우기는 냉전시대에 시도된 '한국 지우기(Passing Korean Peninsular)'와 밀접한 연관이 있다. 이 주제는 추후의 연구를 기대하고 본 서에서는 합리주의 세계였던 조선 후기 사회가 일제강점기와 냉전시대를 통하여 어떻게 남북한 분단의 세계로 귀결되었는지를 잠시 살펴보기로 한다.

<그림 2-3> 20세기 냉전시대 동아시아의 새로운 두 섬나라의 출현

　냉전시대 한국 지우기(Passing Korea)가 오늘날 어떻게 귀결되었는가를 가장 명확히 드러내는 그림이 바로 〈그림 2-3〉이다. 이 그림을 보면 오늘날 북한 지역은 암흑지대로 나타나고 밝은 지역에 둘러싸인 고립무원의 섬으로 나타난다. 또한 반대로 고립무원의 섬 북한의 어둠과 대조적인 남한의 불빛도 유라시아 대륙과 연결되지 않고 오히려 섬나라 일본과 연결된 불빛으로 한반도를 대륙과 분리된 섬나라로 만든 것이다. 이러한 동아시아 새로운 두 섬나라의 출현이 바로 냉전시대 폐해이자 유산인 것이다.

　냉전시대를 통하여 카터 에커트의 표현대로 제국의 후예들은 동아시아에서 가장 고도의 경제성장을 이룬 이른바 기러기 비행편대로 재등장한다. 군국주의 파시스트의 화려한 부활이다. 이 기러기 비행편대 국가들은 일본을 선두로 대만 등 섬나라와 홍콩, 싱가포르 등 중국 해안가 도시 그리고 한반도 남한과 같은 분단지대 도시국가들이다.

냉전시대 동아시아의 대표적인 해양 세력 일본이 주도한 경제성장을 본 서에서는 일본 주도의 기러기 비행모델(The Flying Geese Paradigm led by Japan, 이하 JFGP)이라 명명한다. 최근 논란이 되고 있는 반일 종족주의의 이론적 근거인 식민지 근대화론도 JFGP에서 파생된 아류에 지나지 않는다. JFGP를 따르는 남한, 대만, 인도네시아, 홍콩, 싱가포르 등은 네덜란드, 영국, 그리고 일본의 식민지를 역사로 간직한 국가들이다. 그런데 해양 세력이 주도한 서구 유럽 중심 자본주의 사관에서 파생된 이론이 바로 JFGP이고 그 아류가 식민지 근대화론인 것이다.

일본의 경제사학자들은 동아시아는 물론 전 세계와 비교했을 때에도 괄목할 만한 경제성장을 이룩한 한국과 대만 등의 경제성장 원인은 자신들이 근대적 기업 모델을 식민지에 이식하였기 때문으로, 제국주의 일본의 식민지 통치에 대해 감사해야 한다는 논리를 편다. 그것을 이론화한 것이 JFGP의 아류 식민지 근대화론인 것이다.[58]

JFGP는 국가 주권을 침탈하는 제국주의 경제 논리에 기반하기 때문에 자신들이 주도하고 따라온 경제성장 국가들을 신흥공업경제지역(Newly Industrialized Economies, 이하 NIEs)이라 정의하고 국가 개념을 삭제한다. 처음에는 신흥공업경제국가(Newly Industrialized Countries, 이하 NICs)로 명명하다가 NIEs로 바꾸어 주권국가 개념을 삭제한 것이다.

이들이 국가 주권 개념을 삭제한 NIEs를 즐겨 사용하는 데에는 일본

---

58) Akamatsu K.(1962): 'A historical pattern of economic growth in developing countries' *Journal of Developing Economies* 1(1):3-25, March-August. Cumings, Bruce. "The origins and development of the Northeast Asian political economy: industrial sectors, product cycles, and political consequences." *International Organization* 38#1 (1984): 1-40.

을 제외하고 남한, 대만, 홍콩, 싱가포르 등 사회주의 국가와 접경한 국가를 독립된 국가로 인정하기 싫은 속내가 작용한 것으로 이해된다. 이러한 속내에는 일본과 영국과 네덜란드 경제사학자들의 사고를 지배한 일본 예외주의(Japan Exceptionalism) 즉 아시아에서 가장 먼저 서구화에 성공한 일본의 지리적 위치 섬나라의 강조와 대륙과의 단절이 동아시아 근대 경제성장의 견인차라는 주장과 무관하지 않다.

특히 일본의 경제사학자들은 유독 한반도에서 DMZ 이남인 남한만이 이 성장 대열에 합류한 것을 가지고 북한을 고립시키고 분단을 영구화하려는 다분히 의도된 경제 역사이론을 전개하는 것이다.

이와 같이 동아시아 근대경제사에서는 냉전시대 내내 동아시아에서 이룩한 경제성장의 성과에 대해 독립된 국가의 주권을 가진 경제주체들의 노력으로 인정받지 못하고 있는 것이다. 남한의 경제사를 일본 대만과 같은 섬나라의 경제사로 만들어 버리려는 이러한 JFGP 모델은 왜 중국과 북한 그리고 남한의 자본주의 맹아론 혹은 내재적 발전론을 전면적으로 부정하려는 것일까?

본 서에서는 이러한 대립을 '동아시아 경제사 냉전(Cold War of Economic History in East Asia)'이라고 규정하고 이 경제사 냉전을 종식시키기 위해서 20세기 이전 세계 기업의 역사에서 가장 위대한 회계장부를 보유한 개성상인의 영업활동을 중심으로 냉전의 산물인 동아시아 경제발전 모델 'JFGP'가 잘못 만들어진 모델임을 설파하려고 한다.

즉 동북아시아 경제사 냉전 종식을 위한 객관적 근거를 이번에 발굴된 개성상인의 세계 最古 현대식 회계장부 14권에서 찾아 제시하려 한다. 자료 중심의 객관적 근거를 제시하기에 앞서 냉전시대 일본이 주도한 JFGP의 폐단을 먼저 제기한다. 이를 위해 본 서에서는 제2차 세계대전 이후 미국이 주도한 세계평화체제는 '냉전 질서하의 한국 섬나라 만들기 모델' 혹은 '동아시아에서 한국 지우기의 더러운 경제사학자 동맹(Economic Historians' Dirty Ally for Passing Korea in East Asia)'이라고 명명하고 경제사 왜곡의 실체를 제시하려 한다.

동아시아 근대 자본주의 역사 연구의 왜곡된 프레임은 일본이 주도하는 식민지 근대화론이 아니라 19세기 중반 아편전쟁 이후 영국, 네덜란드, 미국 등 해양 세력이 주도하여 유라시아 대륙과 해양 지역을 분리 단절시키는 프레임이다. 이 프레임에서 유라시아 대륙과 태평양 연안 해안도시의 네트워크 중심인 한반도 통로가 사라지는 이른바 한국 지우기는 당연한 것이 된다. 국내 진보적인 역사학계가 답보 상태에 머문 가장 큰 요인은 일본에 의한 역사 왜곡의 프레임 즉 친일반일 프레임 속에 갇혀서 한국 지우기(Passing Korea)라는 프레임의 실체를 인지하지 못하였기 때문이다.

그러면 한국 지우기 프레임은 언제 누구에 의해서 형성되어 오늘에 이르는 것일까? 그 해답은 20세기 일본에 의한 조선 식민지에서가 아니라 19세기 중반부터 시작된 영국, 미국, 네덜란드의 고도의 유라시아 대륙봉쇄 연합전략 속에 있다. 자본주의 역사 속의 한국 지우기는 조선 건국 1392년에서 19세기까지 약 500여 년의 장구한 세월 또한 중화주의 중국의 종속국가, 조공국가, 사대주의 국가로 연결시킨다. 냉전시대를 포함하여 600여 년간의 한국인의 시간을 식민지 지배를 받아온 시간대로 굳히려는 것이다.

이러한 이유에서 식민지 근대화론의 배후로 일본 극우세력의 존재만을 지목하는 것은 매우 어리석은 진단이 되는 것이다. 현재 식민지 근대화론자들은 이미 식민지를 넘어 해방 후 냉전시대에 이승만을 국부로 인식하는 데 온 역량을 집중하고 있다.

그러면 식민지 근대화론자들은 왜 이승만을 통하여 식민지시대와 분단시대를 연결하는 작업에 골몰하고 있는가? 그것은 한마디로 분단 구도의 영구화와 한미일 삼각동맹체제의 영구화 때문이다. 이른바 남한만을 유라시아 대륙으로부터 분리하여 섬나라 아닌 섬나라로 만들려는 '섬나라제국 만들기 전략(The Strategy of Japanese Imperialism based on Pacific Islands)' 속에 존재하는 것이다.

정리하자면 20세기 근대 자본주의 역사의 한국 지우기 프레임의 정점은 미국과 일본의 전범 동맹인 샌프란시스코 협정이며 그 이후로 한국은 반도국에서 섬나라로 전락하여 오늘에 이른 것이다. 이들에 의해 형성된 허상의 역사 프레임들 조공국가, 사대주의, 한사군 종속국가, 식민지 근대화론 등등을 KDEB를 가지고 해체하고 유라시아 문명국가로서 대한민국을 다시 세우려는 것이 본서의 궁극적인 지향점이다.

따라서 20세기 세계 자본주의 역사 서술의 오래된 '한국 지우기' 프레임을 해체하기 위해서는 당연히 19세기로 들어가야 하며 우리는 거기에서 일본보다도 더 거대한 앵글로색슨 종족이 주도하는 해양 제국주의의 '한국 지우기' 동맹 즉 영미일 해양 국제연맹과 마주하여 고군분투한 합리적 자본주의의 원조 개성기업인을 만나게 되는 것이다.

21세기는 합리주의 원조 개성 기업인이 한류(K-Wave)를 타고 전 세계로 뻗어나가는 시기이다. 동시에 20세기 제2차 세계대전과 한국 및 베트남전쟁에서 희생당한 국가들이 제국주의를 주도한 국가의 경제성장을 능가하는 현상이 지속되는 세기이다. 이 새로운 세기 경제성장의 새로운 선도국가는 냉전이 해체되고 팍스아메리카나가 해체되는 1980년대 후반부터 'JFGP'의 추락의 조짐과 함께 나타나는데 그것을 주도한 경제주체는 바로 개방형 통상국 고려의 후예인 대한민국의 기업들인 것이다. 그중에서도 개성출신 기업들의 활약상은 눈이 부실 정도이다.

〈그림 2-4〉는 6·25전쟁 이후부터 최근까지 미국, 유럽과 아시아의 주요 자본주의 국가의 GDP 성장률 비교이다. 〈그림 2-4〉에서 알 수 있듯이 식민지 근대화론의 배후 'JFGP'는 여지없이 추락하고 있다. 반면에 1990년대 IMF 금융위기 이후 한국이 주도하고 중국과 베트남이 그 뒤를 잇는 '한국 주도 기러기 비행편대(K-FGP)'가 등장하는 것을 알수 있다. 한국의 경제성장은 일본, 독일, 미국의 추락 국면에서도 2000년대까지 최고의 성장률을 기록하면서 중국과 베트남의 경제성장을 이끌고 있는 것이다. 오늘날 K-Pop, K-Beauty, K-Drama 등이 바로 'KFGP'인 것이다.

〈그림 2-3〉에서 냉전시대 밝은 지역이던 일본과 대만 등 섬나라와 해안도시의 경제성장은 멈추고 냉전시대 어두운 지역이었던 동북아시아 대륙을 중심으로 새로운 흐름이 조성되고 있는 것이다. 냉전의 해체 시기 오직 DMZ 이북인 북한만 여전히 어두운 고립된 섬 지역으로 남아있는 모습을 볼 수 있다. 〈그림 2-3〉 북한을 중심으로 조명 밝기 위성사진을 보면 북한은 고립무원의 섬나라로 인식된다. 냉전시대이건 냉전해체시대이건 남북한 모두 섬나라로 고립되는 역사의 모순을 극명하게 보여주는 그림이라 할 수 있다.

〈그림 2-3〉을 보면 결국 남북한을 포함한 세계의 미래는 신냉전시대

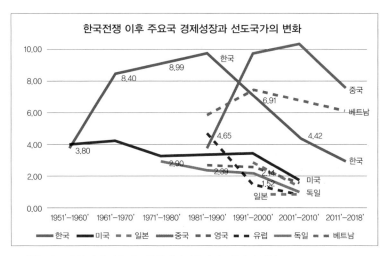

<그림 2-4> 1950년대 이후 주요국 경제성장률과 선도국가의 변화.

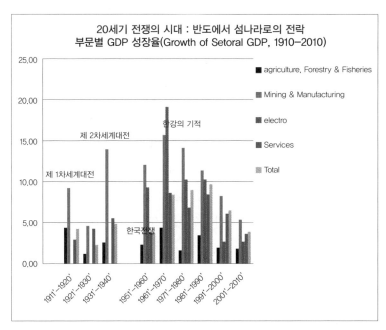

<그림 2-5> 20세기 반도국에서 섬나라로 전락.

로 가느냐 아니면 남북한이 통일을 주도하는 새로운 경제 번영의 시대로 가느냐 하는 갈림길에 놓여 있는 것만은 분명하다. JFGP와 KFGP의 주도권 경쟁 결과에 따라서 '냉전구도의 영구화'인가 아니면 한반도를 통로로 하는 '다시 고려(Re-Korea)'로의 재도약인가를 결정하는 갈림길인 것이다.

그러면 이 갈림길의 미래는 어떻게 될까? KDEB 형성의 역사적 배경을 볼 때 북한 지역은 가장 밝은 미래 전망을 가진다. 왜냐하면 1990년대부터 동아시아 냉전의 해체와 함께 일본이 주도해온 동아시아 경제발전 모델을 구시대의 유물로 만든 경제주체들 가운데 평안도, 함경도, 강원도, 황해도 출신 한국 기업이 부상하고 있기 때문이다. 그중에서도 개성 출신 기업가의 활약상을 하나의 사례로 들지 않을 수 없다. 개성 출신 기업가들은 IMF 금융위기 즉 단기 유동성 위기에서 현금 유동성주의 '회계 집착증'으로 IMF 금융위기에 전혀 흔들림 없이 기업을 유지해온 것으로 유명하다.

현재 대한민국에서 활약하는 합리주의의 원조 북한 개성출신 기업과 창업주는 다음과 같다. 1) 동양화학 회장 이회림 2) 아모레퍼시픽 창업주 서성환 3) 삼립식품 SPC 창업주 허창성 4) 신도리코 창업주 우상기 5) 삼정펄프 창업주 전재준 6) 샘표식품 박승복 명예회장 7) 오뚜기 함태호 명예회장 8) 에이스침대 안유수 회장 9) 한국빠이롯트만년필 고홍명 회장 10) 한일시멘트의 허채경 회장 11) 해성그룹 단시천 회장 12) 개성상회 한창수 회장 13) 한국후지쯔 윤재철 사장 14) 한국야쿠르트 이은선 사장 15) 세방여행사 오세중 회장이 그들이다.

따라서 오늘날 한국의 기업이 1990년대 IMF 위기를 극복하면서 급속히 일본 기업을 추월하기 시작하는 추세를 올바르게 이해하기 위해서는 한국 전통의 기업문화 KDEB에 대한 정확한 이해가 절실한 것이다.

본 서에서는 개성상인으로 대표되는 한국의 전통 기업문화와 KDEB를 연결시켜 냉전시대 형성된 경제사 프레임을 해체하고 유라시아 대륙 문명과 태평양을 연결하는 탈냉전 시대를 지향하는 한반도 통로 이론을 제시한다. 본 서에서 다루는 박영진가 회계장부는 유라시아 대륙 문명과 태평양을 연결하는 한반도 자본회계 통로론을 구축하는 데 더할 나위 없이 훌륭한 자료이다.

이 연구의 궁극적인 목적은 합리적인 이윤추구 문화의 중심인 DEB와 국제회계기준(IFRS)을 중심으로 세계 자본주의 역사 관찰에 있어 대서양 중심의 사고에서 태평양 중심의 사고로 옮겨 놓는 데 있다.

지금까지 자본주의 문명을 중심으로 세계자본질서를 이해하는 것은 경제학 고유의 영역으로 인식하려는 경향이 강했다. 특히 해양 문명을 대표하는 영국의 애덤 스미스(Adam Smith), 리카도(David Ricardo)와 같은 고전 경제학자들에 의한 인식이 가장 큰 주류를 형성해왔다. 이러한 고전학파 경제학자들의 자본순환 인식은 17–19세기 네덜란드, 영국 그리고 미국 등 대서양과 신대륙 사이의 물자와 지식 그리고 인적 교류를 중심으로 형성된 중상주의에서 강한 영향을 받은 것이다. 그러나 최근에 발견된 개성상인 회계장부는 해양세력이 형성한 경제학적 사고와 그 결이 다른 새로운 시각을 요구하고 있다.

제2절 KDEB와 유라시아 대륙 문명
동-서 축의 한계

　주지하듯이 현대사회에서 DEB에 기초한 자본회계는 전 세계 기업들의 의사소통 언어이다. DEB의 완전성과 복식성은 바로 국경을 넘어 누구나 어느 시간대나 어느 장소를 불문하고 믿을 수 있는 유일한 소통체계이다. 이러한 이유로 인류의 의사소통의 역사를 연구하는 인류 문명 학자들에게 DEB는 항상 논의의 중심 주제이다.

　1999년 미국의 인류학자 재레드 다이아몬드는 퓰리처상 수상작인 『총, 균, 쇠』에서 인류가 문자를 창안한 이유는 회계의 필요성 때문이라고 밝힌 바 있다. 문자와 글쓰기를 가지고 회계문명을 탐구한 재레드 다이아몬드는 유라시아 대륙 문명 전파의 기본 축을 동-서 축이라고 주장하였다. 그가 유라시아 대륙 문명은 오스트레일리아와 남북 아메리카 대륙에 비해 소리글자를 사용한 의사소통 능력이 뛰어났으며 그중에서도 한국의 한글은 전 세계에서 가장 뛰어난 알파벳이라고 예찬한다. 그러나 그의 한글 예찬은 훈민정음에 머물고 더 이상의 한국 문명에 대해서는 완전히 문외한인 것처럼 멈추어 서 있다.

그가 제시한 동-서 문명 축은 문자와 언어를 중심으로 농사기술과 글쓰기 회계문명이 어떠한 경로로 전파되었는지를 보여준다. 그는 수메르의 설형문자에서 한글에 이르기까지 글쓰기 문명은 모두 회계의 필요성에 의해서 고안된 것이라고 주장하고 세종대왕이 창제한 한글은 전 세계에서 가장 우수한 알파벳이며 가장 과학적인 문자 체계라고 극찬하였다. 그는 한글을 유목민의 대표인 몽골의 언어와 산악인의 대표인 티베트의 알파벳 계열의 소리글로 이해하였다. 그러나 한글과 회계문명과의 연관성에 대해서는 아무런 언급이 없다. 아쉽게도 그는 한국의 개성 상인들이 고려시대부터 기업들의 의사소통 언어이자 위험관리 면역체계인 KDEB를 개발해왔다는 역사적 사실은 미처 인지하지 못하였던 것이다.[59)]

〈그림 2-6〉는 재레드 다이아몬드가 소리 언어와 글쓰기 특히 회계문명과 농사기술의 전파경로를 따라 그린 문명 축이다. 〈그림 2-5〉에 제시된 대로 그는 유라시아 대륙 문명의 전파 축을 동서 축을 가장 중심 축으로 설정하고 아메리카 대륙과 아프리카 대륙의 문명 전파 축인 남북 축과 대비하고 있다. 그의 동서 문명 축 설정의 학문적 근거는 주로 언어학과 인류학 그리고 농학적인 기반이다.

그러나 〈그림 2-6〉에 빠진 축이 하나 있다. 그것은 바로 한반도를 통로로 하는 동북-서남 축이다. 재레드 다이아몬드가 유라시아 대륙 문명의 축에서 한반도를 통로로 하는 문명의 축을 빠뜨린 것은 기업의 의

---

59) Jared Diamond, Guns, Germs, and Steel , W.W Norton, New York. 1999. p.230.

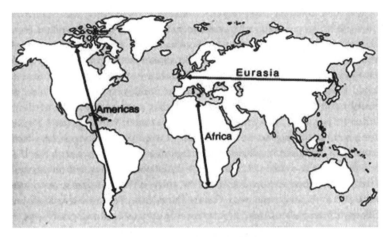

<그림 2-6> 유라시아 대륙 회계문명 전파의 동서축 이론(Major axes of the continents according to J.F Diamond "*Guns, Germs, and Steel: A Short History of Everybody for the Last 13,000 Years*", Diamond 1998.

사소통 언어인 DEB를 중심으로 자본주의 문명사를 연구하는 데 매우 심각한 결함이라고 할 수 있다. 또 하나 그가 전혀 이해하지 못한 것은 훈민정음 이전에 소리글자로 표기한 이두 체제이다.

한글 창제 이전의 소리글자로서 이두(吏讀), 향찰(鄕札), 방언(方言), 언문(諺文)을 주목해야 하는 이유는 개성상인들이 구사한 회계용어가 대부분 이두(吏讀), 향찰(鄕札), 방언(方言), 언문(諺文)으로 구성되어 있기 때문이다. 따라서 개성상인의 회계용어는 단군시대와 삼한시대 등 고대국가의 의사소통의 언어체계가 반영되어 있으며 대부분 뜻글자인 한자로 표기하지만 한자와 전혀 다른 의미를 갖는다. 즉 우랄·알타이어군으로 유라시아 대륙에 존재한 유목민족의 언어이다.

이재 황윤석은 한자로 표기된 맥, 만, 말갈(貊, 蠻, 靺鞨)은 모두 'ㅁ'을 공유하는 같은 의미로 북방의 사나운 민족을 지칭할 때 쓰는 용어라 했다. 오늘날 맥족, 말갈족, 만주족 할 때 맥, 만, 말갈, 무굴(貊, 蠻, 靺鞨, 勿吉)은 모두 같은 소리글의 다른 한자 표기라는 것이다. 여기서 한자 발음과 이두 발음이 다른 이유로 전혀 다른 민족으로 인식한 사례가 무굴(勿吉)이다. 이 '勿吉'의 초성의 중국 발음은 'M'이 아닌 'W' 혹은 'U'이다. 마치 베버(Weber)를 웨버로 발음하듯이 또한 문(文)을 웬(wen)으로 발음하고 표기하듯이 위구르라고 발음하지만 이두 발음은 '무굴(Mugul)'이다. 따라서 이재 황윤석이 언어학적으로 KDEB와 관련된 특수용어의 유목민족 기원을 제시한 것은 KDEB 연구에 거의 필수적이라 할 정도로 유용한 지식인 것이다.[60]

맥, 만, 말갈, 무굴과 조선이 서로 피를 나눈 형제국이라는 사실은 조선과 청과의 외교 관계에 잘 나타나 있다. 1798년 「무오연행록(戊午燕行錄)」에 제시된 중국 청 건륭황제가 조선에게 준 외교문서에 찍은 도장을 보면 다른 국가의 외교문서에 찍은 도장과 다른 도장을 사용하였다. 그것은 금으로 만들고 거북뉴[龜紐]를 앉힌 도장인데 만주 글자로 새긴 도장이다. 『무오연행록』의 저자 서유문(徐有聞)은 만주는 칭기즈칸이 일어난 국가로 거북뉴는 형제 국가의 친왕(親王)에게 주는 도장이고 안남국(安南國 베트남)·유구국(琉球國) 등은 은으로 만든 도장에 낙타뉴(橐駝紐)를 앉혔으니, 거북뉴[龜紐]와 낙타뉴(橐駝紐)를 보아도 조선을 대접하는 예는 타국과 비교할 수 없는 것이 매우 분명하다고 서술하고 있다.[61]

표의문자인 한자를 가지고는 동북아지역의 소리글자 문명을 도저히

---

60) 黃胤錫『頤齋遺藁』抵急呼之一字。爲慢呼之二字者。其類不一。如之乎及之於。皆爲諸。亦曰之賦爲諸。靺鞨爲貊。靺初聲ㅁ。卽貊初聲。鞨初聲ㄱ。卽貊終聲。于越之爲越。勾吳之爲吳。邾婁之爲邾。葫蘆之爲瓠。何不之爲盍。不可之爲叵
61) 정조실록 무오년 1798, 정조 22년 10월 徐有聞. 戊午燕行錄

이해하기 어려운 것이 많다. 예를 들어 『説文解字』에서 회계란 '여러 사람이 모여서 눈으로 확인한다'는 뜻으로 풀이하고 있다.[62]

한자에서 '감사(監査)'란 눈으로 살펴서 사실을 확인하는 것이다. 그러나 소리글자를 사용해온 지역의 회계감사(Audit)란 소리로 균형을 판단하는 것으로 시각으로 확인하는 것을 강조한 한자문화권과 전혀 다른 감사시스템(Auditing system)이다.[63]

이두로 회계감사란 '소리로 소통(Tel Communication)'하는 청문회 문화였다. 개성상인들의 회계장부에 기록된 대부분의 회계용어 이두(吏讀)는 중국 한자로 기록되어 있지만 중국 문명과 전혀 다른 유라시아 문명의 산물인 것이다. 회계문명의 기원을 청각에 둘 것인가 시각에 둘 것인가는 논쟁의 여지가 있지만 신채호 선생의 설명대로 이해한다면 오늘날 한국어 '살림살이'가 곧 기업의 회계감사 보고이다.

이두 연구가 회계문명 연구에 필수불가결한 요소라는 것은 단재 신채호 선생의 『조선상고사』에 자세히 나와 있다. 대표적인 사례가 이두로 '살림'이라고 소개한 사례이다. 홍기문은 이 '살림'에 '살이' '솖이(白是)'라는 이두를 추가하여 오늘날 현대 한국어의 '살림살이'의 이두 기원을 설명하고 있다. 결국 '살림살이'란 회계감사보고의 이두 표현인 것이다.[64]
따라서 회계를 이두로 표현하면 국가행정살림, 기업경영살림, 가계살림

---

62) 李泰眞 『소리한자』 全北佛教會館 1995. 설문해자(182) 5편 하(下) 회부(會部) 凡曰會計者) 謂合計之也.

63) 한자에서 회계감사란 눈으로 본다, 벼슬아치의 감독으로 '위에서 누워서 아래의 피 흘리는 것을 살핀다'라는 매우 좋지 않은 뜻이다. 설문해자에 臥(누울와)+血(피혈), 높은 곳에 누워(臥) 피(血)가 있는 여러 사람(衆)이 일하는 것을 '내려다보는' 것으로 설명하고 있다.

64) 홍기문(1957 : 95)

이 되는 것이다.[65]

이와 같이 이두는 신라시대부터 19세기까지 국가행정살림, 기업경영 살림, 가계살림의 공증문서 특히 국가행정 문서에 널리 사용된 이른바 관리자의 언어였다. 한마디로 이두란 오늘날 마이크로소프트사가 개발한 오피스 언어라고 인식하면 된다. 그러나 명(明)이 중원을 차지한 14세기부터 국가 관리의 언어체계로서 이두(吏讀)는 호어(胡語), 호음(胡音)으로 명명되어 명나라의 화어(華語), 화음(華音)과 구분되었다. 한나라의 한족(漢族)이 주류를 이룬 명(明)이 등장하자 14세기부터 오랑캐의 언어란 의미로 격하되었던 것이다.[66]

1946년 2차 세계대전 직후 『동양사회 정체론』의 저자 카를 아우구스트 비트포겔(Karl August Wittfogel 1896-1988)은 미국 철학회 초청으로 10세기에서 12세기 약 2세기 동안 유라시아 대륙을 지배한 거란제국의 역사 『遼史』를 영문으로 역주해한 책을 펴낸다. 이 책은 다음과 같이 영어 부제를 달았다. "Transactions of the American Philosophical Society held at Philadelphia for promoting Useful Knowledge New Series Volume 36 History of Chinese Society LIAO(907-1125)"

이 책에는 10-12세기 유라시아 대륙에서 활동한 여러 국가와 부족명을 영문으로 소개하였는데 그는 한자로 표기된 것을 영문으로 옮기는 과정에서 많은 실수와 혼동을 한다.

---

65) 신채호 『조선상고사』 종로서원, 1948.
66) 개성상인들이 사용한 숫자 계산을 호산(胡算)이라고도 하는데 마찬가지로 오랑캐의 계산법이라 하여 호산이라 명명된 것으로 중화주의(中華主義 Sino-centralism)의 산물이다.

〈표 2-2〉에 제시한 국가와 부족 명들은 비트포겔의 영문 표기와 현재 위치를 비정(比定)할 수 있는 단서들, 한자 표기, 이두 표기 발음과 현대어로 정정한 것을 대비한 것이다.

〈표 2-2〉에 제시한 대로 개성상인의 종족적 기원은 동북아시아의 몽골족, 말갈족, 여진족이다. 예를 들어 말(Horse)은 몽골어와 한국 고어 이두와 부랴트어 모두 동일하다. 말(Horse), 말갈(靺鞨), 몽골어 "ᠮᠣᠷᠢ (mori)", 부랴트(Buryat) "мори- (mori-)"이다. 독일이 사용하는 마르크 화폐단위도 말머리에서 기원한다.

DEB 발달에 있어서 그리스 로마 문명이 기여하지 못한 근본적인 이유는 그들의 숫자 배열법에 있다. 로마숫자는 왼쪽에서 오른쪽으로 진행하는 숫자 표기로 자릿수 개념이 결여되어 아라비아숫자 체계와 같이 세로로 가산하게 하는 것을 불가능하게 한다. 따라서 수입과 지출을 세로로 배열하는 법을 몰랐기 때문에 차변과 대변의 개념도 존재할 수가 없고 DEB가 나타날 여지가 없는 것이다.[67]

따라서 고려의 상업문화를 계승한 KDEB의 전문용어와 숫자 표기가 대부분 이두, 호어(胡語), 호음(胡音) 그리고 호산(胡算)으로 이루어진 것은 그 기원이 북방민족임을 웅변하는 증거라고 생각된다. 이러한 이유에서 KDEB에 사용된 소리글자이자 회계 전문용어들은 재레드 다이아몬드의 주장처럼 유라시아 대륙 문명의 유산으로서 세계에서 가장 간편하고 실용적인 글쓰기 예술(Art of Writing)의 총체라 할 수 있다.

또한 KDEB의 산가지 계산학(Computing Science)은 중국에서 사용한

---

67) Michael Chatfield, *A History of Accounting Thought*. By Michael Chatfield. Hinsdale, Ill., Dryden Press, 1974. p.15.

비트포겔 표기	현 위치 비정 실마리	한자 표기	이두 발음	현대 발음
Hei-lo	River	海勒水		
Mu-yeh	Mountain	木葉		
Wa	ancestor of Yao-lien family	蛙 洼	개구리	고구려
Wu-wei	wu=mu	烏隗(傀)	무굴	무굴
Yu-chueh	yu=mu	于厥	무굴	
Wu-ku-li	wu=mu	烏古里	무구리	말갈
Nieh-la	Mongol nara "sun"	涅喇	나라	해나라 발해
T'u-lu-pu		突呂不	돌골, 돌궐	
T'u-chu	not clear	突撃	돌궐	터키
Tu'u-lu-pu Shil-wei		突呂不室韋	돌궐세르비	터키세르비아 신라
Wei-yen Turks	Orkhon	隗衍突厥	오콘돌궐	
An-yen Turks	Orkhon	奧衍突厥	오콘돌궐	몽골 오콘 발칸 지역 (Orkhon Bulgan)
Ao-yen Nu-chih	Jurchen Orkhon river	奧衍女直	오콘졸첸	
L-tien Nu-chih	Lao-ha river	乙典女直	노하졸첸	요하만주
Tieh-lu-Ti-lieh	Ursung river Heilungkiang Tiriet TarTar	迭魯敵烈	철리국	단단 타타족
Shih-wei	Sarbi Sirbi	室韋 鮮卑	선비 세르비	세르비아
Mei-ku-hsi	Mongol	梅古悉 貂歌息訖	메구리 맥갈	몽골 고어 말갈
Ho-la Tangut	Kirin	鶴剌唐古	할라당굿	캄캄할라
Wu-ku	West Ch'itan	于骨里	무구리 우구리	무굴 위그루
W(U)ighur	Baikal Lake Selenga	回鶻 回紇 高昌	무구리 무우치리	
Savage Nu-chih	Tungus	生女直 黑首靺鞨,	누런금	누런황금나라
Chu-erh-che	Juchen	主兒址	조선	주진
Djerdja	Jurchen	朱先	조선	주르헨
Chu-li-chen	Juchen	朱里眞	조선	줄진
Mo-ho	Amur river	靺鞨 勿吉 沃沮 濊貊	말갈 무굴 매갈	말 맥 만주

<표 2-2> 遼史(History of Chinese Society LIAO)에 등장하는 유라시아 대륙 유목민족 명에 대한 비트포겔 표기와 이두 발음

주판과 다른 한자문화권인 동아시아에서 이슬람 중동에 이르기까지 글쓰기 기록에서 발견되는 계산 방식을 모두 담고 있기 때문에 새로운 문명으로 인식해야 한다.

본 서에서는 개성상인이 개발한 KDEB를 중심으로 유라시아 대륙의 문명 축을 하나 더 설정하려고 한다. 그것을 먼저 제시하면 〈그림 2-6〉과 같이 재레드 다이아몬드의 동-서 축에 한반도를 통로로 하는 동북-서남 축이 추가된다. 재레드 다이아몬드가 동북아의 중요한 문명 축 즉 한반도를 통로로 하는 동북-서남 축을 놓친 것은 어디에서 그 원인을 찾을 수 있을까?

여기에서 다시 캘리포니아 학파의 선구자라 할 수 있는 잭 구디의 '서양 속의 동양(The East in the West)'에 주목해보자. 그의 주장은 유라시아 대륙의 동쪽 세계에서 자본주의의 합리성을 찾아 강조한 연구 성과라는 점에서 한반도를 통로로 하는 동북-서남 축 구축의 이론적 기반을 제공한다.

그가 특히 강조한 점은 오늘날 일반적으로 받아들여진 서구 사회의 합리성 개념, 특히 자본주의의 기원에 대한 막스 베버의 서구 유럽 중심 모델에 대한 '다시 생각하기'이다. 한마디로 말하면 자본주의 역사를 '서구 유럽 발흥론'과 '동유럽, 중앙아시아, 동아시아의 정체론'으로 구분하는 것은 매우 잘못된 이분법이라는 주장이다.[68]

그는 인류학적 관점에서 고대 근동, 특히 메소포타미아 문명의 공통된 뿌리에서 생겨나는 유라시아 대륙 문명을 유럽과 아시아로 분리하지

---

68) Jack Goody, 1996. *The East in the West*, Cambridge, Cambridge University Press.

말고 하나의 틀로 인식할 것을 주문하고 있다. 자본주의의 출현을 지중해와 이탈리아반도의 르네상스에 국한하지 말고 청동기시대 이후로 유라시아 세계 전체에 영향을 미쳤던 최장기적인 사회 진화로 인식할 것을 주문하였다.

사실 그는 자본회계 제도의 중심인 DEB를 가지고 한국과 중국과 인도 및 나머지 동아시아 지역과 유럽과의 지적 교류의 공유 유산이라고 주장하였다. 특히 그는 1918년 호주연방 회계저널에 실린 한국의 DEB 기술이 이탈리아 베니스보다 200년 앞선 역사를 간직하고 있다는 기사를 가지고 KDEB를 추적하였으나 그 결정적인 자료를 얻지 못한 것을 아쉬워했다.[69]

DEB의 성립에 가장 중요한 것은 아라비아숫자이다. 호산(胡算)은 그리스 로마 문명권이 향유하지 못한 대표적인 공유 유산이다. 따라서 자본회계 제도는 최장기 인류학적 관점에서 고대 근동, 특히 메소포타미아의 공통된 뿌리에서 생겨나는 유라시아 대륙 문명 전체를 자본주의 문명 발달이라는 하나의 틀 안에서 이루어진 지식교류로 인식할 필요가 절실하다.

개성을 중심으로 형성된 KDEB는 잭 구디의 갈망 즉 '서양에서 동양 찾기'(The East in the West)를 충족시켜줄 최고의 자료이다. 자본주의의 출현을 지중해와 이탈리아반도의 르네상스에 두지 않고 청동기시대 이

---

69) Jack Goody,(1996 : 79). Gardellar, 1992. 호주 회계저널에 실린 문구는 다음과 같다. "Who first thought of bookkeeping as a business method? One would never think of Korea, and yet it was there that double-entry bookkeeping was invented and put into use. This was in the twelfth century, while it was not until the fifteen century that a similar a system was devised in Venice, then commercial centre of world" *The Federal Accountant* (1918)", pp. 127-128.

후로 유라시아 세계 전체에 영향을 미쳤던 최장기적인 사회 진화로 인식하는 데 최적의 연구 대상인 것이다. 왜냐하면 KDEB에는 글쓰기와 의사소통이라는 인간 능력의 진화과정, 특히 삼단논리와 형식논리의 사용과 연관되는 유라시아 대륙의 글쓰기 발전이 소리글자 이두(吏讀)를 중심으로 집중적으로 나타나기 때문이다.

이와 같이 유라시아 대륙 문명의 꽃이라 할 수 있는 KDEB가 제시하는 명제는 간단명료하다. 조선 사회가 포함된 20세기 이전의 아시아 사회는 서구 유럽과 비교해서 볼 때에 정체된 사회가 아니라 오히려 한차원 더 높은 합리적 자본의 이윤추구 문명을 꽃피운 사회라는 것이다. 또한 KDEB에 수없이 반복되는 가족 네트워크는 지금까지 서유럽 산업 자본주의의 발전과 불가분의 관계를 이루었던 개인주의가 자본주의 관계의 발전에 필요하지 않으며 영국의 맨체스터 공업지대로 상징되는 개별화된 노동자들의 노동에 기반한 생산관계가 요구되지 않는다는 점이다.

KDEB에 등장하는 가족을 중심으로 실명계정을 설정하고 장책을 구성하는 문화는 21세기 자본주의와 시민사회가 나아가야 할 방향을 설정해준다. 즉 KDEB의 가족중심계정 단위는 아내와 남편의 자본의 기회비용 처리, 자식의 혼수비용 처리 등 오늘날 한국의 가족기업처럼 막장 드라마에 등장하는 천민자본주의 집단의 비합리적인 문화가 아니라 합리적인 자본회계의 출현에 가장 중요한 단위라는 사실이다. 또한 KDEB가 전달하는 가족과 가족 사이의 커뮤니케이션 모드는 21세기 지식시스템 및 기술 개발이 나아갈 방향까지 제시하고 있다고 보아야 한다.

이와 같이 KDEB는 개인주의를 전제로 하는 서구 자본주의의 우월성이 허구라는 사실을 회계장부 속에서 폭로한다. KDEB는 유라시아 전체 경제 및 지적 발전에 중요한 요소이며 유럽의 시민사회가 아닌 유라시아 전체를 아우르는 가족단위 시민사회의 인간 평등을 전제로 하는 권리 주장과 의무이행의 균형적 사고 정립에 가장 이상적인 모델이다.

〈그림 2-6〉처럼 한반도를 통로로 하는 동북-서남 축을 고려하지 않은 재레드 다이아몬드의 유라시아 문명 전파의 동-서 축 설정은 15-16세기 지리상의 신대륙 발견과 대서양을 향한 해양 세력을 중심으로 자본주의가 태동하면서 유라시아 대륙에서 중앙아시아를 분기로 동쪽 아시아와 서쪽 유럽이 분리된 것과 무관하지 않다.

유라시아 대륙의 동서 분리의 역사는 대항해시대(Age of Great Voyage)를 거쳐 한반도에 영향을 주었다. 대항해시대는 1500년에서 1850년 사이에 서유럽의 부상과 함께 대서양에 접근할 수 있는 유럽 국가의 성장, 특히 식민주의와 대서양 횡단 무역에 종사하는 국가의 성장에 의해 더욱 가속화된 이른바 '서유럽의 발흥(Rising of Western Europe)'이다.[70]

영국과 네덜란드 등 서유럽 해양세력을 중심으로 1500년과 1850년 사이에 대서양과 대서양 항구에 접근할 수 있는 중상주의 국가의 성장은 동유럽, 중앙아시아 그리고 동북아시아에 비해 서유럽이 훨씬 더 빠른 경제성장을 이룩한 요인으로 대서양 중심 사고를 형성한다. 그러나 서유럽 발흥기를 DEB로 들여다보면 합리적인 이윤추구 문화는 심각한 퇴보의 시기라는 것이 드러난다.

---

70) O'Rourke, Kevin H. and Jeffrey G. Williamson (2001) "After Columbus: Explaining the Global Trade Boom 1500-1800," *Journal of Economic History,* volume 62, March.

예를 들어 13세기에서 19세기까지 서유럽의 주요 상업지역 플로렌스, 베니스, 뉘른베르크, 벨기에 등의 분개 기록을 모아 연구한 리틀튼은 분개 기록은 모두 문장 형태(Paragraph form)로서 차변과 대변으로 구별되는 이중적 형태를 드러내지 못하다가 19세기 중반에 들어와서야 축약된 표 형태(Highly abbreviated tabulation)로 전환이 일어나는 것을 제시하면서 15세기 파치올리의 DEB 출현 이래 약 400여 년간은 '회계정체시대'라고 규정하였다. 서유럽 발흥기를 주도한 서유럽 국가의 해양 무역은 절대왕정에 충성하는 집단에 의해 독점됨에 따라 합리적인 이윤추구보다는 정치적인 권력에 의존하는 자본주의를 탄생시킨 것이다.

따라서 1500년에서 1850년 사이 서유럽의 부상은 대서양 연안 항구도시의 부상으로 귀결된다. 암스테르담, 런던, 뉴욕 등이 바로 그 도시들이다. 이러한 대서양 중심 중상주의 국가의 발흥은 유럽과 중앙아시아와 동북아시아의 긴밀한 국제 교역망을 해체하여 유럽을 유라시아 대륙에서 분리하는 결과를 초래하였다고 볼 수 있다. 유럽 경제성장의 대륙적 기반이란 카라반 무역으로 상징되는 유라시아 대륙의 국제 교역을 말한다. 이 카라반 무역의 전통을 무시하고 대서양 일대 서유럽의 부흥을 가져온 대서양 중심의 사고는 국제 교역의 역사에서 유라시아 대륙의 역할을 과소평가하게 된다.

〈그림 2-6〉에서 동서 축과 한반도를 통로로 하는 동북-서남 축을 서로 융합하여 고찰할 때 유라시아 문명의 동북-서남 축은 아메리카 대륙과 아프리카 대륙을 포함하여 균형의 중심에 놓여 있는 것을 목도할 수 있다. 그러면 〈그림 2-6〉처럼 한반도를 중심 통로로 하는 균형적 세계 인식을 제기한 합리적 근거는 무엇인가? 또한 이 균형적 세계 인식

이 등장하기 이전 우리의 사고를 지배한 불균형 이론은 무엇인가?

〈그림 2-6〉과 같은 새로운 인식을 위해 2차 세계대전 이후 1980년 대까지를 지배한 냉전시대의 폐해와 그 철저한 청산의 청사진이 필요하다. 먼저 냉전시대를 재인식하기 위해서는 동북-서남 축을 요구하는 개성상인 자료는 식민지 근대화론자들뿐만 아니라 자본주의 문화와 역사의 종주국임을 주장하는 유럽과 미국 등 서구 국가의 지성에게도 조선이라는 국가와 근대 자본주의 역사에 대해서 새롭게 인식할 것을 주문한다.

유라시아 대륙 문명이 유럽과 아시아로 분리되고 15세기 이탈리아 베니스를 중심으로 형성된 문예부흥과 함께 자본주의가 탄생한 유럽은 유럽 중심 사관(Euro-centralism)을 형성하게 된다. 이 유럽 중심 사관의 한가운데 존재하는 것이 합리적인 이윤추구의 자본을 탄생시킨 DEB 기술이다. DEB의 자본계정을 유럽 중심 사관의 핵심 명제로 자리매김한 인물은 우리에게 '프로테스탄티즘과 자본주의 정신'의 저자로 널리 알려진 막스 베버이다.[71]

막스 베버는 유럽에서 자본주의를 신의 영광이 현실 세계에서 실현된 체제로 인식하도록 한 대표적인 인물이다. 그는 대차대조표의 재무상태보다는 기간손익계산서의 영업이윤에 의해 자본주의의 이윤이 합리적으로 계산되는 DEB를 합리주의의 대명사로 인식하여 칼 마르크스 자본론의 핵심 명제인 타인노동 착취설과 정반대의 자본 테제를 구성한 인물이다. 그는 자본주의 문명과 DEB는 유럽 이외의 다른 지역에서

---

71) Weber, Max. 2003. *Protestant Ethic and the Spirit of Capitalism*. New York: Dover Publications.

는 역사적으로 존재하지 않는다는 유럽 문명 우월주의에 빠질 정도로 DEB 회계 기술을 존중하였다. 그는 중세 베니스에서 발달한 상업적 경영조직인 코멘다 조직에 관한 연구로 박사학위를 받았다.[72]

그러나 막스 베버가 심취한 베니스의 합리적인 자본계정 형성의 역사적인 배경은 16-18세기 유럽이 대서양 교역을 중심으로 자본축적을 진행한 시기가 아니라 11-13세기 유라시아 대륙의 카라반 무역이다. 막스 베버는 15세기 베니스가 중심이 된 문예부흥이 마르코 폴로의 여행기에서 알 수 있듯이 대부분 몽골제국과의 교류에 의한 것임을 간과하고 유럽 중심 역사관을 형성한 것이다.

본 서에서는 KDEB의 자료 분석과 서술을 위한 이론으로 두 가지 이론을 제시하려고 한다. 하나는 고전학파 경제이론이 고려하지 못한 자본회계 방정식과 회계순환과정 이론이다. 그동안 경제학에서 다루어 온 자본순환 이론은 회계학이 정립한 자본회계 방정식과 회계순환과정 이론을 원용한 것임에도 불구하고 회계학의 기초 없이 경제 현상을 설명하는 경향이 있다. 그러나 본 서에서는 자본순환을 자본회계 방정식과 회계순환과정 이론과 융합하여 KDEB 자료를 분석하려고 한다.

또 다른 하나는 '자본회계문명 통로 이론으로서 한반도(Corridor Theory for Civilization of Capital Accounting through the Korean Peninsula)'이다. 그동안 세계 자본주의 역사를 연구해온 경제사학계는 유라시아 지

---

72) 막스 베버(Max Weber)의 박사학위 논문은 1889년에 작성된 The History of Commercial Partnerships in the Middle Ages(원제 Zur Geschichte der Handelgesellschaften im Mittelalter)이다. 그는 베니스 지방의 자본 이윤 그리고 자본의 기회비용 등을 탐구하여 박사학위 논문을 작성하였다. 베버와 함께 좀바르트(Werner Sombart)는 1916년 그의 저서 근대 자본주의론에서 DEB와 근대 자본주의와의 불가분의 관계를 천명하였다. (Der moderne Kapitalismus)

역과 태평양 연안 도시지역 사이의 국제 교역의 역사를 반영하지 못하여 몇 가지 역사학의 블랙홀을 간직하고 있다. 따라서 본 서에서는 역사학의 블랙홀의 하나인 유라시아 대륙 문명의 전파경로 특히 동북아 지역의 문명의 전파경로와 반도라는 경제 교류의 지형적 조건을 연계시키는 한반도 통로 이론을 먼저 제시하고 KDEB 자료를 분석하려고 한다.

왜냐하면 개성상인의 금융, 자본, 회계 용어가 대부분 북방민족 소리글자 체계와 연관되어 있다는 점과 동북아 유목 문명의 역사적 흐름과 단절 속에서 형성되어 왔다는 점 때문이다. 특히 소리글자를 기본으로 하는 북방 유목민족의 언어체계는 디지털 유목민 시대의 도래에서 지적 호기심을 자극하기에 충분한 지식교류사의 연결망이자 플랫폼이다. 본 서에서는 이 연결망과 플랫폼을 중심으로 21세기 새로운 '문명 통로 이론으로서 한반도(Corridor Theory for Civilization through the Korean Peninsula)'를 주목할 것을 요구한다.

11세기에서 13세기 중세상업혁명을 주도한 개성발 금융혁명은 13세기-14세기 몽골이 주도하는 세계 정복전쟁을 통해서 사라졌다가 14-15세기 명과 조선이 주도한 해양봉쇄 체제하에서 국가행정 기록 체제로 다시 태어난다. 개방된 국제 교역의 시대가 해양봉쇄 체제하에 자급자족의 폐쇄된 농업 체제로 이행한 이 시기를 놓고 세계 역사학계에서는 '역사학의 블랙홀(Historiographical Black Hole)', 미지의 세계(terra incognita), 조숙한 근대성(Premature modernity)이라고 명명하고 역사학에서 풀지 못한 수수께끼의 시대로 묘사하고 있다.[73]

중세에서 근대로 이행하는 이 시기의 동아시아 자본회계사 특히 고려에서 조선으로의, 원나라에서 명나라로의 이행기 역사는 아직 제대로 연구된 바 없기 때문에 더욱더 많은 수수께끼를 남기고 있다.

그러면 동아시아 자본회계사 연구의 공백과 '역사학의 블랙홀 (Historiographical Black Hole)'로 인하여 유럽 회계사 연구는 현재까지 어떠한 수수께끼를 남기고 있고 풀지 못한 상태에 머물러 있는가? 배질 야미(Basil Yamey)는 1500-1900년 400년간 이탈리아, 네덜란드, 영국에서 작성된 회계장부 특히 동인도회사의 회계원장을 검토한 결과 대차대조표와 손익계산서가 DEB 방식대로 결산 처리된 사실은 없다는 것을 확인하였다. 방대한 실증 자료에 기반한 배질 야미의 연구는 막스 베버, 좀바르트의 가설인 합리주의 방식으로 무한한 영리를 추구하는 자본주의와 DEB 체계와의 연관성이 해체되어 버린다.[74]

배질 야미의 부정적인 견해 발표 이전에 이미 유럽의 회계사학은 DEB 기술의 창안을 놓고 다소 비과학적인 네 가지 가설의 결론을 내리지 못하고 있다.[75]

이러한 서양 회계사 연구의 모순 다시 말해서 1494년 파치올리의 저서 출간 이후 19세기까지 서양에서 심지어 이탈리아에서조차 파치올리 저서 내용 그대로 일기장(Journal)에서 대차대조표(Balance Sheet) 그리고 손익계산서(Profit & Loss Statement)를 작성한 상인이나 은행이나 기업

---

73) 14세기 전후의 동아시아 경제사의 퍼즐은 영미권 학자들의 표현이다. 동아시아 화폐사를 중심으로 역사학의 블랙홀(Historiographical Black Hole), 미지의 세계(terra incognita), 조숙한 근대성 (Premature modernity) 표현은 Von Glahn Richard 1996. *Fountain of Fortune Money and Monetary Policy in China, 1000-1700* University of California Press.

74) Basil S. Yamey, Accounting and the Rise of Capitalism: Futher Notes on a Theme by Sombart *Journal of Accounting Research* Vol2 No 2 1964.

75) DEB는 1) 한 명의 천재에 의해 고안된 기술 아니면 2) 르네상스 시대에 의해 발현된 기술 아니면 3) 우연의 산물 아니면 4) 일종의 경제결정론적으로 진화된 기술이다. (Littleton A.C Studies in the History of Accounting 1956 p.2)

의 실증 자료가 거의 존재하지 않는다는 사실은 역사학의 블랙홀 이전에 근본적으로 유럽 중심 자본주의 역사관에 대해 문제를 제기하지 않을 수 없다. 이러한 가설은 모두 서양 중심의 실증 자료에 근거한 가설로서 동아시아의 회계 실증 자료의 존재를 반영하지 않은 가설임이 틀림없다.

그럼에도 불구하고 한국 회계사 연구의 선구자들은 고려시대 기원설을 뒷받침하는 결정적인 실증 근거를 찾지 못한 대신에 동아시아 역사학의 수수께끼를 풀어낼 단서를 제시하였다. 그것은 상인들의 DEB 회계장부가 아니라 국가의 창고관리에 적용된 관청 회계의 감합법(勘合法)과 중기법(重記法)이었다.

조선왕조는 정교한 회계제도의 발달을 전제로 하는 내부통제시스템(Internal Control System)을 국가 창고관리체계에 적용하여 초법(鈔法), 전법(錢法), 감합법(勘合法), 그리고 중기법(重記法)과 같은 조선시대 특유의 관청 회계를 상당한 수준으로 발달시켜온 것이다. 본 서에서는 18-19세기 개성상인 회계장부와 15세기 세종시대 회계제도를 연결하여 동아시아 역사의 블랙홀을 메우려고 한다.[76]

---

76) 尹根鎬, 『韓國會計史硏究』 제9장 조선왕조의 회계제도, 333-357면. 朴源澤, 『朝鮮朝 官廳會計 -重記와 解由를 中心으로-』경북대학교대학원 박사학위논문, 1987. 박원택 「조선의 관청회계장부로서의 등긔(重記)」, 전성호 허흥식 정기숙 외 『한국전통회계와 내부통제시스템 I』 민속원 2011. 177-198면. Philip Fu, 'Governmental Accounting in China during the Chao Dynasty(1122B.C.-256 B.C.) Journal of Accounting Research 9(Spring, 1971), 40-51.

제3절 KDEB와 한반도 통로 이론

미수 허목은 신라 설총이 만든 것으로 알려진 이두를 북방계 맥족의 언어라고 진단하였다.[77] 홍기문은 개성상인 회계장부에 가장 많이 등장하는 '音' 계열 이두를 북방 유목민들의 언어라고 설명한다.[78] 18세기 실학자 이재 황윤석은 이두는 북방민족 맥족의 언어이며 맥족은 금나라의 선조 국가라고 밝혔다. 『금사(金史)』에 의하면 말갈물길(靺鞨勿吉)은 모두 같은 금나라의 선조 국가이다. 결국 개성상인의 회계장부에 사용된 전문 회계 용어는 북방 유목민족 특히 금나라 용어인 셈이다.

---

77) 이두를 북방민족인 맥족의 방언이라고 언급한 학자는 미수 허목이다. 許眉叟 音洛。俗訓水田可下種幾斗石處。幾斗幾石落。許眉叟曰。貊北方言。謂瀑爲落。『輿地勝覽』。襄陽洛山寺石窟中有落漂。音刀。俗訓升也。見宋孫穆『雞林類事』。又見公私文簿。

78) 持音 디님: 지니는 것의 명사. Having 適音 마참: 맞추는 것의 명사. Balancing 題音 적음: 적는 것의 명사. Writing 流音 흘음: 현금흐름표처럼 원장부에서 베끼는 것, 흐르는 것의 명사. Flow Currency 侤音 다짐: 약속을 다지는 것의 명사 Confirming 舍音 마름: 관리하는 책임자 Manager 尼音 니음: 국가, 왕 King 於音 어음: 구두 약속의 증빙 명사 Promissory Note 冬音 둘음: 둘러 묶는 계산단위 명사 String counting unit 長音 길음: 기름 Oil 홍기문 『이두연구』 조선민주주의인민공화국 과학원 출판사 1957.

오늘날 중국 동북 일대와 러시아 블라디보스토크 일대는 금나라의 발원지이다. 금나라는 몽골과 함께 12세기에서 14세기 중국 중원을 차지한 제국이었다. 지리적으로 흑룡강(黑龍江) 일대인데 검은 머리 부족을 지칭한다. 흑(黑)은 이두로 '검은'으로 발음하고 용(龍)은 이두로 '미리'로 발음하여 '검은 머리'의 한자를 '黑龍' 혹은 '黑首'로 표기하지만 그 의미는 같다.[79]

이재 황윤석은 이두의 기원을 밝힌 바 있는데 동방에서 용은 '미리'라 불리며 의주의 한자 표기 '龍灣' '미리만'이고 압록을 '마자수', 흑룡강을 '검미리내'라고 부르는 것을 밝힌 바 있다.[80]

유라시아 지역의 언어를 연구하는 학자들의 연구 결과에 의하면 한국어를 포함하여 헝가리와 핀란드에 이르기까지 같은 언어 가족을 이루는데 그중 몽골어와 말갈어와 거란어가 이두 기원의 한줄기를 형성한다고 보고 있다.[81]

---

79) 『金史』金之先出靺鞨氏靺鞨本號勿吉.

80) 黃胤錫『頤齋遺藁』我東方言呼龍爲彌里。又呼證保之保爲彌知。用知初聲爲彌終聲二合音也。故義州故號稱以保州。又稱龍灣也。鴨綠江舊名馬訾水。又名龍灣。盖方言呼龍爲彌里。與馬訾聲近故轉。

81) Poppe, Nicholas 1979. 'Jurchen and Mongolian'. In: Studies on Mongolia: Proceedings of the First North American Conference on Mongolian Studies, edited by Henry G. Schwarz. Studies on Asia, Vol. 13. Bellingham: Western Washington University. pp. 30-37. Shimunek, Andrew 2014. A new decipherment and linguistic reconstruction of the Kitan-Chinese bilingual inscription of 1134 A.D. *Acta Orientalia Academiae Scientiarum Hungaricae* 67 (1): 97-118. Shimunek, Andrew 2011. Review of The Kitan Language and Script by Daniel Kane. *Acta Orientalia Academiae Scientiarum Hungaricae* 64 (1): 129-135. Twitchett & Tietze 2008. 'The Liao'. In The Cambridge History of China. Volume 6: *Alien Regimes and Border States, 907-1368,* edited by Denis Twitchett and John K. Fairbank. Cambridge: Cambridge University Press, pp. 43-153. Xu, Elina-Qian 2005. Historical Development of the Pre-Dynastic Khitan. Doctoral dissertation. University of Helsinki.

본 절에서는 고려시대 고문서에 등장하는 회계 용어와 『농사직설』의 용어가 대부분 훈민정음의 전신인 이두라는 사실을 부각시켜 재레드 다이아몬드가 제기한 유라시아 문명의 동—서 축에서 빠진 한반도를 통로로 삼은 동북—서남 축을 설정하여 〈그림 2-6〉과 같은 한반도 통로 이론을 제시한다. 또한 한반도를 통로로 세계무역이 활성화된 시기인 11세기에서 13세기 고려시대를 DEB의 7가지 선행조건(Antecedents)이 확립된 시기라는 역사적 사실을 제시한다. 즉 개성을 중심으로 유라시아 대륙의 카라반 무역과 태평양 일대 주요 국제무역 도시와의 국제교역이 한반도를 통로로 활성화된 역사를 배경으로 KDEB가 확립된 사실을 제시하려는 것이다.

주지하듯이 개성상인의 주요 영업 품목은 농업과 약학의 전통 지식을 활용한 제품들이다. 대표적인 것이 재배된 인삼과 그를 가공한 홍삼 제품이다. 또한 온돌이라는 일상생활 문화의 산물인 재(Ash)와 콩과류 식물을 이용한 세제나 미백 효과를 제공하는 화장품 제품들을 다수 개발하고 있다.[82] 이 모두 동북아시아 일대 한전농법(旱田農法 Dry Farming)에 기반한 고부가가치 상품들이다. 일제강점기에 일본 농학자들은 황해도와 평안도 지방에서 발달한 한전농법에 대하여 세계적으로 주목할 만한 기술이라고 극찬한 바 있다.

세종이 심혈을 기울여 조사한 『農事直説』과 『세종실록지리지』를 보면 한반도의 농사 조건은 대부분 수전 지대가 아닌 한전 산악지대의 비중

---

82) 대한민국 특허청(KR)에 출원한 특허들 가운데 화장품과 관련된 특허들은 전통 지식을 활용한 특허들이 많이 등장한다. 특히 천연물을 이용한 미백화장품 개발에 세종 시대 편찬된 향약집성방은 좋은 자료원이다. 대표적인 연구소가 개성상인의 후예 기업 아모레퍼시픽 기술연구원 아시안 뷰티 연구소(Asian Beauty Laboratory, ABL)이다.

이 높은 것을 알 수 있다. 인삼 재배 조건이 적합한 북한지방 평안도 편을 보면 총 47개 군현의 수전과 한전 비율을 조사하여 수록하고 있는데 평균 수전 비율은 9.22%로 함경도 다음으로 수전 비율이 낮은 것을 알 수 있다. 『농사직설』은 『세종실록지리지』의 통계에 제시된 바대로 전국적으로 한전의 분포가 대다수를 차지하는 국토 이용조건에서 한전 중심의 집약적인 농법과 다모작 체계를 담은 15세기 세계 최고의 농서라 할 수 있다.[83]

19세기 말 20세기 초 미국의 농학자 킹(F. H. King)은 중국과 한국 그리고 일본을 여행하고 동아시아 삼국의 농사 방법에 관한 기록을 남겼는데 그가 한반도와 동북아 일대에서 관찰한 농사기술은 대부분 15세기 『농사직설』과 일치한다.[84] 그가 그의 책 제목을 '4천년의 농부'라고 한 것이나 세종에게 농사기술을 전달한 노농(老農 Seasoned Farmer)은 모두 동북아시아와 한반도 일대에서 오랜 세월 농사 경험을 축적해 온 같은 노농이다. 그의 기록은 "FARMERS OF FORTY CENTURIES PERMANENT AGRICULTURE IN CHINA, KOREA AND JAPAN"이

---

83) 武田統七郎 實驗麥作新説. 1929.

84) 미국의 농학자 킹(F. H. King)이 관찰한 재를 이용한 거름 생산은 개성상인들에 의해 미백 효과와 피부재생을 극대화하는 천연 원료로 개발되어 왔다. 한국의 농사기술이 세계적으로 알려지게 된 계기는 19세기 후반과 일제강점기 프랑스 서지학자와 일본 농학자에 의해서이다. 19세기 후반에 프랑스 서지학자 모리스 쿠랑은 1890년에서 1892년 동안 조선 주재 프랑스공사관 비서로서 한국에 머무는 동안 고려시대와 조선시대 출판된 한국의 책을 집중적으로 구입하고 서지학적으로 연구한 결과를 1894년 총 3권으로 편찬한 『한국서지(韓國書誌 Bibliographie coreenne)』로 출판하였다. 모리스 쿠랑 서지목록 2554번에 등장하는 서적이 『農事直説』이다. 이후 일제강점기에 일본 농학지 다가하시 노보루(高橋昇)는 조선의 전통 농업사 연구를 위해 현장 조사와 고농서 조사를 병행하였다. 그는 1919년 6월에 경기도 수원 소재의 조선총독부 권업모범장(농업시험장)에 부임하여 제2차 세계대전 종전 후 일본으로 돌아갈 때까지 27년간 한국에 살면서 조선 전역의 농사기술을 조사하고 집약적 작부방식에 놀라며 유럽과 미국에서는 꿈에도 생각할 수 없는 선진 기술이라고 찬양하고 그 문헌적 근거로 『農事直説』을 언급하였다. 그는 일제강점기 조선의 전통 농법에 가장 심취한 일본의 농학자이다.

라는 제목으로 1900년도에 출간되었으며 국내에서 『4천년의 농부』란 제목으로 출간되었다. 그가 가장 주목한 것은 온돌문화에서 생성되는 재를 이용한 유기비료 생산과 콩과류 식물의 뿌리가 토양 속에서 스스로 생성하는 뿌리혹박테리아에 의한 2년 3모작 연작 기술이었고 동아시아 삼국의 경제주체를 4천년의 경험을 쌓은 농부로 보았다.

흥미로운 사실은 20세기 킹(F. H. King)의 관찰은 대부분 15세기 『농사직설』과 『세종실록지리지』에 기록되어 있다는 점이다. 킹이 한국에서 주목한 기술은 크게 세 가지이다. 하나는 논이나 밭에 좁은 둑을 만들어 콩과류 작물을 섞어짓기와 사이짓기의 보조 작물로 삼고 있는 점이다. 두 번째로 황소 두 마리를 사용하는 쟁기질이다. 세 번째로 유럽의 휴한 농법과 달리 연속적이며 집약적으로 농사를 짓는 기술에 거주환경으로 온돌을 사용하는 지역에서 일상적으로 생성되는 재와 인분과 인뇨 그리고 가축분과 섞어서 거름을 만드는 기술이다.

재(Ash)는 온돌문화인 한국을 중심으로 일상생활 공간에서 생성되는 거름 만들기의 주요한 재료이자 화장품 생산의 주요 원료이다. 그는 떡갈나무 잎을 농가마다 쌓아두고 비료로 활용하는 점은 한국에서만 그것도 산악지대 농민들에게서만 관찰할 수 있다고 서술하고 있다. 이와 같이 그가 한국에서 관찰한 농사기술은 〈그림 2-6〉에 제시된 동북-서남 축을 따라 전파된 농사기술이며 대부분 『농사직설』에 등재되어 있는 기술이다. 세종은 〈그림 2-6〉의 축을 따라 전파된 농사기술을 직접 시험하고 성공한 것만을 『농사직설』에 등재한 것이다. 따라서 〈그림 2-6〉의 축은 20세기 초엽에 미국 농학자에 의해 관찰된 동아시아 삼국의 농

사기술 전파경로에 대해 매우 명쾌한 해답을 제공한다고 볼 수 있다.[85]

　　"유럽 최고의 과학자들은 30년 넘은 오랜 전쟁이 끝난 1888년 이후
에야 콩과 식물의 뿌리에 살고 있는 미생물이 공기 중의 질소를 흡수
하여 토양에 영양분을 공급한다는 사실을 알아냈다. 그러나 동아시
아 농부들은 오랜 세월에 걸친 경험을 통해 콩과 작물이 토양을 비옥
하게 한다는 것을 이미 알고 있었다. 한국, 중국, 일본 세 나라에서 콩
과 식물을 섞어지어 토양을 비옥하게 하는 것은 관행으로 정착되어 있
다."[86]

　특히 개성상인들이 부엌 아궁이에서 매일 나오는 재(Ash)와 콩과류인
팥(Red Bean), 그리고 인삼을 가지고 화장품 '팥비누'를 개발한 것은 매
우 주목된다. 이 팥비누는 순우리말이다. 홍기문은 그의 『이두연구』에
서 콩과류 팥과 비누를 다음과 같이 소개하고 있다.[87]

　　비누(飛陋): 만기요람 재용편의 '飛陋小豆'는 곧 〈비누팥〉이라 누의 음

---

85) Jun Seong Ho & Evelyn Ruiz Gamarra,(2018) A Story of Globally Important Agricultural
　　Wisdom in the 15th Century Choson Korea January 2018 *Anthropology* 06 (02).
　　"Creation of an Economic Corridor on the Korean Peninsula as the Key of the
　　Northeast-Southwest Development Axis : Implications of the Khasan-Rajin Project
　　for Economic Integration in Eurasian continent with Pacific ocean" Department of
　　Economics The Graduate School of Korean Studies Ph.D Dissertation 2020. Jun Seong
　　Ho *Agriculture and Korean Economic History Concise Farming Talk (Nongsa chiksŏl)*,
　　Palgrave 2019.
86) Franklin Hiram King(1911) *Farmers of Forty Centuries, or Permanent Agriculture in
　　China, Korea and Japan* Rodale Press, Incorporated.
87) 홍기문, 『이두연구』 조선민주주의인민공화국 과학원 출판사 1957. 99.

〈루〉를 〈누〉로 변해 내고 있다.

　『농사직설』에 수록된 주요 품종에 항상 국내 한글 재래명을 뜻하는 '鄕名'을 함께 수록한 경우는 조도향명산도(旱稻鄕名山稻), 호마향명진임자(胡麻鄕名眞荏子), 유마향명수임자(油麻鄕名水荏子), 교맥향명목맥(蕎麥鄕名木麥), 서속점물곡속(黍粟占勿谷粟), 청양향명생동점(靑粱鄕名生動粘), 촉서향명당서(蜀黍鄕名唐黍)이다. 그런데 흥미롭게도 중국과 다른 국내 재래향명이 붙어 있는 품종들에 대해서 한국의 고문헌에 등장하는 국가들은 〈그림 2-6〉에 제시된 바와 같이 한반도를 중심으로 유라시아 대륙과 태평양 연안 일대의 산악지대를 연결하는 국가들로 등장한다.

　예를 들어 이규경의 『오주연문장전산고(五洲衍文長箋散稿)』나 서유구의 『임원경제지(林園經濟志)』에는 한자문화권을 벗어난 지역의 국가 이름이 등장한다. '조도(旱稻)'의 향명(鄕名)은 메벼(山稻)이지만 『오주연문장전산고』와 『임원경제지』에는 점성국도(粘城國稻: 占波, 瞻波)로 소개되어 있다.[88] 완두의 경우 '회골국두(回鶻國豆)'로 소개하고 있다. 『농사직설』에 '호마(胡麻)'의 향명은 '진임자(眞荏子)'로 소개되어 있지만 '대완국(大宛國)'에서 기원한다고 서술하고 있다.[89]

　한 가지 예외적으로 『농사직설』에서 당서(唐黍)로 향명을 붙이고 있는

---

88) 조선 순조 때의 문신 이해응(李海應)이 동지사(冬至使) 서장관(書狀官)으로 중국 연경(燕京)에 갔을 때의 견문을 기록한 『蓟山紀程』 卷之五 胡蕃 섬라(暹羅 Tailand)는 본래 두 나라의 이름이다. 섬(暹)은 한(漢)나라 적미(赤眉)의 종족으로 원(元)나라 때 하나의 나라로 합쳐졌다. 점성(占城 참파 Champa)은 2세기에서 15세기 사이에 인도차이나 남동 기슭에 있던 참(Cham)족의 나라로서 극남(極南)에 위치해 있는데 뱃길로 8,000리 남짓 와서 광동(廣東)에 이르러 육지에 오르고, 광동에서 북경까지 7,000리 남짓하며, 5년에 한 번 조공(朝貢)을 바친다. 오늘날 사용하고 있는 찹쌀의 발음은 이곳을 지칭하기 때문에 찹쌀이 된 것으로 사료된다. 찹과 유사한 발음을 갖는 'Champa'는 오늘날 라오스(Laos)와 베트남(Vietnam) 지역을 지칭한다.

오늘날 수수로 불리는 '촉서(蜀黍)'는 『오주연문장전산고』에서는 회회국(回回國)이라고 소개하고 있으나 다산 정약용 선생은 「아언각비(雅言覺非)」에서 그 기원이 부여(扶餘)와 숙신(肅愼) 지역으로 소개하고 당시 '오랄녕고탑지지(烏剌寧古塔之地)'라는 사실을 밝히고 있다.

이와 같이 KDEB의 주요 영업 품목들은 모두 농산물에 기초하고 있는데 그 기원은 유라시아 일대 북방민족이 거주한 지역의 농산물이지 한반도 안에 국한된 토종 농산물은 아니다. 〈그림 2-6〉에 제시된 대로 유라시아 대륙과 동북아시아 국가들이 그 품종의 기원 국가들이다. 이 품종들의 전파 경로는 두 가지로 하나는 티베트 동부, 미얀마 북부, 운남 서부 지역을 따르는 경로이며 다른 하나가 동북아시아에서 한반도를 따르는 경로이다.[90]

한반도에서 전라도 남원, 구례 등 산악지대와 경상도 풍기, 봉화 등 산악지대를 포함하는 평안도와 함경도, 황해도, 강원도 지역이 티베트 동부, 미얀마 북부, 운남 서부 지역과 흡사한 조건을 갖춘 산악지역으로서 세종은 『농사직설』을 편찬하면서 산악지대와 한전 농법의 재배 기술을 터득하고 있는 평안도, 함경도 등 북쪽 지역의 노농들이 구사하는

---

89) 大宛(大淵) 오늘날 참기름을 지칭하는 진임자는 중국 농서에 기록된 호마와 전혀 다른 글자로 되어 있다. 호마는 大宛국이 그 원산지로 大宛이 '大淵'이라고 표기되어 있다. 大宛이나 '大淵'이란 오늘날 아프카니스탄 지역 아라비아 지역과의 경계 지역으로 Great Yuan, Great Ionians의 중국 한자 표기 명이다.

90) 흔히 국산품 애용이라든지 우리 농산물 애용 캠페인에 등장하는 '身土不二'의 원래 의미는 '사람의 신체(身)와 흙(土)은 동일한 것이라는 의미이다. 1907년 일본 군부에서 출발한 슬로건이 1989년 농협 중앙회에서 차용하여 국산품 향토 음식 애용 운동으로 전개되었다. 그러나 이 용어는 국산 토종 농산물 애용과 전혀 다른 의미를 갖는다. 이 용어의 의미를 가장 잘 담은 책은 기독교 성경이다. 여호와 하나님이 흙으로 사람을 지으시고 생기를 그 코에 불어 넣으시니 사람이 생령이 된지라 (창 2:7)의 성경 구절이 바로 그것이다. 장대식, 「모든 생물은 흙으로 만들어졌다.」『창조』. 제113호. 1999년 3~4월. 일본에서는 이 용어의 기원을 불교에 두고 있다.

이두 방언의 전국적 소통을 위한 표준화가 매우 긴요하였다.

세종이 채택한 방법은 한전 농업과 산악지대 고랭지 농업이 발달한 평안도와 함경도 그리고 수전 농업과 습지가 발달한 해안지대 전라도와 경상도 농민들의 지혜와 경험을 국가 언어로 표준화하여 전국적인 소통 체계를 구축하고자 한글을 창제한 것이다. 『총, 균, 쇠』 저자 재레드 다이아몬드는 이 점까지는 파악하지 못하였다.

따라서 KDEB와 문명 전파경로와의 연관성을 찾기 위해서는 농업기술과의 연관성 또한 추가해야 한다. 특히 개성상인의 영업 품목인 인삼, 목화, 참기름, 삼베, 찹쌀, 콩, 팥 등과의 연관성을 찾기 위해서는 산악지대 고랭지 농법을 중심으로 유라시아 농사기술의 전파경로를 탐색해야 한다.

다음으로 동아시아 최고의 고전이자 음양 변화의 이론서인 『주역(周易)』의 계사전(繫辭傳)에 나오는 '매듭의 정치(結繩之政)'와 글쓰기의 경서 『서경(書經)』의 '서계(書契)'와의 관계를 중심으로 유라시아 대륙 문명과 KDEB와의 관계를 살펴보자.

회계는 곧 결산이라 할 수 있는데 결산의 순우리말은 매듭이다. '매듭[91]의 정치(結繩之政)'란 쉽게 말해서 약속의 정치 혹은 믿음, 증거 진실의 정치란 뜻이다. 기독교 문명에서 성경의 구약(Old Testimony) 신약(New Testimony)이 보이지 않는 신과 인간과의 약속을 지칭하는 것과 같

---

91) 결승(結繩)은 이두로 매듭(每緝)이다. 매듭은 상고시대 회계의 정치 원리를 알려주는 용어. 회계의 결산은 매듭에서 기원하는 것. Closing Clear 마음을 먹다. 마음의 결심(心結)을 '미즙'이라고 표현한다. 경국대전(經國大典)의 이른바 매집(每緝)이란 미즙의 이두 표기이고 오늘날 미답。방석을 매다. '방석미답'으로 표현하는 것도 이와 마찬가지이다. 『頤齋遺藁』卷之二十五 雜著 華音方言字義解 「余按經國大典所謂每緝。卽미즙也。今則轉呼미답。方勝轉呼방식。或呼방석미답」。

은 의미이다. 라틴어 'Testimonium'에서 기원하는 'Testimony'란 약속이 사실임을 실증하는 의미이다. '매듭의 정치(結繩之政)'란 오늘날 회계학의 요체인 '결산의 정치'를 의미한다.

그러면 먼저 '매듭의 정치'와 회계와의 관계를 살펴보자. 상고시대 매듭으로 천하를 다스린 원리나 오늘날 기업 회계의 최종 결산절차인 주주총회나 그 원리는 서로 일치한다. '매듭의 정치'란 곧 '결산의 정치'이고 '결산의 정치'는 '금융의 정치'라 할 수 있다. 한국인들은 마음의 최종 결심(心結)을 '미줍'이라고 표현하였다. 『경국대전(經國大典)』의 이른바 '매집(每緝)'이란 '미줍'의 이두 표기이다. 오늘날 의사결정의 관리회계를 내부통제시스템이라 부르는 것과 경국대전의 '마음의 결심' 매듭은 결국 의사결정시스템이란 의미에서 같은 용어인 셈이다. 라틴어로 마침내 금융(Finish=Finance)이란 최종 의사결정 행위를 의미한다. 결국 금융이란 회계 책임성(Accountability) 이행의 완료를 의미한다.[92]

그러면 국가의 다스림과 글쓰기의 기원을 매듭(結繩)을 대신한 서계(書契)의 출현에서 찾는 것은 어떠한 회계사적 의미를 갖는 것일까? 동아시아에서 최초의 정치 행위가 매듭으로 이루어져 있다는 것은 결산이라는 회계 목표와 어떠한 연관이 있는 것인가? 수메르문명의 점토판과 매듭으로 정치가 이루어진 것과는 어떠한 유사성과 차이성이 존재하는 것일까?

매듭을 통한 회계기록 방법은 고대 잉카문명의 키푸(Quip)와 동일한 형태라는 점에서 주목된다. 잉카제국의 키푸는 현재까지도 컴퓨터의 일

---

92) 오늘날 현대 한국어의 '방석을 매다'를 한글 고어로 '방석미닿'으로 표현하는 것도 이와 마찬가지이다.

종으로 계산기로 활용되고 있다.[93] 동아시아 문명에서 최초의 회계 정치로 나타나는 매듭은 매듭의 크기로 재산의 변동을 표시하였기 때문에 아직 숫자와 문자가 분리되지 않은 상태에서 수메르문명의 토큰과 유사한 회계 방법으로 이해할 필요가 있다.

우리가 일상생활에서 흔히 사용하는 '시원하다'란 '판단이 명쾌(明夬)'한 것을 의미한다. 이 명쾌란 동아시아 문명의 고전인 주역에서 그 기원을 찾을 수 있다. 음양 원리의 고전 주역에는 매듭(結繩)의 방법을 명쾌의 '쾌괘[夬](═ ═)'에서 취한 것으로 되어 있다. "옛날에 노끈을 매서 정치를 하다가 후세에 성인 복희가 나타나서 서계(書契)로 바꾸어 백관을 다스리며 만민이 누구나 쉽게 국가의 정책 결정을 살피니 대개 저 괘[夬]에서 취한 것"이라고 설명하고 있는 것이다.

동아시아 글쓰기 문명은 민간의 상업적 금융적 기원보다는 국가 재정이나 국제관계의 외교적 기원이 훨씬 더 강력한 설득력을 가지고 있다. 외교(Diplomacy)라는 어원은 복식 문서(Double Documents)에서 기원하기 때문에 동일한 내용의 거래를 두 번 기록하는 DEB와 같은 원리이다. 따라서 DEB의 진실성과 책임성의 원리는 민간 계약관계에서도 중요하지만 국가와 국가 사이의 관계에도 적용되는 가장 중요한 원칙이다. 글쓰기와 국가와의 불가분의 관계를 밝히고 있는 고전이 바로 『서경(書經)』

---

93) Quipu(키푸라고도 함)는 안데스 남미 지역에서 고대부터 사용한 문자열로 만든 회계자료 보관 장치이다. 그 어원적 의미는 "knot"로 순우리말로 노끈매듭이다. 매듭이 있는 줄은 고대 중국인과 같은 많은 다른 문화권에서 사용되었지만 모두 사라지고 안데스 지역이 현재까지 유지해오고 있다. 그 재료는 면화 또는 낙타 털로 만든 것으로 잉카인들은 데이터를 수집하고 계산하고 그 데이터를 오늘날 장책처럼 보관하고 세금 납부의 의무를 모니터링 하고, 인구조사 기록, 기후변화 자료 수집과 군사 조직까지 활용하는 일종의 오늘날 컴퓨터와 마찬가지로 사용하였다. 그 코드는 주역의 이진법과 달리 10진법을 매듭으로 인코딩된 숫자 및 기타 값을 저장했다. 독일의 베를린에 있는 인류고고학박물관에 가장 많이 보관되어 있다(Ethnological Museum of Berlin, Germany).

이다. 이 책은 '국가 내부 행정과 외부 외교의 바이블'이라고 번역해도 좋다. 이 서경을 관통하는 주제는 '서계(書契)'이다.

동아시아 사회에서 서계란 국가와 국가 사이에 전쟁을 종식하고 평화를 선언할 때나 통상을 위해 서로 주고받는 공식 외교문서를 지칭한다. 특히 조선시대의 서계는 일본 사신이 가지고 오는 외교문서 즉 국서로서 그 내용의 진실성은 양국과의 외교관계에 가장 중요한 사항이었다. 일본은 조선과의 외교문서 국서를 직접 작성하지 않고 항상 대마도주를 통해 작성하였는데 그 이유는 대마도주만이 조선과 동문의 글쓰기를 할 수 있는 카피 외교관들을 양성했기 때문이다. 당시만 해도 일본은 지방분권 통치로 전국적으로 단일화된 중앙정부가 존재하지 않았기 때문에 대마도주는 권력을 장악한 일본 무신들에게 서로 같은 내용을 쓰는 것이 아니라 전혀 다른 내용 즉 위서를 작성하여 중간이득을 훔친 것이다. 즉 조선에서 온 물량을 속여 거짓으로 작성하고, 일본 본토에서 조선에 보내는 조공품도 마찬가지로 속여서 기록하는 방법이 대마도주가 이익을 취하는 유일한 방법이었다. 즉 거짓 회계문서를 만드는 일이 대마도주의 외교문서였던 것이다.

14세기부터 조선의 곡창지대 전라도와 중국 해안가의 곡창지대를 노략질한 일본은 15세기에 조선과 명나라의 해안 봉쇄령과 왜적에 대한 왜구 봉쇄령으로 통상이 단절되고 기근과 자연재해로 극심한 내란에 빠지게 된다. 이 기간에 대마도만이 조선과의 통상을 중개하면서 외교문서 작성 능력을 키울 수 있었지만 임진왜란 발발 때까지 대마도는 국서를 위서로 작성하여 일본 본토와 조선과의 외교관계를 악화시켰다.

임진왜란 전후 조선 문신이었던 강항(姜沆)은 일본의 외교문서 위조가 임진왜란의 원인이라고 지적하고 있어서 흥미롭다. 그는 다음과 같이 일본의 외교문서가 위조되어 임진왜란이 발발한 사실을 전하고 있다.[94]

"이른바 왜사(倭使)란 것이 모두 대마도주가 보낸 사적인 사신이요, 이른바 왜의 국서(國書)라는 것도 모두 대마도주가 지어 보낸 위서(僞書)로서, 비단 모든 왜들이 전혀 모르는 사실일 뿐 아니라, 비록 일기(壹崎)·비전(肥前) 등 여러 왜장(倭將)들까지도 역시 들어보지 못한 일이라 합니다. 대마도에는 수전(水田)이 한 이랑도 없는 까닭에 우리나라를 속여서 그 쌀을 받아다가 공사(公私)의 비용을 충당한 것입니다."

이와 같이 회계의 진실성 글쓰기를 통한 약속은 국가학에서 가장 중요한 위치에 있었다. 동아시아에서 탄생한 글쓰기 문명 서계(書契)는 다른 어느 문명보다도 회계에 기초한 국가행정학을 발달시켜왔다. 공자의 본래 직업이 창고지기였다는 사실이 이를 웅변한다. 맹자는 공자에 대해 "공자께서 일찍이 관리 책임을 맡으셨을(委吏) 때 회계를 정의롭게 처리하셨다"라는 표현에서 우리는 국가관리학으로 유학이 발전해온 것을 알 수 있다.[95]

이 글쓰기 서계(書契)를 누가 가장 먼저 창안하였는가를 놓고 중국 학자와 한국 학자는 서로 오랜 세월 대립해왔다. 중국은 창힐(倉頡)이라는 문자 창안자를 강조한다. 반면 조선의 실학자들은 『삼국유사』에 등장하

---

94) 임진왜란 전후 강항(姜沆 1567-1618)이 임진왜란의 원인을 분석한 기록이다. 『간양록(看羊錄)』 왜국팔도육십육주도(倭國八道六十六州圖).
95) 『맹자(孟子)』「만장 하(萬章下)」孔子嘗爲委吏矣, 曰會計當而已矣.

는 신지(神誌)를 강조한다. [96] 이와 같이 동아시아 문명에서 문자의 창조와 관련된 인물은 크게 두 가지로 나뉘어 있다. 중국 측 사료에는 창힐(倉頡)이고 한국 측 사료에는 신지(神誌)가 등장한다. 양측 사료 모두 등장하는 인물과 관련 단어가 복희(伏羲)이며 서계(書契)이다.

동아시아 문명에서는 이 결승 방법 이후에 문자와 숫자가 등장한다. 본래 글문(書契)은 나무나 가죽에 금을 그어 부호로 쓴 것인데, 이것이 후세에 문자로 발달한 것으로 본다. 여기서 맺을 계(契) 자를 파자해 보면 날카로운 도구[刀]로 파놓은 무늬로서 쐐기(楔形)문자의 의미를 간직하고 있음을 알 수 있다. 이 쐐기문자와 회계와의 관계에 대해서는 재레드 다이아몬드가 강조하였듯이 아일랜드의 오검문자 [97]와 유사한 형태임을 알 수 있다.

더욱 흥미로운 사실은 '매듭의 정치'에서 사대(事大)의 어원이 나온다는 점이다. 사대(事大)란 매듭을 크게 하여 큰일을 수행하고 있음을 보이는 것으로 설명한다. [98] 동아시아의 외교 전문용어 '사대(事大)'란 우리가

---

96) 『주역』 계사전에는 창힐이 아니라 복희(伏羲)가 그 주체로 소개되어 있다. 계사전에는 우러러 하늘을 보고 천문의 모양을 찾고 아래를 굽어살펴 땅의 형태를 찾아 팔괘를 만들고 노끈의 결승으로 그물을 만들어 어류를 잡을 수 있도록 한 인물로 소개하고 있다. 李圭景, 『五洲衍文長箋散稿』 「刊書原始辨證說」 伏羲氏之王天下也, 始畫八卦, 造書契。 由是文籍生焉。 『許愼』 『說文序』 倉頡初作書。 依類象形, 故謂之文。 其後形聲相益。 卽謂之字。 字者。 言孳乳而浸多也。 著於竹帛, 謂之書。 書者如也。

97) 오검(고대 아일랜드어: ogam ['ɔɣamˠ], 아일랜드어: Ogham 오엄['oːəmˠ])은 중세 초기(기원후 4세기-6세기)에 원시 게일어 및 고대 게일어 표기에 사용된 음소문자다. 원시 게일어를 새긴 각석은 약 400점 보존되어 있고, 그중 대부분이 아일랜드 남부지방 먼스터에서 발견되었다. 아일랜드 밖에서는 웨일스 펨브룩셔에서 가장 많이 발견되었다. McManus, Damian. Ogam: Archaizing, Orthography and the Authenticity of the Manuscript Key to the Alphabet, Eriu 37, 1988, 1-31. Dublin: Royal Irish Academy. O'Kelly, Michael J., Early Ireland, *An Introduction to Irish Prehistory*, p. 251, Cambridge University Press, 1989.

98) 言'結繩'者, 當如鄭注云 "爲約, 事大大其繩, 事小小其繩."

알고 있는 것처럼 제국주의 질서하에 작은 나라가 큰 나라에 조공을 바치고 섬기는 것이 아니다. '사대(事大)'를 정치 이데올로기화한 것은 19세기 일본 메이지유신 세력들이었다. '사대(事大)' '책봉(冊封)' '조공(朝貢)'을 묶어서 '사대주의(事大主義)'라는 동아시아 국제질서의 신조어를 만들어 적용시켰다.

주역(周易)에는 '매듭의 정치(結繩之政)'에서 결산보고의 크기와 규모에 따라 사대(事大)를 구분하는 것으로 나온다. 중국 한대(漢代)의 학자 정현(鄭玄)은 이에 대해 '약속을 하되 일이 큰 경우 그 매듭을 크게 하고 일이 작은 경우 작게 하는 것으로 약속의 진실을 증거하는 것이 곧 정치'라고 설명하고 있다. 이규경은 사대주의는 '만방의 나라가 모두 함께 글이 같고 수레 궤가 같은 세상(萬方咸稱車書同文軌, 天下太平)' 즉 세계평화질서를 가리키어 사대(事大)라 한 것이다.[99]

이 사대와 세계평화질서와의 관계를 정확히 파악해야 15세기 세종의 지성사대(至誠事大)를 이해할 수 있다. 대학(大學)과 소학(小學)이 있듯이 사대(事大)가 있고 사소(事小)가 있었던 것이고 여기서 사대(事大)란 세계만방이 모두 동일한 기준으로 결산보고서를 작성하는 것 즉 오늘날 IFRS처럼 전 세계만방에서 동일한 기준으로 결산보고서를 작성하는 것을 사대(事大)라고 규정한 것이다. 조선과 명의 국제관계는 이 세계평화질서를 놓고 치열하게 경합하여 긍극적으로 명의 멸망과 조선의 장구지속성으로 결말난 것이다.

그러면 인류는 언제부터 시각을 이용한 '매듭의 시현 공고'에서 벗어

---

99) 李圭景『五洲衍文長箋散稿』經史篇 論史類 檀、箕爲國號辨證説(附三韓)

나 시각과 청각을 융합한 '글쓰기'를 통하여 큰 정치를 하였을까? 대차대조표(Balance Statement), 소득계산서(Income Statement), 재무제표(Financial Statements)의 작성을 연구하는 회계학을 지칭하여 글쓰기학(Science of Writing) 혹은 글쓰기의 예술(Art of Writing)이라 한다. 국가를 영어권에서 'State', 공산권에서 대통령의 지위에 있는 사람을 기록하는 사람, 서기장(書記長)이라고 하듯이 국가학과 최고 권력자의 권위는 모두 글쓰기와 연관된 행위들이다.

이두 연구에서 염두에 두어야 할 점은 동북아 문명의 전파 경로와 한반도의 반도라는 지형적 조건이다. 개성상인의 금융, 자본, 회계 용어가 대부분 이두 체계를 수립한 고대 동북아 문명의 흐름과 연결되어 있다는 점은 디지털 유목민 시대의 도래에서 지적 호기심을 자극하기에 충분한 연결망이다. 이 연결망은 새로운 문명 통로 이론(Corridor Theory for Civilization)으로서 한반도를 주목할 것을 요구한다.

본 서에서는 한반도에서 오랜 기간 사용되어 온 이두(吏讀)를 가지고 회계 전문용어의 어원학적 의미를 도출하여 한반도를 통로로 유목문명과 정주문명이 서로 소통한 점을 부각시키려고 한다. 다시 말해서 한반도를 대륙 문명과 해양 문명의 통로라는 점을 강조하려고 한다.

또한 이두와 연관된 언어 범위를 유목민이 오랜 세월 거주한 유라시아 지역의 대표적인 언어인 우랄·알타이(Ural-Altaic) 언어군과 이두와의 연관성을 제시하여 이두는 몽골리안(Mongolian)에서 핀란드어(Finnish), 헝가리어(Hungarian)에 이르기까지 광범위한 지역의 언어 체계와 유사한 점을 제시하려고 한다.

또한 본 서에서는 회계 언어를 중심으로 유목문명과 중국의 한족(漢

族)이 이룬 황하문명을 서로 비교하고 두 지역의 회계문명은 서로 다른 기원을 갖는 문명이라는 점을 부각시키려고 한다. 이를 위해 조선 후기 학자 중 역사 사료의 독해법으로 이두를 특히 강조한 학자의 문집을 문헌적 근거로 제시하려고 한다. 그중 안정복(安鼎福)[100], 이규경(李圭景), 황윤석(黃胤錫), 이덕무(李德懋), 신채호(申彩浩)의 문집에 주목한다. 특히 신채호 선생이 동아일보에 1924년 10월부터 1925년 3월까지 기고한 '상고사 이두문 명사해석법'과 『朝鮮上古史』, 그리고 황윤석이 『頤齋遺藁』에 제시한 胡語, 蒙語, 靺鞨語를 비교하여 그 일관된 문맥을 찾아 제시한다.

예를 들어 안정복은 어음(於音)의 음(音)을 사용하여 오늘날 우리가 사용하는 왕 즉 '임금님'을 이두로 설명한다. 오늘날 길거리에서 볼 수 있는 치과병원의 한자 '치(齒)'를 한국인들은 '니' '어금니' '나이'라고 한다. 신라 때 왕을 결정하는 방법이 이빨 어금니의 수를 보고 결정한 데에서 유래한다. 왕의 이두 표기는 '니음금(尼音今)' 혹은 '니사금(尼師今)'이다. 왕을 의미하는 이 두 가지 표기 '니음금(尼音今)' '니사금(尼師今)'을 한자로 접근하면 전혀 왕과 연관시킬 수 없다.

이규경은 아사달을 이두 한자로 구월산(九月山)으로 표기하는 것을 대표적인 예로 설명하고 있다. 개성 근처 구월산(九月山)을 개성 사람들이 아사달(阿斯達)이라고 부르는 이유가 아사달은 아홉 구(九)의 발음과 달 월(月)의 발음을 합쳐 부르기 때문이라는 것이다. 우리가 오늘날 알고 있는 구월산을 순우리말로 아홉 구, 달 월, 메 산으로 아사달 혹은 아스탄, 아스타나가 되는 것이다. 현재 아스타나(Astana)는 카자흐스탄(the

---

100) 특히 안정복은 단군조선에서 조선에 이르기까지 전 역사 서적『동사강목(東史綱目)』에서 역사 사료 독해법으로 이두에 집중할 것을 강조한 조선 후기 대표적인 실학 연구자이다.

Republic of Kazakhstan)의 수도 이름이다. 현재 아사달(구월산)은 개성 근처에 위치한다. 그러나 이두 발음으로 보면 멀리 카자흐스탄 수도에서 고려의 수도 개성지역 지명까지 유사한 셈이 된다.

이와 같이 한자 의미를 무시하고 이두의 발음과 그 의미를 연관시키면 아스타나와 아사달처럼 개성상인의 회계장부의 난해한 회계용어 용례의 실마리가 서서히 풀리게 된다. 이 실마리를 쉽게 이해하기 위하여 황해도와 개성 지방을 배경으로 한 조선시대 장길산 이야기를 다시 읽어 보자. 황석영의 장길산 이야기는 조선조 재인(才人) 마을에서 광대 장충의 아들 장길산이 구월산(九月山)에서 송도 행수(行首)의 도움을 받아 의적 활동을 한 이야기로 알고 있다. 여기서 등장하는 단어들 송도(松都), 구월산(九月山), 재인(才人), 행수(行首)는 모두 이두로 읽고 그 의미를 파악해야 소설의 진가가 나타난다.

행수(行首)는 이두로 영업 혹은 상업활동 우두머리라는 의미가 있다. 개성인들은 오늘날 기업 CEO를 행수(行首)라 지칭했다. 은행장도 은행 행수(行首)라 했다. 행(行)은 이두로 한자의 상(商)에 해당된다. 오늘날 우리가 사용하는 상인(商人)은 개성상인들에게는 행인(行人)이다. 개성상인들의 회계용어에 상업(商業), 상인(商人)은 없다. 행수(行首), 행인(行人), 행하(行下), 행획(行劃)으로 등장한다. 영어의 'Operation'에 해당되는 단어가 이두 행(行)이다. 재인(才人)은 광대가 아닌 장인(匠人)을 지칭한다. 영어 'Master, Artisan'의 이두 표현이 재인(才人)이다. 이제 장길산 소설을 이두로 다시 읽으면 조선의 장인들 마을에서 태어난 장길산이 개성 기업 행수 박대근의 도움을 받아 아사달에서 의적 활동을 한 이야기가 된다.[101]

예를 하나 더 들어보자. 개성상인 회계장부에 가장 많이 보이는 것이 오늘날 신용거래 용어인 '外上'이다. 오늘날 우리는 이 글자를 '외상'으로 부르고 외상거래, 외상매출금, 외상매입금 등으로 부르고 있다. 현대 영한 회계용어 사전에는 외상매출금(外上賣出金 Accounts Receivable)으로 나와 있다. 그러나 우랄·알타이 어군인 이두로 읽으면 '外上'은 '받자'로 읽어야 한다. 현재 받자(外上)는 외상매입금(外上買入金) 등 지급계정(Acount Payable)도 사용하고 있지만 이는 KDEB와 이두와의 관계를 모르고 사용한 잘못된 용어이다. '外上'과 상대편에 존재하는 '給次'도 마찬가지로 '주자'로 읽어야 한다. '外上'을 '받자'로 읽고 그 영어 번역을 생각하면 자연스럽게 'Receivable'이 된다. '給次'는 '주자'로 'Payable'이 된다.

그러면 우리의 회계사 자료에서 이 특이한 성격의 표기법은 언제부터 어느 자료에 등장하는가? 먼저 원장 기록은 'T-Form' 계정의 역사를 5세기 고구려 장수왕시대(413-492) 평양성 건립 유물 기록에서부터 20세기 박영진가 회계장부까지 약 1500년의 역사 속에서 존재한다. 지금까지 파악한 바에 따르면 3-4세기 목간(木簡) 기록, 7-8세기 문서인 신라 정창원 문서, 진주 연지사 종에 새겨진 명문, 1262년 『상서도관첩(尙書都官帖)』, 『대명률직해(大明律直解)』 등 조선시대 이전 회계기록에 집중적으로 등장한다.

고려 말에서 조선 건국기의 이두는 『대명률직해(大明律直解)』 호율(戶律) 창고조에 집중적으로 나타난다. 주지하듯이 호율(戶律) 창고조란 오늘날

---

101) 이제 세종실록의 기록을 살펴보자. 황해도 문화현은 신의 본향으로 스스로 벼슬을 그만두고 본향에 내려온 지가 여러 해 되었는데 여러 촌로의 말을 듣고 비로소 나의 고향이 단군조선과 관련된 오래인 곳임을 알게 되었다. 구월산(九月山)이 이 현의 주산(主山)인데 단군조선 때에 있어서는 이름을 아사달산(阿斯達山)이라고 하였다. 黃海道 文化縣, 是臣本鄕, 自爲幼學, 下去多年, 聞諸父老之言, 乃知事迹久矣。九月山是縣之主山, 在檀君朝鮮時 名阿斯達山, 세종실록 [태백산사고본] 13책 40권 24장 A면 [국편영인본] 3책 134면

기획재정부 관련 법률 조항이다. 임진왜란 이후 회계자료도 거의 다 이두로 표기되어 있다. 1667년부터 지금까지 전해져 내려오는 전라도 영암 장암리의 「용하기(用下記)」가 가장 대표적인 백제 마한의 이두 유산대로 기록되어 있다. 이 자료 속의 이두는 1667년부터 21세기 현재까지 일관된 용례로 사용되어 오고 있다.

개성상인의 회계용어 이두를 북방민족 언어군인 우랄·알타이 언어군으로 이해해야 하는 사료적 근거로서 세종 시대 집중적으로 편찬한 외교관 시험 과목인 『노걸대』와 『박통사』를 들 수 있다. 1430년 세종 12년에 당시 존재한 서적을 학문 체계로 분류하였는데 그 분류 체계 속에 등장하는 서적 가운데 우랄·알타이어 계열 서적 『노걸대』와 『박통사』는 유학에서 자학 번역학에 이르기까지 가장 많은 판본으로 인쇄되어 보급된 책이다. 세종시대 이문(吏文)은 화어(華語)와 함께 사대통상외교문서(事大通商外交文書)였다. 역관 최세진은 가장 뛰어난 어학자로서 그를 후대 역사가들은 "세진은 중국어에 정통하고 이문(吏文)에도 통달하였으므로 여러 번 연경(燕京)에 나아가 질문하고 숙습하여 중국의 제도와 물명(物名)은 통하여 알지 못함이 없고, 사대문서(事大文書)가 모두 그의 손에서 나왔다"라고 극찬한 바 있다.[102] 사대문서란 앞서 언급하였듯이 사대주의, 조공무역과 같은 수직적 국제관계가 아니고 대등한 관계를 전제로 하는 국제통상 결산보고서이다.

이 가운데 『노걸대』와 『박통사』는 고려의 상인들이 중국의 북경(燕京)에 가서 팔고, 그곳 특산물을 사서 귀국할 때까지의 국제무역 기록을

---

102) 『연려실기술』 별집 제5권 사대전고(事大典故) 역관(譯官) 『통문관지』

모아 외교 통상 분야 교재로 만든 책이다. 이에 대한 판본은 『노걸대』 『중간노걸대(重刊老乞大)』 『노걸대신석(老乞大新釋)』 등 세 가지가 있으며, 언해본으로는 『노걸대언해(老乞大諺解)』 『중간노걸대언해(重刊老乞大諺解)』 『신석노걸대언해(新釋老乞大諺解)』 『동자습노걸대(童子習老乞大)』가 있다.

걸대(乞大)는 이두로서 거란 요나라를 지칭한다. 걸대(乞大)의 다른 표현은 거란(契丹)이다. 거란도 이두이다. 영어권이건 유라시아 대륙 대부분의 국가에서는 아직도 'Kitai' 'Kitan' 'Cathay'로 발음한다. 프랑스는 현재도 'Khitans' 하면 몽골인과 만주인 동북아 일대 중국인을 지칭한다. 걸대와 거란의 표기는 한자로 되어 있지만 중국인들이 사용하는 한자와 전혀 다른 의미를 갖는 이두 용어들이다. 중국 한자의 단(丹)은 붉은 의미를 갖는다. 계(契)는 약속, 결산, 맺음이란 뜻을 갖는다. 중국 한자로 보면 붉은 약속으로 아무런 의미를 찾을 수 없다. '거란(契丹)'에서의 거(契)는 '크다'는 의미로서 현재 한국인들이 사용하는 '키가 크다' '크치' '큰'을 지칭한다. 단(丹)은 붉은색을 지칭하지만 여기에서는 단지 '한'의 음차이다. 따라서 '거란(契丹)'은 '커다란' '큰한' 대한민국의 이두 표기이다. 이란도 거란도 같은 한국계열을 의미한다. '거란(契丹)'을 유럽에서는 'Cathay' 'Kithan' 'Kitay'라 표기하는 것도 모두 '커다란' '큰한'의 알파벳 표기이다. 한자로 대한민국은 이두로 '큰한'으로 유라시아 대륙 전체를 아우른다.

훈민정음이 창제되기 이전 이두 글과 우랄·알타이 어군과 유사한 것을 강조한 조선시대 학자는 『청장관전서(靑莊館全書)』 저자 이덕무(李德懋)이다. 그는 다음과 같이 조선어와 몽골어가 소리글로서 유사한 것을 제시하고 있다. 그는 이 이유를 고려인과 몽골인이 원나라 때 서로 국가

관료로 교류한 사실 때문이라고 보고 있다.[103]

> "몽고어에는 대개 카·타 두 음(音)이 많다. 또 ㄱ·ㅂ·ㅅ 따위 입성(入
> 聲) 세 가지가 있는데, 조선음(朝鮮音)에다 비하면 한둘이 더 있다. 예를
> 들면 조선말은 천(天)의 뜻새김을 '하눌'이라 하는데 몽고말은 '텅거리'라
> 하고, 조선말은 일(日)의 뜻새김을 '히' 하는데 몽고말은 '나란' '나라'이
> 라 한다. 조선말은 우(雨)의 뜻 새김을 '비'라 하는데 몽고말은 '보로간'
> 이라 하며, 조선말은 노(露)의 뜻새김을 '이슬'이라 하는데 몽고말은 '시
> 구더리'라 한다."

이두 연구는 남한보다는 북한에서 훨씬 더 일찍 시작되었으며 그 연
구 수준도 남한보다 훨씬 우수한 편이다. 이에 대해 북한의 이두학자 홍
기문은 행위의 명사(Noun)를 유목민들은 음(音)이나 자(次)라는 이두로
다음과 같이 표현했다고 설명한다. 홍기문이 그의 저서『이두연구』에 정
리한 끝을 음(音)이나 자(次)로 공유하는 용어는 상인들이 사용하는 이
두이다.[104]

이와 같이 이두는 한자를 빌려 그 음을 적는 글자로서 그 음과 뜻이
중국 음이나 뜻을 받아들인 것이 아니기 때문에 중국과 다른 의미가 무
엇인지를 발음을 중심으로 고찰해야 정확히 파악할 수 있는 글자이다.
회계용어에 이두가 많다는 것은 회계 기술이 중국에서 받아들인 것이

---

103) 이덕무(李德懋)『청장관전서(靑莊館全書)』제58권 앙엽기 5(盎葉記五) 蒙古語 蓋高麗人仕
元。元人來留高麗。故東語多同蒙語
104) 홍기문『이두연구』조선민주주의인민공화국 과학원 출판사 1957.

아니라 동북아지역 고유의 기술이라는 의미를 갖게 된다. 지금까지 이 두 연구는 신라 때 설총이 만든 것으로 우리 고유의 음과 뜻을 가지고 있다는 것을 강조해 왔지만 신라의 기원이 동북아지역이기 때문에 동북 아지역 고유의 과학용어, 또는 기술용어로서 이두 연구가 필요하다.

이두가 국가관리의 글자란 해석은 회계와 연관해서 볼 때 매우 중요한 의미를 전달한다. 왜냐하면 신채호 선생이 『조선상고사』에서 강조한 대로 동아시아 문명에서 글자를 창시한 사람으로 알려진 신지(神誌)는 글자를 창제한 사람이 아니라 회계를 담당한 관직명일 가능성이 존재하며 이 회계를 담당한 사람이 이두문이라는 소리 체계를 사용하여 재산의 변동 사항을 큰 소리로 보고한 것으로 유추할 수 있기 때문이다.

『삼국유사』「흥법(興法)」에 따르면, 『신지비사』는 고구려 시대까지 전해졌다고 한다. 『고려사』「열전(列傳)」김위제조(金謂磾條)를 보면, 김위제는 나라의 도읍을 정할 때 갖추어야 할 풍수지리의 지리적 특징을 『신지비사』의 내용에 따라 "저울에 비유하자면 저울대는 부소(扶疎 부랴트 부여)요, 저울추는 오덕을 갖춘 땅이며 극기(極器)는 백아강(百牙岡 힌임금산 히말라야)이다. 위 세 곳에 도읍하면 70개국이 항복해서 조공하여 올 것이고, 그 지덕에 힘입어 신기를 보존할 수 있을 것이다. 저울 머리와 꼬리를 정밀히 하여 수평을 잘 잡으면 나라가 흥하고 태평성대를 보장받을 것이요, 가르쳐준 세 곳에 도읍하지 않는다면 왕업이 쇠퇴하리라"라고 언급하고 있다.[105] 『고려사』는 『신지비사』를 도참서의 일종으로 이해하고 있다. 조선시대 고려사의 김위제와 관련한 내용은 『용비어천가(龍飛御天

---

105) 『고려사』「열전(列傳)」 '김위제조(金謂磾條).

歌)』『성호사설(星湖僿說)』『동사강목(東史綱目)』등에서 언급되고 있다.

『용비어천가(龍飛御天歌)』제16장에는 "신지를 단군 때의 사람으로 신지 선인이다"라고 기록하고 있다.[106] 이익은 『성호사설(星湖僿說)』「천지문(天地門)」의 고려비기(高麗秘記)에서 "『신지비사』는 누가 지은 것인지 분명하지 않으나, 우리나라 조선의 문명지치(文明之治)를 거슬러 볼 수 있으니 기이하다"라고 하였다.[107] 또한 안정복의 『동사강목(東史綱目)』부권하(附卷下)의 『지리고(地理考)』에서도 『고려사』 김위제전에 신지선인의 비사를 인용하여, 신지를 소개하고 있다.

이와 같이 『고려사』에서 18세기 실학자들의 저작집에 이르기까지 일이 관지로 언급한 신지가 환웅과 단군시대에 글자를 담당한 관리라고 한다면, 한문을 사용하기 이전 고대 한국에서도 일정한 형태의 글자가 있었음을 시사한다는 점에서 한국 회계문명은 한국 고대사 연구에 중요한 영역임이 틀림없다.[108]

그러면 완벽한 의사소통의 순우리말은 무엇일까? 그 답은 '사맛다'이다. 15세기 세종이 훈민정음을 창제한 기본 동기는 의사소통의 불완전성 때문이다. '나랏말과 글이 서로 달라' 국가를 운영할 수 없을 정도로 의사소통의 완전 비대칭으로 인한 심각성을 세종은 인식한 것이다. 한글을 세종이 '정음(正音)'으로 명명한 이유도 바로 의사소통의 완전성을 나타내기 위함이다. 세종의 훈민정음은 나라의 말과 글이 '사무침' '사맛

---

106) 『용비어천가(龍飛御天歌)』 「제16장」 神誌檀君時人 世號神誌仙人.
107) 이익 『성호사설(星湖僿說)』 「천지문(天地門)」 '고려비기(高麗秘記)' 神誌秘詞者 不知誰某之作而亦能逆覩我聖朝文明之治者 可異也.
108) 안정복 『동사강목(東史綱目)』 「부권하(附卷下)」 '지리고(地理考)' 麗史金謂磾傳 引神誌仙人秘詞 … 世傳神誌 檀君時人). 안정복은 이 기록이 권람(權擥, 1416~1465)의 『응제시주(應製詩註)』에도 나와 있다고 하였다. '出權擥應制詩註'.

참' 하는 완전성으로 창제된 것이다.

이와 같이 동아시아 문명에서 노끈의 매듭에서 이두에 이르기까지 문자 체계의 발달과정은 그대로 회계 체계의 발달과정과 일치하는 것을 알 수 있다. 회계 처리와 관련된 부호의 표준화, 회계감사와 그 결과의 낭독과 청문회에서 소리를 전달하는 문자 체계가 발달하게 되고, 최종 부정이 개입되지 않았다는 것을 공개적으로 증명하는 서명 등은 모두 오늘날 4차산업혁명 시대에 긴요히 사용될 회계 행위이다. 또한 이러한 회계 행위를 책으로 묶어 보존하는 방법의 발달은 노끈의 매듭에서 형상문자로서 한자가 발달하고 한자는 다시 최종 보고를 위한 소리 부호 체계로서 이두문을 발달시켜 기록과 계산 보고라는 회계 체계와 문자 발달과정이 서로 일치하는 특징을 간파할 수 있는 것이다.

회계는 필기 방법뿐만 아니라 필기도구의 발달과도 연관이 있다. 바빌로니아 문명의 함무라비법전은 계약의 법적 효력을 명시한 법전으로 유명하며 이 지역의 점토판은 기록의 재료로서 계약 내용을 공증하고 보관하는 도구로 사용되었다. 이집트문명에서 파피루스가 존재하고 이를 통하여 국가 창고의 재물들을 관리하는 데 기록의 일치를 증명하기 위해서는 회계 체계가 발달하는 것은 필수였다.

본 서에서는 한국의 고전어 이두로 되어 있는 회계용어를 대조하고 그것을 현대적 의미로 재해석하고 번역하여 이미 양 지역 고전 속의 자본, 금융, 회계용어는 그 보편적 의미가 통하고 있었음을 제시한다. 지금까지 이두(吏讀)는 국어학자와 언어학자에 의해 연구되어왔고 사회과학자들에 의한 연구는 전무한 실정이다. 이두는 글자 자체의 의미로 국가의 '행정관리(官吏)의 언어'이기 때문에 사회과학 분야의 고전어라 할

수 있다.(부록 참조)

따라서 사회과학 분야 특히 자본금융회계 분야에서 개성의 금융거래와 삼포 경영 그리고 사개송도치부법과 연관시키면서 고찰한 이두 연구는 전무한 상태이다. 특히 아직 미개척 분야인 북쪽으로 고조선과 고부여 남쪽으로 마한, 진한, 변한 삼한 지역을 아우르는 자본회계 문명을 반영할 수 있는 새로운 사회과학 학문의 영역이라 할 수 있다.

본 서에서는 두 가지를 지향하면서 개성의 자본회계 용어를 소개한다. 첫째로 동북아 고대국가 역사서적『遼史』와『金史』의 용어들을 새로운 관점을 제시하여 동북아 국가들이 공유하는 회계용어와 그 의미를 재해석한다. 두 번째는 한반도에 대한 지형학적 인식을 새롭게 하려는 것이다. 냉전시대를 통하여 전 세계에 알려진 한반도는 DMZ를 경계로 두 동강이 난 분단지역이란 이미지가 강하다.

본 서에서는 한반도를 두 동강 난 분단의 상징에서 대륙 문명과 해양 문명의 연결 통로로 위치 지우려 한다. 이를 위해 개성의 자본금융 회계 용어의 우랄·알타이어에 대한 어원적 접근을 통해 마한 백제의 서해안 통로와 진한 신라의 동해안 통로 그리고 이 두 통로를 연결하는 남해안 가야 통로를 연결시키는 작업을 수행하여 미래 한반도를 유라시아 대륙과 태평양 바다를 연결시키는 통로로 위치 지우려 한다. 한국인의 일상 생활 용어가 북방민족의 생활관습에서 유래한 인과관계를 가장 잘 알려주는 자료는 18세기 실학자인 이재 황윤석의 문집『頤齋遺藁』에 자세히 소개되어 있다.

제3장

개성자본회계의
역사적 배경

제1절 DEB 발달의 7가지 전제조건과 고려의 문예부흥

미한 회계학자 리틀튼은 DEB가 발달하기 위한 역사적 배경으로 다음과 같은 7가지 전제조건을 제시하였다.

첫 번째 조건은 종이 위의 글쓰기 즉 서예(書藝 Art of Writing)이다. 문예부흥 속에서 발달하는 서예를 DEB 발달의 첫 번째 조건으로 꼽았다.

두 번째 조건은 산학(Arithmetic Computation)의 발달이다. 이탈리아 베니스 상인들은 로마숫자가 아닌 아라비아숫자를 사용하여 계산하는 능력을 가장 중시하였다. 이탈리아 상인들은 지중해를 무대로 북아프리카와의 교역을 통하여 아라비아숫자를 습득한 최초의 유럽인이다.[109]

세 번째 조건은 안정된 화폐(貨幣 Money)의 유통이다. 안정된 화폐가 DEB 발달의 필수조건인 이유는 공통된 계산단위로 모든 거래를 환산

---

109) Michael Chatfield(1977: 34)

할 수 있기 때문이다.

네 번째 조건이 국제 교역(Commerce)이고, 다섯 번째 조건은 사유재산권(Private Property)의 확립이다. 여섯 번째 조건이 신용(Credit)제도이고, 마지막 일곱 번째가 자본(Capital)이다.

리틀튼은 7가지 전제조건이 서로 연관된 제도로서 DEB 성립의 필수 선행조건이라고 규정하였다.[110]

본 절에서는 DEB 발달의 7가지 전제조건을 가지고 동아시아 문예부흥의 절정기인 고려시대를 재인식하려고 한다.

첫 번째 전제조건인 문예부흥(Renaissance)의 글쓰기와 DEB에 대하여 고찰하여 보자. 지금까지 15세기 베니스를 중심으로 이탈리아반도에서 일어난 문예부흥은 16-19세기 유럽으로 확산되어 유럽의 경제적 부흥을 일으킨 원동력으로 이해해왔다. 그중에서도 이탈리아의 피렌체, 밀라노, 로마, 베네치아 등의 도시에 기반을 두고 국제 교역을 수행한 가문들이 주체가 되어 문예부흥을 일으킨 것으로 이해해왔다. 특히 피렌체의 메디치 가문, 밀라노의 스포르차 가문 등이 르네상스가 발달할 수 있도록 물질적인 지원을 수행했다고 보고 있다.

그러나 DEB의 실무적 관점에서 볼 때 르네상스 시기에 부를 축적한 가문들의 회계장부는 DEB와 몇 가지 충돌을 일으킨다. 그 대표적인 사례가 13세기 피렌체에서 상업과 은행업으로 성공해 교황청 재산을 관리한 메디치 가문의 회계장부는 차변과 대변의 균형을 맞추지 못하고 항상 회계 오류를 남긴 가문으로 유명하다는 사실이다.[111]

---

110) Littleton's 7 Antecedents of Double Entry. A. C Littleton (1966 : 12-21).
111) de Roover(1963, 207)

르네상스 학자들은 라틴어와 그리스어 문학, 역사에 관한 텍스트를 복구하고 연구하는 데 관심이 많았으나 중동과 동아시아와의 국제 교역의 산물인 DEB의 기원에 대해서는 관심을 기울이지 않은 것이다.

유럽 중심 르네상스의 역사가 가지는 또 하나의 모순은 르네상스 시대는 밝은 시대가 아니라 유럽 각 지역에서 전쟁과 기근과 전염병이 난무한 시기라는 점이다. 전쟁이 계속된 시대이며 글쓰기 문화가 존중된 곳은 궁정과 교황청 등 극히 일부 장소에 한정되었을 뿐이다.[112]

또 화폐제도와 은행업이 신용제도와 충돌을 일으킨다는 사실이다. 금화와 은화는 소수에 의해 독점적으로 부를 축적하는 가치저장의 기능이 중요한 화폐이다. 르네상스시대 유럽의 은행업도 이러한 귀금속의 축장을 담보로 하는 대부제도를 발전시킨 반면, 신용의 역사와 신용 명성을 중시하는 KDEB처럼 은행 없는(bankless) 신용제도와는 거리가 먼 은행업만이 발달해왔다는 사실이다.

유럽의 르네상스와 달리 유럽보다 200여 년 앞선 시기의 문예부흥을 경험한 동아시아 특히 고려의 문예부흥을 들여다보면 유럽과 전혀 다른 기반에서 전개된 것을 알 수 있다. 유럽과 가장 큰 차이점은 15세기 유럽처럼 끊임없는 전쟁이 없었고 궁정과 교황청에 집중된 문예부흥이 아니라는 점이다. 11세기 고려가 주도한 문예부흥은 귀주대첩으로 완전한 전쟁 종식이 이루어지고 난 이후 13세기 중반 몽골의 침입을 받기까지 200여 년간 지속된 평화체제 속에서 일어난 문예부흥이란 차이점을 갖는다.

---

112) 르네상스 학자들은 라틴어 단계에서 시작되어 라틴 문학의 대부분이 복구되어 서유럽 각국의 언어로 번역되는 단계를 르네상스라 한다.

전쟁에서 외교적 평등으로 국제질서의 변환

고려시대에서 전쟁이 종식되고 문예부흥이 도래한 시기는 지금부터 약 1,000년 전인 1018-1020년에 당시 최대 군사강국인 거란이 고려를 침입하자 강감찬 대원수가 대적하여 거란군을 섬멸한 이후이다. 이때 거란군의 정예부대 중의 하나인 낙타부대가 섬멸당한 것으로 고려사는 기록하고 있다.

낙타(Camel)는 중세사회 국제무역의 상징이었는데 개성 중앙에 있는 다리 이름이 낙타교이다. 고려에게 낙타는 아라비아에서 고비사막을 넘어오는 거대 상단의 상징이었다. 낙타를 영어권에서 카멜로 부르지만 산스크리트어 '카라바하(Karabhah)'에서 유래한다. '카라반' 무역이란 바로 낙타가 수송하는 무역으로 그 최종 목적지는 중국이 아니라 고려 개성이었다. 중국이 시베리아의 산맥에 만리장성을 쌓은 까닭에 말과 낙타가 다닐 수 있는 통로는 오직 한반도와 연결되는 동북아시아 통로뿐이었다.

『고려사』 기록을 보면 942년 거란에서 화친의 상징으로 낙타를 50필이나 보내왔다. 그러나 고려 태조는 거란이 발해(渤海)를 공격한 것을 부모의 국가를 공격한 무도한 짓이라 규정하고 단호하게 거란과의 교빙을 끊었다. 이때 거란의 외교사절 30명을 모두 바다에 있는 섬으로 귀양 보내고, 낙타는 만부교(萬夫橋) 밑에 매어놓아 모두 굶어 죽게 하였다. 이 외교 단절 사건을 계기로 개성에 낙타교(駱駝橋)가 생긴 것이다. 왕건이 발해와의 동맹관계를 깬 거란과 외교를 단절했고, 그 상징으로 당시 개성에 있던 만부교(萬夫橋)가 낙타다리로 개칭된 유명한 역사적 일화이

다.[113]

이후 귀주대첩까지 약 100여 년 만에 고려가 거란에 대해 군사적으로 완전히 승리한 것이다. 이 100년의 기간 동안 송나라는 중원의 황제국에서 거란에 조공을 바치는 종속국가로 전락한 반면 고려는 황제국으로 승천하게 된 것이다. 이 고려의 승리는 중세 세계질서의 프레임을 '전쟁에서 외교적 평등(From War to Diplomatic Parity)'으로 바꾸는 결정적인 계기가 되었다. 마치 구약성서 이사야 2장에 나오는 대로 만방의 사신들과 상인들이 고려로 고려로 몰려들어 개성을 중심으로 세계만방의 평화질서가 확립되었던 것이다.

개성의 탁타교와 타봉요리

고려에게 낙타는 아라비아에서 고비사막을 넘어오는 대규모 상단의 상징일 뿐만 아니라 거란과의 외교통상의 상징이었다. 거란을 통해 수입한 낙타의 등골속살 타봉요리는 개성의 대표적인 요리였다. 당시 개성에 있던 만부교(萬夫橋)는 만 명의 사람들이 서로 모여서 교회할 수 있다

---

113) 고려 건국기에 거란은 고려에 친교의 상징으로 낙타를 보내온 바 있다. 그러나 고려 건국자인 왕건은 발해와의 동맹관계를 깬 거란과의 외교 단절을 상징하기 위해 당시 개성에 있던 만부교(萬夫橋)에 거란이 고려와 수교하기 위해 보낸 낙타 50필을 매달아 굶겨 죽인 바 있다. 이 다리는 만 명의 사람들이 서로 모여서 교회할 수 있다고 해서 이름이 만부교(萬夫橋)였다. 왕건의 거란과의 통교 단절로 다리 이름은 탁타교(橐駝橋)로 바뀌게 되었다. 개성인들은 탁타로 발음하지 않고 유음화하여 약대다리(若大多利)라 불렀다. 이에서 또 와전되어 야다리(野多利)라 부르기도 하여 야교(夜橋)라고 하였다. 『고려사절요』 제1권 태조 신성대왕 (太祖神聖大王) 임인 25년(942), 후진 천복 7년·거란 회동 5년 겨울 10월 개성의 낙타다리는 태조 25년(942)에 거란이 고려와 수교하기 위해 사신과 낙타 50필을 바치자, 태조가 발해를 멸망시킨 거란을 배척하여 사신은 섬으로 귀양 보내고 낙타는 이 다리 밑에 매어놓아 굶겨 죽인 뒤로 생긴 이름이다.

고 해서 붙여진 이름이었다. 거란과의 통교 단절로 다리 이름이 탁타교 (槖駝橋)로 바뀌게 되었다.

각국의 상인들이 만 명이나 모여서 축제를 벌이던 만부교가 탁타교로 이름이 바뀐 이래 귀주대첩까지 고려는 해양으로만 교역을 진행하고 대륙과는 막혀 있었다. 귀주대첩 이후로 대륙의 상인들도 고려로 몰려들었다. 마치 구약성서 이사야 2장에 나오는 것과 같은 상황을 고려가 연출한 것이다. 따라서 11–13세기 평화체제를 '팍스코리아나'라고 불러도 전혀 손색이 없는 것이다.

개성의 낙타다리에 얽힌 중세 세계질서 전환의 배경을 고찰하는 과정에서 세계질서를 주도하는 힘은 전쟁으로 상징되는 군사력 중심의 하드 파워와 평화를 상징하는 글쓰기 파워 두 가지 힘의 융합에서 나온다는 것을 절실히 깨닫는다. 본 서에서는 천 년 전 귀주대첩으로 이룩한 중세 세계질서의 전환 즉 '전쟁에서 외교적 평등(From War to Diplomatic Parity)' 으로의 전환에 고려가 결정적으로 기여한 것을 제시하여 유라시아 대륙의 전쟁 종식과 문예부흥의 중심은 고려라는 사실을 부각시켜서 DEB의 태동이 이미 이탈리아 베니스보다 200여 년 앞서 진행된 것을 제시하려고 한다.

고려가 주도한 유라시아 중세세계의 경제질서 가운데 오늘날 현대인에게까지 영향을 준 대표적인 것이 바로 여행자 환과 국제 원격지 교역에 필수적인 비전(飛錢)과 환어음 등 신용화폐의 발행과 통용이다. 예를 들어 이중 점검체계를 갖추어 위조와 변조를 방지하는 지원보초(至元寶鈔)는 팍스코리아나의 유산을 몽골이 그대로 계승하여 만들어낸 인류 최초의 법정화폐인 것이다.

이 외에 국제 교역의 결제수단인 환어음 제도의 고안, 매 응방(鷹坊)을 통한 비전(飛傳) 기술, 우체국 제도, 오늘날 폴로 게임으로 상징되는 격구희(擊毬憘), 오늘날 킨텍스나 국제무역센터와 같은 대규모 국제 교역 페스티벌인 팔관회 등은 고려가 개발하여 세계로 전파한 문예부흥 제도이다.

특히 고려의 격구희(擊毬憘)는 세계에서 가장 오래된 팀 스포츠로 축구보다도 오래된 인류 문명 최고의 스포츠이다. 이 스포츠가 영어권에 폴로(Polo)로 알려진 것은 티베트어로 '폴(polo)'의 발음 때문이다. 티베트인들이 부르는 '볼'은 한국인들에게도 익숙한 단어이다. 한국인들은 어린아이 뺨의 둥근 모양이나 엉덩이의 둥근 모양을 '볼'이라 부른다. 또한 보름날의 둥근 달을 '보름달'이라 표현한다. 말을 타고 이 볼을 치는 격구희(擊毬憘)를 가장 즐긴 국가가 고려이다. 몽골의 고려 침입 후 수도를 개성에서 강화로 천도했는데, 오늘날 강화도 사자산 밑 강화중학교 자리가 바로 13세기 강화천도 시절에 즐기던 폴로 게임 장소이다.

11세기에 고려가 주도하여 수립한 새로운 세계질서의 리더십은 문예부흥이라는 소프트파워의 리더십이다. 고려의 소프트파워 리더십이 출현하기 이전에 세계질서는 말의 스피드와 화살로 정확히 상대방을 제압하는 파워를 갖춘 기마민족이 주도하는 정복의 프레임이었다. 고려의 국가 기원도 이러한 기마민족으로부터 기원하지만 고려는 상대방을 제압하고 위압하는 하드파워를 가지고 다른 국가를 상대하지 않았다. 고려가 개발한 것은 찬란한 문예부흥에 기반한 인간과 인간 사이의 의사소통 능력이었다.

고려를 방문한 외국인들은 고려에 대한 적대감을 버리고 그 대신에 고려에 영구히 정착하여 살고자 하였다. 고려는 거란과의 전쟁에서도 예술인들을 고려로 귀화시켜 가족과 함께 정착하여 살도록 하였다. 지금부터 1,000년 전인 1018년은 그 유명한 귀주대첩으로 거란군을 크게 물리친 해이다. 1010년에서 1018년까지 거란은 50만 명의 대군을 이끌고 고려에 침입하였으나 마지막에 강감찬 대원수가 대적하여 거란군을 섬멸하였다.

이와 같이 국제사회에서 전쟁의 종식과 평화체제의 수립은 상인들에게는 가장 고대하던 국제질서인 것이다. 여기에 개성의 만부교가 탁타교로 이름이 바뀐 것을 회상하는 시 한 편을 소개한다.[114]

장사꾼들 매년마다 산 위의 산처럼 몰려오네.	(賈客年年山上山)
금년에도 다시금 또 의주 땅을 향해 가네.	(今年又復往龍灣)
압록강의 강 서쪽서 무역 시장 열어서는	(鴨江西畔開場市)
요동에서 온 비단을 사 가지고 돌아오네.	(賣得遼東錦繡還)
송도 사는 장사꾼들 나그넷길 아득 멀어	(松都賈客客行遙)
문 앞에 선 버들가지 꺾어 들고 가는구나.	(去折門前楊柳條)
천 리 밖서 홀연 같은 마을 사람 만났으매	(千里忽逢同里閈)
밤이 깊자 어느새 탁타교를 얘기하네.	(夜深歸語橐駝橋)

전쟁의 종식은 글쓰기를 중심으로 찬란한 문예부흥을 가져왔으며 고려의 수도 개성으로 전 세계인들이 모여 중세 국제무역의 전성시대를 주도하는 도시가 된 것이다. 전쟁 승리 후 11세기 고려가 이룩한 르네상

---

114) 『東溟集』第2卷 七言絶句〔松都賈客詞 二首〕

스는 당시 오늘날의 노트북 컴퓨터와 같은 문방사우를 중심으로 세계적인 고급 사치재 명품을 다섯 가지나 보유한 것에서 알 수 있다. 고려지(高麗紙), 고려연(高麗硯), 고려삼(高麗蔘), 고려선(高麗煽), 고려자기(高麗磁器)가 그것이다.

고려의 거란에 대한 승리는 중세 국제사회의 파워 프레임을 '군사력에서 글쓰기 능력으로', '전쟁에서 외교적 평등(From War to Diplomatic Parity)으로' 바꾸는 결정적인 계기였다. 인류 역사에서 파워 프레임은 전쟁으로 상징되는 군사력 중심의 하드파워와 문예부흥을 상징하는 소프트파워 두 가지 힘의 시소게임이다.

천 년 전 고려가 주도하여 이룩한 군사력에서 글쓰기 능력으로, 전쟁에서 외교적 평등으로의 전환은 유라시아 대륙에서 북방 기마민족의 호전성(Warfareship)이 문예성(Penfareship)으로 전환한 것을 의미하며, 이 파워 프레임의 전환에 고려가 결정적인 기여를 한 것이다.[115]

황제국 고려의 문예부흥

고려가 문예부흥의 황제국으로 승천하는 것을 웅변하는 대표적인 역사적 사례가 바로 송 황제의 국신사(國信使) 파송이다. 1004년에 송나라

---

115) 11세기 송과 거란 그리고 고려가 삼자대면하면서 평화세제 수립을 논의한 장소로서 추정되는 곳이 바로 분단의 상징인 비무장 지대 DMZ에 있다. 강화도의 연미정(燕尾亭)이 그곳이다. 강화(江華)도의 또 다른 이름은 심도(沁都), 혈구(穴口)이다. 동서양을 막론하고 바닷물과 강이 만나는 곳은 부가 모이는 곳으로 무역과 회계와 금융이 발달하는 곳이다. 이탈리아의 베니스는 물길로 이어져 수상 택시가 기본 이동수단이듯이 강화도도 모든 곳이 물길로 이루어져 있었다. 강도와 화도는 분리되어 있었고 베니스처럼 배로 다닌 것으로 마을 어른들은 회상한다.

	하드파워 (武)	소프트파워 (文)	국가 수립-붕괴	국가 존립기간
高麗	강	강	918-1392	475
契丹(遼)	강	약	907-1125	219
北宋	약	강	960-1127	168
南宋	약	강	1127-1279	153
金	강	약	1115-1234	120
元	강	약	1260-1368	109
明	중	강	1368-1644	276
清	중	강	1636-1912	276
朝鮮 前期	중	강	1392-1600	518
朝鮮 後期	약	강	1601-1910	

<표 3-1> 동아시아 하드파워 국가와 소프트파워 국가의 체제지속성 비교

는 거란과 전연의 맹(澶淵之盟 The Chanyuan Treaty)을 맺고 거란에게 매년 비단 20만 필, 은(銀) 10만 냥을 보내는 강화조약을 맺고 국신사를 파송하였는데 고려에도 그에 동등한 사신을 파송한 것이다. 이에 대해서는 외교사에 관해 유명한 서적 『高麗圖經』에 자세히 기록되어 있다. 이 책의 저자 서긍은 북송 휘종(徽宗)이 1111-1118년 사이 고려에 보낸 사신인데 그는 '국신(國信)'의 지위로 고려에 왔다.[116]

그가 『고려도경』에 기록한 고려의 문예부흥과 고등교육, 산학, 회계의 특징은 리틀튼이 제시한 DEB 회계 발달의 7가지 전제조건이 모두 실

---

116) 『宋史 卷487 高麗傳』국신소(國信所)는 본래 거란[契丹]과의 교빙(交聘)을 관장하던 관서로, 고려에의 사신을 국신으로 승격시킨 것은 당시 북송에서 고려를 국제 관계상 중요시했음을 나타낸 것이다. 서긍은 중국을 높일 줄 알고, 사신을 대접하는 예와 뜻이 근간하고 후하였으며 상인을 대접하는 데 있어서도 역시 체모가 있었고 정사는 인자와 용서를 숭상하니, 나라를 장구하게 누림이 당연하다라고 고려의 중상주의 대외교역과 문화교류를 높이 평가하고 있다. 宜和奉使 『高麗圖經』。知尊中國。館待使華。禮意勤厚。至遇買人。亦有體貌。治尙仁恕。享國久長宜矣

려 있다. 〈표 3-1〉에 제시된 대로 DEB가 제대로 꽃을 피우기 위한 가장 근본적인 역사적 전제조건은 장기간 지속되는 평화체제 속에서 피어나는 문예부흥이다. 중세경제혁명의 역사적 배경은 전쟁 종식과 장기간 지속된 평화체제 그리고 카라반 무역으로 상징되는 유라시아 대륙 간 원격지 교역이다. 이를 위해 중국 송나라 중심의 역사보다는 고려 중심의 역사 이해가 필요하다.[117]

〈표 3-1〉에 제시한 대로 10세기에서 20세기 사이에 유라시아 대륙의 국가 가운데 글쓰기(文)를 기초로 가장 장기간 평화체제를 지속한 국가는 오직 고려와 조선이다. 고려와 조선 이외에 서예(Art of Writing)가 가장 발달한 송나라는 〈표 3-1〉에서 알 수 있듯이 북방민족에 의해 계속 도망다니는 신세였기 때문에 국가 존립기간이 북송 168년, 남송 153년으로 고려 475년에 비할 바가 못 된다. 14세기 북방민족을 축출하고 중원을 차지한 명나라도 문예부흥을 이룩하였지만 존립기간은 276년으로 518년간 동일한 국가체제를 유지한 조선과는 견줄 수 없는 것이다.

따라서 고려와 조선은 장기 지속성과 서예의 발달에서 송과 명보다 앞선다고 볼 수 있다. 특히 고려의 문예부흥의 물질적 기반들은 대부분 DEB 발달의 전제조건들과 일치한다. 그 대표적인 것이 오늘날 노트북과 같은 문방사우(文房四友 종이, 잉크, 붓[118], 연적)이다. 역대 중국의 역사 기록에서도 고려의 문방사우는 중국보다도 훨씬 우월한 제품으로 인

---

117) Jared Diamond, *Guns, Germs, and Steel*, W.W Norton, New York, 1999, p.230.
118) 붓(筆) : 영어로 blush와 유사한 발음이다. 북방 유목민어 이두 '夫斯'에서 기원한다. 이재 황윤석은 '夫斯'에서 '弗律' '敷叱'이라고 부른 것을 소개하고 있다. 한국인은 쓰기 도구를 붓이라고 하고 한자로 필(筆)로 발음한다. 黃胤錫, 『頤齋遺稿』我東呼筆爲夫斯。二合用斯初聲爲夫終聲。正與漢語或呼筆爲弗律者最近。大抵筆也弗也夫也。初聲並近同耳。東俗又呼筆爲敷叱。二合。而中國方言已稱筆爲弗律，則筆弗敷之相轉亦可知矣。東俗又呼鏵爲別叱。二合。別敷二字母亦同。

정받은 것을 볼 수 있다. 그중에서도 가장 탁월하다고 인정받은 제품은 종이이다.[119] 특히 고려지(高麗紙), 계림지(鷄林紙)는 역대 중국 황실에서 제작한 모든 도서의 겉표지로 사용한 것으로 유명하였다. 당시 고려가 생산하여 수출한 문방사우가 세계 최고의 품질을 지닐 수 있었던 이유는 세계 각지의 최고 원료를 수입하여 가공하였기 때문이다.

그중 벼루(硯石)를 만드는 돌인 금성석(金星石)은 현재 파미르고원 코탄(Khotan) 지역에서 생산된 돌로 중국 한자로 우전국(于闐國)이지만 이두로는 코탄(高昌)으로 발음되는 곳이다. 히말라야산맥으로 연결되어 맥말, 말갈, 만주와 동일한 지형에서 생산되는 돌이다. 동방의 새벽별 금성의 무늬가 저절로 나타나서 금나라를 상징하는 돌이기도 하다. 이 돌로 만든 벼루에 한국에만 자라는 오립해송으로 잉크 먹물을 만들어 사용하여 천년이 흘러도 글씨가 종이 위에 남아 있게 되어 현재 전 세계 대학이 소장한 책들의 영구 보관용 제작에 더할 나위 없이 훌륭한 재료이기도 하다.

중국 사람들은 한국에만 도처에서 자라는 소나무 해송을 가장 귀한 나무로 여기어 나무 목(木)에 귀족 공(公)을 붙여 불렀다. 소나무 중에서도 가장 귀한 것은 오립송(五粒松)이다. 다섯 잎이라는 뜻의 오립은 '오렵(五鬣)'으로도 기록되었는데 모두 동방의 해송(海松)을 지칭하는 것이었다. 보통 소나무는 잎자루마다 두 개의 바늘잎이 달려 있지만 동방의 해송만은 다섯 개의 바늘잎이 달려 있다. 중국에서는 매우 드물어 화산

---

119) 종이(抄造, 紙) : 한국인이 지폐를 종이돈이라 하는 어원은 몽골제국 원나라에서 기원한다. 원나라는 종이를 '抄造'라 하였다. 이 발음이 한국어 종이로 된 것이다. 죠회 원나라에서 종이를 초조라고 한 것이 한국에서 바뀌어 죠회가 된 것이다. 黃胤錫, 『頤齋遺稿』 中國呼紙曰抄造。 而東俗轉爲죠회。

(華山)에서만 나기 때문에 화산송(華山松)이라고 부른다. 해송이 많은 강화도의 명칭도 화산인 이유가 중국인들이 강화의 해송을 존중하였기 때문이다.[120]

세계 최고 품질의 문방사우 가운데 단연 으뜸은 오늘날 노트북에 해당되는 고려산 종이이다. 중국에서 서화의 예술 작품은 모두 고려의 제품을 사용하였다. 특히 개성이 중세경제혁명의 진원지이자 DEB의 발상지가 된 것을 뒷받침하는 가장 큰 증거물은 종이 생산이다. 왜냐하면 DEB 발달의 전제는 서예(Art of Writing)이며 그 도구인 종이가 필수적이기 때문이다.

한나라, 수나라, 당나라 모두 고려지로 장정을 하였다. 금나라 황제 장종(章宗)은 항상 고려의 청자지(靑磁紙)에 글씨를 썼다. 방대한 몽골제국의 역사를 기록한 『원사(元史)』도 고려의 취지(翠紙)를 택하여 책의 장정을 만들었다. 불교가 가장 흥성한 송나라 불경의 인쇄는 금으로 하였는데 그 종이는 모두 고려 청지를 사용하였다.[121]

이와 같이 전쟁의 종식과 함께 고려가 이룩한 문예부흥은 고려로 하여금 동아시아에서 DEB 회계 발달의 첫 번째 조건인 서예(書藝 Art of Writing)의 표준 국가로 나아가게 하였다. 이에 대해 서긍은 다음과 같이 고려의 서예를 극찬하고 있다.

　　"왜(倭)·진(辰) 등 나머지 나라들을 살펴보면, 혹은 가로쓰고 혹은 원

120) 김창협(金昌協 1651-1708) 農巖集 卷之三十四 雜識 我東海松是也。凡松每穗二鬣。而惟海松五鬣。此種。中原絶罕。惟華山產焉。故稱華山松.
121) 『負暄雜錄』, 『書畫史』, 『宛委餘編』

쪽으로 획을 긋고 혹은 노끈을 매듭지어 신표로 하고, 혹은 나무를 파서 기록으로 삼고 하여 각각 방법을 달리하고 있다. 그런데 고려인들의 글쓰기는 종교나 국가 공식문서에 사용하는 예서법(隸書法)을 정확히 반영하여 가장 높은 중화의 위치를 취득하고 있다. 특히 화폐의 도안과 부절과 인장의 각자에 이르러서는 함부로 글씨체를 증손(增損)하는 것을 허용하지 않으니 문물의 아름다움이 본국과 맞는 것은 당연한 일이다."[122]

매듭의 정치와 사대주의 그리고 계산학

서긍이 제시한 동문(同文)이란 『주역』 결승지정(結繩之政)의 사대주의(事大主義) 즉 오늘날 전 세계 기업의 표준 글쓰기인 국제회계기준(IFRS)에 해당된다고 할 수 있다. 이어서 그는 고려 회계의 간단명료함에 대해서 다음과 같이 극찬하고 있다.

"고려는 독특한 풍속이 있다. 주산(籌算)이 없이 국가 회계담당자가 금과 비단 등 재정 출납을 집계한다. 그 회계 처리를 조각난 나무에 칼을 가지고 흔적만 남긴다. 한 물건을 기록할 때마다 한 자국을 긋고 일을 마감한다. 마감이 말끔하게 처리되어 다시 되돌아보는 일이 없다.

---

122) 宣和奉使『高麗圖經』第四十卷「同文」觀夫倭辰餘國。或橫書。或左畫。或結繩爲信。或鍥木爲誌。各不同制。而麗人。乃摹寫隸法。取正中華。至於貨泉之文。符印之刻。擧不敢妄有增損字體者。是宜文物之美。侔於上國焉.

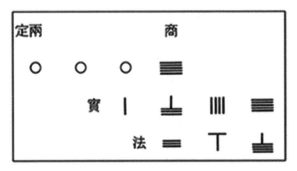

<그림 3-1> 송나라 사신 서긍이 극찬한 산가지 사용 문제풀이 예시.
(實 1,845 商 ÷ 法 369 = 0.005) 商은 ÷ 표시이다. 趙泰耉, 『籌書管見』 「商除」 1718.

　그 정치가 매우 간단명료한 것은 옛 고대 결승 정치의 유산이라고 여겨
진다."[123]

　서긍이 극찬한 고려 회계의 간단명료함은 DEB의 두 번째 전제조건
인 산학(算學 Arithmetic Computation)이 고려시대 최고조로 발달한 것을
의미한다. 고려 계산의 간단명료성은 바로 산가지 계산법이다. 이 산가
지 계산법으로 12세기 고려시대와 18세기 조선시대 그리고 19세기 개
성상인 회계장부를 연결하여 보자. 12세기 『高麗圖經』에 등장한 산가지
계산법은 18세기 조태구(趙泰耉)가 쓴 『주서관견(籌書管見)』의 예제에 등장
한다. 또한 본 서의 주 자료인 일기장에서부터 시산에 이르기까지 회계
전 순환과정에 등장한다. 〈그림 3-1〉은 1718년 조태구(趙泰耉)가 쓴 『주
서관견(籌書管見)』에 제시된 산학 문제이다.[124]

---

123) 宣和奉使 『高麗圖經』 麗俗, 無籌算. 官吏出納金帛, 計吏以片木, 持刀而刻之, 每記一物, 則
　　刻一痕, 已事, 則棄而不用. 不復留以待稽考. 其政甚簡, 亦古結繩之遺意也.
124) 趙泰耉, 『籌書管見』 「商除」 1718.

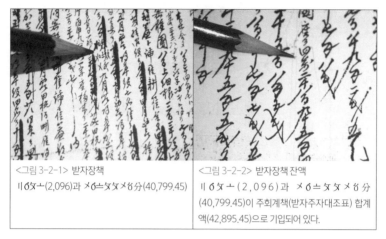

<그림 3-2-1> 받자장책
‖ 6 夊ㅗ(2,096)과 ㄨ6ㅗ夊夊ㄨ6分(40,799.45)

<그림 3-2-2> 받자장책 잔액
‖ 6 夊ㅗ (2 , 0 9 6)과 ㄨ6ㅗ夊夊ㄨ6分
(40,799.45)이 주회계책(받자주자대조표) 합계
액(42,895.45)으로 기입되어 있다.

<그림 3-2> 받자장책 잔액과 주회계책(받자주자대조표) 합계액과 산가지 계산 표기

〈그림 3-1〉의 문제풀이는 단순히 산가지 배열만으로 정답이 도출되는 것을 보여준다.

> 문제 : 은 1냥8전4분5리가 있는데 369인에 나누어 준다면 1인당 소득은 얼마인가? 답은 일인당 5리이다.[125]

18세기 조태구가 제시한 산가지 계산법은 개성상인 회계장부에 광범위하게 나타나는 계산법이다. 〈그림 3-2〉는 1898년 받자장책 잔액‖6夊ㅗ(2,096 최후 단위 兩)과 ㄨ6ㅗ夊夊ㄨ6分(40,799.45 최후 단위 分) 주회계책(받자주자대조표) 합계액(42,895.45 최후 단위 分)을 산가지로 계산하고 표기한 부분이다. 〈그림 3-2-1〉의 연필로 지적된 곳은 받자장책‖6夊ㅗ(2,096

---

125) 今有銀一兩八錢四分五里, 令三百六十九人分之, 問各人所得.【答, 五里.】·術曰銀爲實. 依圖布籌.

최후 단위 兩)과 〤〇〨〩〩〤〡分(40,799.45 최후 단위 分)이다. 〈그림 3-2-2〉의 연필로 지적된 부분은 42,895.45(최후 단위 分) 기입 부분이다. 〈그림 3-3〉은 주회계책(받자주자대조표) 정서이며 받자질(捧次秩) ①에 동일 금액 42,895.45(최후 단위 分)이 나타나는 부분을 제시하고 있다. 요약하자면 12세기 서긍의 『고려도경』, 18세기 조태구의 『주서관견』, 그리고 19세기 박영진 가문 회계장부를 관통하는 계산법을 이해하기 위해서는 중국이나 일본의 주판이 아닌 산가지로 풀어야 간단 명료하게 이해된다.

산가지를 이용한 자릿수 개념과 호산 표기는 KDEB가 IDEB를 능가하는 수월성을 나타내는 결정적인 표시이다. 왜냐하면 그리스 로마 문명이 아무리 찬란한 문명을 지녔다 해도 문명의 진정한 요소인 DEB가 출현하지 못한 결정적인 이유를 숫자 배열과 계산 구조 즉 '숫자표기법의 후진성(Backwardness of Numerical Notation, 이하 BNN)'에서 찾고 있다. 자릿수 개념이 결여되어 있는 그리스 로마 숫자표기법은 이탈리아의 베니스에서 DEB가 발생하였다는 주장에 대하여 치명적인 사실이다. 그리스 로마는 현금성 자산의 기록은 화폐단위(Monetary Unit)로 하였지만 재고자산과 같은 현물자산은 물량단위(Physical Unit)로 기록하여 공통된 계산단위의 회계단위가 성립하지 못한 상태였다.

그러나 고려의 후예 개성상인의 회계장부의 숫자표기법은 거의 완벽한 자릿수 개념을 지닌 표기법이다. 〈그림 3-2〉에 제시된 개성상인 받자질 기입을 보면 2,096과 40,799.45의 숫자표기법이 갑자기 세로표기에서 가로표기로 바뀐 것을 볼 수 있다. 숫자 배열에서 받자장책〢〇〩〦(2,096)과 〤〇〨〩〩〤〡分(40,799.45)의 숫자는 모두 세로쓰기가 아닌 가로쓰기로 배열된 것을 볼 수 있다.

丁酉九月十五日 十周會計

給次秩
鉢谷宅給次文五萬八千九百七十五兩二戔
八分
朴在熹給次文四千九百二十四兩七戔四分
朴興喆給次文二百二十八兩九分
朴永喆給次文一百五十二兩九分
公子洞給次文二千一百五十兩五卜
承霞洞給次文四千一百四十六兩四戔四分
鉢谷內宅給次文三百二十五兩三戔九分
內宅給次文一百五十五兩七戔
虎泉阿只給次文八十五兩七戔三卜
佩物條給次文一千三百七十二兩三戔九分
婚需條給次文三百七十一兩八戔七卜
別費條給次文四萬二百二十七兩一戔四卜
京換駄價給次文六千一百七兩二戔七卜
白木條給次文五千一百八十四兩二戔五卜
種蔘二條給次文三千六百三十二兩八分
牛稅條給次文三百十八兩七戔六分
稧戔條給次文二百三十三兩四戔七卜

捧次秩
魯鳳祚捧次文五十兩
祥洞捧次文二百兩
買得洋木座文一千二百七十四兩九戔九分
熊峙貸去文九百四十一兩一戔
廉義圭貸去文三百五十一兩五戔
尹競烈都中捧次文二萬二千二百九十七兩六分
秦俊卿捧次文六千二百七十兩
吳光彦貸去文四千七百八十九兩二戔五分
王龍洙貸去文四百五十七兩二戔
① 薛箕東捧次文樂村密種圃座文四萬二千八百九十五兩四
戔五卜
又德南洞密種圃座文一千五百八兩五戔
又存以洞密種圃座文八百六十七兩七戔五卜
又牛峴密種圃座文一千三百九十五兩五戔五卜
金炯炯貸去文三千九百七十兩
王龍炯捧次牛一匹價文一千兩
金南炯孫啓中貸去文一萬二千九百七十兩
薛箕東捧次存以洞田座文二千四百五十六兩四戔
又捧次石壁洞田座文一千九百四十一兩四戔
又捧次樂村田座文一千二百二十九兩
李始煥貸去毛物價文五百兩

<그림 3-3> 丁酉九月十五日 十周會計 원문 정서
① 1897년 9월 15일 四萬二千八百九十五兩四戔五卜 42,895.45

이러한 배열은 18세기 조태구가 제시한 산가지 계산법에도 동일한 배열이다. 여기서 개성상인의 숫자 표기의 자릿수 개념을 이해하기 위해서는 쓰기의 배열이 왼쪽에서 오른쪽 방향이 아니라 오른쪽에서 왼쪽으로 진행되는 것을 파악해야 한다. 이러한 숫자 배열은 아무리 많은 숫자라 해도 순식간에 계산이 가능한 구조인 것이다.

오늘날 마이크로소프트사가 개발한 엑셀 시트가 그대로 개성상인들의 숫자 배열 시트인 것이다. 미카엘 챗필드는 그리스 로마의 '숫자표기법의 후진성(BNN)'을 그리스 로마 문명에서 DEB가 나타날 여지를 전면 부정하는 근거로 삼고 있다. 그는 이탈리아와 유럽에서 아라비아숫자의 도입은 16세기까지 이루어지지 못하였고 16세기 국제무역의 발달과 함께 산업자본과 신용거래 그리고 현금거래와 상품거래에서 회계장부 기장법에 대한 사회적 요구가 증대된 이후의 일로 보고 있다.[126]

결론적으로 송의 국신사가 파악한 대로 고려의 회계는 단순히 계산하기 위하여 발달한 것이 아니라 국가, 외교, 통상 등 신용을 필요로 하는 모든 영역에 적용되어 계승되었으며 19세기까지 약 천 년의 역사를 관통해온 것이다. 특히 회계학 관련 고등교육기관의 존재는 고려 문예 부흥의 최정상이라 할 수 있다. 송이 고려에 파견한 국신사들이 본국으로 돌아가 복명하고 남긴 기록 중에 송 사신이 가장 눈여겨 관찰한 기록이 있는데 그것은 고려의 산학과 관련한 산학전공 고등교육 인재 배출 능력이었다.

---

126) Michael Chatfield, A History of Accounting Thought. By Michael Chatfield. Hinsdale, Ill., Dryden Press, 1974. p.15.

세계 최초의 회계 고등고시

여기서 송 황제가 놀란 고려의 산학 수준을 인지할 수 있는 자료 하나를 소개하고자 한다. 『송사』에 다음과 같이 고려의 고등교육에 대하여 기록하고 있다.

> "고려에는 국자감(國子監)과 사문학(四門學)이 있는데 배우는 이가 6천 명이다. 공사(貢士)는 3등급인데, 왕성(王城)은 사공(士貢), 군읍(郡邑)은 향공(鄉貢), 타국인은 빈공(賓貢)이라 한다."[127]

수도 개성에 위치한 12세기 당대 세계 최고의 고등교육기관에 입학한 학생은 사공(士貢)이라고 표현하고, 농어촌 전형에 해당되는 군읍(郡邑)에서 유학 온 선비를 향공(鄉貢)이라 하고, 외국인 전형에 해당되는 타국(他國)에서 유학 온 선비를 빈공(賓貢)이라 표현하였다. 오늘날 수도권 자녀 전형, 농어촌 자녀 전형, 외국인 전형으로 각 전형별로 균등하게 배분하면 각각 2,000명씩 6,000명이 되는 셈이다. 당시 외국인이 고려 개성에 유학한 자가 2,000명씩이라고 추산하면 당시 고려가 얼마나 국제화되었는지 알 수 있으며, 동시에 오늘날 미국의 하바드 대학을 능가하는 국제 인재를 고려가 양성하고 있었음을 알 수 있다. 이 기록에 근거해 볼 때 회계학과를 대학에 설치하고 회계학 박사를 배출한 대학은 고려 성균관이 세계 처음이라고 판단된다.

---

127) 『新增東國輿地勝覽』「開城」, 『宋史』「高麗傳」

대학생들을 공사(貢士)라고 표현한 것은 매우 흥미롭다. '국자감에 바친 선비'라고 번역될 수 있다. 여기서 메이지유신 때 일본인에 의해서 잘못 인식된 한자가 조공(朝貢), 공사(貢士), 공녀(貢女)에 나오는 공(貢)이다. 일본학자들은 조공제도와 공납제도라고 해서 중국에 복속된 고려와 조선이라고 이 글자를 통해 우리 역사를 왜곡했던 것이다. 공녀(貢女)를 중국 황제에게 갖다 바친 여성으로 해석한 것이다. 일본인의 해석방식에 의하면 송나라에서 고려에 유학 온 학생도 공사(貢士)라고 표현하였으니 송나라가 고려에 대학생들을 바쳤다고 해석해야 할 것이나, 이렇게 해석할 합리적 근거는 없다. 지금까지 잘못된 인식으로 조공은 모두 중국 황제에게 바치는 것으로 알고 있고 공사(貢士)도 주변 오랑캐에서 중국 대학에 바쳐진 선비로 인식하지만 선비를 바치는 것이 아니라 일종의 입학 전형에 해당되는 로열아카데미 국제 쿼터제도를 의미하고 고등교육의 인적자원 교류제도를 왜곡하여 식민지 종속국 프레임에 끼워 넣은 것이다. 일본학자들에 의한 공녀(貢女)의 왜곡도 사대(事大), 조공(朝貢)과 마찬가지이다. 오늘날 한·일 외교갈등의 핵심인 '종군위안부' 문제도 이 역사 왜곡과 깊은 관련이 있다. 공녀란 결혼동맹의 산물로써 로열패밀리 형성에 필요한 인적자원 교류이다. 고려 여성이 황제의 비로, 몽골 여성이 황비로 간택된 역사적 사실이 이를 웅변한다.

국자감은 고구려 소수림왕(小獸林王) 2년(372년)에 태학(太學)을 세우고 국자박사(國子博士)를 둔 것에서 기원한다. 조선 성균관 이전의 고려 성균관으로 992년(성종 11년)에 종래의 국학(國學)을 당·송(唐宋)의 제도를 참작하여 정식 교육기관으로 개편하고, 국자학·태학·사문학·율학·서학·산학(算學) 등의 전문학과를 두고 운영해왔다.

또한 고려는 인재를 해외로 유학시키기도 하였다. 북송(北宋)의 철종(哲宗)은 원부(元符) 2년(1099년, 고려 숙종 4년)에 고려로 하여금 학인(學人)을 북송에 보내 빈공과(賓貢科)에 응시하도록 허락하였다. 그래서 고려에서는 인재들을 북송의 국자감에 보내 수학하여 빈공과에 응시하도록 하였다.[128]

1088년에 세워진 이탈리아 볼로냐 대학은 유럽에서 가장 오래된 대학으로 꼽히기도 하지만 루카 파치올리가 1494년 베니스에서 『섬마(Summa)』를 출판하고 강의한 대학이기도하다. 그의 책은 전 세계 13개 국어로 번역되어 그를 회계학의 아버지라 칭송하기도 한다. 이탈리아에서 세계 최초 DEB 교과서인 『섬마(Summa)』를 출판한 루카 파치올리가 활동한 공간은 볼로냐 대학을 포함한 중세 대학들이었다.

그는 1445년 이탈리아 투스카니 지방에 있는 작은 도시 산티에서 태어나 가톨릭 수도승이자 대학교수로서 유클리드의 기하학을 라틴어로 번역한 사람으로 유명하다. 그는 베니스와 밀라노에서 레오나르도 다빈치와 함께 생활하였다. 다빈치가 『섬마(Summa)』 출판을 어떻게 도왔는지는 아직까지 명확하지 않다.

파치올리는 DEB를 창안한 사람이 아니라고 스스로 밝히고 있으며 오랜 전통 속에서 내려오는 베니스 지방의 상업 금융 관습이고 그것을 그는 '베니스의 치부법(The Method of Venice, 이하 VDEB)'이라고 명명하고 있다. 오늘날 한국인들에게 개성상인의 DEB 기술이 '사개송도치부법(The Method of Kaesong, 이하 KDEB)'이라고 회자되어 온 전통과 공통되

128) 『宋史』 「高麗傳」 許興植 『高麗科擧制度史研究』 一潮閣, 1981.

는 점이다. 개성과 마찬가지로 베니스는 12세기에서 15세기까지 인도양 해양 교역로의 개발과 함께 아시아와 유럽을 연결하는 방사선 통로로서 국제무역에 중요한 역할을 수행한 도시이다.

볼로냐 등 유럽의 중세대학과 회계는 밀접한 연관이 있듯이 한국의 중세대학도 회계학이 주요 교과목의 하나였다. 이 사실은 『해동역사』 제 18권 국학(國學) 편에 자세히 기록되어 있다. 『해동역사』에 따르면 고구려 소수림왕(小獸林王) 2년인 372년에 태학(太學)을 세워 자제들을 가르친 기록이 한국 최초의 국가 고등교육에 관한 기록이다. 또한 고구려 사람들은 길거리마다 큰 집을 지어 '경당(扃堂)'이라고 부르고 나이 어린 젊은이들을 모아 경서와 활쏘기를 익히게 한 기록이 『신당서』에 나온다.

고구려의 고등교육 시작은 전 세계에서 가장 오래된 대학으로 알려진 인도의 '날란다(Nālandā)' 또는 '나란타(那爛陀)' 대학보다 55년 앞선다. 고구려는 군사강국답게 무예를 고등교육에 포함하고 있는 것이 흥미롭다. 신라도 신문왕(神文王) 2년(682년)에 국학(國學)을 세웠다는 기록이 『삼재도회』에 있다. 나란다 대학은 고려가 인도와 고등교육을 중심으로 인적 교류를 진행한 역사적 사실을 가장 잘 보여준다. 이 대학의 캠퍼스는 고려시대 양주에 있는 회암사(檜巖寺)와 아주 유사한 전경을 가지고 있다. 회암사는 인도의 승 제납박타(提納薄陀) 지공선사가 설립한 사찰이다.[129]

이와 같이 고려 이전의 고등교육이 유목민의 무예 기술을 전수하는

---

129) 인도 나란다 대학은 노벨경제학상을 수상한 바 있는 야마트라 센과 한국학중앙연구원 모한 교수 등이 주축이 되어 최근 다시 복원된 대학이다. 국내 비무장지대에 위치한 회암사는 이 대학 캠퍼스 풍경과 아주 유사하다. 梅月堂詩集卷之十 遊關東錄 檜巖寺 古松藤蔓暗相連 一逕深深入洞天 佛殿尙留三世火 法門今絶五宗禪 岧嶢樓閣雲爲鎭 牢落庭除草作氈 勝境宛如那爛寺 恨無 人道祖燈傳 UNESCO World Heritage Centre, "Four sites inscribed on UNESCO's World Heritage List", whc.unesco.org. July 2016.

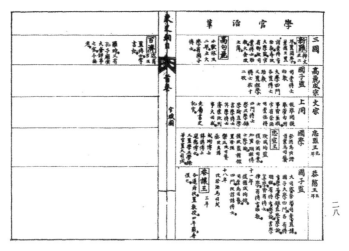

<그림 3-4> 오늘날 고등교육기관인 고려 국자감의 회계 관련 산학박사 제도 원문
(자료원: 『동사강목』학관연혁도)

교과목을 포함하는 교육과정을 두다가 회계학을 포함한 문예를 연마하
는 교육과정을 두게 된 것은 10세기 말 고려 성종 때이다.

회계학과를 대학에 설치하고 회계학 박사를 배출한 대학은 고려가
국내에서도 최초이고 세계에서도 최초이다.

『송사(宋史)』「고려전(高麗傳)」을 보면 세계 최초로 회계학과를 설치한 고
려의 국자감 캠퍼스는 개성 남쪽 회빈문(會賓門) 안에 있었다. 이 대문에
'국자감(國子監)'이라는 큰 편액을 달았다. 캠퍼스 정중앙에는 선성전(宣聖
殿)을 세우고 양쪽 행랑(行廊)에 오늘날 기숙사인 재사(齋舍)를 설치하여
기숙생들을 거처하게 했다. 학생 수가 늘어나자 개성 예현방(禮賢坊)으로
옮겨서 기숙사를 증설한 것으로 중국의 사신 서긍은 아주 상세히 고려
의 고등교육기관에 대해서 송 황제에 첩보한 것이다.

삼국시대	고려시대	고려 문종	공민왕
고구려 소수림왕(小獸林王) 2년(372)에 태학(太學)을 세우고 **국자박사(國子博士)**를 두었다. **백제** 근초고왕이 박사를 두어 **서기(書記)**의 일을 맡게 하였다. **신라** 신문왕(神文王) 2년에 국학(國學)을 두었고 경덕왕이 제업박사(諸業博士)·조교(助教)를 두었다가, 곧 태학감(太學監)으로 고쳤다. 벼슬은 경 개칭 사업(司業), 박사 개칭 조교, 대사(大舍) 개칭 주부(主簿)가 있었다. 정사년 성덕왕 16년(당 현종 개원 5년, 717) 춘 2월 **산학박사(算學博士)**를 두었다.	**국자감(國子監)** 성종 11년(992)에 국학(國學)을 개편한 것인데 국자학(國子學)·태학(太學)·사문학(四門學)과 율학(律學)·서학(書學)·**산학(算學)** 등 전문학과를 두었다.	**국자감** 벼슬에는 제주(祭酒)·사업·승(丞)·박사·사문박사(四門博士)·학정(學正)·학록(學錄)·학유(學諭)·직학(直學)·서학박사(書學博士)·**산학박사(算學博士)**가 있었다.	**국자감(國子監)** 대사성·좨주·사업·직강이 있었다. 국자·태학사문에 각각 박사·학정·학록·직학·학유를 두었다. 명경(明經)에는 박사와 학유를 두었고, 서학(書學)·**산학(算學)**에는 모두 박사를 두었고, 율학(律學)에는 박사와 조교를 두었다. 11년에 다시 성균관이라 칭하고, 사업을 사예라 고치고, 사문박사를 순유박사라 고쳤다.

<표 3-2> 한국의 고등교육의 역사와 회계학의 태동,
출전: 『동사강목(東史綱目)』 관직연혁도(官職沿革圖) 학관연혁(學官沿革)

　　고려는 오늘날 국가고시에 공인회계사 시험이 있듯이 회계 고등고시를 3년에 한 번 식년마다 치렀는데 100명이 응시하면 합격자가 10–20명이라 기록하고 있다. 합격률이 응시자 대비 10–20%인 것을 알 수 있다. 이와 같이 고려에서부터 발달한 국학 안에 회계학은 항상 중심된 위치에 있었다.

국학이란 경학·병학·율학·의학·산학이 기본이다. 경학(經學)은 유학 경서를 중심으로 하는 학문이다. 이 학문은 명체적용지당(明體適用之堂)이라 하여 인간의 심성을 밝혀 세상 경륜에 적용하는 데 있다. 병학(兵學)은 선계제승지당(先計制勝之堂), 율학(律學)은 흠휼지당(欽恤之堂)으로 각각 국가에 필요한 요체를 갖는다. 오늘날 회계학에 해당되는 산학(算學)은 그 학문의 궁극적인 목표를 '상명지당(詳明之堂)'이라 하였다. 이미 중세 대학에서부터 산학은 진실, 명확성의 원칙을 추구하는 학문으로 자리 잡고 있었던 것이다. 〈표 3-2〉 참조)

이 역사적 사실을 근거로 21세기 통일 한국의 고등교육정책을 제언한다면 중국의 북경(北京) 대학, 일본의 동경(東京) 대학을 품을 수 있는 유라시안 최고의 고등교육기관을 개성의 옛이름 중경에서 따와 개성에 중경(中京) 대학을 설립하는 것이다. 법대는 흠휼지당(欽恤之堂), 경영·회계 대학은 상명지당(詳明之堂), 경제대학은 경세치용지당(經世致用之堂)이라는 현판을 달고, 전 세계 평화와 번영을 위한 인재 양성 계획을 지금부터 세워나가야 한다.

제2절 고려 조선의 통화회계단위 전문(錢文)

황제 권력=화폐 주권

KDEB에서 가장 많이 등장하는 글자 중의 하나가 전(錢) 그리고 문(文)이다. 이 두 글자는 첫 자본금 출자에서 최종 이익잉여처리계산서까지 통화단위, 환율 표시, 이자율 표시, 환어음 할인율 표시 등 각종 비율 표시에 등장한다. 이 두 글자에는 지금까지 지구상에 등장한 화폐의 모든 기능이 축약되어 있다. 먼저 전(錢)은 금, 은, 구리로 대표되는 금속화폐의 하나이다. 금속화폐에서 전(錢)은 20세기까지 유라시아 대륙의 가장 광범위한 지역에서 가장 오랜 세월동안 예측 가능한 방식으로 쉽게 거래될 수 있는 교환 매체이자 가치저장, 가치척도로 기능해 왔을 뿐만 아니라 KDEB에 나타나는 것처럼 기축통화이자 회계단위의 기능을 수행해왔다.[130]

오늘날 디지털 화폐가 막강한 파워를 형성하는 이유는 가분성

(Fungible) 때문이다. 예를 들어 비트코인의 가분성이란 그 최소단위를 소수점 8단위까지 세분할 수 있는 정도를 의미한다. 따라서 대체 가능하고 동등한 가치를 가장 신속하고 정확히 찾아낸다. 그러나 금속화폐는 화폐의 가분성 혹은 대체가능성 기능이 떨어진다. 예를 들어 다이아몬드는 다양한 컷, 색상, 등급 및 크기로 인해 동일한 가치를 가질 것으로 예상되는 여러 다이아몬드를 찾기가 어렵기 때문에 대체할 가능성이 현격히 떨어진다.

그러면 KDEB는 어떻게 교환수단, 가치저장, 가치척도 그리고 대체가분성까지 완벽한 화폐 기능을 갖추게 되었는가?[131] 오늘날 국제사회에서 공통된 계산단위가 달러 표시($)이듯이 19세기까지 동아시아의 공통된 계산단위는 문(文)이었다. 개성상인 회계장부의 모든 기입에 반드시 나타나는 표시 문(文)은 바로 오늘날의 달러 표시($)라고 이해하면 된다. 이는 구리돈 전문(錢文)의 약자로 이 글자가 DEB의 대변과 차변의 균형을 맞추는 데 반드시 전제로 되는 공통된 회계단위이자 통화단위이다.

예를 들어 개성상인 회계장부에서 문(文)자를 중심으로 반복되는 글자만 찾아보면 현대 글로벌 기업들이 사용하는 회계 언어가 다 쏟아진다. 영업 기간에 발생한 영업이익(Income)을 여문(餘文), 손실(Loss)을 해문(害文), 이자(Interest)를 변문(邊文), 환어음 할인료(Discount)를 환태문(換駄文), 중개수수료(Brokerage commission)를 구문(口文)으로 표기하고 있

---

130) James Bernard Murphy, *The Nature of Customary Law*, Cambridge University Press, 2007. p.63.
131) 0.00000001 BTC. 오늘날 관심이 집중되는 디지털 화폐의 주요 기능인 대체가분성은 비트코인이 소수점 8단위까지 세분할 수 있다. 동전(銅錢)은 兩, 錢分, 里, 戶, 絲, 忽, 微 7단위까지 세분하여 비트코인보다 한 단위 모자란다.

다. 모두 전문(錢文)의 회계단위로 맞추어져 있는 것이다.

그러면 국가체제와 화폐 주권과 그리고 개성상인의 회계단위 전문(錢文)과의 관계는 무엇인가? 오늘날 영어권에서 화폐(Money)의 고전어 기원을 찾기는 쉽지 않다. 플라톤은 국가가 주체로 나타나 법률 제정이 결합된 것(Nomos)을 화폐라고 인식하였다. 국가에 의해 귀금속 성분 함량이 보증된 표준이 있거나 국가가 독점적으로 주전한 금속을 화폐(Nomos)라고 인식한 것이다. 아리스토텔레스와 플라톤에 따르면 관습법이건 성문법이건 화폐는 국가의 권위에 의해 창출된 것으로 화폐와 정치권력은 서로 불가분의 관계에 있다.

동서양을 막론하고 화폐 주권은 곧 최고 권력자를 상징한다. 국가 주권 즉 정치권력의 주체 개념인 'Sovereign'은 지배자, 우두머리(Highest, Supreme, Chief) 개념으로서 오늘날 음악의 소프라노(Spanish Soberano, Italian Soprano)에서 알 수 있듯이 국가 최고 통치권력자를 의미한다. 소리로 정치하던 시대에는 성악에서 가장 높은 소리를 내는 소프라노가 최고 권위자이고 글쓰기로 정치하던 시대에는 일등 서기관이 최고 지도자이다.

로마제국이나 중국의 역대 황제 권력은 항상 통화 발행의 권력을 독점 장악하여 화폐 발행에 자기 자신의 얼굴을 새기거나 자신의 통치 연호를 사용하였다. 그러나 고려와 조선은 동국통보, 삼한통보, 해동통보, 조선통보 등 조선 후기 상평통보가 주조 통용되기까지 화폐는 항상 국호를 내세워 주조하였지 당대 정치권력을 대표하는 화폐를 주조하지 않았다.

그러면 왜 동서양을 막론하고 화폐에 당대 정치적 파워의 상징인 황제의 얼굴이나 연호를 새긴 것과 달리 고려와 조선은 화폐를 주조할 때 당대 정치 군사력을 장악한 권력자를 배제하고 정치권력으로부터 독립된 국호를 새기었는가? 이에 대한 역사적 의문은 오늘날 '중앙은행의 독립성' '화폐의 중립성'이라는 경제학의 원칙을 가지고 되돌아볼 때 그 일국사적 의미는 물론이거니와 세계사적 의미가 부각된다.

KDEB의 회계장부상의 통화단위이자 가치저장 및 측정단위, 교환단위이자 회계단위인 전문(錢文) 두 글자에 인류의 문명 혹은 세계질서에 대한 난제의 해답이 모두 함축되어 있다.

먼저, 인류 역사에서 가장 풀기 어려운 문제가 전쟁과 평화와의 관계이다. 전(錢)을 파자하면 귀금속과 전쟁, 갈등, 싸움의 상징인 창(戈)이 두 개나 중복되어 있다. 군사력 즉 하드파워의 상징이 전(錢)이다. 문(文)은 글자 그대로 문예부흥, 평화 즉 소프트파워의 상징이다. 그러면 KDEB는 어떻게 이 전쟁과 평화라는 상극관계를 전문(錢文)이라는 공통된 회계단위(Common Denominators)로 융합하였는가? 이것이 두 번째 질문이다.

다음은, 금속화폐의 내면을 구성하는 내재적 성분(Intrinsic quality)과 액면 혹은 명목가치(Face or Nominal Value)와의 균형 문제이다. 오늘날 경제학이나 경영학이나 회계학은 대차변 평균의 원리, 대차대조표 실질계정과 소득계산서 명목계정의 통합, 실질 변수와 명목 변수의 균형 등을 논하고 있지만 현실 세계에서는 왜 이 양면의 균형이 성립하지 않고 항상 분리와 불균형으로 얼룩져왔는지에 대해 근본적인 설명을 하지 못한다.

금속화폐의 내재적 가치와 명목적 가치의 균형은 화폐 주조의 주체인 국가권력이 주전 이익(Seigniorage)을 누리지 않을 때만 가능하다. 혹은 국내에 위조화폐의 통용과 국가발행 통화가 시세차익을 노리는 투기적 자본소득을 향하여 흘러다니는 행동을 철저히 차단하고 대외적으로 환율변동을 노리고 움직이는 국제 환투기 세력을 철저히 차단해야 가능하다. 그러나 지금까지 전 세계 어느 국가나 시대도 전쟁을 수행하지 않거나 균형 교란 세력들을 차단한 사례는 찾아보기 힘들다. 그러면 18-19세기 존재한 KDEB는 어떻게 해서 대내외적으로 극심한 불균형 환경하에서도 대차변 평균의 원리를 지키면서 합리적인 이윤을 추구할 수 있었는가? 이것이 세 번째 질문이다.

이 세 가지 질문에 대한 해답이 KDEB의 전문(錢文)에 담겨 있다. KDEB가 '회계장부 속에 가상의 은행계정을 수립한 개성발 금융혁명(Kaesong's Financial Revolution by Fiduciary Bank Account)'을 일으킬 수 있었던 이유는 외부에 존재하는 중앙집중식 은행의 매개 없이 회계장부 상의 분산된 계정시스템으로 이루어지는 자본금융시스템 때문인데 이 분산된 계정시스템은 천년의 역사를 관통해온 안정된 통화단위이자 회계단위인 전문(錢文)의 성립 없이는 불가능하기 때문이다.

개성상인의 전문(錢文) 체제는 구리 통화 네트워크의 외부효과가 19세기 중반 아편전쟁으로 금본위 통화 네트워크의 외부효과와 충돌하면서 시작된 동아시아의 대통화 네트워크 전쟁시대(The Great Currency Network Warfare Era)가 1, 2차 세계대전(1914-1945)과 제1차 인도차이나전쟁(1946-1954), 6·25전쟁(1950-1953), 라오스 베트남전쟁(1955-1975)으로 이어지고 급기야 1970년대 미국의 금태환 정지 선언으로 완전히 사라진 것으로 볼 수 있다.

이 구리 통화체제의 완전한 소멸의 배경에는 영국이 주도한 금본위제와 미국이 주도한 달러본위제가 국제통화 네트워크의 외부효과를 톡톡히 누리면서 전문(錢文) 통화 네트워크 외부효과의 완전한 차단이 존재한다. 구리돈(銅錢)의 네트워크는 사라졌지만 KDEB가 지켜온 글쓰기 문(文)을 통해 수립한 회계단위 네트워크 외부성의 표준은 오늘날 페이스북이나 트위터처럼 의사소통망에 참여하는 사람이나 지역이 많아지고 광범위해질수록 공유경제의 효율성이 올라가는 디지털 세계에서 새롭게 부활하는 것을 볼 수 있다.

KDEB의 구리 통화 네트워크의 외부성은 금본위제와 달러본위제에 의해 완전히 소멸당하였지만 회계단위 네트워크 외부성의 표준 (Standard for Currency & Account Network Externality, 이하 SCANE)이라는 훨씬 더 미래지향적이며 오늘날 디지털 공유경제의 표준에 적합한 새로운 표준으로 부활하고 있는 것이다.[132]

그리스 로마 문명의 화폐 사상의 기원은 아리스토텔레스에서 찾을 수 있다. 그는 화폐(Nomisma)는 자연적으로 존재하는 것이 아니라 관습적인 합의에 의해 만들어지는 인위적인 산물이라고 보았는데 관습적 합의란 금, 은, 동 귀금속과 같이 교환수단으로서 오랜 세월 동안 형성된 누구나 다 동의하는 사항을 말한다. 그리스어로 금속(Catallactics)은 자유

---

132) Charles Kindleberger, "The Politics of International Money and World Language", chapter 2 of *International Money. A Collection of Essays*, George Allen & Unwin, 1981, p.32. Charles Kindleberger, "Standards as Public, Collective and Private Goods", Kyklos, Volume 36, 1983, p.377. James Tobin, "Financial Innovation and Deregulation in Perspective", Keynote Paper Presented at The Second International Conference of the Institute for Monetary and Economic Studies, Bank of Japan, Tokyo, May 29-31, 1985, pp.20-22.

Chosŏn t'ongbo (朝鮮通寶)

<그림 3-5> 고려 조선 국호전문(國號錢文) 체제의 확립

로운 시장 거래에 의해 형성되는 정확한 교환 비율(Exchange Ratio)과 가격정보를 의미한다.

오스트리아 경제학파는 금속학을 가지고 화폐경제학을 개발해온 학파라고 할 수 있다. 이들은 정확한 교환 비율을 계산할 수 있는 금속으로 화폐 이론을 개발하였는데 인류의 오랜 세월 관습적 합의점이 금, 은, 동 등 귀금속으로 모인 것에 주목하여 그 원리를 정확한 교환 비율에 도달하는 자유시장 시스템에서 찾았다. 이들은 금속만이 간직한 정확한 교환 비율과 금전적 계산을 기반으로 인간의 거래 행동을 분석하여 화폐 이론을 개발한 것이다. 디지털 통화의 가분성이 소수점 8단위까지 가지면서 정확한 교환 비율을 빠르게 찾아내기 때문에 위력적이다. 지금까지 지구상에 존재한 금속화폐 중 고려·조선의 전문(錢文)이 소수점 7단위까지 있는 유일한 화폐이다.

자유시장 체제만이 정확한 교환 비율에 도달할 수 있다는 화폐 철학은 오스트리아의 루트비히 미제스(Ludwig von Mises)가 처음으로 주장하였다. 이후 프리드리히 하이에크(Friedrich Hayek)는 "(정치권력의 개입 없이)

시장에서 많은 개별 경제주체들이 스스로 상호 조정에 의해 형성한 질서"로 설명하였다. 하이에크는 경제학보다 회계학의 의미가 강조된 '가정 가계부 관리'로 번역되는 합리주의의 성립에 공동체의 공유 목표와 경제주체의 자유로운 선택이 모두 존재하는 것을 강조하였다. 그는 금속화폐에서 '교환하다'뿐만 아니라 그리스어 'Catallaxy'에서 '공동체 이웃에서 인정하다' '적에서 친구로 변신하다'를 의미하는 신자유주의 화폐 철학을 도출하였던 것이다.[133]

그러나 고려 500년, 조선 500년 1,000년의 역사 속에 존재하는 금속화폐 전문(錢文)은 오스트리아학파가 주장한 화폐 철학과 전혀 다른 이야기를 전달한다. 〈그림 3-5〉에서 알 수 있듯이 고려와 조선처럼 국호를 소액 화폐인 구리돈(錢) 전면에 내세워 국가를 통치한 권력은 세계 화폐사에서 전무후무한 일이다. 구리는 금과 은에 비하면 열등 귀금속이다. 이 열등 금속화폐 전(錢)을 국가 주권을 넘어 최고 주권의 자리인 황제 주권을 대표하는 표준으로 삼는 것을 놓고 중국과 한국은 전통적으로 양보하지 않았다. 쉽게 말해서 20세기 이전 유럽은 전쟁과 군사력으로 제국주의 확장을 도모하였으나 동아시아는 수천 년의 세월을 금속화폐 전(錢)의 발행과 그 통용 범위를 놓고 황제 주권의 자리를 도모하였던 것이다.

133) Rob Garnett, Cultural catallactics, *The Review of Austrian Economics* volume 27, pp 483-488 (2014) Boettke, P. J., & Storr, V. H. Post-classical political economy: Polity, society and economy in Weber, Mises, and Hayek. *American Journal of Economics and Sociology*, 61(1), 161-191(2002). Jun Seong Ho, Monetary authority independence and stability in medieval Korea: the Koryŏ monetary system through four centuries of East Asian transformations, 918-1392, *Financial History Review*, Volume 21, Issue 3, December 2014, pp. 259-280, Cambridge University Press.

〈그림 3-5〉는 19-20세기 당대 최고 제국주의 국가였던 영국의 최고 대학 케임브리지 대학교와 옥스퍼드 대학교에 수집 보관된 고려·조선 시대에 발행된 동전이다. 이 고려와 조선의 구리돈 연구 분야는 20세기 이전 유럽 제국주의의 영토 확장과 군사력 팽창정책이 얼마나 어리석은 것인가를 가장 적나라하게 드러내는 연구 주제이다. 왜냐하면 20세기 이전 동아시아의 중국과 한국이 황제 주권 자리를 차지하려고 경쟁한 분야가 바로 이 소액 금속화폐 분야이기 때문이다.

이에 대해서 조선 실학자 반계 유형원의 글과 구한말 외국인의 시야에 매우 분명한 대척점으로 묘사되어 있는 것을 살펴보자. 반계 유형원은 『반계수록』에 다음과 같이 중국의 화폐에 비해 조선의 동전이 훨씬 더 뛰어난 기술로 주조된 것을 알리고 있다.

"일찍이 세종 시대 주조된 조선통보를 살펴보니 지극히 정밀한 단계에 이른 것이 중국 본토의 제작보다 뛰어난 것을 알 수 있었다. 이러한 우수한 품질의 화폐를 주조한 것 역시 세상의 가장 낮은 곳에서 훌륭한 것이 나온 것과 관계된다. 지금 만약 주전한다면 장영실과 같은 뛰어난 과학자를 구하여 주전을 전담하게 해야 한다."[134]

『반계수록』의 서술에서 알 수 있듯이 조선통보는 고려를 계승하여 정

---

134) 磻溪隨錄 卷之四 田制後錄 下 錢幣, 嘗觀世宗朝凡造。無不極臻精妙。逾於華製。此亦係世道之汗隆也。今若鑄錢。當求如蔣英實者。專掌監造。鳩集良工。矜令致精。其助工人等亦令本工自擇。皆優其餼廩。久於其業。勿使如今請托官員。行下圖立。自上至下。節節委任責成。而以時考功。賞罰勸懲。如是則百工殫力。久效其能。豈有不精之理. 柳子厚 朝鮮貨幣考 (1936:129)

치권력으로부터 화폐의 중립성을 지켜오면서 1,000년의 세월에도 변하지 않는 회계 표준을 세워나갔던 것이다. 중국의 화폐사학자 팽신위(彭信威)는 명대 화폐제도의 특징을 주 통화로 지폐와 보조화폐로서 동전이라고 소개한 바 있지만 그 법률적 근거는 제시하지 않았다.『대명률』의 호율 창고조 초법(鈔法)과 전법(錢法)은 명의 통화제도의 주 통화와 보조화폐에 관한 법률 규정이다.[135]

지금까지 고려의 경우 원의 지원보초가 들어오기 전까지 996-1101년 사이 주 화폐는 동전이고 보조화폐로 포폐가 통용되다가 1101년 은병이 처음 주조되면서 주 화폐는 은병이고 보조화폐로 동전과 포폐가 사용되었다. 1287년 원의 지원보초가 들어오면서 지원보초를 주 화폐로 하고 금속화폐 전문(錢文)을 보조화폐로 삼았지만 제대로 시행되지 않았던 것으로 파악하였다. 고려 때 판전교시사를 지낸 이곡(李穀)의 문집을 보면 국가에 의해 원의 지폐를 위로부터 강제로 통용시킨 1287년 정책이 시행된 이래 전폐는 시행되지 않았는데 민간에서는 여전히 사용하고 있고 담당자가 금지시키지 못하고 있다고 언급하고 있다.[136] 따라서 금속화폐 전문(錢文)은 고려시대 내내 민간에서 지속적으로 통용되어왔던 것을 알 수 있다.

이와 같은 고려와 조선의 동전(銅錢)의 역사를 무시하고 중국 중심으로 동아시아 화폐사를 연구하면 하나의 퍼즐이 생긴다. 그 퍼즐은 동아시아 화폐사에서 한국을 제외하고 중국과 일본의 화폐사만을 연구해온

135) 彭信威『中國貨幣史』上海人民出版社 1958. Peng Xinwei A Monetary History of China(Zhongguo Huobi Shi) Translated By Edward H.Kaplan Center for East Asian Studies, Western Washington University 1994. p.537.
136) 李穀『稼亭集』卷一 雜著 食貨.

캘리포니아대학교의 폰 글란에 의하여 제기된 퍼즐이다. 그는 이 미스터리를 다음과 같이 요약한 바 있다.

당에서 송나라로 전환된 지난 9세기에서 11세기와 12세기에서 14세기의 중화제국은 이후 15세기에서 19세기 명과 청으로의 이행에서 아무런 역동적인 과정이나 연속된 발전이 없었다는 점에서 하나의 블랙홀로 남은 시간대이다.[137]

그가 남긴 퍼즐은 다름 아닌 일본 자료가 전달하는 한쪽으로 치우친 사료 때문이다. 이는 장기간 일본이 국가가 독립된 주권을 가지고 동전을 주조하지 않았기 때문에 발생한 퍼즐인 것이다. 일본의 15세기는 무로마치(Muromachi 1336-1573)시대의 한복판으로 고대에서 중세로 이행하는 나라시대(710-794)와 헤이안시대(794-1185)를 거쳐 중세 사회로 인식된 가마쿠라(Kamakura 1192-1333)시대가 끝나고 근세로 들어서는 시대이다.

그러나 일본의 근세 무로마치(Muromachi 1336-1573)시대는 동시대 조선과 전혀 다른 이야기를 전하고 있다. 일본은 이 시대를 군사력을 중심으로 전쟁이 끊이지 않은 시대로 기록하고 있다. 중세시대인 가마쿠라 시대에 이어 끊임없는 내전의 시대로 묘사하고 있는 것이다. 특히 15세기는 중국으로부터 밀수입된 동전과 위조화폐 그리고 사(私)주전이 횡행한 시대로 유명하다. 중국 명나라의 해금정책으로 공식적으로 명나라가 구축한 세계질서 속에 들어오지 못함에 따라 중국 해안가와 타이

---

137) Richard Von Elahn *Foundation of Fortune : Money and Monetary in China, 1000-1700*, Berkely and Los Angeles : University of California, 1916, 35.

완 그리고 서일본 지역을 아우르는 광범위한 밀수를 통한 비공식 무역이 횡행하면서 사주전과 위조지폐가 광범위하게 통용된 것이다. 동시대 명나라 상황도 일본과 비교할 수 없지만 북부 몽골과의 전쟁이 끊이지 않아 전쟁 상태가 지속적으로 유지된 상황이어서 막대한 물량의 비단 등을 조선에 가지고 와서 말이나 가뭄을 극복할 수 있는 쌀 품종을 수입해야 하였다. 이 시기의 명나라와 일본의 위조화폐와 사주전의 횡행은 아시아판 그레셤의 법칙에 해당되는 시기라고 볼 수 있다.[138]

한마디로 15-16세기 명나라와 일본은 위조화폐와 국가를 대신하여 민간에서 사주조한 동전이 대량으로 그리고 장기간 유통된, 쉽게 이야기하자면 화폐의 명목적 가치와 금속의 내재적 가치와의 분리, 불균형 현상이 국가 당국의 통제 밖에 있었던 시대인 것이다. 송에서 원, 금, 명, 청으로 이행하는 역사에서 아무런 역동적인 과정이나 연속된 발전이 없었다는 중국 화폐사의 블랙홀은 중화제국을 구성해온 정치권력이 명목적으로는 황제 권력으로 나타났지만 그 권력의 내재적 실체는 명목적 권위와 달리 위조된 실체라는 것을 의미하는 것에 다름 아니다.

지봉 이수광 선생이 세종시대 화폐 주전의 위대성을 중국과 비교하면서 찾아낸 진리는 다름 아닌 정확한 금속 비율을 찾아내는 장영실과 같은 과학자에 대한 우대이다. 지봉은 세종시대 주조된 조선통보가 지극히 정밀한 단계에 이른 것과 중국 본토의 금속화폐 제작보다도 뛰어난 원인을 장영실이라는 과학자에게서 찾은 것이다.

---

138) 그레셤의 법칙(Gresham's law)은 귀금속 소재의 가치가 서로 다른 화폐가 국가권력의 강제력에 의하여 동일한 명목적 가치를 표면에 표시하여 시중에 발행되면 귀금속 소재 가치가 높은, 좋은 화폐(Good Coinage)는 유통시장에서 사라지고 내재적 가치가 낮은 나쁜 화폐(Bad Coinage)만 유통되는 현상을 말한다.

결국 1678년 숙종 때 등장한 상평통보라는 전문(錢文) 체계는 15세기 장영실이 주조한 조선통보를 그대로 계승한 것으로 조선은 고려 이래로 천년의 역사를 동일한 통화 회계단위 체제를 구축한 것이다.

20세기 초 외국인들의 여행담에 담겨 있는 한국의 화폐제도의 독자적인 특징에서도 장영실이 발견된다. 1903년 폴란드의 학자 세로셰프스키는 한국을 여행하고 그 견문록을 남겼는데 세종시대와 연관된 금속활자와 인쇄술, 화폐 유통, 그리고 회계 기술은 중국에 비해 뒤지지 않은 것을 다음과 같이 묘사하고 있다.

"한국인들은 머나먼 옛날에 독자적으로 금속화폐를 고안해내었다는 것을 자랑스러워한다. 그러나 무엇이든 자신이 모르는 사이에 만들어지는 것을 참지 못하는 중국인들은 금속화폐가 한국에서는 기원후 13세기가 되어서야 겨우 나타났으며 그것은 당연히 중국에서 유래한 것이라고 확신하고 있다. 그 이전에 한국에서 쓰인 돈은 지폐 정확히 말하자면 화살 모양이 그려진 종이돈이었다는 것이다. 물론 현재 이 논쟁이 해결될 가능성은 없다."[139]

1903년 당시 폴란드 학자는 중국과 조선 사이에 금속화폐 논쟁은 해결될 가능성이 없다고 하였지만 지봉 선생이 찬미한 것과 같이 화폐 주조에서 세종의 리더십의 위대성은 이웃 명나라나 일본의 문명 수준과 비교하면 그 역사적 의미가 분명히 부각된다.

---

139) 바츨라프 세로셰프스키, 김진영 외 옮김, 『코레야 1903년 가을 러시아 학자 세로셰프스키의 대한제국 견문록』, 개마고원, 2006. 39면, 41면 78면.

다음으로 문(文)과 화폐 그리고 국가와의 관계에 대해서 살펴보자. 여기에서 오스트리아 경제학파가 놓치고 있는 분야를 하나 제시해보자. 오스트리아학파는 금속(錢)에 집중하여 실물가치와 명목가치의 균형 원리를 찾았지만 KDEB의 문(文)과 같이 실물가치와 전혀 다른 원리를 갖는 명목가치 즉 신용화폐의 형성 원리에 대해서는 많은 부분을 놓치고 있다. 신용화폐란 영미권의 용어로 지불유예의 기준(A standard of deferred payments)이다. KDEB에서는 문(文)을 중심으로 형성되는 소득 계산서의 명목계정이 만들어내는 지불유예 기준이다.

그러나 21세기 디지털 공간에서의 전자거래가 활성화되면서 전통적인 화폐의 기능에 공인된 글쓰기(Public Verifiable Record, 이하 PVR)와 지불유예의 기준(Standard of Deferred Payment, 이하 SDP)이 화폐의 새로운 기능으로 떠오르고 있다. 한마디로 KDEB의 특징인 완전성과 미래성이 공인 글쓰기 문(文)을 중심으로 형성한 지불유예 기준이 21세기 디지털 공간에서 활성화되고 있는 것이다.

동아시아의 한국과 중국도 마찬가지로 11세기에서 19세기까지 천년이 넘는 세월을 소액 금속화폐 동전(銅錢)을 실물화폐로 사용해왔다. 그러나 고려와 조선은 그 회계단위는 동전의 무게가 아닌 글쓰기 문(文)을 단위로 사용해왔다.[140] 전문(錢文)이란 화폐의 실질적 가치인 전(錢)과 명목적 가치인 문(文)을 통합한 것이지만 공통된 계산단위는 실질적 금속의 내재적 가치와 무관한 그냥 글쓰기인 문(文)을 사용한 것이다.

---

140) Jane Kate Leonard und Ulrich Theobald, Money in Asia (1200 - 1900): Small Currencies in Social and Political Contexts. (Brill: Leiden, 2015), *(Monies, Markets and, Finance in China and East Asia, 1600-1900)*.

지금까지 신용화폐(Fiduciary Money) 혹은 법정화폐(Fiat Money)는 국가 권력의 실물화폐의 지급준비를 기반으로 이차적인 위치에 있는 화폐로만 인식돼왔다. 그러나 KDEB의 신용화폐 문(文)은 지배자의 군사력이나 정치적 권위 대신 오랜 신용의 역사(Credit History) 속에 쓰기 기술(Art of Writing)을 근거로 정립된 화폐이기 때문에 물질적 가치를 내재하는 화폐인 금속화폐와 달리 물질적 가치의 내재 없이 명목적인 화폐로서 정립되는 차이점이 있다. 이는 오스트리아 경제학파에서도 미처 간파하지 못한 것으로 21세기 디지털 공간에서 새롭게 부각하고 있는 공인 글쓰기(PVR)와 지불유예 기준(SDP)이라는 새로운 화폐 기능을 이미 고려와 조선에서 인지하고 있는 것을 의미한다.[141]

이를 뒷받침하는 것이 유라시아 문명권의 문서학이다. 유라시아 문명은 다른 어느 문명권보다도 회계와 관련된 공증문서 즉 문서학(Palaeography)을 발달시켜왔다. 이탈리아 베니스 상인들이 사용하는 대부분의 회계용어와 숫자도 유라시아 문명권의 고문서학의 발달과 일정한 연관을 형성하고 있다. 오늘날 중동지역의 문명을 형성한 메소포타미아의 경우 아람어(Aramaic language)는 이후 중동지역 문명권의 고문서학에 필수 언어로서 발달하여 현재까지 레바논과 시리아 등지에서 사용하는 언어이다.[142]

유럽 문명의 기원을 형성하는 그리스의 고문서학(Greek palaeography)

---

141) Georg Friedrich Knapp State *Theory of Money*, London:Macmillion 1924. pp. 1-3. 'Money is a creature of law. A theory of money must therefore deal with legal history.'

142) 유럽 자본회계 용어의 기원이 아람어(Aramaic language)이듯이 이두(吏讀)로 기록된 개성상인의 회계용어도 그 기원이 몽골어와 만주어에서 기원한다. 유럽과 아시아를 연결하면서 문명을 발달시켜온 중동지역의 고문서(Middle East palaeography)에 등장하는 아람어(Aramaic language)는 예수가 사용한 언어이자 베니스 상인들이 사용한 언어이다.

은 금속에 새겨진 명문 해독을 중심으로 오늘날 우리에게 금석학(the science of epigraphy)으로 알려진 금석문에 대한 독해로 발달하여 헌법학, 화폐학과 귀금속을 전공하는 고등 연구자에게 필수 과정이 되고 있다. 유라시안 금속학이 오늘날 디지털 통화 시대에 중요한 이유는 위조와 변조가 불가능하기 때문이다.

그리스의 고문서학이 금석학과 화폐학에서 중요하듯이 한국도 신라시대와 고려시대부터 종과 돌에 재산 형성과 관련된 기록이 많이 남아 있다. 특히 833년 진주 연지사의 종에 새겨진 비문은 개성상인의 타인자본의 거래원장인 타급장책 기입과 유사한 기록이 존재하여 개성 회계문화의 기원을 제시한다.

비잔틴 문명권의 고문서학(Byzantine palaeography)은 조선시대 관공서에서 발급하는 고문서처럼 관공서와 국가 외교문서 등 문서의 형식을 중시하는 문서학(Book Hand, Official Documents)을 중심으로 발달해온 것으로 중세 유럽의 교회와 영주들 사이에서 널리 이용된 학문이다. 인도의 고문서학(Indian palaeography)은 그리스 고문서학처럼 금석학과 화폐학(Numismatics) 발달의 기초로 연구돼왔다. 그러나 오직 KDEB만이 오늘날 신용화폐가 인터넷 통신망을 결합하는 지급결제망을 발달시키는 것처럼 지급유예 기준인 문(文)을 지키면서 신용 네트워크를 확장시켜 왔던 것이다.

이제 국가조직과 같은 공공영역의 공증문서와 회계 그리고 금융과의 관련성을 살펴보자. 최근 신문기사 경제면에 등장하는 핀테크(Fin Tech)는 은행 없는 사회, 현금 없는 사회를 상징하는 금융기술이지만 KDEB에서는 이미 19세기부터 개발해온 금융혁명이라는 사실은 잘 모르고 있다. 금융(金融 Finance)의 라틴어는 '끝맺음(Finishing)'을 의미한다. 금융이란 회계 책임성(Accountability)이 완료된 것을 의미한다. 회계 책임의 종착역을 의미하는 'finis'에서 국가로부터 세금의 책임이 완료된 것, 거래처와의 주고받는 것이 끝난 것을 의미한다. 끝맺음의 의미를 갖는 금융과 법정화폐(Fiat Money)와 회계 결산과의 관계는 화폐의 기원을 돌아보면 그 실마리를 찾을 수 있다. 국가의 권위에 의해 가치가 결정되는 법정화폐는 내재적 가치가 없이 표시나 무늬만으로 명목적 가치가 결정되는 조개껍데기(貝), 손바닥에 써준 지불 약속(手標), 약속 이행의 다짐(侉音), 신표의 발행 등이 법정화폐의 기원이다.

따라서 유라시아지역 국가의 글쓰기 즉 회계문명과 오늘날 금융자본주의와의 관계를 이해하기 위하여 금융과 결산의 연관성을 살펴보아야 한다. 금융(Finance)의 라틴어 'Fin'은 그리스어 'End'와 같은 의미이다.

개성상인은 결산 마감의 회계 처리가 끝났을 때 회계장부에 '印'을 기입한다. 이 표시는 구두 약속의 흐름(流音)이 끝나고 최종 종결 처리라는 의미이다. 특히 장책에 계정마다 인(印)자의 우변을 길게 내리긋는 표시를 볼 수 있는데 인(印)을 중국 한자로는 도장(Seal)으로 이해하지만 이두로는 '끗(끝)'이라고 발음한다. 이 글자가 이두라고 설명한 학자는 이규경이다. 그는 '인(印)의 뜻(訓)은 끗(끝)'이라고 설명하고 있다. 그의 설명을 개성상인의 실무 회계장부에 적용하면 회계결산 용어임이 분명하다. 이제 금융(金融 Finance)이 왜 이규경의 설명대로 '印의 뜻(訓)은 끗(끝 Finish)'으로서 회계 처리 마감과 연관이 있는지를 이해할 수 있을 것이다.

이규경은 오행론에서 불(火)을 강조하여 금융(金融)이란 금속을 녹여 주전하는 화폐 제조(金融于冶鑄者)라고 해석하였다. 이규경의 해석에 따르면 금융이란 곧 금속화폐이다. 그러나 금속화폐는 무겁고 운반하기에 불편하여 가치저장에는 적합하지만 교환가치의 기능이나 지불수단으로는 불편하다.[143] 금융을 가치저장의 귀금속이 아니라 흐르는 물로 이해한 것은 황덕일(黃德壹)이다. 그는 오행의 원리 즉 쇠금에서 물이 나오는 현상(金生水)을 금융(金融而爲水)이라고 하였다.

본 서에서는 황덕일이 인식한 금융 인식 즉 현금흐름과 최종 회계결산을 뜻하는 이두의 의미를 살려서 금융을 '책임 이행의 끝(Finishing Responsibility)' 즉 '금융=결산'이라고 인식한다.[144] 문(文)이란 바로 동아시아에서 책임 이행의 끝 곧 회계 책임성의 표준이었던 것이다.

결론적으로 리틀튼이 제기한 DEB의 7가지 전제조건 가운데 공통된 계산단위의 확립은 가장 중요한 전제조건이다. 전문(錢文)에서 우리는 고려와 송이 주도한 동아시아 중세경제혁명이 이룩한 가장 위대한 업적을 찾을 수 있다. 그것은 바로 글쓰기(文)와 금속화폐(錢)를 융합하여 통화(Currency)단위와 회계단위의 통합을 이루었다는 사실이다. 통화단위이자 동시에 회계단위인 전문(錢文)은 13세기 몽골제국의 화폐 지원보초, 〈그림 3-6〉의 19세기 개성상인 어음과 회계장부에 이르기까지 천년의 세월을 변함없이 사용해온 것이다.

조선 후기 실학자 성해응과 유형원은 고려시대 화폐제도를 소개하면서 고려의 화폐는 세 가지 기능이 융합된 제도라는 사실을 증거하고 있다. 그들은 통화(Currency)와 현금흐름(Cash Flow)과 대차대조표의 유동자산(Liquidity Asset) 관계를 이미 파악하였다.

---

143) 이규경(李圭景), 『오주연문장전산고(五洲衍文長箋散稿)』화변증설(火辨證說).
144) 황덕일(黃德壹), 『공백당선생문집(拱白堂先生文集)』卷之四「산거문대(山居問對)」

고려시대에서 조선시대까지 화폐는 귀금속인 금은보화와 여성들이 짠 옷감, 농민들이 생산한 곡식 등 현물화폐 혹은 경화화폐였지만 실학자들이 가장 중시한 것은 현금의 흐름을 강조한 오늘날 유동성인 '샘 천(泉)'이었다. 당시 '땅속에서 끊임없이 솟아나는'이라는 의미로 돈의 근원이자 끊임없이 순환하는 의미를 지닌 것이 '샘 천(泉)'이었다. 샘만이 언제나 어느 때나 곧바로 돈으로 전환되기 때문이다.[145]

성해응은 통화(Currency)란 물의 흐름과 같이 순환하는 것을 의미하므로 유동화할 수 있는 능력, 즉 금융 능력을 가진 도시를 '천주(泉州)'라고 소개하고 있다. 현금흐름의 파악이 제일 중요하다는 실학자들의 고전적 가르침은 오늘날 기업인보다도 훨씬 더 명확하다. 천하의 백 가지 화물들을 유통시키는 것은 오직 돈(錢)이라고 다음과 같이 밝히고 있다.

"흉년이 들고 풍년이 드는 것은 자연의 힘으로 되는 것으로 인간의 힘으로는 어찌할 수 없는 불가항력이지만 인간은 백 가지 화물을 유통시키는 돈을 주조하면 돈은 흉년이나 풍년이 있을 수 없으므로 자연의 힘으로 흉년이 든 것을 인간의 힘으로 구제할 수 있는 것은 오직 현금흐름밖에 없다고 한 것이다. 대개 식량은 풍년이 있으면 흉년이 있게 마련이다. 인간의 힘이 미치지 못한다. 그러나 금과 구리를 화폐로 유통시키면 풍년이나 흉년이 없으니 사람 힘으로 가히 할 수 있는 일이 된다. 금은 저장하는데 그 이문은 칼로 베어내는 데 있지만 오직 샘으로 그 흐름이 이루어지니 오직 샘과 같이 끊임없이 흐르는 것만이 즉

---

145) 成海應『研經齋全集』

미국 국가 발행 약속어음 1달러	개성상인 발행 어험 한국은행 소장	몽골 국기 속의 어험
	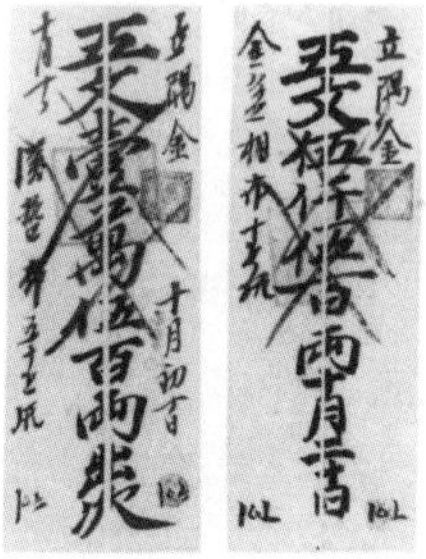	
<그림 3-6-1> MDCCLXXVI (1776) 미국은 두 눈의 균형이 아닌 외눈이다.	<그림 3-6-2> 개성상인 환 발행과 제로 0의 사용	<그림 3-6-3> 두 물고기 눈이 완벽한 균형(정 의)을 이루고 있다.

<그림 3-6> 미국 달러, 개성상인 어음, 몽골 국기

돈이다."[146]

앞서 살펴보았듯이 1287년 원 세조에 의해 발행된 몽골제국의 지폐 지원보초(至元寶鈔)는 세계 화폐사 특히 지폐의 역사에서 가장 완벽한 지폐로서 손꼽는다. 명나라의 대명보초(大明寶鈔)가 지원보초보다 뒤에 나왔지만 대명보초는 그 도안 체제에서 비교가 되지 않을 정도로 열악하다. 마치 DEB와 단식부기의 차이처럼 그 체제가 명확히 구별된다. 송의 어음 형태의 지폐는 유효기간이 기재된 전형적인 환어음 형태의 지폐인 것과 대조적으로 지원보초는 유효기간이 표시되지 않은 오늘날의 지폐

---

146) 成海應『研經齋全集』. 蓋米穀有豐歉。非人力所能致。金銅則無豐歉。可以人力爲之也. 管
子曰貨。寶於金。利於刀。流於泉。然則刀者非錢也。以其形附錢。故通謂之刀。布者非錢也。以
其用同錢故通謂之布。而獨其所謂泉也者 卽錢也

와 동일한 형태의 화폐이다. 이 세계 최초의 화폐는 고려의 도움 없이 몽골에서 독자적으로 개발했다고 보기 어렵다.

이제 〈그림 3-6〉 미국 달러, 몽골 국기, 개성상인 어음 속에 제시된 심벌(Symbol)을 대비하면서 회계단위 전문 확립의 의의에 대해 살펴보자. 미국 달러에 표시된 NOVUS ORDO SECLORUM에서 NOVUS는 새로운(new, young)을 의미하며 ORDO는 질서(order, row, or series)이며 SECLORUM은 시대, 기원, 세기를 의미하여 '신시대 세계질서'로 해독된다. 피라미드 하단에 있는 'MDCCLXXVI'은 1776년 미국 독립선언의 해를 의미한다. 전형적인 로마자 표기로 M=1000, D=500, C=100, L=50, X=10, V=5, I=1로 대비하면 1000+500+100+100+50+10+10+5+1=1776년이 나온다.

칭기즈칸은 고려와의 혼인동맹을 통해 글쓰기 예술(Art of Writing)의 파워를 활용하여 세계를 지배한 것이다. 먼저 팍스몽골리카 국기 속의 어험(魚驗)의 두 눈과 팍스아메리카나의 미국 1달러 지폐 속의 피라미드의 눈을 대비해보자. 팍스몽골리카의 상징인 몽골 국기 속의 두 마리 물고기는 절대로 눈을 감지 않는다. 이 절대로 감지 않는 두 눈으로 지켜본 거래는 완벽한 투명성을 상징한다. 이러한 완벽한 투명성은 개성상인의 회계장부상에 어험(魚驗) 거래에서처럼 항상 대차변 균형의 합을 맞추는 자본회계 기술로 나타난다. 반면에 팍스아메리카나의 피라미드의 눈은 사람의 눈이라면 감을 수 있는 눈이다. 그것도 하나밖에 없다. 외눈박이로는 대차변 균형을 맞출 수 없는 것이다.

몽골이 대륙문화 국가임에도 불구하고 해양문화의 상징인 물고기 두 마리를 활용한 균형의 합을 상징으로 국기에 그려 넣은 것은 유라시아 대륙에서 오랜 세월 통용되어온 신용제도 즉 부신(符信)제도에서 비롯되는데 그것을 가리켜 어험(魚驗) 두 마리의 물고기가 서로 마주 보는 신용화폐를 말한다. 구한말 『조선화폐고』를 저술한 유자후는 이것을 어음과 연관시켜 설명한다. 즉 한반도를 통로로 11세기에서 13세기까지 약 2세기 동안 해양 세력과 대륙 세력의 균형을 도모한 국제 교역의 영향을 받아 형성된 국제거래 신표가 오늘날 몽골 국기에 반영되어 있는 것이라 사료된다.

1949년에 미국 필라델피아에서 미국철학회(American Philosophical Society) 주관으로 10세기에서 12세기까지 유라시아 대륙을 지배한 거란의 역사 『遼史』를 영문으로 번역하여 출판하면서 거란의 문화유적의 사진을 함께 소개하였다. 그 사진 속에 등장하는 여러 유물은 대부분 고대 단군시대와 고구려시대의 유물과 일치한다. 고인돌과 적석총으로 이루어진 무덤은 거의 동일하다. 그 가운데 회계와 관련된 가장 눈에 띄는 사진은 어험(魚驗) 사진이며 거란글로 새긴 글자 '동(同)'이다.[147] 거란의 이 유물로 미루어 보아 대차평균의 원리와 두 마리 물고기 그리고 개성상인의 어험 어음(魚驗於音) 거래 기입은 상호 긴밀한 연관성이 있는 것이다.

반면에 미국의 상징은 피라미드의 한 눈만을 가지고 있다. 회계장부의 대차변 균형을 맞추는 DEB 글쓰기(Fiduciary)를 통해 글로벌 파워를 형성하고 있는 오늘날의 관점에서 이 두 상징을 비교하면 물고기 두 마리의 어험이 피라미드의 한 눈의 파워보다 한 단계 높은 수준이라는 것

---

147) KARL A. WITTFOGEL and PENG CHIASHEONG *HISTORY OF CHINESE SOCIETY LIAO* Translations of the American Philosophical Society Philadelphia, 1949. p.167.

〇	〡	〢	〣	〤	〥	〦	〧	〨	〩
	一	二	三	四	五	六	七	八	九
0	1	2	3	4	5	6	7	8	9

<그림 3-7> 산가지 호산

을 알 수 있으며 종이 위의 글쓰기 능력을 보유한 팍스몽골리카(코리아나)의 힘은 한 단계 더 높은 수준인 것이다. 한국은행 소장 개성상인 어음에 등장하는 숫자는 표산 혹은 호산(胡算)이라 불린 다음과 같은 아라비아숫자이다.

〈그림 3-7〉은 산가지 호산 표기이다. 〈그림 3-6-2〉에 제시된 한국은행 소장 어음 속에 나타나는 숫자 '106' '107'은 어음 발행 일련번호의 호산 표기이다. 지금까지 호산 표기에는 9까지만 알려져 왔는데 한국은행 소장 어음에는 제로인 0까지 포함된 호산 표기가 사용되고 있음을 알 수 있다. 또한 어음 위에 X(爻周)를 두 번 표시하고 있다.

이 표시는 발행한 어음이 만기가 되어 돌아왔을 때 좌우 대조가 맞는지 안 맞는지 대조하여 완벽하게 그 균형이 맞았을 때와 회계장부상의 지급어음 계정의 대차변 균형이 맞았을 때 완전히 맞았다는 의미를 나타내고 있는 것이다. 이 표시가 바로 개성상인 장책의 균형이 맞았을 때 표시하는 두 횡선 표시와 대응되는 '모든 것이 깨끗이 정리되었다'라는 쇼주(爻周) 표시인 것이다.[148] 이는 몽골 국기 속의 어험(魚驗)의 두 눈의

148) 이재 황윤석은 쇼주(爻周)를 지우개, 귀우개와 연관시켜 분석하였다. 개성상인의 거래 청산 '쇼주' '효주' '소지'는 청소하는 것을 의미한다. 'Clear' 지우다의 순우리말이다. 개성상인 어음 결제 관련 거래에 많이 등장하는 용어이다. 지우다의 효주(爻周)를 한자발음 효로 하지 않고 소로 발음해야 하는 이유를 설명하고 있다. 黃胤錫『頤齋遺藁』通解捎子。我國呼쇼除也。시音息。除耳中垢者。我國所謂귀우게也。亦曰귀쇼시게。轉稱一切穿穴出入者爲쇼시。又爲슈시。又爲쇼샤。皆捎之轉聲也。쇼주 지우다 말소하다.

의미를 종이 위에 표시한 것이라 할 수 있다.

개성상인들은 팍스몽골리카가 간직한 절대로 눈을 감지 않는 두 마리의 물고기 눈을 19세기까지 종이 위의 글쓰기로 회계금융기술을 개발한 것을 알 수 있다. 따라서 현재까지 KDEB의 좌우 대변·차변 균형을 맞추는 실물 기술은 1272년 대몽골제국의 지원보초와 세종 시대 국가운영 자료에 그대로 반영되어 19세기 개성상인의 회계장부에 이르기까지 면면히 지속되어온 유라시아 회계 문명인 것이다.

제3절 개방형 통상국가 고려

　다음으로 DEB의 네 번째 전제조건 국제교역에 대해서 살펴보자. 앞서 성해응의 『연경재전집』의 소개에서 언급한 '샘 천(泉)' 자는 동아시아에서 오늘날 국제결제 시스템인 국제통화(國際通貨 International Currency)를 지칭할 때 사용되었다. 몽골제국에 귀화하여 지방관까지 지낸 마르코 폴로가 휴가를 얻고 미지의 세계를 여행하기 위하여 방문한 도시가 바로 개성의 국제 교역 파트너 도시인 천주(泉州)이다. 이곳은 국제무역 상인들의 애틋한 이야기가 전설로 내려오는 11세기 중세 세계 최대의 무역항이 존재한 곳이다.

　강화도 북쪽에 제비꼬리 정자란 의미의 연미정(燕尾亭)이 존재하는데 현재 강화군 강화읍 월곶리에 있는 누정이다. 이곳은 15세기 이탈리아의 베니스, 17세기 네덜란드의 암스테르담, 18세기 영국의 런던, 20세기 미국의 뉴욕과 같이 바닷물과 민물이 만나는 항구이다. 고려사의 기록에는 열방의 무역선 1,000척이 매일 드나드는 곳으로 묘사되어 있다.

이 정자 이름이 연미정인 이유는 한강과 임진강이 합류하는 지점에서 물길이 하나는 서해로, 또 하나는 갑곶(甲串) 앞을 지나 인천 쪽으로 흐르는데, 그 모양이 제비꼬리와 같다 하여 정자 이름을 연미정(燕尾亭)이라 지었다고 전한다. 그러나 이곳은 지형 모양만으로 제비와 연관된 것은 아니다. 제비는 역사적 기록에서 강남지역 상해와 항조우의 거상들이 고려를 찾아오는 시기와 제비가 겨울을 나기 위하여 상해와 항조우 지역에 갔다가 다시 한국으로 회귀하여 보금자리를 만드는 것과 밀접히 연관된 것이다.

지금도 교동도와 강화도에는 강남 제비가 지은 제비집이 민가에 남아 있다. 이 제비들의 비행 항로는 그대로 국제선들이 오가는 무역 항로였다. 강화도 연미정 앞을 지나는 범선 1,000여 척의 장관을 시로 읊은 것을 감상해보자.

무역 상인들이 탄 일천 척 범선이 저 이국땅 만 리 밖서 돌아오매
(賈客千帆萬里廻)
바다를 건너온 바람이 물결을 깨어 항구의 문을 열어주네
(長風破浪海門開)
모든 배들 연미정의 정자 앞을 지나서는　　　(俱從燕尾亭前過)
양화도의 강나루를 향해 함께 들어오네　(共入楊花渡口來)[149]

강화도의 연미정과 관련된 고려시대의 국제 교역망을 논의하기 위해

149) 『東溟集』第2卷 龍山七首

서는 「흥부전」 이야기를 하지 않을 수 없다. 제비와 흥부의 대박으로 상징되는 흥부 이야기는 개성과 강화 교동도 일대 실제로 존재했던 국제 교역 속에서 형성된 이야기이다.

현재 경기도 지곡서당(태동고전연구소)이 위치한 양주 천마산(天摩山) 아래 가오곡 골짜기에서 지내며 『林下筆記』를 완성한 이유원은 흥부 이야기를 고려시대 국제 교역망 속에서 이해한다. 당나라 때 나온 서적『유양잡조(酉陽雜俎)』에는 오늘날 도무지 상상할 수 없는 여러 이야기가 수록되어 있다. 한국인들에게 널리 알려진 흥부전은 이 유양잡조 속의 한 이야기의 모티브를 따서 지어진 것으로 보인다.

「흥부전」에서는 강남에 갔다 온 제비가 박의 씨를 물고 왔지만『유양잡조』에는 제비나라 연왕(燕王)에게 금을 토해내는 새로 등장한다. 제비 수도의 의미를 갖는 연경(燕京)은 오늘날 중국 수도 북경의 옛 이름이다. 유양잡조에는 제비와 금은보화와의 관계가 잘 묘사되어 있다. 제비는 추운 나라를 피해서 오는 새라 하여 피한조(辟寒鳥)라 부르기도 하였는데 '곤명국(昆明國)[150]에서 피한조(辟寒鳥)를 바쳤는데 이 새는 금을 토해내는 진귀한 새이다'라고 소개하고 있다. 이때 추운 나라는 동북아시아 오늘날 블라디보스토크를 의미한다.

고려가 거란군을 물리치고 최고의 번성기를 누릴 때 군사력이 약한 송나라 황제는 북방민족의 침입을 막지 못하고 남으로 남으로 옮겨다니는 처지가 되었다. 이때 송 황제가 임시 거처를 마련한 곳이 강남이다. 강남 제비는 이곳에서 겨울을 지내고 봄이 되면 다시 한반도로 날아오

---

150) 현재 운남 지역의 티베트 민족 계열 국가를 지칭한다. 民族詞典 編輯委員會編 ; 陳永齡主編. 『民族词典』. 上海 : 上海辭書出版社. 1987.

는 봄의 전령이고 한여름에는 연해주 일대로 날아갔다가 다시 겨울에 강남으로 돌아가는 비행 노선을 가지고 있다. 본 서에서 제기한 '한반도 통로 이론'은 바로 이 '제비의 비행 노선'이다.

강남은 송나라 진종시대 천희(天禧, 宋 眞宗의 연호) 말년에 금은보화의 생산지로 유명하다. 그 생산량은 금이 1만 4천여 냥(525kg), 은이 88만 3천여 냥(33,112.5kg), 동이 267만 5천여 근(100,312.5kg), 철이 629만 3천여 근(235,987,500kg)의 규모였다. 송 진종은 금·은 갱(坑)에서 일하는 일꾼들에게 세금 부과를 면제해주고 무역에 전념하도록 하는 정책을 펼쳐 고려와의 국제무역은 이 당시 최고조로 번성하게 된다.[151]

이와 같이 11세기 강남과 개성은 국제금융과 무역의 중심이었다. 흥부 이야기의 제비는 강남에 갔다가 와서 박씨를 흥부 집에 떨어뜨려 그 박에서 금은보화가 쏟아져 나온 이야기이다. 제비가 갔다 오는 강남은 실제로 역사적으로 금은보화가 가장 많이 생산되는 지역이었다. 송나라의 강남에 관한 기록을 보면 송 황제가 귀금속의 제련을 위해서 직접 설치한 제련소만 총 271곳이었다. 이 중에 금 제련소가 11곳, 은이 84곳, 동이 46곳, 철이 77곳, 납이 30곳, 주석이 16곳, 단사(丹砂)가 2곳, 수은이 5곳으로 모두 황제가 임명한 중앙관리가 엄격히 관리하도록 하였다. 「흥부전」에서 제비가 갔다오는 강남은 바로 이곳을 의미한다.

이와 같이 흥부에게 모든 금은보화를 가져다주어 흥부 대박의 상징이 되는 「흥부전」의 모티브는 금은보화 생산지 운남과 강남 그리고 연나라를 상징하는 제비를 주제로 엮어서 구성한 일종의 중세시대 국제

---

151) 李裕元『嘉梧藁略』筆寫年未詳 서울대학교 규장각 한국학연구원 소장.

무역망 이야기이다. 강남 제비는 반드시 사람 사는 집에 와서 집을 짓는데 겨울을 나기 위해 강남으로 갔다가 봄이 되면 한국으로 돌아와 집을 짓고 번식하는 새이다. 송나라 부송경(傅松卿)이 지은 책 『夏小正解』에 의하면 제비는 사람 사는 집에 자신의 둥우리를 만드는 유일한 새이다. 따라서 흥부전에 나오는 강남 갔다 온 제비가 흥부 집에 돌아온 것은 역사적으로 사실이다. 이 제비가 겨울을 나기 위해 강남으로 갔다가 봄이 되면 한국으로 돌아와 집을 짓고 번식한다.[152]

이러한 제비 이야기와 연관된 장소가 바로 강화에 존재하는 제비꼬리 정자로 알려진 연미정(燕尾亭)인 것이다. 강화도는 19세기 해양 세력과의 불평등 국제조약이 맺어진 곳으로만 알려져 있다. 강화도조약을 계기로 강화도는 19세기 아편전쟁 이후 몰려드는 해양 세력에 저항한 최후의 보루이자 조선왕조를 지킨 군사적인 호국의 성지로 알려져 있지만, 천년 전 이곳에서 송나라와 거란과 고려가 맺은 화친은 고려가 황제국으로 승천하는 계기가 된 곳이다.

> 황제의 거실과 제실 공경대부 서인들의 집들의 기둥이 즐비하고
>
> (皇居帝室公卿士庶之列棟也)
>
> 안으로 마니·혈구(지금의 혈굴산) 첩첩한 산이 웅거하고
>
> (内據摩利穴口之重匝)

---

152) 박씨를 물고 흥부집으로 돌아온 제비의 속성은 중국 청조 때 徐世溥 『夏小正解』에 자세히 실려 있다. 그는 "제비는 눈을 돌려 바라본다 [來降燕乃睇] 제비[燕]란 새이고, 강(降)이란 내려오다는 것인데, 와서[來]라고 말한 것은 어째서인가. 처음 나오는 것[始出]을 볼 수 없기 때문에 내강(來降)이라고 한 것이다. 바라본다[乃睇]는 것은 무엇인가. 체(睇)라는 것은 눈을 돌려 바라보는 것[眄]으로, 집 지을 만한 곳을 살펴보는 것이다. 모든 새들의 집을 다 둥우리[巢]라고 하는데, 유독 제비의 집[穴]만을 집[室]이라 하는 것은 제비가 진흙을 물고 인가(人家)로 와서 사람에게 의지하고 집을 짓는 것을 설명하고 있다.

밖으론 동진(지금의 통진산)·백마(산 이름)의 사면 요새를 한계로

(外界童津白馬之四塞)

출입을 단속함에는

(出入之誰何)

동편의 갑화관(갑곶나루)

(則岬華關其東)

외빈을 맞고 보냄엔

(賓入之送迎)

북쪽의 풍포관

(則楓浦館其北)

두 화(화산의 봉우리)가 문턱이 되고

(兩華爲閾)

두 효가 지도리 되니

(二崤爲樞)

참으로 천하에 오구이다

(眞天地之奧區也)

〈그림 3-8〉은 강화도가 얼마나 화려한 국제무역 도시였는지를 묘사한 『신증동국여지승람』에 기재된 강화도 전경 원문이다.

<그림 3-8> 『신증동국여지승람』, 「강화부」: 당시 강화도 대부분의 건축물이 황실·궁궐 공경·사서들의 저택들로 구성되어 장관을 연출하고 있는 전경을 묘사하고 있다.

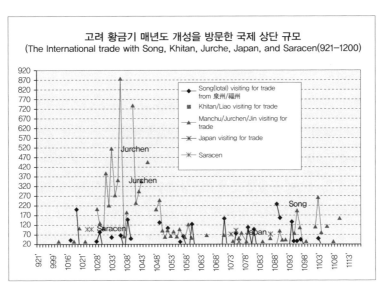

고려 황금기 매년도 개성을 방문한 국제 상단 규모
(The International trade with Song, Khitan, Jurche, Japan, and Saracen(921-1200)

<그림 3-9> 10-12세기 200년간 개성을 방문한 국빈 수와 통상 사절단 수

　〈그림 3-9〉는 10세기에서 12세기 고려 개성을 방문한 국제 외교통상
사절단의 방문 횟수와 그 규모이다. 『고려사』와 『고려사절요』에 개성을
방문한 외국 사절들을 기록한 것을 모아 그림으로 표시한 것이다. 이 기
록에 의하면 서쪽으로는 오늘날 아라비아 지역에서부터 동쪽으로는 일
본까지 매년 개성에 대규모 통상 사절단을 이끌고 와 국제무역을 한 것
을 알 수 있다. 아라비아 지역은 매년 평균 100여 명의 통상 사절단이
개성을 찾았다. 특히 오늘날 러시아 블라디보스토크 지역에서 많은 해
는 900여 명의 통상 사절단을 보낸 것을 볼 수 있다.

　서긍의 평가대로 고려는 동방예의지국이었으며 특히 외국의 상인들
을 존중하는 대외통상 교역국으로서 당대 최고 수준의 국가였던 것이
다. 1017-1021년 사이 송나라 강남은 금 생산지였다. 송 황제는 거란에

쫓기면서도 강남을 중심으로 각종 귀금속을 생산하여 국제무역 결제망의 중심 위치를 지켜나갔다. 이때 강남 금은보화의 많은 부분이 개성으로 들어온 것으로 추정된다.

고려 문종 때 고려는 개성의 남쪽 강화도와 가까운 곳에 흥왕사(興王寺)라는 당시 세계 최대 규모의 사원을 건축하였다. 이 흥왕사의 불상 제작에 들어간 금은이 1,500kg이라고 『고려사』는 기록하고 있다.[153] 고려 문종은 개성에 흥왕사를 세우고 당대 최대의 연등회를 5박 6일간 개최하였으며 불꽃놀이로 밤은 항상 대낮처럼 밝았다고 전하고 있다. 신채호 선생은 『조선상고사』에서 당시 팔관회에 모인 사람의 수를 백만 명이라고 소개하고 있다.

이와 같이 11세기 송나라는 거란에 쫓기어 강남으로 이동하면서도 고려와의 통상 외교는 계속 이어져 강남의 금을 개발하고 그 금이 고려로 밀려들어온 이야기가 흥부 이야기의 모티브가 된 것이다. 고려 개성이 당대 세계 최대의 무역도시가 된 이유는 오늘날 이탈리아 밀라노나 중세 베니스처럼 예술품과 여성의 마음을 사로잡는 사치품 생산이 발달하였기 때문이다. 특히 고려는 세계에서 가장 질이 좋은 종이와 송나라와 비견되는 세라믹 청자를 생산하여 전 세계적으로 명성을 얻고 국제 금융과 무역의 중심이었기 때문이다.

그러면 당시 개성이 세계 최대 국제무역항이라는 것을 어떻게 추정할 수 있을까? 1925년에 조선총독부에서 조사한 개성지방 조사보고서 안에는 도무지 믿을 수 없는 숫자가 하나 나온다. 그것은 중세시대 개성의

---

153) 『高麗史節要』卷之五 文宗 仁孝大王 丁未二十一年.

거주 인구수인데, 무려 백만 명에 달했다고 한다. 한국이 작성한 기록이라면 믿을 수 없을지도 모르겠지만 그러나 이 기록은 1925년 일본 총독부 공식 보고서에 등장하는 기록이다. 이 기록을 가지고 11세기에서 21세기 1,000년의 역사 속에서 금융자본주의 중심축인 도시의 이동 경로를 대비해보자.

〈표 3-3〉을 보면 11-12세기 개성 인구가 100만 명으로 19세기 전 기간 가장 많은 인구수를 기록한 도시라는 것을 알 수 있다. 개성의 파트너 중국의 천주는 최소 20만에서 최대 100만 명으로 추정한다. 15세기 수도 서울의 인구는 10만 명으로 추산한다. 15세기 이탈리아 나폴리, 베니스, 밀라노에 대략 10만 명에서 15만 명의 인구가 거주한 것으로 되어 있다. 이탈리아 르네상스 황금기 도시 거주 인구가 최절정에 달한 것이다.

11세기에서 12세기 고려가 전 세계 소프트파워의 중심 국가였다는 사실을 전달하는 생생한 역사 기록이 또 하나 있다. 당대 최고 부자로 알려진 인물이 중국 국적을 버리고 고려로 귀화했다는 기록이다. 고려의 황금기인 1124년에 중국 당대 최고의 거부인 송나라 상인(商人) 두도제(杜道濟)와 축연조(祝延祚)가 국제무역을 하기 위해 고려에 왔다가 돌아가지 않았다. 그들은 개성에 머물면서 낙타의 등골 속살 요리와 곰 발바닥 요리에 심취하였고 오늘날 프라다 신발 못지않은 신발을 신은 고려 여인들의 자태에 홀려 있었다. 이에 중국에서는 두 번이나 송환을 요청하는 공문을 고려에 보내왔지만 이 두 거상은 귀국하지 않았다. 결국 송 황제는 직접 고려에 귀화하는 것을 허락하는 공문을 보내온 것

세계무역 금융 도시		시대별 인구 (단위: 천 명)				
		1080-1232	1500	1600	1700	1800
한국	개성	1,000				
	서울		103	95	185	204
중국	천주	225-1000				
이탈리아	Naples		150	281	216	427
	Venice		100	139	138	138
	Milan		100	120	124	135
프랑스	Paris		100	220	510	581
네덜란드	Amsterdam		14	65	200	217
영국	London		40	200	575	865
미국	New York					

<표 3-3> 세계 주요 도시 인구(11-19세기)

이다.[154] 말하자면 오늘날 미국의 빌 게이츠가 개성과 강화를 방문하고 한국을 방문하였다가 미국으로 돌아가지 않고 한국으로 귀화하기를 원하자 미국 대통령이 빌 게이츠의 귀화를 허락한 것으로 당시 고려의 소프트파워를 역사적 상상력으로 짐작해 볼 수 있는 사례인 것이다.

이러한 개성 번화가의 모습을 12세기 개성과 강화에 살면서 문학 작품을 남긴 최자(崔滋)의 시를 통해 상상할 수 있다. 그의 시에 의하면 당시 개성 공경 사대부들이 사는 집의 기와지붕은 10리(약 4km)나 길게 서로 연이어져 있었다.[155] 지금 뉴욕이나 프랑크푸르트의 마천루가 4km나 연이어져 있다고 상상해 볼 수 있을 것이다. 4km나 연속으로 이어진 개성 누각들의 하늘을 향한 곡선들은 마치 봉황이 춤을 추는 듯하였

---

154)『高麗史節要』第9卷 仁宗
155)『東文選』崔滋, 公卿列第 聯亘十里 鳳舞螭起 輝映金碧

<그림 3-10> 중국 항주의 중심가 상점 간판. 고려인삼 판매점 간판(野山高麗洋蔘皆上等)이 금장으로 되어 있다.

다. 오늘날 도시의 아름다움을 스카이라인으로 표현하듯이 당시 지붕의 모습은 봉황이 춤추는 듯 펼쳐져 있었던 것이다.

또한 개성의 점포는 금장으로 된 간판을 걸고 그들이 생산한 인삼 상품은 금과 같은 값진 가치를 갖는다고 하여 금장 상표를 걸었다. 최자가 시로 표현한 개성 시가지 모습은 오늘날 중국 항저우 전당호 근처의 상가 모습과 그대로 일치한다. 〈그림 3-10〉을 보면 항주 상점 표시와 최고 품질의 고려인삼 액자에 금장이 되어 있는 것을 볼 수 있다.[156]

이 화려한 상업 문화의 전통을 가진 개성이 오늘날 유럽의 프랑스 파리나 이탈리아 밀라노, 영국 런던을 따라잡을 수 있을까? 대답은 예스이다. 왜냐하면 개성 식당이 당시 팔았던 음식 기록을 보면 이 예측이 맞다는 것을 확신할 수 있다. 개성 식당에서 팔았던 음식은 낙타의 등에 산봉우리처럼 솟아오른 타봉 살덩어리 요리로, 육고기 중에는 최고의 진미를 메뉴로 갖고 있었던 것이다. 특히 자타봉(紫駝峰)이라는 붉은

---

156) 『東文選』崔滋, 野山高麗洋蔘皆上等

털을 가진 낙타의 등으로 만든 요리는 천하일미로 소문난 요리이다.[157] 낙타 봉우리 요리보다 더 진미라는 곰 발바닥 요리도 당시 개성 사람들이 즐긴 요리 메뉴에 나타나 있다.

최자의 시는 다음과 같이 계속 이어진다. 프라다보다 더 고운 신을 신은 아낙네는 샤넬 향수보다 더 매혹적인 향수와 요염한 몸짓으로 남정네 시선과 마음을 사로잡네. 비파와 수금의 반주가 울려 퍼지는 가운데 사족에서 평민에 이르기까지, 심지어 절간의 중들도 모두 다 화려한 집에 거주하며 사회적으로 신분이 낮은 노예조차 귀족과 같이 높은 갓과 복두를 쓰고 캐시미어보다 가볍고 촘촘히 짠 옷을 입고 멋진 스타일을 다투어 자랑하니 저 당나라 장안과 낙양의 화려한 태평성대도 우리 개성과 어찌 나란히 견줄 수 있을까?[158] 이 시는 11세기에서 13세기 중반까지 개성의 자본주의가 빚어낸 세계 최대의 문예부흥의 사회상을 여실히 보여주고 있다.

다음으로 DEB 전제조건인 다섯 번째 사유재산권(Private Property)의 확립과 여섯 번째 조건인 신용(Credit)제도 그리고 마지막 일곱 번째가 자본(Capital)의 성립인데 고려시대 이 세 조건이 어느 정도 발달하였는가를 입체적으로 제시하는 고문서를 가지고 살펴보려고 한다.

지금까지 발견된 고 회계문서 가운데 고려시대 회계용어와 이두와의 연관성을 실증할 수 있는 최초의 자료는 고려 원종 3년(1262년)의 『상서

---

157) 두보(杜甫)의 시 〈여인행(麗人行)〉에 "붉은 낙타의 봉우리는 푸른 솥에 삶아내고, 수정의 소반에는 흰 생선을 담아 내오네.(紫駝之峯出翠釜, 水精之盤行素鱗.)"라고 하였다. 『杜少陵詩集』 卷2.
158) 『東文選』 第2卷 賦 三都賦 [崔滋] 駝峯熊掌 其帶鈒其履 敷香布蔭 爭妍竟媚 笙歌鼓吹 至於士庶 桑門釋子 居必華屋 庸奴賤隷 峩其冠戴其幘 衣輕服緻 爭相耀侈 雖雍洛靡麗之盛 莫我敢齒

色掌員 別定爲 責役.各別爲在-- 向前 權臣崔忠獻乙 全委飾立爲有如
乎 翊聖寶叱殷 同寶上 米䄈銀物 貸下爲在 人員岐如 爲去乙 子孫良中
至亦 生徵 捧上爲臥乎等用良, 艱苦亦 望白如乎 事是去有等以, 甲寅年
已上乙良 邊幷以 放除敎是遣, 同年已來乙沙 身故矜乙良 除敎是遣
生存人耳亦 邊長除良初亦 貸下爲乎 本色以 本項耳亦 捧上爲旀 寶爲
排置爲有如乎 家幷以 國賑色 題給爲良於爲敎矣.

금융관리인은 별도로 정하여 그 맡은 바 역할을 각각 정하며 일전에 권신 최충헌을 전적으로
위임하여 장식하고 세워주던 익성보는 그 보의 쌀과 면과 은물을 빌려준 사람들이 (여러 대가)
바뀌었으나 대대로 자손에 이르러서도 억지로 받아내려고 하니 그 어려움과 고생으로 바라는
바가 있었으므로 갑인년(1254) 이전의 것은 이자와 원금을 모두 아울러 면제해주고 갑인년 이
후 연도에 대해서는 죽은 사람 몫은 면제하고 생존한 사람의 것은 이자를 제하고 빌려간 원금
을 본래 항목대로 받으며 보에 배치된 가호는 모두 국가 진휼 빚으로 바꾸는 것을 결정한다.

회계 관련 이두	의미
色掌	빚쟁이(금융인)
寶	보(은행)
貸下	빌려주다(대출)
生徵	생징(강제로 징수)
捧上	받자(자산)
已上	이자(합)
邊長	변장(이자원금)
矜乙	깃을(몫 배당)
除	제(-)
本色	본빚(원금)
國賑色	국진빚(국가진휼기금)
題給	제급(적어주다. 판결하다)

<표 3-4> 1262년 상서도관첩 원문과 관련 이두 회계용어

도관첩(尚書都官貼)』이라 할 수 있다.[159]

이 문서는 1262년 6월에 상서도관에서 유경(柳璥)에게 발급한 문서로 세로쓰기 원문 배열을 가로쓰기 배열로 전환한 것이다. 원문 24행에서 30행 사이와 86행에서 91행 사이에 '받자(捧上)'를 포함한 개성회계 용어가 집중적으로 기재되어 있다.[160] 이 가운데 회계 관련 용어들을 원문과 함께 표시하면 〈표 3-4〉와 같다.

이 가운데 먼저 빛(色)을 사용한 용어들 '色掌員' '本色' '國賑色'의 의미를 살펴보자. '色掌員'을 금융관리인으로 번역한 이유는 이두로서 '빗쟁이'로 읽어야 하기 때문이다. 이재 황윤석에 따르면 이 용어는 원나라 몽골의 최고 관직명에서 기원한다.[161]

고려말 목은 이색은 원나라의 최고 관직에 올랐는데 그의 관직명이 '빗쟁이'였다. 이 사실은 양촌 권근이 이색을 위해 지은 「행장」에 나온다. 이 「행장」에 "이색은 을미년 봄에 왕부 필도치 문서를 담당하는 비목(王府必闍赤掌書批目)이 되니 유림으로 명예로운 선발이었다"라는 구절이 나온다. 이색이 얻은 관직은 필도치, 비자치(必闍赤 몽고어의 Biteshi)로 공문서를 담당하는 최고 관직이다. 당시 원나라 최고 엘리트를 지칭하는 것으로 금융인들을 빗쟁이라고 부르는 어원이 된다.[162]

---

159) 이 문서는 1262년(원종 3)에 상서도관에서 위사공신 첨서추밀원사 유경에게 노비 10구를 지급하는 문서이다. 원문서는 전하지 않고 『문화유씨가정보』에 수록되어 있다. 위사공신이란 고려시대 최씨 무신정권을 몰락시킨 사람들에게 내린 공신 칭호이다. 위사공신들은 원래 최충헌의 휘하에서 벼슬을 했던 사람들로 최항 때까지 무신정권에 충성을 다하였다. 허흥식, 「1262년 상서도관첩의 분석(上, 下)」, 『한국학보』 27, 29, 1982.

160) 허흥식, (1982: 60).

161) 黃胤錫 『頤齋遺藁』 元制必闍赤。闍音舍。掌文書者。華言秀才也。今淸呼筆帖式。東俗所謂色吏者。自高麗已然。呼非赤。非卽必闍二合聲。

162) 『東文選』卷之一百十六 行狀 權近 牧隱先生李文靖公行狀

이 용어는 고려시대에 이어 조선 전기에서 후기까지 약 1,000년의 역사를 가지며 회계문서에 등장한다. 색(色), 개색(改色), 본색(本色), 색장(色掌) 등은 금융과 관련된 다양한 용어이다. 특히 호남 지방 마을 자치조직의 회계장부 「용하기」에는 마을 구성원끼리 상부상조적인 금융 기능이 어떻게 수행되고 있었는지를 전해주는 신용정보 항목이 매우 많이 존재한다. 그중 이자 없이 무담보로 신용에 근거하여 구성원들에게 대출해줄 때 사용하는 용어가 개색(改色)인데 현재에도 호남 지방에서는 '빛갈이 색갈이'라고 사용하는 용어이다.

따라서 '色'은 한자로는 색채의 뜻이나 이두자로서는 행정사무 관직명으로 '빛'으로 발음해야 그 온전한 의미가 전달된다. 오늘날 우리가 사용하는 색깔이나 빛깔은 빛을 새로 바꾸는 '빛갈이'라는 금융 행위를 지칭한다. 『경국대전』과 『대전회통』에 오늘날 기획재정부인 호조(戶曹)에 설치된 별특색, 별고색, 색장, 색리 등은 현대의 기획재정부 산하 금융관련 부, 국, 과에 해당된다.[163]

---

163) 오늘날 전라도 해남의 농촌에서는 여전히 돈을 빌리러 갈 때 "색갈(빛갈)이 하러 간다"라고 말한다. 「용하기」에는 회계 원리상 부채에 해당되는 항목에 "色"이란 용어를 사용하고 있어서 더욱 흥미롭다. 농업사회에서 창고 저장에 따르는 자연 감모분은 4~5% 내외이다. 영암 장암리에서는 될 수 있는 한 창고의 저장 곡식이 1년 이상을 넘기는 것을 피하였다. 남평 문씨 문중 계약조의 전여 전수의 규정에 이와 관련된 조항이 있다. 「米色以可食爲限 木則以實木爲定 而不及定法退却事」 쌀(米)의 빛깔은 먹을 수 있는 상태로 제한하며, 목화는 열매가 있는 목화를 기준으로 정하되 정한 기준에 미치지 못하면 물리치고 받아들이지 않는다. 이 조항은 매년두 결산을 준비하기 위하여 담당 유사끼리 인수인계의 원칙을 정한 것으로 오래 묵은 쌀의 경우 빛깔이 변색하므로 일정 한계를 정하여 인수인계한다는 원칙이다. 담당 유사들은 항상 창고의 곡식을 일정한 빛을 유지하기 위하여 개색이란 금융을 개발한 것으로 사료된다. 주로 장기간 고용된 고직이나 산지기, 머슴들에게 매년도 봄에 1석 이상의 벼를 무이자로 대출하고 추수 후 가을에 신곡을 받아들이는 방법을 사용할 때 이 항목으로 설정하고 처리한 것이다. 전성호 『조선시대 호남의 회계문화 한국 경제민주주의의 기원을 찾아서』 다할미디어 2007.

제4장

개성자본회계
첫 번째 순환과정

제1절 일기의 정직성(완전성)

받자 권리 = 주자 의무

현재 전 세계 자본주의 기업이 공유하는 회계준칙을 한마디로 요약하면 의무의 이행에서 '신의의 원칙(Principle of Good Faith)'이다. 현재까지 나온 회계원리 가운데 신의의 원칙을 지키기 위한 방법은 DEB원리 즉 대차평균의 원리(Principles of Equilibrium of Debits and Credits)가 유일한 방법이다. 대차평균의 원리는 거래가 발생하면 무엇보다도 먼저 거래 발생 날짜 순서대로 거래를 차변과 대변으로 분석하여 기록하는 일기장, 다음으로 거래를 계정별로 응집시켜 차변 대변 양면의 T 형태 장책, 다음으로 계정별 잔액을 차변 합계잔액은 자산란으로 대변 합계잔액은 부채, 자본란으로 시산하여 결산시점 재정상태를 나타내는 대차대조표, 회계기간 동안 발생한 모든 비용과 수익의 대조인 소득계산서 등 전 회계순환을 관통하는 DEB의 핵심 원리이다.

지금까지 신의의 원칙은 기업의 자산, 부채, 자본, 수익, 비용 등 재무제표를 작성하는 이윤 계산의 도구로만 이해하고 일상생활 속에서 반복적으로 발생하고 지켜야 하는 신의의 원칙은 권리와 의무의 관계와는 무관한 것으로 이해해왔다. 이러한 이유로 현대 회계학의 대차평균의 원리를 이해하는 것이 매우 어렵다.

그러나 KDEB의 회계용어를 살펴보면 모두 일상생활의 용어들이 회계 전문용어로 진화된 것을 알 수 있다. 따라서 대차평균의 원리를 이해하는 것이 간단하면서도 쉽다. 한마디로 현대 회계학이 대차평균의 원리를 설명하기 위해 동원하는 자산, 부채, 자본, 대차대조표, 손익계산서, 이익잉여금처분계산서 등은 KDEB에서는 간단하게 '권리와 의무' 균형의 원리로 축약된다.

예를 들어 KDEB는 자산 항목을 '받자(外上)' 혹은 받자(捧次)'라고, 부채 항목을 '타인에게 주자(他給)', 혹은 단순히 '주자(給次)'라고 소리글자의 한자 표기인 이두를 사용하여 표기한다. 자산을 '받자'로 표기한 이유는 '장차(미래) 내가 받을 권리'란 일상생활의 용어가 그대로 자산이란 회계용어로 된 것을 의미한다. 부채를 '주자(給次)'로 표기한 이유도 '장차 내가 주어야 할 의무'라는 의미가 그대로 부채 용어로 된 것이다.

따라서 대차평균의 원리를 KDEB로 표현하면 '받을 권리 = 주어야 할 의무'의 균형 원리이다. KDEB에서 대차대조표란 일정 시점(Stock)에서의 정적인 권리와 일정 기간(Flow) 지속해야 하는 동적인 책임이행 대조표로서 받자주자대조표이다. 대차대조표의 차변란은 자산 즉 권리의 요구란이고, 대변란의 부채(Liability)란은 의무의 이행란이다. 대차대조표가 제시하는 대차평균의 원리는 정적인 관점의 모순 즉 미래 시점의 권리 행사와 현재 시점의 의무 이행 사이의 시차로 인하여 서로 균형을 맞추기가 쉽지 않기 때문에 회계 시점과 회계기간의 시간 범주 차이로 인하여 언제 어느 시점에서 권리를 요구해야 하는지와 어느 기간 동안에 책임을 이행해야 하는지를 혼동하게 된다. 따라서 대부분의 사람들이 완전한 책임 이행 없이 아직 실현되지 않은 권리 행사에만 치우치는 탈균형적 사고를 하는 것이 인지상정이다.

이러한 이유에서 완전한 균형적 사고를 하기 위해서는 미래에 누려야 할 권리행사보다 반드시 먼저 현재의 성실한 의무 이행이 선행되어야 하는 책임성이 필요하다. 이것을 회계 책임(Accountability)이라고 한다. 이를 위해서는 매일매일 발생하는 거래 기록에 대한 정직성이 요구된다. DEB의 일기 기록에서 정직성이 요구되는 이유는 미래의 불확실한 위험에 대비하기 위해서이다. 이 미래성과 정직성을 기초로 자본회계 순환 2단계 총계정원장의 대차평균의 원리의 명료성이 보증되고 3단계 잔액시산표가 정확히 계산되는 것이다.

본 장에서는 KDEB의 '받자 권리=주자 책임' 원리가 회계 1순환에서 어떻게 완전성과 복식성과 미래성을 구비하면서 나타나는가를 제시한다.

〈그림 4-1〉은 박영진가 일기 첫 페이지이다. 3단 구조로 제시하였는데 첫 단이 원문 사진이고 두 번째 단은 원문을 있는 그대로 정서한 것이고 세 번째 단은 첫 개시 기입을 현대식으로 분개한 것이다. 원문 사진은 첫눈에 보면 많은 암호 표시로 해독이 어려울 것 같지만 그럼에도 불구하고 질서정연함이 느껴진다. 기장의 질서정연성은 기장자의 정직성을 한눈에 보여준다. 그러면 이 정직성이 어떠한 이유로 종교세계의

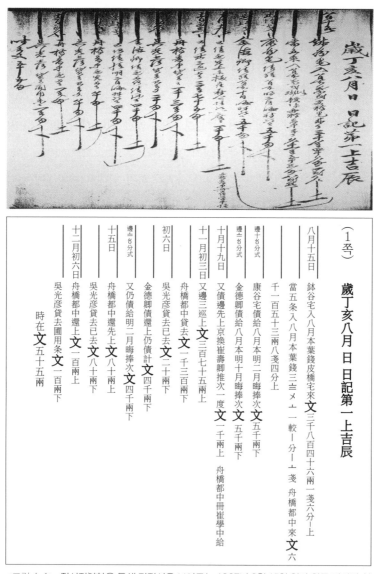

（1쪽）

歲丁亥八月日 日記第一上吉辰

八月十五日
鉢谷宅入八月本葉錢皮橋宅來 **文**三千八百四十六兩一戔六分上

當五条入八月本葉錢三三乄一一較一分一乄戔 舟橋都中來 **文**六
千一百五十三兩八戔四分上

邊十多分式
康谷宅債給八月晦二月晦捧次 **文**五千兩下
金德卿債給八月本明十月晦捧次 **文**五千兩下

十月十九日
又債邊先上京換崔壽卿推次一度 **文**一千兩上　舟橋都中冊崔學中給

邊ㅗ多分式
十一月初三日 又邊三巡上 **文**三百七十五兩上

初六日 舟橋都中貸去 **文**一千三百兩下
吳光彦貸去已去 **文**二十兩下
金德卿債還上仍債計 **文**四千兩下

邊ㅗ多分式
又仍債給明二月晦捧次 **文**四千兩下
十五日 舟橋都中還先上 **文**八十兩上

吳光彦貸去已去 **文**八十兩下
十二月初六日 舟橋都中還上 **文**一百兩上
吳光彦貸去圍用条 **文**一百兩下

時在 **文**五十五兩

<그림 4-1> 질서정연함을 통해 정직성을 보여주는 1887년 8월 15일 일기 원문 정서와 첫 기입의 현금 자본금 분개 구조 예시

완전성과 연결되는지 살펴보자.

정직성은 현재 각국의 주식회사 법률에 모두 명시되어 있다. 예를 들어 독일 주식법 제160조 제4항을 보면 '주식회사는 양심적이고 충실한 설명의 원칙에 의하여 영업보고서를 작성하여야 한다'는 성실한 의무 이행 원칙 조항이 있다. 영국 회사법도 그 기본 이념인 진실하고 공정한 보고 원칙 즉 '모든 회사는 적절한 회계장부를 비치하여야 하고, 대차대조표와 손익계산서는 회사의 재무 상태와 손익을 진실하고 공정하게 표시하여야 한다'는 원칙을 명시하고 있다.

또 미국 회계연구공보 제7호에 '회사의 회계는 성실하고 정당한 주의를 다하여야 한다'는 원칙이 명시되어 있다. 이와 같이 현재의 자본흐름과 미래의 가치 실현 사이에는 회계의 진실성이 존재한다. 이는 회계기간 순환의 전 과정과 결산 과정에서 기록과 측정은 진실하게 이루어져야 하는 동시에 이를 바탕으로 작성된 대차대조표와 소득계산서 그리고 현금흐름표는 재무 상태와 경영 성과 그리고 현금흐름을 진실하게 보고하여야 함을 요구하는 원칙이다.

한국의 경우 정직한 회계보고의 원칙을 지키는 기업의 책임 경영 윤리의식은 1997년 금융위기 이후에 정착하였다고 볼 수 있다. 1997년 이전의 한국 기업은 정경유착(政經癒着)이라는 고질적인 병폐에서 헤어나지 못하고 있었다. 한국의 회계사를 포함한 사회과학사 연구에서 정직성을 기초로 회계 정신을 강조한 연구는 정기숙·박해근·이중희 공저(2002) 『회계사상과 회계기준의 발전』이 최초이자 유일하다. 이 연구는 한국의 기업, 정부, 가계, 세 경제주체에게 회계 윤리와 회계기준이 얼마나 소중한 체계인지 각성시킨 연구라 할 수 있다.

이 연구는 미국의 경우, 18세기 청교도의 노동윤리인 근면과 절약을 체화한 시민들이 주축이 되어 만든 국가 위에 산업혁명의 결과물인 철도산업이 전 대륙을 연결하는 시장을 형성하였기 때문에 산업혁명 시대의 상징인 '주식회사' 제도와 근면 혁명 시대의 상징인 '정직성과 성실성'의 윤리 체계를 그대로 국가 건립의 기초로 두었다고 강조한다.

한국은 전통적으로 이탈리아 베니스의 회계 방식과 유사한 개성상인 회계 방식을 보유해왔음에도 불구하고 근대화 시기인 개항기와 식민지 시대에 전통을 무시당한 채 일본에 의해 회계가 도입됨으로써 근대화는 커녕 근대화에 역행하는 왜곡된 회계제도가 들어서게 되었다. 특히 일제강점기에 개성상인이 추구한 정직한 회계 기장의 전통이 계승되지 않고 사라져 그 적폐가 오늘날 한국 사회에 만연한 부정부패의 원인이 되었다는 진단은 매우 타당하다고 생각된다.

이 책의 진단대로 20세기 한국 경제의 모순은 전 세계 자본주의 역사에서 가장 소중히 여기는 성실 기장과 회계의 존엄성(Accounting Respectability)을 외면해온 데에서 기인한다.

이 책이 오늘날 한국의 경제사학자들 특히 식민지 근대화를 주장하는 학자들에게 일본 근대화의 아버지로 칭송되는 후쿠자와 유키치(福澤諭吉)의 어리석음을 깨닫게 하는 것은 매우 소중한 지적이다. 후쿠자와 유키치는 일본에 서양 부기를 처음 소개한 인물인데 그의 번역서 『帳合之法』에 회계기준의 핵심인 성실성 및 정직성을 빼먹었다는 사실이다.[164] 앞서 소개한 도요타 자동차의 결산보고서에 나타나듯이 일본 기

---

164) 정기숙·박해근·이중희 (2002 : 26)

업 가운데 완벽한 DEB 원리대로 회계의 전 순환과정을 거치면서 최종 결산보고서인 재무제표를 작성하여 이윤을 계산한 기업은 1950년대까지 존재하지 않는다.

따라서 19세기 말부터 20세기 초 한국이 식민지를 경험하면서 유럽에서 발달한 산업혁명의 결과물들을 일본을 통해서 타율적으로 도입됨에 따라 경제체제의 유지에 가장 필수적인 요소인 정직성과 근면성을 상실하였다는 회계사학계의 지적에 대해 한국의 경제사학계는 귀를 기울여야 한다. DEB에 대한 본질적인 이해 없이 18-20세기 유럽에서 형성된 근대성을 이해할 경우 회계를 단순히 자본 축적이나 부를 계산하는 도구 정도로 오해하고 물질만능의 얼빠진 자본주의를 추구하기 쉽기 때문이다. 또한 근대 자본주의 역사를 지배해온 서구 유럽 중심 사관을 무분별하게 받아들여 전통을 계승한 근대화인가 아니면 전통과 단절된 근대화인가를 가름할 수 있는 역사 주권을 상실하기 때문이다.

1997년 IMF 위기를 계기로 한국 경제의 중심 화두는 책임 경영이었다. 회계 책임을 뼈저리게 감내한 한국 기업은 이후 세계적 기업으로 우뚝 서게 된다. 일제강점기에 도입된 정경유착의 고질적 병폐를 1997년 이후 떨쳐버림으로써 한국 기업은 비로소 KDEB의 후예로서 세계적 기업으로 성장하게 된 것이다.

개성회계 편집증
天恩上吉辰, 十方佛菩薩證明

앞서 언급하였듯이 개성상인이 정직성을 지킨 이유는 불확실한 미래의 위험관리 때문이다. 개성상인은 편집증이라 부를 만큼 일기의 완전성을 통하여 위험예방 면역관리 체제인 '개성회계 편집증(Kaesong Accounting Paranoia, KAP)'을 수립하였다. 이러한 일기의 완전성과 KAP의 위험예방 안전관리 시스템은 세계 다른 어느 지역의 DEB 시스템보다도 거래 자료를 분실했을 때의 복원력과 누군가에 의해 도난당하거나 은멸되거나 조작된 자료의 역추적 능력의 완벽성을 특징으로 한다. KDEB의 완전성은 현대 회계에서 정직성을 완전성(Integrity)이라고도 정의 내리는 이유를 설명한다.

오늘날 DEB의 정직성은 거래의 결제와 청산이 명쾌하다고 해서 투명성 혹은 청렴성으로도 사용된다. 매년 국제투명성기구에서 발표하는 각 국가별 투명지수를 국가청렴체계(National Integrity System, 이하 NIS)라고 부르는 이유도 여기에서 기원한다. '정직성·청렴성·완전성'으로 번역되어 사용하는 'Integrity'는 순수함(Innocence), 완전한 순결함(Purity), 흠잡을 것 없음(Blameless)의 의미로 라틴어의 'Integritatem'에서 기원한다.

DEB에 의한 일기 기록의 정직성(완전성)은 오늘날 컴퓨터 시스템에서 가장 중요한 안전망 구축의 원리로 작용하고 있다. 지구상에 완전범죄는 존재할 수 없듯이 컴퓨터에 한번 입력된 데이터는 정직성 시스템으로 절대로 조작하거나 은닉하는 것이 불가능하다.

결국 DEB에 의한 일기 기록의 정직성(완전성)이 컴퓨터 그 자체이다. 이러한 주장은 쉽게 이해가 안 될 수도 있다. 그러나 현재까지 전 세계에서 공인하는 세계 최초의 DEB 저술인 1494년 루카 파치올리의 저서의 원제목은 "컴퓨터"였다. 이 책은 국내에 『산술, 기하, 비 및 비례 총람(Luca Pacioli, Summa de Arithmetica, Geometria, Proportioni et Proportionalita, 1494)』이라는 제목으로 번역되어 소개되었는데 라틴어 출판 제목을 보면 바로 다음에 "DE COMPUTIS et SCRIPTURIS(Particulars of Computing and Recording)"가 나온다. 이 부분이 바로 DEB에 관한 파치올리 책의 원제목이다.

파치올리가 사용한 원제목을 다시 살리자면 'DEB=COMPUTING & RECORDING'이다. 이 사실이 중요한 이유는 현대 사회가 컴퓨터에 기반한 디지털 사회이기 때문에 DEB에 기반한 일기의 완전성이 현대인들에게 얼마나 중요한지를 깨우쳐 주기 때문이다. 예를 들어 디지털 사회에서 많이 회자되는 용어가 '디지털 복원 능력' 혹은 '디지털 포렌식'이다. 포렌식(Forensic)이란 공개적으로 공공의 증거를 완벽히 재현하는 기법으로 컴퓨터 시스템이 자체적으로 숨기거나 조작하거나 속이는 것이 불가능한 정직성(완전성)에 기반하고 있기 때문에 가능한 기법이다.[165]

그러면 DEB의 정직성은 어디에서 출발하는가? 당연히 회계 제1 순환인 일기에서 출발한다. 본 장에서는 19세기 개성상인의 후예 박영진 가문이 소장해온 일기 분석을 통해 먼저 K-Account의 제1 회계순환

---

165) 이 단어는 고대 로마시대 신 앞에 완전히 노출된 장소 포럼(Forum)과 공공(public)이라는 라틴어에서 유래한다. 공인회계사가 디지털 포렌식에 가장 적절한 전문직업인 것이다. 경찰, 검찰, 감사원, 국세청 모두 공인회계사로 구성되어야 완벽한 포렌식을 구사할 수 있는 것이다.

의 특성 세 가지 정직(완전)성, 복식성, 미래성을 도출한다. 다음으로 이 특성으로 인하여 거래를 차변과 대변으로 분개하는 절차와 투자활동으로 인한 현금흐름과 영업활동으로 인한 현금흐름을 파악하는 절차가 동시에 진행되는 것을 제시한다.

다음으로 이러한 특성은 이탈리아 베니스와 플로렌스 지방의 15세기에서 19세기 일기와 비교를 통해 조선 후기 개성 지방의 일기(분개) 기록이 베니스 플로렌스 등 유럽의 일기(분개) 기록보다 훨씬 더 우수한 방식으로 정직성(완전성), 복식성, 그리고 미래성이라는 특성을 지니고 있는 것을 제시한다. 〈그림 4-1〉에서 알 수 있듯이 개성상인 일기는 질서정연하지만 영화 다빈치 코드에서 보는 것처럼 난해한 코드와 암호 표시들로 가득 차 있다. 이 코드와 암호는 컴퓨터 시스템이 그대로 개성상인 일기 속에 존재함을 의미한다.

서구 유럽 자본주의와 기업의 역사를 반영한 현대 회계는 총 10단계의 회계순환을 가진다. 이와 반면에 개성상인 회계장부에서 확인되는 회계순환은 단순히 5단계 순환으로 요약된다. 마치 세종이 만든 훈민정음 28자가 세계에서 가장 간단하고 명료한 알파벳이자 가장 과학적인 표기법이듯이 K-Account의 단순명료한 회계순환의 비밀은 개성상인 일기(日記 Day Book)의 완전성 때문이다.

DEB는 무엇보다도 매일매일 발생하는 경제 거래를 대변과 차변 요소로 분개하여 기록하는 이중 형태(Bilateral form)를 갖추어 거래 기록의 완전성을 실현하는 것이 첫 과정이기 때문에 일기는 장책과 더불어 주요부에 속한다. 즉 어떠한 회계 오류도 용납해서는 안 되는 완전성의 특징을 DEB 일기장은 태생적으로 갖고 있어야 한다. 이러한 이유로 완전성을 오류로부터의 자유(Freedom from error)라고 표현하기도 한다.

유럽에 한정하여 DEB의 역사를 탐구한 챗필드는 DEB가 유럽에 출현하기까지 유럽의 경제 종사자들은 많은 회계 처리 오류를 범하였고 그 회계 오류의 원인을 끝까지 추적하지도 않았고 또 추적할 수 없는 오류에 대해서는 무기력에 빠져 있었다고 증언한다. 이러한 회계 오류(Accounting Error)는 결국은 분쟁이나 범죄나 전쟁으로 귀결되어 지속적으로 사업을 유지할 수 없는 원인이 되었다는 것이다.

그가 밝힌 서구 유럽 중심의 DEB 모순은 1494년 이탈리아 베니스에서 세계 최초의 DEB가 출현한 이래 19세기까지 상인이나 기업이나 은행 모두 회계 오류에서 벗어나지 못하고 있었다는 점이다. 이것은 이탈리아 베니스에서 출현한 DEB가 완전성을 결여한 시스템이라는 것을 웅변한다.

〈그림 4-1〉은 서구 유럽 회계사에서 20세기에 들어와서야 회계 오류로부터 자유로워져서 기업과 자본주의 체제가 확립되었다고 보는 유럽 중심주의 역사관에 경종을 울린다. DEB 일기시스템이 가장 중요한 이유는 거래 기록과 기록이 서로 연결되어 있기 때문이고 다른 어느 자료보다도 원천 자료로서 제공하는 각종 정보에 대한 신뢰성의 기초이기 때문이다. 〈그림 4-1〉은 19세기에 이미 개성에서 이 시스템을 갖춘 것을 보여주고 있다.[166]

〈그림 4-1〉의 첫 표제어에 나오는 '상길진(上吉辰)'은 무슨 표시인가? 이 표시는 마치 종교 기도문 같다. 기독교 성경 구절 '진리가 너희를 자

---

166) Chatfield, Michael, *A history of Accounting thought* (New York: Robert E. Krieger Publishing Company, 1977), p.97.

유케 하리라'와 회계 오류로부터의 자유는 무슨 관계인가? 15세기 루카 파치올리의 직업은 성직자였다. 그는 성공한 기업가는 매일 새벽에 일어나 기도하고 일기장을 쓴다는 것을 곳곳에 강조하였다.

개성상인들도 마찬가지로 새벽에 맑은 정신으로 '하늘의 영광이 나의 기업 이윤과 함께하기를 기원하면서(天恩上吉辰) 捧次(장차 받을 것), 給次(장차 줄 것)가 반복되는 일기를 기록한다. 이 문구는 한자로 기록된 문구이지만 기독교 버전으로 번역하면 "하늘의 영광을 위해 정직하게 모든 것을 기록합니다. 현재 나에게 들어온 돈은 반드시 미래에 누군가에게 갚을 돈입니다. 아멘."이라고 번역할 수 있겠다.

미국 회계학의 선구자 리틀튼은 기업가정신과 미래와의 연관성에 대해 다음과 같이 명기하였다.

"기입에는 반드시 현재 일어난 일이 아니라 미래 발생할 것으로 예상되는 결코 잊어서는 안 되는 사실을 명심록에 기록해 놓아야 한다."[167]

개성상인 회계장부는 겉표지이건 속 페이지이건 첫 기록은 종교의 신성성을 상징하는 문구에서 시작한다. 예를 들어 일기장이건 장책이건 겉표지에는 '천은상길진(天恩上吉辰)', 속 페이지에는 '상길진(上吉辰)'이 그것이다. 이 문구는 개성상인이 물려준 회계문명이 얼마나 온 지구를 포괄하는 보편적 가치를 추구한 문명인가를 나타낸다.

KDEB의 일기의 완전성은 왜 DEB가 종교적 신앙고백에서 기원하는

167) Littleton *Accounting Evolution to 1900* 1933 p.44.

지를 가장 잘 보여준다. 중세를 지배한 종교 세계와 근대를 지배한 자본 세계가 개성상인의 일기의 완전성을 통해 자연스럽게 연결되어 있는 것이다. 이슬람 성서 코란이나 유대교 경전, 티베트 불교 경전 모두 천은상길진(天恩上吉辰)과 같은 구원 관련 문구가 존재한다는 것이다. 예를 들어 Zoorastrianism(Pahlavi Texts, part I, 30,4-33), Judaism(Deut., 7.9-11), Islam(Qur'an, s. 17, v. 13), and Buddhism(Tibetan Book of the Dead, 75) 등이 그것이다.

사실 한국의 어느 불교 사찰을 가보아도 지옥과 극락세계를 심판하는 염라대왕이 회계장부를 펼치고 그 심판 의견을 진술하는 상을 볼 수 있다. 오늘날 공인회계사가 곧 염라대왕인 셈이다. 성경 요한계시록 20장 11절에서 15절에 '죽은 자들이 큰 자나 작은 자나 그 보좌 앞에 서 있는데 회계책들이 펼쳐져 있고 또 다른 책이 펴졌으니 곧 생명책이라. 죽은 자들이 자기 행위를 따라 책들에 기록된 대로 심판을 받으니 생명원장이다.' 이 생명책이란 바로 개성상인들이 간직해온 회계장부를 의미한다.

이번에 발견된 북한 개성 고려성균관대학 소장 장책 첫 페이지의 기도 문구 '천은상길진(天恩上吉辰)'은 글로벌 기업에게 새로운 경종을 울린다. 오늘날 대부분의 기업이 이 기도 문구 작성을 새까맣게 까먹고 DEB를 단순히 숫자놀이 계산표인 대차대조표와 손익계산서를 작성하는 회계의 언어로만 알고 있기 때문이다. 그러나 개성상인은 지옥과 극락세계를 심판하는 회계 정신을 지기고 있었던 것이다.

개성상인은 기독교 문명권이 아닌 유교 문명권에서 활동한 상인인데도 회계장부 첫 페이지에 반드시 기도 문구와 함께 그 사업을 시작한 것

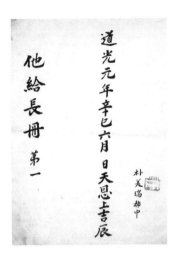

<그림 4-2> 장책 첫 문구 天恩上吉辰

이다. 〈그림 4-2〉처럼 그들의 회계장부 첫 페이지 첫 문구는 '천은상길진(天恩上吉辰)'이라는 일종의 기도 문구이다. 개성상인들은 왜 '하늘의 은혜를 내려 주소서'와 같은 기도 문구를 맨 먼저 작성하였을까? DEB 회계가 믿음 체계 즉 신과의 의사소통 체계가 되는 이유는 모든 인간은 마음속에 보이지 않는 신과 대화하려는 선한 의지를 갖고 태어나기 때문으로 이해된다.

회계의 완전성과 종교성과의 연관을 증명하는 자료가 불교 사찰에서도 나왔다. 개성상인의 회계장부 첫 페이지에 등장하는 천은상길진(天恩上吉辰)과 같은 회계기록의 진실성이 불국사 석가탑에서 나온 것이다. 불국사 석가탑은 고려 초인 1024년과 1038년 두 차례 지진으로 해체 보수한 것으로 알려졌다. 이때 『고려사』의 기록은 다음과 같다.

"1036년 7월 17일 개성, 동경(東京 경주) 및 상주(尙州), 광주(廣州), 안

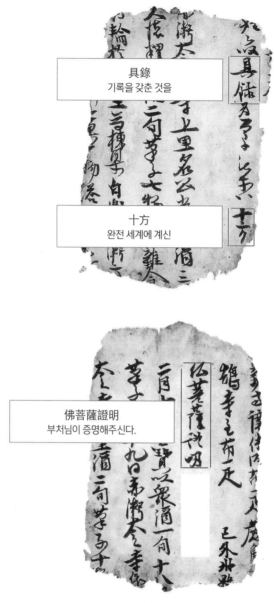

具錄
기록을 갖춘 것을

十方
완전 세계에 계신

佛菩薩證明
부처님이 증명해주신다.

<그림 4-3> 불국사 석가탑. 회계 지편(11세기 1024-38)

변부(安邊府) 관내 주, 현에서 靖宗 2. 6. 21. 지진으로 말미암아 수다한 가옥들이 훼손되었고 동경 경주에서는 3일이 지나서야 지진이 멎었다."

"1036년 7월 19일 불국사 불문(佛門) 남쪽 대제(大梯 계단의 일종)의 부속시설과 하불문(下佛門) 위 시설, 靖宗 2. 6. 23. 여러 행랑시설 등이 붕괴, 석가탑은 붕괴 일보 직전이었다."[168]

〈그림 4-3〉에 제시한 대로 1036년 경주 일대의 대지진으로 불국사의 석가탑이 무너졌으나 1년 만에 자금을 모아 다시 중수하였을 때 회계기록을 함께 넣어놓은 것이 천 년이 지난 최근에 보수하려고 해체했을 때 나타난 것이다. 그 내용은 '具錄…十方佛菩薩證明(기록을 갖추어 완전 세계에 계신 부처님이 증명하신다.)'으로 시주자가 보수 자금으로 시주한 내용을 쌀 한 톨도 속이지 않고 투명하게 처리했음을 부처님이 증명한다는 내용이다.

이와 같이 한국인은 불국사의 묵서지편이나 개성상인 회계장부나 모두 회계를 기록할 때에는 완전 세계에 존재하는 신이 증명할 정도로 진실성의 원칙을 중시해 온 것이다.

파치올리는 DEB 없이는 모든 국가 지도자나 상인이나 성직자나 다 정신적 고통에 괴로워한다고 했다. 그는 DEB의 좌우대조 평균을 맞추는 일을 성스러운 하나님을 체험하는 일로 여겨서 근면성지순례(勤勉聖地巡禮 Industrious Pilgrim)라고 표현했다. 그는 상인이 회계적인 질서를 지

---

168) 『高麗史』－世家, 『高麗史』－志(五行), 『高麗史節要』, 『增補文獻備考』

키지 않을 경우 심한 정신적인 고통(Great mental trouble)에 머물 것이라고 강조하면서 DEB를 '근면한 성지순례'라고 다음과 같이 묘사하였다.

"기업 경영가는 항상 반드시 그의 모든 사업의 일을 신의 이름으로 시작하여야 하며 그의 사업을 기록하는 모든 회계장부의 처음을 시작하는 곳에 신의 이름이 나타나야 하며 항상 그의 신성한 이름을 마음 속에 명심하고 있어야 한다."[169]

정리하자면 유럽에서 중세 말 토마스 아퀴나스가 물질적인 풍요로움의 추구를 통한 인류 구원의 지고지선(至高至善 Summum bonum: the highest good of Salvation)에 도달하는 것을 루카 파치올리는 신의 영광의 구원을 경험하는 방법으로서 정확한 회계 처리와 연관시킨 것이다.[170] 개성상인의 합리적 이윤추구 기도문 '천은상길진(天恩上吉辰)'이나 불국사 석가탑의 회계 진실성 기록 '십방불보살증명(十方佛菩薩證明)'은 모두 착하게 정직하게 신용체계에 기반한다는 것을 공통분모로 가지고 있는 것이다.

파치올리는 개성상인과 마찬가지로 제1장 첫 기입에서 진실한 상인들에게 가장 필수적인 것으로 일기장과 원장의 보존이라고 제목을 달고

___

169) Paciloi(1494 : 4) "He must always commence his affairs in the name of God, whose name must appear at the beginning of every manuscript, always bearing his Holy Name in mind".

170) 구원이란 라틴어 'salvationem'에서 비롯된 것. 기독교에서 "영혼의 구원(the saving of the soul" 이란 다름 아닌 회계학에서는 '거래는 믿음에 의해서 구원받는다.(Every transaction is saved by Credit)의 원리로 차변과 대변 분개 원리에서 기원한다. 본 서에서는 이를 "차변과 대변의 균형 없이 신을 즐겁게 할 수 있는 방법은 없다(Without Journalizing, it is impossible to please God)"로 요약하여 제시한다.

진실된 믿음으로 큰일을 수행하는 것이 거대한 부를 획득하는 데 이르는 유일한 길이라고 강조한다.

또한 1493년 11월 8일의 거래 일기 기록 예시에서도 신의 이름으로 일기를 기록한다는 문구를 언급하고 있다.[171] 그는 이윤을 추구하는 상인들의 경영 세계에서 가장 중요한 것은 성실한 회계기록을 통해 긍정적인 신념(good faith)을 유지하는 것이라고 강조하였다.[172] 따라서 DEB 발상지 베니스나 개성 모두 공통된 분모는 회계의 토대를 종교에 두고 있다는 점이다. 정직성을 지키는 DEB 체계가 신을 즐겁게 하기 위한 유일한 길이라고 강조한 것이다.[173]

그러나 DEB의 정직성을 통해 종교의 신성성과 연결시키려 한 파치올리의 회계 정신은 이탈리아를 넘어 유럽대륙으로 전파되면서 사라진다. 15세기 이탈리아 베니스 다음으로 상업문화가 발달한 네덜란드에 DEB를 도입한 사이먼 스테빈은 종교의 신성성을 무시하는 무신론자였다.

유럽의 DEB 전파경로에서 네덜란드 사이먼 스테빈이 차지하는 위치는 매우 중요하다. 왜냐하면 베니스 부기법이 지중해에서 독일을 거쳐서 대서양으로 확산되는 경로를 추적하는 데 결정적인 지역인 네덜란드의 DEB 도입사에서 그는 빼놓을 수 없는 중요한 저술을 남기고 있기 때문이다. 그러나 무신론자인 그는 파치올리와 달리 모든 회계장부의 시작에 반드시 명기하는 종교적인 문구를 생략하여 회계와 '근면한 성

---

171) Paciloi(1494 : 5) "In the name of God, on the 8th day of November, 1493, Venice."
172) PIETER BUYS, CHRISTO CRONJE, "A REFLECTION ON HISTORICAL BIBLICAL PRINCIPLES IN SUPPORT OF ETHICAL STEWARDSHIP STUDIA UBB". *PHILOSOPHIA*, Vol. 58 (2013), No. 3, pp. 229-240. p.230.
173) Paciloi(1494 : 2) "This cannot be admiration, as catholically, everybody is saved by faith, without which it is impossible to please God"

지순례'와의 결합을 해체해버린 것이다.[174]

네덜란드의 스테빈에 의해 사라진 회계 정신은 프로테스탄티즘 개혁의 중심지였던 독일에서 20세기 들어와서 좀바르트나 막스 베버, 괴테에 의해 자본주의 정신으로 부활하지만 아시아에서 유럽 자본주의 체제를 가장 먼저 도입한 일본은 네덜란드와 마찬가지로 DEB의 '근면한 성지순례' 정신을 빼고 도입하였다.

앞서 지적한 대로 식민지 시기 일본을 통해 '굿바이 아시아'의 길을 밟은 국내 경제학이나 회계학계에서도 일본과 마찬가지로 DEB의 종교적 신성성의 존재를 망각한 채 서구 사회의 회계제도를 도입한 것이다. 한마디로 얼빠진 서구모델을 근대모델이라고 좋다고 도입한 것이다.

이와 달리 개성상인은 종교적 신성성 즉 기업 윤리의 근간인 회계의 '근면한 성지순례'를 한순간도 빼놓지 않고 지켜왔다. 지금까지 발견된 개성상인 회계장부는 일본 고베대학 소장본에서부터 북한 개성 고려성균관대학 소장본에 이르기까지 그들이 남긴 일기장의 첫 시작 문구는 언제나 '上吉辰' 혹은 '天恩上吉辰'이었다. 조선 후기까지 개성상인이 유일하게 유럽과 아시아에서 사라진 '회계 정신'을 일관되게 지켜온 셈이 된다. 스테빈에 의해서 17세기 폐지된 종교의 신성성과 기업가정신의 결합이 개성상인들에 의해서만 실무적으로 실천되어온 것이다. 한자문화권인 동아시아 회계장부 첫 기입 문구인 '上吉辰' 혹은 '天恩上吉辰'이 파치올리가 강조한 '근면한 성지순례'의 증거물인 셈이다.

제임스 아호는 회계기록의 질서정연성과 종교 세계의 구원관과의 연

---

174) John B. Geijsbeck(1914 : 114), Chatfield Michael(1977:55).

관성을 전 세계 종교 경전에서 찾은 바 있다. 그는 기독교 성경 이외에 이슬람 성서 코란, 유대교 경전, 그리고 티베트 불교 경전 모두에서 구원 관련 문구는 회계기록과 관련되어 있는 것을 제시하고 회계는 물질 세계의 풍요로움의 추구보다 정신세계의 영원성에 더 큰 비중을 두고 DEB를 그 중심에 놓은 것이다.[175]

---

175) 사실 한국의 어느 불교 사찰을 가도 지옥과 극락세계를 심판하는 염라대왕이 회계장부를 펼치고 그 심판 의견을 진술하는 상을 볼 수 있다. 기독교 성경 요한계시록 20장 11절에서 15절에도 '죽은 자들이 큰 자나 작은 자나 그 보좌 앞에 서 있는데 회계 책들이 펼쳐져 있고 또 다른 책이 펴졌으니 곧 생명책이라. 죽은 자들이 자기 행위를 따라 책들에 기록된 대로 심판을 받으니 생명 원장이다.'라는 문구가 존재한다. 이 외에 세계 여러 종교의 기도문과 회계장부와의 연관성에 대해서는 James Aho, *Confession and Bookkeeping the Religious, Moral, and Rhetorical Roots of Modern Accounting* State University of New York Press, Albany 2005. Preface에 자세히 서술되어 있다.

제2절 일기의 복식성

사개맞춤, 삶, 살이, 사맛다, 사랑, 사람, 숣이(白是)

매일매일 일어난 일을 하나도 숨김없이 낱낱이 밝히는 정직한 회계보고를 순우리말로 어떻게 표현하는가? 정직성과 DEB의 복식성은 어떠한 연관이 있는가? 북한 국어학자 홍기문 선생은 순우리말 '사뢰다'의 고어 '숣이(白是)'에서 그 기원을 제시하고 있다.

〈그림 4–1〉을 자세히 보면 줄과 점(Line & Dot)이 일기 기록의 모든 기입의 머리 부분에 낱낱이 표시되어 있는 것을 알 수 있다. 이 이중 표시는 일기에만 나타나는 표시로서 KDEB의 이중 점검(Double Checking), 이중 전기(Double Posting) 표시이다. 이 표시는 줄과 점 제2 순환 장책(원장) 계정의 이중 공간(Double Space of Account), 이중 횡선(Double Line)과 연결된다. 회계에서는 일기와 장책을 주요부, 나머지를 보조부라고 하는데 이 두 주요부를 차변 대변으로 상호 크로스로 연결하는 표시이다.

그러면 순우리말 '사개'와 '복식'과 어떠한 관계가 있는지 살펴보자. 먼저 인간(人間), 공간(空間), 시간(時間)에 공통된 한자 '間'의 순우리말이 '사

이'이다. 중국 한자는 두 사람이 서로 지탱하는 형상을 인(人)으로 취하
였지만 순우리말은 두 사람의 관계 '사이'에서 유래하는 '사람'이라고 표
현한다. 사람은 사랑과 연관되어 있으며 사랑은 서로 완전한 소통을 의
미하는 '사맛다(相通)'와 연관된다. 몸체에서도 사타구니는 두 다리 사이
를 의미하고 씨름의 삿바도 여기에서 유래한다.[176]

  앞서 언급하였듯이 신채호 선생이 한자 '會計'의 순우리말을 '살림'이
라고 소개한 이유를 '복식'의 순우리말 '사이(間)'에서 찾을 수 있다. 또한
북한의 언어학자 홍기문 선생도 '명명백백하게 낱낱이 보고하다'의 순우
리말 '숣이(白是)'라는 이두를 오늘날 현대 한국어의 '살림살이'의 기원으
로 본 이유도 설명할 수 있다.[177] 따라서 국가행정살림, 기업경영살림,
가계살림과 '사개'와는 '사이'라는 순우리말 표현을 통해서만 그 연관성
을 찾을 수 있다. 살림살이와 연관된 순우리말을 나열하자면 삶, 살이,
사개, 사맛다, 사랑, 사람 등이다.[178]

  '사개'의 '개'도 이두로 해석하여야 한다. 황윤석은 '介(助)'를 도움이 되
는 도구를 한국인들은 '개'라 부르는 것이라고 소개하였다. 1429년 간행
된 『농사직설』에 등재되어 있는 농기구의 향명(鄕名)에는 '사개' 혹은 '분
개'와 연관된 용어들이 다수 등장한다. '飛介(날개)' '推介(밀개)' '曳介(끌개)'
가 그것이다. '飛介'는 '비개'가 아니라 순우리말로 나는 것을 돕는 도구
즉 비행기를 지칭하여 '날개'로 발음한다. '推介'는 '추개'가 아니라 미는

---

176) 이재 황윤석은 사이 간을 '間字呼삿'이라고 이두를 소개하고 이 사타구니에 병이 난 것을 '질알 한다'
    고 하는데 이 표현을 한자로 다음과 같이 소개하고 있다. '古亦呼알.故癲癎惡疾.今俗尙呼질알.因
    此亦見癲之古音爲진.而先韻與眞韻叶矣.慳亦呼안或앗' 黃胤錫『頤齋遺藁』.
177) 홍기문(1957 : 95)
178) 신채호 『조선상고사』 종로서원, 1948.

것을 돕는 도구 '밀개'라고 발음해야 그 의미가 정확히 전달된다. '曳介'는 끄는 도구로 '끙개' 혹은 '끌개'로 발음한다. 이와 같이 사개, 날개, 지우개, 얼개, 널개, 썰개, 밀개, 끌개 등등 우리의 일상생활에 수없이 등장하는 것이 이두 '개'이다.[179]

지금까지 한국회계사 학계에서 '사개'는 둘 '사이'가 아닌 '사(四)'라고 이해해왔다. '사개'는 전통한옥 건축용어로는 사개맞춤 기술을 지칭한다. 그러나 한국 회계사 연구에서 '사개'는 대차대조표의 1) 자산 2) 자본+부채, 손익계산서의 3) 비용 4) 수익의 네 가지 대응 구조로 인식하였다. 즉 사개송도치부법을 중국의 사주법(四柱法)에 대응하는 '4'로 해석해왔던 것이다.

20세기 사개송도치부법을 소개한 현병주의 『실용자수 사개송도치부법』도 받자(捧次)가 한 개, 주자(給次)가 한 개, 이익이 한 개, 손해가 한 개, 이 모든 합을 사개(四介)라고 이해하였다.[180] 오늘날 대차대조표의 1) 자산란 2) 자본+부채란, 손익계산서의 3) 대변란 4) 차변란을 그대로 사개에 적용시켜 설명한 것이다.

북한에서 사개송도치부법을 연구한 홍희유도 장책에 해당되는 '질(秩)'을 중심으로 채권관계를 나타내는 받자질(捧次秩), 채무관계를 나타내는 주자질(給次秩), 현금 또는 외상매입을 나타내는 매득질(買得秩), 현금 또는 외상판매를 나타내는 방입질(放入秩)을 사개(四介)로 보았다.[181] 그러나 이러한 인식은 한자와 이두를 분별하지 못한 잘못된 인식이다.

---

179) 黃胤錫『頤齋遺藁』'介母ㄱ, 助母ㅈ, 而相轉則亦與今之華東俗語ㄱㅈ相轉者同矣'
180) 현병주 (1916 : 13-15).
181) 홍희유 (1962 : 7)

본 연구에서는 이러한 기존의 인식과 달리한다. 1429년 간행된 『농사직설』에 등재되어 있는 향명(鄕名)들 '飛介(날개)' '推介(밀개)' '曳介(끌개)'를 인용하여 '사개송도치부법'의 '사개'와 '분개'를 한국 고유의 DEB의 복식성을 나타내는 순우리말 '사이'로 이해하려고 한다.[182] 왜냐하면 앞서 언급하였듯이 DEB는 곧 컴퓨터이고 컴퓨터는 이진법 논리로 구성되어 복잡하게 네 가지로 그 요소를 확장할 필요가 없기 때문이다.

경제거래와 계약 혹은 약속은 일방적으로 결정되는 것이 아니다. 거래 당사자 쌍방이 대등하게 의사를 결정하는 쌍방통행이다. DEB 이론의 핵심은 거래 당사자 쌍방이 대등하게 의사를 결정하는 것을 차변 요소와 대변 요소로 분석하는 작업 이외에 부연하여 확대할 필요가 전혀 없다. 따라서 개성상인들은 하나의 거래를 쌍방 요소로 분석하는 것을 '분개(分介 Journalizing)'라고 하고 그 균형을 맞추는 것을 '사개맞춤(Balance)'이라 표현한 것으로 이해하려는 것이다.

'사개'의 '사'를 '4'가 아닌 순우리말 '사이(間)'으로 보는 것이 보다 올바른 이해라는 문헌적 근거는 매우 풍부하다. 첫 문헌적 근거는 『훈민정음』의 서문에 나오는 '서로 ᄉᆞᄆᆞᆺ디 아니할새'를 들 수 있다. 여기서 'ᄉᆞᄆᆞᆺ디'의 한자는 '상유통(相流通)'이다. 'ᄉᆞᄆᆞᆺ다'는 완벽한 소통을 의미하는 '소창통달(疏暢通達)'의 순우리말이다. 'ᄉᆞᄆᆞᆺ다'는 현대 국어의 '사무치다'의 어원을 이룬다. 『석보상절』에도 한글 'ᄉᆞ'가 등장하고 한자 '通達'을 한글 표

---

182) 그러나 1429년 간행된 농사직설에 등재되어 있는 농기구의 향명(鄕名)에는 '사개' 혹은 '분개'와 연관된 용어들이 다수 등장한다. '飛介(날개)' '推介(밀개)' '曳介(끌개)'가 그것이다. '飛介'는 '비개'가 아니라 순우리말로 양 날개를 지칭하는 '날개'로 발음한다. '推介'는 '추개'가 아니라 밀다, 미는 도구 '밀개'라고 발음해야 그 의미가 정확히 전달된다. '曳介'는 끄는 도구로 '끙개' 혹은 '끌개'로 발음한다. Jun Seong Ho, *Agriculture and Korean Economic History Concise Farming Talk (Nongsa Chiksol)* Palgrave Macmillan 2019.

기로 '스무출'이라고 소개하고 있다. 따라서 세종의 훈민정음 창제의 목적은 백성들과 국가가 서로 사무치도록 완벽한 의사소통을 하기 위함이었다. 이로 보아 개성상인의 '사개맞춤'을 '스무출'에서 기원하는 순우리말로 이해하면 '사개'는 차변과 대변을 완벽히 맞추는 혹은 완벽히 소통하는 기술이라고 해석할 수 있는 것이다.[183]

『석보상절』의 '스무출'에서 '사개'의 기원을 찾는다면 전통한옥 건축기술용어 '사개맞춤'의 '맞춤'도 순우리말이라는 문헌적 근거를 제시할 필요가 있다. 이규경의 이두 소개에서 '遭是[訓 마춤]'이 등장한다. 그는 올바르게 맞는 것, 정확히 맞는 것, 차변 대변 균형이 완전히 맞는 것을 '마춤'이라고 소개하고 있다.

일기의 분개 기록이 모이는 플랫폼에서 형성된 계정(計定 Account)의 대변 차변의 복식성(Accounts by Debtor and Creditor)이 장책 플랫폼과 완전히 서로 사무치도록 연결된 체인망을 형성하는 것으로 이해하면 된다. 세종대왕이 밝힌 하늘과 사람은 '스무출'에 이르도록 소통하여 갈라진 사이가 없다는 뜻이나 장책과 일기장이 서로 '스무출'하여 그 회계 오류가 전혀 없다는 것이나 그 '사개성'에 다름이 없는 것이다.

다음으로 18세기 실학자 이재 황윤석은 그의 문집에서 샷, 사타구니, 샷바, 사이, 사람, 사개 등과 관련된 이두어로 '사이(間)'의 발음을 '샷'으로 하는 것을 설명하고 있다.[184] 한국인들이 양다리 사이를 사타구니로 발음하는 것도 대표적인 사례이다. 또한 두 사람이 서로 지탱하는 형상

183) 세종대왕기념사업회, 『역주석보상절』 13, 李圭景 『五洲衍文長箋散稿』 詩文篇 論文類 文字 語錄辨證說 附吏讀方言若干字.
184) 한국인들은 양다리 사이를 사타구니라고 표현하듯이 한자 '間'을 '샷'으로 불렀다. 「字呼샷.古亦呼알.故癲癎惡疾。今俗尙呼질알。因此亦見謂之古音爲진。而先韻與眞韻叶矣。慳亦呼안或앗」。

의 한자 인(人)을 한국인들이 '사람'으로 부르는 문헌적 근거는 18세기 실학자 이덕무의 문집에 나와 있다. 그는 한국인들이 사람이라 부르는 것은 인도 힌디어에서 유래한다고 밝히고 있다.[185]

발생주의, 실현주의, 디지털 포렌식

KDEB를 이해하는 데 순우리말 이두 '자(次)'가 중요한 이유는 장차 발생할 사실에 대한 인식을 지칭하는 용어로서 발생주의 회계의 출현 시기 때문이다. 그동안 서구 유럽을 망라하여 회계사 학계는 20세기 들어와서 기업의 회계는 발생주의(Accrual Basis)에 의해서 비용을 인식하고 실현주의(Realization Basis)에 의해서 수익을 인식하는 회계기준을 개발해왔다고 본다.

발생주의 회계란 회계기간 내에서 계속적으로 경제 사상이 발생하는 것을 인식해야 하는 동적인 상황 인식으로 DEB와 상호 불가분의 관계를 갖는다. 또한 오늘날 이해관계자 자본주의의 회계와도 불가분의 관계를 가지고 있기 때문에 발생주의 회계 인식이 언제 출현하였는지는 합리적 자본주의의 기원을 이해하는 데 필수적인 항목이다.

예를 들어 사회적 이해관계자들의 소득을 집약한 손익계산서상에 존재하는 계정은 임금, 세금, 받을이자, 지급이자, 임대료, 특허권 사용료 등으로 구성되는데 이 계정들은 대차대조표를 구성하는 물질적 고정자

---

185) 李德懋云東國呼人爲사롬。사람은 인디아 범어에서 유래한다. 此出梵語。余謂東俗吏讀以丈夫 爲宗。머슴 마름 Manager 모름又 모슴。모름又轉爲舍音。此卽샤름也。

산이나 재고자산에 대해서가 아니고 노동자, 건물소유자, 토지소유자, 은행, 지방자치 정부, 해외 기술 로열티 소유자 등 해당 사회의 서비스 종사자들이 제공하는 용역의 흐름과 밀접히 관련된 이해관계자 자본주의(Stakeholder Capitalism)의 계정들로 구성된다.

이 계정들은 한번 발생하면 그 가치가 일일 단위로 증가한다. 손익계산서를 구성하는 대부분의 계정이 특히 임금계정은 노동력을 제공하고 월급을 받을 때까지 지급유예기간이 자동적으로 발생하여 발생계정(Accrued Account)의 회계 실무처리가 요구되는 대표적인 발생주의 회계 처리 계정이다. 따라서 소수의 자본소유자를 위해서 개발되어온 서구유럽의 주주자본주의 회계 처리와 전혀 다른 다수의 이해관계자들의 의사와 합의가 절대적으로 요구되는 이해관계자 자본주의의 회계 처리와 불가분의 관계를 갖는 것이 발생주의 회계이다.

발생주의 회계의 개발로 현재 거래 발생 시점에서 장차 미래의 경제적 사상을 정확히 예측하여 회계기간의 비용과 수익을 대차평균의 원리로 측정하여 공표함으로써 오늘날 기업들은 자본소유자를 포괄하는 경제 이해관계자들 모두가 동의하는 서로 신뢰할 만한 회계정보를 공유할 수 있게 되었다.

지금까지 유럽에서 발생주의 회계 처리의 최초의 기업 실무는 20세기 산물로 인식해 왔지만 이러한 결론은 KDEB의 인삼포 경영의 실무회계 처리를 반영하지 않은 결론이다.[186] 본 서에서는 KDEB는 현대 기업회

---

186) 서구 유럽에서 발생주의 회계는 20세기의 산물로 인식한다. 또한 학계에서 발생주의 회계를 주목한 것은 20세기 중후반부터이다. 그 대표적인 연구 성과는 다음 5가지 연구에 제시되어 있다. MacNeal (1939), Paton and Littleton (1940), Littleton (1953), Chambers (1966), and Ijiri (1975).

계와 마찬가지로 삼포 경영 기간에 발생하는 비용과 인삼을 수확하여 판매함으로써 실현되는 수입을 각각 분리하여 인식하는 발생주의 회계를 이미 19세기부터 구현하고 있었음을 제시하여 KDEB와 21세기 부각되는 이해관계자 자본주의와의 연관성을 제시한다.

KDEB의 일기장의 분개 전문용어에서 가장 많이 등장하는 순우리말 이두 '자(次)'가 바로 발생주의 회계와 연관된 전문용어이다. 개성상인 회계장부 구조에서 발생주의 회계와 관련된 용어는 모두 이두로 등장한다. 예를 들어 미루어 짐작하는 밀자(推次), 밀계(推計) 용어이다. 영어 표현은 'Accrual Account'이다. 개성상인의 소득계산서(Income Statements)는 회계짐작초(會計斟酌抄)란 제목으로 작성되어 있고 그 발생계정의 대부분은 이두로 표기되어 있다.

'사개'가 복식성의 핵심 개념이 되는 이유는 리틀튼이 강조한 대로 DEB만이 가지는 현재와 미래의 시간 개념의 이중성 때문이다. 그는 현재 시점에서 발생한 경제적 사건과 미래 결과와의 균형성이 회계학을 단순 분류학보다 한 차원 더 높은 학문으로 승화시킨 핵심 개념으로 이해하고 현재의 거래 발생과 미래 실현 사이의 균형(Deferred Balance) 때문에 DEB가 출현하였다고 보았다.[187]

본 연구에서는 일기장의 이중성을 '분개'와 '사개'에 두고 '사개'를 4로 해석하는 기존의 해석과 달리 복식(Double) 즉 2로 해석하여[188] 차변과 대변 둘 사이의 균형을 맞추는 기술로 해석하려 한다.

---

187) A.C Littleton(1933 : 24).
188) '2'와 연관된 한국인들의 일상용어 '사랑' '사람' '사이'처럼 '사개'도 4가 아닌 사이 관계 즉 복식(Double)의 의미를 갖는 두 사람의 '사이'란 의미로 재해석할 필요가 있다.

그럼 DEB의 정직성과 복식성은 어떻게 사회적 정의와 연결되는 것인가? 오늘날 한국 사회만큼 경제 정의, 사회 정의, 공정한 사회를 갈망하는 사회는 없을 것이다.[189] 회계에서는 정의를 균형에서 찾는데, 대차대조표에서 차변은 자산 권리(Right)이고, 대변은 부채 책임(Responsibility)이다. 정의(Justice)란 대차의 균형(Balance)이다. 균형의 다른 표현이 정의(Justice)이다. 이 이유는 별자리 '천칭좌(天秤座)' 때문이다. 천칭좌는 처녀좌(Virgo)와 전갈좌(Scorpius) 사이의 균형을 잡아주는 별자리로 이것을 정의의 여신이라 한다.

유럽의 일기장 기록을 모아 연구한 리틀튼은 일기 기록이 문장 형태(Paragraph form)에서 차변과 대변으로 구별되는 이중적 형태를 갖추지 못하다가 19세기 중반에 들어서야 복식성을 갖춘 질서정연성 곧 전문 회계용어로 고도로 축약된 분개(표) 형태(Highly abbreviated tabulation)로의 전환이 일어난다고 주장한다. 그에 따르면 유럽의 일기장은 15세기 파치올리의 DEB 출현 이래 약 400여 년간의 회계정체시대를 겪고 나서야 비로소 DEB의 본모습인 전문 회계용어로 고도로 축약된 분개(표) 형태가 나타난 것이다.

DEB의 세 가지 이중성 가운데 개성상인 일기장 속에서 한눈에 찾을 수 있는 것은 전기의 이중성(Double posting) 즉 점검의 이중성(Double checking) 표시이다. 〈그림 4-1〉에서 알 수 있듯이 일기장의 날짜별로

---

189) 현대 한국 사회가 갈망하는 정의와 공정은 정치학에서 기원한 것이 아니라 회계학에서 기원한다. 한 때 한국에서 『정의란 무엇인가 JUSTICE : What's the right thing to do?』에 열광한 적이 있다. 이 책의 저자 마이클 샌델은 공리주의·자유주의·칸트의 철학·아리스토텔레스의 철학 등 우리에게 생소한 유럽의 정치 고전을 인용하면서 행복과 자유 등 일상생활에서 접하는 문제의식을 제시하면서 정의를 대중화하였는데 그의 정의가 어려운 이유는 회계에서 정의를 찾지 않았기 때문이다.

기입되는 첫 표시가 바로 점검의 이중성 표시이기 때문이다. 이 점검의 이중성은 계정의 이중성과 전기의 이중성을 완벽하게 연결시키는 개성 상인 DEB의 핵심 기술이다.

박영진 가문에서 남긴 장부는 일기장, 외상장책, 타급장책, 각인물출 입기, 주회계책(주자질 Payable Accounts, 받자질 Receivable Accounts)으로 구성되어 있는데 모든 장부는 페이지마다 매우 다양한 회계 표시가 있 다. 그러나 일기장을 제외하고 모든 장부는 매우 깨끗한 외관을 보이고 있다. 오직 일기장에서만 계정의 이중성과 전기의 이중성을 연결시키는 DEB의 핵심기술을 표기하기 위하여 난해한 암호가 들어가 있다.

이제 리틀튼이 제시한 DEB의 외관 형태에서 복식성과 사개와의 관 계를 〈그림 4-1〉 일기 기록으로 제시하여보자. 리틀튼은 일기에서 제시해야 할 복식성으로 다음 3가지를 제시하였다. 첫째, 계정(計定 Account)의 대변 차변의 복식성(Accounts by Debtor and Creditor)이다. 둘 째, 분개 플랫폼 일기장과 계정 플랫폼 장책과의 상호교차 체인망이 다. 이것을 회계장부의 복식성(Double Books) 또는 보관 장부의 이중성 (Double Bookkeeping)이라 한다. 마지막 복식성은 전기(Posting)의 이중성 (Double posting)이라 한다.

이제 리틀튼의 복식성 개념을 가지고 계정(計定 Account)의 대변 차변 의 복식성(Accounts by Debtor and Creditor)을 이루는 분개 구조를 살펴보 자. 〈표 4-1〉의 일기 원문과 거래 분석 그리고 분개는 〈표 4-1〉 1887년 8월 15일 일기를 순차적으로 탈초한 것이다. 〈표 4-1〉에 제시한 대로 KDEB 일기는 문장 형태라기보다 분개 코드로 연결된 축약된 분개표라 할 수 있다.

①歲丁亥八月 日 日記第一上吉辰 1887년 8월 일 일기 제1 하늘의 은혜를 기도하며				
원문	분개			
	계정명	금액	계정명	금액
②八月十五日鉢谷宅入八月本葉錢 皮橋宅來文三千八百四十六兩一戔 六分-上	당오전 (현금)	3,846.16	출자금	3,846.16
③ 當五条入八月本葉錢較 三ᄉᄆ×ᅥᅳ丨丨ᆞ戔式 舟橋都中來文 六千一百五十三兩八戔四分上	현금	6,153.84	출자금	6153.84
④邊十ᄒ分式 康谷宅債給八月本 明二月晦捧次文五千兩下	강곡택	5,000.00	현금	5,000.00
	받을이자	750.00	강곡택	750.00
⑤邊ᄂᆖᄒ分式 金德卿債給八月本 明十月晦捧次文 五千兩下	대여금 (김덕경)	5,000.00	현금	375.00
	받을이자	375.00	김덕경	375.00
⑥十月十九日 又債邊先上京換 崔壽卿推次一度文一千兩上 舟 橋都中冊崔學中給	경환	1,000.00	김덕경	1,000.00

<표 4-1> 리틀튼의 현재 미래 동시 인식의 복식성과 KDEB 분개 구조

유럽의 경우 14세기부터 19세기까지 회계기록은 문장 형태(Paragraph form)로 나타나 있고 차변과 대변을 구별하는 거래정보 형태를 갖추지 못하고 있다가 19세기 중반에 들어서야 전문 회계용어로 고도로 축약 된 표 형태로 나타난다. 리틀튼은 14세기부터 19세기 유럽의 언어로 기록된 모든 회계자료를 모아 일기 기록과 원장 기록으로 분류하고 형태 분석과 그 진화과정을 추적하고 내린 결론은 14세기부터 1845년까지 원장 기록과 일기 기록 모두 문장 형태로 기록되다가 축약된 표 형태로 진보된 변화는 19세기 중반 이후라고 결론내렸다.

그가 분석한 14세기에서 19세기 중반까지의 500년간 원장 기록과 일기장 기록은 모두 문장 형태를 유지하고 형태상으로 아무런 차이가 나타나지 않는다. 그가 제시한 자료 중 원장(Ledger) 자료는 1340년 자료가 가장 앞선 것이다. 반면에 일기(Journal) 자료 가운데 가장 시기적으로 오래된 것은 1430년 기록이다. 이는 DEB 순환과정에서 첫 번째 과정이 두 번째 과정보다 약 1세기 뒤에 나온 것을 의미한다. 거래를 차변 대변 요소로 분개한 일기 기록이 그 거래를 응집시키는 장책 기록보다 약 90년 뒤늦게 발견되는 것과 일기 기록과 장책 기록이 형태상으로 동일하게 문장 형태를 벗어나지 못한 것은 DEB의 논리 정합적 구조로 볼 때 수긍이 가지 않는다.

리틀튼 스스로도 일기와 원장 기록을 분석한 결론은 회의적인 결론이다. 그는 19세기 중반까지 유럽에 존재한 DEB 실물 기록은 아무런 진보가 없었다는 결론을 내렸다.[190] 서유럽의 실증 기록과 달리 한국에서 발견된 고(古) 회계기록은 7-8세기 「정창원 문서」에서부터 KDEB 기록 중 가장 앞선 1786년 기록까지 모두 고도로 축약된 표 형태로 존재한다. 뿐만 아니라 DEB 순환과정에서 첫 번째 과정인 분개 기록과 두 번째 과정인 원장 기록이 형태상으로 매우 뚜렷한 차이를 보인다는 점이다.[191]

특히 일기의 분개 기록 형태 연구에서 불망기(Memorandum)와 일기장

---

190) Littleton(1933 : 88)
191) 1786년 장책은 현존하는 개성상인 회계기록 중 가장 오래된 기록이다. 이 원장 기록의 전문 회계용어는 1262년 「상서도관첩(尙書都官貼)」에도 등장한다. 이 문서는 1262년 6월에 상서도관에서 유경(柳璥)에게 발급한 것이다. 이 자료는 허흥식 교수에 의해 회계사 연구에 소개되어 그 용어의 용례에 주목한 문서이다. 세로쓰기 배열을 가로쓰기 배열로 전환한 원문 24행에서 30행 사이와 86행에서 91행 사이에 "捧上"을 포함한 개성상인의 회계 관련 용어가 대부분 이두로 집중적으로 기재되어 있다(허흥식 1982: 60).

과의 구별은 질서정연한 형태인가 아닌가로 구별되며 날짜를 가장 우선시하는 기입 형태인가 아닌가에 달려 있다. 마찬가지로 일기장과 원장의 외관 형태 구별은 원장의 경우 비둘기집 이론대로 계정과목이 공간적으로 설정되어 있는가를 관찰하면 된다.[192]

외관적 형태에서 각각의 특징을 갖는 회계장부 가운데 DEB 연구에서 가장 중요한 기록은 일기와 장책의 외관 형태이다. 회계장부 기록의 외관 형태가 모든 DEB 연구의 출발점이 되는 이유는 이미 리틀튼이 밝혀놓았다. 그의 가장 대표적인 연구 업적이 일기장 기입 형태의 진화과정 연구인 것을 보면 일기장 기입 형태가 DEB 연구에서 얼마나 중요한지 알 수 있다.[193]

파치올리의 저서에도 많은 회계 전문 표시(表示 Signal)가 있는 것처럼 〈그림 4-1〉에도 많은 표시가 존재한다. 그것도 매우 규칙적으로 제시되어 있다. 먼저 개성 일기장의 기입 실태와 파치올리가 언급한 일기장 기입 원칙을 대조해보자. 일기장이 DEB로 기입되어 있다면 다음과 같은 요소를 DEB 이론대로 표시해야 한다. ① 차변(debit) ② 대변(credit) ③ 공통된 계산단위 현금(cash) ④ 시산 균형(Trial balance) ⑤ 현재와 미

---

192) 비둘기집 이론은 루버가 처음 언급한 이론으로 1250-1400년대 이탈리아 상인들의 가장 큰 회계 기술상의 업적이라고 그 성과를 높이 세운 이론이다. 이 이론은 DEB에서 가장 중요한 계정의 T 형태 심벌을 지칭하는 것으로 일기장 기록이 발생 순서대로 기입하는 질서를 가지지만 동질적인 사항을 한데 묶어 기입하는 원장과 그 기입 형태에서 근본적으로 다른 것을 표현한 것으로 이질적인 자료를 같은 성질의 부류끼리 한데 모아 계정으로 설정할 때 마치 비둘기집처럼 공간을 만들어 차변 요소와 대변 요소로 구분하여 기입하는 이론을 지칭한다. Raymond de Roover, The Development of Accounting Prior to Luca Pacioli According to The Account-book of Medieval Merchants 1955. Sweet and Maxwell, p.117.

193) 그는 20세기 들어와서 분개장 기록의 중요성이 감소하는 것을 우려하면서 DEB에서의 분개장의 위치를 강조하면서 그의 저서 107-122페이지에 일기장 진화과정을 상세히 서술하고 있다. Evolution of the Journal Entry, Chapter 8 from *Accounting Evolution to 1900*, New York: The American Institute Publishing Co., Inc. 1933.

래를 동시에 인식하는 이중 시재, 예를 들어 받을자산(Receivable asset) ⑥ 주어야 할 부채(Payable liabilities) 등이다. 〈표 4-1〉에서 알 수 있듯이 KDEB의 일기는 DEB 원리대로 6가지 코드가 모두 정형화되어 기입되어 있다.

〈그림 4-1〉을 보면 일기장 기입은 매 기입에 반드시 날짜와 한 줄로 내려그은 선과 점이 한 난에 모두 중첩된 모습을 보이고 있다. 일기장 기입의 구조를 좀 더 구체적으로 보기 위해 〈그림 4-1〉 일기 기록의 세로쓰기를 가로쓰기로 배열하면 〈표 4-1〉과 같은 정형화된 분개 구조가 나타난다. 〈표 4-1〉는 파치올리의 저서 제10장인 일기장 기록 원칙과 리틀튼이 제시한 DEB의 외관적인 형태에서 세 번째 이중성 즉 전기의 이중성이 어떻게 개성상인 일기장 실무 기록에 그대로 나타나는지를 제시한 것이다.

〈표 4-1〉을 통해 우리는 파치올리의 사례와 개성상인 일기 기입 실무에서 서로 같은 점은 무엇이고 다른 점은 무엇인가를 선명히 대조할 수 있다.

먼저 날짜를 기입한 것은 양 사례가 동일하다. 두 번째 파치올리의 경우 일기장 기입에서 "Per" Cash ……, ditto "A" …… 라는 전문 회계기술용어가 제시되고 다음에 거래내역이 문장 형태로 기술되고 최종 화폐금액(L……(Lire), G……(G), P……(Picioli))이 기입되는 구조이다. 개성상인 일기도 마찬가지로 처음 날짜가 제시되어 있다. 다음 기입은 서술형이 아니라 거래처 계정명 DEB 분개 용어 "入"이 나오고 다음에 현금 표시 "文" 다음에 거래금액 ……兩 ……錢 ……分이 기입되고 다시 DEB 분개 용어 "上"이 제시되는 구조를 갖는다. "入"은 대변 자본금 증가, "上"

은 차변 현금 증가를 기입하는 구조에서 파치올리와 정확히 일치한다.

〈그림 4-1〉 원문을 보면 일기장의 기입 순서는 날짜 기입이 제일 먼저이고 다음에 Per Cash는 차변 현금 증가를 표현한 것이고 반복(ditto)되는 "A"는 대변을 지시하는 문구이다. 차변 현금에 작은 두 줄을 긋고 대변 자본이라는 분개를 한 뒤에 거래내역을 기술하고 금액을 맨 마지막에 한 번만 기입한 것을 볼 수 있다.

분개 구조는 KDEB나 파치올리나 대부분 일치하는 반면에 옮겨 적기 즉 장책으로의 전기 사인은 다르다. 〈그림 4-1〉 원문에 날짜가 제일 먼저 기입되어 있고 그 밑에 직선의 줄(─)이 있으며 원본을 자세히 보면 점(•)과 같은 표시가 찍혀 있다. 그러나 이 직선과 점의 표시가 파치올리가 제시한 사례에서는 확인이 안 된다. 이 줄과 점으로 된 표시가 바로 전기의 이중성을 확인하는 점검의 이중성 표시이다. 이 표시는 파치올리가 제10장에서 제시한 것과 다르다. 그는 일기장에서의 날짜 기입 원칙과 한 줄로 된 전기 표시에 대해 다음과 같이 기술하고 있다.

"이 장부에는 불망기 위에 표시한 것과 똑같이 거래 기입 처음에 신성한 신의 이름으로 시작하는 표시를 해야 한다. 다음에 똑같은 이유로 각 페이지의 처음에 날짜 표기(Date and Day)를 위치시켜야 한다."[194]
"일기(분개)장 기입은 비망록에서 일기(분개)장으로 옮겨 적기를 하는 것처럼 맨 마지막에 하나하나 한 줄로 된 선을 그리는 것으로 마감해야 한다. 이 표시는 모든 거래를 일기(분개)상으로 선기를 완료한 표시이

---

194) Pacioli(1494: Chapter X)

다. 이 선을 그리지 않으면 기입 시작의 첫 글자나 혹은 마지막 글자의 점검을 누락하게 된다."[195]

인용문에서 알 수 있듯이 파치올리는 전기의 표시로 페이지와 날짜 표시를 제시하였다. 이와 달리 개성상인은 날짜 기입과 함께 페이지 기입은 하지 않고 직선의 줄(─)과 점(•)을 표시하고 있다.

여기서 일기장 기입에서 파치올리의 방식과 개성상인의 방식 가운데 어느 방식의 이중성 표현이 더 우월한가를 판단할 필요가 있다. 우월성 판단의 기준은 첫째로 회계 오류의 원천적 차단 능력, 둘째로 오늘날 디지털 공간에서 가장 많이 등장하는 포렌식 즉 DEB 원리상 장부를 분실하거나 파손되었을 때 재생할 수 있는 복원력에 둔다.

파치올리는 날짜와 페이지를 강조하였지만 개성상인은 일기장 기입에서 전기의 이중 표시를 무엇보다도 우선시하고 있었다. 이 양자의 차이는 원장 기입과 일기장 기입 사이의 구조상 가장 큰 차이점을 염두에 두고 주목할 필요가 있다. 왜냐하면 원장 기입에서는 일기장의 발생 순서가 없어지고 그 대신 같은 성질의 항목끼리 계정이라는 새로운 공간으로 모여 마치 비둘기집이나 편지함 혹은 서류 처리함처럼 이중의 공간으로 분류되어 재집결한 장부이기 때문이다.

파치올리가 불망기에서 일기장으로 옮겨 적기를 완료했다는 표시로 여러 가지 가능성을 언급한 이 표현은 파치올리가 DEB 원리를 창안한 것이 아니라 당시 상인들 사이에서 실제로 이루어진 회계실무를 묘사하였기 때문으로 해석된다. 또한 이 표현은 파치올리 DEB의 불완전성을

---

195) Pacioli(1494:Chapter XII)

의미한다. 이러한 불완전성은 결국 회계 오류로부터 완전한 자유를 이룩하지 못한 것을 의미한다.

파치올리는 일기장 기록을 원장으로 전기하는 방법으로 일기장 페이지와 원장 페이지만을 언급하고 있다는 점에서 회계 오류가 발생할 경우 관련된 페이지를 찾아서 회계 오류를 발견하라는 이야기이다. 이와 달리 개성 일기장은 선과 점으로 불망기에서 일기로, 일기에서 원장으로 전기가 두 번 진행된 사실을 표시하여 원천적으로 회계 오류를 차단하는 완전성을 지닌다. 불완전성과 완전성의 차이점은 만약에 일기장이나 원장 중 하나를 분실할 경우에 어느 체제가 분실된 장부를 더 완벽하게 재생할 수 있는가를 고려해보면 그 차이점이 훨씬 더 부각된다. 파치올리는 일기장과 불망기가 보존되고 원장을 분실할 경우에만 원장을 재생할 수 있다고 다음과 같이 표현하고 있다.

> "미래 흉악한 강도를 만나거나 화재가 발생하거나 선박이 바다에서 파선되는 불행한 일이 일어나는 것에 대비해 혹은 장책을 분실하는 경우에 일기장이나 불망기를 여전히 보존하고 있다면 항상 장책을 재생할 수 있다는 것에 주목하라."[196]

파치올리가 재생 복원력에서 강조한 것은 오늘날 디지털 포렌식 기법과 유사하지만 불완전한 재생 복원력이다. 그가 제시한 경우의 수는 일기장이나 불망기가 보존되는 경우에만 원장이 재생될 수 있다는 매우

---

196) Pacioli(1494 : Chapter XV)

취약한 것이다. 이와 달리 개성상인은 일기 기록을 분실하든 원장을 분실하든 어느 한쪽이라도 보존되어 있다면 모두 다 재생 가능하다는 점에서 훨씬 더 완벽한 DEB 시스템인 것을 알 수 있다. 왜냐하면 원장 기록은 이미 완벽하게 일기장에서 옮겨 적기가 완료된 기록이기 때문에 원장 기록으로 일기장 기록이 복원되고 반면에 일기 기록만 가지고 원장은 그대로 옮겨 적기를 하면 원장은 복원되는 것이다.

개성 일기장 구조에서 확인되듯이 일기장을 중심에 놓고 거래 현장에서 발생한 내용이 일기장으로 완전하게 옮겨진 것과 이를 다시 원장으로 옮겨 적기가 완벽하게 진행되었는지를 확인하는 이중으로 점검하는 표시는 재생 능력의 탄력성은 물론이거니와 사후적으로 발생할 수 있는 회계 오류를 원천적으로 차단하는 장점도 가지고 있다.[197]

이와 같이 단순명료한 개성상인의 일기장에는 이탈리아 일기장의 혼란이 전혀 나타나지 않는다. 파치올리의 애매모호성을 결정적으로 풀어줄 답은 바로 개성상인 일기장에서 전기의 이중성 표시인 것이다. 바로 날짜 기입란에 한 줄을 그어 불망기의 기록이 일기장으로 옮겨 적기가 완료된 표시를 하고 있다. 파치올리는 이 특별한 표시의 기술에서 단일의 원리를 제시하지 못하고 다양한 방법을 나열하는 혼선을 빚고 있다.

이와 같이 일기장을 중심으로 하는 유럽의 일기 자료는 단순함보다는 복잡함이 누적되어 19세기까지 이어져 왔다. 이 혼란의 출발은 먼저

---

197) 세종이 훈민정음을 창제한 원리는 '天人相與 通達無間'라 할 수 있다. 마찬가지로 개성상인이 일기와 장책에 실현한 '日記長冊相與 通達無間'은 하늘과 사람은 '스무출'에 이르도록 통하여 사이가 없다는 뜻이나 원장과 일기장이 서로 '스무출'하여 그 회계오류가 없다는 것이나 그 '사개성'에 다름이 없다. 이는 파치올리처럼 페이지 정보를 이용하여 일기장과 원장의 상호 대조를 다시 반복해야 하는 부수적인 일을 원천적으로 깨끗이 정리한 것으로 사료된다.

장부의 분류에서 비롯되고 있다. 파치올리는 총람에서 상인들이 갖추어야 할 경영을 위한 주요부는 불망기, 일기장, 원장 세 가지라는 사실을 강조하였다.[198]

반면에 15세기 이후 유럽에 등장한 회계학 관련 서적들은 대부분 파치올리와 다른 의견을 제시한다. 대표적인 서적이 1656년 영국 런던에서 인쇄된 『상인의 거울(The Merchants' Mirrour)』이란 책인데 그 저자 데포네(Richard Dafforne)는 불망기를 '버리는 책(Waste Book)'이라고 규정한다.[199]

이탈리아에서도 1534년 베니스에서 출판된 만조니의 저서를 보면 대부분 파치올리의 저서를 모방하였지만 불망기를 생략하고 일기장과 원장만을 사용하는 방법을 제시하고 있는 것에 주목할 필요가 있다.[200] 왜냐하면 개성상인의 실무기록과 파치올리의 저서 내용이 대부분 일치하지만 주요부와 보조부라는 장부 분류 기준이 다르기 때문이다.

또한 파치올리 저서 이후 이탈리아와 독일에서 DEB에 관한 저서로 인정받는 대부분의 저서가 파치올리와 다르게 개성상인의 실무기록과 부합하는 단순 장부 구조를 설명하고 있기 때문이다. 파치올리 이후의 유럽의 주요 회계 저서 내용대로 개성상인은 불망기를 파치올리와 다르게 주요부로 채택하지 않고 있다.

〈그림 4-1〉과 〈표 4-1〉에 제시하였듯이 불망기의 다른 표현인 버리

---

198) 파치올리는 제6상에 기술된 불망기(Memorandum Book)에 대해 Loose leaf Book 혹은 Scrap Book (Squarta Loglio), 혹은 Blotter(Vachetta)로 묘사하고 있다. Pacioli p.14.

199) J. B. Geijsbeek, *Ancient double-entry bookkeeping : Lucas Pacioli's treatise (A.D. 1494 - the earliest known writer on bookkeeping).* p.137.

200) Luca Zan, "Toward a history of accounting histories: Perspectives from the Italian tradition", *The European Accounting Review*, 1994, 3:2, 255-307, p.264.

는 기록(Waste book)은 그대로 일기장에 완전히 전기되고, 그 전기의 완전함이 보증된 순간 버려도 좋은, 보관의 필요성이 없는 기록이라는 것을 개성상인의 일기장은 여실히 보여주고 있다. 따라서 만조니와 카사노바의 저서, 그리고 개성상인의 장부 구조로 보아 불망기를 일기장이나 원장과 함께 세 가지 주요부로 채택한 파치올리의 견해는 이론적으로도 타당하지 않을 뿐만 아니라 실무적으로도 그 특별한 이유가 없는 것이다.[201]

---

201) 개성상인들의 첫 번째 주요부는 일기책이다. 이 일기책을 영어권의 언어로 번역하면 그대로 "Journal"이 된다. 일기책(Journal)은 이탈리아어로 "giornal"이고 라틴어의 "diurnalis"에서 유래한다. 그 의미는 '매일 일어난 일(daily happenings)'이란 의미를 가지고 있다. 결국 개성상인의 일기는 프랑스와 이탈리아어로 Journal이 되는 것이고 라틴어로 "diurnalis"가 되기 때문에 현대 회계에서 의미하는 분개장(Journal)에 해당되는 것이 개성상인의 일기인 것이다. 따라서 국내에서 Memorandum, Waste Book을 불망기라고 번역하지 않고 일기라 번역한 것은 DEB 생성사를 정리해볼 때 근거가 없는 번역이다. 일본 또한 "Journal"을 "仕譯帳"이라고 번역하여 그 의미를 더욱 알 수 없게 하고 있다. 전성호, 『조선시대 호남의 회계문화』, 다할미디어, 2007년 286쪽.

제3절 일기의 미래성

　지금까지 KDEB의 분개 실무를 살펴보았다. 그 결과 KDEB의 분개 구조는 6가지 거래 요소가 코드별로 조합되어 과학적으로 배치되는 구조라는 것을 도출하였다. 이 가운데 핵심은 하나의 거래에 대해 현재와 미래를 동시에 인식하는 이중 시재 인식이다. 예를 들어 현재는 나가고(去) 없어지지만 미래에는 받을 자산(Receivable asset)으로 돌아온다든지, 현재는 들어와서(來) 좋지만 미래에는 다시 내주어야 할 부채(Payable liabilities)라는 인식이 동시에 표시되어 있어야 한다. 이 현재와 미래를 동시에 인식하는 이중 시재의 차변 요소와 대변 요소가 DEB 분개의 핵심이다.

　그러나 이탈리아 VDEB의 실무를 개발한 것으로 알려진 메디치 은행은 이 자본계정과 명목계정을 서로 접합시키는 체인을 형성하지 못한 것으로 알려졌다. 계정을 블록으로 인식해서 오늘날 용어로 쉽게 설명하자면 블록체인과 가치체인의 연결 없이 DEB가 단순히 대차평균의 원리에 집중하여 발전해온 것이 VDEB의 실무 배경인 메디치 은행 회계의 한계인 것이다.

그러면 KDEB는 어떻게 대차평균의 원리를 실현하면서도 가치변동이 일어나는 리틀튼이 제시한 자본계정과 명목계정의 통합을 이루었는가? 즉 KDEB는 어떻게 DEB의 진수인 '미래성의 감각(The Sense of Futurity)'을 인지하는 분개 처리를 하였는가? 이 의문에 대한 답을 다음 사례를 통해 제시해보자.

다음 예시는 KDEB는 어떻게 자본계정과 명목계정을 서로 접합시키는 체인을 형성하는가의 예시이다. 이 과정을 설명하기 위해 먼저 일기장 기입부터 장책 전기까지 과정을 살펴보아야 한다. 일기장 첫 번째 거래는 자본출자이고 두 번째 거래는 당오전으로의 환전거래 기록이다. 두 거래 모두 자본거래에 해당되지만 가치의 변동을 수반하지 않은 거래이다. 자본거래 명목거래와 통합되는 과정을 살피기 위해서는 다음 거래가 적당하다.

邊十8分式 · 康谷宅債給八月本明二月晦捧次文五千兩下

A는 현재 강곡택(康谷宅)에게 지급한 것을 미래에는 반드시 받을(捧次) 것이다.[202]

〈거래분석〉 1887년 8월 15일 당오전 출자금과 상평통보로 환산한 출자금 중 같은 날 강곡택에게 8월 15일 기준으로 1888년 2월 그믐을 만

---

202) 루카 파치올리의 원문 그대로 소개하면 "A shall later receive what he/she now give-(ie.,Cr. B)".

기로 이자율 0.15(15%)로 5,000냥을 대여한 거래이다.

이 거래에서 5,000냥이 어떻게 대차평균의 원리를 실현하면서 동시에 가치 체인과 통합되는지는 암호화되어 있다. 그 암호가 바로 '邊十성分兩式(15%)이다. 제1 순환에서 암호화된 가치 체인은 제2 순환 장책 단계에서 자본계정과 명목계정의 통합으로 실현된다. 따라서 블록체인과 가치 체인과의 통합을 명확히 분석하기 위해서는 제1 순환에서 제2 순환으로 전환되는 전기·보관 구조를 동시에 병행해서 분석해야 한다.

일기장의 기록은 '康谷宅捧次丁亥八月十五日明二月晦債文五千兩邊文七百五十兩' 장책으로 전기될 때 1887년 8월 15일 날짜에 대여금 원금 5,000냥과 1888년 2월 그믐날 만기에 받을 예정 이자 750냥이 8월 15일 날짜로 동시에 전기되어 있다.

따라서 이 거래는 분개 처리를 다음과 같이 해야 한다.

〈분개〉 차) 대여금(강곡택)   5,000냥   대) 현금   5,000냥
　　　　차) 받을이자   750냥   대) 강곡택   750냥

康谷宅(捧次)					
Dr(+)					Cr(−)
1887.08.15	明二月晦債文	5,000.00	1888.02.10	文	1,000.00
1887.08.15	邊文	750.00	1888.02.10	邊文	20.00
			1888.02.10	文	1,000.00
			1888.02.10	相計文	2,110.00
				文	1,620.00
		5,750.00			5,750.00

<표 4-2> 제1 순환의 암호, 제2 순환 자본계정과 명목계정의 동시 통합

이와 같이 개성상인의 일기 기록이 두 가지 시재 즉 현재와 미래를 통합으로 자본계정과 명목계정의 통합을 이루어내고 있는 것은 실로 놀라운 회계기술이라 하지 않을 수 없다. 현재 8월 15일 강곡택(康谷宅)에게 지급(債給)하지만 이 금액은 장차 내가 받을 것(捧次)이란 의미에서 이중 시재 구조를 가지고 있다. 제1 순환 일기장의 분개 표시의 이중 시재 인식과 제2 순환 장책으로 같은 날짜로 동시에 전기되는 구조는 KDEB가 현금주의가 아닌 발생주의로 거래를 인식한 증거이다.[203]

다음 거래도 모두 동일한 원리로 분개되어 있는 것을 알 수 있다.

邊느ㅎ分式　金德卿債給八月本明十月晦捧次文 五千兩下

〈거래분석〉 당오전 출자금을 상평통보로 환산한 출자금 중 같은 날 김덕경에게 5,000냥을 8월 15일 기준(八月本)으로 10월 말(十月晦)일 상환기일로 하고 이자율을 0.075(邊느ㅎ戔式)로 받기(捧次)로 한 대여금 거래이다.

金德卿 捧次丁亥八月十五日十一晦債文五千兩邊文三百七十五兩

〈분개〉	차) 대여금(김덕경)	5,000냥	대) 현금	5,000냥
	차) 받을이자	375냥	대) 김덕경	375냥

十月十九日　又債邊先上京換崔壽卿推次一度文一千兩上　　舟橋都中冊

---

203) 명목계정 회계처리의 시점 기준이 실현 시점인가 발생 시점인가에 따라 현금주의는 수익 계정은 현금을 받은 경우, 비용은 현금이 지출될 경우에만 인식하는 기준이고, 발생주의는 발생된 시점에서 인식하는 기준이다. KDEB는 자본거래가 일어난 시점에서 자본계정과 명목계정을 미래 받을 이자를 장책에 기입하는 발생주의 회계의 전형적인 사례이다.

崔學中給

〈거래분석〉 1887년 10월 19일 "又"는 金德卿의 반복을 지시하는 암호이다. 8월 15일을 기준일로 대여한 금액 5,000냥 중 1,000냥을 서울에서 발행인 최수경 지급인 최학중으로 유통되고 있는 환어음을 미리 처음으로 추심(推次一度)하여 받은 것이다.

〈분개〉 차) 현금(경환) 1,000냥 대) 대여금(김덕경) 1,000냥

十一月初三日 又邊三巡上文三百七十五兩上

〈거래 분석〉 1887년 11월 03일 又는 마찬가지로 10월 19일 金德卿 계정의 반복을 지시하는 암호이다. 8월 15일을 기준일로 대여한 금액 5,000냥의 이자를 0.075(邊≒ႆ戔式) 이자율로 받기(捧次)로 한 받을 이자 원금 5,000냥*0.075=375냥을 받은 거래이다.

〈분개〉 차) 현금 375냥 대) 받을이자(김덕경) 375냥

金德卿債還上仍債計文四千兩上

〈분개〉 차) 현금 4,000냥 대) 대여금(김덕경) 4,000냥

邊≒ႆ戔式 又仍債給明二月晦捧次文四千兩下

〈분개〉 차) 대여금(김덕경) 4,000냥 대) 받을어음 4,000냥

〈거래분석〉 1887년 11월 6일 又는 1887년 10월 19일의 거래처 金

德卿의 반복을 지시하는 사인이다. 8월 15일을 기준일로 대여한 금액 5,000냥 중 1887년 10월 19일 1,000냥을 받고 나머지 4,000냥을 못 받은 것을 잉채 처리한 거래이다.

오늘날 민법은 금전채권의 채무불이행으로 인한 손해배상액에 관하여 규정을 두고 있다. 금전채권은 이행지체만 있을 뿐 이행불능이 적용될 여지가 없기 때문에 결국 이 규정은 이행지체에 대한 손해배상액, 즉 연체금이나 지연이자에 관하여 규정한 것이다. 이 거래도 오늘날 민법 상의 채무불이행과 마찬가지로 채무불이행에 관한 회계 처리를 '잉채(仍債)'라 표기한 거래이다.

여기서 문제는 잉채 이자율이다. 오늘날 민법 제397조 금전채무불이행에 대한 특칙에서 '① 금전채무 불이행의 손해배상액은 법정이율에 의한다. 그러나 법령의 제한에 위반하지 아니하는 약정이율이 있으면 그 이율에 의한다. ② 전항의 손해배상액에 관하여는 채권자는 손해의 증명을 요하지 아니하고 채무자는 과실 없음을 항변하지 못한다'라고 되어 있다.

KDEB에서 금전채무불이행에 대해서 애초에 정한 이자율보다 더 높게 상향하여 한 번 더 원금 상환을 연기해주는 경제 내적 강제를 시행하고 있었다. 그 이자율을 지시하는 기록이 바로 '邊는ㅎ戔式'라는 표시이다. 이 표시는 원래 약정한 이자율 邊는ㅎ戔式(0.075)보다 높은 邊는ㅎ戔(0.085)로 상향하고 새롭게 약정하는 거래이다. 이 표시와 함께 그 상환기일을 애초의 1887년 10월 그믐에서 1888년 2월 그믐으로 연기한 거래이다.

잉채(仍債) 거래란 일종의 이차 채무(Secondary liability)를 금융시장으로 내부화한 거래로서 일차적으로 채무를 진 자가 만기일에 그 채무를 변제하지 못한 경우에 제삼자에 의존하지 않고 거래당사자끼리의 재계약을 의미한다. 따라서 잉채 거래 KDEB는 회계를 통한 지불능력(Solvency Ability) 제고 방법을 보여주는 거래라 할 수 있다. 만약 이 방법을 인지하지 못할 경우 대부분은 담보부 거래로 가거나 담보에 담보를 가중하는 악성 금융 방법에 의존하게 된다. 메디치 은행은 이 유혹에 빠져 자본계정과 명목계정의 통합을 개발하지 못하고 담보부 금융인 예금계정만 개발하는 한계에 놓여 있었던 것이다.

제5장

개성자본회계
두 번째 순환과정

제1절 장책(長冊)의 간결성

　최근 국내 주요 언론은 기업의 회계보고서가 너무 복잡하고 어려워 회계정보 이해당사자들 사이에 갈등이 발생하고 정보이용자가 감소하는 것을 지적하면서 영국의 회계감사 규제당국인 재무보고위원회(FRC)의 개혁을 보도한 바 있다. 영국의 재무보고위원회는 주주와 투자자 외에도 더욱 폭넓은 이해당사자에게 회계정보를 알릴 수 있도록 간결하게 대폭 개선할 것을 요구한 것이다.[204)

　영국 재무보고위원회가 제안한 간결한 회계보고는 이미 천 년 전 중국 송나라에까지 알려진 고려 회계의 특징이었다. 천 년 전 송나라가 파견한 국신사 서긍은 고려 회계정리의 간단명료한 특징을 '其政甚簡'이라 파악하고 송나라 황제에게 보고한 바 있다.[205)

---

204) Financial Reporting Council, Audit reform still top of the agenda 16 October 2020: In conversation with ICAEW. 내일신문 2020.10.22. 보도.

205) 宣和奉使『高麗圖經』麗俗, 無籌算. 官吏出納金帛, 計吏以片木, 持刃而刻之, 每記一物, 則刻一痕, 已事, 則棄而不用. 不復留以待稽考. 其政甚簡. 亦古結繩之遺意也.

본 절에서는 KDEB 회계순환 제2 단계인 장책 작성과정을 간결성이라는 주제로 논증하려고 한다. KDEB의 간결성 전통은 이미 고려시대 송나라 사신에 의해 간파된 역사적 사실일 뿐만 아니라 7-8세기 통일신라시대 정창원 문서에서도 확인되는 매우 오래된 전통이다. 이 전통의 계승과 보존이 소중한 이유는 오늘날 디지털 시대 등장한 대부분의 전문 기술 플랫폼, 클라우드, 빅데이터, 블록체인, 비트코인과 긴밀한 연관이 있기 때문이다.

먼저 블록체인의 기반인 분산장책과 회계순환의 두 번째 과정인 장책 작성과정을 비교하면 그 연관성을 쉽게 이해할 수 있다. 회계의 제2 순환 단계란 회계정보의 통신전달(Post Mailing for Communication)과 데이터 보관(Bookkeeping for Data) 단계를 의미한다. 주지하듯이 현대 회계에서 전달과 보관 과정의 총본부를 총계정원장(General Ledger, 이하 장책)이라 한다. 장책의 전달(Posting)과 보관 과정(Posting & Book-keeping Process)이 중앙집중이 아니라 분산체제인 경우 분산장책이 되는 것이다.

그러면 이 정보의 전달과 보관은 어느 문명에서 기원하는가? 해양문명의 전통이 강한 이탈리아 VDEB에서 장책이 등장한 이유는 메디치 은행과 같은 중앙집중식 은행기관을 방문하여 창구에서 이루어진 구두계약을 보존하기 위해서라고 본다. 즉 일상생활의 대화체로 미래 약속을 다짐하는 'will have' 'will give' 용어와 약속의 주체인 인명을 기록하여 보관하는 것이 바로 오늘날 회계의 제2 순환 장책의 출현으로 본다.

이와 대조적으로 북방 유목민의 전통을 계승한 KDEB에서는 메디치 은행과 같은 중앙집중식 은행을 방문하는 것 없이 해당 이해당사자 쌍방의 의사소통 문건의 전달과 보관 과정(Posting & Book-keeping Process)이 투명하게 이루어지는 것에서 장책이 출현한 것으로 본다. 예를 들어 조선시대 암행어사가 소지한 마패는 원제국 칭기즈칸 시대 전 세계에서 통용된 일종의 여권 패스포트이다. 이 패스포트는 칭기즈칸이 발행한 신용장이므로 누구라도 위조하거나 변조할 경우 극형에 처하도록 되어 있었다. 이 마패 제도가 발달한 것이 원제국의 화폐 지원보초(至元寶鈔)이다. 당시 법정화폐의 발행은 보관된 장책과 대조하는 자호(字號) 체제 하에 발행되고 있었다.

지원보초에 명시된 대로 위조한 자는 그 자리에서 사형에 처형한다는 조항이 상징하듯이 위조와 변조가 불가능한 투명한 시스템 유지 즉 아이디와 패스워드의 개발은 유목민 DEB의 원천기술이라 하겠다.[206] 이와 같이 유목문명은 오늘날 이메일처럼 먼 지역에 우편 통신정보를 전달하고 보관하는 방법을 개발하였는데 그 전달 속도를 높이고 위조와 변조가 불가능하도록 정확성을 대조하는 시스템을 개발한 것이 고려시대의 교통체계인 역참(驛站)제도이다. 역참제도란 일정한 간격마다 말이 쉬고 에너지를 충전하는 플랫폼 정거장을 두고 기수와 말을 바꾸어 타면서 일정 경로를 따라 움직이는 전달·보관 시스템이다.

20세기 초 장책의 진화과정을 탐구한 리틀튼(A. C. Littleton)은 그 기원을 거래현장의 '구두계약의 공식화' 즉 영구 보존에 두고 이 보존화를 위한 세 가지 시스템으로 복식장부(Double Book), 복식기입(Double

---

206) 유목민의 전통을 계승한 고려는 전국에 역과 원을 설치하고 운영해왔다. 그 제도는 조선시대까지 이어져 왔다. 오늘날 한국의 여러 지명이 여기에서 유래한다. 숙대입구 청파역 양재역 인덕원 장호원 등이 그 예이다. 이곳을 사용할 때마다 위조와 변조가 불가능한 마패와 같은 투명한 계정시스템을 사용해온 것이다.

Entry), 복식계정(Double Account)을 나열하였다.[207] 이중 가장 핵심은 제1순환의 차변 계정요소와 대변 계정요소로의 분개가 제2 순환으로 어떻게 전기(Posting)되어 장책의 복식계정으로 정리 분류되는가이다.

장책은 영어권에서 'Ledger'라고 하는데 이 어원은 '선반 위에 올려 놓는다'는 영어 표현 'lay on'에서 기원한다. 이탈리아에서는 라틴어 'Quaternum'에서 유래한 것으로 공책이란 의미를 가지며 저장 메모리를 하나도 사용하지 않은 오늘날 노트북이란 의미로 이해하면 된다. 따라서 '보존(Keeping)'의 의미와 '전달(Posting)'의 의미를 동시에 갖는 장책은 그 전제로서 계정 이론(German: Buchhaltungstheorien Kontentheorien, English: Bookkeeping)을 갖는다.

현대인에게 계정이란 아마도 화폐 다음으로 많이 사용하는 개념이다. 구글 계정, 삼성 계정, 아마존 계정 등 온라인서비스에 접속하기 위해 인증과 허가를 받기 위해서는 계정 설정이 필수이다. 이 온라인서비스가 모두 회계학의 '거래 기록의 응집시스템(Cohesive System)'으로서 '계정(Account) 이론'에서 비롯된다.

DEB의 계정 원리는 AICPA의 정의 그대로 차변(Debtor) 요소와 대변(Creditor) 요소로 거래를 분개하여 발생 순서대로 분개장(일기장 Day Book)에 기록하고 분류/집계 장소로서 계정을 설정한 장책(Ledger)으로 전기(Posting)하는 원리이다. 미국의 회계학자 리틀튼은 DEB 체계의 뿌리인 거래의 이중성의 원칙보다도 더 중요한 단서로서 계정의 설정을 강조한 바 있다.

---

207) Littleton (1925 : 24).

그러나 지금까지 유럽에서 VDEB를 중심으로 장부 보관의 기본 규칙을 찾는 것을 목표로 한 수많은 계정 이론이 나왔으나 왜 거래기록의 응집시스템은 차변(Debit)과 대변(Credit)의 양면으로 응집되는가와 인명계정, 명목계정, 실질계정 그리고 계정의 의인화에 대해서는 명쾌한 설명을 제시하지 못하고 있다.

이탈리아 파치올리도 차변 계정이 증가하면 대변 계정은 왜 감소하는지 DEB가 원천적으로 가지는 퍼즐에 대해 설명하려고 하지 않고 암기하면 된다고 설명하고 있다. 그는 또한 명목계정의 차변(또는 대변)과 실질계정의 차이 등을 명쾌하게 설명하지 못했다. 즉 회계이론과 계정 이론의 연관성을 명쾌하게 제시하지 못하였다.

VDEB가 가지는 복잡성과 불명확성은 장책의 실무자료가 보이는 문장체 기입과 무관하지 않다. 〈표 5-1〉에서 알 수 있듯이 실제 이탈리아 제노아와 플로렌스와 베니스에 남아 있는 장책은 미래 책임 이행 요소 "must give(de dare)"와 권리 요구 "must have(de avere)"와 인명 "Per"와 "A"로 구별하여 기입하였으나 그 기입 형식은 간결하지 못한 대화체

1340년 장책 (제노아)		1392년 장책	
November 7, 1340	April 7, 1340	1392	1392
W-V clerk of the Comune of Genoa owes us (debet nobis) that which is credited in the same sum to us in page 142---000	We have received through A-C-, warder of the Chateau of Arculus, account of which is debited by us in page 147----000	Ready money must give(de dare) as of the thirteenth day of March to Z ---;posted in the latter [account] must have (debba avere) in p.6---000	Ready money must have(de avere) eighteenth of March by N-C--; posted in the latter [account] must give (deba dare) in p.6-----000

〈표 5-1〉 14세기 이탈리아 제노아 원장 형태 예시.

이다. 제1 순환의 분개장과 제2 순환 장책은 대화체 기록이라는 면에서 아무런 차이가 없었다.

유럽은 15세기 루카 파치올리가 장책에 대하여 언급한 이래 실무적으로 작성된 장책은 17세기까지 일기 기록과 동일한 문장체 형식에서 벗어나지 못한 상태가 지속된 것이다. 특히 영국의 DEB 실무는 산업혁명의 요람이 무색하게 형편없었다. 장책의 기장은 항해 중인 선박별로 산발적이며 단식 기입이었기 때문에 계정과 계정을 유기적으로 연결하는 기술이 없었다. DEB 요소가 보이지만 단식과 복식이 혼합된 형태이고 손익계정이나 자본계정은 존재하지 않았다.[208]

그러나 KDEB는 다르다. 제1 순환과정에서 살펴보았듯이 KDEB의 일기 기록은 현재 시점에서 발생한 거래를 반드시 미래에 진행시킬 사상과 연관시키는 것을 잊어서는 안 되게 서로 반대의 위치를 지시하는 전문 분개 용어가 매우 규칙적이며 완전하다. 예를 들어 현재 시점에서 지급한 거래를 미래 시점에서 받을 것을 동시에 나타내는 대표적인 용례가 바로 '채급(債給)'과 '받자(捧次)'의 동시 기록인 것이다. 제1 순환에서 '채급'과 '받자'의 동시 기록은 제2 순환에서 받을 권리 총계정원장 '받자(外上)' 장책으로 전달·보관이 완료된 사인의 연결이 아주 간단하고 명료한 것이다.

현재와 미래의 동시 인식, 즉 모든 거래 기입에는 반드시 현재 일어난 사상과 미래 발생할 것으로 예상되는 결코 잊어서는 안 되는 미래 사상을 기술해 놓아야 하는 양면 인식이 KDEB에서 양면 계정으로 간단명

---

208) Chatfield (1977 : 59).

료하게 분류되고 있었다.[209]

리틀튼은 DEB 체계의 뿌리인 거래의 이중성 원칙보다도 더 중요한 단서로서 계정의 설정을 강조한 바 있는데 그의 주장은 1941년 미국 공인회계사회(AICPA)의 정의로 반영되었다. 회계정보의 기록/분류/요약이 이루어지는 공간 즉 총계정원장의 중요성은 이탈리아 회계사학의 선구자 레이몬드 루버가 계승하여 다음과 같이 그 중요성을 비둘기집 이론(The Theory of Pigeonholes)으로 명명하였다.

> 1250~1400년간 이탈리아 상인들이 이루어낸 큰 업적은 거래의 이질적인 요소들을 계정으로 불리는 비둘기집 속으로 분류하는 통합시스템으로 연결시킨 점이다. 모든 거래의 이중 기입의 원칙은 이 공간 안에서 이루어진다.[210]

루버가 주장한 대로 13-15세기 약 150년간 형성된 비둘기집 이론에 따르면 계정의 설정 방법은 이탈리아 회계의 가장 큰 업적 중의 하나이다. 그러나 이 위대한 업적을 실증하는 13-15세기 실무 장책은 아직까지 발견되지 않고 있다. 〈표 5-1〉, 〈표 5-2〉에 제시된 대로 유럽의 장책 실무기록은 18-19세기가 되어야 오늘날 DEB 정의에 부합되는 장책 실무를 찾을 수 있는 것이다.

---

209) Littleton (1925 : 44) "The Entries are definitely stated as memoranda of expected future occurrences, not of present happenings"

210) The great achievement of the Italian merchants, roughly between 1250 and 1400, was to fuse all these heterogeneous elements into an integrated system of classification in which the pigeonholes were called accounts and which rested on the principle of dual entries for all transactions. (de Roover, 1956, p.117.)

리틀튼이 강조한 대로 계정시스템은 거래발생 순서대로 기입되는 원시기록 불망기(Memoranda)와 동일 항목으로 분류되는 장책 구조와의 형태적 차이를 통해 위조와 변조가 불가능한 투명한 시스템으로서의 특징이 나타나는데 유럽의 실무자료는 이 차이를 보이지 못하고 있는 것이다.[211] 즉 회계의 유용성과 필요성을 중심으로 장책의 기원 문제를 밝히기 위해서는 일기장의 대화체 서술이 어떻게 간단명료하게 장책의 대차평균의 합으로 전기되어 위조와 변조가 일어나지 못하는 시스템인가를 보여주어야 한다. 예를 들어 채권채무관계 특히 신용거래의 경우 제1 순환의 현재 시점과 미래 시점의 양면성이 제2 순환 장책으로 전기가 완료되는 완전성 때문에 위조와 변조가 불가능하게 되는 것이다.

거래 계약시점과 거래계약의 가치 실현시점의 불일치를 극복하는 방법으로서 DEB가 절대적으로 필요한 요소임에도 불구하고 해양 문명 지역에서는 이를 극복하는 방법 개발을 소홀히 하고 그 대신에 투기적인 자산 증식에 초점을 맞춘 일회성 투기성 장책 기입을 유지해온 것이다. 이에 대해 챗필드는 1) 결산의 불규칙성 및 임시성 2) 오류 수정의 불능성 3) 손익계정의 한정적 사용 4) 자산평가 방식의 복잡성으로 영국 DEB 장책의 의의를 평가절하하였다.[212] 당연히 주기적인 정리와 점검이라는 내부통제시스템(Internal Control System)을 위한 측면에서 집합 공간의 설정으로서 계정이 성립되지 못한 것이다.

이와 같이 항해 중인 선박을 중심으로 DEB를 개발한 해양 문명에서는 항해 중인 선박별로 계정이 설정되거나 상품별로 계정이 설정되기

---

211) A. C. Littleton (1925 : 88).
212) Chatfield (1975 : 59)

때문에 계정 설정이 출항 때 일회에 머물고 회항 기일을 예측할 수 없어서 주기성과 계속성을 지닐 수 없는 한계를 가진다. 따라서 회계기록은 출항 때 한 번 회항 때 한 번으로 그치는 다분히 투기적인 목적에 부응한다. 차분히 전년도 영업실적을 계산하여 다음 연도 영업실적을 예측하는 미래에 대한 확실한 합리적인 지침으로서 회계를 다루지 않은 것이다. DEB에서 계정의 설정이 가장 중요한 이유는 대차평균의 원리를 실현하는 데는 위조와 변조가 불가능한 투명한 계정시스템이 뒷받침되어야 하기 때문인데, 해양 문명에서는 이 투명한 계정 개발의 필요성이 초기부터 존재하지 않은 것이다.

〈표 5-1〉에서 알 수 있듯이 이탈리아의 실무자료에서 보이는 계정은 루버의 지적대로 비둘기집이라는 공간 심벌이 제시되어 있는 게 아니다. 루카 파치올리도 그의 저서 13장, 14장, 15장 세 개의 장에 걸쳐 원장상에 계정을 만드는 방법(원장의 계정 설정과 기입 방법)을 제시하고 있지만 그 방법은 오늘날 T-Form과는 거리가 먼 색인 작업이었다. VDEB의 장책은 분류 집계 장소로서의 총계정 집합장소가 아니라 알파벳 순으로 된 색인(Repertorio Trovarello) 작업에서 기원한 것이다.[213]

파치올리는 이 알파벳 색인 순서대로 "debtor"와 "creditor"를 기록하여야 한다고만 밝히고 비둘기집이라는 양면 공간 설정은 언급하지 않았다.[214] 제14장도 DEB의 핵심 원리인 저널에서 장책으로 전기하는 데

---

213) 제13장은 파치올리가 주요부 제3번째 장부로서 원장에 관한 설명이다. (Of the Third and Last Principal Mercantile Book called the Ledger, How it is to be kept Single, or Double with its Alphabet.) 플로렌스 지역에서는 이 색인을 Stratto라 부른다. 색인작업 장부를 조선시대에서는 어린도책(魚鱗圖冊)이라 하여 DEB와 전혀 별개의 장부였다. Pacioli (1494 : 29).
214) Pacioli, (1494 : 29).

있어서 왜 저널의 기록이 원장으로 두 번 전기가 이루어지는지를 설명하고 있을 뿐 이질적인 요소들을 계정으로 불리는 비둘기집 속으로 분류하는 통합시스템을 제시한 것은 아니다.[215]

제2 순환의 본질적인 기능에 대한 질문의 답변은 한마디로 1941년 AICPA의 정의대로 회계정보의 기록/분류/요약이 이루어지는 공간 플랫폼이다. 그러나 공간 플랫폼이 '단순정렬식 분류'만으로는 위조와 변조를 방지할 수 없다. 따라서 '유사한 것과 정반대의 것(likes and opposites)'의 대조분류가 요구된다. 왜냐하면 DEB로서의 계정 설정의 조건을 충족하기 위한 것으로 공간과 공간 내의 같은 것과 정반대되는 것의 공간 분리 분류가 필요하기 때문이다. '단순정렬'과 + 요인과 − 요인의 대조분류 정렬의 근본적인 차이는 DEB인가 단식부기인가를 결정하는 핵심 요소이기 때문이다.

유사한 것과 정반대되는 것의 대조분류 정렬(likes and opposites)은 자동으로 장책으로 전기(Posting to the Ledger)되어 장책의 이중 형태(Bilateral Characteristic)가 오늘날 컴퓨터의 자동 정리와 자동 점검이라는 내부통제시스템(Internal Control System)으로 발전하는 사고는 KDEB에서는 매우 오래된 전통이었다.[216] 모든 대변적 요소는 원장의 한쪽으로 분류되어 위치하여야만 하고 모든 차변적 요소는 그 반대 위치에 분류되어야 한다.[217] 이 계정 설정의 원리는 아무리 많은 거래가 있다 해

---

215) Pacioli, (1494 : 32).

216) KDEB의 대조분류 정렬의 원리에 대해서는 연구책임자, 정기숙 외 앞의 책, 42-44쪽. A.C. Littleton, Paciolo and Modern Accounting, The Accounting Review, Vol. 3, No2.(June., 1928), pp.131~140. p.135.

217) Lucas Paciloi, p.107. All the creditors must be placed in the book at the right-hand side, and the debtors at the left-hand side.

1604년 장책		19세기 장책	
Notes Debit year 1600	Notes Credit Year 1600	Dr	Cr
10 Jan Per Capital fol3 000	30 May Per Peter De Witt fol.10 000	1847 May 10 To Wm Johnson 0000	1847 Nov 10. By Cash 0000

<표 5-2> 17세기 등장한 장책 스테빈의 간결성(The brevity of Simon Stevin).

도 계정이 스스로 대차평균의 원리(Principles of Equilibrium, Equilibrium of Debits and Credits)를 실현해 나가는 구조이기 때문에 DEB에서 계정의 설정은 가장 중요한 기술이 된다.

유럽에서 계정이 스스로 대차평균의 원리(Principles of Equilibrium, Equilibrium of Debits and Credits)를 실현하는 공간 플랫폼을 제시한 것은 〈표 5-1〉의 문장체 원장에서 요약표 형식으로 전환을 도입한 네덜란드 출신인 사이먼 스테빈(Simon Stevin)에 의해서이다. 〈표 5-2〉는 17세기 출현한 장책 형태이다. 〈표 5-2〉와 같이 간결한 테이블 형태의 장책을 유럽 회계사 연구에서는 '스테빈의 간결성(The brevity of Simon Stevin)'이 라 부른다.[218] 그러나 계정과목을 헤드에 두고 T-Form이 나타난 것은 스테빈의 간결성 이후 약 100년 뒤의 일이다.

유럽과 달리 KDEB는 '스테빈의 간결성(The brevity of Simon Stevin)'이 매우 일찍부터 나타나 유럽과 확연히 구별되는 역사를 갖는다. VDEB 는 18세기에 와서야 계정과목을 헤드라인에 두고 'Will have Debit'를 'Dr'로, 'Will give Credit'를 'Cr'로 축약한 T-Form이 나타난 것은 스테 빈의 간결성 이후 약 100년 뒤의 일이지만 KDEB는 7-8세기 자료에서

---

218) Chatfield (1977: 67).

VDEB	KDEB	ADEB
자산(Asset) = 부채(Liability) + 자본(Equity)	받자장책(外上長冊) = 주자장책(他給長冊)	Receivable a/c = Payable a/c

<표 5-3> 베니스(VDEB), 개성(KDEB), 현대 미국(ADEB) 총계정원장 회계방정식 구조

부터 계정과목을 헤드에 두고 대차평균의 원리를 실현한 모습을 보인다.

〈표 5-3〉에 제시된 대로 유럽 베니스 회계의 기본 구조는 자산(Asset)=부채(Liability)+자본(Equity)이다. KDEB는 받자장책(外上長冊)=주자장책(他給長冊)으로 단순 간결한 구조이다. 오늘날 미국 현대 총계정원장 구조 Receivable a/c = Payable a/c와 간결성의 원리는 같은 것을 알 수 있다. 따라서 KDEB의 제2 순환은 장차 받을 권리를 모아 놓은 받자장책과 장차 주어야 할 의무를 모아놓은 주자장책 단 두 장책뿐이라는 사실은 21세기 회계가 지향하는 간결성 그 자체라고 할 수 있다.

20세기 서구 회계가 일본을 통해 들어오면서 복잡하고 혼란하게 되었다. 그 대표적인 용어 혼란이 바로 '外上'이다. 오늘날 이 용어는 받을 자산 외상매출금과 갚아야 할 부채인 외상매입금에 모두 적용하여 사용하고 있다. 그러나 KDEB에서는 제1 순환단계의 "다음에 받을 것(捧次)"만이 제2 순환단계의 받을권리 '外上'으로 전기되어 받을자산 계정을 형성하지 주어야 할 의무까지 '外上'을 적용하지 않았다. 자산 본부에만 '外上'이라 표기한 것이다.

오늘날 외상매출금이나 외상매입금 계정명은 본래 개성상인들의 이두 발음의 '받자(捧次 外上)'로 전문 회계적 의미를 모르고 적용한 대표적인 오용의 예이다.[219] 받자와 주자의 '자'란 장차 받을 것, 장차 줄 것이란 미래 사상을 반영한 전문용어이다. 이 전문용어의 의미는 우리의 일상생활의 대화에 사용하는 의미와 전혀 다르다. 이 차이를 정확히 인식해야 DEB의 실체를 알 수 있다. KDEB 제1 순환인 일기장의 모든 거래 기록은 제2 순환에서 장차 받을 것, 장차 줄 것으로 분류되는 것이다.

DEB 연구에서 가장 난해한 문제는 회계 제2 순환단계의 받자 주자 단계는 제1 순환단계인 거래의 최초 기록 단계와 어떤 연결고리를 갖는가이다. 왜냐하면 제1 순환단계는 구두계약의 발생 단계이기 때문에 계약 현장에서 미래 사상을 예측하여 기록하는 용어는 일상 대화체의 형태로 존재하지만 그 '일상 대화의 의미(The meaning of common speech)'와는 전혀 다른 법적 구속력을 갖는 '회계 전문적인 의미(Accounting technical meaning)'이기 때문이다.[220]

KDEB의 장책은 받을 권리, 주어야 할 의무 즉 받자주자장책(外上/他給長冊)이다. 받자(外上)란 오늘날 대차대조표 차변의 자산 본부에만 해당된다. 주자(他給)란 대변의 부채 본부에 해당된다. '장책(長冊)'은 영어로 'Big Book, Head Book'에 해당되는 KDEB 명명이다. 장책이란 표제어대로 모든 장부의 우두머리란 의미를 쉽게 알 수 있다.

오늘날 회계에서 분개장과 장책을 주요부(Main Books, Principal Books)라 한다. 일기장은 최초 기록(Book of Original Entry)이란 의미에서, 장책은 계정의 총집합 장소라는 의미에서 주요부이고 이외에 다른 모든

---

219) 한자 과(瓜)의 종류인 '오이' '참외' 수박 등을 한국인들은 외 혹은 오이라고 표현한다. '外上'의 발음 외는 한국인에게 '외' '오이'란 여름 채소나 과일을 지칭하지 회계의 '받자(外上)'와 전혀 상관없다. 黃 胤錫 頤齋遺藁 瓜字音외. 孤字從瓜亦音외。據此則瓜字古亦音오。而今依漢語音과耳。
220) 이 점이 DEB의 모든 전문용어가 소리글자로 기원을 갖는 이유이다.

회계장부는 그 보좌적인 위치 때문에 오늘날 현대 회계에서 보조부 (Auxiliary Books, Subsidiary Book)라 명명하는 것도 이에 연유한다.

제2절 장책의 영구보존성: 주비론

한옥건축 사개맞춤법, 사개송도치부법, 이탈리아 베니스 비둘기집 이론

지금까지의 국내 KDEB 연구는 회계 제1 순환 분개 과정에만 주목하고 제2 순환 집합공간의 설정 문제 즉 계정의 플랫폼 형성에 대해서는 상대적으로 소홀히 하는 경향이 있다. 그러나 한국의 전통 회계자료에는 상거래의 분개 기록보다 오늘날 인구 및 주택 총조사와 같은 국세조사의 장책과 계정에 관한 자료가 훨씬 더 풍부하다. 이탈리아 회계사 연구의 선구자 루버는 이탈리아 회계의 가장 큰 업적은 이질적인 요소들을 비둘기집이라는 공간 속으로 통합시키는 총계정 장책의 블록 즉 계정의 확립이라고 보았다.

KDEB의 계정 설정은 하나의 집을 건축하는 것과 같은 의미를 지니고 있었다. 즉 거래 기록의 응집시스템(Cohesive System)으로서 계정을 개성상인은 집을 건축하는 과정으로 이해하고 그 계정 집합장소를 '주비'라 표현하였다. 개성상인에게 계정을 의인화하여 이두로 발음하는 '주비(矣)' '즐(節)' '질(秩)' '조(條)'는 모두 거래가 양면으로 분류되고, 집계되며 요약이 이루어지는 계정 공간을 의미한다.

전통적으로 한국에서 집을 건축할 때 못을 사용하지 않고 재료를 암(-)과 수(+)로 구분하여 정확히 균형을 이루면서 짜맞추는 기술을 사개맞춤 기술이라고 한다. 개성상인들의 DEB 기술도 화폐를 사용하지 않고 거래를 성사시키는 기술로서 그 명칭을 한옥 건축과 동일하게 '사개맞춤 치부법'이라고 명명하여 왔다.

개성상인들은 거래의 이질적인 요소들을 계정으로 통합하는 시스템으로 전통 건축물을 형상화하는 심벌을 가지고 표시하고 그 공간을 내외로 구별하여 안쪽은 자산의 증가와 부채의 감소가 이루어지는 공간[借邊 Dr:Debtor]으로, 바깥쪽은 반대로 부채의 증가와 자산의 감소가 이루어지는 공간[貸邊 Cr:Creditor]으로 구별하여 기장하였다.

개성상인들이 집을 상징하는 회계 공간을 내외(內外)로 구분하여 차변(借邊 Dr:Debtor)과 대변(貸邊 Cr:Creditor)으로 구분하는 것은 인간 행동과 깊은 연관이 있다. 한국인들은 인간 행동을 '질'이라 한다. 그런데 이 '질'이 KDEB에서 가장 많이 등장하는 회계 전문용어이다. 질질(秩秩), 질(作), 번질[反作], 벼질전[租作錢], 쌀질전[米作錢], 그리고 개성회계 재무제표인 주회계책(周會計冊) 첫 페이지에 나온다. 첫 페이지를 열어보면 단한 장에 일 년간 재무를 표로 요약해 놓은 것을 볼 수 있다. 이 요약표의 표제글에 받자질(捧次秩), 주자질(給次秩)의 '질'을 사용하고 있다.

한자로 도대체 질(秩)이 무엇일까? 벼를 쌓아 놓은 것인가? 이러한 의

문은 이두로 읽을 때 싹 사라진다. 한자로 된 '給次秩'은 주자질, '捧次秩'은 받자질로 읽으면 그 의미가 확연해진다.『월인석보』에 '그 즈싀 一萬 가지라'에서 秩의 첫 훈민정음 표기를 찾을 수 있다. 한국 전통 회계문서는 대부분 이 글자를 경제거래 사실을 보관(Account Keeping)해야 하는 문서의 표제어로 사용하고 있다.『월인석보』대로 인간 행위 '짓'이 '질'의 어원이다.

오늘날에도 이 용어는 '선생질' '총장질' '계집질' '서방질' 등 일상생활에서 약간 부정적인 행동을 지칭할 때 사용되지만 전통 회계에서는 계정 설정과 장책(General Ledger)을 지칭하는 회계금융 전문용어이다. 오늘날 속어로 '질'을 즐겨 사용하는 한국인들에게는 사실은 모든 경제 거래 행위의 질서정연한 배열과 보관 의식이 몸에 배어 있는 것으로 이해해야 한다.

이 용어의 유래와 용례를 가지고 회계원리를 설명해보자. 일반적으로 회계이론에는 금융거래나 현물 상품거래에서 오고 가는 돈과 물건의 흐름을 사람의 행위로 비유하는 '인격화(Personification)' 이론이 존재한다. 회계학이 오늘날 현대사회의 경제질서 확립에 가장 큰 기여를 한 것이 바로 인격화(personification) 이론이다. 이 이론과 전문용어가 중요한 것은 자연인으로서 개인과 법인으로서 개인의 구별과 자본 질서 즉 유한책임(Limited Liability)과 무한책임(Unlimited Liability)의 구별 때문이다.

이러한 용례는 유대인들에서도 발견되고 유목민 거란족에서도 발견되며, 국방과 인구주택총조사와도 연관이 있다. 예를 들어 이스라엘 민족의 인구조사(Census)를 성경은 「민수기(民數記 Book of Numbers)」에 기록하였다. 이때 회계의 기능은 자연인의 집계가 아니다. 종교적으로 일정한 사명과 책임이 있는 군사조직으로 편제된 법제화된 20세 이상 남자의 집계이다. 집계의 단위는 12지파 우두머리의 인명이지만 이들은 군사조직 단위이자 회계단위이기 때문에 자연인이 아닌 일정한 책임을 이행해야 하는 오늘날 법인(CORPORATION) 혹은 실체(Entity)인 것이다.

개인의 인명이 집계 단위 곧 회계의 계정과목으로 설정되는 순간 개인은 법인이 된다. 자연인으로서 개인은 자유를 만끽하지만 법인으로서 개인은 일정한 책임을 이행해야 권리 행사가 가능하도록 구속된다. 오늘날 정치권력, 군사 권력, 종교적 영향력을 지도력(Leadership)에서 나오는 것으로 이해하지만 성경과 회계이론에서는 대표성을 강조하는 저작권(Authorship)에서 나온다. 이러한 이유로 「민수기(民數記 Book of Numbers)」의 계정명 설정을 '모세의 저작권위 이론(The Theory of Mosaic Authorship)'이라 한다.

구약에서 '모세의 저작권위 이론'은 「민수기」의 집계의 기초이지만 신약에서는 「요한복음」 3장의 영원성과 구원 심판 이론으로 그 기능이 전환된다.[221] 신약에서의 영원성과 구원 심판론은 오늘날 기업의 영구성 기초이다. 개성상인 장책 받자장책(外上長冊) 계정과목으로 이름이 올라와 있는 인명계정은 그 개인의 성격과 관계없이 법적인 유한책임(Limited Liability)의 대표자이다. 이와 같이 '질(秩)'은 회계학에서는 회계 책임성(Accountability)으로 계정 이론을 상징하는 용어이다.

자연인은 자유를 만끽하지만 무한책임을 진다. 반면에 법인은 개인과 같은 무한 자유가 없지만 책임도 유한 범위에서만 이행하면 된다. 이른

---

221) Timothy R. Ashley, The Book of Numbers (New International Commentary on the Old Testament) Eerdmans 1993. p, 6.

바 워크아웃 재무개선 작업이 가능한 이유가 여기에 놓여 있다. 회계에서 거래를 관련 항목으로 분류하기 위해서 계정을 설정하는데 이 계정을 마치 살아있는 독립된 사람처럼 취급하는 것은 장부 관리기법의 근원으로 인식한다.

이것은 소유자들이 자신을 직접 나타내지 않고 대리인을 두고 행위하는 것과 연관이 있다. 즉 소유와 경영의 분리는 '계정의 인격화'를 통해 실현한다. 이것은 소유자 자신을 대표하는 인명계정과 전혀 다른 개념이다. 이탈리아 베네치아의 분개장 기입에는 차변의 서두에 사람을 지칭하는 "Per"를 기록하고 차변에는 "A"를 단 이유가 이러한 계정의 인격화를 의미하기 위해서이다. 이러한 용어는 그 문법적 의미는 상실하고 회계 기술적 용어로서 정착된다.

한국의 전통 회계에서 영리조직이건 비영리조직이건 여러 사람이 힘을 합하기 위한 조직체의 약속의 의미를 갖는 계(契約)와 관련된 거래 기록에 흔히 나타나는 용어가 '질'이다. 호남 영암의 장암리 마을 회계장부 「용하기」에 등장한 '질'의 용례는 '전질(錢作), 미질(米作), 곡자질, 목맥질, 잉존질' 등이다. 현병주는 이 '질'의 회계적 의미를 다음과 같이 소개하였다.

"秩 字의 用例는 其義가 二條로 分하니 左에 區別한 바 (가)의 順序에 屬한 者는 本書 第五章에 釋意와 如히 帳簿上 關係를 生한 者는 自然人으로 認定하드시 秩자는 卽人의 姓名을 代位함이오 (나)의 順序에 속한 類는 無形物을 有形物의 代位로 定함이니 各其性質을 分하야 次第로 說明하건대 入한 物이든지 出한 物이든지 物品의 名稱을 隨하야 麻布이면 麻布秩, 白木이면 白木秩이라 하나니 白木秩去라 할 時는 白木秩을 自己債務者의 성명으로 표준하고 麻布秩入이라 할 時는 麻布秩을 自己 債權者의 성명으로 표준한 것이라."

현병주의 설명대로 장부상의 관계를 만들 때 접미어로 붙이는 '질'은 거래의 흐름을 인간 행위처럼 일정한 책임과 권한의 흐름이라는 의미를 갖는다. 즉 물품에 사람과 같은 인격을 부여하기 위한 특수용어인 것이다. 19세기 실학자 이규경은 『어록변증설(語錄辨證説)』에서 '질'의 어원이 '짓'을 지칭한다고 밝혔다.[222]

따라서 계정을 '집'으로 지칭하고 그 계정 공간의 차변 대변으로 상호 교차하여 들락거리는 주체를 인간 행동으로 분류하는 기술은 루버가 강조한 대로 13-15세기 약 150년간 형성된 VDEB 계정 설정 이론인 비둘기집 이론(The Theory of Pigeonholes)과도 부합한다.[223] 여기서 한국과 이탈리아의 전통 계정 설정 이론은 VDEB에서는 비둘기집으로, KDEB 는 '집[주비, 㝎]'으로, 서로 유사한 개념을 발전시켜온 것을 알 수 있다. 양 국가가 공유하는 '집'이라는 공간에 대해 이두 글자인 '㝎'자를 연관 시키면 더욱더 그 의미를 탐구할 수 있다.[224]

〈그림 5-1〉을 보면 기와지붕 아래 공간을 양분하는 형상[㝎]에 '內'자 와 같은 매우 특이한 심벌을 발견할 수 있다. 한국에서 집사람은 아내

---

222) 『語錄辨證説』[附吏讀方言若干字]
223) The great achievement of the Italian merchants, roughly between 1250 and 1400, was to fuse all these heterogeneous elements into an integrated system of classification in which the pigeonholes were called accounts and which rested on the principle of dual entries for all transactions.(Raymond de Roover, 1955:404, 1938:46)
224) 전성호 정기숙 외, (2011:43-44; 2011a).

를 의미한다. 집사람 아내와 계정의 '대조 분류 정렬(likes and opposites)'을 지칭하는 'T Form'과 '內'자는 상호 무슨 연관이 있는가? 이 글자를 사개송도치부법의 DEB 원리를 설명하는 핵심 심벌로 제일 먼저 근대 사회에 알린 사람은 현병주이다. 그는 '內'자는 장책(Ledger)의 기록에서 봉차(捧次 다음에 받을 것)와 급차(給次 다음에 줄 것)를 구별하기 위하여 기록의 중간에 쓰는 부호라고 정의 내린 바 있다.[225]

현병주에 의해 제시된 '內'를 통한 계정의 양면성을 서양 회계의 'T Form'과 최초로 연관시킨 회계학자는 윤근호이다. 그는 앞서 설명한 대로 이탈리아의 비둘기집 이론에 대해서 언급하지 않았지만 서양의 가로쓰기 계정 형태와 비교하여 "사개치부법은 세로쓰기이나 가로로 쓰는 오늘날 서양 부기의 좌우 대조 형식의 것에 가까운 것이 된다"고 해석하였다.[226]

결론적으로 한국과 이탈리아 모두 거래처 분류 및 통합 공간 이론으로서 계정설정 이론은 '집'과 연관이 있다. 이탈리아의 경우 루카 파치올리에서 루버에 이르기까지 이탈리아 DEB 연구 선구자들이 주장한 비둘기집 이론으로 'T'자로 대표되며, 한국의 경우 개성상인들은 기와집의 지붕을 상징하는 심벌로 계정을 설정하고 대조 분류 정렬의 표시로서 '內'자를 중간에 배치하여 이탈리아 비둘기집 이론의 'T'자를 형성한 것이다. '內'의 배치를 통해 이중 형태의 장책 구조로 전기(Posting to the Ledger)되는 장소의 표시는 이두학자 홍기문의 주장대로 신라시대부터 존재해 온 표시이다.

---

225) 玄丙周, (1916:25)
226) 尹根鎬, (1984:64).

이두에서 통합 공간 개념으로 '彔'는 발음을 '주비'로 하여 오늘날 발음인 '집'이라는 공간의 표현인 것이다. 집이란 공간 개념을 갖는 '彔[주비]'와 한국 고유의 계정 설정 방식과의 연관성은 '대조 분류 정렬' 공간이며 이탈리아에서는 그 형태를 비둘기집 'T Form'으로 나타낸 것이다.[227]

거래의 통합 공간으로서의 계정 설정 이론과 한국 고유의 회계 기술은 집 건축에서 기원하는가? 이에 대해 이두로서 건축주 혹은 집주인으로 해석되는 '節', 주비로 발음하고 가게로 해석되는 '彔'자를 계정 설정과 깊은 연관이 있음을 제시한다. 이 '彔' 글자의 대표적인 용례는 같은 종류의 상품이 모여 시장 공간이 만들어지는 '六彔廛'에 나타나며 그 발음은 '주비'로 한다.[228]

홍기문에 의하면 이 글자는 이두자로서 『어록변증설』에서 '듀비'라고 하였으며 그 의미는 『월인석보』 1권 14장에는 '팔부는 여덟 주비니'라고 하였고 2권 50장에는 '道士의 주비를 도사들의 집(道家)이라 하나니'라고 한 것으로 미루어 보아 같은 부류의 사람들이 모여 사는 집으로 이해된다.

개성상인들의 장책(長冊 Ledger)의 계정 설정의 심벌은 홍기문의 육주비전 이두 해석에 등장한다. '彔(주비)'의 형성 과정을 정확히 묘사한 심벌 표시로 이해하고 있다. 홍기문은 주비(분류, 부류, 그룹핑)의 구체적인 의미는 '집'이라고 설명하고 있다. 그러면 왜 이 '彔'자를 가지고 주비란 뜻

---

227) 전성호, (2011a:181-183).
228) 육주비전(六注比廛) : 1) 선전(縇廛) 현 종로로(鐘樓路) 북쪽에 있다. 수입 비단 파는 곳. 2) 면포전(綿布廛) 종로로 서쪽에 있다. 3) 면주전(綿紬廛) 면포전 뒤, 전옥서 앞에 있다. 내국산 면포와 명주를 판다. 4) 내외어물전(內魚物廛) 내어물전은 이문(里門) 동·서쪽에 있다. 여러 가지 건어물을 판다. 외어물전(外魚物廛) 소의문 밖에 있다. 5) 지전(紙廛) 동전(東廛)은 포전 남쪽에 있고, 서전은 면포전 남쪽에 있다. 6) 저포전(苧布廛) 진사전 동쪽에 있는데, 모시와 황모시를 판다.

으로 변해 썼는가? 근세에 이르러 한 개의 수수께끼로 된 '夬'의 뜻이 된 주비는 옛날 관청 문서의 한 습관으로부터 내려오는 것이다. 이에 대해 홍기문은 다음과 같이 설명한다.

"……옛날의 토지대장에는 八結(여덟멱)을 '夫'라고 하고 그 아래 夬라고 한다고 했다. ……〈結夫의 夫자는 그 夫자 우에 동그라미를 질러서 표하였는데, 그래서 동그라미와 夫자를 련해서 夬로 만들어 놓고 세속에서 주비라고 일컫는 것이다〉.……본래 맨 처음의 토지대장과 같은 문서에서는 夫가 주비의 뜻으로 변해 쓰이던 리두자였으나 그 우에 반드시 동그라미의 표를 지르는 관습에 의해서 드디어 夬자가 夫자 대신 주비의 뜻으로 변해 쓰이는 리두자로 등장한 것이다".[229]

지금까지 '부(夫)'자를 이두가 아닌 한자 지아비, 장정 부(夫)로 이해하여 전결(田結)을 기준으로 역(役)을 부담시키는 단위로 전답 8결(結)당 역을 부담할 사람을 1명으로 계산하기 때문에 붙은 이름이라고 해석해왔지만 이는 잘못된 해석이다.[230] 홍기문에 의하면 이두 '부(夫)'의 의미는 장정, 지아비, 남편 등을 나타내는 의미가 아니다.

오늘날 국세조사(Census)를 주택인구총조사라 하듯이 주택이지 개별 남자 인구가 아니다. 개별 남자 인구는 '丁'으로 표기하였다. 다산 정약용은 이를 '八結注飛'라고 표기하고 호수 혹은 호주라고 사람 지아비 '부(夫)'로 이해하였으나 역시 잘못이다. 이를 이두로 읽으면 '여덟멱주비'로

---

229) 홍기문, 1988, 앞의 책 82~83쪽. 전성호. 2011. 앞의 책. 44~45쪽.
230) 『典律通補』 戶典 田稅, 『大典會通』 戶典 收稅

舟橋都中 (外上長冊: Receivable a/c)							
Dr			內	Cr			

<표 5-4> 안(內)자 중심으로 안팎(內外)으로 구분하고 블록과 블록으로 T-Form 계정을 설정한 사례

읽어야 한다.[231] 이와 같이 개성상인의 장책에서 계정의 양면성과 관련된 이두 용어 '아내(Debit) : 바깥(Credit)'은 우리의 일상생활에서 늘 쓰는 용어로서 차변과 대변을 구분하였던 것이다.

주비란 집의 이두 표기로서 거래의 통합 공간으로서 계정 설정 단위이다. 계정을 공간으로 이해하는 것은 이탈리아도 마찬가지이다. 서구 유럽 계정 이론은 이탈리아의 루카 파치올리에서 루버에 이르기까지 이탈리아 DEB 연구 선구자들이 주장한 비둘기집 이론으로 대표되며 한국의 경우 이두학자 홍기문이 주장한 대로 통합 공간 개념으로 '矣' '주비'란 고유 용어가 존재하고 있었다. 토지대장의 작성에 사용된 집을 상징하는 '矣' '주비'는 장책에서 계정의 양면성으로 공간의 안팎(內外)으로 구분된다.

개성상인들은 〈표 5-4〉에서 볼 수 있듯이 먼저 계정과목(舟橋都中)을

231) 『經世遺表』 第9卷 地官修制, 方田始末 臣謹案 大甲頭·小甲頭, 如吾東所云八結注飛戶首之類也。方戶者, 一方之內諸田之主戶也。

헤드라인에 배치한다. 다음으로 '안(內)'자를 중심으로 안팎(內外)으로 구분하여 T-Form으로 계정을 설정하여 차변과 대변의 대조 분류 정렬(likes and opposites)의 경계를 표시하여 놓았다. 따라서 한국인들이 남편을 바깥사람이라 부르고 부인을 안사람, 아내로 부르는 것은 계정의 양면성을 이해하는 데 도움이 된다. 개성상인에게 아내(內)란 자산 특히 현금성 자산(Cash)의 안쪽 차변(借邊)을 의미한다. 받자계정(舟橋都中(外上長冊:Receivable a/c))에서 자산의 증가, 부채의 감소, 자본의 감소가 기록되는 곳은 안채, 안사람, 안쪽이었다.[232]

정리하자면 북한 이두학자 홍기문이 설명한 '주비(矣)'는 공간을 안팎으로 구별하는 DEB의 양면 계정의 의미를 갖는다. 발음을 '주비'로 하다가 오늘날 '집'이라고 발음하게 된 것이다. 이탈리아는 계정의 기원을 통신 교신의 상징인 비둘기집으로 표현하였지만 한국은 부부가 내외를 이루며 사는 사람 사는 집이 계정이었던 것이다.

그러면 공간 개념을 갖는 '矣(주비)'와 한국 고유의 계정 설정 방식과의 연관성의 기원을 어디에서 찾을 수 있는가? 한국 고유의 통합 공간 개념인 '집/주비'와 DEB 계정과의 연관은 어떻게 시현되는가? 이 질문을 가지고 KDEB의 계정을 지칭하는 '矣'와 그 양면성을 구분하는 용어 '內'

---

232) 이와 반대로 한국어의 '볕' '밝' '박' '바깥'은 본래 음물(陰物)과 대비되는 양물(陽物)로서 불거져 나온 바깥쪽을 지칭한다. 예를 들어 신라의 시조 박(밝)혁거세(朴赫居世)는 '밝은 칸'이라는 의미이다. '불큰칸'에 '붉'과 한자 혁(赫)을 병기하여 생긴 밝고 큰 왕 신라 시조를 지칭한다. 이와 연관된 용어가 불칸(弗邯) 유럽 발칸반도 불가리아도 같은 의미이다. 뽑나 사람이란 왕관이나 벼슬을 쓴 사람으로 칭기즈칸이나 신라의 대각간이나 모두 우두머리를 지칭하는 용어이다. 이와 반면에 영어권의 남편(Husband)은 집(House)에 거주하는 사람이란 뜻을 가진 것과 대조적이다. 黃胤錫『頤齋遺藁』按新羅官制。有曰大舒發翰。亦曰大舒弗邯。音寒。所謂弗邯。卽發翰字近而字轉也。有曰大角干者(대각간 칸)。角卽發舒弗也。今俗猶呼角爲煩(뿔)。舒之字母在諺文爲ㅅ。發與弗近而弗又直音불。若加ㅅ於불之右上則作煩。卽角字方言也。若불去ㅂ而直加ㅅ于上。

를 중심으로 추적하면 4-5세기 고구려 장수왕 기록에서부터 통일신라 시대 유산인 7-8세기 문서로 추정되는 신라 촌락문서와 9세기 833년으로 추정되는 진주 연지사 명문, 대원제국의 지원보초, 조선시대 무기관리 장책인 중기책, 18세기 비영리조직 회계문서인 용하기와 영리조직 개성상인 회계장부에 이르기까지 일관되게 양면 계정 표시라는 것을 알 수 있다. 따라서 KDEB 'T-Form'은 한국 회계사의 금자탑이라 할 수 있다.

정창원 문서, T-Form, 지원보초(至元寶鈔)

〈그림 5-1〉은 신라 촌락문서 원본 사진이다. 한눈에 보아도 기록의 간단명료성이 특징이라는 것을 알 수 있다. KDEB는 이러한 통일신라의 회계 유산을 그대로 영리조직 회계문서에 계승한 것이다. 이러한 회

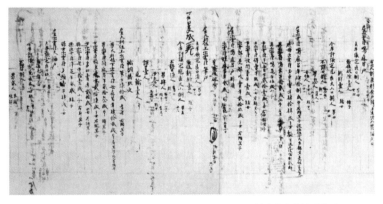

<그림 5-1> 신라 촌락문서: 명료성, 검증성, 일관성을 지킨 통일신라시대 회계 유산

孔烟(Account)			
항목(Item)	숫자(Number)	항목(Item)	숫자(Number)
		仲下烟	4
		下上烟	2
		下下烟	5
合孔烟(Sum)	11		11

<표 5-5> 정창원 문서 '孔烟' 부문 계정과목과 T-Form과 균형

계 전통은 유럽과 전혀 다른 전통이다. 앞서 언급하였듯이 DEB가 나오기 전까지 유럽의 중세 사회에서 많은 회계 오류에 대해서 오류의 원인을 끝까지 추적하지 않고 뭉개버리는 전통과는 다른 것이다.

신라 문서에서는 톱니바퀴식 오목과 볼록을 조합하고 글자의 크기를 결합하여 벽돌처럼 한 블록 한 블록을 형성하고 계정과목을 배치하였다. 정중앙에 배치한 계정과목을 중심으로 좌우 양면의 공간 구조 속에 배치하고 집계한 것을 볼 수 있다. 신라 문서의 계정과목은 1)孔烟 2)人 3)馬 4)牛 5)畓 6)田 7)麻田 8)桑 9)栢子木 10)秋子木 총 10가지이다. 이 중 '孔烟'은 조선시대 '戶'로 오늘날 주택 수에 해당된다. 일종의 주택 및 인구 센서스로서 주택을 '孔烟'으로 인구를 '人'으로 각각 분리된 계정으로 분류한 것이다. 孔烟이란 굴뚝을 의미한다.

따라서 이 신라 문서는 오늘날 주택 및 인구 센서스이고 인구수를 계정으로 만들어 동태적으로 파악하고 있다는 점에서 오늘날 대차대조표의 원형 모습이라 할 것이며, 그것이 이미 7-8세기에 형성되어 있었다는 놀라운 장책 회계 문화를 보여주고 있는 것이다.

신라 정창원 문서에서 보이는 계정과목을 설정하고 설정된 공간을 좌

人										
I	N	I	N	I	N	I	N	I	N	
		古有人	132	竝合 (古有人 +産人)	145	丁=29				
						丁	29		28	
								奴	1	
		産人(三年間)	13			丁女=42				
						丁女	42		37	
								婢	5	
		加人	2			助子=7				
						助子	7		6	
								奴	1	
						助女=11				
						助女	11		10	
								婢	1	
						追子12, 追女9, 小子10, 小女子8, 産子5=44				
						追子	12			
						追女	9			
						小子	10			
						小女	8			
						産小子	5			
						産女=8				
						産女	8		7	
								婢	1	
						29+42+7+11+44+8=141				
								除公	1	
								除母	2	
								老母	1	
						141+4=145				
						三年間中列加合人=2				
						三年間中列加合人	2	追子	1	
								小子	1	
合人			147						147	

<표 5-6> '人' 계정의 세로쓰기를 단순히 T자로 전환하면 인구 변동의 밸런스를 맞춘 것을 알 수 있다.

우로 분류하는 양면 대조 형식은 1287년 원 세조에 의해 발행된 몽골 제국의 지폐 지원보초(至元寶鈔) 도안에서도 동일한 형식을 찾아볼 수 있다. 앞서 언급하였듯이 지원보초는 세계 화폐사 특히 지폐의 역사에서 가장 완벽한 지폐로서 손꼽는 화폐이다. 14세기 출현한 명나라의 대명보초가 지원보초보다 뒤에 나왔지만 대명보초는 그 도안 체제에서 비교가 되지 않을 정도로 열악하다. 마치 DEB와 단식부기의 차이처럼 지원보초와 대명보초는 복식과 단식으로 도안 체제가 명확히 구별된다.

원나라의 지원보초 이전에 송나라도 교자, 회자를 발행하였지만 오늘날 지역화폐처럼 특정 지역에서만 통용되는 비전(飛錢)을 발행한 것이다. 이러한 이유는 송 황제가 거란의 침략을 받아 피신하면서 궁여지책으로 발행한 화폐이기 때문에 교자와 회자는 유효기간과 지역의 범위가 기재된 오늘날로 비유하자면 지역화폐를 발행한 것이다. 이와 대조적으로 지원보초는 유효기간이 표시되지 않고 통용지역 표시가 없는 오늘날의 달러와 동일한 형태의 세계화폐이다.

〈그림 5-2〉에 제시되어 있듯이 원나라의 지원보초는 왼편에 자호(字號), 오른편에 자료(字料)라는 이중 체제로 도안되어 있다. 이 이중 점검 시스템은 세계 최초의 지폐라는 것을 웅변한다. 이 시스템은 오늘날에도 세계 주요 국가의 법정화폐에 적용되어 위조와 변조가 불가능하도록 하는 시스템으로 작동되고 있다. 정중앙에 위조한 자는 사형에 처한다는 경구가 인쇄되어 있다.

지원보초의 우수성은 대명보초와 비교하였을 때 더욱 그 빛을 발한다. 먼저 화폐의 유통을 통제 관리하는 시스템을 비교하여 보자. 먼저 책임자란을 보면 지원보초 고지기(庫子), 부고자(副庫子) 각각 2명 모두 4

明		元		
大明通行寶鈔		至元通行寶鈔		
貳貫		字號	貳百文	字料

戶部
奏准印造
大明寶鈔與銅錢通行
使用偽造者斬告捕
者賞銀貳伯伍拾兩
仍給犯人財産
洪武　年　月　日

尚書省
奏准印造至元寶鈔宣課差役
並行收受不限年月諸路通行　內

偽造者處死
至元年月日
寶鈔庫使副
印造庫使副

尚書省提擧司

寶鈔庫子
印造庫子

<그림 5-2> 至元通行寶鈔*와 大明通行寶鈔**의 인쇄 및 통용 시스템의 차이.

* 1287년 원 세조에 의해 발행된 몽골제국의 지폐로서 세계 화폐사 특히 지폐의 역사에서 가장 완벽한 지폐로서 손꼽는 화폐이다. 송의 어음 형태의 지폐는 유효기간이 기재된 전형적인 환어음 형태의 지폐인 것과 대조적으로 유효기간이 표시되지 않은 오늘날의 지폐와 동일한 형태의 화폐이다.

** 1375년 처음 발행된 지폐로서 200년간 유통된 명조의 지폐이다. 뒷면에 字와 號로서 발행량을 점검하는 난이 있다.

명의 '서명란'이 있지만 몽골제국 뒤에 나온 명나라의 대명보초(大明寶抄)는 복수로 구성된 책임자 서명란이 존재하지 않는다. 화폐 발행의 일련번호 체계에서도 이중 체계가 보이지 않는다.

1287년 출발한 원나라의 지원보초에 보이는 이중 점검체계는 100여 년 뒤에 나온 대명보초에 의해 계승되지 않고 조선에 의해 계승된다. 대명보초에 존재하지 않은 이중 점검체계는 조선의 창고관리에 반부패 시스템으로 계승되어 나타난다. 법정화폐의 도안에 반영된 위조와 변조 방지시스템을 비교하면 지금까지 동아시아의 역사에서 몽골제국은 군사력은 강했지만 문예부흥 면에서 명나라보다 후진적이었다는 시각에 대해서는 다시 생각하게 된다. 또한 조선이 명나라와 동맹하여 원나라를 배척하였다는 것도 다르게 생각하여야 한다.

그러면 11세기에서 13세기 중세상업혁명을 주도한 개방형 통상국가 고려의 개성발 금융혁명은 왜 유럽의 문예부흥처럼 14-15세기로 이어지지 않았을까? 이 역사 의문에 대해서는 별도의 연구 단행본이 요구될 정도로 중요한 주제이지만 여기에서 그 해답의 하나를 제시한다면 14-15세기 명과 조선이 주도한 동아시아 체제는 바다로부터 밀려오는 해적의 시대로서 해양을 봉쇄하지 않을 수 없는 국가 체제를 역사적으로 요구받았다는 사실이다. 고려와 송나라처럼 바다를 개방하는 통상 국가 체제가 원천적으로 불가능한 상황에서 중세상업혁명으로 발달한 국제 교역의 신용망은 폐쇄형 내부통제시스템 즉 창고관리의 반부패 시스템으로 변형 계승되어 나타난 것이다.

법정화폐의 도안에 반영된 위조와 변조 방지시스템의 국가행정 체제로 변환되면서 개방형 국제 교역의 시대가 후퇴하고 해양봉쇄 체제하에 자급자족의 폐쇄된 농업 체제로 이행한 이 시기를 놓고 세계 역사학계에서는 '역사학의 블랙홀(Historiographical Black Hole)'로 묘사하여 서유럽의 대항해시대와 대비하여 수수께끼의 시대로 묘사하고 있는 것이다.[233] 묘사하고 있는 것이다. 그러나 중세에서 근대로 이행하는 이 시

---

233) 14세기 전후의 동아시아 경제사의 퍼즐은 영미권 학자들의 표현이다. 동아시아 화폐사를 중심으로 역사학의 블랙홀(Historiographical Black Hole), 미지의 세계(terra incognita), 조숙한 근대성(Premature modernity) 표현은 Von Glahn Richard *Fountain of Fortune Money and Monetary Policy in China, 1000~1700* University of California Press. 1996.

기에 동아시아 자본회계 문명을 꽃피운 고려의 문예부흥의 유산은 대몽골제국으로 계승되고 다시 몽골제국의 유산은 명나라가 아닌 조선에 의해 계승되어 왔다.

동아시아의 자본회계 문명의 역사로 14-15세기 동아시아 역사학의 수수께끼를 풀어낼 수 있는 분야는 상인들의 DEB 회계장부가 아니라 국가의 창고관리에 적용된 관청 회계의 감합법(勘合法)과 중기법(重記法)이다. 조선왕조는 고려의 정교한 회계제도를 국가 행정체계에 적용하면서 계승한 내부통제시스템(Internal Control System)을 국가 창고관리체계로 발달시킨 것이다. 대표적인 제도가 『대명률직해』에 존재하는 초법(鈔法), 전법(錢法), 감합법(勘合法), 그리고 중기법(重記法)이다.[234]

그러면 13-14세기 동아시아의 법정화폐의 도안에 나타나는 관리 책임의 내부통제시스템은 15세기 조선의 국가 창고관리 시스템으로 계승된 것과 18세기부터 존재하는 KDEB 실증 회계장부와는 어떠한 연관이 존재하는 것일까? 그것은 18세기부터 존재하는 KDEB의 총계정 장책과 받자주자대조표의 양면성 즉 권한(Asset: Right)과 의무(Liability: Duty)의 균형을 맞추는 책임성(Accountability)에서 그 연속성을 찾을 수 있다. 그 대표적인 사례가 바로 위조 변조 방지체계의 계승이다.

〈그림 5-2〉의 지원보초는 DEB의 이중 형태(Bilateral form)를 통해 어떠한 회계 오류도 용납될 수 없다는 KDEB 총계장 장책 구조의 원형을

---

234) 尹根鎬, 『韓國會計史硏究』 제9장 조선왕조의 회계제도, 333-357면. 朴源澤, 『朝鮮朝 官廳會計-重記와 解由를 中心으로-』 경북대학교대학원 박사학위논문, 1987. 박원택 「조선의 관청회계장부로서의 등긔(重記)」, 전성호 허흥식 정기숙 외 『한국전통회계와 내부통제시스템 I』 민속원 2011. 177-198면. Philip Fu, 'Governmental Accounting in China during the Chao Dynasty(1122B.C.-256 B.C.) *Journal of Accounting Research* 9(Spring, 1971), 40-51.

보이고 있다. 위조자는 사형에 처한다는 경고 문구가 KDEB에는 '하늘의 은혜를 받아 이윤이 남게 하소서'라는 기도 문구로 변환되었을 뿐이다. 예를 들어 〈그림 5-2〉 지원보초 도안은 〈표 5-7〉에 제시한 KDEB 총계정 장책의 구조와 매우 유사한 것을 알 수 있다.

DEB가 나오기 전까지 중세 사회에서 많은 회계 오류는 끝까지 그 오류를 추적하지 않고 단순히 손실로서 처리하려는 경향이 있었다. 고문서 DEB 회계장부는 이러한 한계를 넘어 기록과 기록이 서로 연결되어 있기 때문에 다른 어느 자료보다도 자료가 제공하는 각종 정보에 대한 완전 대칭형이 그 신뢰성을 보장한다. 지원보초에서 가장 주목해야 할 점은 바로 회계단위 '전(錢)문(文)'과 KDEB의 양면 계정 형태를 지시하는 '내(內)'자가 명시되어 있다는 점이다. 모든 회계장부상에서 일어나는 기록은 현금 통화를 의미하는 매우 특별한 기호 문(文)과 함께 기입된다. 통화단위와 계산단위와의 관계는 DEB를 이해하는 매우 중요한 관계이다.[235]

이제 정창원 문서와 지원보초의 기록 구조와 KDEB 장책 구조를 가지고 오늘날 블록체인과 무엇이 유사하고 다른지를 분석하여보자. KDEB는 장책상에 개별 계정 설정 표시로 한옥의 기와지붕과 유사한 고깔 모양(火)을 그려 넣고 있다. 매 계정 위에 고깔(△) 혹은 한국 전통 건축양식을 상징하는 기와지붕 표시와 그 밑에 문패와 같은 계정명을 헤드라인으로 공간을 양분하는 '내(內)'자로 양면으로 분리되는 형태(內)로 등장하는 것을 알 수 있다.[236]

---

235) 신책계정(新冊計定)이 대표적인 통화단위와 회계단위의 통합이 이루어지는 공간이다.
236) 전성호 (2011 : 181-183).

기와지붕 표시는 계정과목인 헤드라인 바로 위에 설치하여 어떠한 재난이나 위험 요소에도 보호된다는 느낌을 전달한다. 이러한 집이라는 공간과 블록의 간결성을 유럽의 경우와 비교했을 때 어떠한 의미를 부여할 수 있는가? 한마디로 KDEB의 총계정장책을 구성하는 심벌과 암호 표시 항목들은 모두 집과 연관된 심벌과 암호 표시이다. 이러한 사실은 한국의 한옥 건축에서 못을 사용하지 않고 자재를 짜 맞추어 건축하는 사개맞춤 과정과 실물화폐를 사용하지 않고 글쓰기 기록만으로 거래를 성사시키면서 회계 정보를 구축해 나가는 사개송도치부법이 서로 동일한 원리와 과정임을 시사한다.

유럽은 17세기까지 문장 형태(Paragraph form)에서 벗어나지 못하다가 고도로 축약된 간결성을 획득하는 데 200여 년이 걸렸고 완전한 간결성의 획득은 그로부터 다시 200여 년이 지나야 가능했다.[237] 이러한 유럽의 역사는 리틀튼 스스로를 매우 회의적인 결론에 도달하게 만들었다.

리틀튼의 유럽 회계사에 대한 회의는 또 하나 있다. 그것은 하나의 거래를 현재와 미래를 동시에 인식하는 이중 시재 인식에 유럽은 아무런 실무자료를 제시하지 못한다는 사실이다. 현재는 나가고(去) 없어졌지만 미래에는 받을 자산(Receivable asset)으로 돌아온다든지, 현재는 들어와서(來) 좋지만 미래에는 다시 내주어야 할 부채(Payable liabilities)라는 인식이 동시에 수익과 비용의 대응으로 표시되면서 자본계정과 명목계정의 통합이 DEB 시스템대로 이루어지는 실무자료가 유럽에는 적어도

237) Littleton(1933 : 88)

KDEB 분산 블록체인 구조					
	받자 (外上: Receivable a/c)		錢文(Cash a/c)		주자 (他給: Payable a/c)
			Dr(+)	Cr(−)	
	康谷宅(捧次)				鉢谷宅
	Dr(+)	Cr(−)			Dr(−)	Cr(+)
	金德卿(捧次)				當五條
	Dr(+)	Cr(−)			Dr(−)	Cr(+)

<표 5-7> KDEB 총계정장책 실명, 실물 계정 분산 블록체인 구조

19세기까지는 존재하지 않는다는 점이다.

이는 KDEB가 외관 형태에서 간결성과 양면 블록의 복식성을 다음 3가지 형태로 갖춘 것과 대비된다. KDEB 외관 형태의 3가지는 1) 계정(計定 Account)의 대변·차변의 복식성(Accounts by Debtor and Creditor), 2) 거래발생 순서대로 기입된 분개장 기록이 만나는 장책 플랫폼과의 체인망, 3) 전기의 이중성(Double posting)이다. 여기에 KDEB는 형태상으로는 구별되지 않지만 본질적으로 현대 DEB로서 갖추어야 할 조건 하나를 더 갖추고 있다. 그것은 다름 아닌 자본계정과 명목계정의 통합이 이루어지고 있다는 점이다.

KDEB의 계정 총본부의 구성을 보면 인명계정, 택호계정에 이어 '當五條' '公用秩' '利條' '邊條' '京換駄價' 등 오늘날 외국환거래나 금융파생거래와 같은 비용이나 수익과 관련된 명목계정이 나타나는 것을 알 수 있다. 한마디로 자본계정과 명목계정의 통합이 DEB 시스템대로 이루어지는 실무자료가 너무나 풍부하게 나타난다.

이러한 KDEB의 실무자료는 리틀튼의 표현대로 하자면 단순대조 분류(Likes and Opposites) 복식성에서 반대로의 차감(Subtraction by Opposition)이 그대로 결산과정으로 연결되어 수정분개 절차를 필요로 하지 않는다. 또한 가치 체인이 서로 결합하여 자본계정과 명목계정의 통합이 실질적으로 진행되는 것을 보여준다.

여기에서는 KDEB의 제2 순환 장책에는 차변 항목과 대변 항목이 서로 대응하는 위치를 견지하면서 서로 반대로 분류 정렬(likes and opposites)되는 과정에서 자본계정과 명목계정의 통합이 나타나는 것을 제시하려고 한다.

앞서 언급한 리틀튼이 유럽의 회계 실무자료를 분석하면서 제기한 두 번째 회의(Suspicion)는 파치올리가 제시한 DEB 방법은 차변(Debit)은 왼쪽, 대변(Credit)은 오른쪽 분류라는 피상적인 방법(the surface of the methodology)이지 DEB의 원리(real essence)는 아니라고 진단한 것이다.[238] 리틀튼은 DEB의 진수를 알려면 자본계정과 명목계정이 상호 어떻게 가치 체인(Value Chain)을 이루는지를 제시해야 한다고 밝혔다. 이것은 제1 순환의 분개 단계와 제2 순환의 전기(Posting to the Ledger)되는 단계에서 DEB만이 가지는 가치 체인인 것이다.

앞서 KDEB 제1 순환단계에서 집중 조명하였듯이 분개 기록의 특징은 현재 거래가 발생한 시점에서 이미 미래에 행하여야 할 행위를 함께 표기하는 것이다. 마찬가지로 이탈리아에서도 라틴어에서 영어까지 모든 DEB와 관련된 용어의 특징은 현재 발생한 거래 기록에다가 미래 진

---

238) A.C Littleton(1933:78-79), Pacioli takes up no space in philosophizing.

행할 거래까지 동시에 기록해 둔다는 의미의 단어를 사용하고 있다는 점이다. 이 단어가 VDEB에서는 'Will'이고 KDEB에서는 '次'이다. 이 단어의 사용을 리틀튼은 '미래성의 감각 The Sense of Futurity'이라고 정의한 바 있다.[239]

사실 불망기(Memorandum)에서 출발하는 DEB는 결코 잊어서는 안 되는 미래의 사실을 현재 거래 기록에 명시하는 것이기 때문에 일기장(Journal)의 핵심 사항은 이 사실을 현재와 미래로 분개하여 기록하는 것이라고 할 수 있다. 따라서 어떤 회계 기록이 DEB인가 아닌가를 판단하는 첫 번째 기준은 반드시 현재 시점의 기록 안에 미래 약속을 담고 있는 규칙성이 제시되어야 한다. 이것은 어떤 자본거래가 미래에 그에게 이득(Gains)을 가져오는가 아니면 손실(Losses)을 가져오는가를 합리적으로 기록하는 것이다. 즉 대차평균의 원리로 형성되는 자본계정이 어떻게 수익과 비용을 대응시키는 명목계정과 통합되는가이다.

그러나 파치올리가 제시한 DEB 방법인 차변(Debit)은 왼쪽, 대변(Credit)은 오른쪽 분류는 피상적인 방법(the surface of the methodology)으로 등가교환이라면 자동으로 대차변 균형이 이루어지기 때문에 자본 거래의 본질로서 합리적인 이득 계산인 DEB 설명이 불완전하다는 것이다. 자본계정과 수익 혹은 비용 계정인 명목계정이 체인을 이루면서 부가가치의 사슬이 형성되는 것이 차변 대변의 균형을 맞추는 피상적인 DEB보다 훨씬 더 진정한 DEB인 것이다.

메디치 은행과 달리 KDEB는 일기(분개장) 기록에서부터 완전성과 미

---

239) Robert R. Sterling The going Concern:An Examination, *The Accounting Review*, Vol 43, No. 3 Jul 1968, pp.481-502.

金德卿(捧次)					
Dr			Cr		
1887.08.15	十月晦債文	5000.00	1887.10.19	京換崔壽卿捧次文	1000.00
1887.08.15	邊文	375.00	1887.11.03	上文	375.00
			1887.11.06	仍債移錄文	4000.00
		5375.00			5375.00

<표 5-8> 자산계정과 수익 혹은 비용계정인 명목계정의 교차 체인

래성 즉 현재와 미래의 이중 시점을 동시에 갖추어 채무불이행이라는 악성 채무의 발생을 미리 방지하는 지불능력 제고 방법을 개발한 것이다.

결론적으로 KDEB 제2 순환단계에서 장책은 일기 기록의 완전성을 기초로 파치올리가 제시한 차변(Debit)은 왼쪽, 대변(Credit)은 오른쪽이라는 피상적인 대차평균의 방법을 넘어 미래 책임(Liablities=shall give: 다음에 반드시 주어야 하는 것 給次) 계정과 미래 권리(Asset or Property Right=shall have: 다음에 반드시 받아야 하는 것 捧次) 계정의 균형을 명목계정과의 통합을 통해 시현한 것이다. 즉 KDEB는 끊임없는 자본순환을 계정과 계정의 체인망을 통해 형성하면서 동시에 수익과 비용의 명목계정과 통합을 이룩한 것이다.

제3절 장책의 분산성

　오늘날 전 세계의 화제는 단연 블록체인이다. 블록체인의 다른 표현은 분산장책 체계(Distributed Ledger System, 이하 DLS)이다. 사실 이 용어는 DLS에서 알 수 있듯이 개성회계 제2 순환 장책에서 기원한다. 본 절에서는 KDEB 장책 구조를 해독하여 오늘날 블록체인이 KDEB 장책과 동일한 구조로 형성되어 있다는 사실을 제시한다. 그동안 블록체인과 회계 제2 순환을 직접 연결시키지 못한 원인은 KDEB가 세상에 잘 알려져 있지 않기 때문이기도 하지만 DEB를 너무 유럽 중심 VDEB의 역사 속에서만 고찰하여왔기 때문이다.

　유럽의 자본회계 역사를 배경으로 형성된 VDEB와 오늘날 블록체인을 서로 연결시키지 못한 원인은 메디치 은행이라는 거대 중앙집중형 금융 소식의 존재와 무관하지 않다. 왜냐하면 중앙집중식 금융거래를 해체하면서 등장한 것이 분산성을 특징으로 하는 블록체인이기 때문이다. 이와 반면에 KDEB는 메디치 은행과 같은 중앙집중형 금융기관을 역사적 배경으로 하지 않았을 뿐만 아니라 오히려 회계장부 안에 금융기관에 해당되는 자동결제 계정을 개설하였다는 점에서 오늘날 블록체인과 흡사한 시스템이다.

따라서 본 절에서는 장책의 분산성을 놓고 KDEB와 VDEB의 역사를 비교하면서 21세기 화제인 블록체인 기술이 이미 KDEB 안에 존재하고 있었음을 제시한다.

이를 위해 다음 4가지 관점에서 KDEB 분산성의 특징을 제시하려고 한다. 1) 실명과 실택호명을 사용한 계정명의 의미를 제시한다. KDEB의 계정명의 실명성을 가지고 분산성, 확장성, 투명 보안성을 제시한다. 2) 자본계정과 신책 계정과의 연관성의 의미이다. 이 특성을 이해하려면 그 역사적 기원으로서 개성 지방에만 존재하는 시변제도에 대한 실증 연구가 필요하다. 즉 VDEB에 메디치 은행이 있다면 KDEB에는 시변제도가 있는 것이다. 3) 신책 계정의 의미를 보완하기 위해 시중은행과 같은 은행기구가 개성 지방을 포함하여 전 조선에 존재하지 않은 것을 관찰한 외국인 기록을 찾아 제시한다.

결론적으로 분산성을 중심으로 KDEB 제2 순환과 블록체인망과의 유사성과 차이성을 규명하여 KDEB가 미래 사회의 정책 대안을 지니고 있음을 제시한다.

KDEB 실명(택호)계정의 의미

KDEB의 분산성은 시중은행과 중앙은행처럼 제3자의 외부 공인된 기관을 매개로 하지 않고 자금 흐름을 진행하는 특성이 있다는 면에서 오늘날 DLS와 동일한 구조이지만, 익명과 가명과 차명으로 블록 즉 계정을 설정하지 않는다는 점에서 다르다. KDEB는 전국과 해외로 분산된 차인 조직망이 실명 계정에 의해 반드시 차변과 대변 양면 DEB로 연결시킨 분산형 네트워크이기 때문에 가명과 차명과 익명으로 참여하는 것을 원천적으로 차단하는 시스템이다.

〈그림 5-3〉은 1887년 8월 15일 주자장책과 받자장책 첫 페이지이다. 〈그림 5-3〉에 반영된 개성자본회계 제2 순환의 첫 번째 특징은 계정명과 사람 사는 집과의 연관성에서 찾을 수 있다. 제2 순환의 첫 기입은 택호명, 당오조, 인명 등 실명과 실물로 된 계정명인데 이는 마치 전통 한옥의 기와지붕 밑에 문패처럼 계정과목을 설정하고 있는 것을 알 수 있다. 여기서 먼저 '발곡택(鉢谷宅)' '당오조(當五條)' '강곡택(康谷宅)' 순서로 등장하는 계정명의 회계적 의미에 대하여 살펴보자.

계정과 계정의 네트워크 분산성은 〈표 5-9〉에 제시한 대로 실질계정은 실명계정과 택호계정 그리고 명목계정이 서로 대차변 크로스로 연결

실명계정	바깥에서 활동하는 남편들의 영구 계정 특정 시점의 채권채무 자산자본을 나타내는 받자주자 대조표 계정
실택호계정	집 안에 정주하는 부인들의 영구 계정 특정 시점의 채권채무를 나타내는 받자주자 대조표 계정
실질계정	상품 현금 등 영구 무형유형 자산 계정
신책계정	자본거래에 해당되는 개별 계정들을 신책계정으로 집합하여 통제하는 총계정장책에 가상의 은행 계정
명목계정	차기로 이월되지 않고 영업기간의 경영성과를 나타내고 사라지는 임시 계정

<표 5-9> KDEB 계정의 제 범주

되어 위조나 변조가 불가능한 블록 단위의 분산성을 의미한다. 오늘날 디지털 금융거래는 금융기관을 방문하지 않고 계정과 계정으로 일어나듯이 KDEB의 분산성이란 중앙은행처럼 제3자의 공인된 기관을 매개로 하지 않고 거래당사자 쌍방끼리 계정을 단위로 진행하는 거래이다. 오늘날 디지털 거래에서도 공인인증서를 발급받고 여러 가지 복잡한 인증 절차를 거쳐야 하는 한계를 여전히 가지고 있지만 KDEB는 이러한 복잡한 절차 없이 회계장부상에 거래처 계정으로 등재된 계정만으로 모든 금융 흐름을 진행하는 시스템이다.

〈표 5-9〉에서 알 수 있듯이 KDEB의 거래당사자는 그들의 실명이나 택호명을 가지고 계정을 만든다. 이렇게 만들어진 계정은 거래 발생 순서대로 일기장에 기입되고 동시에 대차평균의 원리에 따라 크로스 체인으로 실명계정의 차변란과 대변란으로 두 번 들어간다. 전 거래가 분산된 실명계정으로 스스로 기입의 정확성을 점검하면서 네트워크가 만들어지는 것이 KDEB 분산장책 체계인 것이다.

현재 블록체인은 전 세계에서 디지털 기록 관리시스템의 기반이라고 인지하고 있지만 그 기원을 DEB에 두지 않고 가명을 사용한 사토시 나카모토(Satoshi Nakamoto)에서 찾았기 때문에 많은 부작용이 따른다. 사실 그동안 블록체인의 역사에 등장하는 디지털 용어들은 우리가 지금까지 살펴왔던 KDEB가 11세기부터 그리고 VDEB가 15세기부터 추구해온 정직성, 완전성, 공개성, 간결성, 명료성 등과 전혀 다른 부정적인 용어들 예를 들어 암호, 비밀, 가명, 익명(anonymity) 등으로 우리에게 다가왔다. 지불 결제를 포함하여 빠르고 효율적인 장점이 있는 블록체인 시스템이 불법거래(돈세탁, 마약, 해킹 및 절도, 불법 포르노, 테러)에 이용되는

치명적인 문제로 인하여 어둠의 네트워크 '다크넷' 시장의 성장을 동반한 것은 명약관화한 사실이다.[240]

따라서 오늘날 블록체인 기술을 제대로 인지하기 위해서는 DEB와의 연관성을 중심으로 고찰할 필요가 있다. 그 방법 중의 하나가 디지털 전문용어를 DEB의 전문용어로 재해석하는 방법이다. 특히 KDEB의 이 두 용어의 어원적 의미와 연관시키고 KDEB의 실명성, 간결성, 명료성을 부각시키면 오늘날 디지털 세계의 블록체인이 태생적으로 간직한 어둠의 네트워크 '다크넷' 시장을 원천적으로 차단할 수 있다는 것을 제시한다.

먼저 1991년 슈트어트 하버와 스코트가 개발한 것으로 알려진 암호화된 보안 블록체인 'cryptography'는 특별한 부호로 기록된 쓰기의 예술이란 의미를 갖는다. 라틴어 'cryptographia'에서 그 어원을 찾을 수 있다. 오늘날 디지털 세계에서 사용하는 암호화폐란 이미 앞서 언급한 DEB 발달의 7가지 선행조건에서 설명한 것과 모두 일치하는 개념인 것이다.[241]

암호화폐는 1998년 컴퓨터 과학자 닉 자보(Nick Szabo)에 의해 분산형 디지털 통화(Decentralised Digital Currency)라는 개념으로 바뀌어 사용되다가 2000년 스테판 콘스트(Stefan Konst)가 암호화 보안 체인 (cryptographic secured chains) 이론으로 네트워크 개념을 도입한 것을,

---

240) Sean Foley, Jonathan R Karlsen, Tālis J Putniņš Sex, Drugs, and Bitcoin: How Much Illegal Activity Is Financed through Cryptocurrencies? *The Review of Financial Studies*, Volume 32, Issue 5, May 2019, pp. 1798-1853.

241) 본 서에서 설명한 DEB의 7가지 선행조건의 하나인 '쓰기학(Art of Writing)'의 라틴어 표현을 암호화폐로 번역하여 사용한 것이다. 'cryptography'는 어원적으로 비밀 글자로 기록된 회계전문용어 (art of writing in secret characters) 라틴어 'cryptographia' 그리스어 'kryptos'에서 기원한다.

2008년 가명인 사토시 나카모토(Satoshi Nakamoto)가 암호 개념을 블록으로 대체하여 블록체인 모델을 설정하면서 오늘날 블록체인이란 용어가 정착되었다. 그리고 2009년 처음으로 회계 제2 순환과 동일한 명칭인 거래를 위한 공개원장(Public Ledger)으로 블록체인이 구현된 것이다.

이후 블록체인 기술은 통화와 분리되어 다른 금융조직 간의 실시간 거래를 맺어주는 이더리움 블록체인 시스템이 개발되어 금융상품으로 진행되어 오늘에 이르고 있다. 이더리움 블록체인이란 본 서 제4장 1절과 2절에서 논의한 KDEB의 간결성과 영구보존성에 대한 디지털 용어일 뿐 간결한 스마트 금융거래 기록이란 의미에서 그 원리는 상호 동일한 것이다.[242]

KDEB의 분산성은 거래당사자가 아닌 제3의 위치에서 거래에 개입하는 금융거래 비용을 발생시키지 않는다. 은행을 설립하고 건물을 건축하고 유지하는 데 들어가는 금융비용이 발생하지 않고 거래당사자 계

---

242) 이더리움은 맑은 하늘 상층부 공기 속의 입자란 의미로서 오늘날에는 스마트 계약으로 널리 사용되고 있다. 맑은 하늘 공기 속의 입자란 14세기 후반, 고대 프랑스어 에테르에서 유래한 디지털 용어이다. "우주 상부 지역" 및 그리스어 aithēr에서 "상층 순수하고 밝은 공기, 하늘, 궁창"의 의미를 갖는 라틴어 에테르에서 유래한다. 밝혁거세와 같은 '밝게 빛난다'라는 의미이다. 고대 우주론에서 달의 구체를 넘어 모든 공간을 채우고 별과 행성의 실체를 구성하는 순수한 형태의 불이나 공기 요소를 설명할 때 이더리움이란 용어를 사용한 것이다. 19세기까지 물질적 속성이 없는 우주의 보이지 않는 힘에 대한 과학 용어였다. 이 개념은 앨버트 마이컬슨(Albert Abraham Michelson)과 에드워드 몰리(Edward Morley)의 '에테르 실험'에 의해 세상에 널리 알려졌다. 1887년 현재의 케이스 웨스턴 리저브 대학교(Case Western Reserve University)에서 물리학의 역사상 가장 중요한 실험인 에테르 실험이 진행된 것이다. 이 실험은 또한 두 번째 과학혁명(Second Scientific Revolution)의 이론적 관점의 시발점이라고 불리기도 한다. 앨버트 마이컬슨은 이 실험으로 1907년에 노벨 물리학상을 받았다. Earl R. Hoover, *Cradle of Greatness: National and World Achievements of Ohio's Western Reserve* (Cleveland: Shaker Savings Association, 1977). Michelson, Albert Abraham,The Relative Motion of the Earth and the Luminiferous Ether, *American Journal of Science*, 1881, 22, 120-129. Michelson, Albert Abraham & Morley, Edward Williams, On the Relative Motion of the Earth and the Luminiferous Ether, *American Journal of Science*, 1887, 34, 333-345.

정끼리의 쌍방 결제망이 형성되므로 거래참가자 누구나 계정을 열면 스스로 금융망에 편입·확장되는 시스템이다. 장책의 모든 계정명은 실명 혹은 택호의 계정명으로 거래가 차변과 대변으로 동시에 열리기 때문에 모든 거래에 실명을 속일 수 없고 공개되어 어떠한 신용 부정도 저지를 수 없도록 DEB 시스템이 자동으로 위조와 부정을 원천적으로 차단하는 투명성이 KDEB의 특징이다. 개성상인들이 목숨보다도 더 소중히 여긴 것은 자기 이름으로 열린 실명계정의 신용 역사와 신용 명성을 지키는 것이었다.

이와 같이 개성상인 회계장부의 총계정원장상에 등장하는 수많은 실명과 택호명계정은 조선시대 다른 어느 국가보다도 발달한 호적제도와 연관이 있다. 조선시대 호적제도란 오늘날 주택 및 인구 총조사와 같은 센서스에 기초하여 작성된 아이디(ID) 제도이다. 조선시대는 신분 고하를 막론하고 호패를 소지해야 했다. 쉽게 말하자면 오늘날 인터넷에 참가할 수 있는 계정명 아이디(ID)와 비밀번호를 모두 국가에 공식적으로 등록하고 사용한 것이다.

조선은 19세기 중후반 대구 호적 자료에 의하면 양반호가 70% 이상, 상민호가 28%, 노비호가 2% 이내로 호적에 등재되어 있다. 주택 보유자의 신분을 보면 유학을 공부하는 학생 유학호가 대부분이었다.[243] 조

---

243) 유럽과 일본은 19세기까지 일반 대중이 글쓰기는 물론 가족 이름과 함께 각자 이름을 가진다는 것, 그리고 주택의 호주로서 이름이 등재되는 것은 불가능할 정도로 어려운 일이었다. 반면에 조선시대 호적과 족보를 연구한 미국 하버드 대학의 와그너 박사와 그 제자들은 19세기 조선을 '양반화(Yangbanization)'사회라고 불렀다. 일본인으로 한국을 연구하고 '양반'이란 책을 펴낸 미야지마 히로시는 조선 사회를 '소농사회'라고 불렀다. 19세기 조선은 넓지는 않지만 대부분 토지와 주택을 자가 소유하고 자신의 이름과 가족 이름을 모두 보유한 사람들의 사회였다. 자신의 실명으로 자가 소유 집과 대지와 농토를 등기해 놓았던 것이다. 유럽에서는 상상하기 힘든 매우 수준 높은 부르주아 사회였던 것이다.

선 후기 대부분의 사람이 성과 이름을 보유하고 있었을 뿐만 아니라 그 신분이 유럽의 귀족층에 해당되는 양반호였다. 블록체인이나 페이스북 등은 '동료와 동료 사이의 네트워크(Peer-to-Peer Network, 이하 PPN)'로서 일종의 족보와 호적 문화이다.

계정명이 대부분 실명이나 실주택의 택호명으로 거래처명이 되고 금융거래 계정명이 되므로 1인 기업이건 2인 기업이건 다수가 합명하여 만든 기업이건 회계장부는 참가하는 사람의 실명이나 실거주 주택 이름으로 구성된 네트워크인 것이다. 따라서 개성 사회를 구성하고 있는 사람들은 회계장부상에 계정이 등록되면 자연인(自然人)이 아니라 모두 법인(法人 Legal person)이 되는 것이다.

법인이란 경제거래를 수행하는 법적 지위를 획득한 사람을 지칭하는데 회계장부상에 거래되는 금액의 범위 내에서 그 책임을 지고 권리를 요구하는 유한책임 회사인 셈이다. 특히 인삼포를 경영하는 법인명도 모두 실명을 앞세운 계정명을 사용한다. KDEB는 삼포 경영진의 실명을 그대로 회사 상호로 등재시킨 것을 알 수 있다.

KDEB 장책의 계정시스템은 오늘날 인터넷 환경 속에서 고찰하면 블록체인의 블록과 같다. 거래처명을 중심으로 끊임없이 오고 가는 경제거래를 차변과 대변으로 나누어 분개장과 장책에 두 번 전기(Double Posting)하면서 차변과 대변이 서로 접합되는 블록체인을 형성한 것이다.

블록체인이 인터넷상의 인명인 ID를 계정명으로 하는 거래기록을 블록으로 저장하여 누구도 임의로 수정할 수 없는 분산 컴퓨팅기술 기반의 데이터 위·변조 방지 기술이듯이 KDEB의 모든 거래 기록은 제2 순환과정 장책에 등재된 이름으로 위조와 변조가 불가능한 실명으로 계속 분산되는 것이다. 법적으로 공인된 인명 즉 법인명이 계정명으로 분산되는 것은 디지털 노트북을 대신하는 종이 회계장부라는 차이뿐이다.

한번 발생한 거래는 반드시 차변과 대변에 동시에 기록하여 균형을 맞추어가는 기술이기 때문에 DEB에 원리대로 정직하게 기록하면 어느 누구도 임의로 기록을 위조, 변조할 수 없다. 위조와 변조가 완전하게 차단되므로 이러한 이유에서 DEB를 정직·청렴 체계(Integrity System)라고 하는 것이다.

KDEB는 크게 세 가지 법인명을 계정명으로 설정하고 있다. 첫째는 개인의 실인명이 계정명이다. 둘째는 택호명이다. 대부분 여성의 이름을 직접 계정으로 등재하지 않고 택호명을 대신 등재한 것이다. 셋째는 직간접 경비와 같이 개인 실명으로 계정명을 만들기 곤란한 경우 여러 사람이 포함된 간접 경비인 경우 의인화한 계정, 예를 들면 공용질(公用秩)[244]이나 공용조(公用條), 당오조(當五條), 매득조(買得條)와 같은 계정명이 그것이다.

사업체가 여러 지역에 흩어져 있는 경우 주식회사처럼 개인명이 아닌 도중(都中)이란 계정명을 개인명과 함께 등재하고 있다. 이러한 KDEB 계정 설정의 특성은 블록체인과 전혀 다른 계정의 투명성, 보안성으로 요

---

244) 개성상인 회계장부 중 주회계책(周會計冊)은 대차대조표와 손익계산서로 이루어진 연말결산보고 서로서 오늘날 회계의 간접경비(Overhead cost)의 회계처리가 나온다. 이 간접경비의 계정명은 함께 쓴 비용이란 의미의 '공용질(公用秩)'이라는 계정명을 갖는다. 여러 사람에게 함께 적용되는 비용 '공용 질(公用秩)'이라는 비용이 마치 사람이 행동하는 것처럼 질(秩)이라는 의인화 용어를 붙여 계정을 열어서 처리하였다. 질(秩)은 '총장질' '선생질' '서방질'에서 알 수 있듯이 사람의 행동을 의미하는 이두로서 KDEB의 의인화(擬人化 Personification) 전문 회계용어이다.

약된다. KDEB의 계정은 실명계정으로 거래가 차변과 대변으로 동시에 열리기 때문에 모든 거래에 실명이 공개되고 부정을 저지를 수 없도록 DEB 시스템이 자동으로 위조와 부정을 차단하는 투명성을 보장한다. 이 실명계정을 갖는 것은 신용을 목숨보다도 더 소중히 여기는 개성에 서만 가능한 일이다.

KDEB 금융 주체, 뻔뻔스런 강화년 캬라방

개성상인의 '받자장책'은 오늘날 자산부 총계정원장으로 대차대조표 차변의 총본부(Headquarter)이다. '주자장책'은 부채부와 자본부의 총계 정원장으로 대차대조표 대변의 총본부이다. 실명으로 된 모든 계정은 독립된 실체로서 각각의 차변과 대변으로 서로 반대 계정이 체인처럼 엮여 있으면서 총본부의 통제하에 있게 된다.

〈표 5-9〉 KDEB 계정의 제 범주에 제시되어 있듯이 KDEB만의 특 징은 총계정장책 안에 있다. 블록체인이 동료와 동료 사이의 네트워크 (PPN)로서 그 정보를 공유하는 시스템이지만 PPN의 최대 약점은 실명 이 아닌 가명이나 차명이나 익명 등에 무방비한 시스템이다. 이와 반면 에 KDEB는 실명과 실택호명으로 계정을 설정하고 이 계정을 복식으로 연결시켜 처리된 회계정보를 공유하는 시스템이라는 점에서 PPN과 다 르다. KDEB는 이 실명 실택호 계정만으로 은행기관을 필요로 하지 않 으면서 6년근 인삼을 제조, 판매하여 장기간 수익을 창출하는 기법을 발달시켜왔다.

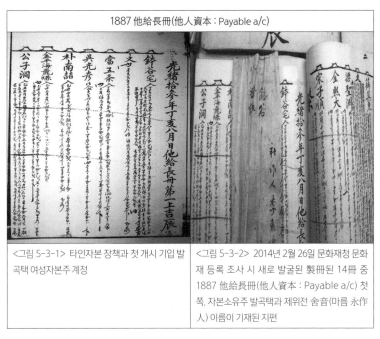

1887 他給長冊(他人資本 : Payable a/c)

<그림 5-3-1> 타인자본 장책과 첫 개시 기입 발곡택 여성자본주 계정

<그림 5-3-2> 2014년 2월 26일 문화재청 문화재 등록 조사 시 새로 발굴된 製冊된 14冊 중 1887 他給長冊(他人資本 : Payable a/c) 첫 쪽. 자본소유주 발곡택과 제위전 숨音(마름 永作人) 이름이 기재된 지편

<그림 5-3> 타인자본 장책과 첫 개시 기입 발곡택 자본주 계정

개성상인들이 DEB를 통하여 인명계정을 설정하고 회계정보 공유시스템을 구축한 결과 은행의 설립을 필요로 하지 않았다. 개성에는 세계 최고의 기업 실무회계를 금융기관 없이 회계장부상의 계정만으로 금융거래를 진행하는 시변제도와 도중(사환), 차인제도(차인, PPN)를 함께 창출한 것이다.

그러면 제2 순환은 어떠한 회계방정식을 기초로 어떻게 제3자 은행기관을 필요로하지 않으면서 사본을 순환시키고 가치 체인으로 확산되는지를 살펴보자. 〈그림 5-3〉의 첫 페이지를 쓰기 순서 그대로 세로쓰기 기록을 가로쓰기로 전환하였을 때 나타나는 T-Form이 〈표 5-10〉이다. 앞서 설명한 대로 주자장책은 자기자본 계정과 타인자본 계정이 하나로 모인 장부이다. 대변 자본소유자의 첫 계정명이 발곡택(鉢谷宅)이다. 지금까지 이 발곡택의 성격이 밝혀지지 않았는데 〈그림 5-3-2〉에 제시한 대로 지편 뭉치 속에서 발곡(鉢谷)은 박영진가 제위(祭位) 소재지라는 사실을 확인할 수 있었다. 결국 박영진가 제사를 담당하는 발곡택(鉢谷宅)은 박 씨 가의 안방마님이자 동시에 자본소유주라는 사실을 확인할 수 있다.

그러면 2014년 문화재청 문화재 등록 조사 시 새로 발굴된 묵서지편이 오늘날 우리에게 시사하는 바는 무엇인가? 당시 여성은 집안에서 바깥출입을 하지 않지만 자금순환과 관련된 핵심적인 금융의 주체라는 사실을 우리에게 전달한다. 그러면 당연히 가부장제 질서의 조선 후기 사회에서 어떻게 여성이 자본주의의 금융 주체로 활동할 수 있었는가라는 의문을 제기하지 않을 수 없다. 그러나 KDEB에 등장하는 여성 계정명을 분석하면 이러한 의문은 사라진다. 역사적으로 조선의 여성은 상상외로 국내 자본시장뿐만 아니라 해외 국제시장 판로에도 결정적인 역할을 수행하고 있었다.

이를 웅변하는 대표적인 사례가 「동아일보」 1940년 3월 18일 자 기사이다. 이 기사는 '1년 3차의 대진군 남북가지서 개가(凱歌), 조선의 캬라방, 강화도 여인부대'라는 제하에 '뻔뻔스런 강화년'이란 내용이 있다. 1940년은 아시아-태평양 전쟁(Asia-Pacific War)이 한창일 때이다. 이 전쟁으로 유라시아 태평양 연안 일대는 아마도 처음으로 전쟁을 경험했을지도 모른다. 태평양이란 이름 자체만으로도 평화체제가 장기간 존속되어온 지역이다.

그러나 일본이 일으킨 전쟁은 아시아-태평양 전구와 남서 태평양 전구, 동남아시아 전역 등을 비롯한 태평양 일대의 넓은 지역과 중국, 그리고 만주 일대를 아우르는 그야말로 세계전쟁이다. 「동아일보」 기사는 이 전쟁 때 등장한 강화 여성부대의 활약에 관한 기사이다. 따라서 이 기사를 제목으로만 보면 강화의 여성으로 구성된 여성부대가 일본군과 전쟁하여 큰 승리를 얻은 것으로 오해하기 십상이다. 그러나 기사 내용은 여성이 부대를 이루어 해외 판로에 직접 뛰어들어 돈을 벌어오는 내용이다.[245]

〈그림 5-3-2〉는 오늘날 주식회사 설립 절차처럼 KDEB 회사 발기인들과 자본 소유주명으로 된 출자자의 실체를 파악하는 데 결정적인 단서를 제공하는 매우 중요한 실증 근거 사진이다. 주지하듯이 오늘날 회사 설립의 기초는 자본출자이다. 일기장의 첫 기입도 자본 출자금액과 출자자이다.

박영진 가문의 주자장책(他給長冊) 첫 계정명은 〈그림 5-3-1〉에 제시한 바대로 자본주 계정 발곡택(鉢谷宅)을 볼 수 있다. 이 발곡택(鉢谷宅)의 실체가 과연 누구인지가 풀리지 않은 과제였는데 문화재청 직원과 함께한 원본 조사과정에서 발곡(鉢谷)이란 택호명이 박영진가 제위전 소재지 지명이라는 묵서지편(墨書紙片)을 발견한 것을 대조해 놓은 것이 〈그림 5-3-2〉이다. 이 사진은 당시 개성 지방의 여성이 자금순환과 관련된 핵심적인 금융의 주체였던 사실을 오늘날 우리에게 생생히 전달한다.

---

245) 강화도에 가면 읍내 가장 중심지에 남궁내과의원이란 병원이 있다. 이 병원의 2층은 강화군민들이 주축이 된 강화도시민연대 사무실이다. '뻔뻔스런 강화년' 이야기는 이곳의 집담회에서 들은 이야기이다. 강화군 『강화이야기 아카이빙』 2018, 163-165.

KDEB 회계방정식			
葉錢(Cash a/c)		鉢谷宅(Owner's Equity a/c)	
Dr(+)	Cr(−)	Dr(−)	Cr(+)
上(+)	下(−)	用(−)	入(+)
3,846냥1전6푼			3,846냥1전6푼

<표 5-10> KDEB 회계방정식 암호 '入'이 나타난 자산(+) : 자기자본(+) 예시

〈표 5-10〉은 KDEB 제2 순환으로 회계방정식을 제시한 것이다. 현대 회계방정식은 1) 자산 2) 부채 3) 자본 4) 수익 5) 비용 계정과목으로 이루어져 있다. 이 중에서 3) 자본계정(Proprietorship a/c)은 기업주 본인이 투자한 자기자본의 증감을 처리하는 계정으로 원시 투자자본 혹은 증자액을 대변(Cr)에 기입하고 반대로 자본금 인출 등 감소를 차변(Dr)에

鉢谷宅(入)					
Dr(−)			Cr(+)		
1890.09.15	用處合文	3,868.48	1887.08.15	葉本文	3,846.16
1890.09.15	除餘給次庚寅九月本文	53,319.46	1887.08.15	下座移來葉較同本文	6,153.84
			1889.09.15	皮橋宅移來己丑九月葉本文	12,544.00
			1889.09.15	下片移來同葉換音五較加條一五錢式同本文	18,816.00
			1889.09.15	下片利條座移來己九月本文	6,724.90
			1889.09.15	庚寅八月至邊合文	9,103.04
			1889.09.15	本合文	48,085.00
		57,187.94	1887.09.15	本邊合文	57,187.94

<표 5-11> KDEB 회계방정식 자산(+) : 자본증가(+), 자산(−) : 자본인출(−)의 균형

기입하여 자산계정과 증가와 감소가 정반대이다.

이 표시가 바로 발곡택(鉢谷宅) 계정명 다음에 나오는 입(入)자 표시이다. 받자장책 계정에는 이 표시가 없지만 〈그림 5-3-1〉에서 볼 수 있듯이 주자장책의 모든 계정에는 이 표시가 계정명 다음에 반드시 따라온다. 이 계정은 자기자본을 타인자본으로 분류하여 자본의 기회비용을 인식한 계정이다. 부부 사이의 현금도 회계순환에 들어오면 타인자본처럼 구별하여 회계 처리한다. 부부는 경제공동체가 아니라는 사실을 증명하는 계정이다.

그러면 회계 제2 순환은 어떻게 계정과 계정의 체인을 이루는지 살펴보자. 아래는 제1 순환 첫 거래를 제시한 것이다. 이 거래는 일기장에 '① 八月十五日鉢谷宅入八月本葉錢皮橋宅來文三千八百四十六兩一戔六分－上'이라고 기입되어 다음과 같이 분개된다.

〈분개〉

차) 당오전(현금) 3,846냥1전6푼   대) 鉢谷宅(출자금) 3,846냥1전6푼

當五條(入)					
Dr(-)				Cr(+)	
1887.08.15	葉錢三八四六一一分較一六錢式文	6,153.84		上座移錄同本文	6,153.84
1887.08.15	葉一二五四四較一五錢式文	18,816.00		上座移錄己九月本文	18,816.00
		24,969.84			24,969.84

<표 5-12> 환차익의 투기적 행동을 원천적으로 차단하는 환전거래의 대차평균의 원리 적용 사례

이 거래를 분석하면 1887년 8월 15일 자본출자자 발곡택이 피교택에서 가져온 엽전(당오전)으로 자본금 3,846냥1전6푼을 출자한 거래이다. 이 개시 기입은 회계방정식 그대로 엽전(현금) 자산(+) : 발곡택 자본(+) 출자가 제2 순환의 첫 기입인 주자장책 발곡택 계정명 대변에 그대로 전기된 것을 알 수 있다. 이 거래는 원시 투자자본으로 KDEB 회계방정식 암호 入이 나타난 자산(+) : 자기자본(+) 이다.

이러한 KDEB 환전거래의 회계 처리는 오늘날 자본이득을 추구하면서 소득 불평등을 야기하는 환투기 세력과 이 유혹에 넘어가는 현대 기업의 회계 처리를 다시금 생각하게 만드는 매우 미래지향적이고 착한 회계 처리라는 것을 강조할 필요가 있다. 국제 환투기세력에게서 자본이득에 대한 세금을 거두어 사회적 약자를 위한 기금이나 재난기금과 같은 기본소득 지급의 재원으로 삼아야 한다고 주장한 사람은 제임스 토빈이라는 것이 정설이지만, KDEB에서 이미 환전거래의 실무 회계 처리를 〈표 5-13〉과 같이 보여줌으로써 외환투기세력을 원천적으로 차단하는 혜안을 얻을 수 있다.

오늘날 환투기 세력을 제어하는 방안으로 노벨경제학상을 수상한 토빈은 단기 시세차익을 노리는 투기 목적으로 자본을 거래하여 자본시장을 교란하는 행위를 억제하기 위하여 그의 이름을 빌려 토빈세 제정을 주장한 바 있다. 이 토빈세를 이해하기 위해서는 냉전시대와 함께 개성상인들이 활동한 19세기 중반부터 한국전쟁까지 동북아시아를 지배한 세계질서를 이해하여야 한다.

미국은 1950년 한국전쟁을 수행한 뒤 수립한 국제통화질서(IMF)를 통해 미국 종이화폐 달러의 전 세계 살포를 마무리하고 세계적인 패권국

KDEB 환전계정과 적용 환율	오늘날 기업이 외화자산·부채를 보유하는 경우 외화단위를 원화로 환산해 주어야 하는데 이때 환산과 관련한 손익이 발생하므로 외화 환차손익 투기의 유혹을 느끼지만 KDEB는 같은 날 동시에 동일 환율로 환전 처리하여 환전과 관련된 손익 발생을 차단한다. 외화 환산손익이 발생하는 것은 시시각각 변하는 환율 때문이다. 따라서 환율 적용 시점의 차이가 길어질수록 투기적 수요의 유혹에 빠지게 되므로 적용시점과 결산시점의 차이로 인한 '외화 환산손익'의 발생을 차단함으로써 외화환산 손익계정이 존재하지 않는다.

<표 5-13> KDEB 환전계정과 적용 환율

가가 되었다. 그러나 한국전쟁은 휴전이지만 1960년대 라오스 베트남에서 전쟁은 지속되고 있었다.

미국은 한국, 라오스, 베트남에서의 전쟁으로 급기야 1971년 국제통화질서의 붕괴를 선언해야만 했다. 일본이 미국에게 엄청난 액수의 로비 자금을 뿌려가면서 냉전체제의 해체를 제지하려고 했지만 1971년 8월 15일 리처드 닉슨 미국 대통령은 미국 달러가 더 이상 금으로 전환될 수 없게 되어 사실상 금태환 시스템을 종료한 것이다. 결국 미국-영국-일본의 국제동맹과 한국-라오스-베트남 동맹과의 군사전쟁은 미국이 2차 세계대전 이후 수립한 달러본위제라는 인플레이션 유발의 시스템 붕괴를 가져온 것이다. 1971년 달러의 금태환 정지 선언 이후 세계경제는 고정환율제도가 변동환율제도로 급격히 이동함으로써 스태그플레이션이라는 자본주의 초유의 경험을 하게 된다.

이후 국제 자본시장은 환투기 세력에 점령당하면서 토빈은 국제통화 안정을 위한 새로운 시스템을 제안했고, 이러한 시스템에 외환거래에 대한 국제 요금을 포함할 것을 제안한 것이다.[246]

그러나 이미 개성상인들은 환시세 차익을 누릴 수 없는 환전 회계 처

KDEB 회계방정식					
葉錢(Cash a/c)			鉢谷宅(Owner's Equity a/c)		
Dr(+)		Cr(-)	Dr(-)		Cr(+)
	上(+)	下(-)	用(-)	入(+)	
1887.08.15	3,846냥1전6			3,846냥1전6푼	1887.08.15
			新冊(Fiduciary Bank a/c)		
1890.09.15	3,868냥4전8푼	3,868냥4전8푼	3,868냥4전8푼	3,868냥4전8푼	1890.09.15

<표 5-14> KDEB 회계방정식 자산(+) : 자기자본(+), 자산(-) : 자본(-) 예시

리를 개발하여 화폐시장을 교란하는 외부요인을 차단한 것이다.

그러면 어떻게 KDEB는 제3자의 위치에 있는 은행기관의 매개 없이 거래당사자 쌍방만이 참여하는 일종의 '직방 거래'를 수행할 수 있는가? 앞서 제시한 VDEB가 메디치 은행을 배경으로 하면서 완전한 DEB 실무자료를 갖추지 못한 것은 근저당 행위와 투기 행위 때문이라고 지적한 것과 비교하면서 KDEB의 특징을 제시하여보자.

먼저 일기 1의 1890년 계사년 9월 15일 기록은 〈그림 5-4〉와 같이 되어 있다. 신책(新冊)이란 회계장부 안에 글자 그대로 새로운 또 하나의 회계장부 계정이 있다는 것이다. 〈그림 5-4〉에 제시되어 있듯이 1890년 9월 15일 결산일에 발곡택 출자금 가운데 발곡택 계정명으로 인출된 금액을 모두 모아놓은 의미로 '鉢谷宅用處条文'이라 표기하고 그 합계액 3,868.48을 신책(新冊)으로 계상하고 동시에 발곡택이 빌려간 것으

246) James Tobin (July-October 1978). "A Proposal for International Monetary Reform". Eastern *Economic Journal*, 4 (3-4): 153-159.

日記一 癸巳九月十五日 新冊還上鉢谷宅用處条文三千八百六十八 兩四戔八分上(3,868.48) _______ 鉢谷宅用貸去合文三千八百六十八兩四戔八分下(3,868.48)

<그림 5-4> '가상의 은행계정(Fiduciary Bank Account)' 新冊계정의 일기 기록(1890년 9월 15일)

로 동일 거래금액을 기재한 것을 알 수 있다. 이 '用處条文'이란 오늘날 통제 혹은 통합계정 즉 동일 또는 유사한 종류의 많은 개별 거래들을 하나의 계정으로 통합하여 나타내는 요약 계정의 KDEB식 표현이다.

KDEB는 자본출자자 발곡택의 자본 인출과 관련된 다수의 계정을 집합하여 총계정원장에 하나의 계정으로 기록하고 있는데 오늘날 통제 계정이라고 정의 내리고 있는 계정과 정확히 일치한다. KDEB의 통제 계정명은 실인명 실택호명이 아닌 신책(新冊) 계정명이다. 이 계정이 바로 리틀튼이 정의한 '가상의 은행계정(Fiduciary Bank Account)'인 것이다.

〈그림 5-4〉의 1890년 9월 15일 일기 기록과 〈표 5-15〉의 신책계정의 특징을 통해 KDEB의 자금순환에서 자본금 출자와 인출 등 금융거래는 회계장부상의 신책계정을 중심으로 거래의 쌍방 당사자가 아닌 제3자의 매개를 거치지 않는 것을 확인할 수 있다. 또한 이 회계장부상의 금융거래는 아무런 비용이 발생하지 않는 것을 알 수 있다. 메디치 은행과 같은 제3자가 KDEB 내부로 들어와 신책(新冊)계정으로 등장할 뿐이다. 이 신책계정은 오늘날과 같은 거대 금융조직과 금융거래비용이 발생하지 않는다는 점에서 분산장책 체계와 정확히 일치한다. 은행을 설립하고 건물을 건축하고 유지하는 데 들어가는 비용이 발생하지 않고

KDEB 新冊계정의 특징 요약	자본거래에 해당되는 개별 계정들을 신책계정으로 집합하여 통제하는 총계정장책에 가상의 은행계정(Fiduciary Bank Account) 개설

<표 5-15> KDEB 新冊계정 회계장부상의 은행

실명 계정끼리의 결제망이 형성되므로 금융실명제와 회계실명제가 융합되어 거래참가자 누구나 계정을 열면 스스로 금융망이 확장되는 시스템을 말한다.

이와 같이 KDEB는 분산성으로 19세기 일본의 동양척식주식회사의 거대 공룡과도 같은 금융조직에 맞서 생존할 수 있었다. 이미 금융거래 정보의 호환과 전환 과정에서 위조와 변조가 불가능한 회계체제 DLS 처럼 중앙집중식 은행기구를 거치지 않은 상태에서 자동으로 분산된 총계정장책이 만들어지는 시스템이다. KDEB의 장책의 간결성과 보존성 그 자체가 간직한 대차 균형성이 결합하여 창출하는 분산성과 그대로 일치하는 특성이다.

그동안 인터넷상의 전자거래가 등장하기 전에는 은행시스템과 같은 중앙집중 장책(CLT: Centralized Ledger Technology, 이하 CLT) 방식만이 이용되어 왔다. CLT란 오늘날 금융기관이나 은행으로 대표되는 돈의 흐름을 중앙은행이나 시중은행에서 통제하고 금융 서비스 이용자에게 중앙집중의 대가로 거래비용 예를 들어 금융수수료의 서비스 비용을 부담하게 하는 시스템을 의미한다. 그러나 CLT는 블록체인의 분산장책 기술(DLT: Decentralized Ledger Technology)과 비교하여 거래비용과 거래 시간 문제에서 매우 비효율적이다. CLT는 DLT와 달리 매번 거래를 확인하고 승인하고 청산하기까지 중앙은행과 금융결제원, 특히 수출입 거래의 경우 국가마다 서로 다른 규제가 포함되어 있어서 최종 거래가 승인되고 성사되기까지 많은 시간이 소요된다. KDEB 신책계정은 CLT와 같은 거대 금융조직을 필요로 하지 않으면서 금융거래 비용이 발생하지 않는 DLT가 이미 18~19세기에 개발·적용된 것이다.

중앙집중식 은행기구와 맞선 KDEB의 분산성

우리의 뇌리를 지배하고 있는 19세기 말 조선 사회의 이미지 즉 정체되고 암울한 사회라는 인식과 이와는 전혀 상반된 최첨단 금융기법이 이미 KDEB 안에 존재한다는 것 가운데 어느 것이 역사적 허상이고 어느 것이 실상인가? 적어도 KDEB는 전자의 인식을 정면으로 부정한다. 그러면 KDEB 최첨단 금융기법을 뒷받침하는 역사 기록은 어디에서 찾을 수 있을까?

19세기 말부터 20세기 초까지 개항기 외지인들의 한국 관찰 기록을 자세히 살펴보면 CLT와 같은 거대 금융조직을 필요로 하지 않으면서도 금융거래 비용이 발생하지 않는 DLT가 조선 후기에 이미 존재하고 있었다는 기록이 풍부하다. 지금까지 한국 전통 회계방식에 대한 관찰 기록에 주목하지 않았을 뿐이다. 또한 일제강점기 제국주의 첨병 기관인 일본의 조선식산은행 보고서에도 KDEB의 DLT가 조사되어 있다. 그리고 무엇보다도 가장 생생히 전달하는 기록은 개성 지방에서 발간한 「고려시보(高麗時報)」이다. 「고려시보」는 오늘날 CLT형 금융관리시스템의 각종 금융비용 문제에 큰 경제적 고통을 부담하고 있는 것과 전혀 상반된 당시의 매우 높은 수준의 편리한 회계금융 신용사회의 모습을 생생히 기록하고 있다.

조선시대에 은행기관이 존재하지 않은 상태에서 회계기록이 발달했다는 사실은 19세기 말 20세기 초 폴란드 출신 외국인이 관찰한 기록에 처음 등장한다. 1903년 폴란드 학자 세로셰프스키의 관찰기를 보면 다음과 같이 감탄사를 연발한 기록이 있다.

> "(한국에) 대출기관이 전무하다고 해서 그와 유사한 기관을 세울 능력 자체가 없다는 말은 아니다. 단지 한국인들은 그런 것을 필요로 하지 않았던 것뿐이고 필요한 경우 쿡의 여행자 수표책에 결코 뒤떨어지지 않을 만큼 매우 지혜로운 여행환도 개발해냈다. 즉 여인숙 주인 연합회가 여행자의 편의와 도난을 방지하기 위해 정한 규칙에 따라 여행길에 머문 최초의 여인숙 주인에게 일정 금액을 지불하여 받은 영수증을 가지고 이후 여정에 필요한 모든 것을 공급받을 뿐만 아니라 필요한 현금도 찾아 쓰는 것이다. 이 모든 것이 한반도 전역에 걸쳐 이미 오랫동안 지속되어온 뛰어난 신용거래 조직, 그리고 여인숙 주인 연합회의 훌륭한 회계 능력을 보여준다. 여행객이 규칙을 어기거나 악용한 경우는 한 번도 없었다고 한다."[247]

그는 한국에 와서 은행과 같은 금융기관이 존재하지 않지만 화폐 없이 종이 하나로 여행하는 '여행자환'이 전국적으로 사용되고 있는 점과

---

247) Sieroszewski, Waclaw. 2006. Korea in Fall of 1903: *The Travels to the Korean Empire of Sieroszewski*, Russian Scholar. Translated by Kim Jin-Young et al., Seoul: Gaemagowon.

그 회계 능력에 감탄한 것이다. 세로셰프스키의 관찰기에 따르면 한국은 일종의 오늘날 인터넷상에서 일어나는 회계금융의 편리를 이미 19세기에 갖추고 있을 뿐만 아니라 그 역사가 매우 오래되었으며 전국적인 규모로 실행된 문화였음을 알 수 있다.

그의 관찰기에서 오늘날 우리가 주목할 부분은 크게 세 가지이다. 하나는 금융 능력을 뒷받침하는 것은 중앙은행이나 시중은행과 같은 중앙집중식 금융기관의 존재가 아니라 전국적으로 발달한 회계 능력이라는 점, 두 번째는 한국에서 이 회계의 역사가 매우 오래되었다는 점, 그리고 세 번째로 회계와 금융 시스템을 악용하는 사례가 전혀 발생하지 않은 매우 높은 수준의 신용질서가 존재하고 있다는 점이다. 여기서 주목되는 것은 세 번째이다. 앞서 언급하였듯이 블록체인처럼 빠르고 효율적인 지불결제 시스템을 보유하고 있었음에도 조선 후기 시스템은 불법거래에 악용되는 치명적인 문제가 존재하지 않은 것이다.

20세기 초 일본의 거대 금융기구인 식산은행의 개성지방 보고서에도 KDEB의 회계 능력이 등장한다. 일본은 20세기 초 동양척식주식회사(東洋拓殖株式會社 Oriental Development Company)와 조선식산은행(朝鮮殖産銀行)을 설립한다. 이 두 거대 경제기구가 미쓰이(三井 MITSUI) 민간기업과 함께 개성에 진출하였으나 개점 하루가 지나고 이틀이 지나도 식산은행의 문을 두드리는 사람이 하나도 없었다. 조선식산은행은 개성상인들이 은행을 필요로 하지 않은 배경에 '시변제도'가 있음을 파악하고 다음과 같이 조사보고서를 남긴다.[248]

---

248) 長尾崎俊「開城ノ時邊ニ取テ」, 朝鮮殖産銀行 開城支店 調査報告. 1929.

"개성의 금융제도는 오늘날 당좌거래를 취급하는 제도로서 자금의 융통에 수반되는 근저당이나 담보제공 없이 대인신용에 기초하여 간결한 방법으로 자금의 순환이 일어나는 제도로서 그 기원은 고려시대로 거슬러 올라간다."

조선식산은행의 조사보고서에 기재된 시변제도의 특징은 다음 4가지로 요약된다. 1) 무담보 신용거래 2) 유동성 제일주의(Principle of the most Liquidity First) 3) 간결성 4) 고려시대 기원이 그것이다. 이 보고서를 작성한 조선식산은행은 청일전쟁과 러일전쟁을 승리로 이끈 일본제국주의가 영국과 네덜란드 동인도회사를 모방하여 동양척식주식회사(東洋拓殖株式會社 Oriental Development Company)와 함께 설립한 식산은행이다.[249] 이 두 거대 기구는 일제강점기 대표적인 경제 수탈 기구로 알려져 있다. 동양척식주식회사는 인삼포 땅을 노렸고 식산은행은 금융망 장악을 통해 미쓰이 자본의 인삼업 진출의 기반을 닦으려고 한 것이다.

이들은 개성의 제일 중심지에 땅을 구입하고 건물을 짓고 요란한 개업식을 준비하였다. 개성 지점을 설치하는 고정비용이 만만치 않게 투입된 것이다. 당시 식산은행원들은 오늘날 뉴욕 증권가의 금융맨이나 이탈리아 베니스의 카사노바처럼 멋진 양복을 입고 영업을 개시하였다. 그러나 개점 하루가 지나고 이틀이 지나도 식산은행의 문을 두드리는 사람이 하나도 없었다. 일본의 금융 첩보망은 이유를 알고 싶어서 개성 각지에 금융 스파이를 투입하고 정보 탐색에 들어간다. 일본의 정보원

---

249) 이 회사는 조선이 국유지를 자본금의 30%로 출자한 식민기구로 토지와 금융의 장악이 목적이었으나 개성의 시변제도에 좌절한 대표적인 기구이다.

들은 개성은 유형의 은행이 없고 무형의 시변이 존재한다고 보고한다.

개성상인들에게는 소프트파워 즉 회계장부가 곧 은행이었다. 그들에게는 은행계정 대신에 오늘날 인터넷망처럼 당시 중국과 전국 337개 군현을 왔다 갔다 하는 차인과 도중의 실명으로 개설한 실명 계정이 있었다. 이 실명 계정은 매일매일 발생하는 거래를 차변과 대변 평균의 원리에 맞추어 스스로 확장과 저장이 이루어지며 DEB 고유의 자기 점검 기능이 작동되어 위조와 변조가 불가능하다.

그들은 오늘날 익명성으로 참가하고 가명 계정을 열어주는 일부 블록체인과 달리 철저한 실명 계정만을 사용한다. 페이스북의 치명적인 단점은 개인의 얼굴을 거짓으로 조작하여 계정에 사용한다는 점이다. 페이스북 참가자가 실제 자신의 사진을 사용한 것인지 테러 조직에 의한 인질로 잡힌 인물인지 분별할 방법이 없는 것이다.

이와 달리 KDEB는 차명 거래가 끼어들 수 없도록 원천 차단하는 것이다. 자신의 이름으로 계정이 열리기 때문에 전국과 해외로 파견된 개성상인들은 자기 실명계정의 밸런스를 목숨보다 더 소중히 간직한다. 전국과 해외로 분산된 계정 밸런스에 이상이 생길 징후는 그들만의 시그널로 분산화된 DEB 거래 장책을 정리함으로써 방지하였던 것이다.[250]

지금까지 KDEB는 개성상인들의 회계 기술로만 알려져 왔으나 금융거래와 기업의 제조공정 거래에 대해서는 잘 알려져 있지 않았다. DEB에 의한 회계장부가 곧 은행이었던 것이다. 글자 그대로 페이퍼 금융 컴

---

250) 개성상인들은 장부 관리를 치부(置簿, 治簿)한다고 한다. '치(治, 置: 둘 치, 다스릴 치)란 두 가지 의미 '저장 보관하여 둔다'의 의미와 '다스린다, 관리한다'의 의미이다. 경제 거래정보를 검증하고 저장하고 복식으로 기록되는 분산화된 회계장부 저장 및 관리기술이다.

퍼니가 개성상인의 회계장부인 것이다. 땅을 노리고 한국에 들어온 동양척식주식회사와 식산은행은 개성 회계장부 속에 존재하는 가상의 은행계정의 실체를 파악하지 못하고 거대한 자금을 투입하여 건물을 짓고 영업을 개시하는 어리석음을 보인 것이다.

조선식산은행의 조사보고 이후 개성의 지방신문인 「高麗時報」에 박재청(朴在淸)이 1933년 6월 1일 제4호에서 1933년 10월 1일 제12호에 이르기까지 총 9회에 걸쳐 연재한 '時邊小論'과 김경진(金慶鎭)이 같은 신문에 1933년 11월 1일 제13호에서 1935년 1월 16일 제24호에 이르기까지 총 10회에 걸쳐 연재한 반박의 논변이 실리면서 시변제도는 학계의 주목을 받게 되었다.

> "이 제도는 一定한 決算期 內에 半個月이면 半個月, 一個月이면 一個月, 或은 그 以上 더 長期로 '換稧(exchange bank or committee for deciding exchange rate)'라는 조직에서 정한 이자율로 거래하는 開城만의 獨特한 金錢流通方法이다."

KDEB 제2 순환의 특징인 분산성을 실증하기 위한 전제는 총 세 가지이다. 1) 계정실명제 2) 담보부 금융의 해체 3) 물리적 은행기구의 해체이다. 먼저 계정실명제가 KDEB 분산성의 전제인 이유는 모든 거래는 계약자 쌍방만이 존재하는 것이지 제삼자 은행이 개입하지 않는 것을 의미한다. 이를 위해서는 회계장부의 실명 등재가 곧 계정 설정이며 이 계정은 자금수요 계정임과 동시에 잉여자금제공 계정이 된다.

KDEB의 계정실명제는 1993년 문민정부에서 추진한 금융실명제와

는 차원이 다르다.[251]

이를 위해서는 두 가지가 제시되어야 한다. 하나는 자금의 융통에 수반되는 근저당 설정이나 담보제공 없이 모든 금융거래가 대인신용에 기초하여 이루어져야 한다. 다른 하나는 자금의 순환에 중앙은행이나 시중은행과 같은 제3자의 개입이 없어야 한다.

KDEB와 VDEB 차이를 가장 명확하게 밝혀주는 것이 바로 근저당 설정이나 담보제공 없이 모든 금융거래가 대인신용에 기초하여 이루어진 점과 자금의 순환에 중앙은행이나 시중은행과 같은 제3자의 개입이 없다는 점이다.

이를 명확히 구별하기 위해서는 금융거래에 대한 회계 처리방식의 구체적인 자료를 가지고 비교할 필요가 있다. 먼저 담보금융과 근저당 설정을 기반으로 하는 은행 업무가 어떻게 DEB로 발전할 수 없는지에 대해서 살펴보자. 이를 위해 KDEB와 VDEB의 환어음 회계 처리를 비교한다. 왜냐하면 양 지역은 DEB 성립의 전제조건으로 환어음(Bill of Exchange)이라는 신용결제 기구를 발전시켜왔기 때문에 환어음(Bill of Exchange) 처리 업무는 양 지역 비교에 가장 대표적인 사례라 할 수 있다.

1397–1494년 동안 메디치 가문의 회계문서를 가지고 자본회계를 연

---

251) 금융실명제(金融實名制)는 금융기관과의 금융거래에 가명 혹은 무기명에 의한 거래를 금지하고 실명임을 확인한 후에만 거래가 이루어지도록 하는 제도로서 대한민국에서는 대통령긴급명령인 긴급재정경제명령 제16호를 통해 1993년 8월 12일에 실시된 제도이다. 군사정부하에 외자도입과 정책 금융의 배당에 뒤따르는 온갖 부정부패와 축재의 수단인 예금주의 비밀보장, 가명, 차명 혹은 무기명에 의한 금융거래를 원천적으로 차단하는 데에는 여러 가지 한계가 존재한다. 개방형 국가를 지향하는 한국에서 유럽의 스위스 은행과 같이 실제 돈의 소유주를 숨겨주고 차명계좌를 허용하는 자금순환에는 무기력한 제도이다. 대표적인 사례가 2008년 금융위기 때 불거진 주요 대기업 소유주의 차명계좌 논란이다. 한 기업은 차명계좌 98%가 금융실명제 이후 개설된 것으로 밝혀져 본 서에서 다루는 KDEB 계정실명제와는 차원이 다르다.

구한 레이몬드 루버(Raymond de Roover)는 메디치 은행의 회계는 처음에는 고객이 은행 창구를 직접 방문하여 금은이나 현물이나 현금을 예치하고 그 증빙서류를 기록하는 업무에서 출발하였음을 제시하였다. 즉 현물의 제시 없이 은행 계좌가 열리지 않았음을 제시하였다.

또한 현금의 이체 및 인출도 수표나 환어음을 발행하지 않고 당사자가 은행에 다시 직접 방문하여 창구에서 구두로 요구 사항을 주문할 때 은행의 지급업무가 수행되었다는 것을 밝혔다. 당시 메디치 은행은 전당포 업무와 구두로 말하는 것을 기록으로 옮기는 업무로서 은행의 기록은 일기장인지 장책인지 구별할 수 없는 단지 대화 내용을 단순히 기록하는 것이다. 이와 같이 모두 구두로 나온 주문을 단순히 기록한 내용이기 때문에 은행이 고의로 고객의 기록을 파기하거나 부정행위로 인한 갈등은 매우 심각한 상태였다고 그는 밝히고 있다.

또한 거래 항목을 지우거나 회계장부를 부정하게 조작하는 것을 방지할 체계가 존재하지 않았고 아라비아숫자를 사용하는 것은 금지되었다고 한다. 중세 메디치 은행업의 특징은 약속어음이나 수표 또는 수표라고 불리는 서면 공증문서가 1567년까지 그 사용이 금지되었다는 매우 충격적인 사실을 제시한 것이다. 회계기록 없이 구두 지시에 의존하는 은행 업무는 18세기에도 여전히 은행의 주업무였던 것으로 개성상인의 신용업무와 전혀 상반되는 증거를 찾아낸 것이다.[252]

이에 대해 챗필드(Chatfield Michael)는 정돈되지 못한 단순 기록에서 완전하고 체계적인 DEB로 발달하는 것을 증명하는 실무자료가 존재하

---

252) Raymond de Roover *THE RISE AND DECLINE OF THE MEDICI BANK(1397-1494)* HARVARD UNIVERSITY PRESS Cambridge, Massachusetts London, England 1963 p.22.

BALANCE SHEET OF THE ROME BRANCH JULY 12, 1427			
항목(Item)	숫자(Number)	항목(Item)	숫자(Number)
Liabilities Creditors in quaderno di cassa (cash book)		Credit balances in ledger G	
Sundry accounts payable with balances below florins (239 items)	26,792.0.0	Sundry accounts payable with balances below 1,000 florins (56 items)	11,822.19.05
Three creditors with balances above 1,000 florins	5,434.0.0	Seven creditors with balances above 1,000 florins	18,240.06.10
Three petty services	1,488.7.3	Account of Bartolomeo de' Bardi	24,497.0.8
Merchandise accounts.	2,894.13.0	Undistributed profits	658.0.6
	36,609.0.3	Retention of monies paid for the Apostolic Chamber	191.0.8
		Subtotal	55,409.8.1
		Credit balances in the libro segreto of the Rome branch	55.480.0.0
		Pope Martin V, special account	1,185 1 3
		Undistributed profits	7171,8,2
Subtotal	36,609.0.3	Accrued salaries	1500
		Bartolomeo de' Bardi, personal account	483,9,1
		Subtotal	66,219.18.6
		Total of liabilities.	158,238.06.10
		Error in casting the balance.	205.0.10
		Total	158,443.7.8

<표 5-16> 메디치 은행 로마 지점 회계 오류 (De Roover 1963 :207)

지 않기 때문에 유럽의 DEB 연구는 매우 추상적이고 추론적이라고 고백하고 있다.[253]

메디치 은행은 교황의 금융업무에서 출발하고 이탈리아 내에 볼로냐 (Bologna), 피렌체(Florence), 토리노(Torino), 밀라노(Milan), 베니스(Venice) 그리고 남쪽의 나폴리(Naples) 지점과 이탈리아 외부의 제네바(Geneva), 리용(Lyons), 아비뇽(Avignon), 부르헤(Bruges) 그리고 런던(London) 지점을 둔 15세기 당시 유럽 최대의 금융조직이다. 〈표 5-16〉은 루버가 찾은 메디치 은행 장책이 전혀 대차변 균형을 맞추지 못하고 있는 것을 그대로 보여주는 증거이다.

이러한 회계 오류의 추적이 불가능한 기입방식은 이탈리아의 메디치 은행이 DEB에 의한 회계실무를 갖추지 못한 것을 의미한다. 이와 달리 한국의 개성은 베니스나 플로렌스 지방에서 발달한 메디치 가문처럼 중앙집중식 은행기관이 존재하지 않은 상태에서 신용 기구가 작동하고 있었다.

중앙집중식 은행기관이 존재하지 않은 상태에서 신용 기구가 작동한 장소는 오직 매우 높은 수준의 회계기술이 전개된 개성 회계장부이다. 즉 인터넷 공간에서의 DLT와 같이 개성상인의 회계장부 특히 장책의 구조는 외부 은행과의 거래기록이 존재하지 않는다는 점이다. 메디치 은행에 이어 등장한 네덜란드 동인도회사나 영국 은행 등도 메디치 은행과 동일한 DEB에 의한 회계 처리 자료를 남기고 있지 못하다.[254]

---

253) Chatfield Michael,(1977 : 35)
254) Stephen Zarlenga, *The Lost Science of Money*, American Monetary Institute, 2002.

제6장

개성자본회계
세 번째 순환과정

제1절 크론헴 방정식

    KDEB가 세상에 드러나기 전에 회계의 순환과정은 1) 거래 → 2) 분개 → 3) 전기 → 4) 수정 전 시산표 → 5) 결산 수정 정리 → 6) 재무제표 작성 → 7) 수정 후 시산표 → 8) 장부 마감 → 9) 마감 후 (이월)시산표 10) 수정분개 등 최대 10단계 순환을 거치는 것으로 이해하였다. 그러나 지금까지 KDEB의 자본회계 순환을 분석한 결과 1) 거래발생 동시 분개 현금흐름 잔액 계산 → 2) 전기·보관 → 3) 결산 잔액 정리 받자주자대조표 → 4) 장부 마감 회계집작초 작성 → 5) 도중(기업실체) 소득계산서 작성과 동시에 이익잉여처리계산서 작성 등 총 5단계로 축약되는 특성이 검출되었다.

    〈표 6-1〉에 제시한 바대로 KDEB 제1 순환과 제2 순환의 특성으로 인하여 결산잔액 정리절차가 매우 간단하게 된다. 즉 잔액시산표 작성이 곧 KDEB의 재무제표인 주회계책(周會計冊 받자주자대조표, 會計斟酌抄)이 생성되는 것이다. 제4장에서 분석한 일기의 완전성·복식성·미래성

K-Account의 순환과정	1) 거래발생 분개와 현금흐름 잔액 동시 계산 → 2) 전기·보관 → 3) 계정잔액 정리 곧 받자주자대조표 → 4) 수익비용 잔액정리 회계짐작초 작성 → 5) 도중(기업실 체) 회계 마감과 동시에 이익잉여처리계산서 작성
주회계책 잔액 요약표 수정분개가 불필요	일기의 완전성, 복식성, 미래성은 총계정장책 차변과 대변의 합을 검증하여 회계 오류를 확인하는 수정 전 시산표, 수정 후 시산표, 마감 후 시산표 작성을 필요로 하지 않는다. 총계정장책의 간결성, 영구보존성, 분산성으로 명목계정에 나타날 수익과 비용잔액과 대차대조표에 나타날 실질계정의 오차를 수정할 필요가 발 생하지 않는다.

<표 6-1> K-Account의 5단계 순환과정

은 총계정장책 차변과 대변의 합을 검증하여 회계 오류나 누락을 확인
하는 수정 전 시산표, 수정 후 시산표 작성을 필요로 하지 않는다. 특히
제5장에서 분석한 총계정장책의 간결성·영구보존성·분산성으로 명목
계정에 나타날 수익과 비용잔액과 대차대조표에 나타날 실질계정의 오
차를 수정하는 마감 후 시산표 작성이 필요 없게 된다.

그러나 KDEB와 달리 현대 회계순환에는 총계정장책에서 장부마감
까지 들어와 있는 회계순환만 3) 수정 전 시산표 → 4) 결산 수정 정리
→ 5) 재무제표 작성 → 6) 수정 후 시산표처럼 무려 4단계 시산 과정
이 존재한다. 이러한 현대 회계의 번잡한 순환과정이 KDEB에서는 보
이지 않는 것으로 보아 1950년대 이후 한국에 도입된 서구 유럽 회계는
KDEB 전통을 계승하지 않고 무차별적으로 일본을 통해 도입하였음이
분명하다.

본 장에서는 개성회계 세 번째 과정인 잔액시산표 과정을 중심으로
오늘날 회계순환의 번잡함과 달리 수정 전후의 시산 과정을 생략하고
결산 수정 정리가 곧 재무제표로 작성되면서 장부가 마감되는 과정을
제시한다.

회계의 제1 순환 일기 단계와 제2 순환 총계정장책 단계는 쓰기의 예술(Art of Writing)에서 출발한 DEB가 자본주의 원리를 설명하는 자본회계 과학으로까지 확대된 것으로 인식되기에는 아직 완벽한 체계라 할 수 없다. 왜냐하면 DEB가 자본주의 원리를 설명하는 과학이 되기 위해서는 자본주의 꽃인 이윤생성이 자본순환의 어느 단계에서 생성되는가를 분명히 제시해야 하기 때문이다. 이에 대해 리틀튼은 DEB에 기초한 자본순환의 이윤생성 단계는 19세기 산물이며 19세기에 들어와서 1494년 파치올리의 저작 "Summa"는 단순한 대차평균의 원리에서 이윤 생성의 원리로 전개되어 회계과학(Accountancy)으로 확대되었다고 주장하였다.[255] 리틀튼은 19세기에 비로소 투자자본은 원가를 통해 산업자본으로 전환되고 자본계정이 명목계정과 통합되어 합리적인 소득계산서를 산출하는 단계가 정립되었다고 보았다. 그는 이 원가계산과 산업자본 이윤계산을 'DEB에서 회계과학으로의 전환(From DEB to Accountancy)'이라고 명명하였다.[256]

본 장에서는 오늘날 재무제표인 주회계책에서 대차대조표인 받자질(捧次秩) 주자질(給次秩) 대조표 작성과정의 특성을 제시한다. 즉 첫 번째 순환 일기의 분개(Journalizing)와 두 번째 순환 장책으로의 전기(Posting)와 보관(Bookkeeping)의 특성이 어떻게 받자질(捧次秩)과 주자질(給次秩) 대조표로 결산 요약(Summa)되는가를 제시한다.

---

255) 그는 회계학을 'Accounting'이 아닌 'Accountancy'라고 한 이유에 대해 금융학을 'Finance'라고 하고 금융행위를 'Financing'이라고 하는 것과 같다고 하였다. (Littleton 1933:165)

256) 그의 1933 저서는 제1부, 제2부로 구분하고 있는데 제1부 제목은 복식부기의 진화(The Evolution of Double Entry Bookkeeping)이고 제2부는 부기에서 회계학으로의 발전(The xpansion of Bookkeeping into Accountancy)이다. Littleton (1933 : 165–66). 이에 따라 본 서에서도 KDEB는 'K-Accountancy' 혹은 'K-Account'와 같은 의미로 사용한다.

결산 요약(Closing Summa)은 회계의 궁극적인 귀결점이다. "Summa" 란 1494년 파치올리의 책 제목이며 라틴어로서 최정상(Summit)을 의미한다. 라틴어 의미 그대로 회계순환에서의 결산과정은 최고 정상(Summit)을 가리킨다. 이윤 계산 요약이라는 서밋이 오늘날 G7, G20 등 세계 최정상 모임을 부르는 용어가 된 것은 한국전쟁 발발 연도인 1950년에 확립되는 세계통화질서의 수립 논의에서 나온 처칠의 수사어(Winston Churchill's metaphor)에서 유래한다.

합리적인 이윤 추구의 발전 과정을 설명하는 재무제표는 국가별로 자본 순환과 축적의 독특한 역사적 배경을 갖는다. 특히 18세기에서 19세기 세계 자본 질서를 주도한 영국과 20세기 세계 자본 질서를 주도한 미국의 재무제표 자료를 개성상인 재무제표 자료와 비교하여 국가별로 재무제표 생성의 역사적 배경과 그 특성을 검출하는 것은 21세기 새로운 자본 질서의 방향을 제시하는데 매우 중요한 주제이다.

본 장에서는 K-Account의 재무제표 작성 가운데 받자주자 대조표에 초점을 맞추어 영국과 미국 등 다른 국가의 사례와 비교하여 세계 자본주의 질서의 변방으로 알려져 온 조선사회에서 어떻게 세계 자본주의 질서의 중심인 영국과 미국보다 뛰어난 기업 경영 보고서를 보유하게 되었는지를 제시한다.

그러면 K-Accountancy에서 일기의 완전성, 복식성, 미래성의 특성은 어떻게 총계정장책상의 대차평균의 합을 검증하여 회계 오류를 확인하는 절차인 수정 전 시산표, 수정 후 시산표 작성을 불필요하게 만드는가? 또한 총계정장책의 간결성, 영구보존성, 분산성은 어떻게 명목계정으로 나타나는 수익비용 잔액과 대차대조표에 나타날 실질계정의 오차를 수정할 필요가 발생하지 않도록 하여 마감 후 시산표 작성의 절차를 불필요하게 하였는가?

이를 설명하기 위하여 지금까지 회계학이 기본 전제로 삼은 자본소유주 회계방정식이 형성된 19세기 영국 자본주의와 이를 배경으로 등장한 '크론헴 방정식(Cronhelm Equation): Positive Properties(적극적 재산) − Negative Properties(소극적 재산)=Proprietor's Stock(자본)'의 의미와 한계에 대해서 살펴볼 필요가 있다.[257] 본 절에서는 19세기 영국 런던에서 등장한 크론헴 방정식과 대조를 이루는 K-Account의 회계방정식이 어떠한 대조를 이루는지를 중심으로 서술한다.

19세기 영국 자본주의를 배경으로 등장한 크론헴 방정식은 중세 봉건사회에서 근대 자본주의사회 이행기에 자본의 성격 전환, 즉 봉건적 토지자본의 근대적 산업자본으로 전환과 일정한 연관이 있다. 주지하듯이 이러한 자본의 성격 전환에는 중세 말기에서 근대로의 이행기에 주기적으로 발생하는 역병과 전쟁과 제국주의 팽창정책과 그에 따른 경제적 생존 법칙과 일정한 연관이 존재한다.

산업자본의 확립기는 내부 의사결정 정보로서 회계정보를 DEB 방식대로 계산하여 순영업이익을 계산하여 투자자들에게 합리적으로 보고하고 다음 계속되는 영업을 위하여 사내유보를 통해 자본을 축적할 수 있는 사회적 분위기는 전혀 아니었다. 당시 19세기 영국에서 전개된 산

---

257) 1818년 출현한 크론헴 방정식(Cronhelm Equation)은 15세기에서 20세기 초까지 파치올리의 DEB의 기본 프레임을 대차대조표에 맞추는 방정식으로 오늘날 회계학 교육의 기초가 되었다. 크론헴은 차변 자산은 포지티브 소유이고 대변 부채는 네거티브 소유로서 그 차액이 실질적 가치를 향하여 움직이는 소유주 이론이다. 회계방정식은 수학의 한 분야인 대수학을 가장 잘 표현하고 있다. 대수학(algebra)이란 "균형과 복원을 통해 산출하는 개요"를 의미하는 아랍어 "al-mukhtasar fi hisab al-jabr wa al-muqabala" (the compendium on calculation by restoring and balancing)이다.

업자본주의 확대를 놓고 자유방임주의 학파와 마르크스주의의 심각한 논쟁의 한복판에 존재한 자본이란 회계순환 단계에 기초한 자본순환과 가치 체인과의 유기적인 선순환 속에 존재하는 것이 아니다. 전염병과 기근, 제국주의 팽창과 전쟁의 악순환의 한복판에 존재한 것이다. 자본 소유주의 자본과 자본소유주의 소득 계산에 DEB가 자리잡지 못한 것이다.

당시 영국 자본주의는 제국주의의 최정상에서 흑인노동과 아동노동을 사용한 기계제 대공업화가 진행되어 합리적 이윤추구라는 자본주의의 본질이 성립할 수 없는 상황이었다. 칼 마르크스에게 자본의 탄생은 타인노동의 피와 오물을 뒤집어쓰고 태어난 기형아였다. 그는 이 기형아 탄생의 한복판인 런던에 거주하면서 자본순환 과정에서 타인노동에 대한 지불하지 않은 노동가치 즉 잉여가치가 발생한다고 정의 내린 것이다. 칼 마르크스에게 DEB에 기초한 자본순환의 이윤 생성 단계는 실제로 존재하지 않은 이데올로기였다. 서구 유럽 사회에서 자본순환의 이윤생성 단계가 합리성의 실체로 정립되는 데에는 20세기 막스 베버의 프로테스탄티즘과 자본주의 정신이 나올 때까지 기다려야 했다.

19세기 세계 자본주의를 지배한 논리는 제국주의의 확대와 더불어 원료 수탈과 흑인노동 아동노동을 사용한 자본축적으로 합리적인 자본 회계순환과 전혀 관계없는 방향으로 전개되었다. 이러한 이유로 마르크스는 자본주의의 확대재생산의 미래를 합리적 이윤추구에 둔 것이 아니라 그 정반대 방향인 공산주의 체제에 둔 것이다.

마르크스가 15세기 베니스에서 시작된 근대 자본주의로의 이행에서 합리적 이윤추구의 핵심인 DEB를 받아들이지 않고 부정하고 저주하게 된 배경에는 중세 봉건사회에서 근대사회로 이행에 실체로 존재한 제국주의의 원료 수탈 전쟁과 흑인노동과 아동노동의 가학적 착취라는 본원적 축적과정 때문이다. 마르크스는 이 본원적 축적과정을 중세 봉건제 토지 귀족이 주체가 되어 일으킨 근대화 직전의 봉건 반동으로 이해하였다. 마르크스에게 근대적이고 합리적인 자본가의 탄생은 존재하지 않는다. 그에게 자본가란 지구상에 존재하는 온갖 피와 오물을 뒤집어쓰고 나온 괴물이었고 이 괴물의 배후를 봉건 반동의 토지자본가라고 지목한 것이다.

그러나 마르크스가 착시한 자본축적과 그에 따른 소득 불평등 구조는 근대 자본주의의 합리적 이윤추구에 의한 자본소득과 중세사회 봉건적 토지자본의 지대 추구에 의한 자본소득이 서로 결합된 것으로 양자는 전혀 별개의 체제 원리이다. 토지자본이 주체인 봉건적 자본소득이란 최근 코로나-19와 같은 전염병의 확산에 따른 극도의 경제력 집중, 불평등 심화, 거주·이전의 자유 박탈 등 중세 봉건제 사회의 토지에 모든 권력과 부가 집중된 사회의 독점적 횡포를 의미한다.

유럽의 중세에서 근대로의 이행기에 발생한 흑사병은 도시 빈곤층을 포함 전 사회구성원의 경제적 고통을 가중시켰다. 출산력을 거의 제로로 만들고 국제 교역을 없애고 역병을 신의 심판이라고 주장하는 성직자들의 종교권력 횡포를 극대화시켰다. 종교권력은 토지를 독점한 영주들과 동맹을 맺어 사회적 위기를 가속화하였다. 이들은 농촌을 떠나 런던에 거주하면서 부재 지역의 소유지에 대한 통제권을 강화하여 지대를 추구하였다.

이 19세기 영국 자본주의의 한복판인 런던에서 칼 마르크스의 『자

국가별 대차대조표 균형식(Balance Sheet Equation)			
자본소유주 이론 (Proprietorship Theory)	영국	19 세기	적극자산(Positive Properties) – 소극자산(Negative Properties) = 자본(Equity)
기업실체 이론 (Entity Theory)	미국	20 세기	자산(Assets) = 투자(Investment)
개성 이론 (K-Accountancy)	한국	18 세기	유동자산(Receivable Assets) = 유동부채(Payable Liabilities)

<표 6-2> 19세기 산업자본주의와 제국주의 한복판에서 등장한 크론헴 방정식(Cronhelm Equation)과 20세기 미국의 관리혁명(Managerial Revolution) 그리고 18-19세기 K-Account

본론』과 함께 등장한 자본회계등식이 바로 크론헴 방정식(Cronhelm Equation)이다. 1818년 런던에서 출현한 크론헴 방정식은 15세기에서 19세기 초까지 파치올리 DEB의 기본 프레임을 대차대조표에 맞추는 방정식으로 오늘날 회계교육의 기초가 되었다. 크론헴은 차변 자산은 포지티브 소유이고 대변 부채는 네거티브 소유로서 그 차액이 실질적 가치를 향하여 움직이는 자본 변동 상태를 제시하는 것이기 때문에 자본소유주 이론의 방정식이라고도 한다.[258]

〈표 6-2〉 방정식은 19세기 영국, 20세기 미국, 18세기 개성의 대차대조표 균형식을 제시한 것이다. 1818년 대차대조표에 보고되는 자산, 부채 및 자본 간의 '자산(A) – 부채(L) = 자본(C)'의 수학적 관계를 설명한 방정식이다. 이후 이 방정식은 유럽 대륙에서 대서양을 건너 미국의 20

---

258) 회계방정식은 수학의 한 분야인 대수학을 가장 잘 표현하고 있다. 대수학(algebra)이란 "균형과 반복 순환을 통해 산출하는 요약"을 의미하는 아랍어에서 기원한다. "al-mukhtasar fi hisab al-jabr wa al-muqabala"(the compendium on calculation by restoring and balancing)

세기 회계교육의 기초로 자리 잡았다. 이 방정식의 등장으로 유럽에서는 일기장 중심의 회계 실무교육(Journal-oriented Learning Practice, 이하 JLP)에서 DEB와 대차대조표와의 관계를 풀어내는 자본계정 중심의 실무교육으로 옮겨진 것으로 알려져 있다.[259]

〈표 6-2〉에 정리된 대로 영국과 미국 그리고 조선의 국가별 대차대조표 균형식은 각국의 자본주의 발전 단계의 특성을 반영하고 있는 것을 알 수 있다. 영국과 미국의 자본계정의 역사는 19세기까지 자본의 기여만 돋보이는 자본소유주 이론을 개발해왔다. 부동산 투기를 통한 자본 증식이나 돈놀이 금융 행위를 통한 자본 증식이건 기업 생산행위를 통한 증식이건 상업행위를 통한 증식이건 상관하지 않고 자본의 증감이 초미의 관심이었다. 이 연장선상에서 미국의 뉴욕으로 자본주의의 축을 이동하여 주주자본주의 체제가 자리 잡게 되는 것이다. 역사적으로 중세 봉건권력의 연맹인 종교권력과 지식권력 그리고 토지권력을 해체하고 근대 시민사회를 열어나간 주체가 누구인가는 국가마다 다르기 때문에 논쟁의 여지가 있다.

그러나 적어도 K-Account에 반영된 자본회계의 순환 관점에서 보면 근대적 자본 소득인 영업이윤은 인삼포 기업실체를 대표하면서 기간 영업이윤을 추구한 삼포도중의 경영혁명에 의해서 중세 봉건권력 연합체의 자본소득원인 토지자본소득, 금융자본소득을 해체한 것이지 노동자들을 착취한 결과가 아닌 것은 매우 분명하다.

259) George J. Murphy Algebraic Double Entry *The Accounting Review* Vol. 45, No. 2 (Apr., 1970), pp. 366-369. John Richard Edwards 'Different from What Has Hitherto Appeared on this Subject': John Clark, Writing Master and Accomptant, 1738 *ABACUS* Volume 50, Issue 2 June 2014. 227-244.

K-Account의 자본순환과 회계순환에서 분명히 나타나듯이 사회적 이해관계자들이 참여하는 공간은 대차대조표가 아닌 손익계산서이다. K-Account의 손익계산서를 놓고 소득원의 성격을 규정하자면 임대료는 봉건적 토지수익률을 대표하는 소득이고 이윤은 근대적 삼포 경영 수익률을 대표하는 소득이다. 이자소득은 유럽의 경우 중세 봉건시대까지는 고리대금지법으로 제한한 것에서 근대 자본을 대표하는 소득이라 할 수 있다. K-Account에서 이자소득은 시변제도라는 독특한 금융제도 속에서 낙변과 의변으로 구분되는 이자율 변동으로 결정되고 근대적인 자본소득을 넘어 오늘날 금융제도와 유사한 양상을 가지고 있기 때문에 매우 현대적인 자본소득이라 할 수 있다. 노동의 임금도 마찬가지로 자유로운 근로계약에 의한 것으로 근대적 노동수익률이라 할 수 있다. 이에 대해 마르크스는 자본착취율을 적용하여 잉여가치율이라 표현하였지만 K-Account에서도 자유로운 임노동자의 사전 근로계약을 전제로 회계 처리된 것으로 보아 근대적인 노동소득이라 할 수 있다.

19세기 영국을 배경으로 성립한 크론헴 방정식(Cronhelm Equation)에서는 자본소유주가 처음부터 마지막까지 전 회계과정을 지배하기 때문에 자본소유주와 경영자의 대립 분리가 전혀 나타나지 않는다. 즉 20세기 미국에 등장한 자동차산업의 포디즘 관리혁명이나 K-Account의 삼포 경영혁명 혹은 관리혁명이 존재할 수 없는 것이다. 회계방정식에 내재된 자본주의 원리는 자본 주체 접근방식을 따르는가 아니면 기업 실체 접근방식을 따르는가에 의해 해당 국가의 경제체제의 성격이 규정된다고 볼 때 크론헴 방정식에 따르는 해당 국가는 소수의 자본소유자들에 의해서 독점되는 자본소득 추구자 천국이 된다. 반면에 후자의 방정식에 따르면 경영자 천국의 자본주의가 성립되는 것이다.

1867-1883년 런던에서 『자본론』을 집필한 마르크스는 생산계층 범주 속에 같은 운명인 경영 영업잉여와 피용자보수 노동을 서로 적대적 대립관계로 보았다. 그는 소유와 경영이 분리되고 이윤이 관리혁명을 통해 창출되는 사실을 인식하지 못하고 사적 소유의 사회적 소유로 전환을 주장한 것이다.

영업잉여와 피용자보수는 소득계산서의 회계기간에는 서로 같은 운명이다. '침묵의 혹은 잠자는 고용주(Silent or sleeping Commendator)'들과 유한책임을 지는 것으로 계약되어 기초 투자액을 받아서 죽을 위험을 감내하면서 기초 투자액을 움직이는 '활발한 운반자(Active Trader, Tractor)'라는 면에서 같은 운명인 것이다. 리틀튼에 의하면 오늘날 CEO 경영자의 호칭은 트랙터 운전자(Active Trader, Tractor)였다. 잠만 자고 나서 경영의 결과물을 가지러 오는 자본소유자를 '잠자는 고용주(Silent or sleeping Commendator)'라고 불렀다.

K-Account에서 '잠자는 고용주'들은 대부분 여성이었다. 집안의 아내들이 '잠자는 고용주(Silent or sleeping Commendator)'들이고 바깥에서 침묵의 자본을 활발히 운용하는 바깥사람 즉 남편이 '활발한 운반자(Active Trader, Tractor)'였다. 남편들이 자신의 외부 살림살이를 계산하여 그 남은 돈이 영업잉여 여문(餘文)이다. 즉 아내로부터 자본을 출자받아 위험을 감수한 남편의 바깥 활동에 대한 경제적 보상이 잉여가치이지 남의 노동을 착취한 대가가 아니다. K-Account에서는 트랙터 운전자와 노동자의 대립이 일어날 공간이 존재하지 않는다.

K-Account와 달리 『21세기 자본』을 집필한 피케티는 자본수익률(α)

과 투자된 자본을 가지고 기업 경영을 수행하여 얻은 영업이익 β(자본소득비율)을 곱한 것을 가지고 자본소득분배율을 구하였다. 그의 방정식에 들어온 침묵의 자본소득에는 봉건적 토지자본, 트랙터 운전자의 영업이윤, 영업활동 이외에서 벌어들인 자본이득 등이 모두 혼재되어 있다.

이러한 이유로 19세기 영국의 산업자본주의를 배경으로 성립한 크론헴 방정식은 19세기 마르크스의『자본론』 탄생과 피케티의『21세기 자본론』 탄생에 매우 큰 기여를 해온 것으로 평가할 수 있다. 합리적 이윤계산 능력을 부정하고 자본주의의 본질을 파괴한 19세기 칼 마르크스『자본론』과 피케티『21세기 자본론』 두 자본론 출현의 실체를 가장 잘 나타내는 용어가 바로 네덜란드와 영국에서 대차대조표를 지칭하는 부동산 자산목록이라는 사실이다. 16–17세기 영국과 네덜란드 양 국가에서 대차대조표는 'Balance Sheet'가 아니다. 중세 봉건제의 전통이 강하게 반영된 오늘날 부동산을 지칭하는 재산목록표(Estate)가 재무상태 변동을 보여주는 오늘날 대차대조표였다.

네덜란드 스테빈(Stevin)은 대차대조표의 실례를 제시하였는데 그 제목을 오늘날 부동산을 의미하는 'Estate(Balance sheet 대차대조표)'라고 달았다. 이러한 유럽 대차대조표는 K-Account의 받자주자대조표와 명백한 차이를 보여준다. 이러한 대차대조표 제목은 중세 봉건적인 토지 자산가들의 재산목록을 나열한 재물조사표에 지나지 않는다. 그는 부동산 자산과 창고의 재고자산처럼 정적(Stock)이고 실질적인(Real) 재무상태만을 대조하고 명목계정과의 통합을 보여주지 못한다.

그에게 재무보고서란 일정 회계기간 동안의 이익이나 손해를 동적(Flow)이면서 명목적(Nominal)인 집합 손익계정으로 집계한 요약표의 집계결과를 자본거래와 상호 접합시킨 대차대조표는 아니었다. 그 제목에서 알 수 있듯이 'Estate'란 부의 대물림을 위한 대조표 즉 조상으로부터 물려받은 기초자산과 기말자산과의 차액 대조표라는 의미 'ethel(Old English æðel)' 그 이상이 아니었다.

이와 같이 오늘날 재무제표는 자본주의의 꽃이자 자본조달 시장의 꽃인 주식시장의 발달과 기업 조직의 발달을 전제로 성립하지만 자본주의의 산실인 영국이나 네덜란드에서조차 허구적 이론 모형만 존재하지 오늘날과 같은 기업 실무회계 증빙자료는 존재하지 않는다. 1856년 영국의 대차대조표 모형 또한 자산을 대변란에, 자본과 부채를 차변란에 배치하여 오늘날 대차대조표와는 정반대로 되어 있어서 오늘날 재무제표의 역사를 연구하는 데 혼란을 가중할 뿐이다.[260]

자본소유주 이론의 대차대조표 균형식은 자본 중심의 재무상태 변동 여부가 최우선 관심사이다. 따라서 자본소유주 이론은 재무상태인 대차대조표 중심의 회계이론이다. 대차대조표상에 재무상태는 일정 시점(Stock) 재고 정리상태 즉 '기초자산 − 기말자산'만 보여준다. 이와 반면 소득계산서와 같이 일정 회계기간(Flow) 경영성과인 원가와 소득 개념이 형성될 수 없다. 따라서 회계는 자본을 소유한 경제주체만을 위한 회계로 인식하기 쉽다. 오늘날 공인회계사의 사회적 지위가 자본소유자가 임시 고용한 하인에 불과한 신세가 된 것은 이와 무관하지 않다.

19세기 자본론을 집필한 칼 마르크스나 21세기 자본론을 집필한 피케티와 같은, 자본 소유로부터 발생하는 자본소득과 경영활동으로부터

---

260) Michael Chatfield(1977 : 71).

발생하는 영업소득의 차이를 구별하지 않고 모두 자본으로 인식하여 유산자 자본가와 무산자 노동자계급으로 양분하여 계급투쟁을 강조하는 부정적인 자본관 속에는 일정 회계기간(Flow) 경영성과인 원가와 소득 개념이 주도한 관리혁명 즉 기업실체 이론이 전혀 반영되지 않았기 때문이라고 볼 수 있다.

그러면 19세기 자본론과 21세기 자본론 사이에 존재하는 20세기는 자본회계사에서 어떠한 시대인가? 20세기는 회계의 목적을 자본소유주 중심에서 경영활동의 중심인 기업실체로 그 무게중심이 이동하는 금융관리혁명이 발생한 시기이다. 즉 자기자본의 소유 의식을 지워버리는 금융회계혁명(Financial Accounting Revolution) 혹은 금융관리혁명(Managerial Revolution)이 존재한다. 관리혁명은 소유 의식을 버리는 데에서 출발한다. 또한 자기자본임에도 불구하고 그 소유 의식을 버리는 혁명적인 사고방식이 그 전제이다. 쉽게 이야기하여 자기자본을 자기의 소유로 인식할 것인지 타인의 소유로 인식할 것인지를 구분하게 해준 단초이다. 개성상인 회계장부에 나타나는 방정식은 자본 변동보다는 받을 권리와 주어야 할 의무 사이의 균형이 최대 관심사이다.

〈표 6-2〉에 제시한 대로 영국은 자본소득 추구자 천국이며 18세기 조선 후기 사회와 20세기 미국은 경영자 천국인 셈이다. 기업실체(개체) 이론은 관리적 접근방식이며 대차대조표 공식은 적극자산(A 경영) = 부채 혹은 자본(L / C 소유)이 서로 분리된다. 이 소유와 경영의 분리가 완전한 모습으로 등장하는 것이 K-Account의 각인회계책(各人會計冊)이다.

개성 각인회계책의 경우 자본소득분배율은 곧 자본소득 비율과 같다. 단기 자본순환에서의 자본수익률은 지급이자와 받을이자를 상쇄하여 항상 제로를 추구하고 있었다. 피케티가 정의하는 자본은 개성의 기업실체 회계에는 존재하지 않는다. 기업 경영에 투자된 자본뿐만이 아니라 금융부문과 토지부동산부문 즉 투기적 목적으로 투입된 자본을 처리하는 계정이 존재할 수 없다. 오직 간뇌역(看腦役)과 같은 고급 인적자본을 피케티나 개성 회계장부나 오늘날 R&D 지출처럼 자본으로 처리한 것은 동일하다.

피케티는 자본(capital)과 부(wealth)를 동일한 의미로 사용하고 있지만 개성자본회계에서는 회계순환에 들어온 자본만 자본으로 인식하고 토지나 부동산과 같이 순환과정에 들어오지 않는 부(wealth)는 자본으로 인식하지 않는 차이점이 분명히 존재한다. 따라서 피케티의 근본법칙에 등장하는 자본수익률은 모든 유형의 자본을 통해 얻는 수익률의 평균으로 기업의 투자수익률부터 부동산투기 수익률, 환투기 수익률 등을 모두 포함하기 때문에 당연히 피용자보수와 비교하면 자본소득으로 편중된 소득 불균형이 나타난다. 그러나 K-Account에서 볼 수 있듯이 자본회계에서의 자본수익은 경영활동을 통해서만 창출될 수 있는 소득이지 경영 외 활동에서 단기 시세 차익을 추구하는 비합리적인 방법을 통해 창출한 수익은 회계순환에 들어올 수 없다. 따라서 자본소득과 노동소득은 증감률에서 항상 동일한 비율로 같은 방향으로 움직이는 것이다.

이러한 활발한 트랙터의 경영활동의 산물을 부정하는 비관론자의 등장은 회계학에서 개발한 합리주의 정신을 경제학에서 특히 정치경제학에서 망쳐버린 것으로 이해해야 한다. 19세기 마르크스 자본론이나 21세기 피케티의 '세습자본주의론'과 같은 '자본주의 저주론'의 등장은 적어도 18-19세기 서구 유럽 영국 산업자본주의의 태동을 배경으로 성립하는 것이지 같은 시기 인삼업을 경영한 개성상인들의 자본활동과는 전혀 상관이 없는 이유가 바로 여기에 있다.

19세기 자본주의 저주론이 등장하기 전 18세기를 경제사학자들은 근대 산업자본주의가 등장한 시대로 찬미하지만 회계사에서는 18세기가 중세 봉건토지 귀족의 시대라는 것은 크론헴 방정식이 등장하기 전 영국의 산업혁명이 태동하는 1711년에 찰스 스넬에 의하여 제시된 회계지침서 제목에 아주 잘 나타나 있다. 그의 회계지침서 제목은 「지주를 위한 회계 또는 그들이 따를 수 있는 쉽고 간결한 재산기록 양식」으로 18세기까지 대차대조표는 봉건 귀족들의 재산목록 변동표 그 이상도 이하도 아니었다. '지주를 위한 회계 또는 그들이 따를 수 있는 쉽고 간결한 재산기록 양식'이 그대로 일제강점기 경성방직 재무기록으로 나타나고 6·25전쟁기 도요타 자동차 결산서로 이어진 것이다.[261]

이러한 의미에서 1818년 등장한 크론헴 방정식은 그들이 명명한 대로 'Estate(실질재산 변동표)'이지 현대 회계에서 지향하는 자본계정과 명목계정의 통합을 통한 합리적인 이윤추구라고 보기 어려운 것이다. 중세 봉건 권력이 토지 자본을 매개로 근대 자본으로 위장한 봉건적인 대차대조표에 지나지 않은 것이다. 따라서 DEB의 지향점인 소유와 경영의 분리가 기업실체 회계로 나타난 곳은 18-19세기 서유럽이 아니라 바로 18-19세기 인삼업을 경영한 한국 개성과 20세기 철도산업을 태동시킨 미국이다. 파치올리에 의해 정립된 DEB는 19세기까지 자본소유주에게

---

261) 제이컵 솔 『회계는 어떻게 역사를 지배해 왔는가』 정해영 옮김 전성호 부록 메멘토 2016 222.

초점을 맞춘 '중세식 혹은 봉건적 DEB'에 머물러 있었던 것이다. 모든 회계의 목적을 소수의 자본소유주에 맞추고 그들의 순자산의 평가와 분석에만 초점을 맞춘 것이다.

이와 같이 16세기에서 19세기까지 세계 자본주의를 주도한 서유럽의 경험과 실증자료만 가지고는 근대적이고 합리적인 이윤추구의 정통성을 서구 유럽에 부여할 수 없는 한계가 명확한 것이다.

이익 추구를 순자산의 증가만으로 생각하면 『21세기 자본론』 저자 피케티가 혼동한 것과 같이 회계기간 경영활동에 대한 평가보다는 기초의 자산과 기말의 자산총액의 차이만을 추구하기 때문에 이익과 손해의 발생 원인에 대한 추적에 무관심하게 된다. 따라서 크론헴 방정식은 회계를 철저히 소수의 이해관계자만을 위한 것으로 스스로를 한정한다.[262]

그러나 K-DEB의 소득계산서에 등장하는 경제주체는 다수의 이해관계자들로 구성된다. 이러한 이유로 다수의 이해관계자의 소득이 최종 결정되는 회계 결산과정에 대한 정확하고 투명한 회계에 대한 사회적인 갈구가 늘어남에 따라 더 이상 기업실체를 자본소유주 마음대로 죄지우지할 수 없게 된 것이 개성지역의 경제공동체 원리이다. 합리적인 자본이 발달할수록 사회에서 임금소득자의 권리가 점점 강해짐에 따라 자본 출자액보다 임금계정의 비용과 수익 평가가 점점 더 중요해진다. 원료계정도 자본 출자자의 일정 시점 출자액의 규모보다도 더 중요한 것은 원료의 조달을 DEB 방식으로 하는가가 매우 중요해진다.

---

262) A.C Littleton(1933 : 170-71)

한마디로 소수의 이해관계자 자본소유자 중심의 재무제표 시대에서 종업원, 중간관리인, 최고경영자뿐만 아니라 기관투자자, 연금가입자 등 다수의 이해관계자가 회계정보에 민감해지는 회계의 사회민주화가 광범위하게 확산되는 것이다. 이른바 주주자본주의 체제도 아니고 중국이 주도하는 국가자본주의 체제도 아닌 지역사회 공동체 구성원의 이해관계자 주도의 자본주의 체제가 이러한 소득계산서 중심의 투명한 회계정보 처리를 통해 성립되는 것이다.

최근 유럽과 미국에서 이해관계자 주도의 자본주의 체제에 관한 논의가 일어나고 있지만 적어도 본 서에서 논의한 개성지방에 한정해서 볼 경우 19세기 개성이 이미 이해관계자 주도의 자본주의 체제를 성취하고 있었던 것이다. K-Account의 최종 이익잉여처리계산서상에는 회계기간 삼포의 경영성과가 영업이익과 배당 관계에서 노동소득을 지불하지 않고 성과를 배분하는 경우는 한 번도 발생하지 않았다. 심지어 영업손해가 발생하였을 때에도 노동임금을 지불하지 않은 경우는 존재하지도 않았고 회계 처리상 존재할 수도 없는 것이다.

K-Account는 이윤의 원천이 봉건제 임대에 있는 것도 아니고 노동을 착취한 잉여노동에 있는 것도 아니고 경영활동에 있음을 매우 명백히 제시한다.

K-Account 받자주자대조표의 특성은 크게 세 가지이다. 하나는 오늘날 대차대조표의 대변란에서 자기자본과 타인자본(부채)을 구별하지 않고 모두 부채로 인식하는 특성을 보인다. 이 첫 번째 특성은 오늘날 자본의 기회비용 개념의 회계적 인식으로 지금까지 전 세계 회계사 연구는 물론 경제사 연구에서 한 번도 제시된 바가 없는 매우 독특한 특

성이다. 두 번째로 차변란인 자산란도 재고자산과 고정자산 계정이 존재하지 않고 유동자산 계정만 존재하는 특성을 갖는다. 이를 미국의 재무제표 역사 연구에서 유동성주의(Liquidity Doctrine)라 정의 내린다.[263] 세 번째로 20세기 이전 회계임에도 불구하고 장책의 계정별 잔액이 오늘날 재무제표처럼 완전 분리된 별도의 독립된 잔액시산 요약표를 작성하는 특성을 갖는다.

유럽과 미국 등 전 세계 회계사 연구에서 장책에서 완전 분리된 별도의 재무제표 작성은 20세기 이후의 산물로 이해하고 있다. DEB에 관한 유럽의 저자들은 장책으로의 전기(Posting)의 정확성과 완전성을 스스로 점검하는 기능을 강조하였지 현대 회계에서 재무제표 요약표로서 시산표(Trial Balance)의 잔액 집계 기능을 알지 못하였다. 오늘날 자본주의 사회의 재무제표처럼 실질계정 잔액 요약표인 대차대조표와 명목계정 잔액 요약표인 손익계산서가 당기순손익 계정으로 상호 접합된 재무제표는 미국을 포함한 유럽에서는 20세기의 산물이다.[264]

---

263) A.C Littleton and V.K Zimmerman, *Accounting Theory:* Continuity and Change (1962 : 133–134)
264) Michael Chatfield(1977 : 68, 108).

제2절 K-Account 받자주자대조표의 특징

토빈세(Tobin Tax), 부인에게 자본이득 돌려주기, 자본의 기회비용

주지하듯이 오늘날 대차대조표란 부채와 자본을 대변란에 자산은 차변란에 대응시키는 재무상태표이다. 그러나 어느 회계이론도 부채와 자본이 왜 같은 위치인 대변에 놓이는지를 설명하지 않는다. 자본과 부채는 자산과 대응하는 서로 같은 위치에 존재하지만 타인자본(Owned by other)인가 자기자본(Owned by self)인가는 내 것과 남의 것이라는 천양지차가 존재한다. 어떻게 K-Account는 내 것과 남의 것을 같은 위치에 배치하였을까?

이 의문을 풀어주는 것이 바로 K-Account의 타인(에게)주자장책(他給長冊)이라는 장책의 표제어이다. 오늘날 대차대조표의 대변 계정은 타인자본 부채계정(Liability a/c)과 자기자본 계정(Equity a/c)으로 구분하지만

K-Account는 자기자본도 타인에게 주어야 할 부채로 타급장책(他給長冊)이란 표제어를 통해 분명히 나타내고 있는 것이다.

18세기 실학자 황윤석(黃胤錫)이 남긴 『頤齋遺藁』를 보면 여자 자식인 '딸(똘)'의 한자표기를 이두 '他'에 두고 있다. 황윤석이 딸을 타인으로 인식한 것과 K-Accountancy에서 부인을 타인으로 인식한 것과 타급장책(他給長冊)의 표제어가 의미하는 것을 종합하면 그 속에 관통하는 대차대조표의 원리는 자산=부채라는 간결한 원리이다.[265] 개성상인의 회계장부에서 타인자본과 자기자본을 모두 부채로 인식한 것은 오늘날 자본순환의 '자본의 기회비용 인식'이 고도로 함축된 것을 의미한다. 북한 이두학자 홍기문은 '他'는 이두 글자로 '뎌의' '져의' 'ㅈ·|의' '남의'로 해석해야 한다고 하였다.'[266]

본 서 제8장 4절에서 자세히 서술하지만 개성상인의 자본출자는 대부분은 여성들이고 자기 부인이지만 이 자기자본을 부인에게서 빌려온 타인자본으로 인식하였다. 한마디로 유교 세계에 존재한 개성 자본이지만 가부장제 질서는 찾아보기 힘들다. 오히려 여성의 경제적 권익을 보호하였는데 마치 단기적 투기자본의 교란으로 인한 자본이득에 대한 불로소득은 경제적 약자에 돌려주어야 한다는 토빈세(Tobin Tax)처럼 자본이득을 부인에게 돌려주었던 것이다. '부인에게 자본이득 돌려주기(Transfer Capital Gain to Spouse)'는 토빈에 의해 제기된 개념으로 사회경제적 약자의 복리후생을 증가시키는 토빈세(Tobin Tax)의 핵심 가치이다.

토빈세는 노벨경제학상을 수상한 토빈에 의해 주창된 것으로 단기 시

---

265) 『頤齋遺藁』 卷之 二十五 「雜著」 專呼女曰똘者。他也
266) 홍기문(1957 : 294)

세차익을 노리는 투기 목적으로 자본을 거래하여 자본시장을 교란하는 행위를 억제하기 위하여 도입된 개념이다. 이 토빈세를 이해하기 위해서는 한국전쟁의 배경을 다시 한번 더 숙고해야 한다. 미국은 1950년 한국전쟁을 수행하고 수립한 국제통화질서(IMF)를 통해 미국 종이화폐 달러의 전 세계 살포를 마무리하고 국제통화질서 패권국가가 되었다. 그러나 미국은 달러살포 전쟁을 한국전쟁 휴전 이후에도 지속적으로 전개하여 1950년대 라오스 베트남과의 전쟁으로 확대하였다. 베트남전쟁에서 패배한 미국은 1971년 한국전쟁을 통해 수립한 국제통화질서의 붕괴를 선언해야만 했다. 일본이 미국에게 엄청난 액수의 로비 자금을 뿌려가면서 제지하려고 했지만 1971년 8월 15일 리처드 닉슨 미국 대통령은 미국 달러가 더 이상 금으로 전환할 수 없다는 금-달러 태환정지를 선언한다. 결국 미국-영국-일본의 국제동맹과 한국-라오스-베트남 동맹과의 군사전쟁은 미국이 2차 대전 이후 수립한 달러본위제라는 인플레이션 유발의 시스템 붕괴를 가져온 것이다. 이때까지 국제자본시장은 고정환율 제도를 채택하여 국가와 국가간의 자본이동을 제한하였는데 이때부터 변동환율제도로 전환하면서 국제자본시장은 환투기 세력이 장악하게 된 것이다. 토빈은 국제통화 안정을 위한 새로운 시스템을 제안했고, 이러한 시스템에 외환거래에 대한 국제 세금을 포함할 것을 제안한 것이다.

그러나 이미 개성상인들은 19세기 자본거래로 인한 자본소득을 부인에게 돌려주는 자기자본+타인자본=부채라는 독특한 회계를 개발한 것이다.[267]

개성상인들은 유대상인이나 아랍상인들과 마찬가지로 고려시대부터 개별 가정에 예술품, 골동품, 보석류, 귀금속 등을 소장하는 것으로 유명하다. 이 수집품들은 언제든지 현금화가 가능한 현금 등가성 사치품으로 부인들에 의해 소장돼왔다. 개성상인들이 이러한 현금 등가성 수집품들을 자신의 부인들에게 맡긴 이유는 유동성 확보 때문이다. 6년근 생산 인삼포 투자와 같이 장기성이 요구되는 자본 투자금을 운용하여 수익을 올리기 위해서는 언제든지 어느 상황에서든지 유동성을 확보해 두어야 한다. 개성상인들은 약 15%의 안정적인 수익률을 적용하여 자본의 장기투자 기회비용을 부인들에게 돌려주었다.

이 점이 세계 다른 어느 지역에서도 찾아볼 수 없는 K-Account만의 특징이다. 자본을 기회비용으로 인식할 뿐만 아니라 실제 행위로도 나타나고 있다는 점이며 또한 DEB로 회계 처리까지 하고 있다는 점이다. 이러한 기회비용 인식과 실천행위는 자기자본과 타인자본을 모두 타인에게 지급해야 할 의무로 인식하는 회계 책임(Accountability)이 최고 정상에 오른 지고지선의 경지라고 평가할 수 있다.

개성상인에게 자본의 기회비용이라는 인식은 6년근 인삼을 생산하기로 결정한 데 따르는 장기간 미래 전인미답의 시간에 대한 비용 인식이라 할 수 있다. 이 6년근 인삼을 생산하기로 의사결정을 내릴 때 그 위험으로 인해 가장 큰 희생을 하는 사람을 자본 출자자인 부인이라고 생각한 것이다. 희생한 부인에게 대체(代替) 기회 평가가치를 돌려주어야 한다고 인식하여 자기자본을 부채로 인식하고 자본에 대한 배당수익 이외에 지급이자로 지불한 것이다.[268]

---

267) James Tobin (July–October 1978). "A Proposal for International Monetary Reform". *Eastern Economic Journal*, 4 (3–4): 153–159.

자본을 부채로 인식하는 즉 타인자본이나 자기자본을 모두 자기 소유나 권리가 아닌 타인에게 지급해야 할 의무 즉 부채로 동일하게 인식하는 K-Account의 탁월성은 회계순환 첫 번째 일기장의 분개과정(分介 Journalizing)과 두 번째 장책으로의 전기과정(轉記 Posting)에서부터 다섯 번째 과정에 이르기까지 전 회계순환에 나타난다. 유럽이나 미국과 달리 현대 회계에서 대차대조표와 손익계산서로 구성되는 독립된 재무제표(Financial Statement)를 개성상인들은 주회계책(周會計冊)이라는 명칭으로 이미 19세기에 작성하고 있었다.

〈그림 6-1〉은 K-Account의 재무제표인 '周會計' 제1면을 정서한 것이다. 〈그림 6-1〉에 제시된 대로 K-Account의 대차대조표는 단 한 장으로 장책의 잔액계정만을 모아 이두 표기인 주자질(給次秩)과 받자질(捧次秩)의 잔액 요약대조표를 만들어놓은 것을 알 수 있다. 이 세 특징을 각각 세분하여 살펴보자.

오늘날 미국이 사용하는 대차대조표 "Receivable a/c = Payable a/c"가 K-Account에서는 받자주자대조표이다. 타급장책은 타인자본(Liability)과 자기자본(Equity)의 구별 없이 모두 타인에게 지불해야 할 의무 계정으로 구성되어 있다. 20세기 들어오면서 미국을 중심으로 관리혁명(Manegerial Revolution)이 일어났고 회계의 목적은 자본소유자의 관심에서 독립하여 기업 경영에 초점을 맞추는 기업실체 이론으로 진화해왔다. 기업실체 회계이론은 이해관계자 자본주의 회계실무 이론의 개발과도 일정한 연관이 있다. 그러나 미국도 20세기 초까지는 K-Account

---

268) 전성호『세계가 놀란 개성회계의 비밀』한국경제신문사 2019.

歲光緒十八年壬辰九月十三日五周會計

給次秩
鉢谷宅給次文五萬三千二百二十一兩五戔九卜
朴南喆給次文二千三百四十四兩四戔七分
朴興喆給次文一百十三兩四戔
公子洞給次文六百二十九兩四戔九卜
承霞洞給次文七百八十三兩一戔八分
新冊給次文二萬三千五百六十三兩五戔四分
科費條給次文二萬兩
午星宅給次文三百八十三兩六戔四分
兵橋宅給次文三百十一兩七戔七分
鉢谷內宅給次文一百四十五兩四戔七分
王龍洙給次文六百二十七兩二戔五分
鉢谷給次文十二
已上十二共給次壬辰九月本文十萬三千二百十六兩四戔以

捧次秩
吳光彥捧次文一萬三千八百四十四兩
洪鍾烈捧次文二千一百三十八兩
尹敬伯都中捧次文一萬二千九百十七兩
秦俊卿間債捧次文五萬兩
白寄玉間債捧次文七千兩
李榮國間債捧次文七千兩
尹用權間債捧次文五千兩
朴光玉間債捧次文五千兩
朴巨濟君三間債捧次文四千兩
已上十共合捧次文三十五兩四戔八分

時在文
已上十共合捧次文十萬四千六百三十四兩四戔八分計

餘文
一千四百十八兩八分

<그림 6-1> 받자질 주자질 대조표 원문 현금잔액 시재(時在)

의 각인회계책의 각자 독립된 삼포 실체 회계처럼 독립된 실체로서 기업 실무회계의 자료는 남기고 있지 못하다.

합리적인 이윤을 계산하고 공표하는 회계보고서를 놓고 볼 때 역사적으로 소수의 자본소유자와 경영자 단 둘의 의사소통 관계에 초점을 맞추는 보고서에서 경영자를 한쪽에 놓고 임대소득 추구자, 임금소득 추구자, 이자소득 추구자 등 다수 이해관계자들의 의사소통 정보로 변

주자질받자질대조표 특징 유동자산 = 유동부채	받을 자산 (Receivable Asset) = 주자 부채(Payable Liability)
	자기자본의 타인자본화를 통한 자본의 기회비용 인식

<표 6-3> K-Account의 단순명료한 주자받자대조표

화해 간다. 이 다수의 이해관계자들이 관심을 갖는 회계정보를 막스 베버는 자본주의와 사회주의의 만남으로 받아들였다. 다수의 이해당사자와 경영자와의 의사소통에서 회계는 가장 기본적인 언어가 된 것이다.

지금까지 기업실체 회계의 전면적인 등장은 20세기 중후반 미국 기업에 의해서라고 알고 있다. 팍스아메리카나의 등장과 함께 금융관리회계가 등장한 것이다. 그러나 20세기 팍스아메리카나 문명인 관리혁명이 조선 후기에 이미 개성에서 일어나고 있었던 것이다. 이 관리혁명의 배경에는 6년근 인삼제조가 관련되어 있다. 조선 후기부터 개성상인들의 회계 처리는 물건을 단순히 사고파는 상업회계를 포함하여 물건을 제조하고 판매하는 제조판매 영역으로 확대되어 갔다. 이른바 산업 이윤을 창출하는 실체(Business Entity)로서 도중(都中)이라는 기업실체가 회계의 중심이 되었다.

예를 들어 삼포도중(蔘圃都中)이란 인삼밭을 운영하는 기업실체이다. 삼포도중 회계란 삼포 운영의 과거 현재 미래에 관한 모든 거래를 기록하는 체계이다. 특히 최고의 약효를 보장하는 6년근 인삼을 만들기 위해 6년이란 긴 세월의 미래를 현재 시점에서 내다보고 준비하고 관리해야 하는 회계 처리가 요구되었다.

〈표 6-4〉와 〈표 6-5〉에 요약한 대로 K-Account는 자산계정의 위치에 받자질(捧次秩)을 놓고 부채와 자본계정에 주자질(給次秩)을 배치하

주회계책	- 받자주자대조표 : 유동자산과 유동부채 중심의 재무상태에 관한 정보를 제공하는 보고서로서 회기 말 시점의 받자계정 잔액과 주자계정 잔액의 금액을 주기별로 제시 - 회계짐작초 : 회계기간 동안 자본계정 전환 서비스에 따르는 제반 정보를 명목계정에 대한 구성항목과 그 잉여 금액을 주기별로 제시 - 암호화된 어떠한 표시가 없이 누구나 알아볼 수 있도록 간단명료하게 단 1-2장으로 제시		
주회계책 구성요소	주자질받자질 대조표	받자	현재 시점에서 미래 받을 자산 잔액만 계정별로 표시
		주자	현재 시점에서 미래 주어야 할 의무의 잔액만 계정별로 표시
		여문	현재 시점에서 미래 주어야 할 의무 계정 총합과 받아야 할 계정 총합 차이 표시
	회계짐작초	수익	회계기간 수익 계정별 잔액 표시
		비용	회계기간 비용 계정별 잔액 표시
		여문	회계기간 수익 계정별 잔액 총합 – 비용 계정별 잔액 총합 계산 표시

<표 6-4> K-Account 주회계책(재무제표) 특징 및 구성요소

K-Account 주회계책의 최종 종착점	개성회계기준에 따른 요약 형식으로 받자주자대조표, 회계짐작초와 여문 배당 계산서(이익잉여금 처분계산서)	
	받자주자대조표	일정 시점에 기업의 유동자산과 유동부채 재무상태를 나타내는 표
	회계짐작초(소득계산서)	자본순환 과정에서 가치 체인 명목계정의 경영성과를 나타내는 표
	깃*문(矜文:이익잉여금처분계산서)	일정기간 동안 도중회계의 최종 이익잉여금의 배당 내역을 나타내는 표

<표 6-5> K-Account 주회계책의 최종 종착점
* 한자 '矜'은 '불쌍하다'이지만 여기서는 배당 몫의 이두 표기이다. 대한제국기 등장한 회사를 주식회사라 하지 않고 矜式會社라 칭한 것도 이두를 사용하였기 때문이다. 홍한문(1965: 93) 분깃(分矜) 분배한 몫 배당.

여 자본을 부채로 인식하는 특징이 있다. 이러한 특징은 오늘날 미국의 대차대조표가 받을권리계정(Receivable a/c)과 갚을책임계정(Payable a/s)으로 단순히 양분하는 형태를 갖는 것과 매우 유사하다. 미국의 재무제표 생성의 역사는 유럽과 다른 역사적 생성 배경을 갖는다. 1776년 영

받자주자 대조표			
자산(外上)		타인자본(他給) a/c	
받자(捧次) a/c		주자(給次) '入…上'a/c	
借(Dr)上+	貸(Cr)下 −	借(Dr) 下−	貸(Cr) 上+
		發谷宅 a/c	
		자기자본(他給) a/c	
		'入…上'	
		借(Dr) 下−	貸(Cr) 上+

<표 6-6> 개성상인 받자주자 대조표 원리

국 식민지로부터 독립한 미국은 영국처럼 봉건제의 전통이 존재하지 않는 일종의 신생국가나 마찬가지이다. 미국과 영국은 재무제표 형성의 역사적 배경이 전혀 다르다.

　〈표 6-6〉은 재무제표인 '周會計' 제1면을 정서하여 T-Form으로 전환한 주자질(給次秩) 받자질(捧次秩)의 대조표이다. 이 대조표는 회계순환과정의 첫 번째 과정인 분개와 두 번째 과정인 장책으로의 전기과정을 〈표 6-6〉에 제시된 대로 받자(捧次) 계정은 차변에, 주자(給次) 계정은 대변에 각각 집계한 잔액요약표이다.

　'周會計' 첫 기입 표제 「歲光緒十八年壬辰九月十三日五周會計」의 '5주회계'란 일기의 첫 기입이 「光緒拾參年丁亥八月十五日」 1887년 8월 15일부터 시작되었기 때문에 1892년 9월 13일까지 받자장책과 주자장책의 5년 회계기간의 잔액을 시산하여 대조해놓은 것이다.

　주자질(給次秩) 잔액은 주자장책(他給長冊)의 총 12계정('入…上' : 분개구조

주자(대)받자(차) 대조표					
	주자질		받자질		받자-주자
결산일	잔액계정수	합계	잔액계정수	합계	여문(餘文)
1892.09.13	12	103,216.40	10	104,634.48	1,418.08

<표 6-7> 五周會計(財務諸表 Financial Statements): 받자주자대조표, 결산시점
(1892년 9월 13일)

貸(Cr) 上+) 잔액 합계 103,216냥 4전이다.

「已上十二共合給次壬辰九月本文十萬三千二百十六兩四戔」

받자질(捧次秩) 잔액은 받자장책 借(Dr)上+ 貸(Cr)下 - 총 10계정 평균
의 합계잔액 104,634냥 4전 8푼이다.

「已上十共合捧次文十萬四千六百三十四兩四戔八分」

받자질(捧次秩) - 주자질(給次秩) = 여문(餘文)
104,634.48   - 103,216   = 1418.08

已上十共合捧次文十萬四千六百三十四兩四戔八分計
已上十二共合給次壬辰九月本文十萬三千二百十六兩四戔以
計餘文一千四百十八兩八分

K-Account는 매출채권이나 미수수익 등 권한과 요구에 관한 요소
는 모두 받자장책(外上長冊 Account receivable)으로 전기(Posting)하고 책
임이행 요소 즉 채무나 미지급금 등은 모두 주자장책(他給長冊 Account
Payable)으로 전기한다. 미래 장차 받을 것은 모두 받자장책으로, 주어
야 할 것은 모두 주자장책으로 총집합시킨다. 총집합도 모두 오늘날
T-Form 계정처럼 양면 대칭성을 통해 집합시킨다.

오늘날 회계에서 유동자산과 현금성자산과의 차이는 재고자산을 포함시키는가 아닌가이다. 유동자산은 1년 이내 영업기간 내에 현금화되거나 소비될 자산을 말한다. 정상 영업주기란 원재료를 구매한 후 그것으로 완제품을 만들고, 제품판매 후 판매대금을 현금으로 수취하기까지의 기간을 말하며 일반적으로 1년 이내이다. 유동자산은 크게 현금성자산(Quick Asset)과 재고자산으로 나뉜다. 당좌자산은 당장 현금으로 바꿀 수 있는 자산을 말하며 주요 계정과목으로는 현금 및 현금성자산, 단기매출채권 등이 있다. 재고자산은 생산이나 판매를 통해 현금화가 될 자산으로 완제품, 상품 등이 속한다. K-Account의 특징은 재고자산과 비유동자산 계정이 존재하지 않는다는 점이다. 그 이유는 인삼이 최대 6년 이상 장기에 걸쳐 생산되지만 종삼포(種蔘圃), 밀종포(密種圃), 삼년근포(三年根圃) 등 6년근을 매년근으로 분류하여 시장가치로 전환하여 재고자산을 유동화하였기 때문이다.

K-Account에서 현금으로 진행하는 거래를 '卽錢' '直錢'이라고 표기하는데 오늘날 미국의 'GAAP'에서 사용하는 'Quick Asset'과 같은 개념으로 곧바로 현금화될 수 있는 결제수단을 의미한다. 이 'Quick Asset(卽錢 資産)'은 6년근 인삼 재배와 긴밀한 연관이 있다. 마치 건설업 회계처럼 K-Account는 6년간 인삼을 재배해야 하기 때문에 아직 완성되지 않은 건설현장처럼 1년근 2년근 3년근 4년근 인삼밭에 투입된 자금은 재고자산으로 인식하지 않고 건설 공정별로 시장가치로 전환시키면서 유동자금으로 순환시킨 것이다.

미성숙 삼포밭이지만 6년간 소요되는 장기 자본을 1년 단위로 시장가치화하여 순환시킨 것이다. K-Account의 받자주자대조표에 재고자산

계정이 존재하지 않는 이유가 바로 여기에 있다. 이러한 삼포 경영의 특수성이 K-Account의 즉전화 현상이고 미국의 'GAAP'처럼 즉시 현금으로 전환할 수 있는 유동자산 항목 위주로 대차대조표가 작성되고 재고자산과 장기고정자산을 포함하는 대차대조표가 존재하지 않는 이유이다.

제3절 현금흐름 잔액시산계정: 시재(時在)

그러면 개성상인들은 유동성 문제를 즉 현금흐름표 작성을 어떻게 DEB의 중심에 놓았을까? 오늘날 재무제표는 대차대조표와 소득계산서에 현금흐름표를 추가하여 회계정보에서 현금흐름의 유용성을 강조하고 있다. 현금흐름표는 영업활동, 투자활동 및 재무활동에 관한 정보를 제공할 뿐만 아니라 영업기간 발생한 양적 소득의 질적 상태(Quality of Income) 파악에도 유용하고 지급능력(Solvency)과 재무적 신축성 평가에도 유용한 정보를 제공한다. 개성상인들은 6년근 인삼 생산의 장기화에 따르는 발생주의 회계를 개발하면서 동시에 이익의 질이나 지급능력 신축성 등을 파악하기 위하여 현금주의도 채택하였다.

〈그림 6-1〉에서 알 수 있듯이 일기장(分介帳)에 매번 16번 기입 후에 규칙적으로 '시재(時在)'라는 특수 기입이 존재한다. 이 '시재'란 '지금 현재 가지고 있는 현금의 밸런스'라고 해석할 수 있다. 이는 항상 대변에 그 현금 잔액이 남아 있는 것을 확인하고 있는 것을 볼 수 있다. 개성상

인의 회계금융 능력은 거래 현장에서 무산될 위기의 거래를 성사시키는 힘으로도 발휘되었을 뿐만 아니라 현대 기업들에게 가장 중요한 유동성 확보에도 그 능력을 한껏 발휘하였다. 즉 기업의 경영 능력은 현금흐름 파악 능력에서 나온다는 현대 경영의 제1의 원칙을 이미 체득하고 있었다는 사실이다.

개성상인 후예 기업들의 유동성 확보 능력은 21세기 초 한국에서 전 세계가 보는 가운데 발휘되었다. 1997년 한국에서 IMF 금융위기가 발발했을 때 정경유착의 부정부패와 비업무용 부동산을 과다 보유한 한국의 대기업들은 줄줄이 도산하였고 급기야 IMF의 구제금융을 받아야 하는 치욕을 겪은 바 있다. 이때 IMF는 그냥 구제금융을 베푼 것이 아니다. 현금흐름 유동성 인식을 기본으로 하는 국제기준에 맞도록 하는 전제조건을 단 것이다.

1997-1998년에 외환 유동성 부족을 타개하기 위하여 자금을 지원한 IMF와 세계은행은 구제금융 지원의 조건으로 우리나라의 경제 전반에 걸친 구조개혁을 요구하였다. 구조개혁의 핵심은 기업의 현금흐름에 대한 정보 인식을 철저히 하라는 것이다. 1997년 IMF 위기 이전에 이미 국제사회에서는 기존의 재무상태변동표의 유용성에 대한 문제점을 제기한 바 있지만 한국에서는 이를 외면해왔다. IMF 위기 국면에서 IMF의 권고 사항을 이미 충족하고 있었던 한국의 기업은 개성상인의 후예 기업들뿐이었다.

이미 1990년대 초반부터 국제 회계의 조류가 현금흐름표를 작성하는 방향을 권고하는 추세였고 1993년 10월에 개최되었던 제18차 국제증권감독자기구(International Organization of Securities Commissions, IOSCO) 회의에서도 회원국은 현금흐름표를 작성할 것을 결의한 바 있다. 이에 따라 현금흐름에 관한 정보를 제공함으로써 재무정보의 유용성을 제고하고 기업의 국제화 및 자본시장의 개방화에 따른 회계기준의 국제화를 도모하기 위하여 1994년 4월 30일에 개정된 기업회계기준에서는 재무상태변동표를 현금흐름표로 변경하였고, 작성 방법의 선택적 적용을 인정함으로써 기업들의 실무적 수용 가능성을 높인 바 있다. 이러한 국제사회의 새로운 조류를 당시 한국의 대기업들은 철저히 외면하였지만 개성상인의 후예 기업들은 이미 실무적으로 현금흐름표의 중요성을 선조들로부터 DNA에 박히도록 들어서 이미 알고 있는 상황이었다.

오늘날 언제 어디에서나 누구든지 현금으로 사용할 수 있는 계정을 현금등가물계정이라고 한다. 현재는 이 계정을 당좌자산(當座資産)계정이라 부르는데 당좌는 일본발 회계용어이다. 이 계정을 영어권에서는 빠른 자산(Quick Asset)계정이라 명명하고 사용한다. 대개 1개월 이내에 현금으로 전환이 가능한 예금, 단기 콜머니, 유가증권 매출채권 등을 지칭한다.

명치유신기에 서양 근대화를 수입한 일본의 후쿠자와는 이를 당좌자산(當座資産)으로 번역하였다. 당좌자산은 일본인이나 한국인들이 거래 장소에서 즉시에 거래가 청산되는 것을 '當場'과 유사하게 이해할 수 있으나 개성상인들이 사용한 한자 표기 '卽錢' '直錢'에서 오늘날 'quick'의 의미를 훨씬 더 쉽게 찾을 수 있다. 개성상인은 현금으로 진행하는 거래를 '卽錢' '直錢'이라고 표기하였고, 외상거래가 아닌 현금거래를 즉방(卽放)이라고 표기하였다. 오늘날 미국에서 사용하는 'Quick Asset'을 현금 및 현금성자산이라고 한다. 현금 제일의 원칙과 현금 전환이 빠른

순서대로 배열하면 현금 및 현금성자산, 단기금융상품, 유가증권, 단기
매출채권 등이 된다.[269]

유럽의 'IFRS'와 미국의 'GAAP'의 대차대조표 작성의 원칙에서 가장
눈에 띄게 다른 점은 대차대조표 형식이 다르다는 것이다. 'GAAP'에서
는 현금과 현금등가물인 유동자산이 먼저 나열되지만 IFRS는 비유동
자산으로 시작되는 점이다. K-Account도 'GAAP'와 같이 받자주자대
조표의 계정은 유동성 순서로 나열하거나 얼마나 빠르고 쉽게 현금으
로 전환할 수 있는지를 반영하고 있다. 'GAAP'가 유동성에서 최소 유
동성으로 정렬되고 'IFRS'는 최소 유동성에서 유동성으로 정렬되는 것
과 비교하면 K-Account는 'GAAP'와 유사한 배열을 보인다.

이익잉여처리계산서도 마찬가지로 비교된다. 'GAAP'는 지급된 배당
금이 파이낸싱 섹션에서 계산되고 배당금이 기업운영 섹션에서 수취되
도록 지정하듯이 K-Account도 삼포 도중회계의 기회비용 계산을 모
두 끝내고 계산하여 배당금(秩文)은 삼포운영 또는 금융 섹션에 배치하
고 있는 것을 알 수 있다. 요약하면 K-Account는 가장 쉽고 빠르게 현
금으로 전환할 수 있는 자산(Quick Asset)을 중심으로 하는 유동성 중심
의 배열 원칙이란 점에서 GAAP와 유사하다고 볼 수 있다.

그러면 'Quick Asset(현금 및 현금성자산)'을 전 세계 기업인들이 공통으
로 사용하는 회계 전문용어로 통일해야 하는 이유는 무엇일까? 현금
유동성 확보의 중요성 때문이다. 일찍이 동아시아에서는 현금 유동성
확보의 중요성을 인지하고 있었다. 중국의 전통 회계장부에서 현대 회

---

269) 'Quick Asset'을 당좌자산(當座資産)이라 하지 말고 '直錢資産'이라 표기할 것을 제안한다.

계의 'Journal'에 해당되는 장부를 유수장(流水帳)이라고 명명한다. 개성상인은 'Jounal'을 日記(分介)라고 명명하였고, 현금성자산의 흐름을 유음장(流音帳)이라고 하였다. 구두약속도 현금으로 인식하여 소리(구두) 약속 흐름장인 셈이다. 동아시아에서 물은 통화(Currency)를 의미하므로 중국은 현금의 흐름을 유수장(流水帳)이라고 한 것이다. 개성상인의 일기장은 모두 매일매일 구두로 약속한 것도 현금의 흐름으로 인지하고 명명한 전문 회계용어인 것이다.

개성상인들이 현금성자산 흐름 계정을 유음장(流音帳)이라고 한 것은 유수장(流水帳)을 사용한 중국보다 한 차원 더 높은 금융기법 인식 수준을 나타낸다. 왜냐하면 소리로 약속하는 즉 구두 약속도 개성상인들은 어음 발행으로 인식하고 현금성자산으로 회계 처리하는 기술을 '소리의 흐름장' 즉 '유음장(流音帳)'에 이미 반영하고 있는데 비해 뜻글자를 가진 중국인들은 인식하지 못하고 있었던 것이다.

일기장(분개장)과 장책의 첫 페이지를 열어보면 이 사실이 그대로 펼쳐진다. 1494년 루카 파치올리가 출판하여 세계 최초의 DEB 교과서라 알려진 책 그대로 개성상인들은 장부를 정리해놓은 것이다. 1494년 루카 파치올리가 제1장에서 제일 먼저 강조한 기업경영(Business) 수행에서 가장 중요한 것은 현금(Cash)과 현금성자산 기입이고, 두 번째는 누구나 알아볼 수 있는 회계의 준칙 명료성(Regular rule or cannon)이며, 세 번째는 질서정연한 배열을 갖출 것을 강조하였다.

오늘날 기업에게 현금흐름에 관한 회계정보가 재무상태 변동이나 영업기간 손익정보보다 더 소중한 이유는 건설업 회계를 통해 보면 쉽게 이해된다. 건설업은 공사가 여러 회계연도에 걸쳐 이루어지는 장기 프로젝트가 보통이기 때문에 일반 건설업에서는 자금 융통의 안정을 위해 다른 업종에 비해 미래 완성을 담보로 선수금을 받고 출발하는 것이 관례이다. 당연히 유동부채 비율이 현저히 올라가게 마련이다. 따라서 미완성공사 수입대금이 당좌 비율의 산출에 포함되느냐 아니냐에 따라 당좌 비율이 크게 변동한다. 따라서 일반 기업회계기준에서 규정하지 못하는 건설업종의 특수성으로 인하여 고객과의 합의된 계약조건을 현금흐름표 작성을 통해 면밀히 이익의 질과 지급능력 그리고 재무상태의 신축성을 파악하는 회계정보의 생성을 필요로 한다.

기업인은 항상 바쁜 사람이고 그 어원은 흥정을 잘하는 사람이다. 개성상인들은 한눈에 모든 거래 상황을 점검할 수 있는 간단명료한 글쓰기 체계를 발달시켜왔다. 개성상인들은 거래 현장에서 거래를 성사시키는 힘이 강했는데 한눈에 차변 장차 줄 것과 대변 장차 받을 것의 수지 타산을 즉석에서 해내는 힘을 가지고 있었다.

플러스와 마이너스 요인을 그 자리에서 분석하여 거래를 성사시키는 것을 이두로 흥정[興成]이라고 한다. 상인을 흥정하는 사람이라고 표현하는데 한가하게 시간을 낭비하지 않는 행위를 의미한다. 흥정은 영어로 'Negotiation'이다. 이 단어는 라틴어의 'Negotiationem'에서 유래하는데 그 의미는 게으름이 없는(lack of leisure, ne 'not' + otium 'ease, leisure'), 바쁜 일(business), 교통(traffic)이다.

한국의 전통 상인들 용어 중에 거간(居間)이란 말이 있다. 물건을 사고파는 양쪽 사이에 끼어 흥정을 붙이는 사람이다. 흥정[興成]이란 게으르게 시간 낭비하지 않는, 항상 거래가 이루어지도록 하는 행위이다. 현금흐름이 항상 계속되게 만드는 사람을 영어로는 비즈니스맨(Business

Man)이고 개성상인 용어로는 '흥정을 잘하는 사람'이다. 개성상인이 발달시킨 회계 금융 능력은 오늘날 금융시장에서 가장 절실히 요구되는 능력이다. 예를 들어 다음과 같은 거래가 발생하려고 할 때 회계 금융 능력이 없이 현금으로만 거래할 줄 아는 사람들이라면 더 나아가 외상 거래는 해본 경험이 있지만 거래를 성사시킬 능력이 없다면 거래는 흥정이 되지 않고 무산된다.

『하재일기』5. 병신년(1896년) 9월 23일 을묘. 흐림.
원심(元心)이 서울에서 내려왔는데, 익준이 보낸 시와 약재를 가져왔다. 김정호(金貞浩)에게 요강값 500냥을 미리 찾아(推尋)오려고 했는데, 그 가운데 200냥은 함경빈(咸京賓)의 어음조로 제외하고 실제 300냥만 미리 찾아왔다. 그중에 각인들의 흥성조(興成條) 53냥 2전도 원심이 미리 찾아 들여온 것이다.

위 사례는 원심이라는 차인을 서울로 파견하여 받자(外上)로 판매한 대금 500냥을 추심하여 받아오라고 보냈는데 신용으로 구입해간 김정호가 함경빈이 발행한 어음 200냥을 제외하고 300냥만 현금으로 지급하려는 복잡한 상황을 제시하자 차인 원심은 복잡해진 거래를 흥정하여 성사시키면서 그 거래를 성사시킨 대가로 흥정 수수료로 53냥 2전을 추가로 더 받아온 내용이다. 이 기록을 오늘날 현대 회계로 분개하면 다음과 같다.

(차) 현금　　　300냥　　　(대) 김정호 외상매출금　　500냥

(차) 받을어음   200냥
(차) 현금   53냥 2전   (대) 각인 흥정수수료   53냥 2전

위 사례는 현금이 부족하여 거래 성사가 복잡해진 현장에서 거래를 무산시키지 않고 성사시키는 힘은 회계금융 능력임을 보여준다. 흥정[興成]과 거간(居間)을 오늘날 영어로 번역하면 'Business Man' 혹은 'Negotiation'의 의미이다. 이와 같이 흥정[興成]과 거간(居間)은 미래에 일어날 일에 대한 의사결정을 현장의 현재 시점에서 내리고 있는 것을 알려주는 대표적인 신용거래 용어인 것이다. 아직 도래하지 않은 일에 대한 의사결정 즉 합리적 회계를 통한 예측과 결단이 'K-Account'의 핵심이었던 것이다.

이와 같이 'K-Account'에서 유동성 제일주의 원칙과 미래예측 가능성은 상호 불가분의 관계를 가진다. 본 서에서 여러 번 강조한 실인명 계정을 통한 금융 인권과 회계 인권은 봉건적, 신분적, 정치적, 경제적 지위와 무관하게 만인 앞에 평등하게 적용해야 하고 예외가 없어야 한다. 사적 재산권을 법적으로 보호하는 것, 계약의 법적 보호, 재산권은 금융회계 제도를 통해 양도 가능해야 하는 것 등은 모두 미래이익의 예측 가능성, 미래 계약에 대한 법적 구속력이 사회적으로 합의와 납득이 전제되어야 하는 것이다.

그러면 다음으로 유동성 제일주의 원칙과 현금흐름 체크의 편집증 'KAP'와의 관계에 대해서 살펴보자. 영어로 'Cash'라고 하면 알아듣지 못할 사람은 한 사람도 없을 것이지만 'Cash'는 금은보화가 아닌 금은보화를 담아두는 돈상자이다. 현금을 돈상자로 인식하는 것과 DEB와

는 어떠한 연관이 있는가? 개성상인들은 현금을 금궤(金櫃)로 인식하고 회계 처리를 하였다. 'Cash'의 라틴어는 'Casa' 'Case'이다. 상자(Case)가 현금(Cash)이 된 것이다. 따라서 개성상인이 현금을 금궤라고 한 것은 라틴어와 어원학적으로 일치한다.

유동자산은 당좌자산과 재고자산으로 나뉘는데 당좌자산과 재고자산의 차이는 현금화 단계이다. 당좌자산은 판매과정 없이 바로 현금화가 되므로 유동성이 높지만 재고자산은 판매를 통한 현금화가 반드시 필요하기 때문에 당좌자산에 비해 상대적으로 유동성이 낮다. 따라서 당좌자산만을 따로 떼어낸 당좌 비율로 기업의 유동성을 체크할 수도 있다.

당좌자산의 주요 계정과목은 현금, 현금성자산, 단기금융자산, 매출채권 등이다. 기타 당좌자산에 속한 항목으로는 미수금과 미수수익은 기업의 주 상거래와 관련되지 않은 기타 거래에서 외상으로 판매할 때 발생하는 자산 항목이다. 선급금과 선급비용은 미리 대금을 선납하였으나 아직 상품, 제품, 서비스 등을 받지 못한 경우 발생하는 자산과목이다.

기업가에게 가장 중요한 사고는 금은보화를 차지하고 소유하려는 소유의식이나 권리의식에서 벗어나 소유의 주인을 금궤에게 넘겨주고 자신은 아무 권리나 의무가 없는 거간꾼의 입장에서 현금을 다루는 것이다. 당일 현금이 시재로 남아 있으면 이 현금을 금궤에 넣어 두고 금궤환거(金櫃還去)라고 기입하였다가 다음 날 다시 첫 기입으로 금궤환입(金櫃借入)이라고 기록한다.

세계사 속에서 기업인들이 사회 전면의 경제 중심 주체로 들어선 시기는 언제부터인가? 유럽 중심 사관에 입각하면 중세 말부터이다. 오늘날 기업인들은 전 세계를 가장 빠른 이동수단인 비행기로 왔다 갔다 하는 가장 바쁜 사람(Business Man)이다. 이들의 의사소통 언어인 회계정보는 이들의 이동 속도보다 더 빠르게 전 세계를 돌아다니고 있다. 동아시아에서는 이미 7-8세기부터 오늘날 기업활동처럼 매우 바쁘고 빠르게 움직이는 경영 개념이 발달하였다. 예를 들어 7-8세기 등장한 비전(飛錢)이 그 대표적인 사례이다.

실학자 성호 이익은 여행자들이 행낭을 가볍게 하기 위해 사용하는 증권의 기원을 당나라 때의 비전(飛錢)이라고 설명하고 있다. 그는 오늘날 VISA와 여행자환의 기원을 7세기 비전(飛錢)의 발명에 두고 있다. 7세기에 개발된 날아다니는 돈은 이후 13세기 지원보초를 통해 가장 완벽한 모습으로 정립된다. 그것이 오늘날 미국의 종이화폐 달러의 기원이라 할 수 있다.

당나라 이후 쉽고 빠르게 전 세계를 돌아다니는 자금을 운영하는 사람이 오늘날 기업인의 모체가 된다. 엔터프라이저, 모험가, 여행자, 미지의 세계 개척자, 미래와 현재를 동시에 인식하는 시간여행자, 보이지 않는 신의 세계와 소통하여 신의 영광을 추구하는 사람들이 중세 신부들의 위선적 금욕이 아닌 공개된 장소에서 누구나 지극한 행복으로 신의 영광을 드러내는 시대의 진정한 지도자가 기업인인 것이다.

오늘날 전 세계인의 일상생활에 가장 빠르고 강력하게 자리 잡은 체크카드(Debit Card), 크레딧 카드(Credit Card), 비자(VISA)는 이러한 동아시아 비전(飛錢)의 후예들이라고 할 수 있다. 예를 들어 회계의 기본용어인 차변(Debit)과 대변(Credit)을 체크카드와 크레딧 카드와 연결시키면 쉽게 납득할 수 있다. 오늘날 VISA 하면 비행기와 철도역(驛), 호텔, 해외여행을 연상한다. 그러나 비자카드 한 장으로 여행하는 문화가 고려와 조선시대에 극도로 발달한 문화라는 사실은 잘 모른다. 신용이란 글쓰기 문명이고 이 문명은 서양보다는 동양 특히 중국과 한국에서 발달한 문명이다.

애덤 스미스보다 더 뛰어난 국부 인식 즉 현금흐름을 국부로 인식한 조선 후기 실학자가 있다. 성해응(成海應)과 유형원(柳馨遠)은 현금흐름과 대차대조표의 유동자산과의 관계를 이미 파악하고 후대에 사는 우리에게 전하고 있다. 조선 후기 당시 화폐는 귀금속인 금은보화와 여성들이 짠 옷감, 농민들이 생산한 곡식 등 현물이었지만 실학자들이 가장 중시한 것은 현금의 흐름을 강조한 오늘날 유동성 개념인 '샘 천(泉)'이었다. 실학자들에게 '땅속에서 끊임없이 솟아나는 돈'이라는 의미로 돈의 근원이자 끊임없이 순환하는 의미를 지닌 것이 '샘 천(泉)'이었다. 샘만이 언제 어디서나 곧바로 돈으로 전환되기 때문이다.

11세기 고려와 송은 비전(飛錢)을 사용하여 국제 환거래를 진행하였다. 실학자 성호 선생은 저서 『성호사설』 제4권 「만물문(萬物門)」 전초회자(錢鈔會子)에서 여행자들이 행낭을 가볍게 하기 위해 사용하는 증권의 기원을 당나라 때의 비전(飛錢)이라고 설명하고 있다. 비전(飛錢)은 쉽게 말해 오늘날 VISA[270]와 여행자환으로 송나라 이후의 교초(交鈔)와 회자(會子) 등속은 실상 한 물건으로서 당나라 비전(飛錢)에서 기인되었다. 부요한

---

270) 성호 선생은 『星湖僿說』 제4권 만물문(萬物門) 전초회자(錢鈔會子)에서 종이화폐의 기원을 당나라 때의 비전에 두고 있다. 宋以後 交鈔會子之類 其實一物 原扵唐之飛錢 富家輕裝 趣四方 合券乃收之至 交鈔會子 則非錢而名錢也. 오늘날 VISA란 '보여주기 위한 검증된 서류(verified paper)라는 의미의 라틴어 'videre'에서 유래한다.

집안에서 사방을 여행할 때에 행장을 가볍게 하기 위해서 증권(證券)을 사용하게 되므로 이 교초·회자에 이르기까지 하였으니, 이는 돈이 아니고 이름만 돈인 것이다.

조선시대 암행어사가 소지한 마패(馬牌)도 일종의 여행자환인 VISA 카드와 동일한 기능을 가졌다. 국제무역을 수행해야 하는 기업가들이 소지해야 할 필수 카드인 오늘날 여권과 비자카드, 마스터카드, 여행자환 등과 같은 해외 출국에 필요한 모든 신용카드는 유목민족의 회계에서 개발된 고안물이다. 20세기 미국이 주도한 회계 관리혁명의 그 경제적 기반이 철도의 역과 역을 연결하여 교신하는 전신환 제도에서 비롯되었듯이 유라시아 대륙의 교신 제도인 역과 우체부 제도는 DEB 제도 탄생의 온실이었다.[271]

당나라는 은패라고 해서 은으로 된 비자카드를 발급하였다. 송나라 때는 추밀원에서 비자카드를 발급하였는데 두자(頭子)가 바로 그것이다. 이러한 교통통신 제도에서 DEB의 원형이 존재하는 것은 유라시아 유목문명에서만 찾아볼 수 있다. 이 제도는 처음에는 전쟁의 승패 정보와 같은 시급을 다투는 정보를 전달하기 위해 개발된 것으로 말 80필을 갖춘 곳이 가장 규모가 큰 우체국인 것이다. 개성상인의 회계장부에 대체거래임을 지시하는 말안장 등자(鐙子) 표시도 여기에서 기원한다. 말을 갈아타는 것이 상거래의 대체거래(Transfer transaction)가 발전한 것이고 신속한 정보의 전달(Posting)에서 전기 기능이 개발된 것이다.[272]

1494년 파치올리가 강조하고 오늘날 현대 회계에서 강조하는 '유동

271) 『磻溪隨錄』卷之二十四 兵制後錄攷說 郵驛
272) 『磻溪隨錄』卷之二十四 兵制後錄攷說 郵驛 唐有銀牌 發驛遣使.

성 제일주의' 원칙이 〈그림 4-1〉의 일기장 첫 페이지에서부터 나타난다. '시재(時在)' 표시가 바로 그것이다. 경제학에서 돈(Money)과 부(Wealth)와 통화(Currency)와의 차이를 인지한 것은 오래되지 않는다. 애덤 스미스는 1776년 『국부론(國富論) An Inquiry into the Nature and Causes of the Wealth of Nation』을 발표한다. 애덤 스미스는 국가의 부의 본질을 중금주의자들이 인식했던 다이아몬드나 금이나 은이라고 보지 않았고, 분산된 의사결정 구조인 완전경쟁 시장체제에서 다수의 구매자와 판매자를 연결시키는 보이지 않는 손이라고 보았다. 그는 개성상인들의 별명인 '깍쟁이'처럼 이기적인 개인 스스로 각자의 이익을 위해 노력하여 행동하는 사람이 시장거래망에 참여하는 숫자가 많을수록 최대 다수의 최대 행복이 보장되는 연결망을 국부라고 주장한 것이다.

그러나 애덤 스미스는 자유거래의 이중성과 책임성을 즉 시장거래를 차변과 대변으로 분개하고 미래의 줄 것과 받을 것의 균형을 맞추는 DEB의 파워에 대한 인지까지는 나아가지 못한 한계가 있다. 지금까지 살펴본 바대로 DEB는 위조 변조가 불가능한 신용 네트워크이다. 이 신용 네트워크에서 가장 중요한 능력은 현금흐름 파악 능력이다.

현금흐름의 파악이 제일 중요하다는 실학자들의 고전적 가르침은 영국에서 태동한 고전경제학자들의 화폐 인식을 능가하는 혜안임에 분명하다. 성해응은 천하의 백 가지 보화들이 창고에 가득 차 있어 봐야 소용없고 이 보화들을 유통시키는 것은 오직 돈(錢)이라고 분명히 밝혔다. 또한 흉년이 들어 식량이 부족한 지역에 사는 주민들을 먹여 살리는 힘도 역시 현금흐름에서 나온다고 보았다. 흉년이 들고 풍년이 드는 것은 자연의 힘으로 되는 것으로 인간의 힘으로는 어찌할 수 없는 불가항력이지만 인간은 백 가지 화물을 유통시킬 수 있는 현금을 흐르게 하는 힘은 흉년이나 풍년이나 언제든지 작동시킬 수 있으므로 자연재해나 오늘날 만연한 전염병을 구제할 수 있는 것은 오직 현금흐름밖에 없다고 한 것이다.[273]

개성상인 일기장에 제시된 소리와 연관된 어음(於音), 음(音), 음신(音信), 음표(音標) 등은 거래계약 당시의 현장 상황을 고스란히 전달하는 표시들이다. 이 표시들은 일종의 가상 지급의사 표시(Fictitious payment having)로서 이 표시를 지니고 보관만 잘하면 곧 현금을 보유한 것과 동등한 것으로 소리의 회계 처리가 곧 현금을 보유한 것과 같은 기능을 갖는 매우 중요한 표시들이다.

실제 조선 후기 통화인 상평통보는 경화로서 매우 무겁기 때문에 법정화폐로서 상평통보를 지칭하는 '전문(錢文)'은 통화 표시로만 사용되고 거래계약과 결제는 모두 어음(於音), 음(音), 음신(音信), 음표(音標) 등으로 하였다. 이 가상 지급표시가 끊임없이 거미줄 망을 형성하면서 순환하는 공간이 곧 개성상인 일기장이다. 오늘날의 인터넷 공간의 블록체인과 가상화폐처럼 일기 기록 자체가 그들의 인터넷이었던 것이다.

이제 개성 일기 기입에서 구두 약속도 곧 현금과 같은 등가물로 인정되어 회계 처리된 경우로 모두 가상 현금 화폐(Fictitious payment having)로서 인식하는 현금흐름이 공통된 계산단위로서 통화단위 문(文)과 어떠한 연관이 있는지 살펴보자. 또한 현금 그 자체가 아니라 현금흐름 즉

---

273) 『磻溪隨錄』蓋米穀有豐歉。非人力所能致。金銅則無豐歉。可以人力爲之也 管子曰貨。寶於金。利於刀。流於泉。然則刀者非錢也。以其形附錢。故通謂之刀。布者非錢也。以其用同錢故通謂之布。而獨其所謂泉也者 卽錢也

유동성과 미래성이 상호 복식성으로 어떠한 연결고리를 형성하는지를 살펴보자.

현대 회계는 재무제표 작성과 현금흐름표 작성을 융합하는 방향으로 흐르고 있다. 오늘날 기업은 수익을 창출하는 활동이 서로 다르더라도 언제든지 매일매일 현금을 필요로 한다. 이른바 전쟁에서 항공모함이나 미사일, 탱크가 아무리 막강하더라도 이것들을 움직이는 힘은 연료나 화약에서 나온다. 군인이 아무리 좋은 총을 가지고 있어도 실탄 없이 전쟁터에 나갈 수 없듯이 기업은 모든 영업활동을 수행하고, 채무를 상환하며, 투자자에게 투자수익을 분배하기 위하여 현금이 필요하다. 따라서 현대 회계에서 가장 중시하는 것이 현금흐름이다.

공인회계사같이 회계 전문분야에서 일하는 사람들이 의사나 변호사나 판사, 검사 등의 직에 진입하기 위해 쏟는 노력과 비슷함에도 막상 회계 분야에서 일하면서 느끼는 전문직 종사자로서 소외감이 큰 이유를 진단한다면 개성상인들이 기업을 운영하면서 회계 분야에, 특히 매일매일 발생하는 일기장과 분개장 작성에 온 힘을 투입한 전통을 이어받지 못하고 회계 분야의 사회적 필요성에 대한 고도의 인식을 못 쫓아가고 있기 때문으로 볼 수 있다. 다른 전문 직종의 경우 매일매일 일어나는 일을 중심으로 활동하지만, 공인회계사의 경우 일 년에 한 번 결산공고 낼 때 집중적으로 전문직종으로서 활동하는, 이른바 대목이 일년에 한두 번밖에 찾아오지 않는 전문직 시장에서 근무한다는 점이다. 그러나 이러한 회계전문직 종사자가 기업활동에서 차지하는 위치는 개성상인 회계장부를 보면 전혀 다른 이야기를 전달하고 있다.

오늘날 현금흐름표 작성에서 대차대조표상의 순자산의 변화, 유동구조(유동성과 지급능력 포함), 그리고 미래의 변화하는 상황과 기회에 적응하기 위하여 현금흐름의 금액과 시기를 조절하는 능력을 평가하는 데 초점을 맞추고 있듯이 개성상인들의 현재 현금흐름을 미래 현금흐름과 연계시키는 분개 구조는 6년근 인삼을 아무 사고 없이 생산하고 판매하기 위하여 개성상인이 고안한 현금흐름 중시의 분개 구조라 볼 수 있다. 따라서 개성상인들의 분개 원리는 과거의 죽어 있는 역사 속의 회계정보가 아니라 현금흐름을 중시하는 현대 회계에도 유용한 정보를 제공하는 살아 있는 분개 원리라 하지 않을 수 없다. 개성상인들이 시재액으로 표시한 현금흐름 정보는 현금 및 현금성자산의 흐름을 파악하기 위함이며 받을어음과 지급어음 계정을 중점적으로 활용한 것은 6년근 인삼을 생산하고 판매해야 하는 삼포 운영에서 미래 현금흐름의 현재가치를 측정하기 위함으로 해석될 수 있다.

개성상인의 일기 기록의 특징은 현재 거래가 발생할 시점에서 이미 미래에 행하여야 할 행위를 함께 표기하는 것이다. 마찬가지로 이탈리아에서도 라틴어에서 영어까지 모든 DEB와 관련된 어원의 특징은 현재 발생한 거래 기록에 미래 발생할 거래까지 기록해 둔다는 의미의 단어를 사용하고 있다. 이 사실을 리틀튼은 '미래성에 대한 감각 (The Sense of Futurity)'이라고 정의한 바 있다.[274]

그러면 개성상인의 일기장 어느 기록에서 현금흐름표의 기능을 찾을 수 있는가? 〈그림 4-1〉을 보면 "時在文五十五兩"이란 기입을 볼 수 있다. "時在文"란 현재 남아 있는 현금(錢文: 常平通寶)이라고 번역할 수 있

---

274) Robert R. Sterling The going Concern:An Examination, *The Accounting Review*, Vol 43, No. 3 Jul 1968, pp.481-502.

①			歲丁亥八月 日 日記第一上吉辰					
②	1887.08.15		3,846.16	上	④	1887.08.15	15%	5,000.00	下
③	1887.08.15		6,153.84	上	⑤	1887.08.15	7.5%	5,000.00	下
⑥	1887.10.19		1,000.00	上	⑧	1887.11.03		1,300.00	下
⑦	1887.11.03		375.00	上	⑨	1887.11.06		20.00	下
⑩	1887.11.06		4,000.00	上	⑪	1887.11.06	8.5%	4,000.00	下
⑫	1887.11.15		80.00	上	⑬	1887.12.06		80.00	下
⑭	1887.12.06		100.00	上	⑮	1887.12.06		100.00	下
			15,555.00	上合				15,500.00	下合
					⑯	時在文		55.00	

<표 6-8> 현금흐름 시산

다. 개성상인의 일기장에는 평균 16개의 기입마다 이 時在文의 마감 기입을 하고 있다.

현대 회계에서 재무제표는 대차대조표와 손익계산서 그리고 잉여금계산서 현금흐름표가 있지만 점차 현금흐름표의 기능이 다른 보고서의 기능을 능가하는 흐름으로 볼 때 개성상인이 일기장에 현금흐름표의 기능을 복합시킨 것은 탁월한 선택이 아닐 수 없다. 회계의 기능이 이익의 산정이 아닌 유동성 흐름에 초점을 맞추려는 경향은 유럽 대륙에서가 아닌 미국을 중심으로 19세기 말에 일어난 변화로서 매우 현대적인 경향이다. 개성상인의 일기장에는 16번째 기입마다 항상 이 현금흐름을 체크하는 현금흐름 시산 기능은 개성 일기장의 최고 백미라 할 수 있다.

제7장

개성자본회계
네 번째 순환과정

제1절 짐작손익 회계와 발생주의 회계

지금까지 자본회계사 연구는 두 가지 이론에 기초하여 진행되어왔다.

하나는 자본소유주 이론(Proprietorship theory)이다. 자본소유주 이론은 주주자본주의(Share holder Capitalism) 체제의 근간으로 현재까지 서구 유럽 자본주의 체제를 지탱해온 이론이다. 그러나 21세기 들어서면서 주주자본주의 체제가 심각한 소득 불균형을 초래하고 급기야 백인 우월주의를 고착시키는 인종적 부의 격차(Racial Wealth Gap)로까지 확대되어 자본주의 체제 자체를 흔들고 있는 형국이다.

다른 하나는 기업실체 이론(Entity Theory)이다. 이 이론의 기본 가정은 기업의 경제활동에서 자본소유주를 분리시키는 것이다. 최근 부각되고 있는 이해관계자 자본주의(Stake holder Capitalism)와 깊은 연관이 있다. 이 이론은 경영책임은 유한책임(Limited Liability)을 전제로 경영자와 경영자 가족, 그리고 자본소유주 가족까지 분리한다. 비지니스 거래는 회계 정보를 통해서만 식별되고 측정되고 법제화 된다. 이 이론에 의해 회계기간과 비즈니스 영업기간은 계속성을 전제로 통합되어 주기적인 결산정보가 생성되고 기업이 장기간 계속 운영되는 현대 회계원칙을 실현할 수 있게 되었다. 현대 회계는 기업 경영의 계속성을 위해 동적 흐름(Flow) 개념으로 기간 손익을 짐작하여 기초시점과 기말시점의 재무상태 변동(Stock)과 서로 균형을 맞추어 다음 영업 기간으로 기업의 영속성을 이어나간다.

본 절에서는 기업실체 이론을 중심으로 기업의 계속성과 지속경영(The going concern)의 연결고리가 어떻게 DEB 원리대로 형성되는지를 제시한다. 이를 위하여 KDEB가 어떻게 기간 손익을 짐작하여 회계짐작초(會計斟酌抄)의 차변(Debit)과 대변(Credit)이 완벽한 균형으로 짜맞추어지는 과정을 실증한다.

15세기 후반 조선왕조가 이러한 동적흐름 개념에 입각하여 국가의 헌법 기틀을 세운 것이 바로 『경국대전』이다. 1487년 『경국대전』의 편찬을 완성한 성종은 다음과 같이 발간 의의를 묘사하고 있다. "손익짐작의 이해의 균형을 도모하여 시의에 합당하도록 한 경국대전은 만세토록 영원무궁한 국가 헌법이다." 성종은 이미 15세기에 오늘날 현대 기업의 회계 지향점을 국가 경영의 요체로 파악하고 현재 시점에서 과거로부터 제정하고 시행되어온 법규의 손해와 이익을 짐작하여 균형을 도모하여 미래에 영원히 변하지 않을 표준들을 가지고 『경국대전』을 완성한 것이다.

성종이 밝힌 대로 『경국대전』 발간 의의의 핵심은 짐작손익(斟酌損益)이다. 흔히 『경국대전』을 세조에 의하여 편찬된 일정 시점의 법전으로 알고 있으나 사실 14세기부터 약 100년간의 국정운영을 요약한 일종의 국정운영 기간손익 요약표이자 동시에 1746년『속대전(續大典)』이 나오기까지 1487년 당시 시점에서는 미래인 1746년까지 변하지 않은 헌법이었다. 따라서『경국대전』을 올바르게 이해하기 위해서는 과거, 현재, 미래 세 시제의 흐름을 이해하여야 한다. 이러한 이유로『경국대전』의 역사는 태조가 1388년 조선의 공식적인 건국 이전부터 시행된 규정을 모아서 1397년 편찬한『경제육전(經濟六典)』에서부터 찾아야 하며 1746년『속대전』이 편찬되기까지 약 358년 기간의 국가통치 손익을 과거(1388년), 현재(1487년), 그리고 미래(1746년)의 기간손익 흐름을 반영한 국가 헌법의 영속성을 담은 법전으로 접근해야 한다.

〈표 7-1〉은 KDEB의 기간손익계산서 회계짐작초의 기원을『경국대전』에서 찾아 제시한 것이다.『경국대전』에 등장한 손익(損益)을 짐작(斟酌)하여 만세(萬世)의 법으로 삼은 취지는 개성상인 회계장부에 그대로 등장한다. 주회계책 받자질 주자질 다음에 요약표의 표제 회계짐작초(會計斟酌抄)가 바로 그것이다. 현대 회계에서는 기간손익을 짐작하는 것을 발생주의 회계(Accural basis of accounting)라 한다.『경국대전』의 짐작 손익에 과거 현재 미래의 세 시제가 등장하는 것처럼 회계짐작초란 일정 회계기간에 미래 이익의 흐름에 관한 현재가치를 측정하는 것이다. 즉 미래 이익을 계산하기 위해서는 현재 실현을 나타내는 경제 사상(事象)들이 언제 어떠한 조건의 계약으로 발생하였는가를 정확히 기록하여 최종 집계하는 것이다.

이는 〈표 4-2〉에 제시된 대로 지금까지 K-DEB 자본회계 제1 순환의 완전성, 복식성, 미래성 그리고 제2 순환의 간결성, 영구보존성, 분산성의 특징이 모두 모여 회계 제3 순환인 재무제표가 작성되는 원리와

『경제육전 經濟六典』	備載治國之要, 自今 頒布中外, 遵守擧行*	국가 다스림의 요체를 갖추고 싶어서 지금부터 전국에 반 포하여 엄중히 지키고 거행하도록 한다.
『경국대전 經國大典』	國家安危, 靡不周知, 而熟慮之故, 其立法 制事, 皆斟酌損益, 爲 萬世典**	국가의 안위에 대하여 두루 알지 못함이 없고 이를 익히 고려하였기 때문에, 그 법을 세우고 일마다 제정한 것이 모두 손익을 짐작(斟酌)하여 만세의 법으로 삼은 것이다.
회계짐작초 會計斟酌抄	聖人斟酌損益, 低昂 輕重, 莫不合天理人 心之自然, 而無毫釐秒 忽之差***	성인이 손익(損益)을 짐작(斟酌)하는데 낮은 것과 높은 것, 가벼운 것과 무거운 것을 가늠하여 시행하는 것이 하 늘의 섭리와 인간의 마음과 저절로 합치되지 않은 것이 없어서 털끝만 한 오차도 없다.

<표 7-1> K-DEB 기간손익계정잔액 요약표 「會計斟酌抄」의 기원
* 정종실록 정종 1년 기묘(1399) 8월 8일
** 성종실록 성종 3년 임진(1472) 5월 29일
*** 無名子集 文稿 冊十四 [文].

동일하다. 결론적으로 K-DEB가 제3 순환의 표제어로 받자질(捧次秩)
주자질(給次秩)에 이어 회계짐작초(會計斟酌抄)를 채택한 것은 내부통제시
스템이 발달한 조선왕조의 『경제육전』에 이어 『경국대전』의 편찬 의미를
그대로 담은 것이라고 인식하기에 충분한 증거이다.

　『경국대전』에서 성종이 밝힌 '짐작손익'의 원리는 바로 하늘의 이치와
사람의 마음을 저절로 합치시키는 '합천리인심지자연(合天理人心之自然)으
로 요약된다. 마찬가지로 K-DEB의 최종 재무제표의 의미도 받자주자
대조표의 실질계정과 회계짐작초의 명목계정이 천리(天理)대로 저절로
합치되는 합리주의 바로 그 자체인 것이며 현대 기업이 추구해야 할 기
업가정신이라 하지 않을 수 없다.

　윌리엄 버몰(William J. Baumol)의 정의에 의하면 합리주의에 기반한
근대 기업가정신이란 미래의 위험요소를 미리 예방하면서 생산적 부
(Productive Wealth), 생산적 이윤(Productive Profit)을 추구하는 정신을

말한다. 이러한 의미에서 기업가정신은 비생산적인 부(Unproductive Wealth) 혹은 비생산적인 이윤(Unproductive Profit)을 추구하는 것을 명확히 배제한다. 비생산적 기업가정신이란 이미 과거에 존재한 부나 이윤을 재분배하여 부를 추구하는 것으로 재분배 기업가정신(Redistributive Entrepreneurship)이라 한다. 비생산적 기업가정신은 이미 보유한 부동산 자산 등 과거지향적 자산관리를 의미한다. 이와 대조적으로 기존의 비생산적인 부나 비생산적 이윤추구와 전혀 달리 누구도 이전에 경험하지 못한 새로운 영역에서 부와 이윤을 창출하는 것 즉 미래지향적인 기업가정신을 생산적 기업가정신(Productive Entrepreneurship)이라 정의한다. 따라서 생산적 기업가정신은 당연히 미래의 위험요소를 정확히 합리적으로 예측하면서 이윤을 추구해야 하는 것이기 때문에 다른 어느 경제주체보다도 현재 발생한 비용이 미래 실현될 수익과의 관계를 정확히 헤아려 측정하는 짐작회계를 필요로 하는 것이다.[275]

K-DEB에서 짐작손익 회계이론이란 DEB 원리대로 기록된 실질계정이나 명목계정은 모두 검증 가능한 자산가치의 변동이나 기간수익과 비용을 대응시켜서 계산된 것으로 완벽한 정확성을 기하기 때문에 실현가치와 측정가치의 불일치가 발생할 수 없다. 이러한 이유에서 조선시대는 '성인이 손익을 짐작(斟酌)하는 데 낮은 것과 높은 것 가벼운 것과 무거운 것을 가늠하여 시행하는 것이 하늘의 섭리와 인간의 마음과 저절로 합치되지 않은 것이 없어서 털끝만 한 오차도 없다'고 표현한 것이다.

홍기문은 현대어로 사사로이 자기 마음대로 경제적인 사상을 일으키

---

275) David Landes, William J. Baumol The Invention of Enterprise Entrepreneurship from Ancient Mesopotamia to Modern Times 2010: Preface.

는 것을 이두로 '아룸뎌(私音丁)'라고 소개하고 있다. '아룸뎌'란 현대 국어의 '아름아름'의 이두 기원이다. 현대 국어의 '아름아름'이란 말이나 행동을 분명히 하지 못하고 우물쭈물하는 행동으로 일을 적당히 하고 눈을 속여 넘기는 모양을 표현할 때 사용하지만 이두에서는 국가가 주조하는 화폐를 개인이 몰래 주조하는 중범죄자를 잡았을 때 '아룸뎌 디릴 잡더니(捉私鑄)'라는 표현을 사용하였다.[276] '아름아름(私音丁)' 회계 처리는 화폐 위조라는 중범죄를 가리켰던 이두가 오늘날에 '아름아름'이란 현대어가 된 것이다.

따라서 미래지향적인 생산적 기업가정신을 구현하기 위해서는 털끝만 한 오차도 허용하지 않은 K-Account에 기초한 짐작손익 회계 정신을 정확히 파악하고 전달할 필요가 있다. 예를 들어 원료, 노동임금, 감가상각비 기타 금융비용 등 생산을 위해 들어가는 비용(Productive Cost)은 발생 시점에서 그 액수가 분명하지만 수익이 실현되기까지 사이에는 시차로 인하여 불확실한 상황과 위험 요소가 작동할 수밖에 없다. 즉 미래의 불확실한 회계 요소를 모아 털끝만 한 오차도 없게 완벽한 균형을 맞춘다는 것은 회계의 전 순환과정을 완벽하게 DEB로 처리하지 않고서는 불가능한 것이다.

그러나 앞에서 살펴본 대로 16-17세기 메디치 은행이나 18세기 크론헴 회계방정식 등 유럽 주요 국가의 재무제표에는 대차대조표의 대변(Credit)란에 위치하는 자본(Capital)과 소득계산서상의 차변(Debit)란에 위치하는 소득(Income)의 명확한 구분과 통합이 존재하지 않았다.

---

276) 홍기문(1965 : 115)

20세기 초중반 식민지 조선과 일본을 대표하는 경성방직과 도요타 자동차의 재무제표도 마찬가지이다. 아름아름(私音丁) 결산보고서로 자기네들 마음대로 회계 처리한 대표적인 사례로 오늘날 IFRS와 전혀 다른 회계 처리의 결과이다. 도요타 자동차의 결산보고서상의 숫자를 어떻게 생성하였는지 아름아름(私音丁) 회계 처리하여 그 포렌식이 불가능한 것이다. 일본은 1960년대까지 IFRS 기준대로 원재료비와 노동비용 등은 소득계산서의 차변(Debit)란에 위치하여 대변(Credit)란의 총매출액과 대응하는 원가 구성 요소별(Cost components)로 수익을 창출하는 구조를 명확히 제시하는 기업 실무자료나 회계사상이 등장하지 않은 것이다. 한마디로 일본은 아시아에 얼빠진 근대화를 이식한 것이다.

1494년 파치올리의 회계기준이 발간된 이후 20세기까지 서구 유럽 어느 국가에서도 털끝만 한 오차도 허용하지 않는 기간손익을 짐작하는 원가회계의 탄생은 없었고 이러한 서구 유럽을 모방하여 근대화한 일본도 결국은 1960년대까지 아름아름 엉터리 결산보고서를 작성한 것이다.[277] 적어도 합리주의의 실체인 생산적 자산(Productive Asset) 활동이 유럽 회계사가 제공하는 기업의 실무회계 자료에는 19세기까지는 나타나지 않은 것이다.

유럽이나 일본 그리고 식민지 조선의 얼빠진 기업 실무자료의 실태와 달리 이번에 발견된 개성상인 회계장부는 19세기부터 인삼을 생산하기 위하여 들어가는 재료비와 노동비 그리고 간접비용(Overhead Cost)을 모두 회계 제1 순환과정부터 완벽하게 분개하여 제2 순환으로 전기하고

---

277) Michael Chatfield, (1977 : Chapter 12 The Genesis of Modern cost accounting. 159).

대차평균의 원리로 잔액을 시산하는 제3 순환을 거쳐 받자주자대조표를 만들고 회계짐작초의 잔액과 균형을 맞추기 때문에 한 치의 오차도 없는 것을 알 수 있다. 또한 회계 기록의 최종 목표가 주기적인 소득을 계산하는 데 있는데, 결산보고서인 주회계책(周會計冊)에서는 주기성과 계속성에 회계의 최종 목적이 있다는 사실을 매우 명확히 보여주고 있다.[278]

20세기 들어와서 슘페터는 '창조적 파괴(Creative destruction)'라는 개념을 통해 생산적 기업가정신(Productive Entrepreneurship)이 실현되는 것을 제창하였다. 독일의 지성 괴테가 인류 역사에서 가장 위대한 지적 고안물로 DEB를 강조한 것도 20세기이다.[279] 사실 DEB와 생산적 기업가정신은 서로 밀접한 연관을 가지지만 서구 유럽은 20세기에 들어서야 이 관계를 인지하기 시작한 것이다. 그러나 개성상인은 이미 19세기에 기간손익계정과 자본계정을 정확히 일치시키는 기업 실무자료를 작성하고 있었다. 이러한 회계과학의 정확성은 11세기 개방형 통상국가인 고려와 14세기에서 18세기 약 350여 년간 국가운영 헌법으로서 『경국대전』의 DNA를 개성상인이 물려받은 소산이라 할 수 있다.

아직 도래하지 않은 미래의 일을 어느 누구도 현재의 회계기록으로 인지하는 것은 쉽지 않은 일이다. 유럽은 19세기까지 자산은 언제나 부채와 자본으로 대응하였지 비용과 수익의 대응에 의한 이익을 통합하지 못하였던 것이다. 이에 대해 미국 회계사 선구자 리틀튼은 다음과

---

278) 주회계책 표제어에서 K-DEB 회계목표는 주기적인 재무상태 변동과 기간손익 측정의 통합표 작성에 있다는 것을 정확히 전달한다.
279) 생산적 혁신과 기술진보의 창조적 파괴로 널리 알려진 슘페터의 기업가정신은 칼 마르크스의 자본론의 공산주의 혁명과 깊은 연관이 있다.

같이 묘사하고 있다.

"지난 500년간 DEB의 가장 중심이었던 비용과 수익의 대응에 의한 이익산정은 500년 걸려 진행되었다고 결론을 내리지 않을 수 없다."[280]

서구 유럽 사회에서는 15세기 이후 500년이 지난 20세기에 와서야 현대적 의미의 기업 영업활동기간 비용과 수익의 대응에 의한 이익산정의 회계 증거물이 나오는 이유는 무엇일까?[281] 왜 서구 유럽은 15세기 르네상스 이후부터 19세기 산업혁명까지 자본주의의 본산 지역이라고 하면서 합리주의의 핵심인 비용과 수익의 대응에 의한 이익산정의 실무자료를 제시하지 못하는 것일까? 이러한 의문점은 유럽의 근대화 기간 즉 15세기에서 19세기의 역사를 자본주의의 본산이라고 자부하는 유럽 중심주의 자본주의 역사를 공격하는 원점 타격 포인트이다.

정리하자면 유럽에서는 적어도 1494년 루카 파치올리의 저술이 나온 이래로 19세기까지 합리주의의 요체 짐작손익으로 이윤을 추구한 기업이 존재하지 않았다는 것이 된다.

그러나 개성은 달랐다. 손익계산서 원리대로 미지급비용(Accrued expenses) 계정 잔액은 차변(Debit)에, 미수수익(Accrued Income) 계정 잔액은 대변(Credit)에 각각 대응하여 소득을 계산하고 균형을 맞추었던 것이다. 〈그림 7-1〉은 K-DEB 손익계산서 회계짐작초(會計斟酌抄, 회계기간:

280) A.C. Littleton *The Structure of Accounting theory* (Iowa city:American Accounting Association, 1953), p.27 "It must be concluded that income determination by matching cost and revenue has for 500 years been the central feature of double entry."
281) Michael Chatfield (1977 :256).

會計斟酌抄

邊條餘文一萬三千七百五十一兩二戔一分
舟橋都中利條中文二千兩
洋木利文一百八十七兩二分
日記條京換駄價條文三百四十二兩三戔九分
① 入合文一萬六千二百八十兩六戔二分內
龍峀山山所床石望柱一代石役條文二千兩
三處田四日畊價合文三千四百八十七兩五戔
朔寧上納條文六千二百兩
山蔘鹿茸價合文三千一百七十兩
未詳文五兩四分
② 出合文一萬四千八百六十二兩五戔四分除
餘文一千四百十八兩八分

<그림 7-1> 오늘날 재무제표의 소득계산서인 회계짐작초 원문 五周會計(財務諸表 : Financial Statements) 회계기간(1887년 8월 15일 – 1892년 9월 13일)

1887년 8월 15일–1892년 9월 13일)의 원문을 정서한 것이다. 〈표 7-2〉는 이 원문 정서를 한 점 가감 없이 그대로 T-Form으로 전환한 것이다.

〈표 7-2〉에 제시된 바대로 회계짐작초(會計斟酌抄 Income Statements) 는 최종 결산절차로서 합리주의의 핵심인 비용과 수익의 대응에 의한 이익산정의 실무자료가 어떻게 작성되는지를 일목요연하게 나타낸다. 〈표 7-2〉는 인삼포의 경영성과를 명확히 보고하기 위하여 회계기간에

발생한 수익과 이에 대응하는 모든 비용을 단가와 함께 기재하여 해당 기간 순손익을 계산한 표이다. 이 표로 인하여 임금, 지대, 이자소득 그리고 영업이윤 추구자 등 이해관계자들은 인삼포의 수익력과 미래 순이익 흐름의 예측과 투자계획이나 배당금 할당비율에 대하여 합리적으로 기대하고 인삼포 경제활동을 수행한 것이다.

〈표 7-2〉를 보면 회계기간 동안에 발생한 비용과 수익실현 시간의 차이로부터 나오는 증가자산(Accrued Asset), 미수이자(Accrued interest receivable), 미수수수료(Discounting notes receivable) 등 미수수익(Accrued income)을 집계한 수익짐작계정 잔액은 '입합문(入合文)'의 대변(Credit)을 구성하고 있다. 수익과 대응하는 미지급부채(Accrued liability) 즉 이미 발생하였지만 아직 지급하지 못한 차감부채 미지급이자, 급여, 세금 등의 발생 비용(Accrued expenses)을 집계한 비용계정 잔액은 '출합문(出合文)'으로 집계하여 차변(Debit)란에 배치한 것을 알 수 있다.

〈표 7-2〉는 전 장에서 살펴본 받자주자대조표에 이어서 주회계책의 회계짐작초(會計斟酌抄 Income Statements)를 중심으로 짐작회계가 제1 순환과 제2 순환을 거쳐서 어떠한 과정과 배경으로 제3 순환과 제4 순환으로 이어지는 지를 잘 제시한다. 전 장에서 살펴본 받자주자대조표는 발생자산(Accrued Asset)과 발생부채(Accrued liability)의 잔액을 대응시킨 대조표이다.

다음 장 도중회계에서는 6년근 인삼 생산기간 동안 투입될 비용과 6년 생산기간이 종료된 후에 실현되는 매출수익과의 대응을 일 년 단위의 회계기간을 주기로 조율하는 과정을 중심으로 회계짐작초(會計斟酌抄:Income Statements)를 분석하고자 한다.

회계짐작초(기간 손익계산서) (회계기간: 1887년 8월 15일 – 1892년 9월 13일)				
借(Dr)			貸(Cr)	
급여, 세금 등 미지급 짐작 비용 (Accrued Expense) 계정 잔액 차변(Debit)			수입이자 수입수수료 등 짐작 수익 (Accrued Income) 계정 잔액 대변(Credit)	
役條文*	2,000.00		邊條餘文	1,3751.21
日耕價合文**	3,487.50		舟橋都中利條中文	2,000.00
上納條文***	6,200.00		洋木利文	187.02
山蔘鹿茸價合文	3,170.00		日記條京換駄價文	342.39
未詳文	5.04	內		
出合文	14,862.54			
除餘文****	1,418.08		入合文	16,280.62
龍峀山山所床石望柱一代石役條文二千兩 三處田四日畊價合文三千四百八十七兩五 戔 朔寧上納條文六千二百兩 山蔘鹿茸價合文三千一百七十兩 未詳文五兩四分　出合文一萬四千八百六 十二兩五戔四分除 餘文一千四百十八兩八分			邊條餘文一萬三千七百五十一兩二戔一分 舟橋都中利條中文二千兩 洋木利文一百八十七兩二分 日記條京換駄價條文三百四十二兩三戔九 分　入合文一萬六千二百八十兩六戔二分內	

<표 7-2> K-Account 회계짐작초 구성 원리

* 條 이두이다. 가닥이다. '한 가닥 한다'. 컴퓨터 스레드(thread)와 같은 의미. 하나의 독립 계정을 이루기 위하여 관련 주제에 대해 일련의 댓글처럼 관련. treads pieces, strands 만기요람 재용편 '條所' 가닥으로 된 밧줄로서 '가닥바'로 읽는다. 홍기문(1965 : 89)
** 日耕 날갈이로 읽는다. 이두이다. 한전 밭의 면적을 세는 단위이자 소 하루 임대료 단위이다. 토지매매문서에 많이 나온다. 홍기문(1965 : 90)
*** 上納 관청 납부 세금 이두이다. 上은 '자'라고 읽는다. 자납. 홍기문(1965 : 95)
**** 除餘 한자로는 섬돌이란 뜻이나 이두로 더러라 읽는다. 出除 더러내다. 除良餘良 제랑나랑(- +) 빼고나마 모두 이두이다. 是沙餘良(이사남아) 이나마(是餘良) 그나마. 홍기문(1965 : 123)

　　다음 장 도중회계로 넘어가기 전에 먼저 본 절에서 일본 회계학자 들에 의해 번역된 발생주의(發生主義)라는 한자용어와 K-DEB 한자용 어 짐작손익(甚酌損益) 회계용어 구사의 적정성에 대해서 다시 생각하고 K-DEB를 관통하는 유동성주의에 대해 명확히 하려고 한다. 발생주

의 회계의 용어 적정성에 대해서 다시 생각해야 하는 이유는 『경국대전』이나 개성상인들이 사용한 '斟酌(짐작)' 용어와 영어권에서 사용하는 'Accrual'과 이를 일본에서 수입하여 한자로 번역한 발생주의 회계(発生主義会計) 용어는 본래 의미가 서로 맞지 않기 때문이다. 20세기에 들어와서 'Accrual basis'를 한국과 일본은 '發生主義', 중국에서는 '應計會計制' 또는 '權責發生制'라는 용어로 번역하여 사용해왔다. 'Accrual basis'에 대응하는 'Cash basis' 회계를 한국과 일본에서는 '現金主義' 회계라 지칭하고 중국에서는 '現金概念賬' 혹은 '收付實現制'라 지칭한다.

본서에서는 현대 회계의 'Accrual basis of Accounting'을 '발생주의 회계'라고 사용하는 대신에 14세기 경제육전, 15세기 경국대전에 등장하고 개성상인들이 이미 개발하여 사용한 '손익짐작회계'로 대체해서 사용할 것을 제시한다. 왜냐하면 〈그림 7-1〉에 제시한 대로 회계짐작초(會計斟酌抄:Income Statements)를 구성하는 계정명은 잉여문(剩餘文), 날갈이총합비용(日耕價合文), 상납조문(上納條文) 등등인데 이는 'Accrual'의 원래 의미와 Accrual a/c 계정명들과 그대로 일치하는 개념들이기 때문이다. 본래 영어 'Accrual'이란 그 어원을 라틴어 'accrescere'에 두고 있는데 이 의미는 addition(附加), increment(增分), surplus(剩餘)이다. 이 라틴어 의미를 그대로 살릴 경우 개성상인이 손익짐작초 혹은 회계짐작초(會計斟酌抄 Income Statements)에 사용한 수익비용 계정명의 의미와 일맥상통하기 때문이다.

먼저 'Accrual Account'의 라틴어 어원직 의미와 K-Account의 손익짐작 계정을 구성하는 계정명의 의미를 비교하자. 그러면 '손익짐작 회계'가 '발생주의 회계'보다 훨씬 더 라틴어의 의미와 부합되는 것을 쉽게 알 수 있다. 〈그림 7-1〉에 제시된 구성 항목들은 ① '入合文'보다 앞에 기입된 계정들은 모두 증가하는 좋은 것, 수익을 나타내는 '邊條餘文' '舟橋都中利條中文' '洋木利文' '京換駄價條中文'인 것을 알 수 있다. 받을 기일이 아직 안 되었어도 모두 1892년 회계기간에 받을 계정으로 처리된 수익들이다. 이에 대응하는 계정들 ① '入合文'과 ② '出合文' 사이에 존재하는 계정들은 보기만 해도 부담되는 것, 그러나 언젠가는 반드시 지급해야 할 비용계정인 임금(役價), 세금(上納), 토지경작 임대료(日耕)로 항목이 구성된 것을 알 수 있다.

현대 기업회계는 모든 수익계정과 비용계정은 실질계정의 가치를 증감하는 계정이라고 하고 그것이 발생한 기간에 정당하게 배분되도록 처리해야 한다는 기준을 제시하고 있다. 이는 수익-비용 대응의 구조적인 문제이다. 비용이 발생했을 때와 수익이 실현되었을 때는 시차가 존재한다. 따라서 비용발생을 기준으로 발생주의 회계 용어는 적절하지만 수익실현과는 거리가 멀다. 수익 기준으로 회계처리를 하면 발생주의 대신 실현주의(realization basis)라고 번역하는 것이 의미상 맞다. 그러면 이 양자의 괴리를 메워주는 적절한 용어는 무엇일까? 그것이 바로 짐작손익 회계인 것이다.

이를 좀 더 명확히 이해하기 위해 '짐작손익' 회계와 관련된 중요한 암호 표시를 소개하고자 한다. 이는 현재 발생한 구두계약 금액과 미래 실현될 금액 사이를 연결하는 매개변수 즉 비율이기 때문에 가치 증분, 감소 변화와 관련된 매우 중요한 표시이다. 예를 들어 K-DEB는 구두 약속의 회계 처리능력을 표시하는 암호를 인식하는 것이 매우 중요하다. 왜냐하면 가치의 증감이 모두 구두 약속을 지시하는 용어 소리 '音'

과 관련이 있고 일정한 비율을 지시하는 암호와 관련이 있기 때문이다.

회계장부상에 기재된 암호들 중 가치의 증감과 관련된 거래는 구두계약을 의미하는 소리음으로 표기하는 용어들이 등장한다. 持音(디님), 適音(마참)[282], 題音(적음)[283], 流音(흘음)[284], 侤音(다짐)[285] 등 모두 소리를 지칭하는 이두로 표기되어 있다. 증감 비율을 지시하는 암호들은 〈표 7-3〉에 제시된 대로 모두 호산(胡算) 표기로 되어 있다. 이 암호들이 가장 많이 표시된 장부는 일기장인데 거래 발생 날짜별로 미래 전개될 사상까지 기록하는 분개장이기 때문이다.

이 암호를 식별하는 방법이 바로 이두와 호산인 것이다. 특히 비율 표시는 기록이 위에서 아래로, 오른쪽에서 왼쪽의 방향으로 세로쓰기로 되어 있지만 이 암호는 모두 가로쓰기로 되어 있다. 〈표 7-3〉은 가로쓰기 호산 표기 5건이 얼마만큼의 가치 증분을 가져오는지를 제시하기 위해 모아놓은 사례들이다. 이 암호들은 모두 현재 발생한 거래금액과 미래 실현금액과의 차액을 계산하는 비율 표시로 일종의 암호화폐이다. 예를 들어 발곡택 실질계정의 자본금이 엽전으로 ① 3846.15냥이 들어(入)왔고 이 금액과의 차액을 계산하는 비율 즉 환율의 1.6이 호산으로 가로쓰기로 표기된 것이다. 이 비율을 적용하여 계산된 금액

---

282) 마참. 『유서필지』에서는 '마참'으로 읽고 『전율통보』 『고금석림』에서는 '마춤'으로 읽는다. 현대어 '마침'에 해당한 이두이다. '맞다' 『대명률직해』에서는 '逢音'으로 표기한다. Balancing. 홍기문 (1965 : 116)

283) 저김. 『전율통보』에서는 '저김'으로 『유서필지』에서는 '제김'으로 증명서를 발급하는 것으로 현대어에서는 '적다'의 명사 '적음' 'Writing'이다. 홍기문(1965 : 97)

284) 흘님. 『유서필지』 '흘림'이라고 읽는다. 원장부로부터 같은 내용을 벗기어 낸 부분을 가리킨다. 베끼다. Copying. 홍기문(1965:97)

285) 『어록변증』과 『유서필지』에서 '다짐'으로 읽고 있으나 『전율통보』 『고금석림』에서는 '다딤'으로 읽는다. 현대어로 '다지다' '단단하게 하다' '확인하다' 뜻이다. 홍기문(1965 : 95)

일기장 가로쓰기 암호와 가치증감 비율	최초 출자금액	三ᄂᆷᄼᄂ.ᅳᄒ(分*: 백분위 표시)	3,846.15
	가치증분	ㅣᅳ(戔: 십분위 표시)式	1.6*3,846.15=6,153.84
		十ᄒ分式	0.15*5,000=750
		二ᄒ戔式	0.075*5,000=375
		三ᄒ戔式	0.085*4,000=340

<표 7-3> 일기의 가치증가 비율 암호 호산과 회계짐작초 명목가치 증분(Accrual)
* 分: 백분위 표시, 戔: 십분위 표시, 兩: 1분위 표시, 式: 비율 분위 표시

②3846.15*1.6=6153.84가 다음 거래로 기입되는 것이다.

즉 개성 일기장의 이 비율 표기는 미래 실현될 가치 증분의 표시이기에 소수점 자릿수를 나타내야 하므로 가로쓰기를 한 것이다. 디지털 화폐의 가장 중요한 기능인 대체가분성(Fuugibility)을 이미 개성상인들을 인지한 것이다. 이 암호 표시는 주로 금융거래를 통해 이자나 환 할인수수료 등 수익과 비용이 발생하였지만 아직 받거나 주지 않은 상태에 있는 것을 미루어 짐작하는 표시이다. 이러한 이유로 영어 표현 'Accrual Account'의 라틴어 어원을 보면 '가치의 증감을 미루어 짐작한다'는 의미이다.

개성상인은 미래 수익과 비용이 대응하는 오늘날의 손익계산서 (Income Statements) 계정처럼 현재 시점에서 현금이 들어오거나 나간 것

周會計				
받자주자대조표 실질계정		餘文	회계짐작초 명목계정	
Dr 받자질(捧次秩)	Cr 주자질(給次秩)		Dr 出合文	Cr 入合文
104,634.48	103,216.40	1,418.08	14,862.54	1,6280.62

<표 7-4> 周會計 1892년 9월 13일 받자주자대조표와 회계기간 1887년 8월 15일 – 1892년 9월 13일 회계짐작초 잔액계정의 통합

결산일	주자(대)받자(차)대조표					회계짐작초(손익계산서)				
	주자질		받자질		받자-주자	입		출		입-출
	잔액계정수	합계	잔액계정수	합계	여문(餘文)	잔액계정수	합	잔액계정수	합	여문(餘文)
1892.09.13	12	103,216.40	10	104,634.48	1,418.08	4	16,280.62	5	14,862.54	1,418.08

<표 7-5> 五周會計(財務諸表: Financial Statements) 회계기간(1887년 8월 15일 –
1892년 9월 13일)

이 없이 앞으로 진행될 경제 사상들을 미루어 짐작하는 의미에서 '회계
짐작초(會計斟酌抄)'란 제목을 사용한 것이며, 이는 가치의 증감이란 의미
를 갖는 'Accrual Account'와 그대로 일치한다.

그러면 어떻게 현대 회계의 지향점인 동적흐름(Flow) 개념의 기간손익
계산과 정적시점(Stock) 개념의 재무상태 변동이 서로 한 치의 오차 없
이 완벽한 균형을 이루어 통합되는가? 여기서 그 사례를 가지고 해답
을 찾아보자. 〈표 7-4〉에 제시한 대로 받자주자 대조표의 차액과 회계
짐작초 비용과 수익 대응 차액이 서로 일치하는 것을 볼 수 있다. 〈표
7-4〉가 바로 일정 시점 받자주자대조표 실질계정과 일정 기간 회계짐
작초 명목계정의 통합을 완벽하게 시현한 그 대응표이다.

〈표 7-5〉는 지금까지 논의해온 제1 순환, 제2 순환, 제3 순환이 어떻
게 자본회계순환 전 과정을 관통하면서 궁극적으로 실질계정과 명목계
정이 서로 완벽한 통합을 달성하는가를 일목요연하게 제시해주는 표이
다. 〈표 7-5〉에 요약된 대로 K-DEB를 관통하는 완전성과 복식성과 미
래성, 영속성 그리고 유동성주의가 없었더라면 이 통합은 불가능한 것
이다.

제2절 시변제도와 회계짐작초

　　지금까지 개성지방의 금융제도는 개성지방 상공업의 발전과 긴밀히 연결된 자금융통제도로서 '시변제도(時邊制度)'라고 널리 알려진 바 있다. '시변'은 글자 그대로 때에 따라 이자가 변동하면서 자금의 순환이 끊임없이 일어나는 제도이다. 한 가지 특이점은 이 금융제도의 주체가 여성이라는 사실이다. 개성지방의 여성 금융이 시변제도의 한 축을 담당하고 있었다는 것은 앞서 언급한 1929년 조선식산은행의 개성지점 보고서에도 등장한다. 개성의 시변제도는 평양, 의주, 부산, 안성 등 상업적으로 유명한 조선 각지에서도 선망의 대상인 된 금융제도이다.

　　시변제도는 한마디로 은행 없는(Bankless), 현금 없는(Cashless) 회계장부상의 기록만으로 자금을 융통하는 신용제도이다. 이 시변제도와 정반대 대척점을 이루는 것이 일제강점기 도입된 '담보' 금융제도이다. 담보란 한국영화 제목으로도 채택된 바 있다. 현재 한국을 지배하는 금융제도는 개성의 시변제도가 아니라 일본 제국주의가 이식한 부동산 담보, 채권 담보, 금·은 담보 등 담보 금융제도이다. 세계 최고 수준의 금융제도인 은행 없는, 현금 없는 신용제도 전통을 철저히 끊어버린 금융제도가 오늘날 한국을 지배하고 있다.

'시변(時邊)'이라 함은 때때로 변하는 이자율이라는 의미로 신용 약정기간에 따라서 이자율이 수시로 변동하는 제도이다. 이 제도에 진입하여 구성원이 되면 최단기 7일에서 최장기 1년에 이르기까지 참가 구성원이면 누구나 자금이 필요하거나 여유가 있는 경우 자신의 집 금고에 사장하지 않고 시변망에 투입하여 구성원은 모두 신용을 지키는 것을 생명보다도 더 소중하게 여긴다는 신용 명성(Credit Reputation)을 전제로 자금을 융통하는 제도이다. 이때 이자율은 약정기간에 따라서 수시로 변동한다고 해서 시변(時邊)이다.

시변은 크게 단기 '낙변(落邊)'과 장기 '의변(義邊)'으로 구분된다. 단기 낙변은 금전의 대차에 있어서 약정기간이 최단기 7일에서 90일 이내 거래할 수 있게 수행하는 단기금융 순환방법의 하나이다. 낙변은 오늘날 단기 콜시장에 해당된다. 오늘날 콜금리 시장은 금융 산업의 최첨단 영역으로 금융의 발달을 가늠하는 척도이다. 장기 의변은 90일에서 1년까지의 장기간 금융을 지칭한다. 단기 민간 자금시장에 유입되는 화폐의 양에 따라 이자율이 수시로 변동하는 양상을 휘발성(Volatility)이라 하는데 이러한 휘발성이 관찰되는 시장을 금융영역에서는 근대 금융시장이라고 규정한다. 반면에 수시로 변동하는 이자율이 관찰되지 않는 시장을 전근대 시장이라 한다.

시드니 호머와 리차드 실라는 1157년 이탈리아 베니스 은행(The Bank of Venice), 1401년 스페인 바르셀로나 은행(The Bank of Barcelona), 1407

년 제노아 은행(The Bank of Genoa), 1587년 베니스 리알토 은행(The Bank of Rialto), 1609년 네덜란드의 암스테르담 환은행(The Amsterdam Wisselbank), 1656년 스웨덴 은행(The Bank of Sweden), 1694년 영국은행(The Bank of England)의 자료를 가지고 이자율 변동을 분석한 바 있다. 그는 기록을 조사하여 '일별로 변동하는 자금시장(Financial market based on day-to-day differences)'의 이자율이 중세 사회에서는 존재하지 않으며 민간인 스스로 만든 민간 금융조합이 존재하지 않는 것을 밝힌 바 있다.[286]

이러한 단기 콜금리 시장의 존재를 금융자본주의에서는 근대성이라 명명한다. 개성 시변의 본질은 바로 금융의 근대성인 것이다. 이 금융의 근대성의 기반은 신용 그 자체로, 토지나 부동산 혹은 예금을 근저당 설정하고 금융을 일으키는 것과는 태생적으로 다른 제도이다. 따라서 시변제도는 메디치 은행이 신용금융보다 담보금융을 수행한 것과 대비된다.

메디치 은행이 신용금융 기법을 개발하지 않고 담보금융에 의존한 이유는 로마 바티칸의 자산을 비밀리에 보관해온 것과 긴밀한 관계가 있다. 로마 바티칸에 들어온 귀금속을 전당포처럼 운영해온 것이다. 따라서 메디치 은행이 왕관, 보석 및 기타 가치 있는 물품의 안전을 보장하고 자금을 융통한 점에서 본질적으로는 전당포업이라 할 수 있다.[287]

---

286) Sidney Homer and Richard Sylla, *A History of Interest Rates*, Wiley John Wiley & Sons, Inc Rutgers University Press. New Jersey 2005, pp. 135. 김동섭 외 「중앙은행 초기 발달과정에서 지급결제의 역할」『지급결제조사자료』한국은행 2017.
287) De ROOVER *THE RISE AND DECLINE OF THE MEDICI BANK 1397-1494*, HARVARD UNIVERSITY PRESS Cambridge, Massachusetts London, England. 1963. pp. 103-32.

시변의 이자율은 換稧(exchange bank or committee for deciding exchange rate)에서 자금시장의 수요와 공급에 따라 제정된다. 이 시변제도에 관해서는 개성지방 신문인 「高麗時報」에 朴在淸이 1933년 6월 1일 제4호에서 1933년 10월 1일 제12호에 이르기까지 총 9회에 걸쳐 연재한 '時邊小論'이 제일 자세하다. 박재청은 시변제도에 대하여 사개송도치부법과 함께 세계에 자랑할 제도로 소개한다. 이 연재물에 대해 金慶鎭은 같은 신문에 1933년 11월 1일 제13호에서 1935년 1월 16일 제24호에 이르기까지 총 10회에 걸쳐 반박의 논변을 연재한 바 있다.

「고려시보」는 다음과 같이 시변제도의 기원을 설명하고 있다.

> "時邊의 創始年度는 考證할 文獻이 없음으로 正確한 年數는 몰은다. 다만 一部商人의 保管하엿던바 四計文字 가운데 約五百十年前 去來되엿던 記錄이 남아나 잇으나 在來로 官吏權暴의 掠奪을 恐한 商人階級이 어느 程道까지 成功한 바 잇으면 自己의 所有한 바 財産의 實數를 掩護하는 方法으로 文書를 燒却할 境遇가 많앗고 또한 保管性이 薄弱한 이들은 不必要한 書籍이라는 見地下에 一種朽低(일종의 버리는 휴지)로 取扱하야 溫突內塗配紙로 使用함을 常事로 하얏음으로 보아 僅存한 一, 二個人의 一部文書 갖어 一瞥의 暫考로서 創始年代를 推定할 수는 없다."

먼저 중앙집중식 금융이 아니라 분산성을 특징으로 하는 시변제도의 성립 배경을 이해하기 위해서는 강력한 중앙집권 국가인 조선 정부의 사농공상 정책을 들 수 있다. 개성이 시변제도를 개발한 배경은 조선

정부에 저항하여 중앙정부로부터 규율과 통제에서 벗어나 자유를 추구하기 위함이었다. 개성이 스스로 중앙정부로부터 독립된 자치금융기구를 만든 것은 이탈리아 베니스와 플로렌스 등이 로마 바티칸으로부터 독립된 자치정부를 수립한 것과 그 역사적 배경이 일치한다고 볼 수 있다. 고려시보는 시변제도의 기원을 고려시대로 보고 그 증거자료로 510년 전 거래된 기록을 제시하고 있다.

동시대 이탈리아는 메디치 은행이 왕성한 은행업을 누릴 때이다. 13세기에서 14세기 메디치 은행이 번성한 시기와 흑사병(1348년) 발발 이전에 이미 쇠퇴의 기로에 들어선 것은 개성상인이 중앙정부와 거리를 두고 시변제도를 운영한 것과 대조를 이룬다. 메디치 은행은 당시 유럽 각국의 권력과 밀착하여 과도한 대출을 진행하여 이 중앙 권력의 몰락과 함께 쇠퇴하였지만 개성상인은 중앙 권력과 일정한 거리를 유지하면서 시변제도의 분산성을 개발한 것으로 사료된다.[288]

지금까지 살펴본 대로 유럽 금융의 대명사인 메디치 은행은 고리대금지령을 대체하기 위하여 설립되었다. 구약성서 출애굽기 22장 25절에 있는 '만일 네가 너와 함께한 내 백성 중에서 가난한 자에게 돈을 꾸어주면 너는 그에게 채권자와 같이 하지 말며 이자를 받지 말 것이며 가난한 자의 옷을 전당잡지 말며 해가 지기 전에 돌려보내라'라는 구절로 인하여 메디치 은행 설립 이전에 이자 수취와 전당포 행위는 신의 말을 거

---

288) De ROOVER *THE RISE AND DECLINE OF THE MEDICI BANK 1397-1494*, HARVARD UNIVERSITY PRESS Cambridge, Massachusetts London, England. 1963. p. 2. The crash was probably caused by overextension of credit and excessive loans to sovereigns, especially to Edward III (reigned 1327-1377), King of England, and to Robert (1309 – 343).

역하는 것으로 금기 사항이었다.[289]

고대 기독교의 고리대 금지는 중세 때 토마스 아퀴나스의 '이중 청구론'에 의하여 한 번 더 부정된다. 그는 이자 청구가 '이중 청구'에 해당하기 때문에 불법이라고 주장한다. 그는 이자 청구를, 마치 한 병의 와인을 팔고 와인 한 병에 대해 대금을 청구한 다음 실제로 그것을 마시는 와인 소비자에게 또 한 번 청구하는 것과 같다며 도덕적으로 잘못된 것이라고 말했다. 따라서 그는 이자는 본질적으로 부당하며 이자를 부과하는 사람은 죄를 짓는 것이라고 단정하였다.[290]

메디치 은행이 고리대 금지 조항을 극복하고 은행업으로 급성장한 배경에는 로마 교황청의 비밀금고라는 담보가 존재한다. 당시 도시국가에서는 도시마다 서로 다른 화폐가 통용되고 있어 환전업무가 필수불가결한 업무였다. 메디치 은행은 환전업무에서 출발하였지만 교황청의 자산을 전당으로 삼아 은행업무를 수행하였기 때문에 신용제도와 무관한 담보부 금융제도로 발달한 한계를 가진다. 이탈리아 베니스와 플로렌스 등 상업 도시국가 사이에 환어음을 발행하고 물자유통에 따른 환전업무를 취급하였지만 교황청의 예금 관리였지 자금을 원활히 순환시키는

---

289) 구약성서 출애굽기 The Old Testament "condemns the practice of charging interest because a loan should be an act of compassion and taking care of one's neighbor"; it teaches that "making a profit off a loan is exploiting that person and dishonoring God's covenant (Exodus 22:25-27)".

290) St. Thomas Aquinas, Summa Theologica, trans. Fathers of the English Dominican Province, (London: R. T. Washburne, Ltd., 1918), pp. 330-340, reprinted in Roy C. Cave & Herbert H. Coulson, A Source Book for Medieval Economic History, (Milwaukee:The Bruce Publishing Co., 1936; reprint ed., New York: Biblo & Tannen, 1965), p. 182. "대여된 돈을 위해 이자를 받는 것은 그 자체로 부당합니다. 왜냐하면 이것은 존재하지 않는 것을 팔기 때문이며, 이것은 분명히 정의에 위배되는 불평등으로 이어진다. 그러므로 빌려준 돈의 사용에 대한 대가를 받는 것은 본질적으로 불법이며, 고리대금으로 알려져 있는 행위는 불법이다. 사람이 부당하게 잃어버린 물건을 다시 찾아야 하는 것처럼 고리대금의 돈은 원소유주에게 되돌려 주어야 한다."

오늘날의 현대 금융과는 본질적으로 다른 기능을 수행한 것이다.

왜냐하면 근저당 설정을 전제로 하는 자금순환은 전당물 조사에서 최종 상환까지 특정 장소와 인물을 직접 조사해야 하는 탐색 비용과 시간이 대단히 비효율적인 경직된 금융기법이기 때문이다. 이탈리아 베니스 은행 기록과 1694년 영국은행 기록 모두를 조사해도 날짜별·월별·연도별로 정리된 체계적인 시계열 자료가 존재하지 않는 것도 그러한 이유에서이다.

본 절에서는 박영진가의 1887년부터 1900년까지 13년간의 일기장, 외상장책, 타급장책의 채권채무관계 거래의 분석을 통해서 개성지방 고유의 신용제도로 전래된 시변제(時邊制)의 실체를 제시한다. 〈표 7-6〉에 제시된 대로 K-Accountancy의 시변은 1) 낙변(落邊) 2) 의변(依邊, 義邊) 3) 경환태가(京換駄價) 세 범주로 분류된다.

메디치 은행과 달리 개성상인의 시변제도는 철저한 신용을 기초로 하는 금융이다. 개성상인 회계장부는 별도의 은행이었다. 흥미로운 사실은 개성상인의 회계장부에 가장 많이 등장하는 금융거래 용어가 유목민족의 후예답게 유목민을 상징하는 말(馬)과 관련된 용어라는 사실이다. '경환태가(京換駄價)'가 그 대표적인 용어이다. 이 용어는 수도 서울에서 발행된 '환어음 할인 수수료'란 의미를 갖는다. '駄'는 이두로 '바리'로 읽어야 한다. 당시 말먹이로 콩(太)이 사용되었는데 이는 오늘날 화물차 등유에 해당된다.

환어음을 시간과 공간이 다른 원격지 거래의 결제수단으로 개발한 것이다. 현재 눈에 보이는 공간에서의 거래가 아니라 모든 것이 불확실한 미래에 다른 공간에서 거래를 성사시키고 들어오는 수입을 고리대

K-Account 시변의 시간가치 세 범주	미래가치 지향 90일 미만 단기금융시장 落邊	단기 미래가치 지향 낙변 이자율 월 5-2% 구간 변동 금리
	미래가치 지향 90일 이상 장기금융시장 義邊	장기 미래가치 지향 의변 이자율 월 1.2-1.5% 고정 금리
	현재가치 지향 할인시장 경환태가 할인율	현재가치(PV, present value) 지향이란 미래의 일정 금액을 현재시점의 가치로 할인하는 변동 할인율을 적용하여 단기 유동성을 제고하는 방안 현재가치(Present value) = 미래 액면가치(Face value) - (은행)할인료(interest at agreed rate for the time the bank has to wait) 할인료(Discount) = 액면금액(Face Value) x 할인율 (rate of discount) x 할인 기간(term of discount)

<표 7-6> K-Account 시변의 시간가치 세 범주

이자 수취가 아닌 시간과 장소의 전환의 대가로서 인식하기 시작한 것이다. 그러나 이탈리아는 환업무 취급을 통해 고리대 금지법을 피했지만 전당포 행위에 대해서는 벗어나지 못했다. 환을 전당으로 잡고 환을 가져온 사람을 인질로 돈을 내어주는 행위였기 때문이다. 이탈리아어로 전당 담보란 'sponsia: pledge'이다. 후원자가 든든하다, 뒷배경이 좋다는 뜻으로 DEB와는 상극 관계이다.

담보부 금융은 채무 또는 계약을 보증하기 위해 담보를 설정해야 하기 때문에 DEB로 발달할 동인을 차단한다는 점에서 메디치 은행의 회계 처리는 회계 오류로부터 자유롭지 못한, 신뢰성을 획득하지 못한 것이라고 사료된다.

이와 달리 개성상인은 환업무를 취급하면서 동시에 환 할인업무까지 개발하였다. 환은 일정한 약정기한이 존재하므로 만기까지 현금으로 활용할 수 없는데 개성상인은 자본투입, 외환거래, 환율채권 대여, 환 할인업무를 수행한 것이다. 이와 반면에 메디치 은행은 환업무를 취급하였지만 담보를 설정하는 문서로서 채무를 상환할 때까지 일종의 채권을 유동화시키는 할인업무를 수행하지 않았다. 이와 같이 개성상인은 환업무와 환 할인업무를 동시에 개발하여 자금순환체계로서 DEB를 개발한 것이다.[291]

말갈족, 몽골족, 바이칼호 근처의 부여족 등의 언어가 어떻게 7~8세기 통일신라의 이두로 연결되어 개성상인의 회계금융 전문용어로 되었는지 몇 가지 사례를 살펴보자.

먼저, '적음(題音)'이란 확정 판결문을 써주는 법률행위 용어이다. 『전율통보』에서는 '저김'으로 읽었으나 유서필지에서는 '재김'으로 읽고 있다. 백성들이 제출한 소송장에다가 판결을 적어주는 것을 가리키는 것으로 공증과 관련된 공식 판정을 글로 적어주는 것을 의미한다.

다음으로 이두에서 '홀음(流音)'이란 회계의 원 장부에서 다음 장부로 똑같이 베끼어 적는 것을 말하는데 『유서필지』에서 이를 '흘림'이라고 읽는다. '於音'과 함께 '流音'은 K-DEB와 연관된 현금흐름과 회계와의 연관성을 밝혀주는 핵심 용어이다.

다음으로 K-DEB의 정점에 있는 이두가 '適音'이다. 이는 『유서필지』에서는 '마참'으로 읽는 것으로 밝히고 있다. 현대어의 '마침내'도 이 단어에서 유래한다. '옳다' '맞다'에서 나온 것이다. K-DEB 회계기술의 궁극적인 목적인 차변과 대변의 균형을 맞추는 '대차평균의 원리'의 중요

---

291) De Roover, 1965 : 218. In the account books of the Italian merchant-bankers, including those of the Medici, one rarely, if ever, finds traces of discount, but there are thousands and thousands of entries relating to exchange transactions

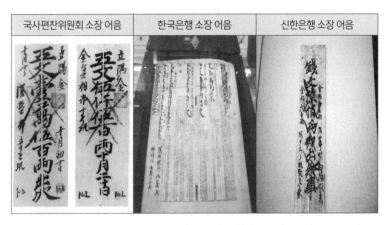

국사편찬위원회 소장 어음	한국은행 소장 어음	신한은행 소장 어음

<그림 7-2> 조선 후기 환어음 "當換文壹萬兩 到京出給事" 발행일련번호 106, 107(丨亠, 丨〒) 호산으로 표기

성을 나타내는 이두가 '마참(適音)'이다. 『대명률직해』에서 이 용어를 '逢音'으로 쓴 때도 있다.

마지막으로 '侤音'이 있다. 이는 약속을 다진다는 의미이며 발음도 '다짐'이다. 『어록변증설』과 『유서필지』에서는 다짐으로 읽었으나 『전율통보』와 『고금석림』에서는 '다딤'으로 읽었다. 현대어로 '다지다' '단단하게 하다' 또는 '확인하다'의 뜻이요, '서약' 또는 '맹서'의 뜻이다.[292]

유자후가 환어음의 기원으로 뜻글자 계열의 '魚驗'을 주목한 것과 이유원이 감합과 연결시킨 것도 현전하는 어음 구조와 비교하면 그 의미가 서로 통한다. 조선 후기 유통된 어음은 국사편찬위원회, 한국은행, 신한은행 등에 소장되어 있다. 〈그림 7-2〉에서 보듯이 환어음 발행 시

---

292) 중추원 「조사보고」 대구부에 관한 조사보고서 제2편 상법 제4장 '手形'조에는 어음의 매매에 양도인의 이름을 적는 것을 다짐(踏音)으로 하는 관례가 있다고 보고한 것에서 이두에서 다짐으로 발음하는 '侤音'은 '踏音'으로도 표기된 것을 알 수 있다.

에 좌우로 두 쪽을 내어 나간 것과 안에 보존된 것을 구별하고 나간 것이 다시 들어와서 좌우 대조를 확인한 것을 '쇼주(爻周)'라 하였다. 이 용어도 이두이다. 오늘날 뉴욕의 금융거래 정산소와 같이 깨끗이 청산한다는 순우리말이 쇼주, 소지(爻周)이다. 감옥에서 청소하는 담당자를 소지라 한다. 〈그림 7-2〉를 통하여 마감하기까지 환어음 유통과 마감의 회계 행위가 어떻게 시행되는지 한눈에 알 수 있다.

결론적으로 이유원, 유자후, 세로셰프스키 그리고 박영진가 회계장부에서 확인되는 조선 후기 광범위하게 유통된 환어음의 기원은 소리계통과 뜻 계통의 두 문명이 빚어낸 합작품이라 볼 수 있다.

이러한 차이는 이탈리아 메디치 은행이 DLT같이 쉽고 빠른 방법의 사용보다 CLT와 같이 복잡한 절차를 채택한 것과 무관하지 않다. 해외에서 지불할 수 있는 외환을 외화로 처리하는 것보다 외화를 부채나 자본으로 인식하고 할인하는 것이 훨씬 쉽지만 메디치 은행은 이 방법을 개발하지 않았다. 왜냐하면 이러한 절차는 매우 정교한 회계능력을 요구하기 때문이다. 또한 다른 장소에서 통신원과의 네트워크를 운영할 수 있어야 한다. 또 다른 어려움은 은행기관이 자신에게 불리한 환율 변동의 위험을 추측하고 운영해야 한다는 문제가 있었던 것이다. 이러한 어려움의 해법을 메디치 은행은 DEB를 통해 확보하지 못한 것이다.

이것이 아마도 메디치 은행이 자신의 지점망을 운영하는 것을 선호하는 이유가 아닌가 생각된다. 낯선 장소에서 자신의 신용을 지지하는 자금을 가지고 있지 않은 경우, 자신이 발행한 환어음을 기꺼이 수락하고 기한 내에 지불할 의사가 있는 사람을 찾아야 하지만 지명인 혹은 지불인은 부도의 위험을 감내해야 하는 것이다. 따라서 개성과 같이 대인 신용기반이 발달하지 않은 베니스와 같은 곳에서 타지에서 발행된 환어음의 사용과 유통과 할인은 부도 문제와 거래비용을 모두 증가시켜 차용자를 보호하기 위한 고리대 금지의 실제 결과는 거래비용을 높이는 것으로 귀결된 것이다. 예측할 수 없는 우발 채무(unforeseen contingencies)의 지급과 악성 채무에 대한 변제로 이익은 소진되어 메디치 은행의 쇠락으로 연결된 것이다.

개성상인이 보물로서 가장 중시한 것은 다이아몬드나 금이나 은과 같은 귀금속이 아니라 신용 명성과 신용 역사였다. 개성상인들은 은행에 가지 않고 회계장부상의 차변 대변 분개기록만으로 모든 금융거래를 성사시키는 시변제도를 발달시켜왔다. 개성상인들의 일기장은 오늘날 블록체인망처럼 전자상거래 정보를 분산시켜 장책으로 연결시키는 블록체인의 원형을 이룬다. 회계노트와 회계책이 오늘날 갤럭시 노트와 패드로, 인터넷 공간의 노트북으로 바뀌었을 뿐이다. 개성상인들이 오늘날의 인터넷 상거래처럼 끊임없이 발생하는 경제 거래를 회계장부상의 회계금융 처리로 진행한 글쓰기 행위의 이면에는 6년근 인삼 생산의 인삼포라는 실질적 경제 가치가 존재한다.

제3절 단기금융제도: 낙변(落邊)

　〈그림 7-3〉은 개성상인 후손 박영진가에 보존된 1887년부터 1900년 까지 13년간의 일기장, 외상장책, 타급장책 그리고 회계짐작초의 5가지 주회계책의 분석을 통해서 개성 지방 고유의 신용제도로 전래된 시변제 (時邊制)를 낙변(落邊)과 의변(依邊, 義邊)으로 구분하여 짐작손익 회계의 의 미를 제시한 것이다. 〈그림 7-3〉에서 알 수 있듯이 3개월을 분기점으로 융통기간에 따라 단기에서 장기로 갈수록 이자율이 하락하는 것을 알 수 있다. 이른바 '낙변(落邊)'이 박영진가 회계장부를 통해 처음으로 세상 에 드러난 것이다.

　'落邊'의 거간 중개인은 '換契', 혹은 '換都中'이다. 이들에 의해 중개되 는 단기 금융시장에서 형성되는 이자율의 낙변 현상이 바로 시드니 호 머와 리처드 실라가 유럽에서 찾으려고 한 금융의 근대성이다. 이들이 1157년 이탈리아 베니스 은행에서 출발하여 1694년 영국은행의 자료를 가지고 조사하였으나 낙변과 같이 날마다 변동하는 자금시장의 이자율

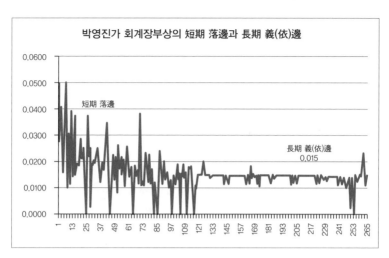

박영진가 회계장부상의 短期 落邊과 長期 義(依)邊

短期 落邊

長期 義(依)邊
0.015

<그림 7-3> 단기금융 낙변, 여성 소액주주 주도 장기금융 의변 현상.

수준은 찾지 못하였다. 낙변은 단기에 수시로 변동하는 오늘날 은행과 은행 간의 콜시장의 금리 변동과 일치하는 현상이다. 이 낙변 현상을 포착할 수 있었던 이유는 당연히 K-Account의 일기(日記) 때문이다. 일기장을 중심으로 일별로 기록된 금융거래 기록을 가지고 이자율 변동을 추적한 결과이다.

그러면 '換都中'은 K-Account 어디에 어떻게 등장하는가? 일기장 두 번째 거래기록에 '주교도중(舟橋都中)'이 등장하는데 첫 거래 자본출자 거래와 동시에 발생한 거래로서 체인으로 연결된 것을 알 수 있다. 두 번째 거래는 '落邊'의 중개인인 '換契', 혹은 '換都中'이 어떻게 등장하는지를 생생히 보여준다.[293] 앞서 제1 순환 거래분석에서 제시하였듯이 환전 거래에 19세기 말 발행된 당오전의 환전 업무에 주교도중이 등장한다.

그러면 자본계정과 명목계정 즉 가치 체인을 접합시키는 암호는 무엇인가? K-Account는 전 일기장과 장책에는 유독 가로쓰기 형태로 기입한 호산(胡算) 표기가 보인다. 예를 들어 발곡택 출자금 3,846냥1전6푼과 당오조 6,153.84푼과의 금액 차이를 연결시키는 암호가 호산(胡算) 표기로 된 환전식 'ㅣㅗ戔式'이다.

이는 짐작손익에서 살펴보았던 현재 발생한 구두계약 금액과 미래 실현될 금액 사이의 차이를 연결하는 매개변수 즉 비율 표시와는 다르다. 개성상인은 이 거래를 수익이나 비용발생 거래가 아닌 일종의 외화거래 즉 외국인 투자금으로 인식하고 회계를 처리하였다. 당오전을 피교택에서 가져오고 이 당오전을 상평통보로 환전한 곳은 주교도중 즉 환도중 (換都中 換契)이 존재한 것이다. 따라서 이 거래는 출자금 거래이자 동시에 환전거래 즉 외화거래이다.

K-Account는 표준 회계단위와 다른 화폐는 내국 화폐라 할지라도 외화로 인식하여 거래가 발생하자마자 동시에 주교도중 즉 환도중(換都 中 換契)과 체인을 형성하는 회계 처리를 같은 날짜에 진행하였다. 출자한 날짜와 당오전(葉錢)과 상평통보(文)로 환전한 날짜가 동일하기 때문에 환전 비율이 동일하고 환전에 따른 수익이나 비용이 발생하지 않은 것이다.

따라서 이 거래는 자산과 자본 부채의 변동인 대차대조표상의 변동

---

293) 환도중(換都中)이란 환계(換契)로도 회자되었는데 오늘날 은행업무의 범위에 있는 금융중계를 담당한 시변제도의 일환이다. 이들의 주요 거래는 오늘날 은행 업무처럼 1. 예금·적금의 수입 또는 유가증권, 그 밖의 채무증서의 발행 2. 자금의 대출 또는 어음의 할인 3. 내국환·외국환 등 환전업무 취급이다. 換簡: 書信형의 유가증권. 換居間: 金錢 및 魚驗의 거래 중개업자. 換(圜)契: 자금시장. 2월과 7월에 금리를 정한다. 약 오백여 년의 역사를 가짐. 還給: 차입금을 지불함 또는 그 표시. 還納: 돌려받는 것. 換都中: 時邊 중개인. 換都中契: 2월과 7월에 자금 사정과 이율을 정하는 중개인회합. =換契. 還上: 돌아온 것 또는 그 표시. 還入: 貸下金이 돌아옴 또는 그 표시. 換票: 債務辨濟에 사용한 유가증권. 朝鮮總督府『朝鮮の商業』1927. 蔘房用語

만 존재하고 환전에 따른 수익이나 비용이 발생하지 않아 소득계산서에는 아무런 영향을 주지 않은 거래로 분개된다. 또한 자본거래이지만 환전비용이나 환차익과 같은 거래가 발생되지 않으므로 자본계정에만 영향을 주고 명목계정에는 영향을 주지 않는다.

〈그림 7-3〉에 제시한 대로 「고려시보」에 보도된 개성 시변제도, 특히 단기 금융제도인 낙변 현상은 그 구체적인 실증 근거를 갖게 되었다. 신

舟橋都中(外上長冊: Receivable a/c)						
Dr						Cr
1887.11.03'	文	1,300.00		1887.11.15	文	80.00
1888.02.20	文	1,000.00		1887.12.06	文	100.00
1888.02.23	文	1,000.00		1887.12.17	文	100.00
1888.03.07	文	2,100.00		1887.12.27	文	50.00
1888.03.28	金德卿計文	4,140.00		1887.01.21	文	2,000.00
1888.05.07	文	4,000.00		1888.01.22	文	235.00
1888.05.28	文	1,000.00		1888.03.26	京換兩度文	4,300.00
1888.07.27	文	2,973.00	內	1888.03.26	同換駄價文	135.45
				1888.03.30	文	2,000.00
				1888.03.30	京換文	2,000.00
				1888.03.30	同換駄價文	63.00
				1888.04.01	文	1,000.00
				1888.04.03	文	3,200.00
				1888.04.06	文	2,000.00
				1888.06.19	文	250.00
		17513.45				17513.45

<표 7-7> 환도중(換都中) 주교도중(舟橋都中) 계정. 안(內) 자 중심으로 안팎(內外)으로 구분하여 T-Form 계정을 설정한 사례. 1888년 3월 순일 결산기일에 경환 관련 거래가 집중되어 전기된 것을 알 수 있다.

용에 기초하여 모든 거래가 중단 없이 지속될 수 있도록 필요한 자금을 연속적으로 융통시키는 제도로서 단기간 수시로 거래하는 금융순환 기술로 마치 은행과 개인간 당좌거래와 같이 혹은 은행과 은행 사이의 단기 콜 제도와 같이 아무 날 아무 때 거래당사자가 필요로 하는 일시에 결산기일 내에서 반 개월, 일 개월 혹은 그 이상으로 환계(換契)에서 제정한 이자를 붙여 유통시키는 개성 지방 고유의 금융기법이 박영진가 회계장부에 그대로 적용되어 있었던 것이다.

〈표 7-7〉을 보면 1888년 3월 26일에서 30일 사이에 경환 관련 거래도 집중적으로 환도중(換都中)인 '舟橋都中' 계정으로 전기된 것을 알 수 있다.

〈표 7-7〉을 구체적으로 이해하기 위해 먼저 개성상인 일기(분개)장의 거래분석과 장책으로 전기할 때 정보를 분산시키는 교신 부호들(Trans Posting Protocol)의 규칙을 이해할 필요가 있다. 교신 부호의 규칙이란 컴퓨터와 컴퓨터 사이에서 데이터를 원활히 주고받기 위하여 약속한 여러 가지 규약들로, 대체거래 상계처리 등에 대해서 계정과 계정이 상호 어떠한 방식으로 필요한 정보를 주고받는가를 쉽게 파악하게 해 준다.

〈표 7-7〉의 주교도중 계정은 개성 지방에서 활동한 금융중개인 '換都中'이 어떻게 단기 금융시장에서 변동하는 이자율을 마치 컴퓨터와 컴퓨터 사이의 교신 부호처럼 자금 수요자와 공급자 사이의 현금흐름 잔액 회계정보를 이용하여 계정과 계정을 상호 어떠한 방식으로 교류하고 대차평균의 원리를 관철하고 있는지를 여실히 보여주고 있다.

제4절 환 할인시장 경환태가

개성상인이 개발한 시변제도의 분산체계(Distributed System)는 한마디로 오늘날 은행의 고유 업무영역인 '할인(Discount)'을 은행을 통하지 않고 회계장부상으로만 수행하는 체계이다. 은행 업무에서 '할인'이란 미래액면가치와 그 현재가치와의 차액이다. 대표적인 것이 환 할인(Discounting of a Bill of Exchange) 업무, 수취어음 할인(Discounting notes receivable) 업무, 외국환 관리(Exchange controls) 업무 등이다. 개성상인은 이 은행 고유의 환업무 영역을 은행을 찾아가지 않고 회계장부로 옮기는 기술을 개발하여 할인수수료를 은행에 지불하지 않고 금융거래처 쌍방이 공유하면서 할인료를 줄이는 금융거래 비용을 거의 제로에 가깝게 줄인 회계금융 업무를 개발한 것이다.

그러면 중앙집중식 은행기구의 성립과 밀접한 연관이 있는 은행 업무의 대부분을 차지하는 은행할인법(Bank Discount)이 개성상인 회계장부에는 은행의 매개 없이 어떻게 처리되고 있었는가? 은행할인법이란 은행이 시중에 유통되는 만기일이 명시된 환어음이나 약속어음을 만기일 전에 현금이 필요한 사람에게 일정한 할인료를 받고 현금을 내어주는 것으로 액면가치에서 은행 할인료를 제한 금액을 현재가치로 내어주는 업무이다.

이 업무처리 능력을 제시하기 전에 먼저 자본의 기회비용 개념을 이해할 필요가 있다. 자본의 기회비용 인식이란 해당 자본을 다른 곳에 투자했을 때 기회비용을 고려하여 투자를 결정하는 것을 의미한다. 이 자본의 기회비용을 인식하는 방법은 두 가지이다. 그중 하나는 현재가치지향법 'DCF(Discount Cash Flow, 이하 DCF)'이다. DCF는 미래의 현금 흐름을 적정한 할인율로 할인하여 현재 시점에서 손에 쥐고 쓸 수 있는 방법이다. 현재가치지향법은 총 현금유입과 총 현금유출을 계산하여 영업활동에 현금흐름의 장애나 압박으로부터 자유롭게 사용할 수 있는 현금을 의미한다. 따라서 자유로움을 강조하여 FCF(Free Cash Flow, 잉여현금흐름)라고도 한다.

회계 능력이 어떻게 자유롭게 현금흐름과 자본가치의 변화를 이끌 수 있는지를 보여주는 방법으로 미래에 실현될 현금을 할인하여 현재의 가치로 측정할 수 있다. 미래의 순현금 수입을 기다리지 않고 일정 할인율을 적용하여 자본으로 환원한 값 즉 할인현재가치(Discounted Present Value, DPV)는 오늘날 가장 빠르게 성장하는 금융시장이다.

베니스 DEB가 밀라노 피렌체 등 도시와 도시 사이의 환전 네트워크 속에 발달한 것처럼 K-Account도 베니스와 마찬가지로 도시 간 금융거래 네트워크 속에 발달하였다. 도시 간 금융거래 네트워크를 의미하는 대표적인 사례가 개성상인 회계장부에 등장하는 도시와 도시 사이의 환거래를 지칭하는 '송환(松換)' '평환(平換)' '경환(京換)' '의환(義換)'의 등 장이다. 송환(松換)이란 개성의 또 다른 명칭 송도에서 발행된 환어음이 다. 평환(平換)이란 평양에서, 경환(京換)이란 수도 서울에서, 의환(義換)이 란 의주에서 각각 발행된 환어음을 지칭한다.

환어음을 주요 결제수단으로 취급한 개성상인은 오늘날 파생금융상 品(派生金融商品 Financial Derivatives)에 해당되는 '경환태가(京換駄價)'라는 금융상품을 개발하였다. '경환태가(京換駄價)'란 수도 서울(京)에서 발행 된 환어음의 할인수수료라는 의미를 갖는다. '태(駄)'는 이두로 '짐바리' 로 읽는다. 말(馬)·소(牛)·당나귀(驢)·노새(騾) 등이 전통시대를 대표하는 운송수단이며 이 운반을 가리켜 바리(駄)라 한다. 당시 말먹이로 콩(太) 이 사용되었는데 오늘날 거래비용인 화물차의 운반 연료인 등유에 해당 된다. 다른 지방에서 발행된 환어음을 개성에서 유통시키는 할인시장 의 거래비용을 말먹이 비용이란 개념의 태가(駄價)를 금융용어로 사용 한 것이다.

주지하듯이 어음을 이두로 어음(於音), 어험(魚驗)이라고 표기하였다. 물고기는 살아 있는 동안 한 번도 눈을 감지 않는다. 바다를 건너야 하 는 원격지 교역의 투명성을 지켜본다는 의미가 담겨 있다. 이 용어에서 알 수 있듯이 개성도 베니스와 마찬가지로 서울, 평양, 의주 등과 연결 된 긴밀한 금융 네트워크 속에서 발달해온 것이다.

이러한 금융과 교역의 네트워크를 오늘날 회계에서는 실질계정과 명 목계정의 통합이라고 부른다. 개성상인들은 최소 6년간 영업이익을 산 출하기 위하여 개성 내부의 거래당사자들 사이에 양자간 약속어음 발 행과 유통의 시변제도를 개발하였다. 전국의 이해당사자들과는 송환(松

換), 경환(京換), 평환(平換)이라는 환어음 커뮤니케이션의 신뢰 관계를 구축하였다.

양자 대면의 약속어음은 물론 삼자간 비대면 환어음 발행과 재할인 시장을 개발하여 삼포 경영의 지속적인 성장을 유지해나가는 데 필요한 금융 커뮤니케이션을 DEB의 분개기록을 통해 차변과 대변의 체인으로 결합하는 블록체인망을 개발하였던 것이다. 현금흐름의 원활한 유지를 위한 오늘날 파생금융상품에 해당되는 경환태가(京換駄價)라는 그들만의 환 할인 금융시장을 형성하였던 것이다.[294] 비대면 사회의 도래에 개성이 세계 무역과 금융의 중심이 된다는 비결이 여기에 담겨 있다.

그러면 개성의 시변제도는 메디치 은행을 중심으로 발달한 유럽의 은행제도와 어떠한 차이가 있는가? 메디치 은행의 고유 업무도 도시 간 환전 업무이기 때문에 환어음을 취급했다고 해서 차별화될 수 없다. 결정적인 차이는 환 할인시장의 존재 유무이다. 환 할인시장은 금은보화 등을 담보로 융통시키는 담보금융이 아니라 전적으로 신용에 의해 미래 현금을 현재가치로 할인하는 시장이기 때문에 초정밀 회계기법 없이는 사실상 그 성립이 불가능하다. 즉 회계장부상의 현금흐름과 현금잔액 시산을 통한 확장성과 투명성으로 계정의 분산성을 유지하는 최첨단 신용금융제도이다.

자금 수요의 응급성에 따라 이자율이 최고로 올랐다가 그 응급성이 소멸될수록 상환기일이 장기로 갈수록 이자율이 하락하는 제도가 바로

---

294) 柳子厚(1940),「朝鮮於音考」,『朝光』, 1940. 4월호. 240-248. 柳子厚(1940),「어음 票에 대하여」『朝鮮貨幣考』제19장 260-268. 學藝社. 홍희유(1986), "17세기 이후 인삼재배의 발전과 자본주의적 삼포경영"『역사과학』1986년3월호. 홍희유(1989),『조선상업사-고대중세』과학백과사전종합출판사.

앞서 언급한 시변의 낙변(落邊)이다. 이러한 응급성의 긴장과 완화에 따르는 낙변제도는 중세 유럽의 고리대와 전혀 다른 제도이다. 유럽의 고리대가 전쟁과 같은 비상 상황과 연결된 고리대라는 점과 낙변의 높은 이자율은 현금 수요의 응급성이라는 점에서 다르다.

이와 같이 개성지방에서 신용금융과 회계장부의 계정 정리는 서로 불가분의 관계로 개성지방의 경제 증진과 활성화 기능만을 위하여 작동하는 시스템이다. 금융제도와 회계제도를 결합한 이유는 지불수단과 교환수단 그리고 회계 기능을 결합한 것으로 본서에서는 이를 '가상의 은행계정을 통한 개성발 금융혁명(Kaesong's Financial Revolution by Fiduciary Bank Account)'이라 지칭하여 사용한다.

개성의 금융제도와 DEB는 오늘날 비트코인과 같은 가상적 화폐유통과 가상 지불수단 결제수단의 확립과 밀접한 연관이 있는 것이다. 개성 상인에게 회계란 은행이자 가상화폐의 유통 공간이자 현금등가물의 교환 장소였던 것이다. 그러나 은행 건물이나 주식거래소 같은 중앙으로 집중된 대형 건물이나 기관이 출현하지 않고 분산된 회계장부만으로 금융기능이 수행됨에 따라 오늘날과 같은 분산된 장책 형태가 발달한 것이다.

개성과 달리 베니스의 경우 메디치 은행처럼 중앙으로 모이는 집중된 금융거래소가 발달하여 대형 건물이 출현한 것이다. 대형 건물 없이 회계장부상의 기입만으로 금융업무를 수행하기 위해서는 회계장부상에 은행 관련 계정만을 모은 새로운 장부가 존재해야 한다. 본 연구에서는 경환태가계정과 신책계정을 바로 이러한 회계장부 안의 은행계정으로 탐구하려고 한다.

DEB를 통한 인명계정과 계정 사이의 거래 기입은 모두 자금 전환의 결과로서 신용 네트워크에 참여한 모든 사람에게 이득을 가져오는 이유는 은행이 예금을 유치하는 것이나 이자를 받고 대출하는 것이나 동일한 활동인 것이다. 개성과 이탈리아 메디치 은행과의 차이는 예금담보부 금융과 순전한 신용금융과의 차이이다. 회계기록만으로 계정이 설정되고 거래가 완전히 DEB로 처리되어 깨끗이 상계되는 것은 가히 회계 금융혁명이라 할 수 있는 혁신적인 것이다. DEB는 자산을 운동시키는 신용제도를 발달시킬 뿐만 아니라 도덕적 위험을 방지하는 시스템인 것이다.[295]

개성상인들이 직접 작성한 회계 실무자료를 중심으로 조선 후기 환어음에 관한 금융사적 실증 연구는 중세 유럽의 메디치 가문이 플로렌스 지점으로 집중시키는 금융 활동을 수행한 것이나 독일의 푸거 가문과 로스차일드 가문의 중앙집권 은행업무와 매우 대조적인 것을 확인했다. 개성상인들은 은행 대신 분산된 장책 제도를 채택한 것이다. 특히 환어음 유통 관련 관습에 주목하여 최근 개성상인 후손 박영진가에서 보존하고 있는 회계장부의 일기장(분개장)과 장책(받자장책/주자장책)에서 개성상인들의 환어음 관련 실무와 회계 처리방법을 정리하여 조선 후기에 이미 민간 신용제도가 광범위하게 정립되어 있었음을 제시하려고 한다.[296]

295) 柳子厚(1940), 「어음 票에 대하여」, 『조선화폐고』, 제19장 260~268. 學藝社, 1940.
296) 메디치 은행은 중세 말기 이탈리아에서 최대 기업활동 도시인 플로렌스에서 탄생하였다. 은행 이름은 이 가문 명(Giovanni Medici)을 따른 것이다. 그러나 그의 일은 기업이 아닌 로마 교황청 일을 돕는 정치였다. 따라서 그의 금융망은 정상적인 기업경영활동의 확대에 따른 것이 아니라 교황청 지부가 존재하는 곳에 은행지점을 설치하게 된다. 메디치 은행은 이후 푸거(Fuggers) 가문의 은행업 진출과 로스차일드(Rothschilds) 가문의 진출, 1694년 영국은행(Bank of England), 1703~1706 오스트리아 헝가리 은행(Austro-Hungarian Bank), 1765년 독일은행(German bank), 1776년 프랑스 은행(French Bank)의 설립 모두 동일한 성격을 갖게 하는 모범이 된 것이다.

본 절에서는 현대 회계 원리인 DEB 시스템대로 박영진가 회계장부의 환어음 관련 거래기록을 정리하여 회계를 통한 신용체계는 개인의 소비 금융이 아니라 생산적 목적을 위해 기능하였으며 제1차 산업인 농업 분야의 인삼 경작과 홍삼 제조를 통한 제2차 산업, 그 판매를 위한 영업 활동이 원활히 진행되기 위하여 농업과 제조업의 영역이 아닌 제3차 서비스산업으로서의 금융업 영역이 존재하고 장책의 분산성을 통해 제4차 산업혁명에 해당되는 분산장책 체계가 이미 19세기 말에 개성에서 성립되어 있었음을 실증하려는 것이다.

이를 위해서 박영진가 회계장부의 일기장을 중심으로 어음 관련 거래를 상업어음, 융통어음, 소비어음으로 분류하고 각각 그 분개(Journalizing)가 어떻게 이루어져 있으며 이 거래 분개가 다시 외상장책과 타급장책으로 각각 어떻게 전기(Posting)되었는가를 추적하여 발행인과 지급인, 지명인과 영수인, 지급의뢰인과의 관계를 규명하고 이를 통하여 어음 대금의 추심권리와 그 수수료와의 관계를 살핀다.

또한 채권 만기일과 이자율 그리고 할인수수료와의 비율을 계산할 수 있는 어음할인 관련 거래를 분석하여 이자율과 할인율의 수준을 비교한다. 또한 어음 유통 관련 수수료의 수준을 탐구하여 금융서비스 분야의 발달 정도를 제시한다. 마지막으로 본 연구에서는 동시대 유럽의 환어음(Bill of Exchange) 제도와 개성상인들에 의하여 구축된 신용망과의 유사성과 차이성을 검출한다.

박영진가의 회계장부 중 일기장과 장책이 동시에 보존된 기간의 일기장1(1887.08.15-1894.04.26), 일기장2(1894.04.26-1898.09.15), 일기장3(1898.09.15-1900.04.12)과 받자장책(1887.08.15-1900.04.12), 주자장책

(1887.08.15~1901.09.15)의 환어음 관련 계정을 그 분석 대상으로 삼았다.

〈표 7-9〉에 제시한 대로 할인시장이란 오늘 현재의 현금 100원이 일 년 뒤 미래의 현금 100원보다 훨씬 소중하게 필요한 사람들을 중심으로 형성된다. 예를 들어 현재 당장 100원이 필요한 사람은 연이자율 10%를 더하여 1년 뒤 110원을 갚기로 약정을 하고 빌려간다. 대출하는 사람에게 현재 100원은 1년 뒤 미래가치는 110원이 된다.

$$P(1) = 100 + 100 * 0.1,$$
$$P(2) = P(1) + P(1) * 0.1 = 100(1+0.1) * (1+0.1) = 100(1+0.1)^2$$
$$P(n) = 100(1+0.1)^n$$

이 미래가치와 현재가치의 차이를 6년근 인삼을 생산하는 개성상인들에게 적용해보자. 현재 100원의 6년 뒤의 미래가치는 $P(6) = (1+0.1)^6 = 177.18$원이다. 6년근 인삼을 재배해야 하는 개성상인에게 현재 100원은 연이자율이 10%인 경우 1년 뒤에는 110원이지만 6년 뒤에는 177.18원인 것이다. 따라서 장기 영업을 계획해야만 하는 개성상인에게 현재의 현금 100원은 항상 177.18원으로 현금의 시간 가치인 기회비용을 인식하였으므로 그 흐름을 더욱 소중하게 항상 관리했던 것이다. 그들에게 현금흐름 관리는 곧 미래가치 자산관리이다.

금융(金融 Finance)이란 종이 위에 기록한 현금흐름 거래의 회계 처리가 끝난 것(Finish)을 의미한다. 곧 그 회계 책임성(Accountability)이 마감되는 것으로 대차평균의 원리를 통해 그 합을 마치면서 책임성에서 벗어난다.

박영진가 회계기록에서 일기장과 장책 기록이 모두 함께 존재하는 기간은 1887년 08월 15일~1900년 04월 12일이고 이중 환어음 관련 일기 기록은 1887년 10월 19일 '金德卿 債邊先上京換崔壽卿推次一度文一千兩上'이란 기입이 첫 기입이고 1900년 6월 15일 '金弘烈 捧次同換口給文下'라는 기록이 마지막으로 회계장부가 존재하는 전 기간에 걸쳐 총 435건의 환어음 관련 거래가 존재한다. 이 기록은 다시 받을 권리 장책인 받자장책과 지급해야 할 의무 장책인 타급장책으로 전기되어 있는데 받자장책에 '金德卿捧次丁亥八月十五日 十月晦債文五千兩 邊文三百七十五兩 內丁亥十月十九日京換崔壽卿推次文一千 兩十一月初三日上文三百七十五兩初六日仍債移錄文四千兩上'라는 기입이 환어음 관련 첫기입으로 전기(Posting)를 통한 이중 기입이 확인된다. 본 연구에서는 이러한 일기장의 분개와 장책으로의 전기 사항이 동일한 것을 근거로 동시대 환어음 관련 거래분석과 분개의 특성 그리고 장책으로의 전기 과정을 규명하여 제4차산업과 회계순환을 연계하였다.

본 장에서는 수도 서울에서 발행되고 개성에서 통용된 경환(京換) 관련 거래기록과 경환 관련 금융업무에서 창출된 할인수수료 관련 거래 경환태가(京換駄價)를 분석하여 박영진가의 영업활동 범주에 금융업이 존재하고 있었음을 실증한다. 지금까지 개성상인에 대한 선행 연구에 의하면 개성에 정주한 상인들의 주 업종은 상업으로 알려져 있으나 본 자료를 작성한 박영진가의 주요 업무는 상품매매업이 아닌 금융업이었다.

개성의 금융업의 기원은 시변제도로 널리 알려져 있으며 고려시대까지 거슬러 올라간다. 이 금융업은 자금 수요자와 자금 공급자가 오늘날 4차 산업혁명 시대처럼 수시로 변하여 주요 고객은 전국을 돌아다니며 행상을 하는 소규모 상인을 포함한 대중국, 대일본 홍삼과 백삼의 수출

업에 종사하는 모든 경제활동 인구를 포함한다.[297]

박영진가의 회계장부에서 관찰되는 환어음 관련 거래는 은행의 대출 업무처럼 약정이자율이 명기된 대여금 거래에 현금 대신 소지한 환어음으로 대여할 경우 할인수수료를 일정 금액 제하고 거래한 것을 알 수 있다. 대여금 거래에서 기입된 이자율과 환 할인수수료를 근거로 할인율을 구하여 비교하면 흥미로운 사실이 나타난다. 이를 위하여 본 장에서는 앞 장과 마찬가지로 일기장 기록과 장책 기록을 대조하여 그 수준을 비교한다. 이 경우에 환 수수료 관련 거래가 원금거래와 동행하여 부수적으로 기입된 경우가 관찰되므로 원금과 이자율 그리고 상환기일과 환 수수료가 생성되어 대출 건수당 이자율 수준과 수수료율 수준을 비교할 수 있다.

박영진가 일기장 및 장책에서 확인되는 환어음 관련 거래의 분개 및 전기 과정의 고찰에서 나타난 사실은 환과 관련된 거래에는 할인수수료에 해당되는 특수 거래가 부수적으로 발생하여 독립된 계정과목을 갖는다는 점이다. 박영진가 주자(타급)장책의 '京換駄價' 계정과목이 바로 오늘날 현대 회계로 보면 환수수료계정에 해당되는 계정과목이다. 타급장책에 독립된 환수수료 계정과목을 갖는다는 것은 금융시장에서 발생하는 명목계정을 자본계정과 통합시키는 과정을 의미한다. 예를 들어 금융시장에서 발생한 환 할인수수료 수익이 회계 기말에 순이익으로 집계되면 집합손익계정 차변으로 순잔액이 기입되고 자본금계정 대

---

297) 朴平植(2004), "朝鮮前期 開城商人의 商業活動", 朝鮮時代史學報, 제30집. 74면. 이훈섭 (2002), "개성상인들의 상업경영에 관한 연구", 한국전통상학연구 16-2. 2면. 최상문·김확열 (2008),"松商과 晉商의 商道에 관한 比較研究", 韓國民族文化 제32집. 315-316면.

京換駄價(入)						
1892.10.29	文給文	35.00		1892.11.27	文	300.00
1892.11.127	文	100.00		1892.12.03	文	100.00
1892.11.27	口文	70.00		1892.12.05	文	265.00
1892.12.02	文	35.00		1892.12.08	文	200.00
1892.12.15	文	35.00	內	1892.12.22	文	965.00
1893.01.09	文	52.50		1892.12.22	文	575.00
	合文	327.50		1892.12.26	文	875.00
	餘給次文	3220.00		1893.02.04	文	77.50
				1893.03.01	文	190.00
					合文	
		3547.50				3547.50

京換駄價
入壬辰十一月廿七日文三百兩
十二月初三日文一百兩
初五日文二百六十五兩
初八日文二百
十二文九百六十五兩同日文五百七十五兩
廿六日文八百七十五兩
癸巳二月初四日文七十七兩五錢三月初一日文一百九
十兩 合文三千五百四十七兩五錢
內
壬十月廿九日給文三十五兩
十一月十七日文一百兩口文七十兩
十二月初二日文三十五兩十五日文三十五兩
癸巳正月初九日文五十二兩五錢 合文三百二十七兩五
錢除 餘給次文三千二百二十兩
癸巳九月十五日下彔

\<표 7-8\> 총계정장책상의 京換駄價 계정

변에 정확히 일치하는 순이익 금액이 기입되어 차대변으로 통합되는 것을 의미한다. 타인자본 부채계정이나 자기자본 자본계정은 모두 발생 즉 증가는 대변에, 소멸 즉 감소는 차변에 기입하게 된다. 손익계산서에 올라가는 비용과 수익의 일기장에서의 분개 구조는 수익계정 대변에 증가, 현금계정 차변에 증가로 기입된다.

〈표 7-8〉의 총계정장책의 경환태가 계정잔액 3,220냥(除 餘給次文 三千二百二十兩)은 1893년 받자주자대조표의 주자질(給次秩)에 기입되어 환 할인수수료의 이익의 잔액이 자본화 처리된 것으로 사료된다.

박영진가 타급장책 안에 '京換駄價'가 독립된 계정과목으로 처음 등장하는 계정의 거래기간은 1892년 11월 27일-1893년 03월 01일 기간이다. 이 기간에 환 할인 수입수수료 총액은 3547.50냥이고 동 기간 할인 지급수수료 총액은 327.5냥으로 그 차액인 순환수수료 수입이 3,220냥이다. 이 차감 잔액 3,220냥은 1893년(癸巳) 9월 15일자로 받자주자대조표의 주자질로 들어가 있다.

'京換駄價'의 계정이 환 할인수수료 거래의 성격을 가장 잘 제시하는 사례가 1892년 12월 3일부터 1892년 12월 5일까지 2일간의 '京換' 관련 거래 12건이다. 1892년 12월 3일부터 5일까지 이틀간 일기장에 '京換駄價'와 관련된 거래를 모두 정리한 것이 〈표 7-8〉의 하단이며 현대 T-Form으로 전환한 것이 〈표 7-8〉의 상단이다. 경환 관련 거래 적요를 보면 '京換' '京換駄價' 혹은 '京換駄價口除'로 구분되어 있다. 분개 구조 기입은 크게 '還上-上' '入-上' '捧次-下'로 분류할 수 있다. 금융 할인 수수료 계정의 차변과 대변으로 응집되는 항목을 분개장의 분개 구조를 통해서 찾을 경우 '入-上' 구조는 대변이고 '捧次-下' 구조는 차변으로 응집된다.

먼저 1892년 10월 29일 일기장의 기록을 가지고 거래를 분석하고 현대 방식으로 분개하면 다음과 같다.

壬辰十月卄九日邊三兩二戔五分式　崔子綏債給十一月晦京換捧次文一千三百六十兩下

_____京換口文曺白劉崔給文三十五兩下

〈거래분석〉 1892년 10월 29일 이자율 0.325(邊三兩二戔五分式) 최자녀에게 11월 그믐을 만기로 약정한 경환어음을 1,360.00 대여해 주다. 1892년 10월 29일 최자녀에게 대여한 환어음 할인수수료 35냥을 차감하다.

1892년 10월 29일 일기장의 환어음 할인수수료 35냥 관련 거래는 경환구문(京換口文)으로 기재되어 있으나 받자장책에는 경환태가 계정으로 분류 집계되어 있다. 중계수수료로서 구문(口文)이나 거래비용으로서 태가(駄價)를 같은 의미로 사용한 것을 알 수 있다.

주지하듯이 미래 받을 금융자산이 현재 시점에서 필요하게 될 때 미래 금액을 현재가치로 환산하여 거래를 발생시키는 시장을 금융할인시장이라 한다. 〈표 7-9〉는 1892년 경환을 유통시키면서 발생한 경환대여금 거래를 가지고 일기에서 어떻게 현재가치 지향의 할인시장 거래가 발생하고 분개되는지와 이 현재가치 지향의 할인시장에서 할인된 금액이 다시 미래가치 지향의 대여시장의 금융거래로 처리되고 있는지를 제시한 것이다.

먼저 〈표 7-9〉 상단 원문을 보면 이자율 표시 0.325(邊三兩二戔五分式)를 볼 수 있다. 다음에 등장하는 숫자 금액은 1,360냥(一千三百六十兩)이고 그 다음 숫자 금액이 35냥(三十五兩)이다. 이 35냥은 미래가치 지향의 계산법으로는 나오지 않는 금액이다.

원문에 제시된 비율과 대여금액을 계산하면 1,360 * 0.325=44.2가 나온다. 이 금액은 복리 만기금액 공식[원금 * (1+이자)^{기간}]을 적용하여 받을이자 44냥 2전[1,360 * 이자율 0.325]을 구할 수 있다. 35냥의 금액과 일치하는 숫자를 찾기 위해서는 현재가치지향 할인시장 공식[원가=미래액면가치−(은행)할인료]을 적용해야 할인료 35냥[환어음 액면금액 1,360냥 * 연할인율 0.257]이 구해진다. 일기장에도 경환으로 받을 대여금액 1,360냥을 현재가치로 할인한 금액 35냥이 등장한 것은 현재가치지향 할인시장 공식대로 할인율은 월할인율 0.257%로 계산하여 35냥으로 회계처리한 것이다. 이 현재가치와 미래가치와의 차액 9냥 2전은 이자율 0.325로 받을이자 44냥 2전과의 차액이다. 이 차액 9냥 2전은 1,360냥이라는 미래의 현금을 현재시점의 현금으로 전환시켜 현재 단기 유동성을 제고하여 준 희생 대가인 것이다.

이와 같이 K-Account는 미래의 현금을 적정한 할인율로 할인하여 현재가치 중심으로 현금흐름을 파악하는 회계처리 기법을 구사한 것이다.

오늘날 우리가 후원자의 의미로 사용하는 스폰서란 이탈리아 베니스에서 중세시대 성립된 파생금융시장 관련 용어이다. 이탈리아에서 구두서약이 종이 위에 글씨로 기록되는 순간 종이화폐 법정화폐의 라틴어 기원인 'nomina transcripticia'라 표현하고 법률상의 채권채무 관계를

1)壬辰十月卄九日 2)邊三兩二戔五分式 3)崔子綏債給 4)十一月晦	
5)京換捧次文 6)一千三百六十兩下	
7) 8)京換口文 9)曺白劉崔給文 10)三十五兩下	
1. 壬辰十月卄九日	계약일 1892.10.29
2. 邊三兩二戔五分式	이자율 0.325
3. 崔子綏	채무자 최자녀
4. 十一月晦	상환기일 1892.11.30
5. 京換捧次文,	경환받을대여금
6. 一千三百六十兩	금액 1,360.00
7.	환할인 계약일 1892.10.29
8. 京換口文	환할인료
9. 曺白劉崔給文	환액면금액
10. 三十五兩下	할인료 35냥 지급

현재가치 지향 할인시장 현가 = 미래 액면가치 – (은행)할인료 할인료(Discount) 35냥=환어음 액면금액(Face Value) 1,360냥＊연할인율(rate of discount) 0.257

1)壬辰十月卄九日 2)邊三兩二戔五分式 3)崔子綏債給 4)十一月晦	
5)京換捧次文 6)一千三百六十兩下	
7) 8)京換口文 9)曺白劉崔給文 10)三十五兩下	
1. 壬辰十月卄九日	계약일 1892.10.29
2. 邊三兩二戔五分式 :	이자율 0.325
3. 崔子綏	채무자 최자녀
4. 十一月晦	상환기일 1892.11.30
5. 京換捧次文,	경환받을대여금
6. 一千三百六十兩 金額 1,360.00	금액 1,360.00
7.	환할인 계약일 1892.10.29
8. 京換口文	환할인료
9. 曺白劉崔給文	환액면금액
10. 三十五兩下	할인료 지급

미래가치 지향 자본시장 공식 $P(n) = 100(1+0.1)n = P(n)/(1+0.1)n$ 받을이자 44냥2전 = 대여금액 $1,360 ＊ 이자율 0.325$

壬辰十一月卄七日　　　　　崔子綏還上京換条金士文移計上文一萬兩上
　　　　　　　　金士文捧次京換崔子綏条移計文一萬兩下
　　　　　　　　京換駄価入崔子綏条 l 萬駄価文三百兩上
　　　　　　　　崔子綏捧次京換駄価文三百兩下
　　　　　　　　金士文還上京換駄価文一百兩上
　　　　　　　　京換駄価捧次京換 l 萬駄価同人給文一百兩下

① 1892년 12월 3일 金有聖 還上京換美洞洪主事推次兩隻文 10,000냥 상
② 1892년 12월 3일 金有聖同京換駄價口除文 90냥 상
③ 1892년 12월 3일 金奎珍捧次京換洪主事推次明二月晦仍債文 10,000냥 하
④ 1892년 12월 3일 金奎珍捧次同換價口除文 190냥 하
⑤ 1892년 12월 3일 京換駄價入文 100냥 상
⑥ 1892년 12월 4일 金奎珍京換駄價上文 190냥 상
⑦ 1892년 12월 4일 金有聖京換條給文 355냥 하
⑧ 1892년 12월 5일 朴公叔還上京換崔壽卿推次文 10000냥 상
⑨ 1892년 12월 5일 朴公叔捧次同換駄價文 75냥 하
⑩ 1892년 12월 5일 車向弼捧次京換崔壽卿推次明二月晦仍債文 10000냥 하
⑪ 1892년 12월 5일 車向弼捧次同換?價口除文 190냥 하
⑫ 1892년 12월 5일 京換駄價入文 265냥 상

<표 7-9> K-Account 자본의 기회비용 인식 현재가치와 미래가치 차액

성립시키는 강제력이 부여되었다. 이 강제력을 후원하는 보증인을 스폰서(Sponsia)라고 한 것이다. 오늘날 이탈리아어로 'sponsia'란 구두약속의 합의(stipulationes: contract, agrements) 의미로서 미래 약속의 현재 실행을 의미하는 파생금융시장 용어이다.

모두 앞서 소개한 홍기문의 이두 연구에서 밝힌 개성상인의 구두계약과 관련된 용어들의 법적 구속력과 같은 맥락이다. 이 용어들은 모두 미래 사실을 현재 인식하는 용어들이다. 베니스에서 현금출납부는 실제 화폐가 들어오고 나가는 것을 기록하는 장부로서 회계 처리에서 가장 기본이다. 그러나 나중에 점차로 실제 화폐가 아닌 구두 약속을 기록으로 가상적으로 지불하겠다는 약속을 가지고 있어도 곧 현금처럼 현금출납부에 기록되어 화폐와 동등하게 회계 처리대상이 되었다. 일기장에 등장하는 어음(於音), 음(音), 음신(音信), 음표(音標) 등은 모두 개성에서도 베니스와 마찬가지로 구두 약속도 곧 현금과 등가물로 인정되어 회계 처리된 경우로 모두 가상 현금화폐(Fictitious payment)를 의미한다.[298]

결론적으로 개성상인들은 조선 후기에 이미 짐작손익회계를 구사하고 있었다. 개성상인들이 짐작손익회계를 개발한 이유는 현대 기업회계와 마찬가지로 삼포 경영 기간에 발생하는 비용과 인삼을 수확하여 판매함으로써 실현되는 수입을 매년 회계기간에 수익과 비용으로 인식하고 대응시킬 수밖에 없는 경영환경 때문이라고 볼 수 있다.

이들에게는 당장 현금의 수입 지출이 없어도 6년 뒤인 미래 이익과

---

298) Littleton 1933 p.30.

관련된 거래가 발생할 곳에는 어디든지 달려가서 현금이 있든지 없든지 거래를 성사시키고 그 자리에서 분개 처리한 일기 기록을 남긴 것이다. 이들에게는 일정 시점의 자산의 증가나 부채의 감소 등 자본 소유권 변동 사실은 중요하지 않았다.

　자산의 증감보다는 기간손익과 현금흐름을 중시하는 이러한 영업활동 중심의 DEB를 리틀튼은 미래성(Futurity)이라고 표현하였다. K-Account는 리틀튼의 미래성뿐만 아니라 할인시장을 개발하여 현재가치지향의 금융시장도 DEB를 통하여 개발한 것으로 보인다.

제8장

개성자본회계
다섯 번째 순환과정

제1절 삼포도중 회계와 원가계산

삼포도중 회계와 이해관계자 자본주의

지금까지 개성지방의 독특한 금융제도인 시변제도의 한가운데 환도중(換都中)이 존재하는 것을 살펴보았다. 그러나 개성에는 또 하나의 독특한 제도가 이 도중과 연관되어 존재하였다. 인삼포 경영조직을 의미하는 삼포도중(蔘圃都中) 제도가 바로 그것이다. 이 삼포도중 제도는 개성의 경제활동의 주체를 개인회사와 법인회사를 구분하는 좋은 기준이다.

당시 개성지방에서 거주하면서 경제활동을 영위하는 개개인이 모두 자신을 대표하는 실명계정으로 회계장부상에 올라와 있었고 계정을 보유한 사람들은 모두 각자 개별 일기장에서 현금흐름을 점검하고 잔액을 시산하므로 매일매일 자금이 부족한 자금 수요자와 자금이 여유로운 자금 공급자가 자신인지 아니면 거래처 누구인지를 판단할 수 있었

기업실체회계 삼포도중회계 회사명
1. 설기동종삼포도중회계(薛其東種蔘圃都中會計)
2. 윤극열박재영백삼도중회계(尹兢烈朴在永白蔘都中會計)
3. 윤극열박재영삼포도중회계(尹兢烈朴在永蔘圃都中會計)
4. 손계중김남형존이동포회계(孫啓中金南炯存以洞圃會計)
5. 설기동석벽동도중포회계(薛基東石壁洞都中圃會計)

<표 8-1> 기업실체 회계 삼포도중 회계 회사명

다. 그러나 개인 실명계정의 시변제도만으로는 개성에 오늘날의 주식회사와 같은 회사가 존재하였는지 단지 개인회사에 머문 것인지 구별할 수 없다.

이탈리아의 기업사와 회계사의 연결을 시도한 드 루버도 15세기 플로렌스 지방에서 활동하는 대부분의 금융업 종사자들은 소규모 자영 금융업자들이며 플로렌스에만 80여 개가 존재하였다고 밝히고 있다. 이탈리아를 포함한 유럽에서도 19세기까지 자본소유자와 경영자가 사전계약에 의해 자본을 조달하고 일정 기간이 지난 후에 경영성과를 가지고 배당의 몫을 정하는 주식회사는 존재하지 않았다. 대규모 거대 금융업자나 제조업자들이 존재하였지만 개인 가족회사였다. 메디치 가문, 푸거 가문, 로스차일드 가문도 그 규모는 대규모였다 하더라도 회사의 형태는 개인회사였다.[299]

그러나 인삼포 경영조직을 의미하는 삼포도중 제도의 회계장부상의 계정명에는 오늘날 법인체의 이사진처럼 기업 임원진을 지칭하는 계정명이 다수 등장한다. 또 이러한 계정명은 다음에 예시한 것과 같이 반

---

299) de Roover (1963b, pp. 7, 172, 174, 176, 179, 193).

드시 인삼 관련 제조장이나 작업장인 '白蔘' '蔘圃'가 뒤따른다. 이것은 산업자본 회계가 출현하기 위해서는 공장별로 독립된 회계가 필요한 것과 동일한 의미를 갖는다. 박영진가 회계장부 가운데 각인회계책의 계정명은 〈표 8–1〉과 같이 대표자 실명, 삼포명 그리고 도중이 뒤따른다.

여기서 설기동종삼포도중회계(薛其東種蔘圃都中會計)에 등장하는 설기동은 자연인(自然人)이 아니라 종삼포(種蔘圃) 법인회사의 대표자이다. 이와 같은 도중회계(都中會計)의 출현은 오늘날 주식회사가 개성의 삼포경영에 도입된 것으로 보아야 한다. 설기동 대표이사의 책임과 권리는 자연인으로서의 무한책임과 무한권리가 아닌 회계장부에 등재된 거래의 범위 내에서만 유한책임과 유한권리가 있다는 주식회사 제도가 개성에서도 발달한 것이다.

유한책임의 영속성과 육체적 기업실체 삼포

그러면 왜 개성상인들은 오늘날 기업실체 회계를 도중회계(都中會計)라 표현했을까? 법인 곧 기업실체의 등장을 영어로 'Corporation'이라 하듯이 개성도 기업실체를 협력한다는 의미가 강조된 '都中'으로 표현한 것이다. 영어권에서 기업의 어원은 라틴어의 'corporacioun'이고 그 의미는 '육체적 실체'이다. 'Corporation'의 라틴어 의미 '육체적 실체'는 오늘날 기독교에서 여전히 쓰이는 용어로서, 보이지 않는 신이 사람의 육체로 나타난 사건 곧 무한한 존재인 하느님이 유한한 존재인 사람의 육체로 나타난 예수를 의미한다. 회계에서는 '기업실체(Entity)'로도 사용한다. 삼포도중이란 마찬가지로 무한책임의 개인이 아닌 주어진 삼포와 관련된 유한책임의 기업실체를 의미한다.

〈표 8-1〉에 제시한 대로 각인회계책의 삼포도중 계정명은 현대 주식회사의 법적 지위와 권한의 출현에 필요한 다음 3가지 전제 즉 개별독립성, 유한책임성, 내부계속성이 모두 갖추어져 있다. 1)각인(各人)이란 삼포별로 각각 독립된 실체라는 의미이다. 2) 삼포도중이란 독립된 삼포에 한정된 유한책임을 갖는 책임자를 의미한다. 3)회계란 크론헴 방정식과 달리 자본소유주는 외부에 존재하며 자본소유주와 분리된 내부통제 회계를 의미한다.[300]

자본소유주로부터 독립된 유한책임의 계속성을 지닌 육체적 기업실체의 등장을 기업경영사에서는 '관리혁명' 혹은 '경영혁명'이라 명명한다. 지금까지 이 혁명은 20세기 초반에 서구 유럽이 아닌 미국 자본주의를 중심으로 등장한 혁명으로 인식하고 있다. 이 용어를 처음 책의 제목으로 사용한 사람은 제임스 번햄(James Burnham 1905-1987)으로 1941년 그의 저서 제목이 『관리혁명(The Managerial Revolution)』이다.

미국에서 관리혁명의 혈통은 테일러리즘으로 유명한 프레더릭 테일러(Frederick Taylor 1856-1915)의 시간과 가치 체인의 움직임으로 거슬러 올라간다. 테일러리즘의 핵심은 대차대조표와 손익계산서에 기초한 원가정보 생성이다.

이 원가회계에 대해 테일러 스스로 "나의 회계시스템은 평범한 상업 및 생산회계와 다른 특징이 있으며 내가 아는 한 아직까지 어떤 회계시

---

300) Michael Chatfield (1977 : 77)

스템도 원가계산을 시도한 적이 없다."라고 말했다.[301] 그러나 테일러는 개성의 K-Account의 DEB에 의한 원가계산 실무를 인지하지 못하였기 때문에 이러한 이야기를 남길 수 있었던 것이다.

전 장에서 살펴본 대로 영국 산업혁명을 배경으로 등장한 크론헴 방정식의 한계에서 지적하였듯이 18-19세기 영국의 회계의 목적은 소수 자본소유주에 맞추어져 있었고 소유자 순재산의 평가와 분석에만 초점을 맞춘 한계를 지니고 있었다. 자본주 이론은 다수의 이해관계자의 참여를 배제하고 철저히 소수의 이해관계자만을 위한 것으로 스스로 한정한다. 회계의 목적이 소수의 이해관계자만을 위한 정보로 복무할 때에는 거짓 장부를 만드는 회계 비밀주의와 아무런 차이가 없다고 볼 수 있다.

개성의 삼포도중처럼 자본출자자로부터 독립한 법적 지위와 권한을 가진 경영주체가 새로운 권력 파워로 등장하면서 회계정보는 소수의 이해관계자에서 다수의 이해관계자를 위한 정보로 바뀌게 되었다. 각인 회계책을 구성하는 삼포도중 회계는 개성에 소수의 자본출자자로부터 독립한 법적 지위와 권한을 가진 경영주체가 등장한 것을 의미한다.

유한책임의 기업실체의 등장은 세 가지 생산요소 소유자의 권한 역시 유한 권리로 제한하게 된다. 자본 소유자, 토지 소유자, 그리고 노동력 소유자의 권한은 기업실체가 유한책임을 지는 만큼만 유한 권리행사의 계약을 맺게 된다. 이 계약대로 더 이상 자본소유주는 자본의 순환과정에 등장할 수가 없게 되고 자신의 자산에 대한 청구권을 결산 이후

---

301) Rosita S. Chen Sheng-Der Pan Frederick Winslow Taylor's contributions to cost accounting *Accounting Historians Journal*: Vol. 7 : Issu. 2, 1980. 1-22.

에 간접적으로 나타낼 수밖에 없는 침묵의 자본가 혹은 잠자는 자본가가 된다.

자본소유주들은 경영활동의 초기 출발점에서 경영활동의 주체자와 계약을 통해 자신의 권리를 경영활동 이후에 결산의 결과를 놓고 주장하도록 하여 경영활동 기간 내내 침묵하면서 경영활동의 결과를 기다리는 존재가 되는 것이다. 노동력소유자와 토지소유자도 마찬가지이다. 이들은 기업실체의 출발 단계에서 계약을 통해 정해진 임금소득과 지대소득을 취득하는 경제주체라는 점에서 위험을 감내하지 않는 잠자는 자본소유자와 동일한 소극적 성격을 지닌다.

KDEB와 내부통제시스템

이와 같이 기업실체 회계의 등장은 다수의 이해관계자의 사전 계약에 따라 책임과 권한이 정해지므로 경영활동 기간에서 발생하는 모든 거래의 회계정보도 다수의 이해관계자 모두에게 공개되는 것을 전제로 투명하게 작성되어야 하는 회계내적 강제를 요구하게 되었다. 이를 내부통제시스템(Internal Control System, 이하 ICS)이라 한다. ICS는 DEB와 만나면서 의도된 부정(Intended Fraud)이나 의도하지 않은 실수(Unintended Error)로부터 자유를 획득한다.

따라서 다수의 이해관계자에게 공개되는 것을 전제로 투명하게 작성되는 ICS는 경영의 출발선상의 기초 자본액보다 재공품(Work in process)의 가치증감 액수가 더 중요해지게 된다. 원료계정, 임금계정과 같이 생

		일기장1	일기장2	일기장3	일기장4	일기장5	일기장6	일기장7
개시기입 날짜 (a)		1887. 08.15	1894. 04.26	1898. 09.15	1901. 04.10	1903. 10.05	1905. 02.24	1906. 11.16
마감기입 날짜 (b)		1894. 04.26	1898. 09.15	1901. 04.09	1903. 10.04	1905. 02.24	1906. 11.06	1912. 04.15
면수		116	116	116	116	116	116	118
기입수(c)		2,041	2,213/1083	2,388	2,228	2,464	2,479	2,364
薛箕東 蔘圃都中 관련 거래	a	NA	1896. 09.13	1898. 09.16	1901. 04.10	1903. 10.06	NA	NA
	b	NA	1898. 09.13	1901. 04.09	1903. 10.03	1904. 10.30	NA	NA
	c	NA	411 (18.6% /38%)	535 (22.4%)	428 (19.2%)	122 (5%)	NA	NA

<표 8-2> 박영진가 일기와 도중 회계의 가치체인 구조

산활동에 따라 발생하는 비용과 수익의 평가가 점점 더 중요성을 더해 가는 회계구조가 형성되는 것이다. 한마디로 대차대조표를 소수의 이해관계자 즉 자본소유자 중심의 재무제표라 한다면 소득계산서는 임금소득 추구자, 지대소득 추구자, 중간재 공급자, 자본소득 추구자 등 다수의 이해관계자 중심의 재무제표라 하는 이유가 바로 여기에 존재한다.

본 절에서는 삼포도중 회계자료를 분석하여 소득계산서 작성과정에서 임대소득, 자본소득, 임금소득 등 각 소득 추구자들의 이해관계가 어떠한 연결고리를 형성하면서 만나는지를 제시한다. 또한 최종 회계순환과정에서 주기적으로 손익을 측성하고 그 한도 내에서 투자자에게 배당하는 현대 회계의 이익잉여금처분계산서(利益剩餘金處分計算書 Statement of appropriation of retained earnings)의 주기성과 다음 회기로 넘어가는 계속성과의 연관성을 제시한다. 주기성과 계속성은 K-Account의 현대성을 실증하는 핵심 개념이다.

본 절에서는 K-Account 순환의 세 번째 과정인 받자질(捧次秩 Receivable)과 주자질(給次秩 Payable) 대조표 그리고 네 번째 과정인 짐작회계를 도중회계와 연결시켜 주회계책(周會計冊)의 의미에 대해 제시한다. K-Account에서 주기성과 계속성은 기업실체 회계로서 삼포도중회계가 차지하는 회계사적 의미를 가장 잘 전달하는 특성이다. 본 절에서는 그 특성 탄생의 배경으로 6년근 인삼 생산에 두었다. K-Account는 주기성과 계속성을 통해 6년이라는 장기간을 요구하는 제품 생산을 일 년 단위로 유동화시키는 회계기법을 개발한 것이다.

〈표 8-2〉는 K-Account의 5단계 전 순환이 어떠한 가치 체인으로 연결되는가를 보여주는 총괄표이다. 〈표 8-2〉에 제시된 대로 1887년 8월 15일 출발한 일기 기입은 1912년 4월 15일의 최종 기입으로 마감되어 있다. 총 26년 일기 기록에서 삼포경영 기록이 처음 나타나는 시점과 종점은 1896년 9월 13일과 1904년 10월 30일이다. 총 8년간 인삼 경영을 진행한 것이다. 거래발생 순서대로 기입하는 일기와 소득계산서 기록이 가치 체인으로 연결된 것은 삼포 경영의 원가계산이 원재료의 구입에서부터 최종 시장판매에 이르기까지 순차적인 추적방법(sequential tracking)이라는 것을 의미한다.

〈표 8-2〉는 총 7권으로 구성된 박영진가 일기장 가운데 삼포도중[302]인 '설기동(薛箕東)' 인명과 연관된 거래의 일기장별 거래 분포를 파악하

---

302) 김병하 1993, 「都中에 관한 연구: 개성 선주전과 해주 선상전을 중심으로」, 한국경영사학회 『경영사학』 제8집(통권) 8권.

기 위해 정리한 것이다. 〈표 8-2〉에 제시되어 있듯이 박영진가의 일기
장 총 7권은 1887년 8월 15일 개시 기입이 시작된 이래 1912년 4월 15일
까지 총 26년간 발생한 거래가 기입되어 있다. 이 가운데 삼포경영과 직
접적으로 관련된 거래기록은 일기장 2권 '설기동' 인명으로 기입된 1896
년 09월 13일의 기록이 첫 기입이다.

이 기록 이전에 일기장 1권의 시작 연도인 1887년부터 1896년까지 9
년간 거래 기입에는 삼포 경영 관련 거래 기입은 존재하지 않고 금융 관
련 거래 기입에서 간헐적으로 삼포 경영을 위해 자금이 오고 간 내용만
등장한다. 예를 들면 일기장 1권의 1887년 12월 6일 오광언(吳光彦)이 삼
포용조로 빌려간 돈 100냥이란 거래로 해석되는 '十二月初六日　吳光彦
貸去圃用條文一百兩下' 기입과 같은 금융거래가 간혹 보이다가 1896년
09월 13일 이후부터 삼포 경영 관련 거래 기입이 집중적으로 나타난다.

이날 이후부터 일기장에 기입되기 시작한 설기동삼포도중(薛箕東蔘圃
都中) 관련 거래의 기입 수는 일기장 2권 전체 기입 건수 2,213건의 총
18.6%를 차지하며 일기장 2권의 1896년 9월 13일 이후 1,083건의 총
38%를 차지한다. 1898년 09월 15일-1901년 04월 09일 기간의 일기장
3권의 경우 총 거래 기입수 2,388건에서 설기동삼포도중 관련 거래는
535건으로 22.4%를 차지한다. 1901년 04월 10일-1903년 10월 04일
기간인 일기장 4권에서는 19.2% 비중의 빈도로 기입되어 있다. 일기장
뿐만 아니라 다음 장에서 살펴볼 받자장책에 독립된 계정과목 기입 수
에서도 단일 계정으로서 삼포도중 계정과목 거래 기입 수는 가장 많은
비중을 차지한다.

그러다가 1903년 10월 5일부터 시작되는 일기장 5권에서부터 설기동

도중 관련 거래 기입이 갑자기 줄어든다. 일기장 4권까지 총 거래 기입 건수 대비 약 20% 내외의 거래 기입 비중이 일기장 5권에서 갑자기 5% 대로 하락하는 것을 확인할 수 있다. 또한 일기장 4권 1903년 9월 15일 이후 설기동 관련 거래 기입의 적요란은 삼포 경영과 무관한 포목 매매와 같은 다른 영업활동으로 변경되어 있다.

이상 박영진가 일기장 총 7권의 거래 기입 가운데 삼포 경영 관련 거래 기입의 일기장별 분포를 근거로 박영진가의 삼포 경영활동기간을 추적하면 1896년 9월 13일 시작되어 1903년 9월 15일까지 약 6-7년간이 직접적 인삼 제조를 위한 삼포 경영 기간이며 이 동안에 일어난 회계시스템을 파악할 수 있다. 6년근이라는 인삼 제품주기와 경영활동이 깊은 연관성이 존재하는 것이다. 인삼 생산활동기 전후 시기인 1887년 8월 15일에서 1896년 9월 13일까지 약 9년간 그리고 1903년 9월 15일에서 1912년 4월 15일까지 약 8년간 삼포 경영활동이 멈추어 있는 것을 알수 있다. 삼포 경영활동기 7년과 삼포 경영활동기 이전 8년과 활동기 이후 휴업기 9년의 경영활동 사이클은 6년근 인삼 제조와 밀접한 연관이 있다고 사료된다.

그러면 어떻게 6-7년이라는 최장기간 시간대를 요구하는 제품주기를 갖는 인삼을 경영의 주요 품목으로 설정한 것일까? 장기간 기후변화나 채무불이행이나 파산 등 다양한 위험을 감내하고 수익을 창출하는 힘은 어디에 존재하는 것일까? 칼 마르크스가 인식한 타인노동의 착취나 외국에 나아가 식민지를 개척하여 수탈해오는 18-19세기 서구 유럽 자본주의의 흑역사에서는 상상할 수도 없는 제품 선택인 것이다.

〈표 8-2〉의 총괄표대로 회계순환 제1 단계 특성인 완전성, 복식성,

미래성에 이어 제2 단계 특성인 간결성, 영구보존성, 분산성은 모두 최종 단계인 삼포도중 회계로 귀결되어 6년근 인삼 생산의 전 과정이 DEB 방식대로 처리된 것을 여실히 보여준다. 다시 말해서 DEB에 기초한 6년근 삼포 경영의 가치 체인(Value Chain)은 일기의 이중 점검(Double Checking), 이중 전기(Double Posting)와 장책계정의 이중 공간(Double Space of Account), 이중 횡선(Double Line)과 연결되어 일기에서 삼포도중 회계까지 전 과정을 관통하는 DEB의 완전성으로 이루어져 있는 것이다.

따라서 총괄표 〈표 8-2〉는 6년근 인삼 생산의 가치 체인은 회계정보의 주기성으로 기업실체의 계속성을 이어나가기 위해 얼마나 중요한 역할을 하는지를 잘 나타낸다. DEB의 특성을 적용한 회계 처리기술로서 가치 체인이 원활하고 성공적으로 순환되도록 하는 원가회계의 핵심기술이 인삼 생산에 적용된 것이다. 이는 오늘날 블록체인 기술이 등장하게 된 배경에 DEB가 존재하는 것을 잘 나타내고 있다고 사료된다.

지금까지 살펴본 K-Account의 특성은 〈표 8-2〉에 제시된 대로 모두 인삼 생산과 제조, 판매 과정의 가치 사슬에 저장된 거래기록의 무결함성, 불변성, 신뢰성, 투명성 및 완전한 추적성을 제공하는 원천기술인 것이다. 따라서 오늘날 블록체인 기술이 지향하는 인터넷 데이터의 무결점성을 보장하고 변조 및 위조가 불가능하도록 완벽한 시스템을 구현하는 데에는 K-Account의 5단계 순환과정의 특성들을 잘 활용할 필요가 있다.

제2절 자본계정과 명목계정의 통합

다음으로 삼포도중 회계의 특징인 가치 체인과 원가계산과의 연관성을 중심으로 K-Account의 원가계산 구조 및 제조업에서의 자본계정과 명목계정이 어떻게 오늘날 제조원가명세서처럼 통합되는지를 살펴보자. 〈그림 8-1〉은 받자주자대조표와 독립된 별도의 삼포도중 회계의 원가계산서이다. 이 원가계산 구조를 파악하기 위해서 지금까지의 분석 방법과 마찬가지로 일기의 분개 기록과 장책의 차변 대변 계정이 상호 교차로 연결되는 순차적인 추적 계산 방법을 적용한다. K-Account는 순차적인 추적 방법에 자본계정과 명목계정의 결합을 다음과 같은 원칙을 가지고 진행한다.

'한번 나간 돈은 반드시 돌아온다. 나갔다가 돌아오지 않은 돈은 전혀 없다(一去必還來 無一去不還來).'

'한번 나간 돈은 반드시 수익과 함께 되돌아온다'는 자금순환 원칙이 K-Account의 DEB 원리이자 투자원리이다. 이 원칙은 K-Account 제5 순환까지 전 과정을 관통하는 원칙이다. 즉 제1 순환 일기장의 완전성, 복식성, 미래성도 이 원칙의 관철에서 나온 특성이다. 앞서 살펴보았듯이 KDEB 제1 순환의 특성은 그대로 제2 순환의 특성 간결성, 영구보존성, 분산성으로 이어진다. 또한 제2 순환의 특성은 제3 순환 재무제표의 특성 자산=부채 즉 유동자산=유동부채의 등식으로 나타나 재고자산 계정을 두지 않고 감가상각 계정이나 대손충당 계정을 두지 않는 결과로 이어지며 제4 순환 짐작손익 회계의 수익비용 대응구조로 이어진다. 이 모든 순환의 특성이 최종적으로 제5 순환의 특성 제조원가가 곧 매출원가가 되는 네트워크를 형성하게 된다.

본 절에서는 지금까지 논의해온 개성자본회계 순환의 모든 특징 즉 제1 순환 일기의 완전성, 복식성, 미래성과 제2 순환 장책의 간결성, 영구보존성, 분산성 그리고 제3 순환 잔액 시산의 현금흐름성 특징이 어떻게 삼포도중 회계의 소득계산서상으로 모이는지를 살펴본다.

삼포도중 회계에서 기회원가(Opportunity Cost)란 1년 뒤 혹은 6년 뒤 최종 수확과 판매를 원활히 진행하기 위한 목적을 달성하기 위하여 다른 선택을 희생하고 현재 인삼 생산과정에 투입되는 원료, 반재료, 노무비 등을 상평통보 전문으로 측정한 비용이기 때문에 지금은 나갔지만 반드시 증식과 함께 되돌아온다는 '一去必還來 無一去不還來'의 원리를 실현하는 비용이다. 따라서 소멸된 원가는 모두 수익의 실현에 기여한다. 소멸된 원가 중에 수익에 기여하지 못하고 완전히 나가버린 비용은 존재하지 않는다는 회계원칙을 가지고 회계 처리한 결과가 바로 〈표

<table>
<tr><th>薛箕東 관련 거래 일기장 분개(Journalizing)
(1897년 3월 12일)</th><th>薛箕東 계정 전기(Posting)
(1897.03.12-1898.03.19)</th></tr>
<tr><td>三月十二日 韓有玉還先上文二千三百兩上
① 薛箕東入上發八次八合〧〥式次發三次五合三〥式王翰奎上文七百八十二兩五錢上
② 又入條七次二〥短三次〤〥式金春喜上文二百九十五兩上
③ 又捧次牛峴密種田二合半耕雇三十簾〡百間價〡百文一百三十兩下
④ 又捧次同圃長柖六百介價兩巡文一百四十二兩五錢下
⑤ 又入細根十次〥〧口除上文五百五十兩上
⑥ 又捧次石魚二束文十兩六錢下
⑦ 又入八百上細根三百三十次〡一〥式文三萬七千九百五十兩上
⑧ 又入次細根十3次〥〧式文七百四十一兩上
⑨ 又入細根六十四次〡三式李順勉上文八千三百二十兩上
樂村圃上冊 ⑩ 又捧次八百上細根三百三十次〡一〥式文三萬七千九百五十兩下
⑪ 又捧次次細根十三次〥〧式文七百四十一兩下</td><td>薛箕東
⑩ 捧次丁酉三月十二日樂村密種圃八百上細根三百三十次〡一〥式文三萬七千九百五十兩⑪捧次細根十三次〥〧式文七百四十一兩植蔘役合文八百七十八兩八錢五分簾卜鍤雇耕雇合文四十六兩十八日草索價〤〥水道鍤雇三名一〢文十六兩五錢廿四日上直十七日雇三〥〧錢長木運雇〥兩文四十兩七錢廿六日結間役文六百兩四月初三日拾虫雇合文一百兩十六日加土役十二名〤〨加簾先給〡〥三太三十介二十文二百十九兩廿一日松加簾畢給文十一兩五錢五月初二日除草役七名雇文十七兩五錢初六日石魚價文十七兩廿一日蔘卜價條文十七兩九錢廿六日除草十一名文三十兩五錢六月十三日青葛一隻文十五兩七月初三日除草役十二名文三十七兩五錢廿一日告事酒肉價文二十五兩八月初六日除草役十一名文二十七兩五錢八分收松役二名文八兩
⑫ 〢〇〩〦 〤〇〧 〩〩〤 〥分九月廿一日除草加土役文四十一兩十一月廿二日簾一百三十間價文一百兩卅日籬薪五駄文四十兩十二月初四日草索一百五十沙里文五兩三錢五分十二月十五日青葛一駄文三十七兩二錢廿四日田稅文二百兩戊戌正月初六日簾七十二間文六十兩三月初三日四處上直燭油價文十三兩五錢十九日上直朔〦十籬役二十文八十兩上片丙申九月廿日一字座移來文二千一百九十六兩 本合文四萬三千五百七十二兩五錢戊戌三月至邊〡〥式合文八千六百四十八兩八錢七分 本邊合文五萬二千二百二十一兩三錢七分內
(右內) 戊戌三月十九日四處二根後蔘三十二次一〥式十次半二〥式口除文七百五兩五錢上片丙申九月廿日一字座移來文一百兩 本合文八百五兩內五錢 邊合文十八兩五錢七分 本邊合文八百二十四兩七分除 餘捧次戊戌閏三月本文五萬一千三百九十七兩三錢戊戌閏三月初六日會計上</td></tr>
</table>

<그림 8-1> 일기장 분개와 받자장책, 삼포 경영 관련거래의 가치체인 구조

周會計冊의 받자주자대조표 실질계정				周會計冊의 소득계산서(會計斟酌抄) 명목계정			
받자(捧次) a/c				주자(給次) '入……上'a/c			
받자자산(外上)		주자부채(他給)		차(Dr) 발곡택 자본 −		대(Cr) 발곡택 자본 +	
받자계정(捧次 a/c)		주자계정(給次 a/c)		비용계정 (拾虫役, 結間役, 看腦 役, 加土役, 加簾役, 除 草役, 草結役)		수익계정 (參圃販賣收益) '入--上'	
借(Dr)上+	貸(Cr)下 −	借(Dr) 下−	貸(Cr) 上+	借(Dr) 上+	貸(Cr) −	借(Dr) 下−	貸(Cr) 上+

<표 8-3> 삼포도중 소득계산서 차대변 증감 분개 조합 원리(Rules of Debit and Credit)

8-2〉에서 〈표 8-4〉까지이다.

이 원칙은 개성상인들에게 원가는 비쌀수록 고수익으로 되돌아온다는 경영원칙을 수립하도록 하였다. 독일의 벤츠 등 고급차일수록 원가가 높고 그만큼 제품의 내재적 가치가 크고 고품질을 보증하기 때문에 고수익을 창출하는 것처럼 개성상인은 최고의 품질을 보증하기 위하여 원가의 내재적 가치를 절대로 속이지 않은 것이다.

이 표들을 이해하기 위해서는 먼저 삼포도중 관련 일기의 분개 구조를 이해하여야 한다. 〈그림 8-1〉는 K-Account의 순차적인 추적 방법을 적용하기 위해 삼포도중 설기동 계정을 중심으로 제1 순환 일기와 제2 순환 장책의 원문을 그대로 대조한 그림이다. 〈그림 8-1〉에 나타난 대로 삼포도중 일기의 분개 구조는 단순 명료하다. ①, ②, ⑤, ⑦, ⑧, ⑨는 모두 수익과 관련된 거래로 일기장에 '入……上' 분개 구조로 통일되어 있다. ③, ④, ⑥, ⑩, ⑪은 모두 삼포 조성 비용과 관련된 거래로 일기장에는 모두 '捧次……下'의 분개 구조로 기입되어 있다. 일기장에서 삼포 조성과 경작과정 그리고 채삼하기 직전까지 삼포에 지출된 모든 거래의 기입은 '捧次……下'라는 분개 구조를 갖는다. 이 분개 구조를 현대 회계 분개 원리대로 분류한 것이 바로 〈표 8-3〉이다.

〈표 8-3〉은 오늘날 대차대조표와 소득계산서인 재무제표에 해당되는 주회계책의 받자주자대조표의 자산(받자질) 계정과 부채 자본(주자질) 계정의 차변 대변 증감 원리와 소득계산서(회계짐작초) 계정의 차변 대변 증감 원리를 제시한 표이다. 삼포 경영에서 ①, ②, ⑤, ⑦, ⑧, ⑨는 모두 '入……上' 분개 구조로 삼포 판매 수익을 실현한 周會計冊의 소득계산서(會計斟酌抄) 대변(Credit) 수익 명목계정란에 들어간다. 이 수익과 대응하는 비용이 周會計冊의 소득계산서(會計斟酌抄) ③, ④, ⑥, ⑩, ⑪로 '捧次……下'로 통일되어 차변(Debit) 비용 명목계정란에 들어간다.

박영진가 일기장의 삼포 경영 관련 거래 기입의 분개 구조는 산업자본 고유의 원가 분개와 동일한 분개 구조이다. 19세기에 서구 유럽을 포함하여 이러한 분개 구조를 실무적으로 적용하여 최종 대차대조표와 소득계산서로 통합시킨 사례는 지금까지 연구결과를 보았을 때 전혀 존재하지 않는다.

이제 이 사례를 좀 더 구체적으로 제조기업 원가 처리인 재공품 계정 처리를 가지고 분석해보자. 지금까지 분석한 대로 삼포도중 회계는 삼포 관련 원재료와 노무비 등 관련 거래를 발생 순서대로 기입하는 일기와 최종 소득계산서 기록이 서로 가치 체인으로 연결된 것은 삼포 경영의 원가계산이 원재료의 구입에서부터 최종 시장 판매에 이르기까지 순차적인 추적 방법(sequential tracking)이 적용된 것을 보여준다.

이 순차적인 추적 방법을 산업자본의 DEB 처리를 전형적으로 보여주는 재공품 계정의 원리를 적용하여 자본계정과 명목계정의 통합에 대해서 살펴보자. 삼포도중 관련 일기의 분개는 차변에는 재료의 매입을 기입하고 대변에는 재료의 사용을 기입하여 임금의 경우 (차) 재공품 ○○○ (대) 임금 ○○○로 분개되는 현대 재공품 관련 분개 구조와 동일한 원리이다.

특히 다른 금융거래나 매매 활동의 거래 기입과 달리 '牛峴密種田' '樂村圃'와 같은 삼포는 삼포 조성과 설비 투입 단계의 기입 암호와 수확 산출 단계의 기입 암호가 전혀 다르다. 예를 들어 〈표 8-3〉 주회계책 소득계산서상에 차변 비용란에 기입되는 기입 암호는 '칸(間)[303]'과 각종 재료 투입 단가와 노무비(拾虫役, 結間役, 看腦役, 加土役, 加簾役, 除草役, 草結役) 단가이다. 삼포 조성 규모의 투입비용 기본 단위인 '間數'와 해당 단가 비용이 공정별로 다르게 기입되어 '間'별 비용 단가가 모두 다르다. 이는 오늘날 원가회계에서 판매활동 직전의 제품별 부문별 제조부문을 분류하여 그 원가를 기록해야 하는 것과 마찬가지의 이유에서 '間'별 재료비 투입을 기록한 것으로 사료된다.

임금 관련 용어도 '役'과 '日雇'로 구분하여 제조과정상의 특수 전문직 임금인 경우 '役'으로, 일반 단순직인 경우 '雇'로 표현하여 그 단가의 차이를 계산하여 기록하고 있다. 일종의 오늘날 R&D 관련 인적자본에 고비용을 지출하는 경우이다. 이는 현대 회계에서 제조기업 회계의 기초로서 원가의 일반적 정의대로 설기동 삼포도중 관련 거래는 인삼제품 생산을 위해서 필요한 재화(種蔘, 簾, 苧索)와 용역(拾虫役, 結間役, 看腦役, 加

---

303) 朝鮮總督府『朝鮮の商業』1927. 蔘房用語: 가삼(家蔘)은 삼포에서 키운삼. 간매(間賣): 삼포 조성 단위. 이 삼포를 조성하고 수확하기 전에 삼포 매매를 간매라 한다. 개갑(開甲)은 발아시 종자의 딱딱한 껍데기가 벌어지는 것이다.

채삼차수	단가 기입	총판매수입	단가*수량	총판매수입
⑤細根十次	ㅎ≐	五百五十兩	57*10-20	550.00
⑦上細根三百三十次	ㅣ一ㅎ	三萬七千九百五十兩	115*330	37,950.00
⑧細根十三次	ㅎ≐	七百四十一兩	57*13	741.00
⑨細根六十四次	ㅣ三0	八千三百二十兩	130*64	8,320.00
⑩上細根三百三十次	ㅣ一ㅎ	三萬七千九百五十兩	115*330	37,950.00
⑪次細根十三次	ㅎ≐	七百四十一兩	57*13	741.00

<표 8-4> 간뇌역(看腦役)이 분류하는 감정평가 차이에 의한 판매수익 구조의 변화.
동일노동 투입단가 임금은 동일하지만 산출단가는 최고가 130냥에서 최저가 57냥으로 차이가 벌어지는 것이 바로 회계금융서비스의 이윤창출설의 근거이다, 칼 마르크스가 인지한 타인 노동력 착취설의 근거가 없는 것이다,

土役, 加簾役, 除草役, 草結役) 등 경제적 자원 희생의 화폐금액 표시인 것이다. 따라서 이 거래들을 재료와 노동력, 그리고 기타 용역별로 분류하고 그 단위당 가격을 계산하면 인삼 제조원가의 가치 흐름도를 작성할 수 있다.

이와 반대로 산출 관련 기입 암호는 '차(次)'이다. 이 용어와 관련된 가장 중요한 암호는 호산으로 표기된 매출단가이다. 이 산출 단가는 투입단가와 전혀 다른 구조를 보이는 것이 바로 〈표 8-4〉에 제시된 간뇌역(看腦役)에 의한 감정평가 차이인 것이다. 삼포도중에서 도중의 수익 구조에 가장 중요한 역할을 하는 비용 지출이 간뇌역과 같은 인삼의 머리 부분을 보고 인삼의 가치를 결정하는 노무비이다. 따라서 이 노무활동에 대해서는 경영진과 동급의 지위를 부여하여 '역(役)'으로 호칭하는 대우를 해준 것이다.

투입 단가에서는 고정된 임금 지출이지만 이들에 의하여 분류되는

인삼의 가치 차이는 최고가와 최저가의 단가 차이가 무려 94냥으로 가치증분이 나는 것이다. 〈표 8-4〉에 제시한 대로 3월 12일 같은 삼포에서 같은 날에 인삼을 수확하고 같은 품목 '세근(細根)'으로 분류되었지만 간뇌역(看腦役)의 감정평가에 의해 단가가 분류되어 한 부류는 차당 57냥이며 다른 부류는 차당 130냥이다. 예를 들어 〈표 8-4〉의 ⑧은 같은 細根이지만 十三次가 단가 57냥짜리로 분류되고 ⑨는 같은 細根이지만 六十四次가 단가 130냥으로 감정평가된 것이다. 간뇌역이 130냥으로 단가를 평가하였다면 741냥이 아닌 1,690냥이 판매수입으로 잡히는 것이다.

요약하자면 박영진가 삼포 경영 관련 거래는 1896년 9월 13일 시작되어 1903년 9월 15일까지 약 7년간 집중되어 있고 삼포 조성에서 인삼 제조까지 관련된 일기장의 거래의 분개 구조가 현재는 비용으로 지출되지만 미래에는 받을 자산으로 인식하는 '捧次……下'로 통일되어 있다. 이와 같이 특정 시기에 삼포 경영 관련 거래가 집중되어 있고 이 거래의 분개 구조가 오늘날 제조기업 회계의 고유 계정인 재료계정, 임금계정, 제조경비계정 등 자산계정으로서 관련 거래 발생액이 재공품계정 차변 잔액을 증가시키는 원리와 동일한 원리의 분개 구조를 갖는 것은 삼포 경영의 산업자본적 특성이 일기장에서 시현된 것을 의미한다.[304]

이러한 삼포 경영의 산업자본적 특성과 의사결정 행동선택의 핵을 이루는 재료계정, 임금계정, 그리고 제조경비계정은 19세기『자본론』을 집필한 칼 마르크스의 임금 타인노동 착취설과 전혀 다른 자본순환 모습

---

304) 제조원가 기입의 분개 구조에 대해서는 고덕필(1999), 『현대회계학』, 무역경영사, 「제12장 제조기업회계의 기초」를 참고하였다.

으로 등장한다. '임금=지불노동' '잉여가치=지불하지 않은 노동'이라는 등식 대신에 '임금=투자자산=재공품 자산계정'으로 현재는 비용으로 나가지만(下) 미래에 다시 받을 자산(捧次)의 구조로 DEB 처리된 것이다.

임금을 미래에 받을 투자자산으로 인식하는 구조는 오늘날 R&D에 대한 현대 회계 처리와 동일한 구조이다. 오늘날 기업의 핵심 경쟁력은 다른 기업과 차별화된 우수한 제품을 만들 수 있는 기술력에 의존한다. 이러한 기술력을 선점하기 위해 모든 기업이 R&D에 투자를 하고 있으며, 이 투자의 회계 처리는 제품을 제조하는 데 투입되는 자원(재료비, 노무비, 생산설비 및 기술)의 하나로 인식하는 것이므로 R&D 기간 동안 발생한 비용을 미래에 받을 자산(捧次)으로 처리하는 것과 완전히 동일한 회계 처리를 이미 19세기에 구현하고 있었던 것이다. 현대 회계에서 R&D를 자산화하면 발생 비용을 이연처리하게 되므로 영업이익이 증가하게 되어 회사 재무제표의 수익성이 좋게 된다.

개성상인은 삼포 경영에서 발생하는 모든 성격(재료비, 노무비, 제 경비)의 비용을 각 삼포별로 정확하게 단가를 명기하고 배부하는 시스템과 프로세스를 구축하고 있음을 알 수 있다. 즉 그들은 종삼포, 밀종포, 3년근 삼포, 4년근 삼포별로 단가 추적과 투입 임금 기입을 통해 삼포별 발생 재료비 추적시스템을 구축해 놓은 것이다. 이는 오늘날 R&D를 자산화하는 회계 처리기법을 이미 19세기에 시현한 것을 웅변한다.

이러한 무결점 원가계산은 삼포도중이 생산하여 제공하는 인삼이나 관련 회계서비스가 모두 과정 과정마다 가치를 부여하는 시스템으로 오늘날 디지털 공간의 블록체인처럼 모든 거래는 대차변으로 크로스로 관련되어 체인을 형성하면서 가능한 시스템이다. 이 가치 체인을 본 서에서는 K-Account의 '교차가치체인 원가계산(Cross Value Chain Costing)'이라 명명한다.

K-Account의 교차가치체인 원가계산은 미래 자본회계가 지향해야 할 방향성에 회계서비스의 중요성을 제시하고 있다는 점에서 미래지향 개념이라 할 수 있다. 교차가치체인의 원가계산은 값이 비싼 원료 조달일수록 판매 수익이 올라가는 사치재 시장의 법칙을 구현하고 있다. 조악한 원재료 조달을 통한 눈 가리고 아옹 식은 판매 수익 제고가 불가능하다. 또한 '一去必還來 無一去不還來'의 원칙을 관철시켜 고정자산과 재고자산을 두지 않음으로써 과대 재고자산으로 인한 생산과 소비의 불균형으로 인해 발생하는 경제적 파산을 초래하지 않는다는 점이다.

이러한 미래지향적 원가 인식은 19세기 말 20세기 초 자본주의 경제 사상사에서 일어난 오스트리아학파의 한계혁명적 사고의 기반이었다. 오스트리아학파의 카를 멩거(Carl Menger 1840-1921)는 19세기 잉여가치론을 제창한 칼 마르크스와 18세기 노동가치론을 주장한 애덤 스미스나 리카르도의 고전적 가치 인식과 전혀 다른 한계효용론에 기초한 주관적 가치 이론으로 한계혁명을 주도하였다. 그의 이론은 후에 슘페터의 창조적 파괴 기술혁신으로 이어졌다.[305] 한계혁명 이론은 19세기 등장한 칼 마르크스의 자본론과 전혀 다른 자본주의 세계를 20세기에 열어나갔지만 21세기 현재 다시 등장한 피케티의 자본론 등 소득 불평등론에 의해 부정당하는 이유는 주관적 가치 측정의 어려움과 개인의 자유로운 선택의 지나친 강조 때문이다.

305) Carl Menger (1840-1921), *The Concise Encyclopedia of Economics*, Library of Economics and Liberty (2nd ed.), Liberty Fund, 2008.

그러나 K-Account가 보여주는 원가계산은 경영책임자의 의사결정 행동이 DEB의 책임성에 기반하기 때문에 가치는 정확히 측정되며 방종에 가까운 자유를 허용하지 않는다는 점에서 한계혁명의 한계를 이미 넘어서 있다고 볼 수 있다. 즉 K-Account의 원가계산은 DEB 책임성에 기반한 활동기준 원가계산(Activity-Based Costing, 이하 ABC) 혹은 활동기준 경영(Activity-Based Management, 이하 ABM)인 것이다. 삼포도중회계는 삼포 조성에서 최종 수확 판매까지 모든 과정의 활동을 분석하여 불필요한 원가 낭비를 유발하거나 또는 최종 성과를 저해하는 활동을 통제 관리함으로써 최고의 인삼 효능을 창출하였으며, 그 과정에서 구현된 제품의 원가계산 방법이 K-Account의 '一去必還來 無一去不還來'의 원칙인 것이다.

제3절 기업실체 회계의 실증

 본 절에서는 K-Account의 최종 결과물인 소득계산서의 원가 구조 분석을 통해 인삼 생산의 가치체인 구조가 오늘날 구현되고 있는 블록체인 기술과 얼마나 연관되어 있는가를 제시하여 20세기 미국에서 일어난 관리혁명의 요체가 19세기 이미 개성에서 발생한 것을 실증하면서 동시에 19세기 개성의 삼포도중 회계에서 일어난 관리혁명은 오늘날 디지털 공간에서 일어나는 가치 체인 관리기술의 원천임을 주장한다.

 〈그림 8-2〉 〈표 8-5〉 〈표 8-6〉는 ① 皮橋宅, ② 薛箕東, ③ 李順勉, ④ 孫啓中, ⑤ 金南炯 모두 5명의 도중으로 구성된 밀종포 회사의 1898년 9월 30일에 공표한 소득계산서 원문 정서와 순차적인 추적 방법(sequential tracking)을 보이기 위하여 원문을 그대로 날짜별로 옮긴 것이다. 이 회사의 이사신은 5명의 경영책임지와 1명의 삼포 소유주로 구성되어 있다. 이 표를 중심으로 개성의 기업실체 회계 실무의 특징을 살펴보자. 분석의 순서는 1)-41) 기입 순서대로 진행한다.

<그림 8-2> 삼포도중 회계 소득계산서 자본잉여금계산서 이익잉여계산서 원문

먼저 기입순서 1)皮橋宅薛箕東李順勉孫啓中金南炯樂村旧密圃六都中會計 戊戌九月三十日을 분석하면 밀종포란 벼 모내기 작업처럼 먼저 종삼을 구입하여 밀종포에서 1년 인삼 묘종을 심고 재배하는 밀종삼포이다.

그런데 5명으로 구성된 경영진이 6도중으로 표기되어 있다.[306] 나머지 한 명이 바로 삼포 소유주이다. 이 삼포 소유주는 회사 경영진에는 없지만 맨 나중에 이익잉여계산서에 이익배당(分矜)자 명단에 등장한다.[307] 미리 언급하지만 〈그림 8-2〉 기입순서 37)에 박성삼이 등장하고 최종이익을 5명이 아닌 6명으로 나누어 배당하는 것을 볼 수 있다. 자본주 이름은 출자 초기에 한 번 나타나고 기간영업 수익 측정이 끝나는 연말에

---

306) 皮橋宅薛箕東李順勉孫啓中金南炯樂村旧密圃六都中會計 戊戌九月三十日

307) 分矜 '몫을 나누다'의 의미를 갖는 이두로서 '분공'으로 읽어서는 안 되고 '분깃'으로 읽어야 한다. 19세기 말에서 20세기 강제 병합되기까지 출현한 대다수의 회사가 깃식(矜式) 회사명을 달고 나왔다.

한 번 배당받으러 나타날 뿐이다.

이러한 이유로 조용한 협력자(Silent Partnership) 혹은 잠자는 협력자 (Sleeping Partnership)라는 소유와 경영이 완전히 분리된 협력관계를 지칭하는 용어가 등장한 것이다. 이 박성삼이 바로 '침묵의 자본가(Silent capitalist Commendator)'이다. 자본회계서비스에서 이윤이 창출되는 것을 최초로 제기한 사람은 리틀튼이다. 그는 회계서비스란 '침묵의 자본가'의 기초 투자액을 받아서 위험을 감내하면서 자본을 순환시키는 '활발한 운반자(Active Trader)'가 최종 결산보고서를 작성하는 과정이 곧 이윤 창출과정이라고 정의하였다.

〈표 8-5〉〈표 8-6〉은 리틀튼의 정의대로 침묵의 자본가(Silent capitalist Commendator)는 최종 이익잉여계산서 작성에 한 번 나타난다. 이와 달리 '활발한 운반자(Active Trader)'는 회계기간 전 과정을 종횡무진 하면서 나타난다. 기입 순서 1)에 나타난 ① 皮橋宅, ② 薛箕東, ③ 李順勉, ④ 孫啓中, ⑤ 金南炯이 바로 이들이다. 이들 모두 집안의 아내를 침묵의 자본가로 두고 있다. 바깥에서 아내의 침묵의 자본을 활발히 운반하는 바깥사람 남편이 계산하여 보고하는 영업활동 보고서 속의 여문(餘文)이 바로 아내에게 지불하는 자본의 기회비용이다. 이에 대해서는 다음 절 장기금융 '의변(義邊)'에서 상세히 다룬다.

이 회사의 영업은 1898년 3월 06일 낙촌에 소재한 밀종포 모두 다섯 장소에 총 646칸의 삼포밭을 조성하면서 시작된다. 10,482냥 02푼이 최초 자본이다. 이 금액은 일종의 종삼 구입 비용이다. 이 비용을 기계나 고정자산 토지 구입비로 오해해서는 안 된다. 삼포도중 회계는 자본의 순환과 끊임없는 현금흐름을 지향하는 회계이기 때문에 자산은 모

		회계기간 1892.03.06.-1892.09.30		
1	皮橋宅薛箕東李順勉孫啓中金南炯樂村旧密圖**六都中**會計戊戌九月三十日	날짜	단가 수량	금액
2	閏三月初六日 捧次五處密種圖計■在樂村密種蔘六百四十六**閒**価文一萬四百八十二兩二分	03.06	646*	10,482.02
3	初九日　立**閒役**二ㆁ分式├一।ㆁ役一名ㅈ兩文一百六十六兩五戔	03.09	0.025*161.5*5	166.50
4	十六日　　除草役八名三।簾朔一二ㆁ戔盖役ㆁ兩文五十四兩五戔	03.16	8*3.2175+5	54.50
5	十八日　　草索**朔**二।ㆁ分上直**朔**三十文三十二兩二戔五分	03.18	0.0225+30	32.25
6	廿九日　　松加簾**先給**文一百六十一兩五戔	03.29		161.50
7	四月初六日　同条**畢給**文三十二兩三戔	04.06		32.30
8	**告事**条ㆁ兩加土役九名ㅈㆁ文五十兩	04.06	5+9 45	50.00
9	十二日　　面松改簾役播種一二ㆁ簾一百間価三十ㆁ戔文一百五兩	04.12	175 100 875	105.00
10	<合四月本文一萬一千八十四兩七分			11,084.07
11	九至六朔邊文九百九十七兩五戔七分>			997.57
12	五月初八日　除草役七名文二十九兩 五**朔**邊文二兩一戔七分	05.08	29 2.17	2.17
13	廿九日　　同条十一名文三十九兩 四**朔**邊文二兩三戔四分	05.29	39 2.34	2.34
14	七月初六日　同条十名文四十二兩 三**朔**邊文一兩八戔九分	07.06	42 1.89	1.89
15	廿九日　　上直三人給ㅅㅓ油燭価├一兩幕長木価 ㅈ兩文一百兩	07.29	90+6+4	100
16	八月十二日　開簾役二名半文十二兩五戔	08.12		12.50
17	<合八月本文一百十二兩五戔 兩朔邊文三兩三戔七分>		112.50 3.37	112.50
18	九月初一日　除草役七名文二十五兩 一**朔**邊文三兩三戔七分	09.01	25+0.37	
19	廿日　　上直三名二十七兩雇三।石油価川兩文八十四兩	09.20	3.37= 81 +3	84.00
20	廿日　　勞条安致浩給三十李善勉席価条給十兩文四十兩	09.30	30+10	40.00
21	<合文一百二十四兩>			124.00
22	本合文一萬一千四百五十五兩五戔七卜			11,455.57
23	邊合文一千七兩七戔一分			1,007.71
24	本邊合**捧次戊戌十月本文**一萬二千四百六十三兩二戔八分以		188	12,463.28
25	閏三月十九日 入簾一百六十五間価還衆一百六十五兩九至六朔邊文十四兩八戔五卜		165. 14.85	165.00

<표 8-5> 삼포도중 회계 소득계산서 자본잉여금계산서 이익잉여계산서

두 유동자산화되고 부채도 유동부채로서 장기채무가 존재하지 않는다. 앞서 제3 순환의 받자주자대조표에서 살펴본 대로 K-Account의 항등식은 유동자산=유동부채이기 때문에 고정자산, 재고자산, 감가상가비 계정이 존재하지 않는다.

자본축적률이 순영업이익률을 늘 앞서는 이유는 감가상각비의 과다계상 때문이다. 감가상각비의 과다계상은 자본과 노동의 대체탄력성의 상승으로 나타난다. 실질임금이 상승하면 곧 자본으로 대체하고 대량 해고와 실업의 만연으로 진행되는 것을 애초부터 차단하는 것이 삼포도중의 원가회계이다. 한마디로 삼포도중 회계의 임금지출은 늘 일정하며 자본으로 대체하는 일이 발생하지 않는 것이다. 부동산 투기나 외국환 투기와 같은 과도한 자본축적으로 인한 비합리적 행동을 원천적으로 차단하고 있는 것이다. 따라서 K-Account의 회계방식을 따르면 자본-소득 불균형이 성립할 수 없는 것이다.

이제 다음 단계 밀종삼포의 원가 구성 항목을 순차적으로 분석하면서 19세기 자본론과 21세기 자본론의 오류의 심각성을 지적해보자.

기입순서 3)-24)까지가 1898년 3월 6일에서 9월 30일까지 삼포 조성과 관리에 투입된 재료 노무비 원가 항목으로 구성되어 매출원가(Cost of Goods Sold, 이하 COGS)에 해당된다. 기입순서 3)에서 20)까지가 제조원가보고서(Cost of goods manufactured statement, 이하 COGMS)에 해당된다. 1898년 3월 6일에서 9월 29일 판매 직전 최종 관리비 지출까지가 이 밀종포 제품이 원재료에서 재공품 과정을 거치는 데 투입된 원가이다. 기입 순서에서 삼포 조성 설비장치는 해가리개 발(簾)인데 기입 순서 6), 7), 9) 161.50냥, 32.30냥, 105냥 모두 298.80냥이다. 이외에 모두

| 결산일 | 받자주자대조표(대차대조표) | | | | | 회계짐작초(손익계산서) | | | | |
| | 주자질(給次秩) | | 받자질(捧次秩) | | 받자-주자 | 입 | | 출 | | 입-출 |
	계정수	합계	수	합계	여문(餘文)	수	합	수	합	여문(餘文)
1892.09.13	12	103,216.40	10	104,634.48	1,418.08	4	16,280.62	5	14,862.54	1,418.08
1893.09.15	18	181,737.33	23	190,485.38	8,748.05	2	13,456.86	2	4,708.81	8,748.05
1894.09.15	22	113,453.35	27	118,686.57	5,233.22	2	11,933.22	1	6,700.00	5,233.22
1895.09.15	21	110,298.93	18	114,394.41	4,095.48	3	18,200.09	1	14,104.61	4,095.48
1896.09.15	23	140,580.39	20	146,522.29	5,941.90	2	6,059.70	1	117.80	5,941.90
1897.09.15	33	271,523.17	35	267,538.95	-3,984.22	2	6,212.80	4	10,197.02	-3,984.22
1898.09.15	47	481,008.85	45	469,283.46	-11,725.39	2	1,031.53	3	12,756.92	-11,725.39
1899.09.15	41	446,320.33	37	448,958.76	2,638.43	8	50,445.10	9	47,806.67	2,638.43
1900.09.15	44	583,954.08	43	583,362.30	-591.78	4	23,602.37	1	24,194.15	-591.78
1901.09.15	44	565,709.47	55	568,208.30	2,498.83	3	53,569.44	4	51,070.61	2,498.83
1902.09.15	44	622,477.79	49	647,049.68	24,571.89	6	81,186.19	6	56,614.30	24,571.89
1903.09.15	46	788,516.07	50	810,697.58	22,181.51	6	60,736.92	1	38,555.41	22,181.51
1904.09.15	49	784,025.56	63	799,181.68	15,156.12	7	130,520.70	5	115,364.58	15,156.12
1905.09.15	52	963,774.26	81	947,192.63	-16,581.63	3	27,495.45	4	44,077.08	-16,581.63
1906.09.15	48	524,477.94	82	480,664.93	-43,813.01	3	11,626.28	4	55,439.29	-43,813.01
1907.09.15	41	570,263.98	57	583,753.71	13,489.73	4	64,093.50	4	50,603.77	13,489.73
1910.09.15	39	459,763.59	54	540,985.85	81,222.26	12	313,814.28	7	232,592.02	81,222.26
1911.09.15	38	478,655.12	45	636,635.25	157,980.13	7	251,365.64	12	93,385.51	157,980.13
	662		794			80		74		

<표 8-6> 박영진가 주회계책 받자주자대조표(대차대조표) 회계짐작초(손익계산서)

노무비와 관리비, 재료비이다. 기입 순서 21–23)이 금융 관리 비용으로 COGMS를 포함하여 COGS가 된다.

1898년 09월 08일에 3월 6일 646칸에서 660칸으로 14칸이 증식된 것을 차상필에게 판매한다. 그 판매대금이 38,000냥이다. 그동안 삼포의 햇빛가리개와 설치 재목을 다시 들여와 재고로 처리한 금액 365냥을 합하여 총 38,365냥으로 증식된 것이다. 삼포도중 회계에서 설비장치의 비율이 대단히 낮은 것을 알 수 있다.

기입 순서 24)를 보면 기입 23)까지를 모두 합하고 '받자문(捧次文)'이란 표기를 한 것을 볼 수 있다. 이는 소득계산서에서 미래 받을 자산평가가 이루어진 것을 의미한다.

〈표 8-5〉에 제시된 소득계산서는 기업실체 회계 성립의 매우 전형적인 방식인 전통적인 원가계산 방식을 보여준다. 원재료의 구입에서부터 최종 시장 판매 제품의 제조에 이르기까지 원가 흐름의 순서에 따라 회계기록이 이루어져 원가계산의 순차적인 추적 방법(sequential tracking)이 DEB 분개장의 원리대로 적용된 것을 알 수 있다. 즉 삼포 조성과정에 투입되는 직접 재료비는 구입하여 일기의 분개장에서 분개를 거쳐 삼포 받자 원재료계정에 기록된 후에 소득계산서에 기입되어 순차적으로 인삼 원가를 추적하는 것을 알 수 있다. 삼포별 작업과 개별 제품별로 직접 재료비와 직접 노무비를 모두 상세히 일기장에서 분개하여 순차적으로 소득계산서를 작성하기 때문에 거래 발생 시점과 소득계산서 작성 시점이 다름에 따라 재료비와 노무비를 추적하는 데 시간과 비용이 거의 소요되지 않는 특성을 보이고 있다. 이는 K-Account가 보유한 일기의 완전성과 복식성 그리고 미래성은 최종 소득계산서 작성과정에서도 그 수월성을 여지없이 발휘하는 것을 웅변한다.

19세기 영국 산업혁명기에 등장한 원가계산 방식도 〈표 8-5〉와 동일한 전통적인 원가계산이 가지는 순차적인 추적 방법이었다. 그러나 회계 전 순환과정 속에서 DEB에 의한 원가계산이 아니기 때문에 개별 제품별로 재료비와 노무비를 추적하는 데 많은 시간과 노력이 소요되는 맹점이 있었다. 그러나 K-Account는 일기의 완전성과 복식성과 미래성을 거쳐 삼포 받자계정의 간결성과 영구보존성 그리고 분산성을 거쳐 소득계산서에 기입되어 순차적인 추적 방법으로 인삼 원가를 계산하면서도 동시에 경영활동별로 최적의 효율적인 원가를 조달할 수 있는 시스템이다.

K-Account가 도달한 세계 최고 수준의 자본회계 경지는 원가 기회비용을 DEB로 인지하고 있다는 점이다. 경제학에서 회계학을 평가절하하는 이유가 회계에서는 기회비용을 고려하지 않는다는 점 때문이다. 경제학에서 기회비용이란 현재 사용하기 위해 선택한 경제자원은 대체적인 다른 용도에 사용하여 얻을 수 있는 기회를 희생으로 삼아 다른 실현 가능성을 포기함으로써 얻은 기회라고 명시적인 회계비용과 구별한다.

그러나 K-Account는 기존의 경제학적 인식과 전혀 다른 것을 보여준다. 〈표 8-5〉에서 기입순서 10)-11)이 그것이다. 이 기입은 기회원가의 회계 처리로서 기입 2)-9)까지 1898년 3월 6일 기초투자액 10,482냥02푼이 삼포 조성에 투입된 것에서 1898년 4월 6일 삼포에 고사 지내고 4월 12일 해가리개를 설치하기까지 투입된 자본총액 11,084냥 7푼을 계산하고 그 기회비용 997.57냥을 계산하여 회계 처리한 것이 삼포 도중 회계의 기회원가 계산이다. 고사비용까지 포함시킨 것으로 미루어 보아 참으로 인간다운 기회원가 처리라 하지 않을 수 없다.

유럽 산업혁명의 진원지인 영국에서도 소득계산서상에서 자산평가가 이루어지는 기업 실무자료는 19세기까지 존재하지 않는다.[308] 당시 영국의 회계사들이나 경영자들은 영업이익을 산정하기 위하여 제품의 원료,

부자재, 원료의 품질(Quality) 등 제조과정에 들어오는 모든 재공품(Work in process)들의 가치를 면밀히 계산하고 제조기간에 배분하는 문제 즉 생산과정에서 경영이나 회계 관리영역이 제일 어려운 문제였지만 이를 해결하는 DEB를 체계적으로 적용할 수 없었던 것이다.

영국은 대규모 공장제 생산의 산업자본을 탄생시킨 지역이지만 DEB에 의한 원가회계를 공장 운영에 적용하여 소득계산서상에서 자산평가를 수행한 것은 20세기 이후이다. 이와 달리 개성상인은 〈표 8-5〉에 제시한 바대로 삼포 조성과 관리에 투입된 재료 노무비 원가 항목으로 COGS를 계산하여 원가와 인삼제조와 자본순환을 연결하는 소득계산서를 작성한 것이다.

이와 같이 자본주의의의 본산지로 알고 있었던 19-20세기 서구 유럽의 관리혁명의 한계는 무엇을 의미하는가? 그것은 서구 유럽 산업자본주의가 합리적인 이윤추구를 포기하고 원료 수탈과 흑인노동, 아동노동의 착취로 확대 재생산되면서 광기의 자본주의로 나아간 것을 의미한다. 이후 이러한 광기의 자본주의를 수정하려는 루스벨트의 뉴딜정책이나 독일 나치주의 출현 그리고 러시아의 스탈린주의도 모두 소득계산서의 원가계산이 지향하는 다수의 이해관계자를 위한 합리적 이윤추구의 전면적 부정으로 봉건적 자본소득 추구자들과 경영관리자들의 연맹체에 지나지 않는다. 적어도 19세기 말 20세기 초 제국주의로 나타난 서구 유럽 자본주의는 봉건적 자본소득 추구자들과 새로운 형태의 관리 지배를 통해 자본소득을 추구하는 자들과의 연맹에 지나지 않은 것

---

308) Michael Chatfield (1977 : 99)

이다.[309]

　이러한 의미에서 1867–1883년 런던에 체류하면서 마르크스가 생산
계층 범주 속에서 이해관계가 같은 위치에 있는 경영과 노동을 적대적
위치로 치환하고 기업실체 회계의 지향점인 다수의 이해관계자들의 사
회주의적 조화를 혼동하고 자본주의를 전면으로 부정하는 『자본론』을
집필하였던 바 이는 당연한 시대적 배경의 산물이라 하지 않을 수 없다.
그러나 또한 바로 이 점이 자본론의 치명적 결점이다. 마르크스는 오
늘날 현대사회를 지배하는 '소유와 경영의 분리'와 '기업실체 회계(Entity
Account)'와의 불가분의 관계를 전혀 반영하지 못한 상태에서 자본론을
집필한 것이다. 그는 소유와 경영이 분리되고 생산과정에서 새로운 가치
가 대차변 체인 구조로 균형과 증식이 동시에 일어나는 관리혁명의 합
리성을 인식하지 못하고 사적 소유의 사회적 소유로의 전환만을 주장
한 것이다.

　관리혁명에 의해 창출된 기업실체 회계(Entity Account)에서는 소득계
산서상에 기업 이윤(영업 잉여)과 임금(피용자 보수)은 서로 같은 운명인 차
변에 위치하고 판매와 수익은 대변에 위치하는 이해관계를 가진다. 실
질적으로 경영현장에서 첨예하게 대립되는 것은 기업 외부에 존재하는
주주나 투자자들과 책임을 맡은 경영자와의 대립이지 기업 내부에 서로
같은 공동체인 경영자와 노동자의 대립이 아니다. 기업 이윤과 임금을
결정하는 힘은 총판매와 총수익이지 이윤과 임금의 대립 투쟁에 의해
서 결정되는 것은 결코 아닌 것이다.

---

309) James Burnham, *The Managerial Revolution: What is Happening in the World*. New
　　York: John Day Co., 1941.

그러면 영국 자본주의가 부동산 재산목록표에 지나지 않은 크론헴 회계방정식의 자본소유주 회계에 머물면서 현대 방식의 원가계산을 진행하지 못하고 회계정체시대에 빠진 것과 대조적으로 발생한 경제적 기회비용과 명시적 회계비용의 차이를 K-Account는 삼포도중 회계를 통해 명쾌하게 해결한 것을 우리는 자본주의 역사에서 어떻게 자리매김할 수 있을까? 기업실체 회계가 20세기 미국의 관리혁명의 주체로 떠오른 이유도 바로 기업 내에서 매일매일 발생하는 원가를 경영자가 합리적으로 통제할 수 있기 때문이다.

원가의 발생과 선택을 DEB 원리대로 경영자가 통제함으로써 관리하는 권한이 무한한 파워를 형성하지만 이 경영 고유의 권한을 DEB 방식대로 행사하지 않고 회계 부정에 사용할 경우 경영혁명 혹은 관리혁명의 법적 정당성이 상실됨과 동시에 기업은 붕괴되는 것이다. 따라서 K-Account의 삼포도중 회계가 오늘날 기업실체 회계에 던지는 시사점은 대단히 크다 하겠다.

『21세기 자본론』을 집필한 피케티의 자본 인식은 축적된 자본이지 순환되는 자본은 아니다. 그가 축적된 자본에 자본순환에서 형성된 자본수익률을 곱하여 국민소득에서 자본소득이 차지하는 몫으로 자본·소득의 비율을 구한 것은 자본회계 순환과정을 철저히 무시한 법칙이라고 볼 수 있다. 그는 자본소득분배율을 구하여 21세기 소득 불균형의 심각성을 고발하였지만 그 역시 간과한 것은 봉건적 자본소득은 합리적 자본순환에서 합리적 자본소득과 철저히 대립할 수밖에 없는 구조라는 사실이다. 그는 영업이윤(Profits), 지대(Rents), 배당(Dividends), 이자(Interest), 특허권(Royalties), 투기소득(Capital Gains) 모두를 합리적 자본과 같은 부류로 묶어 자본수익률을 인식한 것이다.

그러나 개성 삼포도중 회계의 경우 자본소득분배율에 들어오는 것은 오직 합리적 자본소득인 삼포의 영업이윤뿐이며, 지대, 배당, 이자, 투기소득은 같은 범주가 아닌 반대 범주에 위치시켜 소득계산서를 작성한다. 특히 개성의 시변제도를 통해 단기 자본순환에 따르는 자본이득은 지급이자와 받을이자를 서로 상쇄하여 항상 제로를 추구하고 있었다. 도중회계에 들어온 자본은 모두 삼포 경영에 투입된 자본으로 토지구입이나 부동산 건축 등 비생산적 고정자산에 투입되는 경우는 존재하지 않은 것이다. 따라서 투기적 요인이나 차명거래, 익명거래, 환투기 등 불법적인 행위에 대해 철저한 차단을 이룩한 것이다.[310]

피케티가 정의하는 자본과 K-Account의 자본회계순환에 들어온 자본의 근본적인 차이점이 바로 이것이다. 피케티는 기업의 합리적 관리경영에 투자된 자본뿐만이 아니라 영업 이외의 금융부문과 토지 부동산부문 즉 투기적 목적으로 투입된 자본까지를 포함한다. 그는 중세식 봉건적 자본 범주를 가지고 오늘날 현대 자본소득분배율을 구한 것으로 보인다. 따라서 피케티도 마르크스와 마찬가지로 자본의 소유와 경영의 분리에 기업실체 회계, 인삼포 도중회계의 출현이 어떠한 의미를 갖는지를 전혀 인지하지 못한 것이다. 유럽 중심 자본주의 역사관에 함몰된 19세기 자본론과 21세기 자본론은 유라시안 대륙 자본회계의 메카 개성자본회계의 실체를 전혀 인지하지 못한 상태에서 너무 성급하게

---

310) Odran Bonnet Pierre-Henri Bono Guillaume Chapelle Etienne Wasmer Does housing capital contribute to inequality? A comment on Thomas Piketty's Capital in the 21st Century Sciences Po Economics Discussion Papers 2014.

자본주의 체제를 부정한 것이다.

피케티는 자본(Capital)과 부(Wealth)를 동일한 범주로 놓고 계산한 자본소득이 모든 유형의 자본을 통해 얻는 수익률의 평균으로 기업의 투자수익률부터 투기적 자본의 수익률, 부동산 담보금융의 수익률 등을 모두 포함해 소득 불평등을 강조함으로써 오늘날 자본주의를 탄생시킨 합리주의의 실체 즉 이해관계자의 합의를 통해 이윤을 계산하는 이해관계자 자본주의까지 부정하는 결론에 도달한 것이다.

이와 달리 개성 도중회계의 지향점은 기업의 영업이익은 경영활동을 통해서만 창출될 수 있는 경영소득이지 투기적 자본소득이나 담보금융을 통한 자본소득이 아니라는 점과 지역사회의 노동시장과 금융시장의 상호교차 품앗이 시장, 즉 자신의 노동력과 자본이 여력이 있을 경우 타인 삼포의 노동과 금융에 투입하는 지역공동체만이 발전시킬 수 있는 시장을 이윤 극대화에 적극적으로 활용하였다는 점을 피케티는 놓치고 있는 것이다.

DEB 회계에서 영업이익으로 분명히 명시되지만 경제학과 특히 정치경제학으로 가면 모두 자본소득으로 분류된다. 각인회계책은 기업의 경영성과 영업이익이 점점 위축될수록 노동소득도 줄어들 수밖에 없는 가능성을 철저히 배제한 것이다. 따라서 19세기 DEB의 지향점이 기업 실체 회계의 완벽한 시스템으로 출현한 곳은 지구상에 개성이 유일하다고 볼 수 있다. 미국을 관리혁명의 진원지라 부르지만 기업 실무적 증거 자료는 미국이 아닌 개성이 보유하고 있다.

본 장에서 살펴본 각인회계책 계정명에는 자본소유자가 나타나지 않는다. 그의 이름은 박성삼인데 이 이름은 최종 배당을 놓고 이익잉여처리계산서에만 나타난다. 그것도 세금을 모두 완납하고 그의 부인으로 추정되는 자본출자자의 실질계정 '발곡택' 여성 계정주에게 자본의 기회비용인 최소 수익을 지급하고 나서야 등장한다. 회계장부의 타이틀에는 삼포 경영자 실명만 등장한다.

오늘날 블록체인을 따라 디지털 공간에서 생성된 가치를 포착하는 기술이 금융의 새로운 영역인 것처럼 나타나지만 사실은 이미 K-Account 재공품계정을 중심으로 개성상인이 다 밝혀놓은 것이다. 개개의 인삼포를 하나의 블록으로 놓고 삼포 운영에 관련된 재료의 운송비용을 최소화하기 위해 재료 공급이 삼포 근처에서 조달될 수 있도록 조치하는 것이 대표적인 K-Account 원가계정 관리의 특징이다. 인삼 가치 사슬을 따라 흐르는 정보를 활용하여 삼포회사가 새로운 금융 비즈니스 모델을 창출하는 방식으로 가치 시스템을 개선해온 결과가 바로 〈표 8-5〉에 제시된 삼포 경영의 가치 체인인 것이다.

이러한 19세기 삼포 경영의 가치 체인 분석은 과거 역사적 사실로 머물러 버린 것이 아니라 21세기 오늘날 전자상거래 및 모바일 상거래와 관련된 활동 및 프로세스에 가치를 추가하는 방법에 대한 강력한 통찰력으로 부활하고 있는 것이다.[311]

농산물인 인삼을 최종 부가가치 완제품으로 만드는 데에는 증삼(蒸蔘 Steamed ginseng) 과정을 거쳐 홍삼(紅蔘 Red ginseng)으로 제조하는 과정이 필수적이다. 이러한 이유로 개성상인은 상인이라기보다는 제조 기

---

311) Porter, Michael E. (1985). *Competitive Advantage: Creating and Sustaining Superior Performance*. New York.: Simon and Schuster. Porter, Michael E. (1979). "How competitive forces shape strategy". *Harvard Business Review*. October 2013.

업인이다.

1897년 3월 설기동 도중의 삼포(蔘圃)에서는 매출(6만4154냥 5전 5푼)에서 매출원가와 판매관리비(5만4414냥 6전 9푼) 등을 제하고 9,739냥 8전 6푼의 당기순이익이 났다. 투자자 박성삼과 경영자 설기동 도중은 이를 정확히 반씩 분배했다. 이 방식은 삼포도중 회계가 기업실체 회계임을 여실히 보여주는 방식이다. 즉 경영자를 책임경영으로 이끄는 인센티브가 최종 배당에 있음을 보여주는 방식이다.

〈표 8-5〉는 상품의 구매가와 판매가의 차액을 추구하는 중세의 상업회계가 아니라 매출(제조)원가를 계산하는 현대 원가회계를 사용했다는 점도 확실히 드러낸다. 개성상인의 회계장부에는 삼포 조성비, 종자 구입비, 흙 고르는 비용, 운송비, 노임 등 매출원가가 꼼꼼히 기록되어 있다. 심지어 고사를 지내는 데 쓴 비용도 나온다. 투입된 항목별로 실제 시장에서 거래된 단가가 기록돼 투명성을 높인 것을 알 수 있다. 이러한 원가계산은 산업혁명을 이끈 영국도 1885년경까지는 제조원가 회계 처리를 한 기업실체를 제시하지 못한 것과 대조된다.

제4절 개성 부인자본과 장기금융 의변(義邊)

　1997년 IMF 금융위기가 밀려왔을 때 가정주부들이 주체가 된 금 모으기 운동은 한국경제의 위기를 새로운 기회로 전환시키는 데 결정적인 힘이 된 바 있다. 또한 110년 전에는 국가가 국채로 인해 식민지로 전락할 위기에 처하자 여성들이 은비녀와 은수저를 팔아 국채를 보상하는 운동의 주체로 나서 조선 여성의 존재를 과시했다.

　토빈은 국제 환투기 세력의 자본이득이 부당하므로 국가가 세금을 거두어 여성이나 사회적 약자를 배려하는 기금으로 삼아야 한다고 하였지만 그에게 여성은 소극적이고 사회적 약자라는 인식이 있는 반면에 조선의 여성은 매우 적극적이며 사회적 약자가 아니었음을 보여 준다. 따라서 IMF 때 금 모으기 운동이나 국채보상운동의 은비녀 은수저 모으기의 중심에 조선의 여성이 존재하고 있는 사실은 토빈세 개념을 다시 생각하게 만든다.

　본 연구는 한국 여성의 금융파워의 원천을 개성상인 가족기업 회계장부 속의 금융거래와 삼포 경영 거래를 분석하여 제시하고자 한다. 회계장부 곳곳에는 소유권과 경영권 그리고 현금흐름과 관련된 거래가 모두 차변과 대변으로 분개되어 대차균형을 통해 그 권리와 책임의 균형을 이룩하는 과정이 나타난다. 인삼포 경영에 부부가 각자 역할을 분담하여 아내는 아내로서의 권리와 의무 그리고 남편은 남편으로서의 권리와 의무를 성실히 수행하는 회계금융의 진실성을 실현한 것이다.

19세기 말부터 제국주의 열강은 대부분의 피식민지 국가에게 엄청난 규모의 빚을 지우고 그것을 빌미로 경제의 3대 요소인 원료, 노동, 토지를 지배하였다. 1907년 일본이 경제적 예속을 노리고 대규모 차관을 대한제국에 제공하여 주권 상실 위기에 처하자 한국 남성은 술과 담배를 끊고, 여성은 은반지와 은비녀를 내놓았고 기생까지도 참여하는 국채보상운동을 전개하였지만 일본제국주의의 진출을 저지하지 못하였다.

그러나 개성은 달랐다. 당시 일본 식산은행은 개성에 지점을 설치하고 은행 영업을 개시하였으나 은행 문을 두드리는 사람을 찾지 못했다. 이에 개성의 금융제도를 조사한 결과 개성 인삼포 경영의 장기자본 출자는 개성 여성들이라는 사실을 파악하게 된다.

1929년 조선식산은행의 개성지점은 수백 년 동안 채무불이행이 거의 없는 장구한 신용 역사를 기반으로 쌓아온 개성지방 기업인들의 신용 명성은 여성들의 장기신용금융과 상호 일정한 연관이 있다는 조사보고서를 제출한다. 보고서의 내용은 개성지방의 신용 명성과 역사는 다수의 여성들이 소액이지만 안정적인 자금 공급원을 이루어 연 15%의 안정된 이자율에 기초한 장기신탁에서 비롯되었다는 것이다. 1929년 조선식산은행의 개성지점은 개성지방 금융의 특징으로 신용을 기반으로 하는 시변제도의 중심에 여성이 존재하는 것을 보고서에 담고 있다. 그들은 연이자율 15% 지급을 보증하면서 자금을 융통시키는 중개인들의 활동상과 함께 이 중개인들에게 자금을 공급하는 자금소유주로서 개성지방 여성이 존재한다는 보고서를 다음과 같이 제출한다.[312]

1) 원래 시변은 이율이 좋고 확실하여 거의 대손한 사실이 없으므로 사업의 자영을 원치 않는 일부 자본가는 이자수입을 목적으로 여기에 투자한다.

2) 이 밖에 시변을 이용할 수 없는 자(시변은 상당한 자산, 신용을 가진 자가 아니면 참가할 수 없다)가 소유자금을 시변 거래자에게 의탁하여 이자를 얻고자 하는 자가 있다. 이것을 다음과 같이 분류할 수 있다.

① 친한 사람에게 부탁해서 이자를 얻고자 하는 자로 한 구좌에 보통 1,000원 이상으로 많은 것은 이자액만으로 연 1,000원을 초과하는 것도 있으나 구좌 수는 별로 많지 않다.

② 이와 같은 의탁을 아주 영업적으로 취급하는 자가 있다. 이 종류의 영업자는 그 자금을 자기의 자금과 합해서 시변을 방출하고 기정의 이자를 수득하나 의탁자에게는 연 15%를 지급하여 적은(낮은) 이율을 차지한다. 이 종류는 100원, 200원의 소구좌이나 구좌 수가 극히 많아 대부분 부인들의 것이다.

③ 계를 만들어 상당액을 모아 방출하여 이식하는 것이 30여 조가

---

312) 유럽에서 신용 명성과 신용 역사를 존중하는 금융제도는 다이아몬드를 취급한 유대인 출신 상인들의 공통된 특징이며 공동체적 결속망을 신용창출에 활용한 신용제도의 특징은 인삼을 취급한 차이를 제외하고 매우 유사한 관습이다(Richman, 2006)

있다.

　이상 3종류의 금액은 시변 전 융통액으로 추산하여 150만 원을 내려가지는 않을 것이다.[313]

　이 개성지점 보고서에 따르면 개성지방의 신용제도에 소액이지만 다수의 여성이 안정적인 자금 공급원을 이루고 있다는 것을 알 수 있다. 월 '0.015(연 15%)'의 이자율에 기초한 신탁 때문이라는 매우 주목할 만한 이유를 들고 있다. 흥미로운 사실은 식산은행의 조사보고에서 지적한 자금 공급원으로 연 15%의 신탁이자 수입을 목적으로 소규모 투자자들로 이루어진 소액구좌 소유자로서 여성들이 존재하는 것을 박영진가의 회계장부상에서도 확인할 수 있다는 점이다.

　본 절에서는 식산은행 개성지점 보고서와 박영진가 회계장부를 분석하여 한국의 장기금융의 기원으로서 개성 여성의 금융파워가 존재한 것을 널리 알리고자 한다.

　먼저 보고서에서 주목한 이자율 15%이다. 개성지방의 여성은 소액이지만 매우 많은 수를 이루어 개성지방에 안정적인 자금 공급원으로서 역할을 하고 있었다. 이들이 제공하는 자금의 이자율은 월 0.015(연 15%)의 수준으로 장기간 변동 없이 비교적 안정적이었다. 이 이자율의 존재 여부를 박영진가 회계장부를 통해서 확인해보자.

　식산은행의 보고서에서 이 장기신탁은 '依邊(義邊)'으로 등장한다. 단기 시변이 낙변이라면 장기신탁은 의변인 셈이다. 보고서에서는 삼포 경

---

313) 長尾崎俊, 1929, 「開城 / 時邊 ニ取テ」, 조선식산은행 개성지점 조사보고.

영과 관련된 장기금융으로 도중조직과 차인조직이 연계된 제도로 보고
하고 있다. 개성의 자산가 중에서 자금을 단기 시변제도에 순환시키지
않고 유능한 차인이나 도중에게 그 자금운영을 신탁하여 매년 일정한
이익을 분배하는 특수제도로서 유능한 차인이나 도중은 부동산과 같은
담보가 없더라도 수만 원을 융통하여 연 15%의 이자를 붙여주고 순이
익의 분배를 받는 제도로 설명하고 있다.

박영진가에 보존된 1887년부터 1900년까지 13년간의 일기장, 외상장
책, 타급장책의 채권채무관계 거래 기록을 보면 식산은행 개성지점 보
고서의 ②와 같이 이자를 수득하고 의탁자에게는 연 15%의 이자를 지
급하는데 이자를 지급받는 사람은 대부분 부인들이다. 여기서 지점보
고서와 박영진가 회계장부의 차이는 계정명이다. 10개월 이상 장기금융
의 거래처는 다수가 "○○宅"의 택호로 계정명을 삼고 있다. 개성 부인
들은 자신의 개인 실명 대신 자신이 살고 있는 집의 택호로 계정명을 삼
은 것이다. 이 택호를 계정명으로 삼아 진행한 금융거래 중 거래 규모가
4~5만 냥을 넘나드는 경우는 '호천택(虎泉宅)' '발곡택(鉢谷宅)' 등에 한정
된 극히 적은 경우이고 이 두 택호 계정을 제외하면 대부분 거래 액수
가 소액이다. 이 소액거래는 대부분 연 15% 내외로 고정(안정)성을 지닌
다. 이러한 19세기 박영진가 회계장부의 금융거래 기록은 1929년 조선
식산은행의 개성지점 보고서와 거의 일치한다.

앞서 설명한 박영진가 회계장부의 금융거래 분석을 통해서 개성 지
방 고유의 신용제도로 전래된 시변제에서 자금 상환기일의 장단에 따
라 이자율이 하락하는 '낙변(落邊)'은 변동성과 휘발성이 특징이라면 이
와 달리 여성들이 자금 공급원인 장기금융시장의 이자율은 안정성과

고정성이 특징이다. 〈그림 7-3〉을 보면 90일 이상 장기금융인 경우 월 '0.015(연 15%)'[314]로 고정 수렴되는 경향이다. 이 장기금융의 자금 공급원이 바로 여성 자본가들인 것이다.[315]

박영진가 회계장부상의 장기신용거래의 자금 공급자의 대다수를 차지하는 '택호'로 기입된 금융거래는 대부분 장기금융이다.[316] 조선 후기 실학자 이덕무는 각 가문의 아내는 모든 재정의 출입을 회계장부에 성실히 기장하여 남편에게 보여야 한다는 여성 덕목 '婦儀'를 강조한 바 있다. 이덕무가 강조한 대로 조선시대 아내의 역할에는 치산이 중요한 위치를 차지하고 있었다.[317] 흥미로운 사실은 조선 여성의 '성실한 회계 기장의 의무'는 런던 정경대학(LSE)에서 자본주의 역사와 회계사를 연구한 배질 야미(Basil Yamey)도 강조한 사항이다. 야미는 회계 기장자(Accounting-Keeper)로서 가정부인(House-Keeper)과 연관시킨 것으로 미루어 보아 동서양을 막론하고 여성은 자본순환의 중심이었다는 점에서 흥미롭다.[318]

동시대 유럽에서도 여성의 성실한 회계 기장은 화가들의 그림에 등장할 정도로 매우 주목받는 경제행위였다. 중세에서 근대로 이행하는 시기의 유럽의 미술 작품에 회계장부가 등장하는 이유는 채권채무관계의

---

314) 박영진가 회계장부에서 약정기간은 1년을 개월 수로 인식할 때 12개월로 인식하지 않고 10개월로 인식한다. 회계 결산 기간을 총 합치면 60일인데 이 기간은 이자계산에서 제한다.

315) 전성호(2011b, 2011c)

316) 조선 후기 고문서 중 토지 및 노비 문기를 보면 주인의 이름으로 하는 것이 아니라 대체로 '모택호노(某宅,戶奴)'로 되어 있고 택호(宅號)가 나오는데 관직명과 함께하는 택호는 남성을 지칭하는 것으로 파악한다.(김미영, 2002 : 343) 그러나 지명 택호와 여성성과의 관계를 다룬 인류학 민속학 국어학 분야의 연구 성과에 의하면 한국 전통사회에서 지명 택호는 여성을 지칭하는 용어라는 합의를 도출한다.

317) 李德懋 『靑莊館全書』 卷30. 婦儀 "錢穀出入 必有籍記 以示家長 無有遺漏".

318) 정기숙·박해근·이중희, (2002:120-121)

| <그림 8-3-1> | <그림 8-3-2> | <그림 8-3-3> |

<그림 8-3> 여성 회계 기장자와 남편과 아내의 결산 모습

깨끗한 청산과 종교적 구원과의 관계이며 여성이 등장하는 것은 재물에 대한 탐욕이 아니라 자기 노동에 기초한 근검절약의 재산 형성 덕목과 무관하지 않다.[319] 이 그림들이 동시대 유럽 사회에 던진 의미는 '은행가의 탐욕'이 아닌 '절제된 윤리적 덕목'이다. 남편과 아내는 탐욕적으로 부를 축적하는 것이 아니라 정확한 계산과 성실한 회계기장을 통해 부를 축적하는 윤리적 덕목을 그림에서 보여주고 있는 것이다.[320]

루이뷔통 여성 핸드백과 고려

〈그림 8-3〉에서 볼 수 있듯이 그러면 왜 동서양을 막론하고 여성은 회계의 주체인가? 개성상인 집 안방마님의 거처에 반드시 있는 것이 돈 궤짝(金櫃)이다. 이것을 영어로 번역하면 'Case'이다. 영어로 현금을 'Cash'라고 하면 알아듣지 못할 사람은 한 사람도 없을 것이지만 'Cash'

---

319) 정기숙·박해근·이중희, (2002:120-121)
320) Yamey, (1989:125).

는 금은보화가 아닌 금은보화를 담아두는 돈 상자 'Case'에서 기원한다. DEB를 이해하려면 현금을 금은보화가 아닌 현금상자로 인식하는 것이 첫걸음이다. 현금(Cash)은 이탈리아어 'cassa', 라틴어 'capsa'에서 유래한다. 산스크리트어로 'karsha'이다. 보물상자(Case)가 현금(Cash)이 된 것이다. 따라서 개성상인이 현금을 금궤라고 한 것은 라틴어와 어원학적으로 일치한다. 사실 오늘날 현금이란 용어는 개성상인 회계장부에는 한 군데에도 나타나지 않는다.

그러면 개성상인은 왜 아내를 항상 자본주로 모시고 내외로 구분하고 자신은 바깥손님으로 인식하는 회계 기장을 하였을까? 왜 자본금과 현금은 같은 돈인데 현금은 차변, 자본금은 대변으로 나누어 분개하는가? 이 의문에 DEB 원리가 숨어 있다. 이는 자본금 계정과 현금 계정의 역할 분담과 분개가 상호 연관된 것을 의미한다.

오늘날 기업인에게 가장 중요한 사고는 금은보화를 차지하고 소유하려는 소유 의식이나 권리 의식에서 벗어나 자본소유의 주인을 현금상자에게 넘겨주고 자신은 아무런 권리나 의무가 없는 거간꾼(뉴욕 금융 딜러를 브로커라고 하듯이 금융중개인의 순우리말)의 입장에서 현금을 다루는 것이다. 사실 거간꾼, 브로커, 중간 딜러, 중인(中人)은 자본주의 탄생의 주체인 부르주아지(Bourgeoisie)와 동일한 뜻이다. 사회학적으로 현대사회의 중산층에 속하는 자본을 가진 사람들을 지칭하지만 역사적으로 봉건 영주의 성 안과 성 밖의 경계에 거주하면서 거간꾼 역할에 종사한 사람들을 지칭한다.

개성자본회계 순환에서는 부르주아지(Bourgeoisie) 거간꾼의 역할을 이해해야 현금과 자본금으로 분개되는 원리를 이해할 수 있다. 앞서 설명한 현금흐름과 시재(時在)에서 살펴보았듯이 K-Account의 전 과정을 관통하는 것은 현금 유동성주의이다. 현금 유동성주의 이론이 VDEB 에서는 파치올리의 '현금상자 이론'이고 KDEB에서는 현병주의 '금궤(金 櫃) 이론'이다. 현금계정과 관련되어 DEB 기원을 해명하는 데 필수적인 부분이 현금을 현금상자로 의인화하는 '현금상자' 이론이다. 파치올리는 DEB 일기장 기입에서 현금을 특히 강조하여 제12장에서 현금은 결코 대변 잔액이 되어서는 안 된다고 하였지만 이것이 현대 회계에서 의미가 있는 유동성주의로까지 연결되는 원리적인 설명은 결여되어 있다.

파치올리의 현금상자 이론과 마찬가지로 개성상인들은 외부에서 현금이 들어오면 현금상자에 넣고 그 현금상자를 의인화하여 인명계정과 같이 현금계정을 만들어 채권채무의 주체로 차대변에 위치시켜놓은 것이다. 현금상자 이론 없이는 거래분석에서 DEB의 원리인 차변(Debit)이 왜 항상 자산의 증가, 현금의 증가라는 의미를 갖는가를 이해할 수 없게 된다.

파치올리의 현금상자 설명과 마찬가지로 개성상인의 특징도 바로 이 현금상자 이론을 통한 의인화에 있다. 비인명계정의 인명계정화에는 바로 현금계정이 현금상자 이론으로 의인화되어 계정에 들어오는 과정이 동일하게 적용되는 것이다. 현금상자 이론이 현금을 의인화하여 마치 독립 인격체처럼 그 행동을 계정화하여 현금상자에 돈을 넣을 때 현금상자는 소유자에게 돈을 빌린 것이 되므로 채무자의 의미를 갖는 차변(Debtor)이 된다. 반대로 현금상자로부터 돈을 꺼내면 현금상자는 채권자가 되기 때문에 대변(Creditor)이 된다. 이 원리에서 현금이 자본금으로 분개되는 원리가 나오고 자기자본이 자기 것이라는 소유의식에서 벗어나 타인에게 반드시 갚아야 할 부채로 즉 타인자본으로 전환되는 원리가 나온다.

예를 들어 당일 결산하여 현금이 남아 있으면 일기장에 현금을 금궤에 넣어 두고 금궤환거(金櫃還去)라고 기입하였다가 다음 날 다시 첫 기입으로 금궤환입(金櫃借入)이라고 기록하는 것이 차변 현금 대변 자본금이 되는 것이다. 즉 자본을 책임지는 경영인은 거간꾼에 지나지 않는다. 즉 현금에 대한 소유 권리가 없고 그 권리를 금궤에게 양도하는 것이다. 총경영책임자 거간꾼은 현금이 오고 가는 거래를 중개하는 플랫폼의 역장일 뿐이다.

개성상인들은 오늘날 최고경영자에게 요구되는 '거간꾼 정신' 즉 현금을 금은보화가 아닌 보관하는 현금상자로 인식하는 소유와 경영의 분리 '거간꾼 정신'을 이미 고려시대부터 숙지하고 있었다. 고려시대부터 유래하는 개성상인들의 '거간꾼 정신'은 매일매일 편집증에 가까울 정도로 현금흐름을 점검하여 시재액으로 남을 경우 이 현금을 금궤에 넣어 두고 '현금상자로 돌아갔다(금궤환거 金櫃還去)'라고 기입하고 다음 날 다시 첫 기입으로 '현금상자에서 빌려왔다(금궤차입 金櫃借入)'라고 기록하면서 모든 소유의 주인권을 안방마님에게 돌려주었던 것이다.

이와 같이 개성상인 일기의 분개 전문용어는 현금을 의인화하여 현재를 머물러 있는 현재가 아닌 미래로 나아가는 흐름으로 연결시킨다. 미래성과 유동성에 초점을 둔 현금흐름표의 기능은 유럽의 경우 20세기 산물로 인식한다. 루카 파치올리 이후 현대 서양 회계에서 유동자산과 고정자산을 구분할 것을 주장한 피니(H.A Finney)의 이론이 나오기까지 유동성에 초점을 맞춘 보고서 작성과 DEB의 원리를 연관시킨 연구

<그림 8-4> 고려시대 보물상자

는 많지 않았다. [321]

　　그러면 식산은행 개성지점 보고서에서 개성의 시변제도의 기원을 고려시대에 둔 것은 무엇일까? 유동성주의와 현금상자 이론과의 연관성을 시사하는 고려시대 유물 한 점이 미국 뉴욕에서 공개된 적이 있다. 미국 뉴욕 세계 예술품 전시장에 11–13세기 고려시대에 제작된 것으로 추정되는 보화 케이스가 전시되어 전 세계인들이 그 아름다움에 입을 다물지 못한 적이 있다. 〈그림 8–4〉에서 보듯이 이 케이스는 너무나 아름답고 정교하게 제작되어 불교 경전을 보관하는 'Sutra Box'로 인식되었다. 그러나 고려시대에 금은보화를 담는 이러한 보물상자는 수없이 존재한다.

　　15세기에 파치올리도 DEB의 분개 원리 설명을 각종 보물이 현금과 자본금으로 나누어지는 것부터 설명한다. 그는 현금을 여성들의 핸드백

321) H.A Finney, ed., "Students Department," *Journal of Accountancy*, 32, July 1921, 64–67. "Statement of Application of Funds," *Journal of Accountancy*, 36, (December 1923), 460–72.

으로 이해해야 한다고 하고 현금(Cash)은 곧 핸드백(borscia, bursa bag)이라고 설명한다. 여성의 핸드백과 DEB 분개 원리는 매우 밀접한 연관성이 있는 것이다. 'Cash Bursa'란 라틴어로 여성들의 지갑, 화장품을 넣어두는 'Pouch'의 의미를 갖고 있다.

DEB의 원리 중에서 가장 중요한 현금과 자본금을 서로 반대로 인식하는 분개 원리를 이해시키기가 쉽지 않다. 예를 들어 설명해보자. 개성상인들의 일기 기록과 현금상자 인식은 결혼식장에서 축의금을 넣는 축의금 박스, 축의금 봉투, 그리고 방명록을 생각하면 쉽게 이해될 것이다. 한국인들은 결혼식장에 반드시 축의금 봉투와 현금상자와 방명록이 세 가지를 비치한다. 이 세 가지만 비치하면 축의금은 깨끗이 정산될 수 있어 결혼식장은 그야말로 축하의 자리가 된다.

먼저 현금상자에 축하객의 이름만 기록된 봉투와 함께 들어갔다가 식이 끝나자마자 현금상자에서 나와서 집계된다. 방명록의 이름과 봉투의 이름과 금액을 기록하여 현금 집계와 대조하여 정확히 금액이 맞는지 안 맞는지 확인한다. 만약에 실재 현금 합계액과 봉투 방명록의 이름과 함께 기록한 축의금 집계액이 서로 맞지 않으면 개성상인은 어떻게 할까? 결혼식장에서 실제 축의금을 계산하니 장부 기록의 합계액과 100원이 부족하였다. 한 시간 뒤에 빈 봉투 속에 100원을 꺼내지 않은 것을 찾았다. 이 해프닝을 개성상인의 현금상자 이론대로 다음과 같이 분개 처리하면 깨끗이 청산된다.

　　　(차) 현금 부족 100원　　　(대) 현금상자 100원

　　　(차) 현금상자 100원　　　(대) 현금 부족 100원

남편은 최고의 인삼 효능을 개발하여 이윤을 내기 위해 6년간이나 삼포를 관리하면서 밖에서 고생하여 번 최종 이익잉여금도 내 돈이 아니라 아내 돈으로 회계 처리하였다. 그냥 아내에게 맡긴 것이 아니다. 6년 동안이나 기다려준 보상으로 이자까지 붙여서 돌려주고 있다. 자본의 기회비용까지 인식하고 현금을 돌려주는 것이다. 개성상인들은 최종 이익금을 집으로 가져갈 때 아내가 관리하는 현금상자에 다시 도로 넣고 금궤환거(金櫃還去)로 회계 처리한다. 새로운 영업활동을 하기 위해 이 돈을 다시 꺼내야 할 경우 반드시 아내에게 물어보고 허락을 받는다. 개성상인을 이를 금궤차입(金櫃借入)으로 회계 처리하였다.

이제 조금씩 현대 이탈리아의 명품 장인들이 만드는 핸드백의 어원이 DEB 회계 처리에서 기원한다는 것을 감지할 수 있을 것이다. 현대사회에서도 기업가에게 가장 중요한 자본회계 철학은 금은보화를 차지하고 소유하려는 의식이나 권리 의식에서 벗어나 소유의 주인을 금궤에게 넘겨주고 자신은 아무 권리나 의무가 없는 중간 거간꾼의 입장인 중립 위치에서 현금 권리와 현금 책임의 밸런스를 다루는 것이다.

일본 식산은행의 조사보고에서 여성이 현금흐름의 중심에 있다고 쓰고 있는 사실은 파치올리의 현금상자 이론이나 현병주의 금궤 이론을 가장 잘 대변한다고 볼 수 있다. 식산은행이 보고한 개성 지방의 삼포자금 공급원은 여성이다. 이들은 연 15%의 신탁이자 수입을 목적으로 하는 소규모 투자자들이다. 박영진가의 회계장부상에서도 확인할 수 있는 것이다. 〈그림 7-3〉은 약정기일에 따른 월이자율 변동 양상을 차입거래 가운데 원금 상환기일을 1개월 미만에서 최장 10개월 이상으로 최소 구간과 최대 구간을 설정하고 1개월, 2개월, 3개월 등 개월 수별로 나누어 제시한 것이다. 〈그림 7-3〉에서 알 수 있듯이 3개월(90일)을 전후로 이자율의 변동은 완전히 다른 양상을 보인다. 상환기일이 3개월(90일) 미만인 차입거래의 이자율은 매우 심한 변동 양상으로 그 휘발성(Volatility)을 나타내고 있다. 반면에 상환기일이 3개월(90일) 이상인 경우 이자율은 월 1.5% 수준대에서 안정적으로 나타난다. 조선식산은행의 개성지점 보고서에서 파악한, 개성 지방 다수의 여성이 안정적인 자금 공급원을 이루어 월 1.5(연 15%)의 이자율에 기초한 신탁을 형성한다는 사실이 그대로 박영진가의 차입거래에서도 나타나는 것을 알 수 있다.

지금까지 살펴본 개성상인 회계장부는 가족기업으로 출발한 인삼포 경영 회계장부이다. 가족기업이기 때문에 회계장부 속에 가족 관련 비용 지출, 예를 들어 혼수조(婚需條) 계정 항목처럼 삼포도중 회계순환에 들어와 현금을 조달한 거래가 다수 존재한다. 그러나 모두 DEB로 처리하였기 때문에 외부와의 거래와 마찬가지로 부부가 각자 독립하여 아내는 아내로서의 권리와 의무 그리고 남편은 남편으로서의 권리와 의무로 차변과 대변으로 분개하고 그 대차 균형이 서로 맞는 체제를 유지한 것이다. 개성 사회에서 부부 사이는 경제공동체가 아니라 독립된 계정으로 각각 처리되어 오늘날 현대 회계가 주목하는 자본의 기회비용(Opportunity Cost of Capital, 이하 OCC)이라는 회계 인식이 등장하는 것이다.

본 절에서는 여성의 금융 참여를 OCC 개념으로 분석한다. OCC란 자본을 조달하여 사업을 운영하는 입장에서는 투자를 위해 조달된 자본의 사용 대가로서 배당금과 별도로 지급이자 계정을 설정하고 회계 처리하는 실무 인식이다. 개성상인 회계장부에는 삼포 투자와 같이 비

아내자본의 타인자본화와 자본의 기회비용 회계 처리	
아내의 최소 요구 수익률(자본의 기회비용)	$r = 15\%$(년)
아내에게 빌려온 최초의 투자자본	C_0
예상되는 미래가치	C_1
남편의 경영활동 최소 기대수익	$C_1/(1+r) > C_0$

<표 8-7> 아내자본의 타인자본화와 자본의 기회비용 인식: 의변(義邊)제도

교적 장기간 소요되는 자본을 부인으로부터 조달하였을 때에도 그 자본의 사용 대가로서 별도의 지급이자를 지급한 것이다. 이것이 자기자본도 타인자본으로 인식하는 개성의 독특한 자본 인식인 것이다.

6년간 장기 인삼밭을 경영하는 개성상인은 자기자본을 출자금으로 인식하였을 뿐만 아니라 별도로 불확실한 위험을 내포한 미래 대상을 운전하는 위험수당으로서 최종 이익잉여 배당금을 나누기 직전에 기회비용으로서 지급이자 계정을 설정하여 아내에게 지급하였던 것이다. 가족기업으로 인삼 경영을 시작한 개성상인들은 삼포 경영에 자금을 투입하여 최종 매출금을 회수하기까지 6년이라는 장기간을 요구하는 인삼을 경영하였기 때문에 자금 수요자의 위치와 자금 공급자의 위치 그리고 6년의 기간 동안 발생하는 비용과 수익의 의사결정 위치자의 입장에서 인삼 경영의 투자를 위해 조달한 자본의 사용에 대한 지급 대가를 인식하지 않을 수 없었다.

개성지방에서 여유 자금을 지닌 자금 공급자는 인삼 경영에 6년이라는 장기간 미래의 불확실성에 자신의 여유 자금을 공급하는 원칙으로 위험을 수반하는 높은 기대수익보다 안정을 최우선으로 하는 최소 요구 수익률을 선호했던 것으로 추정된다.

이와 같이 개성지방은 투자자들의 최소 요구 수익률(기회비용) = 기업이 투자자들에게 지불해야 할 최소의 비용(자본비용)이 균형을 이루는 금융시장으로서 시변제도가 성립되어 있었다. 예를 들어 아내로부터 빌려온 최초의 투자자본을 C_0라 하고 예상되는 미래가치를 C_1이라 할 경우 장기 의변에 따라 최소 요구 수익률이 형성되어 자금 공급자는 언제든지 여유 자금을 금융시장에 투입할 수 있는 〈표 8-7〉과 같은 부인과 남편의 거래 조건이 성립하고 있었다.

조선식산은행이 개성 지방 금융 관행을 조사한 같은 시기에 개성지방에서 「고려시보(高麗時報)」가 발행되었는데 조선식산은행에서 주목한 시변제도를 집중적으로 소개하고 있다.[322] 개성만의 독특하고 세계에 자랑할 만한 경제제도의 하나로 시변제도를 소개하면서 여성의 금융을 '의변(義邊, 依邊)'이라는 용어로 소개하고 있다.

「고려시보」에 연재한 박재청은 앞서 언급한 '낙변'과 '의변'이라는 시변의 전문용어를 근대사회에 처음 알린 사람이다.[323] 그는 자금 대여자가 자신의 소중한 현금을 담보 없이 신용만으로 빌려주는 대가이며 이자율이 높을수록 시변으로 공급하려는 양이 많아지고 차용인은 이러한 응급상황을 벗어날 수 있는 비용으로서 이자를 부담하게 되어 자연히 이자율이 낮으면 낮을수록 수요가 커지는 근대 화폐시장 원리대로 개성

---

322) 이 「고려시보」 발기인 명단에 한국학중앙연구원(전 한국정신문화연구원) 초대 원장 이선근(李瑄根, 1905년 5월 11일~1983년 1월 9일) 박사가 등장한다. 이선근 박사는 숙대입구 청파동에 거주하면서 강화의 역사 유적을 복원한 인물이다. 이 외에 개성이 배출한 인물로 한흥수 체코 한국학 초대 교수가 있다. 체코 올사 대사가 전하는 한흥수에 대한 이야기는 국내에 알려진 독일 나치 첩보원이라는 이야기와 전혀 다른 이야기를 전달한다.

323) 박재청은 1933년 7월 1일 「고려시보」 제3호 7월 16일 제4호에서 시변제도의 단기 현상인 '낙변'과 함께 장기 현상인 '의변'도 소개하고 있다.

의 시변제도를 처음으로 설명한 사람이다. 그는 '의변'을 개성지방에만 존재하는 독특한 월리(月利)의 일종으로 그 이자율은 월 1.25%(0.0125)이며 '장기를 위한 월리'라고 소개하고 있다.

그에 의하면 '의변'은 조선식산은행 보고서와 그 내용이 약간 다르다. 식산은행 보고서는 '의변'을 차인조직과 연계된 것으로 개성 자산가 중에서 신용으로 시변을 얻어서 유능한 차인에게 그 운영을 위탁하여 이익을 분배하는 특수제도로서 유능한 차인에게 담보가 없더라도 수만 원을 융통하여 주고 연 15% 이자율로 수입을 올리는 제도라고 보았으나 박재청은 시변제도와 별도로 순이익을 분배하는 제도로서 '의변'을 설명하고 있다. 박재청이 「고려시보」에서 설명한 의변과 조선식산은행의 보고서에 제시된 의변은 자본의 기회비용 인식이라는 점에서 박재청이 조선식산은행 조사보고서보다 훨씬 더 정확하게 의변제도를 파악한 것으로 보인다.

본 절에서는 조선식산은행의 개성지점보고서와 「고려시보」에 소개된 "90일 이상 장기금융의 이자율이 월 0.015(연 15%)로 수렴되는 경향과 의변(義邊 또는 依邊)과의 관계의 중심에 개성지방 여성의 금융활동이 존재한다"는 일제강점기 기록과 19세기 후반기 박영진가의 회계장부상의 금융거래 분석을 대조하여 그 구체적인 금융 방식에 대해 소개하려고 한다. 본 절에서는 개성지방의 금융시장에서 여성 금융이 차지하는 비중과 역할에 대해 먼저 자본계정 설정 방법의 진화와 여성과의 관계에 대해서 살펴보고 두 번째로 장기금융의 자본 공급원으로서 개성 지방 여성의 역할을 자본의 기회비용적 관점에서 조명해보고자 한다.

〈그림 8-5〉는 최근 발견된 박영진가 회계장부 중에 자본 관련 계정

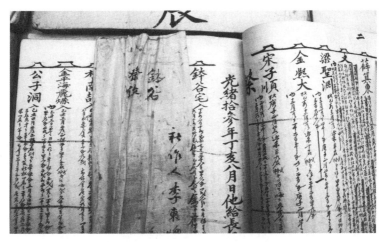

<그림 8-5> 주자장책 묵서지편의 여성 택호 일치

을 집합한 장책인 타급장책(他給長冊)의 첫 페이지이다. 〈그림 8-5〉의 타급장책 첫 기입인 발곡택은 자기자본이지만 이를 부채로 인식하고 주자장책 대변란에 공간 배치를 한 것으로 자본주계정이며 그다음부터 등장하는 계정이 부채계정이다. 오늘날 기업활동의 원천적 투자는 첫 개시 기입에 위치하는데 박영진가 회계장부상에는 그 주체가 발곡택인 것이다. 박영진가의 기업활동은 바로 '발곡택'이라는 자본소유자의 원천적 도움(Propritor's original contribution)을 기초로 출발한 것이다. 여기서 발곡택은 받자장책을 형성하는 바깥 활동에 원천적 도움을 주는 자본 투자자이지만 소극적 수동적 재산으로서 부채 범주로 인식하여 주자장책의 첫 공간에 배치하여 정확히 크론헴 방정식과 조화를 이룬다.

소극적 수동적 재산의 소유주들을 여성 부인으로 인식하는 것은 계정명에 붙어 있는 택주(宅主) 때문이다. 이른바 안방마님 집주인을 여성으로 인식하는 관행은 고려시대부터 내려오는 개성의 유풍으로 개성지방에서 흔히 부인을 지칭할 때 사용하는 전문용어이다. 개성 근처 파주의 우계에서 거주한 성혼(成渾 1635-1598)이 소개한 개성 송도의 재산상속 문기에 '모경안택주나씨(母慶安宅主羅氏)'로 부인명을 사용한 것에서 그하나의 예를 들 수 있다.[324] 재산상속 문서 이외에도 조선시대 묘지명에서 '택주김씨(宅主金氏)' 등과 같은 부인을 지칭하는 용례는 많이 보인다. '경안댁(慶安宅)'과 같이 박영진가 회계장부상에 등장하는 여성 계정명은 조선 초기에 종실(宗室)이나 공신(功臣)의 정·종2품의 부인(婦人)에게 임금이 지명(地名)을 붙여서 내려주던 봉작(封爵)의 유풍으로 조선 후기가 되면 시중 일반에서도 널리 사용된 것으로 여겨진다.[325]

개성상인은 이미 부인자본을 자기자본으로 인식하지 않고 타인자본으로 인식하고 자신의 경영활동의 후원자인 부인의 권리를 어떻게 보장하는가를 자본의 기회비용 회계 처리를 통해 매우 명쾌하게 합법화한 것이다. 이러한 회계 처리는 메디치 은행이나 영국은행 등 서유럽 자본주의 역사에서는 좀처럼 찾아보기 힘든 회계기술이다.

〈그림 8-5〉의 주인공의 남편으로 추정되는 인물은 박영진가 회계장부의 각인회계책(各人會計冊) 설기동 도중회계(薛箕東都中會計) 맨 마지막 페이지에 나타난다. 그의 이름은 박성삼(朴成三)이다. 그의 이름은 맨마지막에 단 한 번 나타난다. 그러면 오늘날 회사 조직의 최종 이익잉여처리계산서 맨 마지막에 등장하는 박성삼과 〈그림 8-5〉의 주자장책 맨

---

324) 『牛溪集』續集 卷6, 雜著, 雜記.

325) 봉호(封號)를 받은 부인(婦人)의 통칭으로 택주(宅主)를 사용한 것은 태종 17년 명부의 격식을 제정한 것에서 비롯되었다고 볼 수 있다. 여관(女官)으로 품위 있는 자, 종친(宗親)의 딸과 아내, 문무관(文武官)의 아내 등으로 내명부(內命婦)와 외명부(外命婦)의 구별이 있었다. 『태종실록』 권34, 17년 9월 12일 참조.

처음에 등장하는 발곡택과는 무슨 관계인가? 결국 부인은 맨 처음 출자자로 남편은 맨 마지막 최종 이익잉여처리 계산자로 나타나는 부부간 성별 분업이 개성자본회계의 최고 정상에 존재한다. 부인 발곡택은 자본소유주이고 남편 박성삼은 총경영자로서 '경영과 소유'가 분리된 것을 의미한다.

오늘날과 같은 주식거래 시장이 발달하지 않은 상태이지만 가족기업임에도 불구하고 가족 내에서 소유와 경영의 분리가 일어난 것으로 보인다. 박성삼은 삼포 경영의 총 장부를 보존해온 박영진가와 같은 성이다. 아쉽게도 아직 박영진가의 족보에서 박성삼과 박영진과의 연관성을 찾지 못했다.

그러나 명백한 것은 받자장책은 자산 총계정이며 받자장책과 주자장책의 잔액을 시산한 표가 주회계책으로 오늘날 대차대조표와 소득계산서에 해당된다. 주자장책 첫 기입인 발곡택은 오늘날 대차대조표상의 부채와 자본 공간[貸邊 Cr:Creditor] 첫 기입이 자기자본으로 시작하는 것에서 자본소유주 즉 투자자이다. 따라서 투자자인 발곡택은 최종 이익잉여처리계산서상에 이익 배분에 나타나지 않고 대신 박성삼이 나타난 것으로 미루어 자본소유주 발곡택과 총경영자 박성삼은 가족기업 내의 부부관계로 추정하는 것이다.

〈그림 8-6〉은 박영진가 회계장부상의 차입거래를, 자금을 제공한 자금 공급자들의 거래처명을 가지고 성별을 구별하여 약정 개월에 따른 건수의 분포로 제시한 것이다. 거래처명이 '댁'으로 끝나는 거래처를 여성 거래처로 인식하고 그 분포를 살펴본 것이다. 〈그림 8-6〉에 제시되어 있듯이 금융거래의 대부분은 차입 기간 3개월(90일)을 기준으로 1개

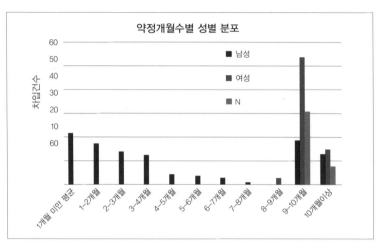

<그림 8-6> 자금공급 약정 개월수별 성별 분포

월 미만과 1-2개월의 단기거래와 10개월 이상의 장기거래로 양분되어 있는 것을 알 수 있는데 그 가운데에서 지명 택호로 기입된 여성 거래처로 인식되는 거래는 대부분 10개월 이상의 장기거래이다. 또한 〈그림 8-6〉에서 10개월 이상의 장기금융거래의 경우 그 거래 규모의 액수가 소액이다.

이와 같이 박영진가 회계장부상에 나타난 금융거래에서 자금 공급처가 여성인 경우 단기금융이 아닌 장기금융이며 대부분 소액의 구좌인 점은 1929년 조선식산은행 개성지점의 조사보고서 '연 1할5푼을 지급하여 낮은 이율을 차지하고 이 종류는 100원, 200원의 소구좌이나 구좌 수가 극히 많아 대부분 부인들의 것이다'와 부합한다.

〈그림 8-6〉에서도 차입자금의 거래금액별 분포에서 9-10개월 이상의 장기금융은 총 104건이 관측되는데 이 중 45%의 거래가 500냥 미

만 소액 거래이며 이자율은 대부분 0.015(월 1.5%, 연 15%[326])의 수준이다. 이와 같이 박영진가 회계장부에서 관측되는 차입자금 거래를 장기상환 기간에 따라 분류할 경우 여성 소유주와 관련된 금융거래의 이자율은 대부분 0.015(월 1.5%, 연 15%)의 수준으로 수렴되는 경향이 있는데 이 또한 개성지점의 보고서와 서로 일치한다.

결론적으로 100일 이상 장기 시변 이자율 변동의 특징인 '0.015'라는 이자율로 수렴되는 배경에는 안정적 이자수입을 목적으로 하는 소액 투자자들로서 개성 지방 여성들이 존재한 것을 박영진가 회계장부에서도 확인할 수 있는 것이다. 유럽의 금융산업의 역사에서도 특히 이탈리아에서 금융산업이 발달한 플로렌스지방의 경우 개성지방처럼 소액의 투자자들의 자금을 융통시키는 약 80개 정도 소규모 금융업자들이 활발히 활동하고 있는 것으로 나타나 개성지방 여성 소유주의 금융거래의 특징과 비교된다.

---

326) 개성상인들은 연이자율 계산에 12개월이 아닌 10개월을 사용한다. 개성상인 회계기록에서 1년의 표현이 一周이다. 대차대조표와 손익계산서에 대해서도 매년 작성된 제목이 周會計冊이고 一周는 달로 계산하면 12개월이 아닌 10개월이다. 1개월은 지방에 파견한 차인조직이 정월에 귀향하여 회계 보고하기까지 모든 거래는 중지되고 중지기간에 회계보고서가 작성된 듯하다.

결언

한국 개성상인의 기업 경영 조직은 조선식산은행 개성지점 조사보고에는 차인(差人) 도중(都中)이라 칭하는 조직이라고 제시되어 있다. 이탈리아에서는 상호 협력관계를 코멘다(Commenda, Collegantia)라 부르고, 로마에서는 소키에타스(Societas, Nauticumfenus, Maris), 플로렌스에서는 콤파니아(Compania), 이슬람에서는 키라드(Qirad), 유대인들에게는 이스카(Isqa) 등이다. 기업실체로서 도중이란 고려시대부터 오늘날 회사를 뜻하는 용어이다.

본서에서는 DEB 순환시스템을 가지고 오늘날 제조기업 원가회계의 목적과도 부합하는 삼포 경영자의 합리적인 의사결정을 중심으로 회계 정보가 어떻게 생성되는지를 과정별로 제시하였다.

주지하듯이 오늘날 제조기업의 원가회계는 제조 과정상에 투입되는 재료비와 노무비는 자산계정임과 동시에 원가요소계정으로서 분개하여 장책의 자산계정으로 전기하고 대차대조표상의 결산 잔액으로 요약하게 된다. 박영진가의 삼포 경영에 관련된 거래의 회계 처리도 현대 제조기업 원가회계 원리 그대로 분개되어 장책의 받자계정(外上長冊)으로 전기되고 궁극적으로 개성상인의 대차대조표라 할 수 있는 주회계책의 받자질(資産) 잔액으로 요약되어 있다.

일기장에서 삼포 조성과 경작 과정 그리고 채삼하기까지 지출된 모든 거래의 기입은 '捧次……下'란 분개 구조로 통일된 구조를 갖고 있었다. 특히 다른 금융거래나 매매 활동의 거래 기입과 달리 삼포명의 기입과 삼포 규모의 기본 단위가 해당 비용마다 기입되어 재료비의 단가를 정직하게 기록하고 있다. 이는 오늘날 원가회계에서 판매활동 직전의 제품별 부문별 제조부문을 분류하여 그 원가를 기록해야 하는 것과 마찬가지 이유에서 재료비 투입을 기록한 것으로 사료된다.

노무비 관련 용어도 '役'과 '日雇'로 구분하여 제조 과정상의 특수 전문직 노무비인 경우 '役'으로, 일반 단순직인 경우 '雇'로 표현하여 그 단가의 차이를 계산하여 기록하고 있다. 이는 현대 회계에서 제조기업 회계의 기초로서 원가의 일반적 정의대로 인삼 제품의 생산을 위해서 필요한 재화와 용역의 경제적 자원의 희생의 화폐 금액 표시인 것이다. 따라서 이 거래들을 재료와 노동력 그리고 기타 용역별로 분류하고 그 단위당 가격을 계산하면서 인삼 제조원가명세서를 작성한 것이다.

요약하자면 박영진가 삼포 경영 관련 거래는 특정 시기에 집중되어 있고 이 거래의 분개 구조가 오늘날 제조기업 회계의 고유 계정인 재료계정, 임금계정, 제조경비계정 등 자산계정으로서 관련 거래 발생액이 재공품계정 차변 잔액을 증가시키는 원리와 동일한 분개 구조를 갖는 것은 삼포 경영의 산업자본적 특성이 일기장에서 최종 이익잉여처리계산서까지 일관되게 시현된 것을 의미한다.

개성상인들은 인삼 삼포별로 투입된 원가가 해당 삼포에서 인삼을 수확하여 판매할 때까지 재공품 자산계정을 기록하여 1년 주기로 결산한 잔액을 주회계책(대차대조표, 잔액시산표)으로 요약하고 있다. 삼포 경영 관련 일기장 기입이 장책으로 전기되는 과정과 삼포별로 잔액이 집계되어 오늘날 대차대조표와 손익계산서에 해당되는 주회계책으로 기말 잔액이 요약되는 과정을 명확히 보여준다.

유럽과 달리 개성상인들이 남긴 기업 실무 증거물은 북한 사회과학원이 소장한 1786년부터 1947년까지 162년간 기록과 1854–1918년 65년간 고베대학의 회계장부에 걸쳐 너무나 풍부히 존재한다. 이들은 분개 구조에서 출발하여 최종 재무제표 작성까지 완벽한 회계 순환과정을 통하여 당기순이익 계산과 배분까지 모두 한 치의 오차 없이 기록한 완벽한 현대 방식의 DEB 자료를 남긴 것이다.

본 서에서 살펴본 개성자본회계 계정별 순환의 역사는 19세기까지 서구 유럽 특히 영국에서 개발한 결산보고서와 결이 다르다. 영국은 소수 독점자본의 기여만 돋보이는 자본소유주 이론을 개발하여 오늘날 21세기 전 세계를 배회하는 투기자본세력처럼 자본주의를 부정적인 실체로 인식하게 하는 소득 불평등의 고질적인 문제를 낳았다. 부동산 투기를 통한 자본증식이나 외화 투기의 금융행위를 통한 자본증식이건 기업 생산행위를 통한 증식이건 상업행위를 통한 증식이건 상관하지 않고 재산상태 변동만이 초미의 관심이있다.

그러나 동시대 개성은 20세기 들어오면서 미국을 중심으로 일어난 관리혁명의 의사결정 구조처럼 그들에게 자본회계의 순환을 파악하는 목적은 자본소유자의 관심에서 독립하여 기업 경영에 초점을 맞추는 기업실체 경영평가 그 자체였다. 거기에다가 오늘날 뉴욕의 최첨단 금융공학에서도 인식하지 못한 자본의 기회비용을 인식하고 각자 독립된 기업실체 회계를 실무적으로 개발한 세계 최고 수준의 기업 실무회계를 개발해온 것이다.

개성자본회계 순환에는 자본소유주가 처음부터 마지막까지 전 회계과정을 지배하는 크론헴 등식은 존재하지 않는다. 본론에서 설명한 대로 자본소유주 이론의 대차대조표 균형식은 자본의 변동이 최우선 관심사이다. 개성상인 회계장부에는 이 방정식이 존재하지 않는다. 개성상인들에게 자기자본은 존재하지 않고 모든 자본은 주자장책 부채장부에 두는 자기자본금을 타인자본으로 인식하는 책임성만 존재한다.

지금까지 본 서는 기존에 우리가 알고 있었던 서구 유럽 중심의 합리적 이윤추구 행위가 서구 유럽 회계장부에 나타나지 않고 오히려 개성회계장부에만 독자적으로 나타나는 것을 중심으로 살펴보았다. 그 결과 19세기 칼 마르크스와 21세기 피케티가 왜 자본주의의 실체인 기업활동을 부정하고 노동소득 추구자 중심의 이상향을 꿈꾸었는지를 파악하게 되었다. 칼 마르크스와 피케티가 공유하는 자본소유주 이론은 소유와 경영의 분리되고 부채와 자본의 구별을 없애는 기업실체 이론에 비해 시대적으로 뒤처진 자본 인식이다.

본 서에서 최종적으로 분석한 각인회계책의 각인이란 개성깍쟁이로서 자본소유주로부터 분리, 독립된 독자적인 경영활동 주체를 의미한다. 자본소유자는 경영활동 기간에 나타나지 않으며 각인에게 모든 의사결정을 위임하며 경영의 아웃사이더란 뜻이다. 이와 같이 각인회계책 작성의 목적이 대차대조표 중심의 자기자본의 소유 의식을 지워버리는 회계장부상의 금융회계혁명이 일어난 것을 웅변한다. 칼 마르크스가 그렸던 공산주의 이상형 사회에서도 실천하기 힘든 자기자본마저도 소유 의식을 버리는 혁명적인 사고방식이 각인회계책의 전제 사고인 것이다.

개성자본회계 순환에서 최종의 미를 장식하는 각인회계책은 파치올리에 의해 정립된 DEB는 자본소유주에게 초점을 맞춘 자본 등식으로 '중세식 DEB'에 지나지 않는 것임을 분명히 한다. 중세식 DEB라고 평가를 받는 것은 서구 유럽 결산보고서의 특징으로 회계보고의 최종 목적은 토지 부동산 자본소유주에 맞추어져 있는 것 이상도 이하도 아니기 때문이다. 또한 소수의 독점적 자산소유자의 재산의 평가와 분석에만 초점을 맞추기 때문에 회계를 철저히 소수의 이해관계자만을 위한 것으로 타락시켜서 거짓장부를 만드는 회계 비밀주의로 귀결되기 때문이다.

소득계산서 중심의 개성회계는 오늘날 현대사회의 회계에 대한 요구를 그대로 이미 19세기에 실천하고 있었다. 현대사회에서는 아파트관리 영역에까지 투명하고 정직한 회계를 요구하고 있다. 더 이상 회사나 국가나 가정이나 소유주나 지배주주나 지배정당 마음대로 운영할 수 없다. 임금소득 추구자의 권리와 책임 이행, 지대소득 추구자의 권리와 책임 이행, 금융소득 추구자의 권리와 책임 이행의 대차변 평균의 원리가 점차 강화되면서 회계의 목적도 변화하는 것이다.

회계정보를 놓고 이해당사자가 자본소유자와 경영자 단둘의 관계에서 경영자를 한쪽에 놓고 임대소득 추구자, 임금소득 추구자, 이자소득 추구자 등 다수로 변화해갔다. 다수의 이해당사자와 경영자와의 의사소통의 필요에 의해 회계는 가장 기본적인 의사소통 언어가 되었던 것이다. 한마디로 소수의 이해관계자 자본소유자 중심의 재무제표가 종업원, 중간관리인, 최고경영자뿐만 아니라 기관투자자, 연금가입자 등 다수의 이해관계자가 회계정보에 민감해지는 '회계의 사회민주화'가 광범위하게 확산되고 있는 오늘날 개성자본회계 순환론이 우리에게 던지는 시대적인 의의는 매우 크다 하겠다.

한국 회사 조직의 비극은 일제강점기 일본이 '조선민사령'을 통해 이식한 얼빠진 상법 회계제도에서 비롯된다. 국내 회계학계는 이때 처음으로 한국에 기업회계기준이 나타났다고 인식한다. 그러나 이때 이식된 기업회계기준은 경성방직 결산보고서와 도요타 자동차 결산보고서처럼 오늘날 전 세계가 보편적으로 받아들이는 기간손익 개념보다는 일정 시점 기업의 자산과 부채 파악에 머무는 것으로 본서에서 정의 내린 봉건적 비생산적인 회계등식이다.

주지하듯이 1910년대 일본은 대대적인 토지조사사업을 실시하고 한국에서 토지재산 취득에 혈안이 되어 있었다. 이때 도입된 기업회계는 일정 시점의 재산평가에만 치중하고 기업 본연의 임무인 기간손익 추구 활동에 대한 기업회계기준이 결여된 것이다. 근대 기업회계기준과 동떨어지고 전통적으로 내려오던 개성자본회계를 왜곡한 것임이 틀림없다.

전통적인 개성자본회계 기준은 오늘날 국제사회에서 요구하는 국제회계기준과 많은 면에서 일치한다. 근대 기업회계기준대로 삼포도중의 주기적 기간 인식, 기간손익 측정, 영업이익의 DEB에 의한 완벽한 계산서에는 자본소유자의 존재감보다 이 영업활동에 참가한 모든 사람의 주장(권리)과 의무(책무)의 균형을 잡아주는 중간자의 위상이 부각될 수

밖에 없다. 삼포별 비용과 수익을 독립적으로 계산하여 그 결과에 따른 공정한 분배를 확정한 것이다. 이들에게는 투하된 자본이나 빌려온 채무 등 돈의 액수가 문제가 아니라 일정 기간 얼마나 많은 수익을 창출하여 자본의 기회비용으로서 장기 이자율을 상회하는 이윤율을 올리는가가 최대 관심사인 것이다. 기회의 균등과 활동성과에 의한 공정한 배분이 K-Account를 관통하는 합리성이다.

삼포와 삼포 사이에는 오늘날 인터넷상의 국제거래에서 생성되는 블록체인처럼 서로 연결되어 거미줄 네트가 늘어나듯이 종삼포, 밀종포, 3년근삼포, 4년근삼포, 5년근삼포, 6년근삼포, 가끔 7년근삼포 사이의 오고 가는 거래가 마치 거미가 움직일수록 거미줄 망이 확대되듯이 인삼 생산기간이 늘어날수록 모든 거래가 DEB로 분산되면서 연결되고 있었다. 이들 삼포 사이에는 마치 건축물이 올라가는 과정에서 자재 납품과 인건비, 모든 비용이 투하된 자본의 원가를 구성하듯이 촘촘히 연결된 망으로 회계 처리가 연결되는 것이다. 이 불록체인의 연결망에 참여한 사람은 자연인이 아니라 책임 이행과 권한 요구의 양면성을 지닌 유한책임 법인(Leagal Person)으로 기회의 균등과 활동성과의 공정한 배분이 완전히 보장되는 세계를 창출한 것이다.

따라서 회계정보는 합리적인 가격을 결정하는 데 유용할 뿐만 아니라 고용, 임금수준을 결정하거나 삼포와 삼포 사이의 오고 가는 거래의 지급 방법과 받을 방법에 대한 연계된 회계 처리 즉 상계처리가 매우 중요한 회계 기술로 떠오르게 되는 것이다. 따라서 회계정보는 투자자에 대한 외부 보고자료가 아닌 내부 의사결정자료로 회계 처리가 제공할 수 있는 유용한 정보가 훨씬 풍부하게 생성되는 것이다. 이른바 오늘날 현대 회계의 주요 기능인 기업경영 분석자료가 생성되고 공급되는 것이 바로 개성 삼포 경영자료의 특징이다.

삼포 경영자료는 거래 발생 순서대로 기입된 일기장의 인삼 제조과정 관련 거래와 오늘날 제조원가(재공품)계정에 해당되는 외상장책의 각 삼포별 종삼 구입비, 삼포 조성에 투입되는 재료비와 노무비계정을 중심으로 직접원가 계산 구조의 경영정보를 제공한다. 삼포 경영자료는 원가계정이 DEB의 시스템하에서 삼포도중별로 서로 관련된 거래기입이 일기장과 외상장책 그리고 주회계책에 각각 어떻게 분개, 전기(Posting), 요약(Summation)되어 있는지를 체계적으로 추적할 수 있는 것이다.

본 연구에 의해 그동안 한국 역사학계와 회계경영사 학계에서 꾸준히 제기해온 식민지 이전 조선 후기에 이미 내재적으로 근대적인 자본주의적 경영활동이 존재해왔다는 가설에 더욱 확고한 근거를 제공하게 되었다. 개성지방에서 여성들은 저축을 통해 여유자금을 지닌 자금 공급자였으며 이들은 상환기간이 비교적 장기인 자금 수요자에게 자금을 공급하였다. 특히 인삼 경영에 6년이라는 장기간 미래의 불확실성에 자신의 여유자금을 공급하는 원칙을 견지하였다. 즉 위험을 수반하는 높은 기대수익보다 안정을 최우선으로 하는 최소 요구 수익률을 선호하여 투자기간의 장기성을 요구하는 삼포 경영에 안정적인 자금을 공급하였던 것이다.

장기금융시장으로서 의변제도는 평양, 의주, 부산, 안성 등 상업적으로 유명한 조선 각지에서도 선망의 대상이 된 금융제도이다. '시변'이라 함은 때때로 변하는 이자율이라는 의미로 신용 약정기간에 따라서 이자율이 수시로 변동하는 제도이다. 이 제도에 진입하여 구성원이 되면 최단기 7일에서 최장기 1년에 이르기까지 참가 구성원이면 누구나 자금이 필요하거나 여유가 있는 경우 이 시장에서 자금을 조달하거나 제공하였다. 자금 여유가 있는 경우 자신의 집 금고에 사장하지 않고 시변망에 공급하고 자금이 필요한 경우에는 신용을 지키는 것을 생명보다도 더 소중하게 여기면서 자금을 사용하였다. 일제강점기 조선식산은행의 조사보고서는 병합 이후 홍수같이 밀려오는 외래자본의 파동과 폭풍우처럼 도래하는 살인적인 경기 변동의 와중에서 다른 지방의 기업들은 대부분 도산함에도 불구하고 개성지방은 살아남을 수 있었던 비결이 바로 이 시변제도에 있다고 증거하고 있다.

현대사회에서 기업에 출자한 자본소유주들은 출자한 금액에 대해서만 권리와 책임을 지닌다. 유한책임과 주주권리가 그것이다. 18세기 개성에 출현한 기업들은 자본소유주의 권한이 이익배당 권리로만 축소되고 기업실체론에 따른 의사결정권의 완전 분리를 지향하는 경영철학을 개발한 것이다. 각인회계책 제목에서 알 수 있듯이 개성깍쟁이란 바로 삼포 경영별로 자본소유주로부터 완전 분리된 한국판 기업실체론을 지칭한다. 삼포에 투입된 막대한 자본의 소유주들은 회계순환과정상에 처음 출자할 때와 맨 마지막 이익잉여처리계산서에 이익배당을 받을 때 딱 두 번 출현한다. 6년간 삼포를 운영하면서 진행되는 모든 의사결정에 결코 개입하지 않는다. 6년간 삼포 경영을 책임진 도중들은 완벽한 DEB로 금융거래비용을 거의 제로화시켰다. 그렇다고 시변에 종사한 수천 명의 금융 거간꾼들을 해고한 것이 아니다. 회계금융혁명으로 모든 거래의 유동화를 통해 시변 종사자들의 수를 기하급수적으로 늘렸다.

각인회계는 주주에게 돌아가는 이익배당 소득과 회사 경영진의 경영

소득과 투입된 노동에 대한 임금소득과 차입한 삼포 토지에 대한 임대소득이 모두 완벽하게 서로 분리되어 DEB로 처리되고 있었던 것이다. 삼포의 총소득을 주도한 실체는 영업소득을 추구하는 기업실체 도중이지 임금소득을 추구하는 노동자도 아니고 삼포에 투입된 거대 자금소유주도 아니다. 삼포도중들은 6년간 삼포도중 회계에만 집중하고 최종 결과를 가지고 공정하게 각 이해당사자들과 소득배분을 추구하였다. 오늘날 용어로 경영평가 결과만을 가지고 소득을 추구한 것이다. 일종의 유럽 리그에 출전한 선수들이 경기 내용만 가지고 연봉을 결정하듯이 주기적 결산 후 경영실적을 놓고 소득을 가져간다.

오늘날 상장회사 경영진들은 매달 월급을 받는다. 또 연말 경영성과를 성과급으로 받는다. 그러나 삼포도중들은 월급을 받지 않고 경영성과만을 소득으로 받았다. 오늘날 전 세계 자본주의에 만연된 고용 없는 투자, 일자리는 줄어드는 경제성장, 정규직 비정규직 임금 차별, 소득주도 성장인지 경영주도 성장인지를 혼동케 하는 자본소득 분배 문제 등은 DEB의 정신대로 회계 처리를 하지 않기 때문에 발생하는 적폐들이다.

자본회계의 목적이 경제 이해당사자들에게 모든 정보를 완전하고 투명하게 공개하는 방향으로 바뀌는 것을 본 서에서는 '개성자본회계의 사회민주화의 완성 혹은 공적 책임의 완성'이라고 정의 내렸다. 자본회계의 공적 책임의 완성은 모든 경제정보를 대차평균의 원리대로 처리하는 데에서 나온다.

최근 한국을 비롯한 전 세계 자본주의 국가에서 부와 소득이 최상위 계층에 집중되는 소득 불평등이 심화됨에 따라 프랑스의 경제학자 토

마 피케티(Thomas Piketty)가 칼 마르크스의 자본론에 이어 다시 '세습자
본주의(patrimonial capitalism)'를 들고나오자 젊은이들 특히 한국 사회의
'흙수저론'에 신음하는 젊은이들이 자신의 미래를 찾으려고 방황하고 있
다. 1864년 칼 마르크스가 자본축적론과 노동착취 잉여가치론으로 자
본과 노동의 대립을 들어 사회주의혁명을 제창하였지만 피케티는 세습
자본주의론(Patrimonial Capitalism)으로 부유세 도입 등 새로운 사회주의
정책을 제언하고 있다. 그러나 같은 시기 한국에서 발굴된 개성 회계장
부는 현대 기업회계 실무자료로서 1494년 루카 파치올리가 출판하고 막
스 베버, 슘페터, 좀바르트에 의해 정립된 합리적 이윤추구 문화가 모두
부정되는 과거로의 회귀 경향에 새로운 경종을 울리는 자료이다.

지금까지 서구 유럽에서 자본의 출현과 합리적 이윤추구 행위는 상
호 밀접한 연관을 가지고 있는 것으로 인식해왔다. 대항해시대(Voyage
Times)에 형성된 모험자본이 기업가정신의 원류라고 생각해왔다. 그러
나 개성상인들이 남긴 18-19세기 회계장부는 서구 유럽 중심 자본주의
역사를 다시 생각하게 만든다.

대항해시대 유럽의 자본은 소득계산서와 같은 기간 보고서는 필요로
하지 않았다. 해양 무역을 향해 던져진 모험자본은 일회성이며 투기성
성격을 가지며 주기성과 계속성이 존재하지 않았다. 서구 유럽 문명이
해양 문명을 내세워 자본주의를 발전시킨 역사는 DEB의 계속성과 주
기성을 부정하는 모험자본으로 단 한 번의 항해로 일확천금을 추구하
는 전형적인 투기성 자본주의의 역사라고 볼 수 있다. 반면에 개성에서
발달한 자본회계는 기간손익 계산의 주기성과 계속성을 기반으로 전형
적인 합리적 이윤추구를 해온 근대 기업가정신을 유지해온 것으로 서

소득계산서	전통개성상인 1896-1897(文)	Modern Kaesŏngites Amore pacific 2013.01-2013.12($)	Samsung 2013.01-2013.12($)
총수익	64,154.55	2,667,650	228,692,667
순수익	9,739.86	270,810	29,821,215
순소득비율	6.59%	9.85%	7.67%

	전통 개성상인 (1896-1897)		현대 개성상인 Amore pacific(2011-2013)			삼성전자 (2011-2013)		
영업기간	A삼포	B삼포	-2011.12	-2012.12	-2013.12	-2011.12	-2012.12	-2013.12
총수익 (Revenue)	100	100	100	100	100	100	100	100
매출원가 COGS	84.9	74.9	31.95	32.08	31.80	67.97	62.98	60.21
매출총이익 (Gross Margins)	15.1	25.1	68.05	67.92	68.20	32.03	37.02	39.79

<표> 전통개성상인, 현대 개성상인, 삼성전자 경영분석자료
자료원 2011-2013 Morningstar Real-Time Data. U.S. Kaesŏngites data source
English Sources of Korean Rationality for Entrepreneurship(1887-2000) ㅣ 2014.
COGS; Cost of Goods Sold.

구 유럽 자본 행위와 비교된다.

　박영진가 회계장부도 오늘날 글로벌 기업들이 실무에서 채택하고 있는 현대식 DEB이기 때문에 100-200여 년이 넘는 시간차가 존재한다 해도 기업이 작성하는 재무제표와 경영분석 비율을 동일한 원리대로 만들 수 있다.

　결론적으로 글로벌 신용평가 회사에서 매년 발표하는 기업경영 분석 자료에서 한국의 대표적인 개성상인출신 기업 아모레퍼시픽 회사의 경영분석 자료와 삼성전자 경영분석 자료를 구하여 박영진가 회계장부의 최종 대차대조표와 손익계산서, 그리고 이익잉여처리계산서에서 산출한

수치를 가지고 비교 대조하여 기업경영 분석의 가장 기초 정보인 영업이익과 영업이익률, 매출원가를 구성하여 제시하는 것으로 이 글을 마무리하려 한다.

부록

개성자본회계 관련
이두(吏讀), 향찰(鄕札), 방언(方言), 언문(諺文), 속언(俗言)
용어 풀이 사전

K-Account의 회계기록은 모두 한자로 되어 있으나 그 의미는 중국 한자와 전혀 다르다. 마치 이탈리아 회계금융용어가 라틴어와 그리스어나 아람어가 서로 섞여 있듯이 개성상인의 회계장부에는 한자와 북방 기마민족 언어가 서로 섞여 있다. 이 가운데 KDEB와 관련된 회계전문용어를 뜻글자인 한문보다는 소리글자인 이두(吏讀), 향찰(鄕札), 방언(方言), 언문(諺文) 등에서 유래하는 용어로 판별하는 것은 매우 난해한 단계이다.

이두는 이도(吏道), 이토(吏吐), 이서(吏書) 등으로도 불리었는데『帝王韻紀』(1287)에 이서(吏書), 『大明律直解』(1395)에 이도(吏道), 이토(吏吐), 『세종실록』 및 『훈민정음』 정인지 서문에는 이두(吏讀)로 쓰여 있다. 특히 혼인동맹 관계인 고려와 몽골이 세계를 통치하던 13세기부터 조선-명의 국제관계로 이행하던 14세기까지 편찬된 서적에는 많은 부분이 거란어와 몽골어가 이두와 함께 한자로 표기되어 있다. 그 대표적인 서적이『大明律直解』이다. 이 서적에 등장하는 이두(吏讀)는 거의 다 국가 행정관리의 전문언어로서 오늘날 국세청과 기업이 결산보고서를 놓고 첨예하게 대립하는 것처럼 고도로 축약된 용어로 구성되어 있다.

19세기 말 미국의 농학자 킹(F. H. King)은 중국과 한국 그리고 일본을 여행하고 동아시아 삼국의 농사방법에 관한 기록을 남겼는데 그가 한반도와 동북아 일대에서 관찰한 농사기술은 대부분 15세기 편찬된『農事直説』과 일치한다. 그의 책 제목에 등장하는 '4천 년의 농부'나 세종에게 농시기술을 전달한 노농(老農 Seasoned Farmer)은 모두 동북아시아와 한반도 일대에서 오랜 세월 농사 경험을 축적해온 같은 노농들이다. 『농사직설』에 수록된 농사기술 전문용어는 모두 이들의 언어로서 이두로 기록되어 있다.

또한 현존하는 우리나라 최고(最古)의 의서라 할 수 있는 고려시대의 『향약구급방』은 대몽항쟁 시기에 강화도의 대장도감(大藏都監 1236년 설치)에서 간행된 책으로 중국에서 수입되는 당재(唐材)를 의식적으로 대체한 향약재를 거의 대부분 이두를 사용하여 기록하고 있다. 이와 같이 고려시대와 조선시대 1,000년의 역사 속에 등장한 전문 과학기술서는 대부분 이두를 사용하였으며 18-19세기 개성상인 회계장부에 반복적으로 나타난다.

회계는 기업의 의사소통 언어이기 때문에 그 어원을 파악하는 것은 매우 중요하다. 한글 창제 이전의 소리글자로서 이두를 주목해야 하는 이유는 바로 개성상인들의 전문용어가 대부분 한자와 함께 소리글의 고전어라 할 수 있는 이두로 구성되어 있기 때문이다. 이탈리아 베니스 DEB의 자본, 금융, 회계 전문용어 대부분이 고전어 라틴어에서 기원하는 것은 이미 잘 알려져 있다.

지금까지 국어학계에서 내린 이두에 대한 정의는 서로 너무 불일치한다. 본서에서는 단재 신채호 선생과 북한 이두학자 홍기문의 정의에 따른다. 신채호 선생은 오랜 세월 외세의 침략을 받아 흩어지고 잃어버린 조선의 역사상의 대사건은 이두를 통해서 발견할 수 있다고 확신하였다. 그가 이두 연구를 땅속유적(地中古蹟)의 발굴에 비길 만하다고 하고, 조선사 연구에 비약적 계기로 삼은 이유는 김부식의 『삼국사기』가 너무나 많은 오류투성이로 점철된 사실을 파악했기 때문이다. 신채호는 김부식이 『삼국사기』를 지을 때 송나라 서적 『冊府元龜』를 구입하여 타인의 열람을 불허하고 자기가 유일한 박학자의 명예를 가지는 동시에 『삼국사기』가 국내 유일의 역사서라는 어리석은 희망으로 스스로 자신의 저서를 값어치가 몇 푼도 안 되게끔 만들었다고 혹평한다. 신채호로 하여금 김부식의 어리석음을 깨닫게 한 것이 바로 이두이다. 홍기문은 이두를 '한자를 사용하여 조선어를 기록하는 문자체계'로 정의하고 구두어, 서사어, 향찰(鄕札)식 발음, 구결 등 발음방법을 중심으로 하는 이두와 『大明律』과 『大明律直

解』의 차이처럼 번역용어를 중심으로 하는 이두로 양분하여 소개하고 있다.

이 부록편에서는 유목민들의 일상대화체의 형태로 존재해온 이두가 어떻게 그 '일상대화의 의미(The meaning of common speech)'와 전혀 다른 법적 구속력을 갖는 '회계 전문적인 의미(The Legal meaning of Accounting technical terms)'로 기능하게 되었는지를 어원학적으로 소개한다. 또한 현재 한국인의 일상생활 용어와의 연관성도 제시하여 개성상인의 회계장부에 나타난 금융시장, 노동시장, 재화시장의 흐름이 의외로 우리의 일상용어에 녹아 있다는 놀라운 사실을 금융회계 분야 이두를 통하여 제시한다.

홍기문과 신채호가 파악한 대로 회계기록도 모두 한자와 특수부호 산가지 숫자로 구성되어 있으나 개성상인의 회계장부에는 한자와 북방 기마민족 언어가 서로 섞여 있다. 한국인의 일상생활 용어와 이두가 북방 민족의 생활관습과 상거래에서 유래했다는 인과관계를 가장 잘 알려주는 문헌자료로 조선후기 실학자인 이의봉(李義鳳 1733-1801) 『古今釋林』, 이규경(李圭景 1788-1856) 『語錄辨證』 『五洲衍文長箋散稿』, 구윤명(具允明 1711-1791) 『典律通補』, 이유원(李裕元 1814-1888) 『林下筆記』, 허목(許穆 1596-1682) 『記言』, 황윤석(黃胤錫 1729 -1791) 『頤齋遺藁』, 신채호(申采浩, 1880-1936) 『조선사연구초』 『조선상고사』 등에 자세히 소개되어 있다.

이 가운데 고구려 비문, 신라 촌락문서, 개성지방의 전설과 지명, 고려시대 고문서 등에 기재된 회계금융 행위와 연관된 전문용어를 중심으로 소개하면 다음과 같다.

가닥바(條所) : '가닥'이란 국어사전에 '한군데서 갈려 나온 낱낱의 줄이나 줄기 따위를 세는 단위'로 풀이한다. 개성상인 회계장부에서는 노동자 임금이나 이자 등 유사한 종류의 개별비용을 하나의 계정으로 통합하여 제시하는 통제계정(Controlling Account)에 이 가닥(條)이 등장한다. 다수의 동일하거나 유사한 거래사항을 집합하여 총계정장책인 받자주자장책에 하나의

계정으로 기록하는 경우에 사용한다. 이자와 관련된 거래는 '利條' 일일고
용 임금과 관련된 지출은 '雇條', 세금과 관련된 지출은 '上納條' 등이 그
예들이다. '가닥바'는 여러 가닥을 통합하여 하나로 된 밧줄의 의미로『萬
機要覽』「財用」편에 나온다.

감투(監頭) : 국어사전에는 '머리에 던 의관(衣冠)의 하나'라고 설명한다. 말총,
가죽, 헝겊 따위로 탕건과 비슷하나 턱이 없이 밋밋하게 만든 것을 지칭하
는 단어로 벼슬이나 직위를 속되게 이르는 말로도 풀이하고 있다. 이는 지
도자 '감'의 어원을 알 수 있게 한다. '곰주', '단군왕검' 등 우두머리 왕을 지
칭할 때도 사용한다. 한자로는 그 의미를 전혀 알 수 없다. 황윤석에 따르
면 '監頭'로 표기하고 만주어에서 기원한다고 밝히고 있다.『고려사』에는
'坎頭', '甘土'로 나온다. 고려와 조선의 수출품이던 모자 제품을 감투라 한
것이다.[1]

갓(這) : 이 글자는 개별 독립된 회계 처리에 사용되는 글자이다. 단독으로 쓰지
않고 這這(갓갓)처럼 두 번 반복하는 용례가 많다.

갓갓(物物) : '가지가지'의 이두어이다. 국어사전에 '사물을 그 성질이나 특징에
따라 종류별로 낱낱이 헤아리는 말'이라고 풀이하고 있다. 이두어로 각각
독립된 회계보고를 '낱낱이 보고하다'란 의미로 '物物白活'로 표기한다.

개(介) : 도움을 주는 도구를 한국인들은 개라 한다. 지우개, 얼개, 널개, 썰개,
밀개, 당글개 등등. 사개송토치부법의 개도 이와 같은 맥락에서 나온 회계
용어이다.[2]

고구려(金蛙) : 고구려의 이두 표기. 이덕무는 단군 이후 개구리가 고구려 이전
에 존재한 나라라고 했다. 고구려와 개구리는 같은 발음의 국가이다. 이
발음이 변하여 개구리가 된 것이다.『삼국유사』의 금와란 고구려를 지칭하

---

1)『頤齋遺藁』今白毛小帽。淸人所不用。惟遼東之七家嶺居民專爲我東人製賣。或呼七架者誤
也。明朝以前呼監頭。監音敢。亦在東韻。所以覆物。故名字亦作。而高麗史作坎頭。今俗或更
訛爲甘土。尤無義意者。監頭之制。本出胡元蹷。

2)『頤齋遺藁』介母ㄱ。助母ㅈ。而相轉則亦與今之華東俗語ㄱㅈ相轉者同矣。

는 것이다. 꾀꼬리(鶯), 개꼬리(狗尾), 게꼬리(蟹尾) 모두 중국 사서에서 고구려를 비하할 때 사용한 한자들이다.[3]

고양이(高伊) : 몽골어에서 유래한다. 『고려사』에 '고이'로 등장한다. 중국고전에 사용되지 않고 한자자전에도 수록이 안 된 글자이다. 광(獷), 괭이(猫), 아옹이, 삵이란 산괭이를 가리킨다. 이 용어가 경제사 연구에 중요한 이유는 15세기 편찬된 종자명 관련 농서 『衿陽雜錄』의 종자명에 등장하기 때문이다. 『衿陽雜錄』의 올벼는 모두 3종류인데 1)救荒狄所里 구황되오리, 一名 氷折稻 어름것기, 2)자채(自蔡), 3)저광(著光)이다. 여기서 저광은 고양이눈처럼 밤에 저 스스로 빛을 발한다고 해서 붙여진 이름이다. 영어로 'Cat'은 유라시안 대륙의 이태리 'gatto', 스페인 'gato', 슬라브 'kotuka', 'kotel'a', 불가리아 'kotka', 러시아 'koška', 폴란드 'kot'. 모두 이두 발음과 유사한 계열로 불리는 것을 알 수 있다.[4]

곰주(公州) : 곰은 몽골어 감, 캄에서 기원한다. 캄캄한 밤도 여기에서 기원한다. '黑首靺鞨'이란 검은머리 말갈족이란 뜻이다. 지금 동북부 쿠릴반도에서 곰이 서식하는 시베리아 알래스카 일대를 말한다. 신채호는 '웅산(熊山) 공목달(功木達)이라고도 함'은 '곰대'의 뜻이 '웅산'이고 그 발음이 '공목달'로 된 것으로 해석한다. '단군왕검(檀君王儉)'이나 '검단', 그리고 평양(平壤)의 옛 이름이 '왕검성(王儉城)'인 것도 몽골어에서 기원한다. 현재 충청도 공주의 '웅진(熊津)'이나 광개토왕의 비문에 '고모나라(古模那羅)' 모두 동일 지명이다.[5]

---

3) 『靑莊館全書』 『頤齋遺藁』 『조선사연구초』 言檀君之後金蛙。卽高句麗之祖。以方言攷之。高句麗華音곰구리。翻之則蛙也。余謂非徒高字有곰音。高麗史亦呼高句麗爲句高麗。句字古華音呼가。故鉤字方言亦呼가。溝字亦呼가。狀則雖作句高麗。亦繫蛙字方言耳。

4) 『頤齋遺藁』 猫呼烏圓者。今猫鳴아옹之聲也。烏古音아。又呼蒙貴。葢元時諱蒙去之。只呼貴。貴又轉괴。故高麗史呼高伊

5) 『頤齋遺藁』 感蒙韻有ᄀ音。而今俗呼곰。則男之呼놈。亦可徵矣。緘之呼홈亦狀。

곳(串 處) : 한자로는 꿰다, 꼬치의 뜻이나 이두자로는 곳. 바다로 내민 육지로
　　　　배가 정박하는 항구를 의미한다. 황해도 장산곶, 강화도 갑곶이 대표적인
　　　　장소이다.[6]

공부(糞) : 한국인들이 자녀들에게 가장 많이 사용하는 말이다. 공부란 중국
　　　　한자의 장인(工匠)에 해당되는 것으로 고려시대에 생긴 한자이다.

금문(金文) : 소문이나 금문이나 같은 뜻이다. 강화도 고려산에서 태어난 인물
　　　　로 알려진 연개소문은 연개금문으로도 알려져 있다. 한국인들이 쇠(Iron)
　　　　를 금(金), 글을 문(文)이라 하는 것과 연관시키면 이해된다. 누런 쇠를 '누
　　　　르진(女眞, 金)', 'Jurchen(朝鮮)'이나 이두 발음으로 읽으면 동일한 국가가 된
　　　　다. 'Jerusalem'의 발음이 예(제)루살렘[dʒəˈruːsələm]으로 되는 것과 같
　　　　다. '여진'과 '조진' '누진' 모두 이두 발음으로 읽으면 동일한 국가를 다소 다
　　　　르게 발음한 것이다.[7]

깃기(衿記) : 옷깃, 새깃, 깃털, 깃발, 깃대 등 독립된 단위 표기에 사용된다. 금
　　　　융회계에서 주식배당의 몫을 뜻하는 이두 표기이다. 깃급(衿給)은 분재기
　　　　에 등장하며 '분배해 주다'의 의미이다. 개성상인 회계장부 이익잉여처리계
　　　　산서에 등장한다.

까치(乾鵲) : 추석 명절에 등장하는 까치발의 기원을 알려주는 용어이다. 이 용
　　　　어를 알아야 회계 책임에서 '벗어난다'라는 말이 '깨끗이 정리한다'라는 회
　　　　계의 '털자(頉上)'의 의미를 유추할 수 있다. 신채호는 박혁거세 39년(기원전
　　　　19년)에 금궤에서 빠져나왔으므로 이름을 탈해(脫解)라 하고 금궤가 왜당
　　　　을 때에 까치[鵲]가 따라오면서 울었으므로 작(鵲) 자의 변을 따서 성을 석

6) 『頤齋遺藁』『輿地考』申令景濬輿地考云。國俗以海邊山麓斗入海中。尖而長者。有類肉串。故
　　呼其地名曰串。狀三國時旣分列邑。而邑境內有與邑相距稍遠。民吏不便往來者。別立一部曲。
　　亦立一處一所。因置吏員。小事自決。大事聞于官。以方言攷之。處與曲皆近串字方音。而處所
　　二字又同義。非必專爲山足入海而呼串耳。

7) 『頤齋遺藁』按三國史高句麗泉蓋蘇文。蘇文一作金。此蓋用方言呼金爲蘇故也。今方言呼金
　　尙狀。而但作蘇伊。若從古作蘇文。以文之初聲則近素音切。以文之終聲則近孫。又文之方言
　　近金音。소문=금문

(昔)이라 하니, 석씨의 시조 석탈해(昔脫解)와 까치는 밀접한 연관이 있다고 하였다.[8]

끌개(曳介) : 끄는 도구로 '끙개' 혹은 '끌개'로 발음한다.

끝(卯) : 회계결산 마지막에 최종 확정의 표시로 그 음은 '끚'이다. 공문서 마지막에도 등장한다. 금융(Financing)의 라틴어 의미가 끝(Finish)이듯이 개성상인도 결산의 최종 마무리 표시로 이 글자를 기록하였다.

나머·남(餘音) : 남아, 잉여, 나머지, 이윤, 남은 돈이란 뜻이다. '더러남아', '제랑나랑(除良餘良)'은 덜고(제하)고 남은 것이란 뜻이다. 홍기문은 현대어의 '어떠하나마', '무엇이나마'의 '나마'도 여기에서 유추하고 있다. 오늘날 언론에 자주 등장하는 '나랑너랑'이나 '여랑야랑'도 이 용례에서 기원한다. 이 용례에서 DEB의 대차평균의 원리를 찾을 수 있다. 리틀튼의 표현대로 '단순 대조 분류(Likes and Opposites)'나, '반대로의 차감(Subtraction by Opposition)'의 원리가 이 용어에 반영되어 있다.

날개(飛介) : 순우리말로 나는 도구를 지칭하고 '날개'로 발음한다. 고전번역에서 구리주전자의 한자 표기 '銅亇飛介'를 '동마비개'로 번역하지만 '구리마치날개'로 번역해야 올바르다.

늇(柶) : 오늘날 윷놀이와 관련된 숫자 4를 지칭하는 이두이다. 사개를 4로 보지 않고 2로 보아야 하는 또 하나의 근거이다. 한국인들은 숫자 4를 '넷' 혹은 '늇'이라고 한다.

다짐(侤音): 구두약속을 확정하는 의미로 '다짐'이라 발음한다.

달(橽) : 이 글자의 발음은 '달'이고 한자 '强'의 순우리말로 단단하다는 뜻이다. 『삼국유사』 단군이야기에서 신단수(神檀樹)의 이두 표기 박달목(朴橽木)으로 나타난다. 이 글자는 단군시대와 밀접한 연관이 있다. 오늘날 한국인을 배달민족이라 하는데 '배달'이란 다름 아닌 '밝달(朴橽)'의 와전이다. '밝달

---

8) 『頤齋遺藁』俗呼寒爲치。則凄之華音也。俗呼鵲爲간치則乾鵲二音之轉也。乾鵲亦云瑪鵲。

민족'이란 '밝'은 단군을 의미하고, '단'은 군사력이 '단단하고 강한' '센'을 의미한다. 박달나무는 가장 단단한 나무이고, 박달민족이란 가장 단단한 민족이란 의미이다. 오늘날 'TarTar'나 '단단'이나 같은 의미이다.

닭(喙) : 중국인들이 한국을 지칭할 때 '鷄林(닭의 숲)'이라고 한 것은 새벽에 동이 터올 무렵 숲속에서 우는 닭이 많은 나라라고 보았기 때문이다. 이 글자는 한국에만 있는 한자로서 한국을 달달, 단군, 밝달, 배달로 지칭하는 것과 깊은 연관이 있다. 수달피, 달래, 진달래, 닭도 동일한 기원을 이룬다. 『삼국유사』에서 마늘로 소개하는데 이는 잘못된 것이다. 炟艾(달래, 다래)라고도 하는데 이 역시 달달국의 식품을 의미한다.[9]

더러(除良) : '덜다', '빼다'의 의미를 갖는 회계용어로 이두 표기이다.

되(刀) : 중국 한자의 의미는 칼이지만 이두는 도량형 단위로 한 되(升)를 지칭한다. 오늘날 약 0.6리터 용기이다. 이 용량의 씨앗을 파종하는 면적은 一升落(한 되지기)이다.[10]

둥근(斗應斤): 한국인들이 원통(圓通)을 '둥글다'라고 표현하는데, 타타(韃靼)민족과 몽골민족이 둥근 하늘을 '탱그리'라 하는 것과 연관이 있다. '둥글다'와 '탱그리'는 같은 의미로 해석된다. 몽골어에서 유래한다.[11]

딸(他也) : 여자 자식을 타인으로 인식한 것을 알려주는 용어이다. 개성상인 부채장부인 '他給長冊'에 등장한다.[12]

---

9) 『頤齋遺藁』神宗初。崔忠獻奏黜內侍閔湜等。以俗傳。王飲炟艾井。則宦者用事。乃毀之。俚語藤梨謂之炟艾也

10) 『雞林類事』『頤齋遺藁』音刀。俗訓升也。見宋孫穆『雞林類事』。又見公私文簿

11) 『조선사연구초』,『頤齋遺藁』又如北虜呼天曰祁連。而韃靼猶呼統格。落統格落者。卽我東呼圓之辭。蓋我東呼圓曰斗應斤來。Tar Tar 是與韃靼語相近。而所謂格落卽祁連之轉音。況天形圓乎。蒙古卽韃靼古匈奴部種。故言語之傳在我東者亦鑿鑿如此。又攷漢書匈奴呼天曰撑黎。呼子曰孤塗。此其爲單于之尊稱而呼天者。與祈連近。呼子者又與我東人語近。蓋孤古音아도 音오。

12) 『頤齋遺藁』專呼女曰똘者。他也

말(斗) : 말은 오늘날 6리터 용량이다. 농지 면적에 '一斗落'이란 '한 마지기'로 읽으며 6리터 분량의 씨앗을 파종하는 크기의 면적이다.

말타기(乘騎, 馱) : 한국인들은 한자어 乘騎를 '말 탄다'라고 표현한다. 이는 금융용어로 변하여 개성상인들은 환어음을 할인하는 것을 환태가(換馱價)라고 표현하였다. 짐을 부리는 것에서 기원하며 금융거래비용을 뜻하는 이두이다.[13]

맞춤(遭是) : 이규경은 올바르게 맞는 것, 정확히 맞는 것, 차변 대변 균형이 완전히 맞는 것을 '마춤'이라고 소개하고 있다.[14]

매듭(結繩) : 상고시대 매듭의 정치 원리를 알려주는 용어이다. 회계의 결산은 이 매듭에서 기원한다. '결산(Closing)', '청산(Clearance)'이나 '마음을 먹다(心結)'의 이두 표기 '미줍(每絹)'이 모두 같은 의미이다. 『經國大典』의 이른바 '매집(每緝)'이란 '미줍'의 이두 표기이고 오늘날 '미답', '방석을 매다', '방석 미답'으로 표현하는 것도 이와 마찬가지이다.[15]

맥, 만, 말갈(貊,蠻, 靺鞨) : 맥족, 말갈족, 만주족이 서로 다른 종족이 아니라는 사실은 한자 발음이 아닌 이두로 발음할 때 분명히 나타난다. 지금까지 맥족과 만주족과 말갈족과 무굴과 위구르는 다른 종족으로 이해하였으나 황윤석은 맥, 만, 말갈, 무굴(貊, 蠻, 靺鞨, 勿吉)은 모두 같은 소리글의 다른 한자 표기라는 것을 지적하고 있다. 예를 들어 '무굴(勿吉)'의 초성 중국발음은 'M'이 아닌 'W' 혹은 'U'이다. 따라서 '위구르'라고 발음한다. 마치 독일인 '베버(Weber)'를 웨버'로 발음하듯이 또한 '문(文)'을 '웬(wen)'으로 발음하듯이 위구르라고 발음하지만 이두 발음은 '무굴(Mugul)' 혹은 '말갈'이다.

---

13) 『頤齋遺藁』乘騎東俗俱呼토。卽馱타之轉也。
14) 『五洲衍文長箋散稿』詩文篇 論文類 / 文字 語錄辨證説【附吏讀方言若干字】
15) 『四聲通解』『頤齋遺藁』流蘇미줍同心結也。又謂條頭下垂藥日수우。조두하수예 藥 꽃술 예 又今漢俗語방勝兒미줍卽流蘇結也。勝싱 音聖 去聲流蘇립수。經國大典所謂每緝。卽미줍也。今則轉呼미답。方勝轉呼방식。或呼방석미답。

무명(木) : 목은 나무가 아니라 목화이다. 한국인들은 면화를 목화 혹은 무명이라고 한다. 회계장부에 백목(白木)은 나무가 아닌 목화, 무명을 지칭한다.[16)]

물(水) : 만주어로 '수'를 '룡'이라 한다. 이를 알면 중종 때 영평부를 '盧龍縣', '盧黑'이라 한 것은 '黑水'와 같은 것임을 알게 되고, '흑수말갈(黑水靺鞨)'이 왜 조어되었는지 이해할 수 있다. '흑수말갈(黑水靺鞨)'은 '검은머리 말대가리' 족의 이두 표기이다. 신채호는 거란어로 한자어(漢語) '河'는 '몰리(沒里)'로 현대 한국어의 '물'과 동일한 것을 밝혔다. 그는 고대 아시아 동부의 종족이 1)우랄어족 2)지나어족 두 갈래로 나누어졌는데, 한족(漢族)·묘족(苗族)·요족(遼族) 등은 후자에 속한 것이고, 조선족·흉노족 등은 전자에 속한 것이라고 보았다. 또한 조선족이 분화(分化)하여 조선·선비·여진·몽고·퉁구스 종족 등이 되고, 흉노족이 이동하고 분산하여 돌궐(突厥:지금의 新疆族)·흉아리(匈牙利:헝가리)·토이기(土耳其:터키)·분란(芬蘭:핀란드) 족이 되었다고 주장하였다. 그러나 요족(遼族)을 우랄어족에서 분리한 것은 이해가 되지 않는다.[17)]

물건(東西) : 황윤석은 조선과 중국 북경의 상거래용어에서 '동서(東西)'를 '물건'이라 표현하는 분명한 이유를 찾지 못하였다. 그는 북경 시장에서 골동품을 '동서'라 하는 일화를 소개하고 있다. 중국 명나라 의종이 골동품이 왜 동서(東西)인가 하고 질문하니 '東西란 전 세계 시장을 의미한다'고 신하가 답한 데에서 그 기원을 찾고 있다.[18)]

---

16) 『頤齋遺藁』 音目。俗訓草綿布名。稱白木、常木。見官簿俗書

17) 『芝峯類説』 卷十六 語言部 按胡語謂水爲龍。故中朝永平府。有盧龍縣。釋義曰盧黑也。謂黑水也。然則所謂黑龍江。蓋亦以水而名。如黑水靺鞨是也。'契丹謂河曰沒里。此則與我國俗音相同'

18) 『兎園冊』思陵【皇明毅宗崇禎帝也】命中官。問詞臣曰。今市肆交易。止言東西。而不及南北何也。詞臣無以對。輔臣周延儒曰。南方火。北方水。昏暮叩人之門戶。求水火。無勿與者。此不待交易。故惟言買東西。上善之云。以玆以後。東西南北之諺。了然可識。而輔臣之語。雖無援古之證。臨時應辨之奏。可謂善爲設辭者也。然若問東西南北爲男之義。則將何爲説。予有所解者。凡男子。自南自北之東之西。無處不到。故對錢物之東西而言也。似無他義也。

558

미리·만(龍) : 표준국어대사전에 '미리내'는 '은하수'의 제주 방언이라고 설명하고 '미리내'는 주로 남해(南海)의 섬이나 제주도지역에서 쓰는 방언이라고 설명한다. '미리'는 '용(龍)'을 가리키는 '미르'의 변화형이고 '내'는 '천(川)'을 뜻하므로 '미리내'는 '용처럼 길게 이어진 내' 또는 '용이 사는 신비스러운 내'라고 설명한다. 황윤석은 오늘날 북한의 압록강변 도시 신의주의 한자 표기가 용만(龍灣)인 이유를 설명하고 있다.[19]

밀개(推介) : 미는 도구를 말한다. '밀개'라고 발음해야 그 의미가 정확히 전달된다.

바다(普陀, 博多, 落伽, 海島) : 한국인들이 해(海)를 '바다'라고 부르는 어원은 범어에서 기원한다. '普陀落伽'는 바다섬(海島)의 범어이다.[20]

박혁거세(赫居世) : 신라 시조 왕을 박혁거세로 부르는 이유와 관련된 용어이다. 거세와 거서간(居西干)은 같은 어원이다.[21]

밝은해(渤海) : 밝은 해가 떠오르는 국가라는 뜻을 갖는다. 발해는 '밝(은)해'로도 해석될 수 있다.

받자(捧上) : 발음을 밧자(receivable), 경계 바깥을 밧이라고 한다. 「월인천강지곡」 '萬里外는 萬里 밧기'로 해석하는 것에서 오늘날 바깥의 어원을 알 수 있다. 현대 회계용어 '外上'은 '받자'로 발음하고 사용해야 한다. 본문에 자세하다.

버들(楊柳) : 수양버드나무가 있는 넓고 평평한 들을 지칭하는 용어이다. 북한의 수도 평양(平楊)은 '버들'의 이두 표기이다. 버들과 연관된 '柳等', '버들', '벌', '별', '불'은 모두 같은 어원을 갖는다. 평양을 버드나무 수도 '柳京'이라

---

19) 『頤齋遺藁』我東方言呼龍爲彌里。又呼證保之保爲彌知。用知初聲爲彌終聲二合音也。

20) 『頤齋遺藁』梵語普陀落伽。海島也。或以日本之西海九州道。稱以覇家臺。亦呼博多。博者覇家二合聲也。多者華語臺音之轉。在我國東大海中。故凶呼海爲博多。狀凶本梵語。梵語普陀落伽。海島也。本在中國浙江之東海中。而我國倭國亦因之。則普陀海也。落伽島也。普古有바音。而陀音近다。則博多。實普陀之轉耳。覇家臺出高麗史。而陽邨集作博加大。

21) 『頤齋遺藁』赫居世居西干。居西干辰言王。或云呼貴人之稱。居西正音것。今呼彼其之稱。

고도 표기하였다.[22] 평양출신 유일한이 세운 유한양행도 이 버드나무에서 유래한다. 아스피린의 약재도 버드나무에서 추출한다. 또 '패랭이'와 평양은 서로 연관이 있다. 국어사전에서 '패랭이'를 역졸, 천민 등이 쓴 모자(평량자, 폐양자, 평량립, 평량갓)라고 소개하고 있다. 그러나 신채호가 패랭이를 '平壤笠', '펴랑이'라고 하는 것을 보면 '平壤'을 이두로 '펴라'라고 읽는 것이 명백하다고 유추된다. 신채호는 이두로 '펴라'라는 지역이 '平壤', '浿水'로 된 이유를 기존의 역사학자들이 잘 모르는 까닭이라고 비판하며, 평양이란 특정 지역명이 아니라 사람들이 모이는 수도, 도시라는 의미이다. 백제의 수도 공주의 '버드새(柳等川)'도 이와 같은 맥락에서 이해하여야 한다.

번질(反作) : 오늘날 우리가 사용하고 있는 말 중에 '번질거리다'라는 표현이 있다. 국어사전에서는 '몹시 게으름을 피우며 맡은 일을 제대로 하지 않다'로 설명하고 있다. 이와 관련된 용어로 번질-번질, 뻔질-뻔질, 반질-반질이 있다. 그러나 국어학계의 사전적 설명과 달리 이 용어는 본래 회계 부정을 지칭하는 '번질(反作)'이라는 전문용어이다. '反'이라는 한자를 '번'으로 발음하는 이유는 순수한 우리말이기 때문이다. 또한 '作'을 '질'로 발음하는 것도 마찬가지 이유이다. 흔히 밭을 논으로 바꾸는 것을 '反畓'으로 표기하지만 읽을 때는 '번답'으로 읽는다. 창고의 재고조사를 번고(反庫)로 하는 것도 마찬가지이다. 反, 作 이 두 글자가 결합되어 '번질(反作)'이 되는 것이다. 이 용어는 우리 고유의 이두로서 중국이나 일본에서는 찾아볼 수 없는 회계용어이다. 『대전회통(大典會通)』「호전(戶典)」 창고조(倉庫條)에 '허록번질자중벌(虛錄反作者重罰)'이란 규정이 있다. 없는 것을 있다고 기록하는 것은

---

22) 『조선사연구초』, 『頤齋遺藁』平壤二合聲。近於東俗方言楊柳。버들。故轉號柳京。而今漢陽亦古之南平壤。故轉呼楊州。蓋梵語呼柳枝爲鞞鐸佉支。卽東語버들之所從出也。野呼드르。急呼則曰들。此則女眞語之甸子也。甸初聲ㄷ而子呼즐。如兒呼욀。此亦女眞語及華語也。坪大野也呼별。故新羅呼伐呼火 火方言불近별 별。本坪音之轉也。버 버들 벌 평양은 현재 평양이 아니라 바이칼 호 브리야트라는 것을 지칭한다.

'허록(虛錄)', 사실과 다르게 거짓으로 꾸미어 기록하는 것은 '번질[反作]'로 규정하고 있다. 현대어로 회계 부정을 '분식'회계라고 번역하지만 우리 고유말로 번역하자면 '번질'회계가 된다. 15세기에 완성된 『경국대전』 「호전」 창고조에는 번질 규정이 없다가 18세기 완성된 『속대전』(1746년) 「호전」 창고조에 등장한다.[23]

변문 가문(邊文) : 가에 돈, 이자. 『月印千江之曲』에 이자 '변'은 '가이'라고 소개하고 있다. 개성상인들에게 '無邊日'이란 '가이 없는 날' '이자가 붙지 않는 날' '이자 계산이 이루어지지 않는 날'이다. 따라서 개성상인이 사용한 오늘날 이자 개념은 불교에서 기원한 것으로 이해된다. 한계를 지칭하는 용어로 영어 'Margin', 'Marginal'과 같은 뜻이다.[24]

부엉(鳳凰) : 수도(Capital). 도시이름 안시성을 수리성으로 이해해야 하는 이유를 밝힌 용어이다. 한국인들이 수리, 올빼미를 부엉(浮況)이라고 부르는 것과 봉황은 같은 발음이다. '독수리', '수리', '매' '鷹坊'과 관련된 용어로서 유목민들이 오늘날 트윗(Tweet)과 같은 비보(飛報)문화의 원류라는 사실을 전달한다. '안시성', '봉황성', '수리성'은 같은 장소로 연관시킬 수 있다. 또한 압록강을 현재의 압록강이 아닌 '요하'로 위치를 비정하는 것과 압록강과 아골관과 요동과 관련된 용어이다. 신채호는 『삼국사기』 지리지(地理志)에 '안시성은 혹은 환도성이라고도 한다.'고 하였고, 『삼국유사』에는 '안시성은 일명 안촌흘(安寸忽)이라고 한다.'고 하였는데, 환(丸)은 우리말로 '알'

---

23) 『經國大典』 「戶典」 【會計】 모든 物品의 出納한 數를 서울이면 四季節末에, 지방이면 年末에 會計하여 임금에게 보고한다. 『續大典』 「戶典」 【會計】 서울과 지방의 錢穀에 대한 회계 문서는 期限이 되면 임금에게 보고한다. 서울의 各司는 4계절 첫 달 15일, 지방이면 매년 2월 末日을 기한으로 한다. 各司에서 지출하는 雜物은 매월 말에 회계하고 장부를 만들어 官員이 이를 戶曹에 직접 제출한다. 3개월이 지나도록 보고하지 않는 경우에는 그 官員은 推考하여 죄를 준다. 平安道 각 고을에 있는 勅庫의 재고품에 대한 회계는 磨勘하여 備邊司에 보고하되 만일 私債·加分·那移·反作 등이 일이 있으면 守令·監官 및 色吏는 大同事目例에 따라 論罪한다.

24) 其 一 巍巍 釋迦佛 無量無邊功德을 劫劫에 월인석보 1:1 다 솔뷔리【巍巍ᄂ 놉고 클씨라 邊은 기씨라】놉고도 큰 석가부처님의 한없고 가없는 공덕을 여러 겁이 지나도 어찌 다 여쭈리.【「외외」는 높고 큰 것이다. 「변」은 가이다.】

이라고 하니, 환도(丸都)나 안시(安市)나 안촌(安寸)은 '아리'로 다 같은 한 곳이라고 주장한다.[25]

분깃(分衿) : 최종 이익잉여처리계산서에 나타난다. '몫을 나누다(dividend)'라는 의미이다.

불알(閬) (불알, 부랄) : 한국인들이 고환을 지칭할 때 랑(郞)이라 발음하는데 두 개가 있으면 復閬(불알)이라고 한다. 사타구니가 병 나서 간지러운 것을 질알이라 한다. 이규경은 이 단어를 몽골어와 섞인 것으로 이해하고 있다. 현대 몽골어로 고환은 '툼스크'이다.[26]

불알(卜兒) : 여진어와 몽골어가 한국에 들어온 것을 알 수 있게 하는 대표적인 용어로서 한자로 외신낭(外腎囊)을 한국인들은 불알이라 표현한다.

불칸(弗邯) : 뿔난 사람, 왕, Horn angle. 왕관이나 벼슬과 관련된 용어로 칭기즈칸이나 신라의 대각간이나 모두 우두머리를 지칭하는 용어이다.[27]

붓(筆) : 한국인은 쓰기 도구를 붓이라고 한다. 필(筆)은 영어로 Brush. 한자 발음 필(筆)도 붓에서 기원한다.[28]

---

25) 『頤齋遺藁』 余思安市鳳凰之說。雖未必其的傳。而第以見在方言推之。亦有一線脉絡。蓋我國鳥雀禽隹四字。並呼沙伊合引。而鳳凰二字呼亦如之。沙之初聲。與安之初聲或混。伊之初聲。與市之初聲或混。此則漢語我音同肰。如漢語瓦字。我音呼地瓦。亦呼地沙。瓦沙初聲相轉也。隅字呼句億。亦呼句石。億石初聲亦相轉也。又如專論漢語則釋文曰日實也。是必古者日實二字初聲正同。而後世不同。在中國已有古今聲音之變矣。我國何獨不肰。據此則古之安市。卽今沙伊二字之聲耳。依類審繹.他可一貫。又按我國州郡山川。有古稱 鵂鶹 수리 부엉이 올빼미。而今號鳳凰者。在在不一。蓋鵂鶹方言呼浮況。與漢語鳳凰二字聲最近。蓋中世定名者變方言譯作漢字。所謂腐臭化爲神奇者歟。

26) 『譯語 』、『同文兩類解 』、『朴通事 』、『老乞大 』及他稗說。無以閬作腎囊睪丸。而獨於『蒙語類解 』有此說。則編書者。因東語而混入蒙語歟.

27) 『頤齋遺藁』 按新羅官制。有曰大舒發翰。亦曰大舒弗邯。音寒。所謂弗邯。卽發翰音近而字轉也。有曰大角干者(대각간 칸)。角卽舒發舒弗也。Horn angle 今俗猶呼角爲뿔(뿔)。舒之字母在諺文爲ㅅ。發與불近而弗又直音불。若加ㅅ於불之右上則作뿔。卽角字方言也。若불去ㅂ而直加ㅅ于上。

28) 『頤齋遺藁』 我東呼筆爲夫斯。二合用斯初聲爲夫終聲。正與漢語或呼筆爲弗律者最近。大抵筆也弗也夫也。初聲並近同耳. 東俗又呼筆爲敷叱。二合。而中國方言已稱筆爲弗律。則筆弗敷之相轉亦可知矣。東俗又呼鏵爲別叱。二合。別敷二字母亦同。

빗쟁이(色掌員) : 몽골어 '비도치'에서 유래한다. 금융을 '빗'이라 하고 '色掌員'을 '빗쟁이'라 읽는 이유는 몽골어에서 유래한 금융용어이기 때문이다. '말빗 도치(馬色)'란 말을 관리하는 고급관리라는 뜻의 몽골어이다. 몽골 원나라 제도에 문서를 담당하는 사람을 색장원, 망루시설 담당자도 색장원이라 했다. 현대 국어사전에서 '색깔'은 빛을 발하는 현상으로 설명하고 있으나, 몽골어에서 유래한 것을 유추하여 볼 때, '색깔'은 '改色'이라는 금융행위 의 이두어 '색걸이' 혹은 '빗갈이'가 와전된 것이다.[29]

사나이(男子爲思那海) : 남자를 사나이라 부르는 것과 관련된 용어이다.[30]

사람(人) : 한국어 일부가 힌디어에서 유래한 것을 알 수 있게 하는 용어이다. 회계의 중간관리자를 '마름' 혹은 '사름'이라 부르는 것도 인도어에서 기인 한다.[31]

사무(相通) : 개성상인의 DEB 회계기술을 '사개송도치부법'이라 한다. '사개'란 무엇일까? 한국의 전통건축에서도 '사개맞춤기술'이라고 하여 '사개'라는 용어를 사용한다. 우리 고유의 회계용어는 거의 천 년 이상 동일한 용례로 사용되어온 역사성을 간직하고 있는 것으로 미루어 볼 때, 사개맞춤은 '사 무출'에서 기원한다.

사이(間) : 양자 '사이', '사람', '사개맞춤' 등과 관련된 이두이다.[32]

살(蠻) : 화살. 중국 한자 화살은 전(箭), 시(矢)이지만 고려인들은 蠻(살)이라 하 였다. 화살은 순우리말이다.

---

29) 『조선사연구초』, 『頤齋遺藁』 元制必闍赤。闍音舍。掌文書者。華言秀才也。今淸呼筆帖式。東 俗所謂色吏者。Master for Finance 自高麗已肬。呼非赤。非卽必闍二合聲。

30) 사나이 사무라이 사납다 Man Fighter 『頤齋遺藁』 今世方言稱男子爲思那海(사나히)。盖高麗 陽城人李那海。初名守邦。官至判密直司事。四子俱大顯榮。寵冠一世。奉使入元。元帝賜名那 海(나이)。Mongol woman miss him 人皆慕與之匹。故思那海之稱。自此始焉。見陽城李譜。 四子元富光富仁富春富皆侍中。

31) 『頤齋遺藁』 李德懋云東國呼人爲사롬。사람은 인도 범어에서 유래한다。此出梵語。余謂東俗吏 讀以丈夫爲宗。머슴 마름 Manager 모름又모슴。모름又轉爲舍音。此卽샤름也。

32) 『頤齋遺藁』 間字呼삿。古亦呼알。故癩癎惡疾。今俗尙呼질알。因此亦見癩之古音爲진。而先 韻與眞韻叶矣。慳亦呼안或앗。

살림(會計) : 회계의 순 우리말을 신채호 선생은 '살림'이라고 밝혀 놓았다.

솗다(白侤) : 보고하다, 아뢰다, 자백하다의 이두어이다. '솗다짐'은 이미 보고한 내용을 다시 확인하는 의미로 해석할 수 있다. 현대 회계에서 진술의 진실성을 확정하는 것, 예를 들어 은행의 확인회답서(Confirmation letter from bank)와 같은 의미이다. '솗든(白等)'이란 진술서나 보고서의 처음에 서두를 시작하는 이두어이다. '솗이(白是)'는 서류나 편지를 쓸 때 맨 끝에 '솗이(白是)'를 써서 '상기 진술한 내용은 사실과 틀림이 없다'는 의미의 확인 표시이다.

삼밭(蔘圃) : 개성상인의 주 경영 작물인 인삼포를 한국인들은 밭이라 발음한다.[33]

상전 하전(上典下典) : 노비(아랫주인)가 윗주인을 부를 때 상전이라 하고 윗주인이 아랫주인을 부를 때 하전이라 한다. 윗주인, 아랫주인처럼 고려, 조선시대에는 신분의 상하라도 모두 대등한 위치로 존칭을 사용한 것을 알 수 있다. 마치 미국 의회의 상원, 하원과 같은 문맥으로 이해하면 된다.[34]

새벽(早) : 한국인들이 이른 아침을 새벽이라 하는 것은 '일찍'을 '새'라 발음한 것에서 기인한다.[35]

서울(徐伐羅) : 신라를 처음에 '徐伐羅(서벌라)'로 부른 것에서 국가 이름의 기원을 찾을 수 있다. 국가 이름을 수도 서울의 어원에서 유추하고 궁중 음식을 '셥리'로 부르는 것도 유추할 수 있다.[36]

---

33) 『頤齋遺藁』삼밭 인삼밭 圃古有바音。所以種蔬菜者。而東俗並與種穀之田呼爲밧。밧實古圃字之音也。

34) 『頤齋遺藁』奴婢呼家主曰上典。吏役呼官長亦曰上典。上典卽항것也。故士夫家婢亦曰하님。卽下主也。衙門公賤亦曰下典。

35) 『頤齋遺藁』早古有새音

36) 『조선사연구초』,『頤齋遺藁』晉書苻堅傳。以新羅爲辥羅。蓋新羅初稱徐伐羅。徐伐二合聲。與辥音相近。又今京人呼內官管御膳者爲辥里。而辥音셥。如涉聲。亦徐及伐初聲二合。如辥之遺語耳

섬(苫) : 한국인들은 바다에 있는 도서(島嶼)를 '섬'이라 한다. '바위 섬'이란 바위로 이루어진 도서(島嶼)란 뜻이다. 또 두꺼비처럼 두툼하게 솟아오른 모양의 도량형 단위 바위 석(石)을 '섬'으로 발음한다. 회계장부에서 토지생산성을 기록할 때 많이 쓴다. 허미수는 이 용어를 북방민족 맥족의 언어에서 기원한다고 보고 있다.[37] 예를 들어 一刀落(한 되지기 0.6 liters), 一斗落(한 마지기 약 6liters), 一石落(한 섬지기. 15마지기-20마지기 약 90liters-120liters) 등은 파종 씨앗 양을 재는 도량형이고, '지다' '떨어지다'. '해가 지다'의 의미에서 자본투입(Input)을 '지기'라고 발음한 것이다.[38]

셈(細音) : 계산의 이두 표기이다.

쇼주(爻周) : 거래 청산을 의미한다. 소지는 제거하다, 지우다의 순우리말이다. 영어로 Clear. 개성상인들의 어음결제 관련거래에 많이 등장하는 용어이다.[39]

승(栍) : 이 글자의 발음은 '생'이고 잘못 와전된 발음이 '승'이다. 마을 입구에 세워진 사람 모양의 표시목을 장생(長栍)이라 하지 않고 장승(長丞)이라 하였다. 이 글자는 오늘날 단순무작위 표본추출 재고조사(反庫抽籤會計 random sampling inventories)의 의미를 갖는 회계전문용어이다.

씨앗(時種) : 때가 아니라 씨앗을 가리키는 이두이다. 몽골어에서 왔다.[40]

시울(弦, 舷) : 활이나 배나 눈의 가장자리를 일컬을 때 사용하는 용어이다.[41]

---

37) 『輿地勝覽』許眉叟 音洛。俗訓水田可下種幾斗石處。幾斗幾石落。許眉叟曰。貊北方言。謂瀑爲落。襄陽洛山寺石窟中有落漈。

38) 崔孤雲『初月山大崇福寺碑』音蟾。盛穀蒿篅也。又島嶼之名。詳見。稻穀合二千苫。注東俗斛除一斗爲苫。『明一統志』。朝鮮全州海中島多。有大月嶼。菩薩苫.

39) 『語錄辨證』。通解捎子。捎　音消。我國呼쇼除也。시音息。除耳中垢者。我國所謂귀우게也。亦曰귀쇼시게。轉稱一切穿穴出入者爲쇼시。又爲슈시。又爲쇼샤。皆捎之轉聲也。쇼주 지우다 말소하다. 지우게 귀소시게 회계관련 용어 爻周 쇼주 Clear.

40) 『頤齋遺藁』種方言呼以時字正用漢語禪母聲。漢人古語呼瓠子曰犀 무소 Bubalus bubalis 서。而蒙韻犀屬心母。與時相近。故我東因呼以時。音相近者。而凡於人畜草木之傳種。幷呼作時。肰譯之則爲種字耳.

41) 『頤齋遺藁』弓之邊線爲弦。故舟之邊爲舷。口之邊亦與弦舷。方言同爲시울。古華音先韻叶支眞侵韻故弦 현古有히音而히又轉시也.

스ᄆ촐씨(通達) : 『석보상절』에 한글 'ᄉ'가 등장한다. 한자 '相通'을 '스ᄆ촐씨'라고 소개하고 있다.

스흘못(相流通) : 완벽한 소통을 의미하는 '소창통달(疏暢通達)'의 순우리말이다. 예를 들어 '天人相與 通達無間'이란 하늘과 사람은 서로 더불어 완전한 경지에 이르도록 통하여 사이가 없다는 뜻이다.[42]

아사달(九月山) : 황해도 구월산(九月山)의 이두 발음은 아사달(阿斯達)이다. 신채호는 이두문에 소나무를 '아스라 하고, 산을 '대'라 한 것이니, 지금 아무르 강가의 하얼빈에 있는 완달산(完達山)이 곧 아사달(九月山)이라고 비정하였다. 그에 의하면 송도치부법은 '아사달치부법'이 된다. 북부여의 옛 땅이니, 개성의 또 다른 이름 중경(中京)을 지금의 개평현(蓋平縣) 동북쪽 안시(安市)의 고허(古墟)인 '아리티'가 중경(中京)이라고 주장한다. 북부여의 서울이 '아스라이고 지금의 러시아의 우수리[烏蘇里]는 곧 '아스라'의 이름이 그대로 전해진 것이라 해석하고 있다. 신채호의 해석에 따르면 고려 개성은 아스라지역에서 이주하여 온 세력의 왕조로 이해된다. 따라서 개성상인의 회계장부에 다수의 이두문이 나오는 것으로 미루어 보아 개성자본회계의 원류는 북부여라고 확실히 말할 수 있다.

아룸뎌(私音丁) : '아룸뎌'란 국어사전에 말이나 행동을 분명히 하지 못하고 우물쭈물하는 모양으로 소개하고 있지만 사사로이 몰래 위조화폐를 만들거나 회계 부정을 저지르는 행위를 말한다. 『大明律直解』에 많이 나온다.

옛더러(爻周) : 『大明律直解』 신표에 등장하는데 『大明律』에는 '얽힌 것을 없앤다'라는 의미의 '銷繳' 대신에 『大明律直解』에 '신패를 반납받아 효주(還納爻周)'로 등장한다. '말소하다'란 의미의 이두어로서 동그라미를 두루다를 '周'로, 가위표 모양을 '爻'로 표기한 것이다. 홍기문은 『어록변증』에는 '옛더

---

42) 『五洲衍文長箋散稿』反切翻紐辨證說 與文字로 不相流通홀씨, 허웅, 『역주월인석보』 세종 어제 훈민정음【與는 이와 뎌와 ᄒᆞ논 겨체 ᄡᅳᄂᆞ 字ㅣ라 文은 글와리라 不은 아니 ᄒᆞ논 ᄠᅳ디라 相은 서르 ᄒᆞᄂᆞᆫ ᄠᅳ디라 流通은 흘러 ᄉᆞᄆᆞᆯ 씨라】

러 『고금석림』에 '쇼쥬'라고 읽는 것을 소개하고 있다.

외(枏) : 이 글자를 한국인들은 '과'가 아닌 '외'로 읽는다. 오늘날 오이, 참외 등 오이과 식물을 지칭한다. '외'라는 글자가 개성회계 용어와 연관된 이유는 사개와 마찬가지로 '外上'을 '외상'이라 하지 않고 '받자'라고 발음해야 하는 근거를 이 글자는 제시하기 때문이다.

니금님(尼師今) : 한국인들이 왕을 '님금님'이라 부르는 이유와 이빨이 '님금'을 가리키는 이유를 설명하는 용어이다. 신채호도 여기까지는 해석하지 못하고 있다.[43]

임실(今州) : 전라북도 임실의 옛 지명은 금주. 한국인들이 '임'과 '금'을 같이 쓰는 용어의 기원으로, 이불(衾呼이불) '이제', '이것' 모두 연관된 용어이다.[44]

자문(尺文) : 조세납부증명서. 조선시대 농본주의 정책으로 봄에 종자를 대여해 주고 가을에 수확물로 돌려받는 제도를 환자(還上, 還租, 先上, 先租)라고 한 이유는 조(租)자의 화어의 옛 발음이 '조'가 아닌 '자'에서 유래한다. 조세납 부증명서를 자문(尺文)이라 한 것은 '租文'에서 기인한다.[45] 자(尺)는 한자로는 척도를 의미하지만 이두로는 전문인 장인(匠人)을 의미한다. '刀尺'은 칼잡이의 이두 표기이다. 먹잡이(墨尺), 거문고잡이(琴尺)도 마찬가지 용례이다.

자식(子息, 孶殖) : 돈의 증식이나 이자와 자식은 같은 어원을 이룬다.[46]

---

43) 『頤齋遺藁』儒理尼師今。金大問 撰鷄林雜傳 云尼師今。方言也。謂齒理。朴昔金三姓以齒長相嗣。故稱尼師今。尼師二合成音則齒之方言也닛。亦曰伊思琴。見辥氏族譜。今理之方言媵理條理文理之稱。

44) 『頤齋遺藁』字初聲古爲ㅇ。故俗呼今爲잇。而吟之音임。亦可見也。又如湖西大興縣古號任存。亦號今州。是其證也。衾呼이불之이亦係ㅣ母。

45) 『頤齋遺藁』本還租也。作農於他人田地。所收穀物。不以半分。而自當官稅。餘先輸與田主者曰先上。本先租也。蓋租古華音字也。而與俗呼上字尺字者近同。故亦曰還尺先尺也。租賦稅也。雖非穀物而錢布之納官受官文以爲徵驗者。亦曰租文。而俗呼尺文。東俗又呼禾穀爲租亦誤

46) 『頤齋遺藁』通呼子昔ㅈ식者。子息也孶殖也。

작은(小) : 작은 것, 小豆, 작은 콩 등을 지칭할 때 많이 사용하는 용어[47]

쟈라(耗, 迏) : 쌀이 섬에 차지 않는 것을 '쟈라(迏)'라고 이두로 표기하였다. 정부의 원자재 조달에서 모자란 경우에도 사용한다.『靑莊館全書』에 모자란다는 의미의 '즈래'로 소개하고 있다.[48] 이규경은 '지금은 지방에서 철사로 나뭇단을 묶어 '1겹'이라고 세는데, 바른 소리나 뜻은 없고, 속음(俗音)으로 '겹'이라 하고 새김을 '자래[子乃]'라고 하니, 곧 사투리로 '한 묶음'이라는 칭호일 뿐 다른 뜻은 없다.라고 단언하였는데 이는 잘못된 것이다. 회계에서 '약간 모자란 묶음'을 지칭한다.

장사 장시(塲廝) : 한국인들이 상인을 장사하는 사람, 시장을 장시라고 부르는 것의 어원적 설명어이다.[49]

적음(題音) : '저김', '제김'으로도 읽힌다. 편결문이나 지시사항을 가리키는 말이다. '적다'. '적음(Writing)'의 어원을 알 수 있다.

조신(女眞) : 13세기 중원을 차지한 금조(金朝)를 '여진'이 아닌 '조신'으로 발음하고 몽골과 고려가 서로 혼인동맹을 맺었을 때 양국의 언어가 서로 많이 영향을 주고받았는데 그때 형성된 언어 중의 하나이다.[50] 조선(朝鮮)의 어원을 알 수 있다.

종이(抄造, 紙) : 지폐를 '종이돈'이라 하는 어원적 설명이 가능하다. '종이' '죠회'는 대몽골제국 '至元寶鈔'에서 유래한다.[51]

---

47) 『頤齋遺藁』呼小爲쟉。而嶺南關東或爲쵸。又皆通呼爲죠。如崔從小而東呼쟉。漢呼죠可見矣。小初聲今爲ㅅ。而俗語ㅎㅅ。又相混如ㄱㅈ也。

48) 『靑莊館全書』我國有迏字。而不合於劉夫人碑字。州縣。以鐵索束柴以量之曰。一二迏。無音義。只稱즈래。輿地勝覽。杆城別號迏城。

49) 『頤齋遺藁』今呼商賈爲塲廝者。商古華音近塲也。장시, 장사

50) 『조선사연구초』、『頤齋遺藁』女眞本近我疆而入主中國爲金朝。則麗世服事。而女眞語東來者有之。如呼囊橐曰湊音亦치 是也。蒙古主天下爲元朝。則麗世爲臣僕爲舅甥。內外一視尤無聞。而蒙古語東來者亦有之。如呼外腎囊曰卜兒是也。新羅史則以男子外腎爲根。今方言亦呼本。以其爲人生性命之根本。亦與卜兒近。

51) 『頤齋遺藁』中國呼紙曰抄造。而東俗轉爲죠회。

568

주비(矣) : 듀비 계정을 뜻하는 이두이다. 예를 들어 '六矣廛'이 '六注比廛'이라
고도 표기되는데 이에 대한 적당한 영어번역은 'Store'이다. 개성상인들은
가족기업에서 출발하여 거래처명인 계정명을 주로 집으로 표시하였다. 본
문에 자세하다.

쥐(鼠) : 중국에서는 '서'라 하고 남양, 서남아시아에서는 쥐라 부른다.[52] '鼠子
無面'이란 '面'을 '낯'으로 일고, 곡(穀)도 '낟'으로 읽는 발음이 서로 유사하
여 '면목이 없다'란 '없어진 곡식, 재고량의 감소'를 지칭한다. 회계 부정을
말하는 이두 표현이다.

질(秩), 질(作) : 번질[反作], 벼질전[租作錢], 쌀질전[米作錢] 개성회계 재무제표
인 주회계책(周會計冊) 첫 페이지에 나온다.

짐(卜, 負) : 한자는 '점을 치다'의 뜻이나 이두로는 '짐'이다. '지게로 짐을 지다'의
표현에 사용된다. 줌(把), 뭇(束), 짐(卜, 負), 멱(結)

질문(作文) : 공문서 작성을 의미한다.

차지(次知) : '(회계)책임담당자'라는 의미로 'ㄱ슴'의 의역인 이두어이다. 개성상인
인사조직의 차인(差人)도 이 이두어와 상관이 있다. 홍기문은 현대어의 옷
감을 '衣服次'라 하여 책임담당자의 의역으로 해석한다.

차하(上下) : 장차 지출해야만 하는 계정(Payable Account)의 이두어이다.

참외(瓜) : 오이과(瓜) 종류인 오이, 참외, 수박 등을 외 혹은 오이라고 표현한다.
한국인에게 '외' '오이'란 여름 채소나 과일을 지칭하지 회계의 외상(外上)과
전혀 상관없다.[53]

큰, 한, 칸, 찬(漢爲汗爲干爲翰爲餐爲建) : '크다', '위대하다'의 어원은 대개 몽골어
와 여진어 '커다란'에서 기원하며 두 용어는 서로 매우 비슷하다.[54]

---

52) 『頤齋遺藁』 中國南陽人呼鼠爲。音催。催之華音如東音之走。是我國方言呼鼠爲走者。卽南
陽呼語音也。

53) 『頤齋遺藁』 瓜字音외。孤字從瓜亦音외。據此則瓜字古亦音오。而今依漢語音과耳。

54) 『조선사연구초』, 『頤齋遺藁』 東俗呼大爲漢爲汗爲干爲翰爲餐爲建。或以初聲同。或以中聲
同。或以終聲同。字雖變而義實通。此與蒙古女眞最相近者。한 칸 몽골 여진

털이개(頉下頉) : 청소와 회계 결산과의 연관성을 알 수 있는 이두이다. '털이개', '털다'의 이두 표기로 '頉'이라고 하였다. '頉'의 한자 발음은 '이'이지만 한국인들은 '턱'으로 발음한다. 이두 발음은 '털', '탈'이다. 상거래에서 '떨이하다'가 바로 이두 표현이다. '털자(頉下)'는 영어로 'Write off'로 번역된다. 회계 책임에서 벗어난 것을 의미한다. 불교의 해탈도 이 용어와 상관있다. '털어냈다'라고 하면 깨끗이 청소된 것을 의미한다. 청소도구로 '털이개'란 회계의 청산과 같은 의미이다.

호로(葫蘆) : 북방을 지칭할 때 혹은 흥부 대박을 지칭할 때 사용하는 용어[55]

호산(胡算) : 개성상인들이 사용한 숫자계산을 호산(胡算)이라 한다. 결국 개성상인들이 사용한 계산체계와 용어가 호산(胡算)과 호음(胡音)이라는 것은 화어(華語), 화음(華音)과 달리하는 언어계통 속에서 발달한 것으로 이해된다.[56]

환자(還租) : '還上'이라고도 한다. 상환자금 계상과 관련된 용어로서 국가나 지방정부가 징세하는 조세(租稅)가 아니다.[57] 『고금석림』에서 환자(還上), 받자(捧上), 받자(外上)의 '上'은 모두 '상'이 아니라 '자'로 읽어야 한다고 밝히고 있다. 홍기문은 환자(還上)는 조선시대 국가가 농민을 상대로 봄철에 빌려주고 가을 추수 때에 일정한 이자율로 되돌려 받는 곡식금융을 의미한다고 설명하고 있다.

흘음(流音) : 약속의 흐름, 흘님. 홍기문은 원장부에서 벗기어 낸 부분이라고 소개하고 있다.

---

55)『頤齋遺藁』抵急呼之一字。爲慢呼之二字者。其類不一。如之乎及之於。皆爲諸。亦曰之䞋爲諸。靺鞨爲貊。靺初聲ㅁ。即貊初聲。鞨初聲ㄱ。即貊終聲。于越之爲越。勾吳之爲吳。邾婁之爲邾。葫蘆之爲瓠。何不之爲盍。不可之爲叵。

56)『頤齋遺藁』호희(胡姬): 李白 少年行: 擊筑飮美酒, 劍歌易水湄。經過燕太子, 結托幷州兒。少年負壯氣, 奮烈自有時。因擊魯勾踐, 爭博勿相欺。五陵年少金市東, 銀鞍白馬度春風。落花踏盡遊何處, 笑入胡姬酒肆中。

57)『頤齋遺藁』租音자 今俗呼官穀還上曰還租。而上字舊音亦近租。

흘리(流伊) : 금전이나 물품을 여러 회로 나누어 계속 지출한다는 의미로 현금
흐름과 관련이 있다.

이두, 현대 용어, 후쿠자와 용어, 영어, 라틴 이탈리아 비교 대조표

이두 표기	이두 발음	현대 의미	후쿠자와 용어	영어	라틴 이탈리아 표기
得是	올타	올곧다. 정의롭다		Right	rectus
遭是	마촘	맞다		Balance	bilancia
矣	듀비	계정		House Hole	habitare
除良	더러	빼다		Minus	minor
印	짓	결산 마침		Finish Financing	finire
捧上	밧자	받을자산		Receivable	recipere
爻周	엣더려	청산하다		Clear	clarus
作文	질문	계정설정		Documents Writing	copia
侤音	다짐	약속을 다지다		Bill	bulla billa
尺文	주문	영수증		short wrting Receipt, Note	codicillus notare
手標		수표	手形	Hand Note	palma
分衿	분깃	배당 몫		Dividen	dividere
衿記	깃긔	배당 기록		Stock	habitare
上下	추하	지출		Payable	pacare
頉下	털자	(회계책임) 벗어나다		write off	
餘良	나머지	잉여		surplus	superplus
置簿	두다	부기	帳合	Book-keeping	livre librum
冊	질	책	帳面	Book	livre
單式			略式	Single entry	singulus one
複式			本式	Double entry	duplus
捧次	받자	받을자산	借	Debit	debitum, debere
給次	주자	지급채무	貸	Credit	creditum
興成	흥정	거래흥정	取引	Transaction	transactionem, negociation
去來	나갈래 올래	거래	商賣	Business	transactio
注比	주비	계정	勘定	Account	computare

이두 표기	이두 발음	현대 의미	후쿠자와 용어	영어	라틴 이탈리아 표기
外上	받자	받을자산	差引 掛ヶ	Receivable	recipere
價本	밑	자본	元金	Captal	capitalis
邊	변	이자	利足	between Interest	interresse
入	들	수입	元入		gwa "to go, come."
日記	날		日記帳	Day Book	diurnalis
長冊	우두머리		大帳	Ledger	lectus
金櫃			金銀出入帳	Cash	cassa, capsa,
放	놓다		賣帳	give up Sale Book	sella
分介帳	분개		淸書帳	Journal	resolutionem
反庫	번고		仕入帳	Inventory	inventarium
憑標	빙표		送狀	Invoice	envois
換於音	환어음		手形帳	Bill Book	bulla
於音	어음		手形	Bill or Note	promissus
持音	디님	지니는 것		Having	sacire habere
適音	마참	맞는 것		Balancing	bilancia
題音	적음	적는 것		writing	scribere
流音	흘음	흐르는 것		move quickly currency	currere
侤音	다짐	다지는 것		Settlement confirming	sella confirmare
舍音	마름	(말)관리자		Manager	maneggiare "to handle, touch," especially "to control a horse"
尼音	니음	임금		King	Den Tan power of enforcement,
長音	질음	기름		Oil	oliva
細音	셈	계산하다		computing	computare
買得			商賣品	Merchandise	

이두 표기	이두 발음	현대 의미	후쿠자와 용어	영어	라틴 이탈리아 표기
時在			平均 殘金 平均改	Balance	
時算			元手 手當	Trial balance	
他給			拂口 引負	Liability	respons
餘文			利益	Gain	
害文			損亡	Loss	
均衡			平等付合	Equilibrium	bilanx "(scale) having two pans,"
捧給對照表			平均表	Balance sheet	
和賣			為替, 両替	Exchange	
傳與			てきよう	Carry over	
傳受			繰越(くりこし)	Carry down	

574

색인 목록

참고문헌

고전문헌

강항(姜沆 1567–1618)	『看羊錄』
구윤명(具允明 1711–1791)	『典律通補』
김시습(金時習 1435년–1493)	『梅月堂集』
김창협(金昌協 1651–1708)	『農巖集』
김택영(金澤榮 1850–1927)	『韶濩堂集』
성해응(成海應 1760–1839)	『研經齋全集』
세종대왕기념사업회	『역주석보상절』
안정복(安鼎福 1721–1791)	『東史綱目』
유형원(柳馨遠 1622–1673)	『磻溪隨錄』
이곡(李穀李穀 1298–1351)	『稼亭集』
이규경(李圭景 1788–1856)	『語錄辨證』
이규경(李圭景 1788–1856)	『五洲衍文長箋散稿』
이긍익(李肯翊 1736–1806)	『燃藜室記述』
이덕무(李德懋 1741–1793)	『靑莊館全書』
이만도(李晚燾 1842~1910)	『響山集』
이유원(李裕元 1814–1888)	『嘉梧藁略』,『林下筆記』
이의봉(李義鳳 1733–1801)	『古今釋林』
이익(李瀷 1681–1763)	『星湖僿説』
정두경(鄭斗卿 1597–1673)	『東溟集』
정약용(丁若鏞 1762–1836)	『經世遺表』

조태구(趙泰耉 1660-1723)　　　『籌書管見』

허목(許穆 1596-1682)　　　　『記言』

홍직필(洪直弼 1776-1852)　　　『梅山集』

황덕일(黃德壹 1748-1800)　　　『拱白堂先生文集』

황윤석(黃胤錫 1729-1791)　　　『頤齋遺藁』

『高麗圖經』

『高麗史』

『高麗史節要』

『金史』

『大典會通』

『東文選』

『孟子』

『負暄雜錄』

『書畫史』

『宋史』

『新增東國輿地勝覽』

『宛委餘編』

『龍飛御天歌』

『典律通補』

한국 중국 일본 근대 문헌

姜萬吉, 1972, 「開城商人硏究」, 『韓國史硏究』8.

姜萬吉, 1973, 『朝鮮後記 商業資本의 發達』고려대출판부.

강화군, 2018, 『강화이야기 아카이빙』.

고덕필, 1999, 『현대회계학』 무역경영사.

고동환, 2008, 「조선 후기~한말 신용거래의 발달−어음과 환을 중심으로−」, 『지방사와 지방문화』 13권 2호.

고승희, 2005, 「개성상인의 경영사상과 사개송도치부법의 논리구조」, 한국경영사학회 『경영사학』 제20집 제1호(통권36).

金基浩, 1986, 『松都治簿法四介文書의 槪要』, 東光印刷所.

金大熙, 1909, 『應用商業簿記學 全 附工業簿記學』, 義進社.

金孝東譯, 1973, 「開城의 時邊」, 『韓國經濟史文獻資料』 제4집, 경희대학교부설 한국경제경영사연구소, 10월.

김동섭 외, 2017, 「중앙은행 초기 발달과정에서 지급결제의 역할」 『지급결제조사자료』 한국은행.

김병하, 1993, 「都中에 관한 연구: 개성 선주전과 해주 선상전을 중심으로」, 한국경영사학회 『경영사학』 제8집(통권) 8권.

김성수, 2002, 「개성상인 발달사 연구−개성상인의 상인 정신 연구」, 한국경영사학회 『경영사학』 제17집 제2호(통권29).

내일신문, 2020.10.22. 보도.

武田統七郞, 1929, 『實驗麥作新說』.

文定昌, 1941, 『朝鮮の市場』 조선총독부 1941.

文定昌, 1963, 「차인제도와 시변」 『경제학연구』 한국경제학회, vol 13.

文定昌, 1964, 「差人制度와 時邊」 『경제학연구』 Vol 17. 한국경제학회.

民族詞典 編輯委員會編; 陳永齡主編. 1987, 『民族词典』 上海: 上海辭書出版社.

바츨라프 세로셰프스키 김진영외 옮김, 2006, 『코레아 1903년 가을 러시아 학자 세로셰프스키의 대한제국 견문록』 개마고원.

박광서, 김병술, 2007, 「국제무역거래상의 환어음에 관한 법적·실무적 고찰」,

한국상법학회지, 제29권 제1호.

박상규, 2003, 「개성상인과 현대기업의 해외진출전략」, 학술연구지원보고, 태평양장학문화재단

박원택, 「조선조의 관청 회계: 중기와 해유를 중심으로」 (경북대학교 대학원 박사 학위 논문, 1987

朴源澤, 1987, 『朝鮮朝 官廳會計-重記와 解由를 中心으로-』 경북대학교대학원, 박사학위논문.

박원택, 2011, 「조선의 관청회계장부로서의 듕긔(重記)」, 전성호 허흥식 정기숙외 『한국전통회계와 내부통제시스템 I』 민속원.

박재청, 1933, 「고려시보」.

朴平植, 2004, 「朝鮮前期 開城商人의 商業活動」, 朝鮮時代史學報, 제30집.

善生永助, 1924, 『朝鮮人의商業』(朝鮮總督府 調査資料第11輯), 朝鮮總督府總督官房文書課.

須藤生〔文吉〕, 1917, 「高麗之誇=世界最古開城簿記」, 『學友會報第』, 108号(神戶高等商業學校學友會).

신채호, 『조선상고사』 종로서원, 1948.

양정필, 2002, 「19세기 개성상인의 자본전환과 삼업자본의 성장」, 『學林』, 제23집.

양정필, 2008, 「근현대 개성상인 경제조직 시론-3대 상업제도와 3대 사업부문을 중심으로」, 『역사문제』 제20호.

吳星, 1992, 「朝鮮後期 人蔘貿易의 展開와 蔘商의 活動」, 『世宗史學』1집.

吳星, 2002, 「한말~일제 시대 개성의 시변제」, 『한국근현대사연구』, 2002년 21집.

柳子厚, 1940, 「朝鮮於音考」 『朝光』 1940. 4월호.

柳子厚, 1940, 『朝鮮貨幣考』 學藝社.

尹根鎬, 1970, 『四介松都治簿法研究』, 檀國大學校出版部.

尹根鎬, 1984, 『韓國會計史研究』 한국연구원.

李相國, 1988, 『개화기 서양부기·회계도입과정에 관한 연구』, 한양대학교대학원박사학위논문.

이훈섭, 2002, 「개성상인들의 상업경영술에 관한 연구」, 한국전통상학연구 16-2.

장대식, 1999, 「모든 생물은 흙으로 만들어졌다」 『창조』. 제113호.

長尾崎俊, 1929, 「開城ノ時邊ニ取テ」, 朝鮮殖産銀行 開城支店 調査報告. 1929.

전성호, 2007, 『조선시대 호남의 회계문화 한국 경제민주주의의 기원을 찾아서』 다할미디어.

전성호, 2019, 『세계가 놀란 개성회계의 비밀』 한국경제신문사.

전성호, 2007, 『조선후기 미가사 연구』 한국학술정보(주).

전성호, 2011, 「개성 시변제도 연구-개성상인 회계장부 신용 거래 분석 (1887~1900)」 성균관대학교 대동문화연구원 『대동문화연구』 75권.

전성호, 2011, 「개성상인 삼포경영 원가계산 구조 분석 1-박영진가 삼포도중 사례를 중심으로(1896~1901)」 한국경영사학회 『경영사학』 60권.

전성호, 2011, 「대명률직해에 투영된 고려 회계의 특징」, 고문서학회 제169회 연구발표회.

전성호, 2011, 「조선후기 환어음 거래 분석(1887-1900)-박영진가 회계장부를 중심으로」 『한국학연구』 제38집.

전성호, 2011, 「한국 전통회계의 원장 계정 기입기법과 이탈리아 비둘기집 이론과의 비교 연구」, 『사학연구』, 101호.

전성호, 2015, 「19세기 개성상인 회계장부에 나타난 여성 금융」, 한국여성사학회 『여성과 역사』 23권.

전성호, 허성관, 허흥식, 정기숙, 2011, 『한국 전통회계와 내부통제시스템』 I, 민속원.

전성호, 허성관, 허흥식, 정기숙, 2011, 『한국전통회계와 내부통제시스템』Ⅱ, 민속원.

田村流水, 1917, 「高麗時代に複式簿記あり」, 『東京經濟雜誌』, 第76卷 第1911号(7月 14日)」, 1917.

田村流水, 「朝鮮商人과其簿記法─附 複式簿記獎勵の效果如何」, 『東京經濟雜誌』, 第76卷 第1914号.

정기숙, 2011, 「사개송도치부법의 기장원리와 장부조직에 관한 연구 박영진가의 장부(1887년 8월 15일-1893년 9월 15일)를 중심으로」『한국 전통회계와 내부통제시스템』Ⅱ 민속원.

정기숙, 노병탁, 2017, 「개성상인의 상관습과 개성부기」 한국회계학회『회계저널』26권 5호, pp. 211-233.

정기숙, 전성호, 2013, 「문화재지정 심사보고서」 문화재청.

정기숙·박해근·이중희, 2002, 『회계사상과 회계기준의 발전』, 經文社.

제이컵 솔, 2016, 『회계는 어떻게 역사를 지배해 왔는가』 정해영 옮김 전성호 부록 메멘토.

조기준, 1983, 『한국기업가사』 박영사.

朝鮮總督府, 1927, 『朝鮮の商業』.

최상문·김확열, 2008, 「松商과 晉商의 商道에 관한 比較硏究」, 韓國民族文化 제32집.

彭信威, 1958, 『中國貨幣史』上海人民出版社.

한국은행, 2019, 『한국의 국민계정』.

한만호, 「디지털시대에 있어서 개성상인의 기업가정신에 대한 연구, 학술연구지원보고, 태평양장학문화재단.

허성관, 「한국 전통회계 연구의 성과와 과제」 한국회계학회『회계저널』23권 1호 2014 61-89.

허성관, 2011, 「한국 전통 회계 기록의 책임성과 진실성의 역사적 기원에 대해서」『한국 전통회계와 내부통제시스템』II 민속원 2011.

허성관, 「박영진家(가)의 19세기 사개송도치부 장부 회계순환 구조」 한국회계학
회 『회계저널』 24권 2호 2015 85-116.

허성관, 2018, 『개성상인의 탄생』, 만권당.

허흥식, 1982, 「1262년 상서도관첩의 (尙書都官貼) 분석(上)」, 『한국학보』 8권
2호.

허흥식, 1982, 「1262년 상서도관첩의 (尙書都官貼) 분석(下)」, 『한국학보』 8권
4호.

玄丙周, 1916, 『實用自修 四介松都治簿法 全』, 金東縉 發行 德興書林 藏版.

玄丙周, 編輯 開城 金璟植 裵俊汝 幷閱, 1916, 『實用自修四介松都治簿法』 全
德興書林 1916.

홍기문, 1957, 『이두연구』 조선민주주의인민공화국 과학원 출판사.

홍희유, 1962, 「송도 4개 문서(四介文書)에 반영된 송상(松商)들의 도가(都賈)
활동」, 『역사과학』, 6.

홍희유, 1986, 「17세기 이후 인삼재배의 발전과 자본주의적 삼포경영」 『역사과
학』. 3월호.

홍희유, 1989, 『조선상업사-고대중세』 과학백과사전종합출판사.

영미문헌

A. C. Littleton, *Accounting Evolution to 1900*, New York Russell 1966.

A.C Littleton and V.K Zimmerman, *Accounting Theory: Continuity and
Change* Englewood Cliffs, N.J., Prentice-Hall, 1962.

A.C. Littleton, Paciolo and Modern Accounting, *The Accounting
Review*, Vol. 3, No2.(June., 1928).

Aiken, Maxwell and Lu, Wei, 'The Evolution of Bookkeeping in China: Integrating Historical Trends with Western Influences', Abacus, 34:1, 1998.

Aisylu AKHMETZIANOVA Origin and cultivating methods of the crops from the Nongsa chiksŏl (農事直説: Concise Farming Talk): comparison with Vavilov's theory and other modern researches. Thesis for the Degree of Master of Arts in Korean Studies. 2020.

Akamatsu K. 'A historical pattern of economic growth in developing countries' *Journal of Developing Economies* 1(1):3-25, March-August 1962.

Alfred E. Lieber, Eastern Business Practices and Medieval European Commerce, *The Economic History Review*, New Series, 21-2, 1968.

Barak D. Richman, How Community Institutions Create Economic Advantage: Jewish Diamond Merchants in New York, *Law & Social Inquiry* Vol 31, Issue 2, 383-420, 2006.

Bloom, Robert and Solotko, John, 'The foundation of Confucianism in Chinese and Japanese accounting', *Accounting, Business & Financial History*, 13:1, 2003.

Boettke, P. J., & Storr, V. H. Post-classical political economy: Polity, society and economy in Weber, Mises, and Hayek. *American Journal of Economics and Sociology*, 61(1), 161-191(2002).

British Museum Korean Collections Korean Sutra Box, 13th century National Research Institute of Cultural Heritage 2016.

Carl Menger (1840-1921). *The Concise Encyclopedia of Economics*. Library of Economics and Liberty (2nd ed.). Liberty Fund. 2008.

Chambers, R. J. *Accounting, Evaluation and Economic Behavior*. Englewood Cliffs, N. J.: Prentice Hall. 1966.

Charles Kindleberger, "Standards as Public, Collective and Private

Goods", *Kyklos*, Volume 36, 1983, p.377.

Charles Kindleberger, "The Politics of International Money and World Language", *International Money. A Collection of Essays*, George Allen & Unwin, 1981.

Chatfield Michael, A history of Accounting thought(New York: Robert E.Krieger Publishing Company, 1977.

Chiapello, Eve, 'Accounting and the birth of the notion of capitalism', *Critical Perspectives in Accounting* 18 2007.

Cohen, Ira J., 'Introduction to the Transaction Edition: Max Weber on Modern Western Capitalism', in Max Weber, trans. by Frank H Knight, *General Economic History, reprint of the 1927 translated edition with a new introduction by Ira J. Cohen*, New Brunswick, USA: Transaction Books, 1981.

Collins, Randall,. "Weber's Last Theory of Capitalism: A Systemitization", Vol.45, No 6, *American Sociological Review*, 925–942. 1980.

Cronhelm, F.W., *Double Entry by Single*, London:Longmans Green. 1818.

Cumings, Bruce. "The origins and development of the Northeast Asian political economy: industrial sectors, product cycles, and political consequences." International Organization 38#1 (1984): 1–40.

D. E. Smith and L. KarpinsKaname Akamatsu, ki, *The Hindu Arabic Numerals* Boston, 1911.

DAVID CURTIS WRIGHT. *From War to Diplomatic Parity in Eleventh-Century China: Sung's Foreign Relations with Kitan Liao.* (History of Warfare, volume 33.) Boston: Brill. 2005.

David Landes, William J. Baumol The Invention of Enterprise Entrepreneurship from Ancient Mesopotamia to Modern Times 2010: Preface.

de Roover, Raymond, 'The Development of Accounting Prior to Luca Pacioli: Account-books of Medieval Merchants', in A. C. Littleton and B.S. Yamey, eds., *Studies in the history of accounting*, Sweet & Maxwell, 1956.

Derks, Hans, 'Religion, capitalism and the rise of double-entry book-keeping', *Accounting, Business & Financial History*, 18:2, 2008.

Earl R. Hoover, Cradle of Greatness: National and World Achievements of Ohio's Western Reserve (Cleveland: Shaker Savings Association, 1977).

Eckert, Carter J. (1996), Offspring of empire: the Koch'ang Kims and the colonial origins of Korean capitalism, 1876-1945, Korean studies of the Henry M. Jackson School of International Studies, University of Washington Press. 1996.

Elena Gerasimenko "Creation of an Economic Corridor on the Korean Peninsula as the Key of the Northeast-Southwest Development Axis : Implications of the Khasan-Rajin Project for Economic Integration in Eurasian continent with Pacific ocean" Department of Economics The Graduate School of Korean Studies Ph.D Dissertation 2020.

Elvin, Mark. The Pattern of the Chinese Past: A Social and Economic Interpretation. Stanford, CA: Stanford University Press, 1973.

Financial Reporting Council, Audit reform still top of the agenda 16 October 2020.

Francis Fukuyama *The End of History and the Last Man* Free Press. 1992.

Franklin Hiram King, *Farmers of Forty Centuries, or Permanent Agriculture in China, Korea and Japan* Rodale Press. 1911.

Georg Friedrich Knapp *State Theory of Money*, London:Macmillion 1924.

George J. Murphy Algebraic Double Entry *The Accounting Review* Vol. 45, No. 2 (Apr., 1970), pp. 366–369.

H.A Finney, ed., "Students Department," *Journal of Accountancy*, 32, July 1921.

Hobson, John . The Eurocentric conception of world politics : western international theory, 1760–2010. New York: Cambridge University Press. 2012.

Huge R. Clark *Community, Trade, and Networks* Cambridge University Press 1991.

Ijiri, Y. 1975. Theory of Accounting Measurement. Studies in Accounting Research.Sarasota, Florida: American Accounting Association.

Jack Goody, *The East in the West*, Cambridge, Cambridge University Press, 1996.

James Aho, *Confession and Bookkeeping the Religious, Moral, and Rhetorical Roots of Modern Accounting* State University of New York Press, Albany 2005.

James Bernard Murphy, *The Nature of Customary Law*, Cambridge University Press, 2007.

James Burnham, *The Managerial Revolution: What is Happening in the World*. New York: John Day Co., 1941.

James Tobin, "A Proposal for International Monetary Reform". *Eastern Economic Journal*. 4 (3–4): 1978, 153–159.

James Tobin, "Financial Innovation and Deregulation in Perspective", Keynote Paper Presented at The Second International Conference of the Institute for Monetary and Economic Studies, Bank of Japan, Tokyo, May 29–31, 1985.

Jane Kate Leonard und Ulrich Theobald, *Money in Asia (1200 – 1900): Small Currencies in Social and Political Contexts*. (Brill: Leiden, 2015), (Monies, Markets and, Finance in China and East Asia,

1600–1900).

Jared Diamond, *Collapse: How Societies Choose to Fail or Survive*, Penguin Books, 2005.

Jared Diamond, *Guns, Germs, and Steel: The Fates of Human Societies*. W.W. Norton & Company, March 1997.

Jere Cohen Rational Capitalism in Renaissance Italy, *American Journal of Sociology*, vol, 85. No. 6, pp.1340–1355. 1980.

John B. Geijsbeck. Molenaar, Ancient Double-entry Bookkeeping, Denber Colorado, 1914.

John H. Pryor, "The Origin of the Commenda Contract", *Speculum*, 52–1(Jan) 1977.

John Richard Edwards 'Different from What Has Hitherto Appeared on this Subject': John Clark, Writing Master and Accomptant, 1738 *ABACUS* Volume 50, Issue 2 June 2014, 227–244.

Jun Seong Ho & Evelyn Ruiz Gamarra, A Story of Globally Important Agricultural Wisdom in the 15th Century Choson Korea January 2018 *Anthropology* 06 (02). 2018.

JUN SEONG HO 'Rethinking the Miracle on the HanRiver' "Info Korea" The Academy of Korean Studies : Republic of Korea 2012. 02, 'Korean Industry Transformed from Industrious Revolution to Industrial Revolution'.

Jun Seong Ho *Agriculture and Korean Economic History Concise Farming Talk (Nongsa chiksŏl)*, Palgrave 2019.

Jun Seong Ho, James B. Lewis Kaesong Double Entry Bookkeeping (KDEB) in a Global Perspective Volume I, II The Academy of Korean Studies 2016.

Jun Seong Ho, Monetary authority independence and stability in medieval Korea: the Koryŏ monetary system through four centuries of East Asian transformations, 918–1392, *Financial*

History Review, Volume 21, Issue 3, December 2014, pp. 259–280, Cambridge University Press.

JUN SEONGHO & JAMES B. LEWIS Wages, Rents, and Interest Rates in Southern Korea, 1700 to 1900 *Research in Economic History* Vol. 24, 2007.

JUN SEONG HO, JAMES B. LEWIS, Korean Expansion and Decline from the Seventeenth to the Nineteenth Century: A View Suggested by Adam Smith *Journal of Economic History*, Cambridge University Press: 01 March 2008.

Jun, James B. Lewis Kaesong Double Entry Bookkeeping(KDEB) in a Global Perspective Volume Ⅰ, ⅡI The Academy of Korean Studies 2016.

Jun, Seong Ho and Lewis, James B., 'Accounting Techniques in Korea: 18th-century Archival Samples from a Non-Profit Association in the Sinitic World', *Accounting Historians Journal*, 33:1, 2006.

Kaname Akamatsu, "A Historical Pattern of Economic Growth in Developing Countries," The Institute of Asian Economic Affairs, The Developing Economies, Preliminary Issue No. 1, March–August 1962.

Kaname Akamatsu, "A Theory of Unbalanced Growth in the World Economy." *Archiv, Band* 86 (1961) Heft 2.

KARL A. WITTFOGEL and PENG CHIASHEONG *HISTORY OF CHINESE SOCIETY LIAO* Translations of the American Philosophical Society Philadelphia, 1949.

Karl Marx., Capital. Volume III, Penguin ed. 1981.

Littleton, A. C., 1953. *Structure of Accounting Theory*. Monograph No. 5. Sarasota, Florida: American Accounting Association. 1953.

Littleton, A.C., 'Evolution of the Journal Entry', in A.C. Littleton and B.S. Yamey, eds., *Studies in the history of accounting*, Sweet &

Maxwell, 1956.

Littleton, A.C., 'Pacioli and Modern Accounting', *Accounting Review*, 3–2 1928.

Littleton, A.C., 'The Antecedents of Double–Entry', *Accounting Review*, 2–2 1927.

Littleton, A.C., 'The Evolution of the Journal Entry', *Accounting Review*, 3–4, 1928.

Littleton, A.C., *Accounting Evolution to 1900*, New York: Russell & Russell 1966.

Luca Zan, "Toward a history of accounting histories: Perspectives from the Italian tradition", *The European Accounting Review*, 1994, 3:2, 255–307, p.264.

Luca Zan, Toward a history of accounting histories Pespectives from the Italian tradition, The European Accounting Review 1994, 3:2 255–307.

Lucas Pacioli 1494 Summa De Arithmetica, Geometriria, Proportionalita, An original translation of the DISTINTIO NONA, TRACTATUS XI "DE COMPUTIS et SCRIPTURIS" by Pietro Crivelli F.C.R.A The Institute of Bookkeepers LTD LONDON 1924.

MacNeal, K. *Truth in Accounting*. Texas: Scholars Book Company. 1939. (Reprinted in 1970).

Mao Zedong, Essays on the debate on the sprouts of capitalism in China, Beijing: People's University of China, 1957.

Margaret Hunt, Time–Management, Writing, and Accounting in the Eighteenth–Century English Trading Family: A Bourgeois Enlightenment *Business and Economic History* Second Series Volumn 18, 150–59, 1989.

Marx, Karl, *"Critique of the Gotha Programme"*, Marx & Engels Selected Works, 3, Moscow: Progress Publishers, 1875.

McManus, Damian. Ogam: *Archaizing, Orthography and the Authenticity of the Manuscript Key to the Alphabet*, Ériu 37, 1988, 1–31. Dublin: Royal Irish Academy.

Michelson, Albert Abraham & Morley, Edward Williams, On the Relative Motion of the Earth and the Luminiferous Ether, *American Journal of Science*, 1887, 333–345.

Michelson, Albert Abraham,The Relative Motion of the Earth and the Luminiferous Ether, *American Journal of Science*, 1881, 22, 120–129.

Morris Rossabi *China among equals : the Middle Kingdom and its neighbors, 10th–14th centuries* Berkeley : University of California Press, 1983.

O'Rourke, Kevin H. and Jeffrey G. Williamson "After Columbus: Explaining the Global Trade Boom 1500–1800," *Journal of Economic History*, volume 62, March. 2001.

O'Kelly, Michael J., *Early Ireland, an Introduction to Irish Prehistory*, p. 251, Cambridge University Press, 1989.

Pacioli, Luca, translated by Pietro Crivelli, *An Original Translation of the Treatise on Double–Entry Book–Keeping* (The Institute of Book–Keepers, Ltd., [1494] 1924).

Paton, W. A. and A. C. Littleton. *An Introduction to Corporate Accounting Standards*. Monograph No. 3. American Accounting Association. 1940.

Peng Xinwei *A Monetary History of China(Zhongguo Huobi Shi)* Translated By Edward H.Kaplan Center for East Asian Studies, Western Washington University 1994.

Philip Fu, 'Governmental Accounting in China during the Chao Dynasty(1122B.C.–256 B.C.) *Journal of Accounting Research* Vol 9, 40–51. 1971.

PIETER BUYS, CHRISTO CRONJE, A REFLECTION ON HISTORICAL BIBLICAL PRINCIPLES IN SUPPORT OF ETHICAL STEWARDSHIP STUDIA UBB. PHILOSOPHIA, Vol. 58 (2013), No. 3 : 229–240.

Poppe, Nicholas, 'Jurchen and Mongolian'. In: *Studies on Mongolia: Proceedings of the First North American Conference on Mongolian Studies*, edited by Henry G. Schwarz. Studies on Asia, Vol. 13. Bellingham: Western Washington University. pp. 30–37. 1979.

Porter, Michael E. "How competitive forces shape strategy". *Harvard Business Review.* October 2013.

Porter, Michael E. *Competitive Advantage: Creating and Sustaining Superior Performance.* New York, New York.: Simon and Schuster, 1985.

Raymond de Roover *THE RISE AND DECLINE OF THE MEDICI BANK(1397–1494)* HARVARD UNIVERSITY PRESS Cambridge, Massachusetts London, England 1963.

Raymond de Roover, New Perspectives on the History of Accounting Raymond de Roover *The Accounting Review* Vol. 30, No. 3, 405–420. 1955.

Raymond de Roover, *The Development of Accounting Prior to Luca Pacioli According to The Account–book of Medieval Merchants* Sweet and Maxwell, 1955.

Raymond DE Roover, The account books of Collard de Marke *Bulletin of the Business Historical Society* vol. 12, 44–47. 1938.

Rob Garnett, Cultural catallactics, *The Review of Austrian Economics* volume 27, pp 483–488 (2014)

Robert R. Sterling The going Concern: An Examination, *The Accounting Review.* Vol 43. No 3 Jul 1968. pp.481–502.

Robert R. Sterling The going Concern:An Examination, *The Accounting*

Review. Vol 43. No 3 Jul 1968, 481–502.

Rosita S. Chen Sheng–Der Pan Frederick Winslow Taylor's contributions to cost accounting *Accounting Historians Journal:* Vol. 7 : Issu. 2, 1980.

Samir Amin, *Accumulation on a World Scale,* Monthly Review Press, 1974.

Samuel P. Huntington, *The Clash of CIVILIZATIONS and the Remaking of World Order,* Simm & Schuster, 1996.

Sean Foley, Jonathan R Karlsen, Tālis J Putniņš Sex, Drugs, and Bitcoin: How Much Illegal Activity Is Financed through Cryptocurrencies? *The Review of Financial Studies,* Volume 32, Issue 5, May 2019, pp,1798–1853.

Shimunek, Andrew 2011. Review of The Kitan Language and Script by Daniel Kane. *Acta Orientalia* Academiae Scientiarum Hungaricae 64 (1): 129–135. 2011.

Shimunek, Andrew, A new decipherment and linguistic reconstruction of the Kitan–Chinese bilingual inscription of 1134 A.D. *Acta Orientalia* Academiae Scientiarum Hungaricae 67 (1): 97–118. 2014.

Sidney Homer and Richard Sylla, *A History of Interest Rates,* Wiley John Wiley & Sons, Inc Rutgers University Press. New Jersey 2005.

Sieroszewski, Wacław. *Korea in Fall of 1903: The Travels to the Korean Empire of Sieroszewski, Russian Scholar.* Translated by Kim Jin–Young et al., Seoul: Gaemagowon. 2006.

Sombart, Werner. *Der moderne Kapitalismus, 2 vol,* Munich:Humblot & Duncker. 1919.

St. Thomas Aquinas, Summa Theologica, trans. Fathers of the English Dominican Province, (London: R. T. Washburne, Ltd., 1918), pp. 330–340, reprinted in Roy C. Cave & Herbert H. Coulson, A

Source Book for Medieval Economic History, (Milwaukee:The Bruce Publishing Co., 1936. reprint ed., New York: Biblo & Tannen, 1965.

Stephen Zarlenga, *The Lost Science of Money*, American Monetary Institute, 2002.

Steven Toms, 'Calculating Profit: A Historical Perspective on the Development of Capitalism' August 2008 *Accounting Organizations and Society* 35(2).

The Fitzwilliam Museum, Cambridge University UK, *Chosŏn t'ongbo* (朝鮮通寶)

Thomas J. Sargent and François R. Velde Macroeconomic Features of the French Revolution *Journal of Political Economy*, Vol. 103, No. 3 (Jun., 1995).

Thomas Piketty Le Capital au XXIe siècle, Éditions du Seuil, Paris, *Capital in the Twenty–First Century*, Harvard University Press 2013.

Timothy R. Ashley, *The Book of Numbers* (New International Commentary on the Old Testament) Eerdmans 1993.

Twitchett & Tietze, 'The Liao'. In *The Cambridge History of China*. Volume 6: Alien Regimes and Border States, 907–1368, edited by Denis Twitchett and John K. Fairbank. Cambridge: Cambridge University Press, pp. 43–153. 2008.

Udovitch, "At the Origins of the Western Commenda:Islam, Israel, Byzantium?", *Speculum* 37, Medieval Academy of America 1962.

UNESCO World Heritage Centre, "Four sites inscribed on UNESCO's World Heritage List", whc.unesco.org. July 2016.

Von Glahn Richard *Fountain of Fortune Money and Monetary Policy in China, 1000–1700* University of California Press. 1996.

Waymond Rodgers Susana Gago, Biblical Scriptures Underlying Six

Ethical Models Influencing Organizational *Journal of Business Ethics* 64(2):125–136. March 2006.

Weber, Max, trans. by Frank H. Knight, *General economic history*, George Allen & Unwin, 1927.

Weber, Max, trans. by Hans H. Gerth, *The Religion of China. Confucianism and Taoism* (New York: The Free Press, 1951.

Weber, Max. 2003. *Protestant Ethic and the Spirit of Capitalism.* New York: Dover Publications. 2003.

Wilkinson, B.R. 2005. A framework for a Christian perspective on accounting research. *Journal of Biblical Integration in Business*, Fall: 57–79.

Wittfogel, Karl *"Oriental Despotism: a Comparative Study of Total Power".* New Haven: Yale University Press. 1957.

Xu, Elina–Qian, *Historical Development of the Pre–Dynastic Khitan.* Doctoral dissertation. University of Helsinki. 2005.

Yamey, B.S., 'Accounting and the Rise of Capitalism: Further Notes on a Theme by Sombart', *Journal of Accounting Research*, 2:2 (1964), pp. 117–36.

Yamey, B.S., 'Scientific Bookkeeping and the Rise of Capitalism', *The Economic History Review*, 2ndser., 1:2 and 3, 1949.

Yamey, Basil S., *ART & ACCOUNTING*, Yale University Press. 1989.,

저자 전성호

현재 한국학중앙연구원 글로벌한국학부 교수로 재직
중이다. 1981년 성균관대학교 경제학과에 입학하여 학생
운동, 투옥, 노동운동을 거쳐 태동고전연구소(芝谷書堂)
에서 3년간 한학장학연수생(1991-1994)을 수료하고 20
여 년 만에 「朝鮮後期米價史硏究」로 박사학위(1998)를
받았다. 옥스퍼드대학교에서 박사후연구원(2000-
2001), 네덜란드 국제사회사연구원(IISH)에서 초빙연구
원(2014-2015), 독일 프랑크푸르트 괴테대학에서 객원
교수(2008-2010)를 역임하였다. 국내 인문사회과학분
야 최초로 미국과학재단(NSF)과 독일연구재단(GRF)에
서 연구비를 수혜한 바 있다.

"The Journal of Economic History", "Research
in Economic History", "Financial History Review",
"Economics and Human Biology" 등 경제사분야 세
계 최정상급 학술지에 다수의 논문을 발표하였다.
"Kaesŏng Double Entry Bookkeeping (KDEB) in
a Global Perspective Volumes I, II", "Agriculture
and Korean Economic History Concise Farming
Talk (Nongsa chiksŏl)(2019)" 등 다수의 영문 단행본
을 출판하였다.

1990년대 중반부터 DMZ를 넘어 북녘이 바라보이는
강화읍 국화리에 거주하면서 'K-Account'의 세계화에
매진하고 있다.